MADHOUS
현대정신의학잔혹

현대 정신의학 잔혹사

현대의술과 과대망상증에 관한 슬픈 이야기

앤드류 스컬 지음 | **전대호** 옮김

모티브
BOOK

감수자의 글

이 책은 위대한 도전과 화려한 성공을 자랑하는 현대의학의 뒷골목 풍경을 흥분을 가라앉히면서 찬찬히 보여주는 흔치 않은 책이다. 벌써 여러 해 동안 의학사를 공부하고 가르치고 있지만, 솔직히 정신병을 치료하기 위해 모든 치아를 뽑고 편도, 난관, 정소, 췌장, 심지어 창자의 대부분을 잘라내는 수술이 이렇게 광범하게 실시된 적이 있었다는 사실은 이 책을 통해 처음 알게 되었다. 의학사 백과사전을 비롯한 여러 문헌을 뒤져보았지만 이 책의 주인공 헨리 코튼의 이름은 찾을 수 없었다.

역사는 왜 이 엄청난 사건을 기록하지 않았을까? 동료 의사와 언론과 정치인들은 어떻게 사망률이 40퍼센트가 넘는 끔찍한 수술을 수십 년 동안이나 계속하도록 방치하였던 걸까? 어떻게 20세기 중반에 이르기까지도 신체 부위의 국소 감염이 정신병을 일으킨다는 근거 없는 가설을 진실로 받아들일 수 있었을까?

이 의문들은, 어두운 부분은 대충 덮어두고 밝은 부분만을 드러내려는 현대의학의 편향된 역사관, 신체의 부분을 훼손함으로써 건강을 회복할 수 있다는 오래된 신념, 그리고 모든 질병을 세균 탓으로 돌렸던 시대의 흐름으로 나누어 풀어볼 수 있다. 이 세 흐름은 서로 만나기도 하고 헤어지기도 하면서 헨리 코튼과 동시대인의 의식에 스며들었을 것이다.

신체의 일부를 제거하여 건강을 얻을 수 있다는 발상은, 열이 나는 병은 많은 양의 피를 뽑아 치료할 수 있다고 가르친 고대 의학에 그 뿌리가 있다고 할 수 있다. 고대인들은 신체의 건강을 위해서뿐 아니라 신과의 약속을 지키기 위해서도 신체의 일부를 훼손했다. 유대인이 종교적 의식으로 성기를 둘러싸고 있는 포피를 제거하는 것이 그 대표적 사례다.

지금도 성기의 포피를 잘라내는 포경수술은 남자라면 누구나 치러야 할 청소년기의 통과의례로 남아 있다. 우리나라는 유대인이거의 없는데도 포경수술 비율이 세계 최고라는 기막힌 통계도 있다. 본래 종교적 이유에서 시행되던 포경수술은 미국을 통해 이 땅에 전해지면서 종교 대신 위생과 과학의 권위에 의지했다. 시대도 달라졌고 수술을 해야 하는 이유도 달라졌지만 수술 자체만은 살아남은 것이다. 그것도 전혀 다른 문화권에 속하는 대한민국에서 말이다. 물론 이 수술에 대한 연구 결과에 따르면 이 수술의 이점이라고 알려진 성병의 예방, 성감의 향상, 파트너의 자궁경부암 예방 등은 근거가 없는 속설일 뿐이라고 한다. 정신병 치료를 목적으로 대수술을 감행하여 수많은 사람을 죽음으로 몰아넣은 이 책의 주인공 헨리 코튼과 근거 없는 가설에 의지해 남자들의 성기를 훼손하는 우리들은 그래서 서로 닮은꼴이다.

코튼의 정신수술이나 우리의 포경수술은 모두 세균에 대한 두려움을 그 배경으로 한다. 신체의 한 부위에 머물러 있던 세균이 온몸을 돌아 다른 부위에 더 심각한 질병을 야기한다는 국소 감염설은 이러한 막연한 두려움을 과학으로 포장한 것이다. 현미경을 통해 꿈틀대는 미세한 생명체를 관찰하고 그 중 특정 세균이 콜레라와 결핵 같은 전염병을 일으킨다는 사실을 확인한 19세기 말 상황

6

에서 이 작은 생명체가 모든 병의 원인일 것이라고 생각하는 것은 무척 자연스러운 일이었다. 문제는 그것을 너무 극단으로 밀어붙인 데 있었다.

국소 감염의 범인으로 처음 지목된 것은 구강이었다. 미국의 정신과의사 헨리 코튼이 트렌턴 주립병원에서 많은 사람의 몸을 뒤져 범인을 색출하듯 신체 부위를 도려내고 있는 동안, 영국의 의사 윌리엄 헌터는 미국 전역을 돌며 많은 내과질환의 원인이 치아를 통한 감염에 있으며 그것을 제거해야 전신질환을 치료할 수 있다고 선전하고 다녔다. 이후 조금이라도 의심이 되는 치아는 무조건 뽑아내는 발치拔齒 열풍이 전 미국에 몰아친다.

이 책에 나오는 헨리 코튼과 발치 열풍을 불러일으킨 윌리엄 헌터, 그리고 아직도 방학이면 비뇨기과 앞에 줄을 서는 우리 청소년들은 모두 똑같은 과거사의 희생양인지도 모른다. 의학사에서 코튼과 헌터의 이름을 찾기 어려운 것은(18세기의 유명한 해부학자 윌리엄 헌터는 국소 감염설을 주장한 윌리엄 헌터와는 동명이인이다.) 그만큼 잘못된 과거에 대한 반성을 두려워하기 때문일 것이다. 우리가 아직도 잘못된 포경수술의 관행을 버리지 못하는 것도 같은 이유에서일 것이다. 예컨대 의과대학에서 헨리 코튼의 정신수술과 포경수술의 역사를, 치과대학에서 윌리엄 헌터를 진지하게 가르친다면, 그래서 화려한 성공담에 가려진 부끄러운 과거에서 많은 것을 배울수 있다면, 우리 의료계의 미래는 더욱 밝을 것이라 믿는다.

그런 점에서 이 책의 번역과 출판을 결정하고, 출판 전에 미리 읽고 논평할 수 있는 기회를 준 모티브북에 깊이 감사드린다.

2007년 2월
인제대학교 의과대학 인문의학교실 강신익

옮긴이의 글

1

과학과 정부와 언론에 대해 많은 것을 생각하게 해준 희대의 논문 사기 사건 직후, 나는 수많은 과학 분야 가운데서도 특히 인기 있고 권력 있는 의학에 주목하게 되었다. 미래의 성장 동력으로 각광받는 그 분야에 대해 무언가 말을 하고 싶었다. 그래서 거의 처음으로 나는 번역을 통해 세상에 참여하고 싶어졌다.

그리고 고맙게도 이 책이 내게 주어졌다. 처음엔 탐탁지 않은 면도 없지 않았다. 책의 내용이 상당히 오래 전에 일어난 지극히 엽기적인 에피소드여서 나는 번역을 시작해놓고도 내심 주저되었다. 그러면서 반성했다. 나여, 이 어리석은 자여, 너는 과학으로 무장한 이 시대의 막강 의료산업을 단 한 방에 고꾸라뜨릴 심산이었는가? 대답은 자명했고, 나는 번역을 계속했다. 그리고 번역을 하면 할수록 이 책의 가치를 점점 더 높게 평가하게 되었다. 또 한 번 고맙게도 이 책은 내가 원했던 것 이상의 면모도 가지고 있었다.

우리가 가장 절박할 때, 상식적인 사람뿐 아니라 상당한 지식을 가졌다고 자부하는 자들조차 허무맹랑한 사기극에 놀아날 만큼 절박할 때, 과학적 전문가의 자신감과 사명감과 노련함으로 우리에게

8 현대 정신의학 잔혹사

다가오는 의학에 곱지 않은 시선을 보내는 이 책은 미국이라는 한 나라, 뉴저지 주 트렌턴 주립병원이라는 한 곳에서 헨리 코튼이라는 한 개인이 1920년대에 벌인 과학적 만행을 주로 다룬다. 그러니까 아주 구체적인 이야기다. 그래서 많은 의학사 연구자들은 이 이야기에 큰 의미를 두지 않고, 심지어 언급조차 꺼린다고 한다. 그러나 이 책의 저자는 이 이야기에서 보편적인 교훈을 읽는다. 그 교훈은 여러 겹이다. 가장 높은 층위에는 "정신병은 생물학적 뿌리를 가진 병일까?"라는 질문으로 요약되는 철학적 교훈이 있다. 이에 못지않게 높은 층위에, "과학은 우리에게 축복인가?"라는 질문이 있다. 또 좀더 낮은 층위에는 "전문가 집단의 윤리란 어떤 것일까?"라는 질문도 있다. 저자는 헨리 코튼의 시대로부터 대략 사반세기가 세 번 지난 지금 우리는 그 시대와 너무나 유사한 '뇌의 시대', 거대 제약회사의 전성시대, 기업정신으로 무장한 공권력의 시대를 맞았다는 것을 상기하라고 호소한다.

이 책에는 한 명의 주역이 나오고, 주역보다 더 많은 조명을 받아 마땅한 굵직한 조역들이 나온다. 당대의 첨단과학을 정신의학에 적용해야 한다는 사명감에 불탔던, 현대의학의 최고 혈통을 이어받은 유능한 의사 헨리 코튼. 사태의 전모가 백일하에 드러났음에도 과학자는 '사실'에만, '팩트fact'에만 의지해야 한다면서 끝까지 수수방관했던 의학계의 거물 아돌프 마이어. 코튼의 만행을 조사하고 확인하고 상세한 보고서까지 작성했지만 스승인 마이어의 침묵 지시를 거부하지 못한 채 발만 동동 굴렸던 젊은 여의사 필리스 그린에이커. 기성 정치인들의 반감을 살 정도로 새로운 기업정신을 강조하고 과감한 언론 플레이를 펼치며 코튼의 공격적인 진료를 적극 지원했던 새 시대의 '진보적' 정부관료 버디트 루이스. 자, 이 정도의 등장인물이라면, 아주 흥미진진한 이야기가 기대되지 않는가? 또 우리가 얼마 전 겪은 '한국 과학계 치욕의 날'과 이 이야기가 상당히 유사하리라 느껴지지 않는가? 그러나 독자여, 냉정하라. 저자와 함께 나는 이 이야기가 허구가 아니라는 점을 새삼 강조한다.

2

근래에 나는 철학자 스피노자를 읽으면서 물질과 정신의 관계에 대해 생각하는 시간을 가끔 갖는다. 인식론과 윤리학과 미학, 더 나아가 존재론까지 '통섭'하겠다고 나서는 괴물 생물학을 보면서 정말 실존적으로 내 정신적 생명의 위협을 느꼈기 때문이다. 지금 이 땅에도 거대한 위용을 드러내기 시작한 그 괴물 생물학은 미국식 대중용 실용주의가 낳은 장애아라고 나는 생각한다. 그러나 이 문제는 훨씬 더 냉철하고 논리적인 언어로 논해야 할 사안이고, 또 이 책의 범위를 벗어나므로 더 이상 언급하지 않겠다. 다만 이 책의 저자와 함께 나는 이 질문을 진지하게 던지고 싶다. 정신병은 과연 뇌의 병인가? 당신이 어떤 대답을 선택하건간에, 그 대답은 과학적으로 증명되었는가?

우리는 과학이 없는 곳에 과학을 도입하는 것이 계몽이요 근대화요 진보라고 생각한다. 따져보면 틀린 생각이 아니다. 단, 과학이란 무엇인가를 정확히 이해했을 때만 그러하다. 과학은 '소독약'이고 '백신'이고 '마법의 탄환'인가? 줄기세포, 수출용 핸드폰, 웰빙, 노다지, 미래의 성장 동력인가? 대학입시 답안지를 훌륭하게 작성하기 위해 갖춰야 할 교양인가? 아니다, 결코 아니다. 과학은 스스로 생각하기와 그 산물이다. 즉, 자유다. 우리가 흔히 말하는 제멋대로의 자유가 아니라, 정말 소중하고 그래서 정말 도달하기 어려운 자유, 숭고한 자유다. 오직 그럴 때만 과학은 최고의 권위를 지닐 자격이 있다. 그러므로 현실 속에 있는 과학과 과학자는 그런 최고의 권위를 지닐 자격이 없다. 지고의 과학과 진보와 자유를 운운하면서 '할 수 있다면 해야 한다'는 식의 말도 안 되는 논증을 펼치는 자들을 나는 현실 속에서 흔히 본다. 이 책을 이끄는 주인공들도 그런 자들이었다. 그들은 나름대로 과학을 신봉했고, 가련한 정신병자들을 위해 '무언가 해야 한다'는 사명감에 불탔고, 경제적 효율성과 정치적 진보를 외쳤다. 그들은 신념을 행동에 옮긴 적극적이고 진취적인 자들이었고, 아무 거리낌 없이 자료를 조작할 정도로 긍정적인 사고를 체현한 자들이었다. 하지만 결정적으로 그들은 그 사명감과 그 긍정적 사고가 자기 자신의 욕구불만의 표출이라는 점을 반성하지 못했다. 오늘날의 과학옹호자들도 혹시 반성을 깜빡하고 있는 게 아닐까? 그 반성이 바로 과학의 핵심인데 말이다.

3

어제 의사들이 의료법 개정에 반대하여 파업을 하고 집회를 열었다. 어떤 의사는 수술용 칼로 자신의 배에 상처를 냈다고 한다.

곧 졸업 시즌이다. 많은 젊은이들이 히포크라테스 선서를 읊으며 전신을 훑어 내리는 전율을 느낄 것이다.

내가 아는 어떤 정신과의사가 이런 말을 한 적이 있다. "난 정신과의사 경력 이제 5년인데, 환자는 정신과 환자 경력 30년이야." 그러면서 힘든 사람들이 짓는 미소를 지었다. 고치자고 의사 하는데

안 고쳐지면 욕구불만이 생기는 게 당연하다. 그 힘든 일을 떠맡은 사람들에게 격려의 박수를 보내고 싶다. 또 그 일을 함께 나누어 맡자는 제안도.

정해년 설을 얼마 앞두고

살구골에서

전대호

머리말

현대의술과 과대망상증에 관한 이야기

제목이 시사하듯이, 이제부터 내가 전하려는 것은 한 편의 괴기스런 이야기다. 뉴저지 주의 정신과의사 헨리 코튼과 그 후임자들이 20년 넘게 수천 명의 환자들에게 자행한 약탈에 관한 이야기다. 그러나 흔한 공포물과 달리 이 이야기는 허구가 아니며 허구로 포장되지도 않았다. 여기 열거된 사건들과 이 특수한 무대에 등장하는 배우들은 아주 예외적이고 낯설게 느껴질 수도 있겠지만 어떤 악몽 속의 유령들이 아니다. 포스트모던한 독자들은 이런 표현을 꺼리겠지만, 미안하다. 실제 사건들과 실제 인물들이다. 그 인물들은 모두 죽었지만, 오늘날 새로운 모습으로 부활했고, 그래서 나의 이야기는 그들을 불러모을 수 있었다. 나는 사건에 직접 관여한 이들을 인터뷰하고 20년 동안 기록보관소들을 전전하며 쏟은 노력을 통해 알게 된 바를 과장하지도 윤색하지도 않았다. 다만 이 이야기의 중심에 있는 환자들의 이름은 가명으로 바꾸었다. 무고한 환자들을 보호하기 위해서다. 아니 오히려―고백하건대, 그들을 보호하려면 훨씬 일찍 보호했어야 한다—환자의 행복을 위해 노력한다고 공언한 자들의 손에 지독한 고통을 겪은 그들에게 (설령 상징적인 폭력이라 할지라도) 불필요한 폭력을 또 한 번 행사하지 않기 위해서다. 나는 20세기 정신과의술의 오용에 관한 이 이야기가 21세기 정신과의술의 실행에 유익한 경고로 작용하기를 바랄 뿐이다.

여러 해 동안 이 책을 쓰면서 수많은 사람들로부터 빚을 졌다. 내 작업을 가능케 해주었고 연구를 도와준 사람들 모두에게 감사의 말을 전할 수는 없을 것 같다. 여기에 서명하지 못한 분들의 용서를 구한다. 내가 이 책을 처음 기획한 것은 1980년대 초 구겐하임 연구원으로 재직할 때였다. 캘리포니아 대학 학술이사회, 미국 지식단체 협의회, 미국 철학회가 제공한 지원금과 캘리포니아 대학 총장 인문학 연구비의 도움을 받아 나는 미국과 영국의 여러 기록 보관소들을 방문할 수 있었다. 이 기관들이 나를 지원한 효과를 훌륭하게 거뒀다고 생각하기를 희망한다.

고인이 된 필리스 그린에이커와 그녀의 아들 피터 리히터에게 특별한 감사를 표하고 싶다. 이들은 몇 년에 걸쳐 너무나 값진 정보를 제공했다. 트렌턴 사건에 관한 그린에이커 박사의 기억은 무려 60년의 세월이 흐른 뒤였음에도 놀랄 만큼 선명했다. 역사가는 구전된 역사에 도사린 함정을 경계해야 마땅하다. 그러나 이 경우만큼은 달랐다. 한 개인의 기억과 당대의 문서 기록을 대조할 기회가 있을 때마다 나는 그린에이커 박사의 회고가 감탄할 정도로 정확하다는 것을 확인할 수 있었다. 피터 리히터는 다양한 방식으로 엄청난 도움을 주었다. 자신의 기억을 전해주고 (사진찍기를 싫어한) 어머니의 드문 사진 한 장을 제공하고 출판되거나 되지 않은 어머니의 글을 마음대로 인용할 수 있게 해준 리히터에게 감사한다. 결국 내부고발자가 된 그린에이커 박사의 역할과 그녀가 젊은 여의사로서 맞닥뜨린 문제들은 오늘날에도 유사한 사례에서 반복된다. 비슷한 처지에 놓인 하급자가 권위를 가진 상급자들의 도덕적·과학적 잘못을 과감히 공개하는 사례에서 말이다. 과학계와 의료계는 신속하게 일치단결하여 대오를 정비하고, 과학적·의료적 비행을 폭로하려 한 이는 비난이 오히려 자신에게 돌아오고 자신의 직업인으로서의 전망이 위태로워지거나 완전히 막혀버린 것을 발견한다. 그런 일이 너무나 흔하게 일어난다.

국소 감염局所感染, focal infection(신체의 특정 장기나 부위에 국한된 세균 감염. 특히 그 감염으로 인한 증상이 다른 부위에 나타나는 경우에 주로 이 용어를 쓴다−옮긴이)에 관한 이 전설적인 이야기에 직접 참여한 또 다른 인물인 페덜 피셔 박사에게도 감사의 뜻을 전한다. 그는 헨리 코튼과 트렌턴 주립병원에 대한 기억을 들려주었다. 1918년에 처음 그 병원의 치과의사로 임용된 피셔 박사는 1960년에 은퇴할 때까지 그곳에서 일했고, 변함 없이 코튼 박사의 연구가 지닌 가치를 확신했다. 영국에서는 토머스 시버스 그레이브스의 아들 프레더릭과 그의 또 다른 아들의 미망인 발레리 그레이브스 박사가 영국 정신과의사들 가운데 국소 패혈증focal sepsis(국소 감염으로 인해 혈류 혹은 기타 조직에 세균이나 독소가 존재하는 상태−옮긴이)의 해악을 주도적으로 알린 인물들에 대한 기억을 들려주었고, 과거 그레이브스 박사의 동료였던 몇 사람은 박사가 일했던 버밍엄의 러버리 힐 정신병원과 그곳의 수술실을 친절하게 안내해주었다. 이들 모두에게 감사한다.

핵심적인 정보 제공자이며 내가 뉴저지 주의 다양한 기록에 접근할 수 있도록 큰 도움을 준 인물은 뉴저지 주정부에서 정신건강 분야 업무를 담당한 바 있는 전직 고위관리였다. 그는 익명으로 남기를 원했다. 그러나 나는 이 이야기를 공개할 수 있도록 예외적인 도움을 준 그에게 공개적으로 감사하고 싶다. 또 트렌턴 정신병원의 행정 업무를 담당한 여러 사람들에게 많은 도움과 협조를 받았다. 그들에게 감사한다. 기록보관소의 직원들 중에서는 특히 존스 홉킨스 대학 앨런 메이슨 체스니 의학문서보관소의 낸시 맥콜과 앤드류 해리슨에게 『아돌프 마이어 논문집』에 실린 내 글을 도와준 것에 대해 감사의 말을 전한다. 뉴욕 태리타운에 있는 록펠러 기록보관소, 조지 워싱턴 대학 의학도서관, 뉴욕 공공도서관, 러트거스 대학 도서관 특별 장서부, 샌타바버라 역사학회, 미시건 배틀 크릭 소재 윌러드 공공도서관, 예일 대학 도서관의 직원들은 여러모로 도움을 주었다. 뉴저지 주 기록보관소의 조안 네스터도 마찬가지다.

내 친구 스티븐 콕스는 내가 이 책을 쓰는 몇 년 동안 지원과 격려를 아끼지 않았다. 비범한 편집자인 그는 무던한 노력으로 내 문장을 개선했다. 가끔씩 고집불통인 나의 펜을 길들이느라 그가 들인 노력에 대하여 내가 얼마나 고마워하는지 그가 알았으면 한다. 영국의 주요 정신과의사들은 이 역사적 사건에 관한 이야기를 이미 1986년에 들었다. 그때 나는 정신의학 연구소에서 스킵 강의Squibb lecture를 했다. 내 강의의 내용이 정신의학의 성공시대에 관한 것이 아니었는데도 그들은 예의바르게 들어주었다. 그들 중 최소한 몇 명을 내 친구로 삼을 수 있어 기쁘다. 나와 오랫동안 지속적으로 학문적 관계를 맺어온 제럴드 그롭은 내 작업을 위해 조언을 해주고 심지어 기록들을 제공할 때면 평소대로 후덕한 자아의 모습이었다. 신랄하게 학문적 논쟁이 진행되는 중에도 우리가 우호적인 관계를 유지해온 것을 자랑스럽게 생각한다. 정신의학을 다루는 역사가들도 여러모로 큰 도움을 주었다. 그들 중 몇 명만 언급하는 것은 불공정한 일이지만, 그래도 하고 싶다. 빌 바이넘, 조엘 브래슬로, 고인이 된 로이 포터, 에드워드 쇼터, 샌더 질먼, 마이클 니브, 찰스 로젠버그, 낸시 톰스, 칼라 야니, 엘렌 쇼월터, 루스 리스, 엘리슨 윈터, 트레버 터너, 고인이 된 마이클 셰퍼드에게 특히 감사한다. 스티븐 샤핀은 내가 많이 그리워하는 친구이자 동료이다. 그는 뻔뻔스럽게도 라호야를 떠나 하버드로 갔다. 그도 나의 감사를 받을 자격이 있다. 분별 있게 남캘리포니아에 남았던 팀 맥다니엘도 마찬가지다. 실비아 나사는 특별한 호의를 베풀어 어빙 피셔와 그의 딸 마가렛에 관한 자료를 제공하고 나를 격려해주었다.

오랫동안 내 글을 편집한 예일 대학 출판부의 존경스러운 존 니콜은 초인적인 참을성으로 이 원고를 기다렸다. 결국 그가 은퇴하기 몇 주 전에 원고를 전달한 것은 나의 잘못이다. 후회가 막심하다. 그는 편집자 중의 편집자였다. 하지만 다행스럽게도 그의 후임인 로버트 발독이 열정적으로 일을 떠맡았다. 이완 톰슨은 원고를 다듬었고, 예일 대학의 뉴헤이븐 사무소의 티나 웨이너는 지속적인 지원을 해주었다. 오랫동안 나의 대리인으로 고생해온 피터스 프레이저 앤 던롭의 캐럴라인 도니에게도 따스한 감사의 말을 전한다.

이제 펼쳐질 이야기에 대하여 한 가지 언급해둘 것이 있다. 이야기의 핵심을 이루는, 트렌턴 주립병원 소속 정신과의사 헨리 코튼의 진료행위는 환자들의 정신적 증상이 순전히 부수현상일 뿐이라는, 환자들의 실제 문제를 반영하는 징후일 뿐이라는 전제에서 비롯되었다. 그가 보기에 환자들의 진짜 병은 순전히 신체적이었고, 따라서 오로지 신체의 치유를 겨냥한 수단들로 처치되어야 했다. 비록 유별나고 특이하지만, 그의 진료행위는 1920년대와 30년대, 그리고 그 후까지 정신의학의 노력이 투입된 신체치료법의 일부이다.

그로부터 사반세기가 세 번 지난 지금, 우리는 정신장애에 대한 극도로 단순하고 생물학적으로 환원론적인 설명이 폭넓은 지지를 얻는 시대를 다시금 살고 있다는 점을 상기할 필요가 있을 것 같다. 환자와 그 가족들은 자신들의 고통을 생화학적 장애와 잘못 분비된 신경전달물질과 유전적 결함의 탓으로 돌릴 줄 알게 되었고 의사들이 "화학을 통해 더 나은 삶을" 살게 해주는 마법의 약물을 줄 것으로 기대한다. 약물이 대화를 제치고 감정과 인지와 행동의 장애에 대한 주도적인 대응책으로 자리 잡았다. 엄청난 이익을 낳는 정신의약산업이 급속히 팽창하면서 치료법의 혁명은 더욱 촉진되고 공고해졌다.

정신과의사라는 직업도 한몫을 담당했다. 정신과의사들은 1940년대와 50년대, 60년대의 특징이었던 정신분석과의 유희를 포기하고 미국 정신의학회의 『정신장애 진단 및 통계 편람Diagnostic and Statistical Manual of Mental Disorders』 시리즈로 대표되는 신크레펠린neo-Kraeplinean 접근법을 수용했다. 이 개념적인 중심이동 덕분에 정신과의사들은 제약회사들이 그들의 부름에 기꺼이 응하는 이들에게 제공하는 노다지에 더 쉽게 접근할 수 있게 되었다. 이와 동시에 정신질환을 구체적으로 확진할 수 있는 다양한 병으로 보고 각각을 특정 약물 혹은 "마법의 탄환"으로 고칠 수 있다고 생각하는 관점이 정설로 등극했다. 그러나 이 개념적 구조물 전체의 토대는 매우 불안정하고, 치료약도 제약회사의 홍보담당자들이 장담하는 것보다 훨씬 비효율적이다. 이런 와중에 언어적인 수준에서는 정신의학과 대중문화 모두가 생물학적 담론들로 포화상태가 되었다. 데이비드 힐리의 말을 빌리자면, 생물학떠벌이들이 심리학떠벌이들을 밀어냈다. 나는 에밀 크레펠린Emil Kraepelin(1856~1926, 독일의 정신의학자. 눈에 보이는 현상을 기술하여 병의 형태와 성격을 체계화하는 기술 정신의학descriptive psychiatry의 원조—감수자)을 프로이트 못지않게 좋아하는 사람이지만, 이런 변화를 진보로 여기기는 어렵다.

그리고 역설적이게도 정신의학의 생물학적 혁명의 참된 토대는 대개 대화이다. 정신장애의 병인病因은 과거와 마찬가지로 지금도 대부분 미지의 베일에 싸여 있다. 최근 기초 신경과학의 발전이 두드러졌지만 우울증에 대한 이해에서 우리가 이룬 진보는 놀라울 정도로 적다. 정신분열병 혹은 정신분열병의 원인도 불명확한 상태이다. 치료약과 관련해서는, 새로운 약—소라진Thorazine(주로 정신분열병이나 조울병에 쓰는 진정제인 콜로르프로마진chlorpromazine의 상품명—옮긴이), 프로작Prozac(가장 많이 쓰이는 항우울제—옮긴이) 등—이 행동과 인지, 기분을 때로 근본적으로 교정한다는 것에는 이론의 여지가 없지만, 그 약들이 어떻게 그런 작용을 하는지에 대한 이해, 혹은 그 작용이 과연 바람직한가에 대한 균형 있는 평가는 아직 요원하다.

나는 정신의학이 마침내 자연의 맥을 짚어냈는가에 대하여 여전히 매우 회의적이다. 또 나는 이른바 "뇌의 시대"가 무르익은 지금에도 코튼 박사와 그의 치료행위에 대한 이야기는 (특히 정신장애의 생물학적 토대에 관한 요란한 노래를 앞장서 부르거나 쉽게 믿고 따라 부르는 이들에게) 유익한 교훈을 줄 것이라고 주장한다.

목차

감수자의 글 _5

옮긴이의 글 _8

머리말 현대의술과 과대망상증에 관한 이야기 _13

프롤로그 _23

1부

1. 과학적 영웅이 되려 한 젊은 의사 _41

2. 정신병의 생물학적 뿌리를 찾아라 _66

3. 감염된 치아, 편도, 창자를 떼어내라 _90

4. 헨리 코튼의 지지자들 _127

5. 치유하고 싶은 욕구, 치유되고 싶은 욕구 _159

6. 의사 길드의 공격 _187

7. 광기 제국의 절대자 _206

현대 정신의학 잔혹사
현대의술과 과대망상증에 관한 슬픈 이야기

2부

8. 여성이 의사로 살아가기 _245

9. 망상에 빠진 영웅을 조사하다 _288

10. 스캔들 무마하기 _320

11. 폭로와 논쟁 _341

12. 의학계의 자기 편 감싸기 _360

13. 여전한 해외의 찬사 _397

14. 끝내 숨겨진 실험의 희생자들 _415

15. 장렬한 최후 _441

에필로그 정신의학과 그 불만 _479

찾아보기 _538

프롤로그

사람이 일단 가설을 가지게 되면,
가설은 모든 것을 적당한 양분으로 삼아 동화시키는 성질이 있다.
당신이 가설을 품는 순간부터 당신이 보거나 듣거나 읽거나 이해하는
모든 것에 의해 더 강력한 가설이 자라난다.
─로렌스 스턴, 『신사 트리스트램 샌디의 생애와 의견 *The Life and Opinions of
Tristram Shandy, Gentleman*』

1925년 8월 5일 수요일의 날이 밝기 직전에 내리기 시작한 비는 너무나 전형적인 뉴저지 주 여름의 찌는 듯한 무더위를 마침내 한 풀 가라앉혔다. 아침 6시에 세찬 빗줄기가 누그러든 다음부터는 지루한 가랑비가 이어졌다.[1] 주립병원과 외부를 구분하는 연철 울타리 너머 거대한 짐승처럼 누운 황량한 벽돌 건물들의 윤곽을 여명의 회색빛이 부드럽게 감싸고 있었다.

그 이른 시간에 누군가 병원의 정문 안을 들여다보았다면, 덩치 큰 백발의 중년 사내가 중앙건물 옆의 두 집 사이를 바삐 오가는 모습을 볼 수 있었을 것이다. 입원 환자라기엔 너무 잘 차려입었고 외모도 비범한 그 인물은 서둘러 빗속을 오가고 있었다. 눈에 띄게 흥분하고 당황한 모습이었다. 집 앞에 도착한 그는 문을 두드리며 열어달라고 외쳤다. 몇 분이 지나자 병원의 관리인이며 경영자인 새뮤얼 애츨리Samuel Atchley가 문을 열고 나와 예기치 않은 방문자를 맞아들였다.

흠뻑 젖은 그 백발의 사내는 극도의 당황과 긴장을 감추지 못했다. 평소대로라면 애츨리는 그 이른 시간에 그의 단잠을 방해하면서 흥분한 모습으로 들이닥친 상급자를 보고 크게 놀랐겠지만, 이번만큼은 그러지 않았다. 병원의 관리자들은 몇 주째 공격을 받고 있었다. 윌리엄 브라이트 상원위원이 지휘하는 임시 위원회는 주정부의 예산낭비를 조사하는 과정에서 주립병원의 사건들에 주목했고, 어느 공포영화보다 더 끔찍한 이야기가 우연히 퍼지게 되었던 것이다. 과거의 환자들과 그 가족들, 불만을 품은 전직 간호사와 간호조무사 들이 세상을 향해 말하기 시작했고, 뉴저지의 각종 신문은 끔찍한 이야기와 논평으로 도배되었다. 심지어 〈뉴욕 타임스〉도 8월 들어 그 스캔들에 관심을 기울이기 시작했다. 맞고 차이고 비명을 지르며 수술실로 끌려 들어간 환자들과 신체의 부분들과 적잖은 시체를 싣고 반대편 문으로 나온 운반차에 관한 이야기는 우리의 집단 무의식의 표면 바로 아래에 항상 떠도는 정신병원에 대한 원형적 두려움을 불러일으켰다. 매주 사태는 더욱 악화되는 것처럼 보였고, 이제는 헨리 코튼Henry Cotton 박사 자신도 스트레스로 인해 실신할 지경이었다. 애츨리는 이렇게 말했다. "그 날 전의 며칠 동안 박사님은 매우 흥분한 상태인 것 같았습니다……. 주로 브라이트 의원의 조사 때문이었고, 또 2명의 환자를 잃는 불행을 겪었는데, 그들의 연고자들이 병원에 해를 끼치려 했기 때문이었죠."[2] 조사가 이루어지는 도중에 환자 1명이 까닭 없이 사망하는 것만 해도 충분히 나쁜 일이었다. 심지어 두 구의 시체를 치우는 일은 참사에 가까웠다.

코튼 박사가 하룻밤 사이에 더욱 지쳤다는 것을 애츨리는 뒤늦게 느꼈다. "그는 매우 흥분해 있었고 어디론가 떠나고 싶어했습니다." 그를 진정시키려는 애츨리의 노력은 아무 소용이 없는 것 같았다. 걱정이 된 관리인은 "걱정할 필요가 없으며 박사님은 건강을 챙기셔야 하며, 이 상황에 너무 빠져들어 일을 못하고 본인에게 잘 못이 없음을 증명하기 위해서 조사위원회에 출두하지 못하는 일이 생겨선 안 된다."고 조언했다. "또 나는 이 문제를 제기한 사람들은 친구를 잃는 불행을 겪고 비탄에 잠긴 사람들이지만, 그런 일은 당연히 모든 병원에서 종종 불가피하게 일어난다고 말해드렸습니다." 그러나 코튼은 반복해서 이렇게 주장하기만 했다. "자신이 주정부의 어느 형사에게 체포되어 추방될 거라 하더군요. 치안판사에게 호소할 권리가 있으신데, 그건 말도 안 되는 소리라고 했지요. 아무튼 내가 박사님 편이 되어 만약 필요하다면 보석 보증인이 되어주겠다는 약속도 드렸고요." 상급자가 점점 더 지쳐가는 모습에 불안을 느낀 관리인은 "박사님과 한동안 얘기를 나눈 후 아침을 먹고 가시라고 했습니다." 그러나 박사의 흥분은 가라앉지 않았다. 곧 그는 담당 변호사인 케이프스 씨를 만나러 시내에 나가겠다고 말했다. 그는 분명 운전을 할 상태가 아니었기 때문에 애슬리는 신속하게 동행하겠다고 제안했다. 애슬리의 증언에 따르면, 코튼은 그 제안을 진심으로 반기며 받아들였다.

시내의 변호사 사무실까지 가는 10분 동안에도 관리인은 걱정을 놓을 수 없었다. 코튼의 말은 거의 횡설수설이었고 변호사를 만나지 못할 거라고 끊임없이 중얼거렸다. 이 속도면 확실히 도착할 수 있다고 애슬리는 퉁명스럽게 말했다. 코튼에게는 위로가 되기 힘든 말이었다. 두 사람은 더 먼저 일어났던 정신병원 스캔들의 여파 속에서도 직책을 차지하고 거의 20년째 일해오고 있었다. 역사는 다시 반복되는 것처럼 보였다.

그들은 케이프스의 사무실에서 기다려야 했다. 코튼의 차례가 오려면 족히 오전 10시까지 기다려야 할 것 같았다. 영원처럼 느껴지는 그 시간을 함께 앉아 있는 두 사람에게 심경의 변화는 조금도 일어나지 않았다. 결국 헨리는 견딜 수 없는 지경에 도달했다. 갑자기 그는 의사당으로 가서 심문실 밖의 다른 증인들과 함께 있다가 그곳에서 케이프스와 애슐리를 보겠다고 선언했다.

주말에 환자 2명이 사망했다는 소식이 외부 세계로 흘러나간 것이 분명했다. 코튼이 도착했을 때는 이미 수많은 증인과 기자, 관객 들이 심문실과 복도에 운집해 있었다. 새벽이 밝기 전에 내린 비가 기온을 20도 정도로 끌어내린 것은 다행스런 일이었다. 어제처럼 찌는 더위였다면 머리 위에서 삐걱거리는 선풍기 몇 대로 이 군중의 열기를 감당할 수 없었을 것이 분명했다. 그 수요일의 한낮 기온이 화씨 70도(섭씨 21도)였으니, 심문에 참여하거나 관람하기 위해 모인 사람들은 적어도 위원회의 초기 업무에 큰 지장을 준 더위의 고통만큼은 면할 수 있었을 것이다.

그러나 코튼으로서는 날씨의 변화를 느낄 수 없었다. 브라이트 상원위원이 이끄는 조사위원회가 심문실의 닫힌 문 너머에서 냉혹한 추궁으로 채워질 또 하루를 준비하는 동안, 코튼은 긴장한 채 복도를 서성거렸다. 심문의 시작이 다가올수록 점점 더 눈에 띄게 땀을 흘리고 표정이 굳어갔다. 혼자 중얼거리고 벤치에 모인 사람들을 분노의 시선으로 노려보기도 했다. 마침내 그는 어느 남자를 알아본 듯 그 앞에 멈춰 서서, 혹시 그가 증언을 하러 온 것이라면 더 나중에 다른 날에야 할 수 있을 것이라고 말했다.

이 책략이 아무 효과도 발휘하지 못하자 코튼의 긴장과 불안은 가중되었다. 심문실에 들어설 때 이미 악의로 머리카락이 곤두선 그는 뒤편의 기자들 틈에 앉아 곧바로 증인들을 야유하고 방해하기 시작했다. 증인들의 진정성을 문제 삼고 그들의 증언 동기에 이의를 제기했다. 처음에 사람들은 그를 무시했지만, 그의 엉뚱한 난동이 도를 넘어서자 격렬한 비난의 목소리가 날아오기 시작했다. 그러나 비난도, 곧 그가 원하는 말을 하게 해주겠다는 약속도 그의 행동에 변화를 일으키지 못했다. 위원회가 심문의 진행 방식을 상의하기 위해 대기실로 자리를 옮기려 할 때, 복도에서 형언하기 어려운 모습의 사내가 위원들에게 다가와 뭐라 말을 건넸다. 변화를 눈치챈 코튼은 조용히 심문실을 빠져나갔다. 심문을 재개하러 돌아온 위원회는 어디에서도 그를 볼 수 없었다. 경비원이 급히 직원을 보내 그를 찾게 했고, 몇 분 후 그들은 그를 데리고 돌아왔다.

요구에 따라 증인석에 앉아 선서를 한 반항적인 의사는 자신이 확실히 비우호적인 심문을 받고 있다고 느꼈다. 심문이 시작되기 전에 복도에서 증인들을 회유하고 협박하려 했느냐는 직접적인 질문을 받자, 그는 그런 짓을 하지 않았다고 분개하며 공격적으로 대답했다. 위원회는 그에게 앞으로 나와 오늘 심문이 시작되기 전에 그가 다가가 말을 걸었던 사람 앞에 서라고 요구했다. 이제야 공개되었지만, 평범해 보이는 그 사람은 지방 검찰청의 직원이었다. 정체를 밝힌 리딤 형사는 코튼 박사가 그의 증언을 막으려고 계략을 썼으며 또한 다른 증인들을 말없이 협박하는 모습을 똑똑히 보았다고 증언했다. 코튼은 또 한 번 호통을 치며 리딤의 말을 방해하기 시작했다. 리딤이 거짓말을 하고 있으며 자신을 "옭아매려는" 악의적인 음모에 가담하고 있다고 소리쳤다. 이 난동 역시 또 다른 비난만 불러오자, 코튼은 자리에서 일어나 거칠게 두 팔을 내저으며 심문실 밖으로 나갔다.

코튼 박사가 사라진 뒤에도 드라마는 끝나지 않았다. 간호조무사들의 만행과 의심스런 죽음에 대한 증언이 아침나절에 있은 후 수많은 증인들이 그 증언을 더욱 보강했다. 그들은 제각각 이튿날 신문의 머리기사로 삼기에 충분한 소재를 제공했다. 에멀린 화이트 부인의 아들이 지역 경찰서장과 집에서 부인을 돌본 간호사를 대동하고 나타나 무고한 어머니가 "가벼운 정신적 문제로 인해" 트렌턴 주립병원에 입원한 지 불과 2주 만에 매우 수상하게도 갑자기 사망했다고 증언했다. 어머니가 입원하고 열흘 후에 코노버 화이트는 어머니가 "사고를 당했다."는 연락을 받고 병원으로 갔다. "어머니는 아들을 알아보지 못하고, 다만 침대에 누워 신음했다고 한다. 그녀의 눈은 검게 멍들고 부어 있었다." 그녀의 상처가 어떻게 해서 생겼는지 묻자 간호조무사들은 엇갈리는 설명을 했다. 어떤 이는 그녀가 계단에서 넘어졌다고 했고, 어떤 이는 벽에 부딪혔다고 했다. 그로부터 나흘 후에 그녀는 사망했다.

이어서 조지아나 필립스 부인이 증언대에 나섰다. 그녀는 "부도덕성…… 불완전성…… 도덕적 광기로 인해" 그 병원에 입원했던 적이 있었다. 성매매를 했기 때문에 생긴 증상이라는 진단이 내려졌다. 필립스 부인은 감금될 당시 자신은 제정신이었다고 주장하면서 병원이 법원의 명령을 정면으로 위반하면서 "복잡한 수술을 받을 것을 강요"했다고 증언했다. 그녀는 "온갖 수단을 써서 수술 칼을 피하려 했지만 소용이 없었다." 위원들의 질문을 받은 "그녀는 수술과 관련하여 그녀의 의사가 잘못 전달된 게 아니냐는 의혹을 비웃었다." 그녀는 병원장인 헨리 코튼과 그의 조수인 로버트 스톤 Robert Stone이 그녀를 수술하여 법원을 모욕했다는 혐의로 소환된 바 있으나 또 다른 판사가 "모든 일은 오해에서 비롯되었다."는 이유로 무혐의 처분을 내렸다고 지적했다.[4]

하지만 뭐니뭐니해도 그 날의 가장 극적인 증언은 불과 며칠 전에 일어난 사건에 관한 내용이었다. 일주일 전에 브라이트 위원회는 그 사례에 가장 큰 관심을 기울였다. 그때만 해도 비록 처참한 몰골이었지만 살아 있었던 블룸 부인은 그로부터 나흘 후에 주검

현대 정신의학 잔혹사

으로 발견되었다. 그녀의 시체는 멍투성이였다. 병원측은 그 상처가 자해의 결과라는 주장을 굽히지 않았다.

앞선 조사위원회 심문에서 가족들은, 블룸 부인은 자신이 오래 살지 못할 것이라고, 병원의 야만적인 간호조무사들이 그녀를 때려 숨지게 할 것이라고 확신했다고 증언했다. 이제 그녀의 예감이 적중했음이 밝혀졌으므로, 블룸 부인의 사건은 다시 한 번 자연스럽게 무대의 전면에 놓였다. 이번 심문에는 블룸 부인의 연고자들이 아무도 참석하지 않았다. 그녀의 장례식이 있어서였다. 그리하여 연고자들의 증언은 다음 번 모임으로 미뤄졌다. 하지만 위원회는 유족들의 증언을 대신하여 지역의 의사인 찰스 미첼의 증언을 듣기로 했다.[5]

미첼은 퉁명스럽고 특별한 인상을 주지 않는 증인이었다. 그는 일요일 한밤중에 코튼 박사의 호출을 받고 병원으로 가 제2진단의 자격으로 블룸 부인의 사망을 진단했다고 시인했다. 그는 "브라이트 위원회가 그 여인의 사례를 조사하는 소동을 벌였기 때문에" 자신이 병원의 호출을 받았다고 확신하며 그로 인해 시간을 낭비한 것을 뼈아프게 후회한다고 담담히 밝혔다. 사망 진단을 한 과정을 상세히 말하라는 추궁을 받은 그는 자신이 멍투성이가 된 블룸의 몸을 제대로 보지도 않았다고 시인했다. 병원의 환자 차트에 기록된 정보만 보아도 "그 여인이 폭력에 의해서가 아니라 자연적 원인으로 사망했다."는 것을 충분히 알 수 있었다고 그는 주장했다.

이어 호된 대질심문을 받은 미첼은 자신이 유족들에게 진단 내용을 알리자 격렬한 논쟁이 벌어졌다고 어쩔 수 없이 시인했다. 블룸 부인의 자녀들은 미첼이 고인의 위를 조사할 것을 요구했다. 그러나 미첼이 추가 검사를 하려면 부검을 해야 한다고 말하자 유족들은 난색을 보였다. 위원회가 가장 끔찍한 의혹―미첼이 화를 내

헨리 코튼

며 블룸 부인의 딸들에게 자신과 사인에 대한 논쟁을 벌이는 것을
중단하지 않는다면 시체의 목을 자른 후 머리부터 발끝까지 열어
보이겠다고 협박했다는 의혹—을 제기하자 미첼은 강력히 부인했
지만, 심문실에 있는 많은 사람들은 그의 말을 거의 믿지 않는 것
같았다. 그가 유족들에게 "내상內傷에 관한 모든 의혹 제기를 자발
적으로 철회한다."는 내용의 서류를 건네며 서명을 요구하자 그들이
서명을 거부했다는 사실을 미첼 스스로 인정했기 때문에 사람들의
의심은 더욱 굳어졌다. 또한 불길하게도 브라이트는 다음 번 모임에
는 유족들이 참석하여 미첼의 증언을 반박할 것이라고 예고했다.

한편 심문실 밖에서는 또 다른 드라마가 펼쳐지고 있었다. 헨리
코튼이 증인석에서 위원회와 맞선 후 갑자기 밖으로 나가자 그의

변호사와 병원 관리인은 순간 놀랐다. 그들은 곧바로 따라나왔지만 코튼을 찾을 수 없었다. 그러나 스테이트 스트리트로 이어지는 모퉁이를 돌자 눈에 익은 동료와 마주칠 수 있었다.

코튼은 흠뻑 젖어 있었다. 성급하게 나서다보니 비가 오는 것을 잊고 외투를 챙기지 않은 것이 분명했다. 그는 여전히 멍한 채로 시간도 공간도 의식하지 못하는 것 같았다. 병원 관리인이 도대체 왜 빗속에 서 있느냐고 물어도 코튼은 벙어리처럼 아무 대꾸도 하지 못했다. 얼마 후 애츨리는 코튼의 말을 유도해내는 데 성공했다. 코튼의 정신적 혼란은 가련할 지경이었다. 그는 계속해서 서성거렸고, 멀리 떠나야 하는데 자동차를 못 찾겠다고 소리쳤다. 자신이 애츨리의 차를 타고 시내로 나온 사실을 기억하지 못하는 게 분명했다.

그 광경이 행인들의 시선을 끌어들이기 시작했다. 애츨리는 신속하고 단호한 행동을 취해야 한다고 느꼈다. 트렌턴에는 아직 소도시의 특징들이 많이 남아 있지만, 그래도 뉴저지 주의 수도였고, 코튼은 유명인사였다. 즉시 조치를 취하지 않으면 지역 정신병원의 원장 자신이 미쳤다는 소문이 퍼져나갈 터였다.

다행히 병원장은 공격적이지 않았다. 애츨리는 그리 어렵지 않게 병원장을 차로 데려갈 수 있었다. 아이러니한 일이지만, 일단 의사를 안전하게 병원으로 모시면 당분간 호기심어린 눈길들을 피할 수 있을 것이었다. 그러나 위기는 여전히 계속되고 있었다. 코튼은 눈에 띌 수밖에 없었다. 그들이 병원에 도착하자 코튼은 혼란이 더욱 심화되어 발작 환자나 심각한 히스테리 환자처럼 행동했다.

코튼이 미친다면 병원에 큰 문제가 생기는 것은 당연한 일이었다. 조지프 레이크로프트Joseph Raycroft 교수에게 급한 전화가 갔다. 프린스턴 출신으로 오랫동안 병원에서 코튼을 제일 강력하게 지원해온 그는 응급상황에서 유용했다. 그는 브라이트 상원위원을 만나 코튼이 병에 걸렸다고 알리는 데 동의했다. 이어서 그와 애슬리는 뉴욕과 필라델피아의 전문의들을 데려오기로 합의했다. 그럼으로써 코튼의 상태가 일반에 알려지는 것을 막아보려는 생각이었다. 그러는 사이에 병원의 의사들 가운데 빌 클라크를 호출하여 코튼의 병이 무엇인지, 혹은 어떻게 치료해야 할지 알아낼 수 있는 한 알아내라고 지시했다.

언론이 그 날의 심문 과정과 코튼의 반응을 요란하게 떠들고 있었으므로, 뭔가 공적인 발표를 할 필요가 있었다. 그리하여 이른 저녁에 병원측은 준비된 성명서를 공개했다. 그에 따르면, 코튼 박사는 일주일 전부터 몸상태가 나빴고 심문의 압박으로 인해 일시적으로 건강이 쇠약해졌다. 현재 그는 의사의 지시에 따라 침상에 누워 있으며, 다른 도시의 전문의들을 불러 그를 치료하게 할 예정이다.

그 후 금요일에 공개된 병원 소식지는 조심스러운 문구로 씌어 있었다. 병원장은 편안한 밤을 보냈고 많이 회복되었다. 의사들은 코튼이 신체상태의 악화로 인한 신경쇠약과 여러 달에 걸친 과로와 스트레스 외에 브라이트병 Bright's disease(단백뇨를 수반한 신장병으로 일반적으로 사구체신염에 대해 사용되었던 용어-감수자)으로 고생하고 있음을 발견했다(그러니까 조사위원회의 추궁 때문이 아니라 신장장애 때문에 고생했다는 말이다-의사들은 사적으로 브라이트 위원회와 브라이트병의 이름이 일치하는 것을 농담 삼아 지적하기도 했다). 코튼 박사는 몇 주 동안 침상에 머물러야 할 것으로 보인다. 그는 몇 주 전부터 아주 가벼운 업무 외에는 포기해야 했다. 그는 자신의 건강을 환자들에게 바친 것이다. 의사들은 그가 건강을 회복하더라도 재발을 방지하기 위해 한동안 병원 업무를 멀리하라고 지시할 계획이다.[6]

정치인들은 코튼이 당분간 무대를 떠나는 것에 개의치 않는 것처럼 보였다. 이후 3주 동안 브라이트는 예고한 대로 주립병원의 사정에 관한 증언을 듣는 모임을 계속 열었다. 리어 블룸의 유족들이 한두 명도 아니고 5명이나 나타나 그녀의 죽음을 둘러싼 미첼의 설명을 공개적으로 반박했다.7 블룸의 딸인 이올라 슬레버는 그 시련을 겪는 내내 그 지역 의사가 "그저 동물을 다룰 뿐"이라는 인상을 주었다고 증언했다. 그녀의 형부인 에드워드 페어런트는 그날 밤 병원에서 있었던 일을 더 상세하고 생생하게 전했다. 미첼은 11시에 도착하여 사망을 진단하라는 요청을 받았고, 도착하자마자 손전등을 비추며 간단히 시체를 훑어본 후 블룸 부인이 브라이트병으로 사망했다고 선언했다. 블룸의 아들들은 그녀의 검게 멍든 눈과 몸 전체의 심한 타박상을 지적하며 항의했다. 그녀는 반칙행위의 희생자가 분명했다. 미첼은 화를 내며 이렇게 말했다. "필요하다면 머리를 떼어내서 보여드리죠." 그는 단호했다. "그 다음엔 머리부터 발끝까지 갈라서 보여드릴게요." 생각만으로도 끔찍하다고 느낀 유족들은 집으로 돌아가 어떻게 대처해야 할지 의논했다.

　　기꺼이 검사를 맡겠다고 나설 의사를 찾는 노력은 무위로 돌아갔고(유족들은 "다른 의사의 일에 끼어드는 것은 의사의 직업윤리를 위반하는 일"이라는 얘기를 들었다), 당황한 유족들은 새벽 2시에 병원에 다시 모였다. 외부에서 도움을 얻을 수 없었고 시체를 훼손하는 것을 원치 않았으므로 그들은 병원을 블룸 부인의 죽음이 불법행위 때문이라는 고발로부터 자유롭게 하는 내용의 문서에 서명하는 데 동의했다. 다만 병원측이 준비한 문서에서 "자발적으로"라는 문구만 삭제할 것을 요구했다. 그리고 유족들이 몇 주 전에 브라이트 위원회에서 그 사건에 대하여 처음으로 증언을 했을 때, 그전까지 일절 그들과의 접촉을 피했던 헨리 코튼이 다가왔다고 유족들은 분개하며 말했다. 코튼은 그들이 이런 스캔들을 일으켰다고 비난하면서 이렇게 말했다. "바로 이런 일들 때문에 우리가 병원을 운영할 돈을 얻지 못한단 말이오."[8]

뒤를 이어 다른 가족들도 나타나 부주의나 의도적인 악행에 의해 죽임을 당한 사람들에 관해 증언했다. 제임스 에드먼드는 자신의 딸이 병원에서 "사실상 굶어 죽었요." 하고 주장했다. 딸의 몸무게는 입원 당시 59킬로그램에서 사망 당시 45킬로그램 이하로 줄어 그녀는 "뼈만 남아 있었죠." 그가 딸이 아프다는 전보를 받고 병원에 왔을 때 그는 딸이 갇혀 있던 병실을 보았다. "나는 그 방에 있는 환자들을 다 살펴보았지만 딸을 알아볼 수 없었습니다. 간호사가 가르쳐주어야 했죠. 내가 살면서 본 중에 가장 끔찍한 광경이었습니다." 다른 두 증인은 각각 남편과 어머니를 잃었다고 했다. 그들에게 인도된 시체들은 또 다른 환자의 공격 때문인 듯 타박상으로 뒤덮여 있었다. 두 사람 모두 그 상처가 추락 때문이라는 말을 들었다. 병원의 시체를 처리하는 사람과 대화를 나눴는데, 그는 시체의 "상처와 손상 부위를 감추는 것"이 자신의 의무라고 고백했다.[9]

이 주장들도 의심의 여지없이 심각한 것이었지만, 다른 추악한 주장들은 병원 당국의 처지에서 볼 때 더 큰 문제였다. 물론 환영할 만한 일은 아니지만, 병원의 평판에 손상이 가는 것은 일단 제쳐둔다면, 사실 직원이나 환자가 저지른 폭력사건들은 주정부가 적절한 재정 지원을 하지 않기 때문에 병원의 문제가 발생했다는 증거로 이용할 수 있었다. 더 후한 지원이 필요하다는 증언으로 변형할 수 있었던 것이다. 그러나 코튼 박사가 주정부의 임금을 받으면서 법을 어기고 사적으로 환자를 치료하여 돈을 벌었다는 주장은 무마하기가 어려웠다.[10]

찰스 사립병원의 공동 경영자인 게트루드 스미스 양과 그레이스 필즈 양은 브라이트 위원회의 소환장을 받고 마지못해 출석했다. 코튼이 몇 달 전 문을 연 그 병원에 환자를 거의 전부 공급했다고 그들은 시인했다. 총 환자 수는 40명이었고, 그 중 18명은 이미 코튼에게 수술을 받은 사람들이었다. 생식기관, 위, 지라(비장), 맹장, 결장(잘록창자)은 이미 코튼의 칼을 거친 뒤였다. 그는 평균 하루에 두 번 자기 환자들을 방문했고 사무 전화로 그들의 상태에 대해 문의했다.[10]

이어서 검찰부총장 시어도어 베이크스가 나서 조지아나 필립스 부인의 사례를 상세히 설명했다. 그녀는 원하지 않은 불임수술을 받은 환자였다. 필립스 부인은 형평법(衡平法) 법원의 피후견인 신분이었다. 베이크스는 그녀에 대한 수술 계획을 듣고서는 코튼과 스톤에게 법원의 허가를 받을 때까지는 "칼을 대는 것을 삼가라."고 분명히 지시했다. 별 생각이 없는 판사가 나중에 그 수술은 단지 "오해"였다는 그들의 변론을 받아들였다고 해도, 사태의 본질이 흐려져서는 안 된다고 베이크스는 말했다. 동의를 거부한 환자를 대상으로 수술이 행해진 것이 핵심이었다. 게다가 브라이트와 동료들이 다른 두 환자의 증언을 통해 확인했듯이, 그 사건은 예외가 아닌 것 같았다. 이스트 오렌지 출신의 애니 로저스 양은 자신이 거세게 반대했는데도 2건의 수술이 행해졌다고 말했다. 그녀는 두 번째 수술로 인해 평생 지속될 통증과 장애를 얻었다. 과거 범죄자 정신병동에 감금되었던 프랭크 힐은 X선 촬영실로 들어가기를 거부하는 환자들이 맞고 차이고 끌려가는 모습을 주기적으로 보았다고 증언했다.[11]

그리하여 1925년 8월 말, 이들을 비롯한 수많은 증인들은 트렌턴 주립병원이 공포의 집이라는 인상을 창조해냈다. 더욱 심각하게도 병원 당국은 증인들의 주장을 논박하고 반박하는 노력에 헨리 코튼을 가담시킬 수 없었다. 병원장은 여전히 말 그대로 정신을 놓고 혼란에 빠져 있었지만 그 사실을 발설할 수는 없었다. 2주가 더 지난 후에도 코튼의 정신상태는 대중 앞에 나서는 일을 감행할 만큼 회복되지 않았다. 코튼의 오랜 스승인 존스홉킨스 대학 정신과 교수 아돌프 마이어에게 보낸 편지에서 레이크로프트는 사태의 추이에 충실하면서 코튼의 정신질환에 대해 이렇게 솔직히 알렸다.

> 코튼 박사는 약 6주 전 상당한 정신적 흥분과 불안의 시기를 겪은 후에 무너졌습니다. 그는 매우 큰 혼란과 염려에 시달렸습니다. 그는 주의회 브라이트 위원회에 참석한 뒤에 트렌턴 시내에서 배회하는 모습으로 발견되었습니다. 검사를 통해 신장의 상태가 심각하고 심장이 약한 것으로 판명되었습니다. 점차 회복되고 있지만 아직 일을 할 수 없습니다……. 나는 이런 사정이 악화되는 6주 동안 다른 곳에 있다가 방금 돌아왔습니다. 아직 스프링 레이크에 있는 코튼을 보지 못했지만, 이런 상태에서는 그가 그 자신과 병원을 변론하는 일은 불가능할 것 같습니다.[12]

병원 경영자들은 제정신이 아니었다. 여전히 헨리 코튼이 트렌턴에서 개척한 정신병에 대한 외과수술이 정신장애 치료법의 역사에서 획기적인 업적이라고 확신하는 그들은 주의회 조사위원회가 "주립병원에서 야만적인 간호조무사들과 강요된 수술로 인한 불법행위가 일어났다고 주장하는 무책임한 사람들의 증언을 환영하고 수용하는 것"을 황당한 심정으로 지켜보았다. 이 혐의에 대한 언론의 보도로 병원의 이미지는 걸레가 되었고, 이제는 코튼이 정치인들을 혼내주기를 기대할 수도 없었다. 원하건 원치 않건, 경영자들은 자

현대 정신의학 잔혹사

신들이 "9월 23일에 열릴 위원회의 특별 모임에서 더 심각한 몇 가지 비난에 대응해야 한다는 것"을 깨달았다.[13] 주립병원에 대한 대중적 신뢰의 마지막 잔해라도 건지려면, 확실히 미쳐버린 의사를 증인석에 세우는 일만큼은 피해야 할 터였다.

---

1 *Trenton Evening Times*, August 5, 1925.

2 "Warden's Report to the Board of Managers of the New Jersey State Hospital at Trenton for July 1925," 트렌턴 주립병원(이하 TSH) 문서보관소.

3 위원회 모임 전과 중에 코튼이 보인 이상 행동은 1925년 8월 5일자 〈트렌턴 이브닝 타임스〉와 〈뉴야크 석간 뉴스*Newark Evening News*〉에 꽤 상세히 묘사되어 있다. 리덤의 증언에 대해서는 〈트렌턴 이브닝 타임스〉 1925년 8월 5일자 참조.

4 *Trenton Evening Times*, August 5, 1925.

5 같은 곳.

6 *Trenton Evening Times*, August 7, 1925 ; *New York Times*, August 7 and 8, 1925.

7 *Trenton Evening Times*, August 13, 1925.

8 *Trenton Evening Times*, August 12, 1925.

9 *Trenton Evening Times*, August 26, 1925.

10 *Trenton Evening Times*, August 13, 1925.

11 *Trenton Evening Times*, August 19, 1925.

12 레이크로프트가 1925년 9월 12일에 마이어에게 보낸 편지, 마이어의 문서, 존스홉킨스 대학 치스니 문서보관소(이하 CAJH) 3215/1.

13 같은 곳.

1부

과학적 영웅이 되려 한 젊은 의사

미친 사람, 우울한 사람, 혼란과 착란에 빠진 사람, 정신에 망상과 문제가 있는 사람, 이들의 운명을 부러워할 자 누구인가? 때로는 연민과 형벌의, 때로는 공포와 매혹의 대상으로서 이들은 수백 년 동안 사회 질서의 근간에 대한 상징적이고 또한 실제적인 위협으로 여겨져 왔다. 나사 풀린 자들의 혼란과 번민은 이성의 지배가 얼마나 연약한지를 너무나 생생하게 상기시킨다. 동시에 그들의 뚜렷한 현존은 어쩔 수 없이 그들과 함께 살아야 하는 이들의 삶에 심각한 스트레스를 야기한다. 고함을 지르고 날뛰건, 우수에 잠겨 물러나 있건, 미친 남자와 미친 여자는 혼란과 동요, 죄의식과 절망, 치욕과 부끄러움을 스스로 경험했고 또한 타인들에게 불러일으켰다. 통속 문학과 대중에게는 광인이 때로 웃음의 대상이 된다. 그러나 어둠 속에는 더 어두운 시각이 웅크리고 있다. 그 시각은 광인들을 비참하고 위험한 존재로 간주한다.

광기의 문제가 처치 곤란하다는 생각은 광인들은 자신의 행동에 대해 책임이 없는 사람이라는 상식적 견해와 연합한다. 그들의 행동은 인간적 행위로서의 지위와 존엄성을 결코 얻을 수 없다는 것이다. 여러 면에서 볼 때, 광인으로 취급받는다는 것은 사회적·정신적·형이상학적으로 사망했다는 것을 의미한다. 만일 그들의 광기가 도덕적 행위자로서의 그들의 지위를 앗아간다면, 광인들이 문명화된 행동 기준을 상실하고 우리의 상식적 실재와의 접촉을 잃는 것 역시 그들을 덜된 인간으로 간주하고 그렇게 대하는 것을 정당화하는 구실이 된다.

설령 그들이 야수로 간주되고 취급되는 것을 피한다 하더라도, 그들의 극단적인 상태는 매우 절박한 교정을 정당화한다고 여겨진다. 19세기의 광기 교정가인 샤프츠베리 경이 다음과 같은 결론을 내린 것도 이해할 수 있는 일이다. "광기는 말하자면 사람을 해충으로 취급할 권리를 부여한다."[1]

광기 자체가 가장 심오한 실존적 불안을 불러일으킨다면, 우리가 전통적으로 광기의 희생자들을 위탁한 장소인 정신병원은 그 울타리 안에서 일어나는 일들에 대한 특유의 괴기스런 환상과 우리의 상상력을 사로잡으며 끊임없이 회자되는 악몽 같은 이미지에 영감을 제공했다. 18세기의 정신과의사 윌리엄 파제터는 이렇게 말했다.

정신병원이라는 관념은 사람들의 마음속에 가장 강력한 공포와 경계의 감정을 일으키는 경향이 있다. 전혀 근거 없다고 할 수는 없는 전제 때문인데, 그것은 환자가 그곳에 들어가는 저주를 받으면 엄청난 폭력에 노출될 뿐 아니라, 회복되든 회복되지 않든 상관없이 바깥세상을 다시 볼 가능성이 희박하다는 것이다.[2]

그 누가 정신병원의 치료 효과를 아무리 큰 소리로 강력하게 주장한다 해도, 그곳의 피수용자들과 다수의 대중에게 정신병원은 살아있는 시체들의 무덤일 뿐이다.

정신과의사들도 마찬가지다. 그 비참한 인간 종들을 감시하는 일로 생계를 유지하고 정신의 부패와 죽음이 임한 이들을 식별하고 관리하고 심지어 부활시킬 수 있다고 주장하는 감금시설 지휘자들 말이다. 치료의 기술을 실행하는 이들 중에 정신과의사들만큼 자신들의 구상이 틀림없이 소동과 비웃음의 대상이 되고, 동기가 왜곡되고, 이성이 냉소와 의심을 받는 것을 발견하는 이들은 없다. "겁쟁이", "미친 돌팔이", "벌레소굴 의사", "미소 띤 하이에나"—수백 년의 세월 동안 정신과의사들은 보통 자신들이 치료하고자 하는 환자들에게 붙이는 불명예스런 꼬리표를 적잖이 달아야 했다. 그리고 그들은 적어도 한 번 이상 불명예를 자초했다.

많은 독자들은 내가 전하려는 괴기스런 이야기를 정신병원과 광인들과 그들을 치료한다고 자처하는 자들에 대한 최악의 상상을 입증하는 증거로 여길 것이다. 나의 이야기는 광기와 폭력과 살인(심지어 때로는 고의적 살인)을 연결시킨다. 주인공들은 영미 정신의학계의 주요 인물들이며, 그 중 한 명은 20세기 전반기의 가장 저명한 미국 정신과의사라 할 수 있는 아돌프 마이어이다. 그러나 내가 전할 사건은 한때 상당한 파문을 일으킨 의학 스캔들이었는데도 매우 용의주도하고 조용하게 실험을 당하고 불구가 되고 내장을 적출당한 수천 명의 환자들과 함께 대중의 시야에서 사라졌다. 의학의 오만이 빚어낸 이 에피소드에 수백 명이 목숨을 잃었다. 그들은 어쩌면 지금도 의학 지식이 정신장애의 영역에 개입하는 것이 항상 축복이었던 것은 아님을 상기시키는 경고의 역할을 할 수 있을 것이다. 아무튼 트렌턴 소재 뉴저지 주립병원에서 이루어진 대규모 실험에 관한 이야기는 그것이 지금까지 머물렀던 망각으로부터 건져낼 가치가 있다.

오늘날 트렌턴 주립병원 근처를 지나는 사람은 여전히 그곳을 제 집이라 부르는 몇 명의 환자들 못지않게 버림받고 초라하고 황량한 건물들을 보게 될 것이다. 빅토리아 시대로부터 전해진 광기 박물관이 대부분 그렇듯이, 창립자가 "세계가 제공할 수 있는 참된 문명의 가장 복된 발현"[3]이라고 찬양한 도덕적 건축의 기념비, 뉴저지 주 최초의 정신병원은 어려운 시절을 맞았다. 한때 마당을 장식했던 멋진 나무들은 방치되고 지나치게 자라고 뒤엉켰다. 빽빽한 나뭇잎들은 건물을 음울한 그림자로 뒤덮는다. 그 무덤 같은 그늘 속에서는 도처에 깔린 듯한 부식토와 부패물이 축축하고 음산한 냄새를 풍긴다. 철제 창틀은 돌과 벽돌에 붉은 녹을 침착시켰다. 창틀 뒤에는 녹슨 금속 차단막의 흔적이 있다. 형언할 수 없는 오물과 먼지가 쌓여 있다. 이 버려진 곳의 뒤뜰에서 살다가 떠난 거주자들이 지난 150년 동안 남긴 흔적이다.

유리창이 깨져 있어 지나가는 사람도 텅 빈 병실들을 볼 수 있다. 그곳에는 생기 없는 가구들만이 남아 있다. 한때 이 시끄럽고 냄새 나는 묘지에 2,000명 이상의 피수용자가 위탁되어 낮은 숨을 쉬었지만, 지금은 섬뜩한 정적과 공허뿐이다. 과거 불가침의 장벽이었던 성한 사람과 광인 사이의 경계선을 유지하려 애쓰는 사람은 이제 없다. 족쇄에서 풀려난 자들, 과거라면 이곳에 살았을 자들은 우리의 오웰적인 지도자들이 "공동체 내의 돌봄(코뮤니티케어)"이라 부르는 부드러운 자비에 위탁되었다. 오늘날 광인들은 대체로 도시 내부의 가장 낙후한 지역에 내버려졌다. 그곳에서 그들은 다른 종류의 다양한 인간 쓰레기, 말종 들과 함께 관용되고 또 억압된다. 그들 중 일부는 거리 정신병자sidewalk psychotic라는 새로운 도시 현상의 견본이 되었다. 다른 광인들은 정신병과 관련한 신종 사

현대 정신의학 잔혹사

업의 먹이가 되어 각종 보호시설에 거주한다. 그 시설들의 상당수는 그 비참한 인간 종들로부터 이익을 산출하는 데 혈안이 된 사업가들에 의해 창립되었다. 과거에 병실을 채웠던 자들 못지않게 버림받고 외롭고 황량한 주립병원의 낡은 건물은 거의 버틸 수 없어 보인다. 절망한 자들과 절망당한 자들이 뒤에 남긴 쓰레기 속에서 그 건물은 과거 세대들이 정신병원의 치료 효과에 대하여 품었던 기대가 버려졌음을 침묵으로 증인한다.

1848년에 지어졌으며 돌로 전면을 장식한 원래 건물 뒤편에는 거리에서 보이지 않도록 더 깊숙이 숨겨진 곳이 있다. 그곳은 한때 자족적인 우주였던 이 병원 중에서 지금도 완벽하게 기능하고 있는 부분으로 범죄성 정신병자들을 수용하는 법의학 병동이다. 중앙병동으로 통하는 수위실은 이제 비었지만, 법의학 병동의 경계는 여전히 높은 장벽과 철조망으로 확실히 둘러싸여 안전을 보장하고 있다. 장벽 위에는 탐조등이 설치되었고, 개떼들이 회색 건물의 주변을 순찰한다. 그저 평면일 뿐인 건물의 벽엔 건물의 기능을 감추기 위한 어떤 장식도 없다. 감시탑과 반짝이는 고성능 소총에서 사회의 가장 나쁜 악몽을 몸소 구현한 자들을 안전하게 가둬두겠다는 결단을 읽을 수 있다.

한 세기 전, 트렌턴 최대의 병원은 창립 50주년을 기념했다. 19세기 미국의 광기 교정활동을 후원한 성녀 도로시아 딕스가 "그녀의 첫 아이"라 부른 그 으스스한 건물들은 그녀가 긴 생애의 마지막 5년 가량을 머문 최후의 피난처가 되었다. 미국의 다른 정신병원들과 마찬가지로 트렌턴 병원도 초기에는 수많은 빈자와 노인, 만성적인 지체장애자 들을 수용하느라 치료의 야심을 발휘할 수 없었다. 이곳에서, 무관심하고 나태한 존 웨슬리 워드John Wesley Ward에게 명목상의 지휘를 받으면서, 그와 동료들이 타락하고 생물학적

트렌턴 주립병원 1848년에 지어진 중앙건물. 널찍한 대지에 자리 잡은 이상적인 시설을 보여주는 이 목가적인 풍경은 병원의 연례 보고서에 자주 실렸다.

으로 열등하다며 내버린 "흠 있는 피조물"이 무의미하게 시간을 흘려보냈다. 워드는 1867년부터 트렌턴에 머물면서 30년 넘게 병원장으로 재직했다. 대체로 졸음이 오는 세월이었다. 만성 환자들이 서서히 늘었고 병원 인구는 무자비하게 증가하여 1907년에 거의 1,300명에 도달했다. 그 훌륭한 의사 선생님은 일단 직위를 차지하고 나자 화석과 조개껍데기 수집에 몰두했고,[4] 환자를 가능한 한 적게 만났다. 환자들은 잔인한 간호조무사들의 부드러운 자비에 맡겨졌다.

워드는 최근에 트렌턴 주립병원으로 개칭된 그 시설에 40년 동안 머물며 낮은 자세를 유지했다. 쓸모없는 자들을 수용했고, 문제가 발생하거나 대중의 눈에 띄는 것을 피했다. 이상한 논쟁이 벌어져 작은 파문이 일어난 적도 있었다. 예컨대 간호조무사가 환자를 목 졸라 죽였다고 어느 의사가 1901년에 주장했을 때 언론은 잠깐 동안 관심을 보였다.[5] 하지만 그런 일은 아주 드물게 일어났다. 주립병원을 운영하는 이들 대부분이 그랬듯이, 워드 역시 자기 병원이 언론에 오르내리는 것을 막고 한가하게 원장직을 누리는 데 어려움이 없었다.

그러나 그가 수용시설에서 누리던 호젓한 삶이 예고도 없이 혼란에 빠지게 되었다. 기묘하게도 수용소와 외부 세계를 가르는, 난공불락으로 보이는 장벽의 해체를 촉진시킨 원인은 비슷한 기관들에서 때때로 발생하는 평범한 종류의 도덕적 공황이 아니었다. 예컨대 너무 일찍 퇴원한 환자가 소중한 가족을 살해했다거나, 멀쩡한 사람이 부당하게 감금되었기 때문에 소동이 일어난 것이 아니었다. 그 원인은 하잘것없어 보이는 어느 생물, 맨눈으로 볼 수 없으며 최근 대중이 온갖 질병의 주범으로 지목할 줄 알게 된 미지의 "세균들" 중 하나였다.

이질과 설사는 정신병원에서의 삶에 고유한 특징에 가까웠다. 사회가 원치 않는 자들이 너무 많이 모이고 재정이 시원치 않은 수용소에서의 생활에 불가피하게 동반되는 불미스러운 점이라고 여겨졌다. 1907년 봄 소수의 환자들이 설사 증상을 나타냈을 때 병원 당국은 경보를 발령할 필요를 느끼지 않았다. 그러나 며칠 만에 사태는 심각해졌다. 점점 더 많은 환자들이 병에 걸렸고, 증상도 눈에 띄게 심해졌다. 메스꺼움과 구토, 통제할 수 없는 설사 외에도 장기적인 고열과 오한, 심한 근육통과 발작 등의 증상이 나타났다. 감염된 환자 여럿이 심한 장출혈을 일으켰고, 4월 초에는 첫 번째 사망자가 발생했다. 워드와 그 조력자들은 뒤늦게 장티푸스가 발생했음을 깨달았다.

그러나 귀찮고 불편한 행정 업무가 늘 그런 식으로 처리되듯이, 진단이 내려진 후에도 전염병이 발생한 소식은 국외자들에게 공개되지 않았다. 병원 당국은 응급상황이라는 사실조차 내색하지 않았다. 워드의 무관심과 부주의, 세균 감염에 대한 빈약한 지식, 병원의 관리인 겸 경영자인 윌리엄 헤이스와의 오랜 불화가 중첩된 결과, 전염병의 원인을 발견하고 제거하기 위한 조치는 이루어지지 않았다. 병원 내부의 사정은 날이 갈수록 악화되었고, 6월이 되자 환자들뿐 아니라 직원들에게까지 장티푸스가 퍼져 수백 명의 목숨이 위험에 처했다.

어찌할 바를 몰랐던 워드는 주 보건 당국을 호출하여 자문을 구했다. 그러나 그는 노출된 샘에서 물을 긷는 행위를 금하는 것 외에는 보건 당국의 제안을 실행하려는 노력을 거의 하지 않았다. 한 달 후, 감염자의 수가 계속 증가하는 가운데 지역 신문에 공포를 조장하는 기사가 실리기 시작했고, 시 보건국장 헨리 미첼은 전염병이 곧 트렌턴 전체로 퍼질 것이라고 공개적으로 밝혔다. 다른 장소도 아니고 광인들의 수용소가 그렇게 공공 보건을 위협하다니, 이 어찌 기이한 일이 아니겠는가! 애당초 공언된 수용소의 임무는 치료라 해도, 이미 오래 전부터 수용소의 주요 관심사는 광인들을 격리하고 생물학적으로 불완전하고 타락한 자들을 솎아내어 그들이 미래 세대에 광기의 얼룩을 퍼뜨리지 않게 하는 것이었다.

전염병에 대처하는 과정에서 지체와 불화를 드러낸 것은 워드와 헤이스의 경력에 치명적이었다. 주의회는 조사를 시작했다. 끊임없이 폭로가 이어졌다. 행정에 대한 오류와 소홀, 물리적·금전적 부패, 그리고 가장 심각하게는, 간호조무사들이 환자에게 행한—때로 살인에까지 이른—악행들이 드러났다. 워드는 자신이 그 범죄들을 주도면밀하게 숨겨왔다고 시인했다.[6]

알고 보니 그 병원장은 약 15년 전에 비용을 절감하기 위해 외부 인사가 병원의 사업을 주관하는 경영자로 고용되면서 자신의 권력이 축소되자 앙심을 품고 있었다. 그 깊은 앙심은 의도적인 비협조 전략으로 이어졌다. 병원장은 자신의 경쟁자인 관리인과 거의 말도 하지 않았다.[7] 워드와 헤이스는 이제 서로 상대방에게 전염병

창궐의 책임을 돌리기 시작했고, 그 결과 두 사람 모두의 평판은 땅에 떨어졌다.[8]

주의원들은 음식과 의복의 공급과 관련하여 수용소 임직원의 친척을 상대로 계약이 후하게 체결되었다는 증언을 들었다. 장티푸스의 발생과 관련해서는, 드러난 수많은 오염과 물리적 부패의 원천들 가운데 어느 것이 궁극적인 원인인지 판정하기 어려웠다. 식수는 수용소와 도시의 하수도에서 흘러나온 오물에 오염된 것이 밝혀졌고, 착유장搾乳場 바닥은 인간과 동물의 배설물로 뒤덮였으며 우유통에는 근처의 쓰레기더미에서 나온 파리들이 들끓었다. 병실들은 혼란스럽고 깨끗한 곳을 찾기 어려웠다. 이미 전염병에 걸린 자들의 오염된 의복조차 소독되지 않았다.

그리고 연로한 워드 박사가 증인석에 섰다. 그는 멍하고 어리둥절한 듯한 모습으로, 착유장에 있는 인간과 동물의 오물은 우유에 해가 되지 않는다고 주장했으며(자신도 그 우유를 먹었다고 자랑스럽게 말했다), 적대적인 질문자들 앞에서 자신이 장티푸스 "세균"을 본 적이 없다고 시인했다. 더 나아가 첫 장티푸스 환자의 배설물을 소독하지 않은 채 도시의 상수원인 델라웨어 강에 버렸으며 그 일이 "트렌턴 시에 위협이 될 수도 있겠지요."라는 시인과, 수용소의 샘이 오염되었다는 보고를 받은 때와 그 샘을 쓰지 말라고 지시를 내린 때 사이에 6주 이상의 간격이 있었다는 시인 중에서 어느 것이 더 큰 충격을 주었는지 가늠하기 어렵다. 간호조무사들에게 폭행과 학대를 당한 환자들의 증언은 그 정신병원이 워드의 통제가 거의 또는 전혀 미치지 않는 아수라장이었다는 생각을 최종적으로 승인했다. 절정의 순간에 워드는 그 자신과 경영자들이 공모하여 1년 반 전에 특히 흉악한 간호조무사 2명이 한 환자를 살해한 일을 숨겼다는 것을 어쩔 수 없이 인정했다. 누구라도 예상할 수 있듯이,

병원의 이사회는 1907년 7월 29일 주지사 스토크스의 압력을 받아 워드의 사임을 (열흘 후에는 헤이스의 사임을) 요구했고 병원 행정의 전면적인 정비를 약속했다. 다른 한편, 외부의 인력들이 수용소로 들어가 오물을 청소했고, 검찰총장은 워드와 그의 조력 의사들을 살인을 숨긴 혐의로 기소하는 것을 고려 중이라고 선언했다.[9]

그 후 불과 며칠 만에 병원 이사회는 새 관리인을 선출했다. 정치권에 인맥이 있고 과거 머서 군의 보안관을 지낸 새뮤얼 애슬리였다.[10] 그러나 새 병원장을 물색하는 일은 훨씬 더 오래 걸렸다. 이사들은 주 내부의 인물을 지명하고 싶은 욕구와 이론의 여지가 없는 자격을 갖춘 정신과의사(당시에는 에일리어니스트alienist라 불렸다.)를 고용할 필요성 사이에서 갈등했던 것으로 보인다. 헨리 코튼의 임명은 10월 5일에 언론을 통해 처음으로 소문이 돌았지만 인사위원회가 매사추세츠 소재 댄버스 주립병원을 방문하고 어쩔 수 없이 현실을 받아들이겠다는 입장을 밝힌 후에 비로소 공식적으로 확정되었다. 인사위원회는 지난 여름의 스캔들로 인해 트렌턴 주립병원이 입은 엄청난 손상을 회복하는 것이 우선이었다(코튼이 어린 시절에 대부분의 여름을 트렌턴에서 몇 킬로미터 떨어지지 않은 프린스턴의 새뮤얼 반 클리브 고모의 집에서 보냈다는 사실은 그의 임명에 결코 해가 되지 않았을 것이다).[11] 전임자들과 달리 코튼은 병원의 사업을 총괄하는 권한을 의사가 아닌 경영자에게 양도하는 것이 기쁘다고 이사회에 밝혔다. "그의 시간 전부를 환자를 치료하고 돌보는 일에 바치고" 싶기 때문이라는 것이었다.[12]

메릴랜드 대학과 존스홉킨스 대학에서 의학을 공부한 코튼은 셰퍼드 앤드 에녹 프래트 병원에서 헨리 허드Henry Hurd와 프린스턴 출신의 저명한 의사 스튜어트 "펠릭스Felix" 페이턴Stewart Paton의 지도를 받으며 정신의학을 수련한 후, 우스터 주립병원에 자리 잡았다.

우스터 주립병원에서 그는 스위스 출신의 신경정신과의사 아돌프 마이어Adolf Meyer(1866~1950. 생물학적 · 심리적 · 사회적 요인의 통합체로서의 개인이 특유의 생활 경험에 근거하여 나타내는 부적응 반응으로서 정신장애를 파악한 정신생물학 이론의 창시자-감수자)의 지휘를 받았다. 마이어는 코튼이 댄버스 주립병원에서 상급자로 모신 찰스 페이지와 함께 젊은 정신과의사 코튼에게 직업적 모범이었다. 그들은 그를 돕고 칭찬하고 유망하게 여겼다.[13] 손 웨슬리 워드가 수많은 일반인들과 마찬가지로 현대의학의 바다를 무지 속에 떠돌았다면, 헨리 앨러우셔 코튼은 20세기 벽두의 대다수 미국 의사들을-지식이 더 적은 정신과의사들은 말할 것도 없고-능가하는 과학적 능력을 갖추었다고 자랑할 만했다.

코튼의 존엄한 스승인 마이어는 취리히와 파리, 에든버러, 런던에서 교육을 받은 후 3년 동안 일리노이 주 캔카키 주립병원에서 병리학자로 일했으며 최근에 우스터 주립병원으로 자리를 옮겼다. 유럽에서 신경학을 폭넓게 수련한 그는 진지하고 일관된 임상 · 병리 연구를 도입하여 정신장애의 생물학적 뿌리를 밝혀냄으로써 "구식 수용소 치료"를 혁명적으로 변화시키게 된다.[14] 독일 최고의 진료소와 정신병원을 모범으로 삼은 마이어는 4개의 조수직을 마련하고 지역 최고의 의학교에서 학업성적과 채용시험 결과를 기준으로 직원을 채용했다. 그는 많은 분야에서 차세대 미국 정신의학을 이끌 인물을 끌어들이는 데 성공했다. 실제로 그가 채용한 네 사람 중 셋은 차례로 미국 정신의학회 회장을 역임했다.[15]

코튼은 마이어의 조수로 선발되어 수련을 받음으로써 과학을 정신과의술에 적용하는 일의 선봉에 설 자격을 얻었다. 그 일을 추구하는 사람들은 그다지 많지 않았다. 대부분의 의사들은 "과학"과 "정신과의술"을 별개의 분야로 생각했다. 19세기의 마지막 사반세기에 한편으로 마취법과 소독법이 개발되고 다른 한편으로 많은 질병의 세균학적 기반이 발견되면서 외과수술과 의술 일반의 지위와 전망에 변화가 일어났다. 그러나 정신장애에 대한 이해나 치료법에는 그에 견줄 만한 획기적인 진보가 일어나지 않았다. 코튼이 트렌턴 시립병원에 부임하기 불과 몇 달 전에 볼티모어 소재 마운트 호프 리트리트 병원의 수석의사인 찰스 힐은 미국 의료−심리학회(곧 미국 정신의학회로 개칭된다) 연례 모임에 모인 정신과의사들 앞에서 회장 자격으로 연설을 했다. 애처롭게도 힐은 정신의학계가 당연히 무시하거나 감추려 하는 불쾌하고 암울한 진실을 고백해야 한다고 느꼈다. 그 진실은 "우리가 자랑하는 모든 진보에도 불구하고 우리의 치료법은 쓰레기더미에 불과하다."는 것이었다.[16]

사반세기 이상의 세월 동안 정신과의사들은 자신들의 치료법이 성과를 거두지 못하는 것을 해명하기 위해 광인들은 퇴화하고 불완전하며 흠이 있는 피조물이며 그들의 망가진 정신은 개선의 희망이 없는 유전적 결함의 반영일 뿐이라고 선언했다. 그러나 광기를 진단하고 관리하는 전문적 능력이 있다고 자처하는 자들이 그런 전략을 써서 자신들의 실패를 변명하는 것은 넓은 시각으로 볼 때 절망을 권유하는 것이나 다름없었다. 광기를 "특정한 유기적 조건에서 나오는 필연적인 유기적 귀결"로 간주하고 광인을 "자신의 구조가 행하는 폭정으로부터 벗어나기는 불가능하다."[17]고 주장하며 내팽개친다면, 감금시설의 책임자는 스스로의 견해에 따를 경우 하숙집 주인이나 감옥 관리인으로 전락할 수밖에 없었다. 자신들이 다스릴 수 있다고 주장한 정신장애 앞에서 정신과의사들이 느끼는 무력감은 정말 순박한 이들을 제외한 모든 사람이 익히 아는 사실이었다. 그러나 그 무력감이 반영하는 암울한 현실은 나머지 의사들이 정신과의사를 노골적으로 멸시하는 주요 이유였다.[18]

현대 정신의학 잔혹사

환자들과 마찬가지로 수용소의 네 벽 안에 확실히 갇힌 채, 정신과의사들은 자신들 스스로 본질적으로 치유불가능하며 선천적이라고 선언한 상태를 감당하는 격리되고 불명예스런 특수기관의 일원으로 머물렀다. 심지어 동정을 느끼는 관찰자조차 말했듯이, 수용소 의사들은 "세부적인 행정 업무와 방문자 접대, 편지 회신, 신고서와 보고서 작성, 기타 단순 사무 업무로 너무 바빠 과학적 연구를 할 기간이니 욕구를 사실 누 없고 심지어 환자들을 의학적으로 적절히 돌볼 수도 없었습니다."[19] 더 가혹한 평가들도 있었다. 뉴욕의 신경학자 에드워드 스피츠카는 "가치가 없을 뿐더러 전혀 방향을 잘못 잡은 작업"에 대하여 다음과 같이 신랄하게 비판했다. "제시된 주장들은 뻔뻔스러움과 무지의 절묘한 결합에 근거를 두고 있습니다. 그 결합은 오늘날 사기라는 명칭으로 불립니다." 정신병원장들은 "광기에 대한 진단법과 병리학과 치료법만 빼고 나머지 모든 것에 대한 전문가들"이라고 그는 조롱했다.[20]

마이어 사단에 속한 영리하고 당찬 젊은이들은 자신들이 전혀 다른 미래를 가져올 선구자들이라 생각했다. 그들은 다가오는 정신의학 혁명의 돌격대였다. 새로운 과학적 의술의 도구와 기법을 써서 완강한 광기의 문제를 공략하고 병인病因에 대한 무지를 몰아내고 무능한 치료법을 극복할 사람들이었다.[21] 보스턴 소재 사립 맥린 수용소의 소장인 에드워드 콜스가 정신질환 치료가 "질병 일반에 대한 치료의 기반과 동일한 기반에 접근하는 것"이 과거 어느 때보다 필수적이라고 말했을 때 그들은 박수를 쳤다. 실제로 그들은 이미 마이어의 후견을 받으며 콜스가 동료 정신과의사들에게 촉구한 새로운 방향으로 나아가고 있었다. "신경계의 해부학과 생리학을 연구하는 새로운 방법"을 개척하고 "중독으로 인한 질병"을 연구하고 있었던 것이다.[22]

마이어와 코튼, 우스터 주립병원의 직원들 이 단체사진은 20세기 벽두에 촬영되었다. 왼쪽에서 두 번째에 팔짱을 낀 인물이 마이어다. 헨리 코튼은 뒷줄 오른쪽에서 두 번째에 있는 말쑥한 검은 머리의 젊은이다. 중앙의 문 앞에 있는 인물은 병원장인 호시 퀸비로, 그는 행정능력이 탁월한 정신과의사였다. 창의력이 없고 임무를 소홀히 했으며 틀에 박힌 사무에 즐거움을 느낀 그는 환자들과 그들의 고통을 직원들의 부드러운 자비에 맡겼다.

헨리 코튼은 마이어의 헌신적인 제자 중 하나였다. 스승이 뉴욕 주립병원 병리학 연구소 소장으로 영전되어[23] 우스터를 떠나자 상심한 코튼은 자주 편지를 보내 스승과의 접촉을 유지하면서[24] 반복해서 마이어가 제공한 훈련에 대하여 감사의 뜻을 표하고 "이 일에 열정을 갖게 된 것이 선생님 덕분이라고 항상 느낄 것입니다."라고 다짐했다.[25] 마이어가 맨해튼으로 옮겨가고 18개월이 지난 후, 코튼은 그에게 편지를 보내 자신도 직장을 옮기게 되었다고 알렸다. "상당한 급여 인상"을 보장받고 댄버스에 있는 매사추세츠 주립병원의 차석 조력 의사로 부임하게 되었다는 것이었다. 마이어에게도 알렸듯이, 코튼은 볼티모어 출신의 앨리스 델라 키스Alice Delha

Keyes라는 여성과 결혼을 할 예정이었으므로 급여 인상은 필수적이었다. 흔히 야심찬 젊은 정신과의사들은 결혼을 하면 주립병원보다 더 수입이 많은 직장을 찾게 되지만, 코튼은 과학자로서의 경력이 가장 먼저라고 판단했다. 그는 마이어에게 "저는 (사립) 진료소로 간다는 것을 생각할 수조차 없습니다."라고 말하면서, 정신이상사의 전신마비에 대한 연구를 계속할 계획이라고 다짐했다.[26] 코튼은 정기적으로 편지를 보내 연구의 진척을 보고했고, 한 번은 몇 주 동안 휴가를 얻어 오래 전부터 뉴욕 시가 광인들을 격리하는 장소로 써온 워즈 아일랜드―이스트 강 가운데 있는 고립된 섬이다―에 머물면서 마이어의 지도를 받으며 연구를 수행하기까지 했다.[27]

머지않아 코튼은 더 발전된 수련을 하겠다는 열망에 사로잡혔다. 당대의 경쟁자들이 감히 필적할 수 없는 수련을 열망하게 된 것이다. 적어도 20세기의 첫 사반세기 동안 야심과 재능을 가진 미국의 젊은 의사들은 사실상 전부 독일의 대학과 병원으로 모여들었다. 그곳은 새로운 과학적 의술의 진원지였다.[28] 그러나 장래의 정신과의사들은 이 의학적 성지순례의 행렬에 두드러지게 참여하지 않았다. 코튼은 그 상황을 바꾸기로 결심했다. 1905년 가을, 그는 마이어에게 흥분이 묻어나는 편지를 보냈다. 병원 당국이 9개월에서 12개월간의 유학을 허가했고, 그는 그 기간을 세계에서 가장 발전된 생물학적 정신의학의 중심지에서 보내겠다고 제안했다는 내용이었다.[29]

미국 정신의학은 대체로 고립적이며 수용시설에 기반을 둔 특수분야로 머물러 있었다. 대학과의 연결은 겨우 있을 정도였고, 체계적인 연구 프로그램과의 연결은 턱없이 부족한 형편이었다. 반면에 독일의 정신의학은 19세기 중반부터 의학의 다른 분야들과 마찬가지로 대학에 기반을 둔 종합병원과 연구소와 확고히 연결되었고,

정신질환은 뇌의 질환이라는 빌헬름 그리징거Wilhelm Griesinger의 이론을 처음부터 환영했다.[30] 확실히 독일 정신과의사들은 치료법을 연구할 시간도 관심도 없는 것처럼 보였고 환자들에 대한 염려는 더욱더 없는 것 같았다. 입원 환자는 흥미로운 견본 정도로 간주되었다. 하지만 독일의 연구소들보다 더 강력하게 장기병설臟器病說, organicism을 신봉하고 정신장애의 뿌리를 더 기초적인 신경병리학에서 찾으려 하며 뇌의 미시적 해부학을 밝혀내기 위해 지속적으로 애쓰는 곳은 세상 어디에도 없었다.

코튼은 마이어의 도움과 격려를 받고 그가 써준 소개서를 소중히 품에 지닌 채 새해 첫날 장도에 올랐다.[31] 그는 1906년을 뮌헨에서 보내며 세계적으로 유명한 크레펠린과 니슬, 알츠하이머 밑에서 뇌의 병리학과 조직학을 공부하게 되었다. 이 경험으로 정신장애의 생물학적 뿌리를 추적해야 한다는 그의 신념은 더욱 공고해졌다. 이미 에밀 크레펠린의 교과서가 정신의학의 질병 분류학을 혁명적으로 바꿔놓은 상태였다. 정신과의사들이 사고할 때 쓰는 범주 자체가 바뀌었고, 여러 가지 정신병의 형태들이 존재하며 그 각각은 고유한 진행과 결과를 가진다는 생각이 확고하게 자리 잡았다.[32] 프란츠 니슬과 알로이스 알츠하이머는 뇌의 미시적 구조에 대한 연구를 개척했다. 니슬은 신경세포의 구조를 현미경으로 관찰할 수 있는 염색법을 발견했고, 알츠하이머는 얼마 후인 1907년에 신경섬유의 신경섬유매듭neurofibrillary tangle(세포 내의 신경원섬유의 얽힌 덩어리나 매듭으로서 알츠하이머병을 앓는 환자의 대뇌피질에 나타난다-감수자)과 신경염 플라크neuritic plaque(노인성 반점. 죽었거나 죽어가는 신경세포. 뇌의 다른 세포와 단백질이 비정상으로 모인 상태-감수자), 뇌의 위축이 오늘날 그의 이름을 따서 명명된 노인성 치매와 연결된다는 사실을 발견하게 된다. 이들과 함께 연구를 하고 이들로부터 인정을 받음으로써 코튼은 정신의학의 세계에서 필적할 경쟁자가 없는 우수한 혈통을 이어받게 되었다. 미국으로 돌아온 그는 댄버스 병원의 조력 병원장으로 승진했다. 그것은 정신의학 분야에서 상금이 많은 상들 가운데 하나를 받기 직전의 한 걸음이었다.

그러므로 트렌턴 신문이 지역 병원의 새 병원장은 "정신의학계에서 높은 지위에 있다."고 보도했을 때, 그 기사만큼은 지역 주민들의 자기만족을 위한 과장된 찬양이 아니었다. 〈트렌턴 이브닝 타임스*Trenton Evening Times*〉에 실린 코튼의 출판물 목록을 보면서 "전신마비와 척수매독의 관계", "중추신경염", "정신병에서 뇌척수액에 대한 세포학적 연구", "전신마비에서 척수 뒤뿌리의 편측 단일근 재생" 등의 주제에 대하여 조금이라도 알 수 있었던 독자는 거의 없었을 것이다. 그러나 바로 그 점이 핵심이었다. 이런 식의 목록은 그 자체로 트렌턴이 현대의학의 미시적 기적을 아주 잘 아는 인물을 데려왔다는 사실을 증명했다. 그것은 이제 과학적 지성이 맹위를 떨치는 미지의 광기를 억누를 것이라는 약속의 문서였다.[33] 코튼은 자신이 임명되었다는 사실을 사적인 경로를 통해 알자마자 스승에게 편지를 보내 감사의 뜻을 전하고, "트렌턴 병원을 완전히 개혁"할 계획이라고 자랑했다.[34] 10월은 좋은 소식이 넘쳐나는 달이었다. 코튼이 새 직위를 공식으로 수락하기 2주 전에 그의 첫 아들 헨리 주니어가 태어났다. 곧이어 트렌턴 병원의 환자 1,600명이 뉴저지 주로 이주한 코튼의 손에 맡겨졌다.

그는 병원의 실상을 보고 경악했다. "그런 비참한 상황이 오늘날의 정신병원에 존재한다는 것을 사람들은 믿지 않을 것입니다."라고 그는 마이어에게 말했다. 워드의 방임하에 간호조무사들은 견제 없이 환자들을 지배하면서 폭력과 야만으로 통제했다. "(수백 명의) 환자들은 몇 년씩이나 억류되었고, 아무도 그 이유를 몰랐습니다."[36] 그곳 전체에 감옥의 분위기가 드리워 있었다. 다른 유사 기관들과 마찬가지로 필라델피아의 저명한 신경학자 위어 미첼의 다음과 같은 묘사가 꼭 어울리는 곳이었다. "병실의…… 슬픔 속에서…… 정신병자들은 희망의 기억조차 잊고 너무 무감각해 절망도 모르는 채 줄지어 앉아 간호조무사들의 감시를 받는다. 먹고 자고, 자고 먹는 고요하고 소름끼치는 기계들이다."[37]

코튼은 즉각 구체제가 끝났음을 분명히 알렸다. 비록 대부분의 미국 정신과의사들은 가장 폭력적인 광인도 물리석인 제재 없이 관리할 수 있다는 영국 정신과의사들의 주장을 놓고 오래 전부터 격론을 벌여왔지만,[38] 이 젊고 야심 있는 병원장은 논란이 되는 새로운 원리를 단번에 채택했다. 그가 부임하고 채 두 달이 가기 전에 700점 이상의 속박 장치들이 병실에서 압수되어 병원의 박물관으로 옮겨졌다. 간호조무사들을 재교육하고 규율을 잡는 노력은 이미 진행되고 있었다. 그 프로그램은 곧 정신과 간호사를 위한 교육 프로그램으로 확대 완성되었다. 중증 정신병자실은 폐기되었고, 병원 생활에서 큰 위협이 되는 화재에 대비하기 위한 경보장치가 설치되었다. 환자의 무료함이 야기하는 문제들을 제거하기 위하여 작업요법이 도입되었고, 신임 병원장은 한정된 예산이 허락하는 한 직원의 수를 늘리려 애썼다.

그러나 코튼은 상징적이기도 하고 실질적이기도 한 이 모든 변화는 더 결정적인 개혁에 착수하기 전에 행하는 예비적인 터닦기에 지나지 않는다고 생각했다. 광기는 근본적으로 생물학적 장애라고 확신한 그는 구식 수용소를 현대적인 병원으로 재편하기로 결심했다. 코흐와 파스퇴르, 리스터, 그리고 그들을 지지한 사람들이 당시까지 치료 불가능했고 치명적이었던 병을 물리친 것과 똑같이, 오직 현대의 과학적 의술을 충분히 이용할 수 있을 때만 광기라는 천형을 머지않아 제거할 수 있을 터였다. 그리고 아마 그 자신 또한 의학적 영웅들의 숭고한 전당에 들어가게 될 것이었다.

트렌턴의 조력 의사들이 이제까지 하품 나는 일과에 매몰되어 있었다면, 이제 그들은 자신의 의학적 기술을 100퍼센트 활용하게 될 것이었다. 훗날 어느 신입 의사는 이렇게 말했다. "그가 직원들에게 가르친 것은 단순하지만 매우 중요한 내용이었습니다. 그는 의사들이 환자가 그저 미쳤다고민 쓰시 날고 면밀히 관찰해야 한다고 믿었습니다. 그는 틀에 박힌 일과를 알 뿐 다른 것은 모르는 의사, 그런 벌레소굴 의사가 아니었습니다. 그는 진정한 의사였죠. 그는 의사들이 환자의 상태를 연구할 것을 원했습니다."[39]

그런데 벌레소굴 의사가 아닌 진정한 의사는 현대의학의 도구와 기법에 접근할 필요가 있었다. 이는 물리적인 설비가 필요하다는 것을 의미했다. 새 수술실, 개선된 실험실, 결핵 환자를 위한 격리 치료실, 최신 의학문헌이 가득한 도서실, 그리고 그 문헌의 내용을 토론하기 위한 정기 직원회의가 필요했다. 과거에 인색했던 정치인들을 설득하여 필요한 자금을 확보했다. 그들은 자신들의 투자가 곧 금전적 보상으로 돌아올 것이라고 믿었다. 왜냐하면 광기의 생물학적 뿌리가 밝혀지면 효과적인 치료법이 뒤를 이을 것이고, 따라서 세금납부자들은 만성 정신이상자로 인한 부담을 지지 않게 될 것이 확실하기 때문이었다.

오래 전부터 비판자들은 정신의학이 수용소의 담장과 빗장 안에 격리되어 있기 때문에 결함이 생긴다고 지적했다. 코튼은 이 문제도 개선하기로 했다. 지역의 의사들이 고문으로 고용되었다. 병원의 의사들은 의사들의 모임에 참석하고 과학적 교육을 보충하기 위해 외유를 하고 독창적인 연구와 출판을 하라는 권고를 받았다. 1913년에 코튼은 직원들이 산출한 논문을 두 권의 두툼한 책으로

헨리 코튼과 트렌턴 주립병원의 의사들 1915년 촬영. 헨리 코튼은 앞줄 중앙에 있다. 사진의 맨 오른쪽에 있는 사람은 존스홉킨스 대학에서 수련한 후 코튼의 조력 의사가 된 클래런스 파라이다.

묶을 수 있었다.[40] 같은 해에 그는 존스홉킨스 대학의 부교수이며 미국에서 촉망받는 정신과의사라는 평을 듣는 클래런스 파라Clarence Farrar를 조력 의사로 영입했다. 파라가 코튼보다 두 살 위였고 최소한 코튼과 대등한 과학적 명문 혈통이며 미국 최고의 의학교로 인정받는 곳에서 교수로 일하고 있었다는 것을 생각할 때, 파라의 영입은 대단한 성공이었다.[41] 이는 코튼이 트렌턴을 낙후된 지역 병원에서 미국 정신의학의 첨단기지로 변화시키는 데 적어도 부분적으로 성공하고 있었음을 증명한다.

코튼은 자신의 병원을 주류 의학계와 연결시키려 집요하게 노력

현대 정신의학 잔혹사

했을 뿐 아니라, 다른 한편으로 직원들의 환자에 대한 태도를 공격적으로 재편했다. 마이어의 원리를 도입하여 환자를 돌보았다. 즉, 매우 상세하고 일목요연하게 개인별 병력을 적기 시작했고, 고용된 속기사에게 정신병 환자들의 헛소리를 기록하게 하여 훗날의 연구에 이용했으며, 1911년에는 2명의 사회복지사를 전업으로 채용했다. 이런 조치들은 곧 현대 정신생물학적 정신의학의 가치를 증명히게 될 것이 확실했다.

그러나 그렇지 않았다. 적어도 통계적으로 유의미한 정도로는 그렇지 않았다. 물론 물리적 제재의 철폐, 병원 직원들의 사기 재충전, 간호조무사들에 대한 향상된 훈련은 여러 사소하지 않은 면에서 환자들의 처지를 개선시켰다. 또 코튼은 이제 미국 최고의 의학교인 존스홉킨스 대학 정신의학 주임교수가 된 스승에게[42] 자신의 활동상을 정기적으로 보고했고, 위대한 마이어는 이에 부응하여 반복해서 코튼을 칭찬하고 심지어 코튼이 둘째 아들의 이름을 아돌프 마이어 코튼으로 짓는 것까지 허락했다.[43] 그러나 이런 소박한 보상들은 적어도 코튼 자신이 보기에는, 현대의학의 원리를 적용하기로 한 결단에서 비롯될 것이 분명하다고 그가 확신하는 획기적인 치료법에 비하면 아무것도 아니었다. 정신이상이라는 천형은 어떻게든 코튼의 야심과 열정 앞에 무릎을 꿇어야만 했다.

1 Lord Shaftesbury, *Diaries*, September 5, 1851, University of Southampton Library, Special Collections, SHA/PD.

2 William Pargeter, *Observations on Maniacal Disorders*(Reading : for the author, 1792), 123쪽.

3 Andrew Wynter, *The Borderlands of Insanity*, 2nd ed.(London : Renshaw, 1877), 112쪽.

4 Francis B. Lee(ed.), *Genealogical and Personal Memoir of Mercer County*, New Jersey(New York : Lewis, 1907), vol. 1, 200~1쪽 참조.

5 이사회 외사록, November 27, 1901, TSH 문서보관소.

6 *Trenton Evening Times*, July 24, 1907.

7 *Trenton Evening Times*, July 20 and 24, 1907.

8 *Trenton Evening Times*, July 24, 26, 27, and 29, 1907.

9 티푸스가 발생하여 정신병원으로 전염된 과정은 〈트렌턴 이브닝 타임스〉에서도 확인할 수 있다. 예컨대 1907년 7월 9, 16, 17, 19, 20, 23, 24, 26, 27, 29, 31일자, 8월 1, 2, 3, 5, 6, 8, 12일자를 보라. 워드는 기소되지 않았다.

10 *Trenton Evening Times*, August 15, September 2, 1907.

11 *Trenton Evening Times*, October 5, 19, November 1, 1907.

12 이사회 의사록, October 18, 1907, TSH 문서보관소.

13 코튼이 마이어에게 1907년 10월 19일에 보낸 편지, 마이어의 문서, CAJH I/767/3.

14 Adolf Meyer, "Requirements for the Establishment of Scientific Work at the Worcester State Lunatic Hospital," undated(약 1895), 마이어의 문서, CAJH Series X 참조.

15 Gerald Grob, *The State and the Mentally Ill : A History of the Worcester State Hospital in Massachusetts, 1830~1920*(Chapel Hill : University of North Carolina Press, 1966), 287쪽, 297~8쪽. 마이어가 우스터에 있을 때 가르친 29명의 의사 중 2명이 여성이었다.

16 Charles G. Hill, "How Can We Best Advance the Study of Psychiatry?," *American Journal of Insanity* 64(1907), 6쪽.

17 Henry Maudsley, *The Pathology of Mind*(London : Macmillan, 1879), 88쪽. 모즐리와 그의 영향에 대해서는, Andrew Scull, Charlotte MacKenzie, and Nicholas Hervey, *Masters of Bedlam: The Transformation of the Mad-Doctoring Trade*(Princeton, N.J. : Princeton University Press, 1996) 참조.

18 예컨대, Bonnie Blustein, "'A Hollow Square of Psychological Science': American Neurologists and Psychiatrists in Conflict," in *Madhouses, Mad-Doctors, and Madmen: The Social History of Psychiatry in the Victorian Era*, (ed.) Andrew Scull, 241~70쪽(Philadelphia : University of Pennsylvania Press, 1981) ; Scull, MacKenzie, and Hervey, *Masters of Bedlam*, chapter 9 참조.

19 George A. Tucker, *Lunacy in Many Lands*[(Birmingham?), 1885], 24~5 쪽.

20 Edward C. Spitzka, "Reform in the Scientific Study of Psychiatry," *Journal of Nervous and Mental Diseases* 5(1878), 206~10쪽. 거의 30년이 지난 뒤에도 사정은 달라지지 않았던 것 같다. 찰스 힐은 회장 취임 연설에서 동료 정신과의사들에게 "호박과 감자 재배나 돼지 사육을 그만두고 언제나 시대에 10 년 뒤떨어진 교과서들을 덮고 최신 임상진단법과 생리·병리 화학, 세균학, 독물학, 물질대사를 연구하십시오."라고 촉구했다. *American Journal of Insanity* 64(1907), 8쪽.

21 마이어도 그런 견해를 공유했고 심지어 적극적으로 조장했다. 그는 1895년에 행정적인 문제가 아니라 과학적인 문제를 토론하는 것을 목적으로 삼은 〈정신병원 조력 의사협회〉를 창설했다(그러나 큰 효과는 없었다).

22 Edward Cowles, "The Relation of Mental Diseases to General Medicine," *Boston Medical and Surgical Journal* 137(1897), 277~82쪽.

23 마이어가 뉴욕으로 이주하여 곧 스스로 정신의학 연구소로 개칭한 기관의 장이 된 것에 관해서는, Gerald Grob, *Mental Illness and American Society, 1875~1940*(Princeton, N.J. : Princeton University Press, 1983), 128~31쪽 참조.

24 이들이 교환한 편지들은, 마이어의 문서, CAJH I/767/1~32 참조.

25 코튼이 마이어에게 1905년 10월 25일에 보낸 편지, 마이어의 문서, CAJH I/767/2.

26 코튼이 마이어에게 1903년 5월 9일에 보낸 편지, 마이어의 문서, CAJH I/767/1.

27 코튼이 마이어에게 1905년 2월 3일과 3월 13일에 보낸 편지, 마이어의 문서, CAJH I/767/1.

28 유럽 학문의 미국 유입에 대한 표준적인 논의로 Thomas Henry Bonner, *American Doctors and German Universities*(Lincoln, Nebr. : University of Nebraska Press, 1963)가 있다. 1870년에서 1914년까지 최소 1만 5,000명의 미국 의학도가 독일 대학에서 공부했다.

29 코튼이 마이어에게 1905년 9월 19일에 보낸 편지, 마이어의 문서, CAJH

I/767/2.

30 Wilhelm Griesinger, *Der Pathologie und Therapie der psychischen Krankheiten* 2nd ed.(Stuttgart : Krabbe, 1861).

31 코튼이 미국 정신의학계에서 경쟁자였던 클래런스 파라에게 보낸 편지에서 그가 유럽으로 떠난 것과 관련한 내용을 읽을 수 있다. 코튼이 파라에게 1905년 11월 6일에 보낸 편지, Farrar Archive, Toronto, Canada. 파라는 코튼보다 먼저 두 사람 모두의 스승인 존스홉킨스 대학 스튜어트 페이튼의 지원을 받아 1902년 10월부터 1904년 5월까지 독일에 머물렀다. 파라는 나중에 30년 넘게 〈미국 정신의학 저널*American Journal of Psychiatry*〉의 편집자로 일하게 되며, 1925년에서 1947년까지 토론토 정신병원의 초대 원장을 역임하게 된다. 파라의 삶에 대해서는, Edward Shorter, "C. B. Farrar : A Life," in *TPH: History and Memories of the Toronto Psychiatric Hospital, 1925~1966*, (ed.) Edward Shorter(Toronto : Wall and Emerson, 1966), 59~96쪽 참조.

32 크레펠린은 1883년에 『정신의학 개론*Compendium der Psychiatrie*』(Leibzig : Abel)이라는 작은 교과서를 출판했다. 그러나 그의 영향력이 커지기 시작한 것은 1893년에 그 책의 세 번째 판을 내면서 조발성 치매(1908년에 스위스 정신의학자 오이겐 블로일러에 의해 정신분열병으로 개칭됨)에 관한 상세한 논의를 보충한 뒤부터였다. 신크레펠린주의는 미국 정신의학회의 『정신장애 진단 및 통계 편람』의 핵심을 이룬다. 적어도 1980년에 나온 제3판부터는 확실히 그러하다.

33 *Trenton Evening Times*, November 1, 1907.

34 코튼이 마이어에게 1907년 10월 3일에 보낸 편지, 마이어의 문서, CAJH I/767/2. 코튼이 마이어에게 1907년 10월 19일에 보낸 편지, 마이어의 문서, CAJH I/767/3.

35 그는 마이어에게 그 소식을 신속하게 전했다. 코튼이 마이어에게 1907년 10월 14일에 보낸 편지, 마이어의 문서, CAJH I/767/2.

36 코튼이 마이어에게 1907년 11월 21일에 보낸 편지, 마이어의 문서, CAJH I/767/2.

37 Silas Weir Mitchell, "Address Before the Medico-Pychological Association," *Journal of Nervous and Mental Diseases* 21(1894), 19쪽.

38 Nancy Tomes, "The Great Restraint Controversy : A Comparative Perspective on Anglo-American Psychiatry in the Nineteenth Century," In *The Anatomy of Madness*, (eds.) W. F. Bynum, R. Porter, and M. Shepherd(London : Routledge, 1988) vol. 3, 190~225쪽 참조.

39 해럴드 매기 박사가 1961년 3월 10일에 제임스 레비와 행한 인터뷰, quoted

in James Leiby, *Charity and Correction in New Jersey: A History of State Welfare Institutions*(New Brunswick, N.J. : Rutgers University Press), 1967, 121쪽.

40 이 문서들은 지금도 병원의 문서보관소에 보존되어 있다.

41 파라는 주립병원에서 직원으로 일하는 것에 염증을 느껴 3년 만에 떠났다. 그는 스튜어트 페이튼의 도움으로 1916년에 새 일자리를 구해 코튼이 정신장애 치료에 새로운 외과적 방법을 적용하기 직전에 떠났다. Shorter, "C. B. Farrar," 72~4쪽 참조. 쇼터는 파라가 트렌턴에서 불편함을 느낀 것은 코튼의 "때규료 이코 기오기 임빅했기" 때문이었다고 추상하나, 이를 뒷받침할 증거를 제시하지 않는다. 이 시절에 코튼의 치료는 일부 환자의 치아를 뽑는 정도에 국한되었다. 파라가 그 정도의 행위에 불편함을 느꼈을 가능성은 희박하다. 개복수술을 비롯한 수술은 2년 뒤에야 시작되었다. 그러므로 파라는 주립병원의 단조로운 일상과 직원으로서의 처지에 싫증이 났을 가능성이 더 높다. 쇼터의 주장과 달리, 파라가 주립병원을 떠나면서 코튼의 활동을 염려했다는 증거는 확실히 없으며, 또 그가 그런 염려를 할 이유가 있었다고 보기도 어렵다(두 사람은 헤어진 뒤에도 몇 년 동안 우정어린 편지를 주고받았다).

42 제자가 스승의 영전을 기뻐하며 보낸 축하 편지도 있다. 코튼이 마이어에게 1908년 6월 24일에 보낸 편지, 마이어의 문서, CAJH I/767/3.

43 코튼이 마이어에게 1909년 10월 6일에 보낸 편지, 마이어의 문서, CAJH I/767/4. 이에 대한 답례로 마이어는 코튼에게 세례식용 잔과 축하의 인사말을 전했다.

정신병의 생물학적 뿌리를 찾아라

　자신의 노력이 환자가 치료되는 성과로 돌아오지 않자 헨리 코튼은 실망했고, 자신이 선택한 전공분야의 위상과 지위에 대해 반성하면서 실망감은 더욱 깊어만 갔다. 특히 정신의학을 의학의 다른 분야들과 비교하면서 그가 느낀 자괴감은 컸다. 비록 의학계는 처음에 리스터와 파스퇴르의 주장을 의심과 조롱으로 맞이했지만, 20세기가 밝자 의학계의 뿌리 깊은 보수주의는 그들의 업적에서 비롯된 강력한 실질적－병인에 대한 이해와 치료의 효과 둘 다와 관련한－진보 앞에서 신속하게 물러났다. 외과수술에서 소독법(그리고 관례화된 마취법)이 발전하면서 외과의사의 기술적 능력은 빠르게 향상되었고 감탄할 만한 치료 성과로 이어졌다. 지금까지 접근할 수 없었던 신체 부위들은 이제 점점 더 많은 외과적 개입의 기회를 제공하면서 최고의 솜씨를 지닌 의사들에게 불과 몇 년 전만 해도 상상할 수 없었던 방식으로 장애와 심지어 죽음을 물리칠 능력을 부여했다. 외과의사들은 사상 처음으로 비교적 무사하게 체강

　현대 정신의학 잔혹사

腔 안으로 들어갈 수 있게 되었고, 따라서 외과의학의 지위는 상승했다.[1]

이와 유사하게 급박하고 치명적인 질병과 관련해서도 단기간에 두드러진 진보가 일어났다. 불과 5년 만에 티푸스균, 말라리아를 일으키는 플라스모디아Plasmodia 기생충, 결핵균, 비브리오 콜레라균, 디프테리아균이 실험실에서 확인되었고, 디프테리아와 파상풍에 대한 항혈성抗血淸이 개발되면서 의학의 전망은 완전히 달라진 것처럼 보였다.[2] 20세기 초의 몇 년 동안 일반의학general medicine(의학이 다양한 분야로 나뉘기 전의 의학. 또는 신체 내부기관의 질환을 진단하고 주로 비외과적 방법으로 치료하는 의학의 분야─감수자)과 일반 개원의사(모든 연령의 환자를 대상으로 지속적인 진료서비스를 제공하는 의사─감수자)의 지위는 의학이 곧 더 많은 병과 쇠약을 지배하게 되리라는 기대와 함께 하늘 높이 치솟았다. 세균학 혁명이 가져올 실질적 보상은 무한해 보였다.[3]

정신과의사들은 오래 전부터 다양한 형태의 정신병이 신체의 장애에 뿌리를 두고 있다고 주장했다. 그러나 정신병에 대한 신체이론이 극적인 치료법의 진보로 이어진 일은 거의 없었다. 그 이론들은 오히려 정반대 방향으로 이용되었다. 즉, 가장 심각한 형태의 정신장애들이 본질적으로 치료 불가능하다는 것을 설명하고 정신의학이 치료에 무능한 것을 해명하는 데 이용되었다. 19세기 후반에 광기를 다루는 전문가들은 점점 더 엄격한 결정론을 수용하는 쪽으로 이동했다. 정신과의사들은 (비록 다원주의적인 것이 아니라 라마르크주의적인 것이었지만) 진화생물학에 기대어 광기를 일종의 계통발생적 퇴행의 산물로 묘사했다. 즉, 그 뿌리가 유전적 결함에 있으므로 본질적으로 돌이킬 수 없는 일련의 퇴화로 설명했다. "자연법칙"의 위반은 신체와 뇌에 손상을 가져오고, 그 결과 위반자 본인과 그 자녀들에게 냉혹한 물리적·도덕적 퇴화가 일어난다고 믿어졌다. 결함과 오점이 있는 이 병적인 인간 변종들은 "뇌 조직의 내적이며 비가시적인 특이성"에 뿌리를 둔 문제들을 나타낸다는 것이었다.[4]

사정이 이러하다면 정신질환자의 극히 일부만 치유되어 사회로 돌아가는 것은 납득할 수 있는 일일 것이라고 생각하며 대서양 양안의 정신과의사들은 자기 자신과 대중을 위로했다. 어차피 "인력으로는 광기에서 그 무서운 유전성을 제거할 수 없고, 한 세대에서 이루어지는 모든 '치료'는 다음 세대의 광기를 증가시킬 가능성이 높다……. (안타깝지만) 현재의 치유 비율이 높을수록 미래의 광기 비율은 높을 수밖에 없다."[5] 프로비던스 소재 사립 버틀러 수용소 소장이자 미국 의료-심리학회 회장인 G. 앨더 블루머는 정신질환자에 대한 포괄적인 보호·관리 정책을 합리화하려는 노력의 일환으로 동료들에게 자신의 환자들이 미래의 문명에 끼칠 수 있는 해악을 경고했다. 그는 정신질환자들이 "부부관계에 탐닉하며, 절대로 한배의 정신장애자들만 낳는 것으로 만족하지 않는 것으로 유명하다."[6]고 말했다. 다른 이들이 즉시 지적했듯이, 이로부터 나오는 결론은 "광기의 유전이 점차 인류의 타락과 궁극적인 멸종을 가져오리라는 것"이다.[7]

같은 맥락에서 어느 영국 정신과의사는 "매년 수천 명의 아이들이 강아지를 말로 만들 법한 변종 혈통을 타고 태어난다."고 경고했다.[8] 광인을 돌보고 치료하려는 그릇된 노력은 아이러니하게도 "병들거나 어느 모로 보나 자연적인 삶에 부적합한 인간들을 뿌리뽑고 멸종시키는 법칙의 작용을 막음으로써"[9] 상황을 더 악화시킬 위험이 있다고 그는 말했다. 블루머는 장애가 있는 산모와 아이를 산 채로 묻어버리는 고대 스코틀랜드의 "간단하고 실용적인 방법"

이 소멸한 것을 노골적으로 안타까워했다. 감성적인 문제를 제쳐두고 말하자면, "과학적인 관점에서 볼 때 잔인하고 냉혹한 스코틀랜드인이 현재의 자손들보다 더 발전해 있었다."고 그는 말했다.[10]

영미 정신과의사들은 이렇게 입으로는 종말론적 상상을 부추겼지만, 실제로는 자신의 환자들을 몰살하는 프로그램을 실행하는 것을 기피했다. 그들 대부분은 정신질환자의 결혼을 막는 등의 우생학적 진술파 "병적인 인산 변송 혹은 퇴화종"을 영구적인 감금이 허용된 기관들로 "강제 추방하기",[11] 그리고 (미국 등의 지역에서는) 정신질환자들에게 의지에 반하는 불임수술을 가하는 신중하고도 부분적으로 성공적인 노력으로 만족했다.[12] 오늘날의 관점에서 볼 때 그들의 말은 대단히 폭력적이고 혐오스럽지만, 그들의 행동은 비교적—나는 "비교적"을 강조하고 싶다—절제되어 있었다.[13]

그러나 코튼은 이런 비관론적 합의에 동참하기를 거부했다. 그는 정신질환자에 대한 보호 업무를 관장하거나 흠 있는 혈통과의 교배를 염려하는 이들에게 우생학적 조언을 하려고 정신과의사가 된 것이 아니었다. 그는 동료들과 마찬가지로 정신병이 생물학에 뿌리를 둔다고 확신했지만, 정신병을 단순히 유전적 결함의 탓으로 돌리기를 거부하면서 신체장애와 정신장애 사이에서 무언가 대안적이고 더 희망적인 연관성을 발견하려 노력했다.

과거에 코튼이 실험실에서 행한 연구의 대부분은 불완전마비pare-sis로 사망한 환자의 뇌를 미시적으로 분석하는 일에 초점이 놓여 있었다. 불완전마비란 20세기 초에 정신병원에 들어오는 남성 환자 전체의 15~20퍼센트가 앓았던 마비장애이다. 이 질병에 걸린 환자들의 생리학적·신경학적·정신의학적 증상은 오래 전부터 확인되어 있었다. 환자들은 과대망상, 의기양양하고 고양된 기분에 휩싸이는 조증(드물게는 심각한 우울증), 산만함, 흥분, 갑작스런 폭력성을 보였고, 결국 예외없이 치매에 빠졌다. 심지어 아주 미세해서 흔히 간과되는 언어와 보행 장애도 간질성 경련, 신체적 퇴화, 진행마비, 그리고 사망으로 이어졌다.

이 무서운 장애의 병리학은 19세기 말에 점차 집중적으로 연구되었고, 그 결과 불완전마비는 매독의 최종 단계라는 추측이 확산되었다. 이제 그 추측은 여러 발전된 연구를 통해 확실한 지식으로 굳어졌다. 코튼은 이를 광기에 대한 유전적 설명을 경솔하게 수용한 정신과의사들에 대한 반박으로 여겼다. 이 사례는 실험실 과학을 정신의학의 문제에 적용했을 때 산출될 수 있는 성과의 전조였다. 코튼이 트렌턴 병원에 부임하기 직전에 아우구스트 폰 바서만은 매독의 병원체인 스피로헤타 팔리다 *Spirochaeta pallida*가 혈류 속에 존재하는지 여부를 신뢰할 만하게 검사하는 방법을 개발했다.[14] 이어서 파울 에를리히가 그런대로 쓸 만한 최초의 매독 치료제 살바르산—이른바 "마법의 탄환"—을 개발한 직후인 1913년에 노구치 히데요와 J. W. 무어는 코르크 따개의 나선형 송곳처럼 생긴 매독의 병원체가 뇌에 손상을 일으키고 따라서 부전장애를 가져온다는 것을 확정적으로 입증했다.

전신마비의 병리학이 정신장애의 기원에 대한 전형적인 모델이며 새로운 과학을 이용할 경우 정신질환에 대한 이해와 치료에 어떤 진보가 일어날 수 있는가를 보여주는 전조라는 생각을 두 손 들어 환영한 사람은 아마 코튼 외에도 많았을 것이다. 그러나 확실히 코튼은 새로운 살바르산 치료법을 불완전마비 환자들에게 적용하는 데 더욱 공격적이었다. 살바르산을 함유한 혈청을 요추에 주사하는 일반적인 치료법이 효과를 발휘하지 못하자 그는 두개강에 직접 주입하는 방법을 시도했다.[15] 더 중요한 것은, 이 특수한 형태의 광기가 미생물 감염과 연결된다는 생각이 그의 상상력을 점점 더 강

현대 정신의학 잔혹사

력하게 사로잡았다는 점이다. 다른 형태의 정신장애들도 그와 유사한 병인을 가질 것이라고 그는 추측했다. 그 추측이 옳다면, 트렌턴 병원을 가득 채운 채 치유를 거부하는 정신병자들을 고칠 수 있는 효과적인 방법을 마침내 개발할 수 있지 않을까?

세균학이라는 새로운 과학이 많은 성과를 거두었음에도, 20세기의 첫 10년 동안―정신과에만 국한되지 않은―여러 만성 쇠약증은 갖은 노력을 기울여도 정체를 드러내지 않고 있었다. 상당한 고통과 불행과 이른 죽음의 원인인 질병들에 대해서는 증상을 완화시키는 치료법조차 불충분했고 병인에 대해서는 기껏해야 추측만 존재했다. 과거에 치명적이었던 병들에 대한 이해와 치료법이 병원균 이론을 통해 괄목할 만큼 진보한 것을 생각한다면, 대서양 양안의 선도적인 의료인들이 세균학적 패러다임의 확장을 꾀했다는 것은 놀라운 일이 아니라고 할 수 있을 것이다. 관절염, 류머티즘열, 신장염, 퇴행성 동맥질환 등의 만성 질병은 "최초의 국소 감염으로부터 림프류나 혈류를 통해 퍼진 세균에 의해 유발되는 것인지도 모른다."는 주장을 점점 더 많은 주요 인물들이 내놓았다.[16]

예컨대 상처 부위의 세균이 산출한 강력한 독소가 몸 전체로 퍼질 때, 고통스럽고 흔히 치명적인 파상풍 강직경련이 일어난다는 사실은 잘 알려져 있었다. 이와 마찬가지로 다른 다양한 난치병도 알려지지 않은 부위에 감염된 병원균과 국소 패혈증에 원인이 있는 것이 아닐까? 이런 견해는 20세기 초 미국 의학계에서 매우 저명했던 프랭크 빌링스Frank Billings가 강력하게 지지해주었다.

러시 의과대학과 시카고 대학이 연합해 창설한 의학교에서 1901년부터 1924년까지 학장으로 일한 빌링스는 1902년에 미국 의학회장으로 선출되었고 그로부터 4년 후에는 엘리트 의사들의 집단인 미국 의사협회의 회장으로 선출되었다. 러시 의과대학에서 재직하던 초기부터 빌링스는 열정적인 지도력을 발휘하면서 의학교와 부속 병원과 연구소의 연구와 임상의 대부분을 국소 패혈증에 집중시켰다. 시카고 부호들이 새로 축적한 막대한 부를 의학교와 부속기관의 건립에 끌어들이는 빌링스의 능력은 국소 패혈증의 중요성에 대한 그의 주장에 특별한 힘을 실어주었다.[17] 1904년 이래로 "국소 감염과 전신질환systemic disease(몸 전체에 걸쳐 많은 기관이나 조직에 침범하는 질병－옮긴이) 사이의 관계는 러시 의과대학과 시카고 대학과 장로교 병원의 연구 주제였다."고 그는 자랑스럽게 밝혔다. 또한 그가 기여하여 창설된 메모리얼 감염병 연구소와 성 누가 자유병원 산하 스프레이그 메모리얼 연구소도 그 연구에 가담했다.

국소 감염의 중요성에 대한 빌링스의 신념은 세월이 지나도 약해지지 않았다. 1915년 9월에 스탠퍼드 의과대학에서 레인 강의를 하게 된 그는 신세대 의사들에게 패혈증과의 전쟁에 헌신하는 일의 중요성을 역설했다. 그는 마치 예언자처럼 청중들에게 "모든 국소 감염의 원인을 제거할 것"을 호소했다.[18] 그는 자신의 사명에 열을 올리면서 그 속에 도사린 위험을 넌지시 내비쳤다. "많은 불편을 동반하지 않기 때문에 흔히 검사를 통해 발견되지 않고 의사와 치과의사가 간과하는 턱 부위 국소 감염이 존재한다는 사실은 주목할 만합니다. 적절한 뢴트겐선 필름을 이용하면 참된 병적·해부학적 상태를 확인할 수 있을 것입니다."[19] 그 새롭고 놀라운 의학기술을 이용해 병적인 상태가 확인되면 가차없이 철저하게 개입을 해야 한다. "치아를 잃는 것은 안타까운 일이지만, 건강 일반에 지속적인 악영향을 끼치는 국소 감염을 제거하기 위해 필요하다면 그 불행한 일은 정당한 행위일 것입니다."[20] 이어서 그는 이렇게 주장한다. "유아와 일부 성인의 편도 조직은 너무나 흔하게 병원성 세균의 온상이 되므로 세균이 림프류나 혈류를 통해 신체 조직에 침투하는 관문이 될 위험에 항상 노출되어 있습니다."[21] 또 "감염된 편도는 알려진 어떤 치료법으로도 성공적으로 소독할 수 없으므로 안전한 시술은 전면적인 제거뿐입니다."[22] 소화관을 따라 내려가면서 장내의 정체를 "적절한 의학적 처방으로, 또는 필요하다면 외과적인 수술로 처리해야 하며 여성의 골반 내 기관에 대한 국소적인 급성 혹은 만성 감염은 건강과 생명을 보호하기 위해 필요한 경우 합리적으로 관리하고 외과적으로 처리해야 할 것입니다."[23]

이런 믿음은 바람의 도시Windy City 시카고의 엘리트 의사 빌링스만 유별나게 가졌던 것이 아니었다. 20세기 초의 수많은 과학적 의사들이 그와 유사한 견해를 가지고 있었다. 예컨대 시카고에서 옮겨온 에드워드 로제나우는 찰스 메이오를 설득하여 메이오 클리닉이 그 믿음을 채택하게 만들었고, 신성시된 윌리엄 오슬러의 뒤를 이어 존스홉킨스 의대 교수를 역임한 르웰리스 바커와 그의 동료 윌리엄 세이어는 국소 감염론을 요란하게 지지한 저명 인사였다. 미네소타 주 로체스터에 위치한 윌 메이오와 찰스 메이오의 메이오 클리닉은 1889년에서 1906년까지 뛰어난 수술 솜씨로 세계적인 명성을 누렸다. 그 병원은 1906년에 무려 5,000건 이상의 수술을 했는데, 그 중 절반 이상이 복강 내 수술이었다. 그렇게 많은 수술이 당시로서는 예외적으로 가능했던 것은 그 병원 환자의 사망률 통계가 유난히 낮았기 때문이었다. 그 때문에 수많은 의사들이 참관인 자격으로 그 병원에 모여들었다. 처음에는 임상의학을 비웃고 실험 자료의 가치를 의심했던 메이오 형제는 결국 견해를 바꾸기 시작했다. 로제나우의 영입은 그들 형제가 병원의 의학적 진단과 처방의 질을 향상시키고 실험 세균학이라는 새 영역으로 진출하기로 결심한 것을 반영했다.[24]

독일의 학문적 의술을 모범으로 삼고 미국 의료기관과 의학교육의 과학적 위상을 높이려는 야심을 품은 존스홉킨스 의대는 신속하게 당대 최고의 의학교로 자리 잡았다. 비록 많은 동료들은 회의적인 태도를 유지했지만,[25] 존스홉킨스의 수석 의사인 르웰리스 바커는 국소 패혈증의 중요성을 신봉한 저명 인사였다. 그의 역할이 전략적으로 얼마나 결정적이었는가를 뉴욕과 펜실베이니아의 병원에서 행해진 수술의 변화 패턴에 대한 조엘 하웰의 연구에서 엿볼수 있다. 그 병원들은 점점 더 많은 환자들이 몰린 유명 기관이었지만 학문적인 선봉과는 거리가 멀었다. 펜실베이니아 병원의 임상기록에 따르면, 그곳에서 이루어진 수술은 1900년에 870건에서 1925년에 4,180건으로 증가했고, 뉴욕에서도 그와 유사한 패턴의 증가가 일어났다. 주목할 만한 것은 1900년 당시 펜실베이니아 병원에서 행해진 수술 중 편도 질환에 대한 수술은 불과 0.52퍼센트였던 반면, 1920년에는 그 비율이 19.02퍼센트로 급증했다는 점이다. 뉴욕 병원에서도 1900년에는 편도 수술이 겨우 2.09퍼센트를 차지했으나, 1925년에는 무려 25.51퍼센트에 달했다.[26] 이 수치들은 국소 감염론과 관련 사상이 미국 의료활동의 중심에 파고들어 관례화되었음을 선명하게 보여준다.

대서양 건너 영국 의학계의 주요 인물들도 신속하게 합창에 가담하여 리스터 경Joseph Lister(1827~1912. 최초로 외과수술에 소독법을 도입한 영국 외과의사―옮긴이)을 고무시키고 "외과 세균학"의 발전을 거듭 촉구했다.[27] 저명한 외과의사 아버스노트 레인Arbuthnot Lane은 말년에 장기능장애와 문명 사이의 관련성을 논하는 괴팍한 인물 정도로 여겨졌지만, "만성적인 장내 정체"(쉬운 말로 해서 변비)가 자가중독과 "오염물질의 순환계 범람"으로 이어진다는 그의 무시무시한 경고는 20세기의 첫 20년 동안, 충수절제술로 영국 국왕의 목숨을 구하여 준남작이 된 레인에게 걸맞은 존중을 받았다.[28] 전통을 덜 비웃고 기존 체제에 더 확고하게 통합되어 있던 버클리 모이니한 경과 같은 인물도 만성 패혈증과 결장 활동의 부진이 건강에 미치는 위협을 어쩌면 더 권위 있게 승인했다.[29] 칼을 든 행복한 외과의사들 외에 면역학자 엘리 메치니코프(프랑스의 유력 연구기관인 파스퇴르 연구소의 소장을 역임했고 1908년에 노벨의학상을 수상했다.) 같은 인물도 기억할 만하다. 그는 불가리아 요구르트가 자가중독을 막는 효과를 발휘한다고 열정적으로 증언했다. 그 요구르트는 위와 장을 청결하고 건강하게 만들고 노화 속도를 감소시키는 마법의 물질이라고 그는 선언했다.

이 모든 주장이 대중적 호소력을 발휘했다는 사실은 국소 감염론에 무언가 결정적인 매력이 있다는 것을 분명하게 보여준다. 사실, 배설과 관계된 신체 부위를 "정기적으로" 깨끗이 청소하는 것이 중요하다는 믿음은 오래되고 뿌리 깊은 것이다. 그 믿음은 고대의 체액 의학으로부터 인정을 받았고 세균의 시대에까지 온전히 살아 있었다(심지어 지금도 그러하다). 국소 감염론의 매력은 그 믿음과의 일치에서 나왔던 것이다. 그리하여 레인이 "연간 1만 파운드의 소득을 올리는 수술활동을 제쳐두고 '신건강회New Health Society'를 만들자 대중은 구름처럼 몰려들어 그가 과일과 견과류와 섬유질의 섭취와 하루 세 번의 배변이 건강과 장수와 암 예방의 열쇠라고 설교하는 것을 경청했다." 예컨대 랭커셔 주 올드햄에서는 그의 강연회에 "3,000명 이상이 모였다."고 레인은 자랑했다. "여러 명이 기절하여 실려 나가고 밖에서는 기마 경찰들이 강당 안으로 들어가려는 군중을 통제하고 밀어내느라 바쁠 정도로" 어마어마한 군중이었다.[30]

건강과 음식 위생의 밀접한 연관에 대한 대중적 믿음은 미국에도 널리 퍼져 있었다. 실제로 실베스터 그레이엄에서부터 호러스

존 하비 켈로그의 배틀 크릭 요양소 안식일재림교를 창시한 선지자 엘런 화이트가 1866년에 서양 건강개혁 연구소로 설립한 기관인 배틀 크릭 요양소는 초기에는 존속하기 어려울 정도의 형편이었지만, 엘런의 신자이자 탁월한 선전가였던 존 하비 켈로그의 손에 넘어가면서 개혁되었다. 새로 명칭을 바꾼 이 요양소('요양소sanitarium'라는 단어는 켈로그가 만든 것이다)는 1888년에 600~700명의 환자를 수용했고 급속히 팽창했다. 이 풍경은 대략 1900년의 것이다. 그로부터 불과 2년 후에 대화재가 발생해 요양소의 전면적 재건축이 불가피해졌다. 20세기의 첫 30년 동안 이 요양소에서는 미국 전역에서 온 대통령과 유명 인사, 부유한 신경쇠약증 환자를 위해 800~1,000명의 직원이 일했다. 미국 증시가 붕괴되기 직전인 1928년에 경솔한 확장을 감행한 이후 요양소는 재정 기반이 약해졌지만 대공황 기간 내내 살아남을 수 있었다. 창립자의 주장에 따라 요양소가 정신병자(또는 최소한 정신적 혼란을 겪는 환자)들을 돌보면서 가장 중시한 것은 현대적인 육류 위주의 식생활로 인한 독소를 멀리하는 것이었다.

플레처와 엘런 화이트를 거쳐 켈로그 일가에 이르기까지 (더 최근에는 유기농과 유기식품 옹호자들까지) 대를 이은 식생활 개혁가들이 식생활 절제의 가치와 장패혈증의 위험성에 대한 설교로 수많은 추종자들을 끌어모았다.

배틀 크릭 요양소의 존 하비 켈로그는 육류 소비의 해악과 과일과 섬유소의 가치를 소리 높여 외쳤다. 문명화된 식생활, 문명화된 여가생활, 문명화된 배변 자세와 습관이 장에 부담을 주고, "장을 매우 무섭고 역겨운 독으로 채워" 가장 심각한 해를 끼치는 결과인 "문명화된 장"을 산출했다. 이는 때이른 쇠약과 죽음의 가장 큰 원인이다.[31] 켈로그는 자신의 요양소를 "건강 대학", "미국 최대이 자 가장 완벽한 시설을 갖추었으며 가장 좋은 입지조건을 갖춘 요 양소"로 선전했으며, "8명의 의사들…… 현대 의료와 관계된 모든 것…… 훈련된 간호사들, 규칙적인 식단, 모든 바람직한 장점"을 구 비했다고 자랑했다. 켈로그의 지도력과 대중성에 대한 탁월한 감각 과 사소한 창의력을 바탕으로 요양소 사업은 번창했다. 그는 1876 년에 안식일재림교가 세운 서양 건강개혁 연구소라는 몰락하는 기 관과 그곳의 환자 10여 명을 물려받았지만, 그것을 "곧 연간 수천 명의 환자들이 몰려드는" 사업체로 변모시켰다.[32] 더 큰 무대에서 는 켈로그의 아침식사용 시리얼과 각종 특허품―프루토스Prutose, 너 토스Nuttose, 배틀 크릭 "스테이크", 배틀 크릭 스캘롭스Skallops, 땅콩 버터―이 대중에게도 식생활 개혁과 장내 균형 확립의 기회를 제 공하고 켈로그에게 엄청난 이익을 안겨주었다(이 때문에 켈로그는 주 류 의료계 인사들에게 비난을 받기도 했다).

국소 감염과 관련하여 큰 역할을 한 과학적 의사들은 그레이엄 이나 켈로그 같은 "건강떠벌이들"과 동일시되는 것에 반발했다. 그 들은 자신들의 이론이 현미경과 실험실의 권위에 뿌리를 두고 있 다고 주장했으며, 대중에게 신비감을 주는 언어를 사용했다(그들의 말은 "존경받는 계층" 사이에서 더 큰 힘을 발휘했던 것 같다). 과학적 의 사들의 전문적인 견해가 지닌 매력은 부분적으로 국소 감염론을 그 것의 대중적인 여파로부터 의식적으로 분리한 것에서 나왔다고 할 수 있을 것이다(또 육류 소비에 대한 켈로그의 반감을 승인하지 않은 것 도 한 이유였다. "활력 넘치는 채식생활"에 대한 주장은 육식 위주의 미국 주류사회에서 항상 제한된 호응만 받을 수 있었다). 아무튼 만성적인 감 염을 통제하고 제거하는 것이 활력 증진과 건강 향상의 지름길이 라는 생각에 누가 이의를 제기할 수 있겠는가?

헨리 코튼이 어디에서 어떻게 처음으로 국소 패혈증과 질병 사이의 관계에 대한 주장을 접하게 되었는지는 불분명하다. 어쩌면 감염된 치아와 관절염의 관계에 관한 빌링스의 초기 논문이 계기가 되었을지도 모른다.[33] 혹은 1916년에 출판된 빌링스의 레인 강연문이 야심 있는 정신과의사 코튼의 정신을 일깨웠을지도 모른다. 그것도 아니라면, 과거에 코튼의 스승이었고 현재는 프린스턴 대학 이상심리학 교수로 있으면서 트렌턴 주립병원 이사회의 일원으로서 코튼과 자주 접촉한 스튜어트 페이튼이 당대 의학의 첨단이었던 국소 감염론을 소개해주었을 수도 있다. 페이튼은 르웰리스 바커의 처남이었으므로 두 사람의 관계는 직접적이고 개인적이었을 것이다. 바커와 빌링스, 메이오 클리닉의 에드워드 로제나우는 훗날 코튼이 자신에게 국소 감염의 위험성을 일깨워준 은인이라고 밝힌 사람들이다.[34]

그 밖에도 코튼은 자신이 주로 영국인들에게서 영감을 얻었다고 말했다. 이는 단순한 아첨이 아니라 진실일 것이다.[35] 실제로 영국의 여러 저명한 의료인들은 미국 의사들과 달리 이미 국소 패혈증에서 비롯된 질병의 범위를 정신장애로까지 확장하기 시작한 상태였다. 19세기 말에 영국 정신의학계의 원로로서 존경받았던 헨리 모즐리는 이미 50여 년 전에 국소 패혈증과 정신과적 장애 사이에 연관성이 있을 가능성을 최초로 공표했다. 그는 이렇게 주장했다.

생물체의 내부나 혈액 속에서 발생한 병적인 독소가 신경계의 최고 중심에 매우 유해하게 작용할 수도 있음을 보여주는 증거는 충분히 많다. 혈액이 이상해지면 가장 먼저 발생하는 매우 미약한 정신적 결과는 망상이나 비일관적 사고가 아니라 기분의 변화이다. 만성적인 망상은 그 후에 나타나는 더 발전된 결과이다. 또 세 번째로 나타나는 결

과는 어느 정도 활동성 섬망譫妄과 전반적인 사고의 지리멸렬이다.[36]

더 최근에는 유명한 영국 외과의사 윌리엄 헌터가 "장내 정체"의 위험성을 거듭하여 강조했다. 그는 특히 장내 정체가 정신적 평정에 미치는 영향에 주목했고, "외과 세균학"을 발전시켜야 한다고 촉구했다.[37]

코튼은 이 새로운 사상을 채택하고 실천한 최초의 정신과의사가 아니었다. 스코틀랜드 정신과의사 루이스 브루스는 이미 1906년에 국소 패혈증 문제에 진지한 관심을 기울였고, 클리블랜드 주립병원 장인 헨리 업슨은 1907년과 1909년에 충치와 국소 감염과 광기의 관계를 연구한 논문을 발표했다.[38] 그러나 이들은 자신의 신념을 과감히 추진하는 용기를 갖는 데 실패했다고 코튼은 느꼈다. 예컨대 브루스는 "초기 급성 정신질환에 거의 예외없이 동반되는 소화관 장애를 치료해야 한다. 충치는 지속적인 독소혈증의 한 원인이므로 가능한 한 빨리 제거해야 한다."고 주장했다.[39] 그러나 그런 "독소들이 광기를 일으키는 원인"이라고 주장하면서도 그 스코틀랜드인은 "주된 선행요인은 유전적 소인"이라는 점을 더욱 힘주어 강조했다. "도덕적이거나 물리적인 원인이 뇌와 신경섬유에 직접 작용할 때 뇌가 쉽게 정상을 벗어나는 불안정성을 갖는 것은 유전적 요인"이라는 것이었다.[40] 업슨과 마찬가지로 브루스는 국소 패혈증이 몇 가지 정신병에서만 병인으로 작용한다고 생각한 반면, 코튼은 그것을 광기의 비밀을 밝혀줄 핵심적인 열쇠로 간주해야 한다고 생각했다. 또 업슨과 브루스는, 물론 코튼이 보기에 놀랄 만큼 시대를 앞서긴 했지만 동료들에게 진지한 반응을 얻지 못했다.[41]

코튼은 우스터에서 공부하던 젊은 시절에도 자가중독에 관심을 가졌던 것으로 보이며, 1916년에는 누구보다도 열정적으로 국소 감염론을 받아들였다. 그 해에 그가 작성한 연례 보고서에는 이런 문구가 들어 있다. "우리는 국소 감염과 독소 흡수가 순전히 정신적인 기원을 가진다고 알고 있는 특정한 병의 원인으로 나타날 수도 있음을 발견했다." 코튼이 치아를 뽑아내는 치료법을 적용한 최초의 환자 50명은 모두 만성 정신지체자들이었고, 초기의 성과는 실망스러웠다. 그럼에도 감염된 치아를 찾아내는 데 쓰는 X선 장치는 "특정 정신상태의 원인 중 하나라고 우리가 믿는 장의 비정상적 상태를 판정하는 데도 쓰였다."[42] 이 치료법은 더 확장되어 1년 후에는 병든 편도를 절제하는 데까지 이르렀다. 이때부터 코튼은 이례적으로 성공적인 결과들을 보고하기 시작했다. 총체적인 치료를 받은 환자 25명 가운데 24명이 치유되어 퇴원했고, 이런 자랑할 만한 성과를 거둔 "우리는 환자들 몸에 있는 만성 패혈증의 자리를 말 그대로 '청소'하기 시작했다."[43] 코튼이 과거에 트렌턴 병원에 설치한 수술실과 실험시설은 이제 정신병의 원인에 대한 철저한 과학적 공격의 중심이 될 것이라고 코튼은 기대했다.

그러나 즉각적으로 여러 방면에서 위기가 닥쳐왔다. 많은 직원들은 수술 전후의 환자들을 돌보는 일이 자신들에게 추가로 부과되자 강하게 반발했다. 또 코튼의 외과적 개입이 점점 더 본격화하면서 환자들의 사망률이 과도하게 높아진다는 소문이 나돌기 시작했다. 심지어 코튼이 채용한 젊은 치과의사 페덜 피셔Ferdearle Fischer조차 처음에는 치아의 윗부분에 금속을 씌우는 시술 대신에 치아를 뽑아버리는 방법을 선택하려는 코튼의 계획을 탐탁지 않게 여겼다.[44] 문제를 감지한 코튼은 아돌프 마이어에게 자신이 몇 가지 난관에 봉착했다고 고백했다. "제 견해가 꽤 급진적이고, 이 작업을 성공적인 결말로 이끌려면 직원들의 반발을 극복해야 한다는 것을 압니다. 그것은 쉬운 일이 아닙니다…… 지난 2년 동안 직원들이 감염의 원천을 찾는 데 흥미를 갖게 하려 노력했습니다. 저는 감염의 원천이 존재하지만 숨어 있어서 초기의 검사로는 발견되지 않는다고 봅니다."[45]

그러나 1918년 초여름, 코튼은 자신이 병원장의 직위를 유지하는 일마저도 위태로워졌음을 느꼈다. 문제는 불만을 품은 직원들이 아니었다. 트렌턴 병원이 다른 정신병원들과 마찬가지로 효과적인 치료를 거의 제공하지 못하며 사실상 망상에 빠진 자들과 실성한 자들의 수용소에 지나지 않는다고 판단한 신임 주정부는 병원의 일상 업무를 재조직하고 비용을 줄이려 했다. 주정부는 환자들을 돌보고 치료하고 수용하는 일을 총괄하는 "최고 경영자"를 선출하기로 결정하고, 그 직책을 의사가 아닌 관리자에게 맡기겠다고 선언했다. 당연히 그것은 코튼의 지위가 유지될 수 없음을 의미했고, 코튼은 일종의 공황에 빠져 스승인 아돌프 마이어에게 도움을 요청했다. 첫 번째 편지를 쓰고 사흘 뒤에 코튼은 다시 편지를 써서 만일 주정부의 제안이 실현된다면 자신과 병원의 의료직원 전체가 사퇴할 위험성이 있다고, 자신들의 전문인으로서 자존심이 참을 수 없을 만큼 손상될 것이라고 전했다.[46] 마이어는 신속하게 도움의 손길을 내밀었다. 그는 코튼에게 만일 트렌턴 주정부가 바보짓을 감행한다면 존스홉킨스 대학으로 와서 자신의 직원이 되는 것을 고려해보라고 제안했다.[47]

그러나 불과 몇 주가 지나지 않아 절박한 위험은 사라졌다. 주지사는 주의 공공시설과 기관을 관리하는 감독관만 새로 임명했다. 과거 뉴욕 시 교정국장으로 일했던 야심 있는 행정가 버디트 루이스Burdette Lewis가 그 감독관으로 임명되었다. 겨우 36세였던 루이스는 위스콘신 대학과 코넬 대학에서 정치학과 경제학을 대학원까지 공부했고, 자신이 기계적인 국가의 "부패한 공무원이나 게으른 무능력자"보다 도덕적 · 지적으로 우월하며 또한 청렴하다고 확신하는 전형적인 진보시대Progressive-Era(미국의 개혁기로 1890년대부터 1920년대까지, 혹은 더 좁게 1900년에서 1917년까지를 의미한다 — 옮긴이) 개혁가였다. 비록 전적으로 공공부문에서 경력을 쌓았지만, 그는 현대 사업경영의 효율성을 공공기관에 도입하고, 더 중요하게는 "사업가들이 채택한 현대적인 광고기법"을 공공부문에도 들여와야 한다고 공언하는 인물이었다. 사기업의 최고 경영자와 마찬가지로 그는 "판매"할 상품을 가지고 있었다. 그의 상품은 "좋은 정부"였다. 이 상품을 팔기 위해 그가 먼저 행한 활동은 전업 홍보담당관을 채용하기 위해 민간 기금을 조성하는 일이었다.[48]

코튼에게 다행스럽게도 그와 루이스는 곧바로 손발이 맞았다. 정신병에 대한 외과적 치료의 혁명적 전망에 대한 코튼의 호언장담에 설득된 감독관은 병원 담당부서에 압력을 넣어 생각을 바꾸도록 만들었다.[49] 그러나 이 에피소드는 코튼에게 오싹한 기억으로 남았다. 이 일을 계기로 그는 자신이 선택한 전문분야를 외부인들이 얼마나 얕잡아보는지, 거의 독재에 가까운 병원장의 권력이 얼마나 쉽게 사라질 수 있는지 알게 되었다. 장기적으로 볼 때 자신의 지위를 확고히 지키는 유일한 길은 광기를 다루는 의학의 가치에 대한 인식을 향상시키는 것밖에 없었다.

활기를 되찾은 코튼은 패혈증의 원인들을 공격했다. 10월에 그는 마이어에게 편지를 보내 국소 감염 제거 프로그램의 확장을 통해 얻은 놀라운 성과를 보고했고, 루이스의 지원을 받아 세균학자 1명을 직원으로 추가할 계획이라고 알렸다.[50] 얼마 후 코튼은 연례보고서에서 트렌턴 병원이 국내 다른 정신병원과 비교할 수 없을 정도로 훌륭한 고문단을 갖추었다고 자랑할 수 있었다. 내과의사 4명, 외과의사 4명, 부인과의사 3명, 위장병 전문의와 신경과의사(오

현대 정신의학 잔혹사

랫동안 코튼을 지지한 프린스턴 대학의 스튜어트 페이튼), 후두 전문의, 비
과鼻科 전문의 각각 1명, 안과의사 2명, 치과의사, 비뇨생식기 외과
의사, 병리학자 각각 1명과 유망한 세균학자 1명이 트렌턴 병원의
고문이 되었다. 코튼 외에 조력 의사 6명과 뢴트겐선과의사(오늘날
방사선과의사로 불림) 1명과 구강외과의사 1명을 직원으로 거느린[51]
트렌턴 병원은 광기라는 천형에 대항하기 위해 현대의학의 전문가
들을 두루 동원하는 데 성공한 정신병원이라 자부할 만했다. 코튼
의 동료 정신과의사들이 자신들을 수용소의 장벽 안에 기꺼이 고
립시켰고, 많은 경우에 진심으로 고립을 원했다면, 코튼이 구성한
고문단은 그 장벽을 허물고 정신의학을 의학의 주류에 편입시키려
는 그의 야심을 증언했다.

---

1 소독법과 패혈증 제거 수술의 장점이 널리 알려지면서 부유한 환자들이 병원
  치료에 점점 더 의존하고 수술이 많아진 과정에 대해서는, Joel Howell,
  *Technology in the Hospital: The Transformation of Patient Care in the Early
  Twentieth Century*(Baltimore : Johns Hopkins University Press, 1995) ;
  Rosemary Stevens, *In Sickness and in Wealth: American Hospitals in the
  Twentieth Century*(New York : Basic Books, 1989), 33~4쪽 ; William
  Frederick Braasch, *Early Days in the Mayo Clinic*(Springfield, Ill. : Charles
  Thomas, 1969) 참조.
2 Edwin F. Hirsch, *Frank Billings: The Architect of Medical Education*(Chicago :
  University of Chicago Press, 1966), 12쪽, 19쪽.
3 See Robert Kohler, *From Medical Chemistry to Biochemistry: The Making of
  a Biomedical Discipline*(Cambridge : Cambridge University Press, 1982) ;
  Andrew Cunningham and Perry Williams(eds.), *The Laboratory Revolution
  in Medicine*(Cambridge : Cambridge University Press, 1992) ; Braasch, *Mayo.*
4 Henry Maudsley, *Body and Mind: An Inquiry into their Mutual Influence,
  Specially in Reference to Mental Disorders*(London : Macmillan, 1870), 61쪽.

5 Richard Greene, "The Care and Cure of the Insane," *Universal Review*, July 1889, 503쪽.

6 G. Alder Blumer, "Presidential Address," *American Journal of Insanity* 60 (1903), 1~18쪽.

7 George Henry Savage and Edwin Goodall, *Insanity and its Allied Neuroses* 4th ed.(London : Cassell, 1907), 44쪽.

8 S. A. K. Strahan, "The Propagation of Insanity and Allied Neuroses," *Journal of Mental Science* 36(1890), 334쪽.

9 같은 책, 331쪽.

10 G. Alden Blumer, "Marriage in its Relation to Morbid Heredity"(1900), quoted in Ian Dowbiggin, *Keeping America Sane: Psychiatry and Eugenics In the United States and Canada, 1880~1940*(Ithaca, N.Y. : Cornell University Press, 1997), 84쪽. 또한 Charles Rosenberg, "The Bitter Fruit : Heredity, Disease, and Social Thought in Nineteenth Century America," *Perspectives in American History* 8(1974), 189~235쪽 참조.

11 Henry Maudsley, *The Pathology of Mind*, 115쪽. 구세군의 창설자 윌리엄 부스(William Booth)는 당대의 합의를 이렇게 요약했다. "자유를 그토록 뿌리 깊이 타락시킨 자들이 밖에 나돌며 사람들을 오염시키고 사회를 괴롭히고 비슷한 인간을 양산하게 놔두는 것은 인류에 대한 범죄이다." General W. Booth, *Darkest England and the Way Out*(London : Salvation Army, 1890), 204~5쪽.

12 Joel Braslow, "In the Name of Therapeutics : The Practice of Sterilization in a California State Hospital," *Journal of the History of Medicine and Allied Sciences* 51(1996), 29~51쪽 ; 같은 저자, *Mental Ills and Bodily Cures*(Berkeley : University of California Press, 1997) ; Philip Reilly, *The Surgical Solution: A History of Involuntary Sterilization in the United States*(Baltimore, Md. : Johns Hopkins University Press, 1991) 참조. 본인의 의사를 거스른 단종斷種은 캘리포니아의 경우 1960년대까지 계속되었다. 유럽에서는 스웨덴과 스위스 등이 이 조치를 과감히 실행한 반면, 영국은 그에 저항했다. 파시스트와 우파뿐 아니라 진보주의자, 자유주의자, 사회주의자를 자처한 이들도 강제 단종을 주창했다. Mark Mazower, *Dark Continent: Europe's Twentieth Century*(New York : Knopf, 1999), 77~8쪽 ; M. E. Kopp, "Eugenic Sterilization Laws in Europe," *American Journal of Obstetrics and Gynecology* 34(1937), 499~504쪽 ; Mathew Thomson, *The Problem of Mental Deficiency: Eugenics, Democracy, and Social Policy in Britain, c.*

현대 정신의학 잔혹사

1870~1959(Oxford : Clarendon Press, 1998) 참조.

13 망설임을 버리고 논리를 실행으로 옮기는 역할은 독일 정신과의사들의 몫으로 돌아갔다. 몇십 년 후에 독일 정신과의사들은 안락사와 체계적인 의학적 대량학살을 선택했다. 많은 현대사 연구자들은 그 행동을 "이해할 수 없는 잔학행위"나 "개인적인 탈선"으로 보는 입장을 반박했다. 과거에 미국과 영국의 정신과의사들이 그저 이론적인 가능성으로 거론한 "몰살"이 독일에서 합법적인 의료활동으로 전환되어 섬뜩한 현실을 빚어냈다. Robert Proctor, *Racial Hygiene: Medicine Under the Nazis*(Cambridge, Mass. : Harvard University Press, 1988) ; Paul Weindling, *Health, Race, and German Politics between National Unification and Nazism, 1870~1945*(Cambridge : Cambridge University Press, 1988) ; 같은 저자, "Psychiatry and the Holocaust," *Psychological Medicine* 22(1992), 1~3쪽 ; Michael Burleigh, *Death and Deliverance: 'Euthanasia' In Germany C.1900~1945*(Cambridge : Cambridge University Press, 1994) ; 같은 저자, *Ethics and Extermination: Reflections on Nazi Genocide*(Cambridge : Cambridge University Press, 1997), 특히 chapter 4, "Psychiatry, German Society, and the Nazi 'Euthanasia' Program" ; Hugh Gregory Gallagher, *By Trust Betrayed: Physicians and the License to Kill in the Third Reich*(New York : Holt, 1990) ; Götz Aly, Peter Chroust, and Christian Pross, *Cleansing the Fatherland: Nazi Medicine and Racial Hygiene*(Baltimore : Johns Hopkins University Press, 1994) ; Volker Roelcke, Gerrit Hohendorf, and Maike Rotzoll, "Psychiatric Research and 'Euthanasia' : The Case of the Psychiatric Department at the University of Heidelberg, 1941 ~1945," *History of Psychiatry* 5(1994), 517~32쪽 참조. 미국과 영국과 독일의 행동이 서로 달랐던 것은 윤리적 차이 때문이 아니라는 추측도 있다. 독일 최고의 정신과의사들과 주요 대학은 열정적으로 대량학살에 참여했다. 또 이들의 말과 이론적 귀결들은 영미권 정신과의사들의 입장과 다를 바 없었다. 독일이 영국이나 미국과 다르게 행동한 것은 오히려 나치 정권의 등상 때문이었다고 나는 주장한다. 나치 정권은 민주사회가 그런 잔혹행위를 막기 위해 세운 장애물을 일거에 제거했고, 최대 수십만의 생명을 희생시킨 소독(Desinfektion) 정책을 국가가 주도하여 장려했다. 앞으로 보게 되겠지만, 헨리 코튼도 나름대로 "소독" 정책을 실행했다. 그의 "소독"은 오웰적인 의미라기보다 더 직접적인, 신체의 감염 부위를 제거한다는 의미였다.

14 매독을 일으키는 미생물은 1905년에 독일의 연구자 프리츠 샤우딘과 에릭 호프만에 의해 발견되었고, 매독 병원체의 유무를 검사하는 바서만 검사법(Wassermann's test)은 그 이듬해에 개발되었다. Ludwig Fleck, *The Genesis*

and Development of a Scientific Fact(Chicago : University of Chicago Press, 1979) 참조.

15 영국의 어느 의사는 훗날 이 치료법은 오직 "해부학 지식과 떨리지 않는 손과 굳센 심장"만 필요로 한다고 말했다. 이에 그를 비판한 파커 버저드는 "의사뿐만 아니라 환자도 굳센 심장을 가져야 한다!"고 대꾸했다. Sir James Purves-Stewart, "The Treatment of General Paralysis," *British Medical Journal*, March 22, 1924, 509쪽.

16 Frank Billings, *Focal Infection: The Lane Medical Lectures*(New York : Appleton, 1916) ; 또한 Hirsch, *Billings*, 60쪽, 85쪽 ; James Bowman, *Good Medicine: The First 150 Years of Rush-Presbyterian-St. Luke's Medical Center*(Chicago : Chicago Review Press, 1987) 참조.

17 시카고에 의학교육기관이 설립되는 데 빌링스가 기여한 바에 대해서는, Hirsch, *Billings*, 109~13쪽, 117~21쪽 참조.

18 Billings, *Focal Infection*, 144쪽.

19 같은 책, 130쪽. 발견자의 이름을 따서 뢴트겐선이라 명명된 전자기파는 오늘날 X선이라는 이름으로 더 잘 알려져 있다.

20 같은 책, 131쪽.

21 같은 책, 128~9쪽.

22 같은 책, 129쪽.

23 같은 책, 132~3쪽.

24 이 발전에 관한 논의는, Braasch, *Mayo*, 33쪽, 47~50쪽, 68~9쪽, 74~5쪽 참조.

25 코튼은 스승인 아돌프 마이어에게 보낸 편지에서 그 예외에 대하여 이렇게 언급했다. "저는 모든 사람이 국소 감염론을 받아들이는 것은 아님을 압니다. 또 존스홉킨스 대학의 사람들이 제인웨이의 영향을 받아 헤이스팅스, 빌링스 등의 견해를 수용하지 않는다는 것도 압니다. 그러나 유일한 예외가 있는데, 다름아닌 바커 박사입니다." 코튼이 마이어에게 1918년 4월 8일에 보낸 편지, CAJH I /767/14.

26 Howell, *Technology in the Hospital*, 특히 60~5쪽.

27 "외과 세균학"은 당대에 널리 쓰이던 주요 개념이었다. 존 챌머스 다 코스타(John Chalmers Da Costa)의 『현대 외과 매뉴얼*Manual of Modern Surgery*』(Philadelphia : Saunders, 1894)은 10판까지 나왔는데 맨 첫부분에 세균학에 대한 논의가 나온다. 이 책과 경쟁한 윌리엄 윌리엄스 킨(William Williams Keen)과 제임스 윌리엄 화이트(James William White)의 『미국 외과 교과서*An American Textbook of Surgery*』는 첫 장의 제목이 "외과 세균학"이다. 코

튼은 훗날 자신의 논문에서 이 용어를 썼다.

28 W. Arbuthnot Lane, *The Operative Treatment of Chronic Constipation* (London : Nisbet, 1909) ; 같은 저자, "The Consequences and Treatment of Alimentary Toxaemia from a Surgical Point of View," *Proceedings of the Royal Society of Medicine* 6, no. 5(1913), 49~117쪽, and discussion, 121~380쪽 ; 같은 저자, "The Sewage System of the Human Body," *American Medicine,* May 1923, 267~72쪽 ; Arbuthnot Lane Papers, Wellcome Trust Contemporary Medical Archives, London, GC/127/A2 참조. 레인은 사회활동으로 큰 돈을 번 후 1930년내에 『의료인 총람*General Medical Register*』에서 자신의 이름을 빼 "의료윤리"의 제약을 벗어던지고 변비 퇴치, 식생활 개선, 매일 2~3회 꼭 필요한 배변에 적당한 자세를 위한 화장실 구조 개혁을 주창했다. Arbuthnot Lane Papers, Wellcome Trust Contemporary Medical Archives, London, Box 1, GC/127/B15, 18 ; Sir W. Arbuthnot Lane, *An Apple a Day*(London : Methuen, 1935) 참조.

29 모이니한이 1905년에 출판한 교과서 『개복수술*Abdominal Operations*』 (Philadephia : W. B. Sauders)은 제럴드 그롭이 말했듯이 "그의 전문분야를 확정하는 역할을 했다." 또 "어느 동료가 지적했듯이 '말 그대로 복강을 외과 의사들에게 개방함으로써' 그는 국제적인 명성을 얻었다." Gerald Grob, "The Rise of Peptic Ulcer, 1900~1905," *Perspectives in Biology and Medicine* 46(2003), 553쪽, internal quotation from B. G. A. Moynihan, *Selected Writings of Lord Moynihan: A Centenary Volume*(London : Pitman, 1967) 참조.

30 Arbuthnot Lane Papers, Wellcome Trust Contemporary Medical Archives, London, Box 1, GC/127/A2/1.

31 John Harvey Kellogg, *Autointoxication or Intestinal Toxemia*(Battle Creek, Mich., 1919), 특히 131쪽, 311쪽 ; 같은 저자, *The Itinerary of a Breakfast* (Battle Creck, Mich., 1919), 25쪽, 36쪽, 82쪽. 최근의 글로는, 특히 James C. Whorton, *Crusaders for Fitness: The History of American Health Reformers* (Princeton, N.J. : Princeton University Press, 1982) ; Stephen Nissenbaum, *Sex, Diet and Debility in Jacksonian America: Sylvester Graham and Health Reform*(Westport, Conn : Greenwood, 1980) 참조.

32 Whorton, *Crusaders for Fitness,* 204쪽. 켈로그의 환자 중에는 윌리엄 하워드 태프트 대통령, 존 D. 록펠러 주니어, 알프레드 뒤퐁, J. C. 페니, 몽고메리 워드 등 수많은 부자와 유명인이 있었다.

33 Frank Billings, "Chronic Focal Infections and their Etiologic Relations to

Arthritis and Nephritis," *Archives of Internal Medicine* 9(1912), 484~98쪽.

34 Henry A. Cotton, *The Defective Delinquent and Insane*(Princeton, N.J.: Princeton University Press, 1921).

35 Henry A. Cotton, "The Relation of Chronic Sepsis to the So-Called Functional Mental Disorders," *Journal of Mental Science* 69(1923), 434~65쪽.

36 Henry Maudsley, *The Physiology and Pathology of Mind*(London: Macmillan, 1867).

37 William Hunter, "Oral Sepsis and Antiseptic Medicine," *Faculty of Medicine of McGill University*, Montreal, 1910, quoted in Cotton, "The Relation of Chronic Sepsis to the So-Called Functional Mental Disorders."

38 Henry S. Upson, "Nervous Disorders Due to the Teeth," *Cleveland Medical Journal* 6(1907), 458쪽; 같은 저자, "Dementia Praecox Caused by Dental Infection," *Monthly Cyclopedia and Medical Bulletin* 2(1909), 648~51쪽; 같은 저자, "Serious Mental Disturbances Caused by Painless Dental Lesions," *American Quarterly of Roentgenology* 2(1910), 223~43쪽; 같은 저자, "Dental Disease as it Affects the Mind," *Monthly Cyclopedia and Medical Bulletin* 5(1912), 129~41쪽.

39 Lewis Campbell Bruce, *Studies in Clinical Psychiatry*(London: Macmillan, 1906), 227쪽; see also 6쪽, 8~10쪽.

40 같은 책, 5쪽, 37~8쪽.

41 Cotton, *The Defective Delinquent and Insane*, 41쪽.

42 트렌턴 주립병원 연례 보고서, 1916, 15쪽.

43 Cotton, "The Relation of Chronic Sepsis to the So-Called Functional Psychoses," 437쪽. 불완전마비에 대한 치료법은 지속적으로 많은 관심을 끌어들였고, 코튼은 자신과 직원들이 이제 환자를 국소 마취시킨 다음에 "올비(Albee) 전기 드릴"로 두개골에 구멍을 뚫고 두개강에 살바르산을 투여한다고 보고했다. 이 방법은 "시간을 대폭 절약한다."고 그는 말했다. 트렌턴 주립병원 연례 보고서, 1917, 13쪽.

44 페덜 피셔 박사와의 인터뷰, Leisure World, Laguna Hills, Orange County, California, February 20, 1984.

45 코튼이 마이어에게 1918년 4월 8일에 보낸 편지, 마이어의 문서, CAJH I /767/14.

46 코튼이 마이어에게 1918년 7월 1일에 보낸 편지, 마이어의 문서, CAJH I /767/15.

47 마이어가 코튼에게 1918년 7월 14일에 보낸 편지, 마이어의 문서, CAJH I

/767/15.

48 버디트 루이스가 시모 크롬웰에게 1918년 9월 5일에 보낸 편지 ; 루이스가 드와이트 모로에게 1919년 11월 29일, 1920년 7월 30일과 8월 4일에 보낸 편지, in Dwight Morrow Papers, Amherst College Library, Amherst, Massachusetts ; 버디트 루이스, 자서전 원고(의미심장하게도 "진리가 너희를 자유케 하리라"라는 제목이 붙어 있다), 특히 3~10쪽, in Burdette Lewis Papers, State Archives, Trenton, New Jersey.

49 코튼이 마이어에게 1918년 10월 13일에 보낸 편지, 마이어의 문서, CAJH I /767/15.

50 같은 곳.

51 트렌턴 주립병원 연례 보고서, 1919, 1920, 1921 참조.

감염된 치아, 편도, 창자를 떼어내라

이제 코튼은 루이스 감독관의 결정적인 후원을 받으며 국소 패혈증에 대한 공격을 적극적으로 감행하기 시작했다. 사퇴의 위기를 넘긴 뒤 12개월 사이에 그는 새 조력 의사 4명과 그가 "여성 의사"(명백하게 별개 종인)라고 지칭한 누군가를 고용할 수 있었다. 직원 교체는 코튼의 치료적 개입에 대한 내부 반발을 최소화하는 데 필수적인 예비작업이었다. 1919년 6월에 코튼은 다음과 같은 행복한 언급을 했다. "그들의 작업은 매우 만족스럽다. 무엇보다 그들이 정신적 상태에 관한 선입견 없이 병원장의 이론을 기꺼이 수용하면서 환자의 신체상태를 다루기 때문이다."[1] 코튼은 또한 세균학자 2명의 도움도 받을 수 있었다. 그 가운데 윌리엄 스트리플러 William Strifler는 지난 9년 동안 코넬 의과대학에서 헤이스팅스의 지휘하에 국소 감염을 연구한 인물이었다. 그는 류머티즘과 충치의 관련성을 밝히려 노력했다. 또 고문단에 참여한 위장병 전문의 드레이퍼J. W. Draper와 린치J. Lynch는 뉴욕의 성 바르톨로뮤 소화관질환

병원 외과의사로 일하면서 매주 트렌턴을 방문하기 시작했다. 이들은 강력한 팀을 이뤄 신속하게 수술 영역을 확장했다. 코튼은 "전국정신위생위원회가 최근에 보고한 광기의 걱정스러운 증가"를 맥락으로 삼아 연구의 틀을 짰다.[2] 정신질환자가 급증한 원인은 일시적이지만 의미심장했다. 그 원인은 정신장애에 대한 대중의 의식을 근본적으로 향상시켰다. 정치가들이 "모든 전쟁을 끝장내기 위한 전쟁"이라 선포한 살육의 축제에 끌려간 군인들 사이에서 전염병처럼 정신장애가 발생한다는 것은 숨길 수 없는 사실이었다. 참호전투는 수백만의 전사자와 수십만의 정신적 부상자를 양산했다. 정신적 부상자들은 보고 잠자고 말하고 듣고 걷고 기능하는 능력을 상실했다. 그들은 통제할 수 없이 소리를 지르거나 울었다. 환각에 빠지고 시간과 공간에 대한 감각을 잃고, 당국의 관점에서는 가장 곤란하게도 전투 의지를 잃었다. 전투 능력도 잃은 것처럼 보였다.[3] 그들은 처음에 꾀병쟁이, 겁쟁이, 열등한 놈으로 천시당하며 혹독한 대우를 받았고, 때로는 사살당했다. 그럼에도 그들의 수는 경악스럽게 증가했다. 그들의 상태는 "전투 신경증"(군 당국이 필사적으로 억누르려 한 명칭이다)[4] 또는 "포탄 쇼크shell-shock"라는 새 이름으로 불리게 되었고, 그 후 정신적 부상자들에 대한 대중의 의식은 신속하게 높아졌다.

그러나 정신위생에 관한 새 원칙을 홍보한 담당자들이 밝혔듯이, 전쟁이 여파로 남긴 정신적 파탄을 논외로 하더라도, 광기의 발생은 인구 전체에서 냉혹하게 증가하고 있었다. 시설에 수용된 정신병자의 수도 점점 더 빨리 늘어나는 것 같았다. 일리노이 주만 해도 지난 8년 동안 정신병자 증가율은 무려 113퍼센트였고, 코튼이 지적했듯이, "이 지방의 시설에 수용된 광인의 수는 41만 7,000명 이상"이었다.[5] 더욱 심각한 것은 "그 병원들의 대다수가 환자들을 치료하기 위한 노력을 전혀 하지 않는다."는 사실이었다.[6] 만성적인 퇴화 환자들이 증가하는 것은 세금납부자들의 부담이 커지는 것과 정신의학에 대한 비난이 높아지는 것을 의미했다.

여러 관점에서 볼 때 "정신의학과 과학적 의학을 종합할 좋은 기회"는 제1차 세계대전 중에 상실되었다고 코튼은 느꼈다.[7] 많은 이들이 어리석게도 심리학에 기반을 둔 설명과 치료에 심취한 탓에 막다른 골목으로 들어갔고, 반대쪽 극단에서는 많은 정신과의사들이 정신의학이 치료적 난국에 봉착했다는 사실을 무시하려는 경향을 보였다. 그러나 트렌턴 병원에서는 국소 감염의 중요성에 대한 이해가 커져 필연적으로 실험적 분석과 독소 제거, X선, 무균 환경에서의 수술적 개입—즉 현대의학의 모든 최신 기법을 철저하게 신뢰하였다.

따라서 코튼은 정신의학이 다른 의학들로부터 고립되는 것을 타파할 새로운 기회가 열리고 있다고 확신했다. 더 나아가 만일 그 자신의 성과가 재현될 수 있다면, 정신의학과 여타 의학의 화해로부터 괄목할 만한 치료 효율성 증진이 귀결될 것이었다. 따라서 병원 관계자들의 처지와 국가의 정신건강과 관련한 지출도 크게 향상될 것이었다. 코튼은 감염에 맞서는 공격적인 기법들을 채택하고 12개월이 채 안 되어 자신의 치료법이 약 23퍼센트의 회복률에 도달했다고 주장했고,[8] 패혈증이 숨어 있는 다른 부위에 더 광범위하게 개입하면 회복률이 무려 85퍼센트에 달한다고 주장하기 시작했다.[9] 그는 그 성과들이 일시적인 증상 완화가 아니라고 단언했다. 1921년 봄부터 "2명의 사회복지사가 1918년에 퇴원한 환자들에 대한 특별 조사를 실시했다." 만족스럽게도 회복된 환자의 수는 지난 3년 동안 병원에서 원래 판정한 360명보다 더 많은 370명으로 증가했으며, "우리가 회복되었다고 판단한 환자들은 생업에 종사하며

가족을 돌보고 모든 면에서 정상적인 삶을 살고 있었다."고 코튼은 보고했다.[10]

그런 괄목할 만한 성과는 또 다른 행복한 귀결로 이어졌다. 주정부의 예산이 대폭 절약되었던 것이다. 코튼은 자신의 노력에 의해 불과 3년 만에 뉴저지 주 세금납부자들의 부담이 25만 달러나 줄어들었다고 계산했다.[11] 이 계산조차도 코튼이 산출한 금전적 이득을 과소평가한 것이었다. 왜냐하면 그의 외과 세균학이 극적인 효과를 발휘한다는 소문이 퍼지자 점점 더 많은 유료 환자들이 모여들었고 그들 중 많은 수는 뉴저지 주 외부에서 왔으니까 말이다. 1916년의 입원 환자들 중 치료비를 지불하는 개인 환자는 11퍼센트에 불과했던 반면, 1920년~1921년에는 신규 환자 전체의 45퍼센트인 349명이 개인 자격으로 입원했다. 1921년 7월 1일자 병원 통계에 따르면 전체 2,033명의 환자 중 무려 317명이 개인 유료 환자였다. 코튼이 기민하게 지적했듯이, 이 같은 변화는 병원의 재정에도 긍정적이고 큰 영향을 미쳤다.[12]

1918년 4월 초, 마이어는 코튼이 국소 패혈증에 관하여 최근에 발표한 논문과 관련하여 그를 질책하면서 출판되기 전에 그 논문을 수정하기를 바란다는 뜻을 밝혔다. 문제는 젊은 코튼이 정신장애의 원인이 오직 하나라는 주장을 외곬으로 고수한다는 데 있었다. 이 시기에 코튼은 벌어진 틈을 메우려 애썼다. "제가 선생님의 가르침에 반대한다고 비난하는 것은 있을 수 없는 일입니다. 그 논문이 그런 인상을 주었다면 매우 불행한 일이라 하겠습니다." 논문을 다시 검토하고 스승의 기분을 상하게 할 만한 부분을 "제거"하겠다고 코튼은 약속했다.[13]

그러나 타협은 오래 유지되지 않았다. 비록 가끔씩 행동의 원인이 다수라는—유기체적인 요인들 외에도 환경, 유전적 기질, 개인적 심리 등이 행동을 결정한다는—마이어의 주장에 으레 머리를 굽혔지만 코튼은 정신장애에 대한 철저히 환원론적인 생물학적 설명을 점점 더 강하게 내세웠다. 그는 "기능성" 정신장애라는 개념 자체를 비일관적이고 "유지될 수 없는" 것으로 간주하며 무시했다.[14] 1919년에 그는 자신 있게 다음과 같이 주장했다. "우리는 (유전이) 정신질환의 원인을 설명하거나 진행을 예측하는 데 거의 영향을 끼치지 않는다고 믿습니다……. (그리고) 유전에서와 마찬가지로, 발생한 많은 사례에서 우리는 정신-유전적 요인도 발견할 수 없습니다." 코튼이 보기에 유전적 요인과 정신적 요인은 기껏해야 종속적인 역할을 할 뿐이며 정신병의 충분조건도 필요조건도 아니다. 오히려 트렌턴 병원의 의료진은 "감염이 가장 중요한 영향을 끼치며, 감염이라는 요인이 없으면 정신병이 발생할 확률이 매우 낮아진다는 것"을 확신하게 되었다.[15] 이는 여러모로 다행스런 사실이었다. 유전적 기질은 어차피 바꾸기가 불가능했다. 간접적으로 여러 세대에 걸쳐 우생학 프로그램을 통해 바꾸는 것이 유일한 방법일 텐데, 만일 정신적 결함을 가진 자녀를 낳을 가능성이 높은 자들이 번식의 성향을 자제하기를 거부한다면(그럴 가능성이 매우 높다.) 이 방법에도 상당한 어려움이 동반될 것이었다. "그러나 감염은 우리가 다룬 모든 사례에서 나타났다……. (그리고) 감염은 칼이나 백신으로 제거할 수 있다."[16]

진행마비가 매독에서 유래한다는 발견이 분명히 보여주듯이 정신병은 병 그 자체가 아니라 증상이다. 앞선 세대의 정신과의사들은 "정신병성 전신마비"라고 명명한 그 무서운 증상을 어리석게도 다른 형태의 정신장애에 적용한 것과 동일한 심리-사회적 치료법을 써서 다스리려 노력했다. 그 결과는 짐작할 수 있듯이 참담했다. 왜냐하면 그런 치료법은 병의 참된 원인인 유해 미생물에 아무 영향도 미치지 못하기 때문이다. 이와 반대로 코튼의 연구는 이제 조울병, 조발성 치매(프랑스의 정신과의사 모렐A. Morel이 인생 초기 특히 사춘기에 발병하여 빨리 치매화하는 한 집단의 정신병에 대해 처음 사용했다. 독일 의사 크레펠린과 브로일러도 이 개념을 사용하고 병의 특징을 심화·연구하였으며, 현재는 '정신분열병'이라는 병명으로 대치되었다—감수자) 또는 정신분열병, 그리고 정신과의사들이 많은 노력을 들여 구분한 정신질환의 다른 아형들 전부가 진행마비와 똑같은 방식으로 발생한다는 것을 증명하는 과정에 있었다.

코튼이 한때 함께 일한 바 있는 저명한 독일 정신과의사 에밀 크레펠린의 영향을 강하게 받은 미국 정신과의사들은 감별 진단differential diagnosis에 많은 노력을 쏟았다. 코튼은 그것이 오류라는 것을 점점 더 확신하게 되었다. 그것은 광기의 다양한 부수현상적 발현에 초점을 두면서 그것들 모두를 일으키는 단일한 병인을 간과한 결과였다. "우리의 연구는 조발성 치매가 별개의 병이 아니라 급성 정신병의 만성적 단계라는 결론으로 우리를 이끌었다."고 코튼은 언급했다. 이 발견은 대부분의 의사들이 본질적으로 치료할 수 없다고 결론 내린 상태에 대하여 낙관적인 견해를 갖게 해주는 근거라고 코튼은 단언했다. "조발성 치매의 초기 단계들은 조울병보다 치료하기 쉽다고 우리는 확신한다."[17] 그러나 치료의 지체는 치명적일 수 있다. 그 상태가 오래 지속될수록 뇌의 중독이 돌이킬 수 없는 구조의 변화로 이어질 가능성이 높아지고, 따라서 가망이 없는 상황에 이를 가능성이 높아지기 때문이다. 심지어 처치를 2년이나 3년만 미뤄도 "뇌 조직이 영구적으로 변질될" 가능성이 높다. 그때는 가장 광범위하고 공격적인 개입도 실패로 돌아갈 수밖에 없을 것이다. 또 "만성 환자에게는 아무것도 할 수 없으므로…… 낙오자들의 수가 늘어만 가는 것을 저지"하려면 초기에 광범위한 개

입이 필수적이다.[18]

   과거 세대가 틀린 길에서 헤맸다고 비난하지 말아야 한다. 왜냐하면 사태의 진실을 밝혀내는 것은 실험실에 기반을 둔 과학적 의학이 도래한 오늘날에 이르러 비로소 가능해졌기 때문이다. 다른 병원들과 달리 트렌턴 병원이 성공에 도달한 것은 현대의학의 두드러진 특징인 "모든 현대적 진단법"을 활용했기 때문이다.[19] "광인이 신체적으로 병든 사람이라는 결정적인 사실을 밝혀낸 것은 X선과 현미경이었다⋯⋯. 우리가 연구한 바로는 광인에게 세균 침입에 의한 병이 특이하게 많다는 사실이다."[20] 그리고 세균학 혁명을 생각할 때 이 발견은 놀라운 것이 아니다. 실제로 "오늘날 일반적으로 인정되듯이, 특정 세균이론은 대장균의 특정 균주들과 사슬알균(연쇄구균)은 뇌에만 작용하는 독소를 산출할 가능성이 있다는 믿음에 큰 개연성을 부여한다."[21]

   그 미시적인 생물들의 존재는 광기라는 미지의 대상을 이해하는 데 간접적인 열쇠를 제공했다고 코튼은 주장했다. 일반적으로는 감염자가 병과 무기력을 호소할 것이라고 짐작할 것이다. 그러나 이 경우는 다르다. 코튼이 광기의 원천으로 판단한 병변들은 "환자가 고름과 고통과 열 등의 증상으로 인해 아주 잘 자각하는" 폭발적이고 급성인 장애가 아니기 때문에 이제껏 발견되지도 의심받지도 않았다.[22] 손상은 오히려 만성이고 잠복성이며 숨어 있는 감염에 의해 일어난다. 그 감염들은 신체 안에 보이지 않게 잠복해 있으면서 가끔씩만 (3기 매독의 경우에서처럼) 뇌를 직접 공격한다. 그러나 더 흔하고 은밀한 중독은 "세균에 의해 산출되어 혈류를 통해 뇌에 전달되는 독소"가 일으키는 것이다.[23] 그런 중독은 "주관적 증상이나 객관적 증상을 산출하지 않는" 경향이 있어서 그것에 대한 병리학적 지식은 "일반적인 검사법을 통해 확립하기가 극도로 어렵다."[24]

하지만 다행스럽게도 (일반인이 보기에는 거의 마술사 같은) 과학적 의사는 최근에 새로운 도구와 기술로 무장하여 신체의 깊숙한 구석까지 도달할 능력을 얻었다. 그 "현대적인 임상 진단법들―예컨대 X선 촬영, 세균 감염 검사, 혈청 반응 검사―과 세심한 병력 기록, 철저한 신체 검사를 활용하면 환자가 대개 자각하지 못하는 숨은 감염이 드러날 것이다."[25] 그 진단법들은 효과적으로 치료를 하는 데 매우 값진 길잡이다. 또 코튼 이전의 정신과의사들의 작업과 달리, "우리의 작업은 성공과 실패를 운에 맡긴 채 되는 대로 해보는 것이 아님을 쉽게 알 수 있다고 우리는 믿는다. 우리가 채택한 모든 방법은 명확한 병리학적 개념들에 기초해 있으며 임상실험 연구의 산물이다."[26] 코튼이 거듭 공격적으로 주장했듯이 과학은 그의 편이었다. 사실상 미국과 외국의 정신병원들과 달리 트렌턴 병원은 세균학, 면역학, 화학요법, 의물리학medical physics, 생화학의 현대적 기적을 전부 동원하여 정신병을 공격했다.

신속한 처치는 당연히 필수적이었다. "정신적 증상이 발생하는 초기에 그 감염된 자리를 제거함으로써 많은 임상 사례의 진행을 막고 치유할 수 있을 것이다." 더 좋은 것은 예방적인 개입, 즉 문제,있는 조직이 정신적 불균형을 유발하기 전에 제거하는 것이다.[27] 그러나 이 과제는 쉬운 것이 아니라고 의사 자신도 경고한다. 코튼은 이렇게 말했다. "감염된 부위를 찾아내는 일은 엄청나게 어려울 뿐 아니라, 발견된 부위를 제거하는 일은 가히 거대한 난점을 동반한다. 제거 작업에 매달리려면 참을성과 능력이 필요하다."[28] 나중에 알게 되겠지만, 이 말은 매우 의미심장하다.

원리적으로 국소 패혈증 이론은 치료를 위한 적극적 개입의 범위를 제한 없이 열어주었다. 감염은 신체의 가장 어두운 구석에 숨어 있으면서 독을 뿜어 정신적·신체적 건강을 망칠 수도 있었다.

확실히 코튼이 처음부터 선호한 목표물은 치아였고, 곧이어 편도가 추가되었다. 면밀한 검사는 "기능성 정신병 환자들 모두가 예외없이 치아가 감염되었음"을 보여주었다.[29] 그리고 그런 사례에서 유일한 해법은 치아를 뽑아내는 일이었다. 코튼은 심지어 일부 만성 환자들도 치아의 문제를 해결하자 치유되어 퇴원했다고 자랑했다. 몇 년째 멍청한 상태에 머문 어느 장기 환자는 문제가 있는 치아 1개를 뽑아내자 곧바로 제정신을 회복했다. "병원에 5년이나 머문 그녀의 회복에 대하여 우리가 발견할 수 있는 유일한 이유는 감염된 어금니를 뽑아낸 것이다."[30] 무려 17년 동안 입원했고 모두가 치유의 희망을 버렸던 또 다른 환자는 감염된 어금니 2개를 제거하자 안정적인 작업 패턴을 나타내기 시작했고 결국 치유되었다.[31]

이런 기적적인 성과를 염두에 둘 때, "우리는 만일 치아가 의심스럽다면 뽑아버려야 한다는 생각이다."[32] 이런 견해를 모든 사람이 타당하게 여기지는 않으리라는 점을 의식한 코튼은 서둘러 이렇게 덧붙였다. "물론 모든 환자의 치아 전부를 뽑아내야 한다는 뜻은 아니다."[33] 그러나 "치아끝 고름집(치근첨단 농양)이 생긴 치아는 모두 뽑아야 한다."는 생각엔 의문이 있을 수 없다. "이 견해는 극단적으로 보일 수도 있겠지만 유일하게 합리적인 입장이다."[34] 게다가 더 자세한 관찰도 필요했다. 심지어 "외견상 치아가 없는" 환자들도 X선으로 면밀히 관찰하여 잇몸 밖으로 나오지 않고 숨어 해를 끼치고 광기를 지속시키는 어금니가 남아 있지 않은지 확인할 필요가 있었다.[35] 코튼의 실험실에서 이루어진 연구는 그렇게 몰래 숨어 있는 치아들이 "모두 감염되어 있다."는 사실을 보여주었다. 비록 입에는 아무 증상도 나타나지 않는다 해도 말이다.[36] 더 일반적으로, "우리는 인공 치관을 씌운 치아와 가공의치架工義齒(브리지. 상실된 치아를 대체하기 위해 인접 치아에 부착장치를 걸어서 설치하는 보철물-옮긴이)와 리치몬드관Richmond crown(합금 의치의 일종-옮긴이) 시술을 한 치아를 모두 제거한다……. 그런 인공물 중 5퍼센트는 무해하다는 사실을 나는 기꺼이 인정한다. 그러나 우리와 환자들에게 안타깝게도, 우리는 그 인공물을 남겨두는 위험스러운 일을 감행할 수 없다.″37

또 강력한 개입의 필요성이 이미 정신병원에 있는 사람들에게만 국한되는 것은 아니었다. 많은 청소년들이 아무것도 모르는 채 불완전한 치아 발생으로 인해 고생하고 있으며, 부모들은 그런 자녀들의 상태가 무해한 줄 알고 있다. 그러나 코튼은 더 잘 안다. "우리의 견해는 청소년에게 잇몸 밖으로 나오지 않은 치아가 있는 것이 정상이며 그런 치아들은 그냥 놔두면 결국 나온다는 치과의사의 주장과 약간 다르다.″38 그런 상태를 방치하는 것은 청소년들의 정신건강에 심각한 위협을 끼치는 일이라고 코튼은 주장했다. 가능한 한 빨리 그런 상태를 찾아내고 치료해야 한다고 그는 강조했다. 그런 철저함은 코튼이 생각하기에도 일부 사람들의 그릇된 비판이나 심지어 비웃음을 살 수 있다. "어쩌면 우리의 견해는 너무 극단적이라는 비난을 받을지도 모른다……. 그러나 그런 치아를 뽑지 않아 심각한 실수를 많이 저지른 다음 판단을 바꿔 그런 치아를 뽑아냄으로써 좋은 성과를 얻은 지금, 우리의 입장은 확고하다.″39 그리고 환자들 자신이 반대하지 않았다. "3년 넘게 경험을 쌓는 동안 내가 치아를 뽑는 것을 비난한 환자는 뽑은 치아의 개수와 무관하게 단 1명뿐이었다.″40

최고의 종합병원조차도 X선을 이따금씩 활용하기 시작하던 시기에41 코튼은 트렌턴 병원의 X선 장비를 쉴새없이 돌렸다. 1920년 6월에 그는 트렌턴 병원의 X선 기술자들이 지난 12개월 동안 4,201장의 X선 사진을 찍었고, 병원의 치과는 "보통" 치아를 4,317개 뽑

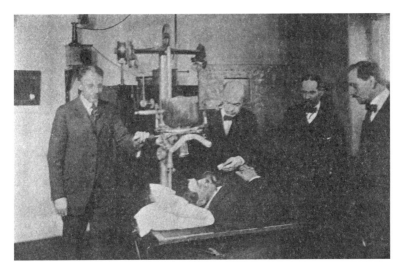

환자의 치아를 X선 촬영하는 모습 1910년대 당시에 X선 촬영은 비교적 최신 기법이었다. 트렌턴 병원에서 그 기법을 사용한 것은 가장 발전된 진단법을 활용하여 숨은 패혈증을 찾겠다는 의지의 표현이었다.

았고 숨어 있는 어금니를 75개 뽑았다고 보고했다.

　이듬해에 치과의사들은 더 바빠졌다. 뽑아낸 치아의 총수는 6,472개로 치솟았다. 이는 입원 환자 1명당 10개에 해당했다.[42] 그러나 코튼은 "충분한 정당성 없이 제거된 치아는 단 1개도 없었다."고 주장했다.[43] "과도한" 발치拔齒는 없었다는 것이었다.[44]

　일부 작업의 엄청난 규모는 환자들이 자신의 구강상태에 대하여 얼마나 무관심한지를 반영했다(코튼은 "전체 인구의 줄잡아 80퍼센트가 치아가 감염되었음이 추정된다."고 지적했다).[45] 그러나 심지어 세심하게 치아를 관리하는 이들도 부주의하게 문제를 쌓아가고 있었다. 치아 뿌리관(치근관)과 치관齒冠을 살리면 치열을 보존할 수 있다. 그러나 그 때문에 얼마나 큰 대가를 지불하는가? "우리는 현대 치과의학이 국가 전체에 심각한 해를 끼치고 있다는 우리의 견해를 (많은 진보적 의료인들이 이 견해에 동의한다.) 강조하고자 한다."[46] 치과의사들

　　　　　　　　　　　　　　　　　현대 정신의학 잔혹사

은 환자의 허영심에 영합하여 감염된 부위를 "멋진 장식물"로 덮어씌운다. 그리하여 파멸을 불러오는 세균들이 남게 된다. 이런 치료는 "심각한 전신질환"을 야기함으로써 "가늠할 수 없을 정도로 큰 피해"를 간접적으로 산출한다.[47] 흔히 환자는 치아가 썩어가는데도 통증을 경험하지 못했다. 그러나 병은 환자의 건강을 표면 아래에서 계속 손상시켜 결국 사망이나 "사망보다 더 나쁜 상태—정신적 암흑의 삶"을 가져왔다.[48] 코튼은 이렇게 덧붙였다. "오늘날의 치과대학들이 금으로 된 인공 치관(골드 크라운)과 가공의치, 리치몬드관 설치법을 가르친다는 것은 믿기 어려운 사실이다. 이것들 모두가 해당 개인의 건강에 심각한 해를 끼친다는 것은 명백하게 증명되었다. 오래된 속담에 기대어 말하자면, 관을 쓴 치아는 건강에 해롭다."[49]

코튼은 외모에 대한 대중의 허영심에 영합하려는 유혹에 빠지지 말고 사람들에게 일단 충치가 시작되면 문제가 생긴 어금니를 뽑는 것이 유일하게 안전한 처치라는 것을 가르쳐야 한다고 느꼈다. 그러려면 당연히 먼저 치과의사들이 국소 패혈증의 해악을 확신해야 한다. "그 다음에 비로소 우리는 환자가 치아를 보존하기 위해 원하는 대로 행하지 않고 환자에게 최선인 방법—감염된 치아를 모조리 뽑아내기—을 행하는 것이 얼마나 중요한지를 모든 치과의사들이 깨닫게 되는 시대를 기대할 수 있다."[50]

이 초기의 개척단계에 코튼은 자신의 치료 방식이 "전문가들, 즉 의사와 치과의사 들이 볼 때 완전히 공상으로 보일 수 있음"을 인정했다. 그는 그런 회의론을 "구체적인 사례들로 뒷받침된 사실"에 입각하여 반박할 계획이었다.[51] 하지만 변화의 조짐도 있었다. "치과의료계는 그것이 진보적이며 우리가 의학에서 기대하는 수준을 확실히 자각한 치료법이라는 것을 보여주었다." "의료계는 여전히 우리 작업의 성과를 의심하고 해당 이론의 타당성에 회의를 표하지만, 치과의료계(를 선도하는) 인사들은 이 주제에 믿기 어려울 정도의 관심을 갖고, 선구적인 치과의사들이 수년 전부터 확실히 알았던 해악을 교정하기 위해 모든 가능한 수단을 동원하여 노력하고 있다."[52] 의사와 치과의사 들 모두가 심미적인 고려를 건강 보전의 필요성보다 앞세우는 태도의 위험성을 충분히 인식하게 되면 대중의 태도에도 대대적인 변화가 일어날 것이 확실하다. 현대의학 지식의 도움으로 밝혀진 진실을 염두에 둘 때, 예컨대 "틀니는 노화와 쇠퇴의 인상을 주기는커녕 때이른 노화를 막는 가장 효과적인 안전장치이다."[53]

그러므로 치아는 초기에 치료적 개입이 향한 주요 목표물이었고, 환자들의 입을 청소하려는 코튼의 왕성한 노력은 폭넓은 관심을 끌어들였다. 그 관심의 많은 부분은 코튼 자신이 불러일으킨 것이었다. 하지만 그가 상당히 퉁명스럽게 보고했듯이, "안타깝게도 우리가 감염된 치아를 광기의 유일한 원인으로 내세운다는 소문이 널리 퍼졌다." 그로 인해 일부 진영에서 많은 비웃음이 날아왔다. "필라델피아의 어느 신경과의사는 우리 병원을 '발치술의 메카'라고 불렀다."[54]

그것은 전적으로 그릇된 명칭이라고 코튼은 항의했다. 뇌에 가까이 있으면서 너무나 흔하게 썩는 치아는 아주 많은 경우에 문제의 원천인 것이 확실하다. 그러나 치아가 유일한 범인인 것은 결코 아니며, 코튼의 생각이 이렇다는 것을 비판자들은 알아야 한다. 이미 1919년 6월에 코튼은 지난 12개월 동안 트렌턴 병원에 새로 입원한 환자 699명 중 337명의 편도를 적출할 필요성을 발견했다.[55] 그 이듬해에 이루어진 편도절제는 542건으로 증가했다. 그 수술들은 "대개 국소 마취상태에서 이루어졌다."[56]

현대 정신의학 잔혹사

이 사실만으로도 반대자들의 비판이 그릇되었음을 보여주기에 충분하다고 코튼은 느꼈다. 그러나 감염된 편도는 그가 관심을 기울이는 많은 감염 부위 가운데 하나였을 뿐이다. 코튼이 인정했듯이, 그와 의료진은 국소 패혈증 문제와 씨름하기 시작하면서 흔히 구강 수술만으로도 "기적적인 결과"가 산출된다는 것을 발견했다. 그러나 초기에 그들은 일부 사례에서는 구강 수술로는 "아무 성과도 산출되지 않는다."는 것을 발견하고 적잖이 놀랐다.[57] 하지만 그 실패에 대한 자명한 설명이 곧바로 떠올랐다. 감염이 림프샘(림프선)이나 (드물게는) 혈류를 통해, 혹은 세균을 함유한 타액을 삼킬 때 다른 곳으로 퍼진 것이 분명했다. 따라서 "외과 세균학" 종사자들은 "위, 십이지장, 소장, 쓸개(담낭), 충수(막창자꼬리), 결장, 비뇨생식관"으로 관심을 돌려야 했다.[58] 실패를 무릅쓰고 공격적인 시술을 계속한다는 것은 필연적으로 다음을 의미했다. "국소 감염론 전체를 불신에 빠뜨리는 경향이 있는 실패가 존재한다. 하지만 그 실패의 원인은 우리가 이 이차적인 병소들을 소홀히 한 데서 찾아야할 것이다."[59]

1918년, 이차적인 감염 부위를 검사하는 일의 중요성이 부각되자마자 코튼은 온갖 기법을 동원하기 시작했다. 새로운 레푸스 검사법Refuss method(위 속으로 가는 관을 집어넣어 내용물의 일부를 꺼내 검사하는 방법—옮긴이)을 써서 위 속의 내용물을 추출하여 분석한 그는 934명의 환자 중 451명에게서 감염의 증거가 나타난다는 판정을 내렸고, 그들 중 277명을 자가백신autogenous vaccine(환자 몸의 세균에서 만들어진 백신으로 표준배양에서 만들어진 보존백신과 구별된다—옮긴이)으로 치료하는 시도를 했다. 자가백신은 인근의 스킵 회사Squibb Company에서 환자 각각이 지닌 세균을 원료로 하여 특별히 그 환자만을 위해 맞춤형으로 제조했다.[60] 코튼은 검사 자료를 통해 "만성화하거

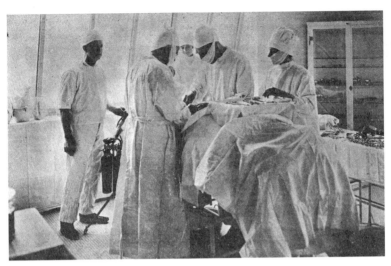

트렌턴 주립병원에서 이루어진 조사 목적의 개복수술 코튼의 외부고문이었던 드레이퍼와 린
치가 트렌턴 주립병원에서 복부수술을 집도하고 있는 장면이다. 훗날 코튼은 이런 수
술들을 직접 하게 된다.

나 신속히 재발하는 경향이 있는 사례는 감염이 치아와 편도에서
위장관으로 퍼진 경우"라는 확신을 얻었다.[61] 또 백신이 치료 성적
을 크게 향상시키지 못하자 그는 더 근본적인 처방이 필요하다는
판단을 내렸다.

뉴욕의 복부외과의 드레이퍼(과거에 콜럼비아 대학과 메이오 클리닉
에서 외과의학 연구 책임자였던 인물이다.)와 힘을 합친 코튼은 국소 패
혈증이 발생했을 가능성이 있는 부위들을 더 폭넓게 검사하기 시
작했다. 그들은 동료들의 신체론적 선입견을 발판삼아 "장티푸스와
알콜중독으로 인한 일과성 망상과 조발성 치매 혹은 조울병에 동
반되는 고정 망상 사이에 증명된 차이가 있는가? 혹시 우리는 광
기의 원인에 관한 프로이트의 이론을 너무 진지하게 받아들인 것
이 아닐까?"라는 의문을 제기했다.[62]

드레이퍼와 코튼이 볼 때 대답은 명백했다. 그들은 1919년 6월까

현대 정신의학 잔혹사

지 조사 목적의 개복수술(복강을 여는 수술)을 57회 실시했고, 수술을 받은 환자들 중 7명(전체의 12퍼센트)이 수술 후유증으로 사망했다고 보고했다.

코튼과 드레이퍼가 작성하여 출판한 보고서에 따르면, 이들은 처음에 10여 명의 만성 중환자들을 수술했고, 그들 모두에게서 "매우 다양한 장내 병변"을 발견했다. 그러나 코튼의 사적인 편지와 그가 나중에 작성한 논평은 보고서에 담긴 주장이 애초부터 미덥지 않았다는 것을 강하게 시사한다. 그들이 맨 처음에 수술한 환자는 플로렌스 B.였다. 그녀는 1916년 2월 26일에 입원했고, 환자 자신이 "히스테리성 발작"이라 부른 증상으로 고통받고 있었다. 사실 그녀의 상태는 "히스테리성 발작"으로 표현할 만한 수준보다는 심한 편이었지만, "만성"과 "중환자"라는 딱지를 붙일 정도라고 보기는 어려웠다. 어머니가 인정하지 않은 상대와 결혼하여 곧바로 임신한 플로렌스 B.는 어머니가 사망한 직후 우울하고 불안해졌다. 그녀는 여동생에게 비난을 받자 독가스로 자살을 기도했고, 그 일이 계기가 되어 입원하였다. 훗날 코튼이 당시 그의 조력 의사였던 클래런스 파라(그는 플로렌스 B.가 입원한 후 처음 몇 달 동안 담당했다.)에게 알렸듯이, 입원 후 여러 달이 지나도록 "그녀는 전혀 나아지지 않았고, 사실상 훨씬 더 악화되었습니다. 그녀는 우리가 결장절제술을 시술한 첫 번째 사례였지요. 안타깝게도 그녀는 신체상태가 너무 나빴고 심장이 아주 약했기 때문에 수술 후 일주일 만에 사망했습니다. 그러나 나는 그녀의 문제가 대부분 장에 있다는 나의 견해가 옳았음을 확인할 수 있었습니다."[63]

이렇게 실패를 보고하면서도 코튼은 과거의 조력 의사에게 이렇게 자랑했다. "우리의 외과적 작업은 현재 매우 훌륭하게 발전하고 있습니다. 내가 미국 최고의 장 병리 전문가로 여기는 드레이퍼 박사와 린치 박사가 매주 한 번 뉴욕에서 우리 병원으로 옵니다. 우리는 약 40건의 수술을 했습니다."[64] 그 만성 환자들에게 나타나는 듯한 좋은 결과는 외과의사와 정신과의사에게 용기를 주었다. "우리는 이후의 사례에서는 장을 조사하기 위한 수술이 보수적이고 신중한 처방이 되리라는 신념을 얻었다." 그리고 그들은 처음 12건의 사례에서 분명한 병변의 증거를 발견했다.[65] 비록 "어떤 확정적인 결론을 내리기에는 아직 연구가 부족하다."고 마지못해 인정했지만, 두 사람은 자신들이 옳은 길에 들어섰다고 확신했고,[66] 수술의 범위와 횟수는 빠르게 증가했다. 예상한 대로[67] "세균이 조직 속으로 침투했음"을 보여주는 검사 결과에 고무되고 "현재로서는 그 세균을 성공적으로 제거하는 길이 감염 부위를 절제하는 외과적 방법뿐"[68]이라고 인식한 그들은 이후 12개월 동안 238건의 수술을 실시했다. 1921년에 코튼은 자신들의 용기 있는 작업의 결과로 "주립병원의 많은 정신병 환자들이 사실은 만성 장 질환을 앓고 있으며, 그들이 나타낸 정신적 증상은 선천적으로 기형이며 불구인 내장에 생긴 인지되지 않았으나 광범위한 병의 부수현상일 뿐이라는 것이 증명되었다."고 자신 있게 선언했다.[69]

코튼과 드레이퍼의 연구는 다음의 결론으로 귀착되었다. "최소 1대 10의 비율로 감염에 가장 취약한 창자의 부위가 뒤창자hindgut(태생기의 기관으로 주로 결장을 형성한다 - 감수자)에서 발육하여 오른쪽에 놓이는 부분이라는 사실에는 의심의 여지가 없다." 이 문제 많은 조직은 "쉽게 잘 썩어서 내장의 사랑니"라 부르기에 적당하다.[70] 이 경우에 외과적 해법은 회장(돌창자)의 끝부분과 맹장(막창자), 결장의 첫부분을 절제하는 것이며, 코튼은 이 수술을 "발생적 결장 재건developmental colon reconstruction"이라 불렀다.[71] 이런 수술들은 다행히 기능성 질환 사례의 약 20퍼센트에서만 필요했다. 수술의 필요성은 매우 다양한 증상 중 어느 하나나 전부가 나타나는 것에서 확인할 수 있었다. 그 증상은 변비 또는 담즙이상성 발작의 병력, "우하복부 또는 좌하복부의 통증이나 압통壓痛(접촉이나 압력에 대한 비정상적 민감성—옮긴이)", 또는 "시험식(위 활동을 검사하기 위해 시험적으로 먹는 음식—옮긴이)의 소화가 현저히 지체되는 것이 X선 관찰에 의해 확실히 드러나는 경우" 등으로 이것들은 정체와 감염의 징표이다.[77]

이 수술 과정이 명백한 위험을 동반한다는 사실을 코튼은 숨기지 않았다. 그와 드레이퍼의 보고에 따르면, 그들이 1919년 중반부터 1920년 중반까지 결장절제술을 시술한 환자 79명 가운데 21명은 회복했고 23명은 수술의 결과로 사망했다. 대부분의 사망은 복막염 때문이었다. 그리고 코튼이 지체없이 보고서에 덧붙였듯이, "사망한 환자들은 장기적인 정신질환을 가진 자들이었다."[73] 코튼은 전문의학지에 "발생적 결장 재건"을 시술한 사례 50건의 결과를 보고하면서, 10명의 환자는 충분히 회복하여 퇴원했지만 14명(전체의 28퍼센트)은 사망했다고 시인했다(그런데 코튼은 50명 중 3명만 수술의 "효과를 보지 못했다."고 썼다. 아마도 그는 사망자도 외과적 개입의 "효과를 본" 환자로 따진 모양이다).[74] 1년 후 코튼은 더 낙관적인 보고를 했다. 그에 따르면, 최근까지 주립병원의 복부수술 후 사망률은 "약 25퍼센트"였고, "다수의" 사망은 "복막염"에서 비롯되었다. 그러나 최근에 항균혈청을 수술 전에 사용하기로 결정한 이후 사망률은 10퍼센트 이하로 낮아졌다. 그러나 낙관론은 오래가지 못했다. 1922년에 미국 정신의학회에 제출한 논문은 250건의 결장수술 사례를 보고했는데, 그 보고에 따르면 25퍼센트가 회복했고 15퍼센트가 호전되었으며 30퍼센트가 호전되지 않았고 30퍼센트가 사망했다.[75]

이렇게 높은 사망률은 당연히 주의와 설명을 요구했다. 드레이퍼는 코튼의 고문으로 활동하기 전에 방대한 "일반 외과 경험"을 쌓으면서 여러 "만성 장 환자들"에게 최초로 "발생적 재건술"을 시술했다. 그는 지금 정신질환자들에게 하는 것과 똑같이 그때에도 장을 최대 61센티미터 이상까지 잘라냈다. 하지만 "그 환자들 중 다수는 수술 후 5년이 경과한 지금 좋은 건강상태를 유지하고 있다."고 그는 언급했다.76 당시 그가 기록한 수술 후 사망률은 7.7퍼센트에 불과했다. 이는 트렌턴 병원 환자의 높은 사망률과 현격하게 대조되는 결과라는 것을 그는 인정했다. 트렌턴 병원 환자의 사망률이 그렇게 높은 것을 염려하는 사람도 있었을 것이다. 그러나 코튼과 의료진은 그 높은 사망률은 정신병자들이 "훨씬 약한 생명력"을 가지고 있음을 반영할 뿐이라고 믿었다.77 따라서 그들은 비판자들에게 "체내의 감염으로부터 오랫동안 특수하고 강력한 해악을 받아온 정신병 환자들은 외과적 위험을 견디기에 적합하지 않고, 따라서 (자연적으로) 높은 사망률을 나타낸다."는 사실을 상기하라고 권고했다.78

　이 작업의 최초 결과가 놀랄 만큼 긍정적인 것은 아니라고 할 수도 있겠다.79 그러나 코튼은 그 결과가 "최소한 고무적이며" 그가 옳은 길에 들어섰다는 징표라고 여겼다. 복부수술의 위험성에 대한 보고를 감안할 때 확실히 "이 연구 작업은 신참 의사나 일반외과의가 수행해서는 안 되고, 표준화될 때까지는 고도로 전문화된 위장전문 외과의에게 맡겨야 한다."80 코튼은 동료 의사들에게 "유능한 전문의가 집도한다면 이 수술은 보수적이고 신중한 예방 처치로 보아도 좋을 것"이라고 다짐했다.81 "보수적이고 신중한"이라는 표현은 코튼에게 무언가 특이한 의미를 가졌던 것이 분명하다. 우리가 보았듯이, 그가 다양한 매체에 발표한 자료들은 수술 환자의 사망률이 25~30퍼센트였고, "다수의" 사망은 수술 후 복막염에서 비롯되었음을 보여주는데도 "신중한" 처치를 운운하니 말이다. 또 위장전문 외과의의 필요성과 관련해서도 코튼은 곧 자기 자신이 그 자격을 갖추었다고 여기게 되었다. 드레이퍼가 예기치 않게 사망하자, 정신과의사 코튼은 수술실에서 드레이퍼가 맡았던 역할의 대부분을 넘겨받았다. 물론 위험이 더 적은 편이 좋겠지만(최근 수술 기법이 발전하여 위험은 극적으로 줄어들 것으로 예상된다), "정신병의 결말이 말기 치매라는 것에 아무 이의도 없는 상황에서는 치유의 가능성이 있는 결장절제술을 실시하는 것이 정당하다고 우리는 느낀다."고 코튼은 주장했다.[82]

위 인용문에서 특히 중요한 구절은 치유의 "가능성"이다. 코튼은 내장 수술을 통해 치유될 가능성이 가장 높은 것은 조울병 환자들이라고 언급했지만[83](조울병의 예후는 비교적 양호하다는 것이 정신의학계의 폭넓은 의견이었다), 이 경우에도 회복률은 20~25퍼센트 정도에 불과했다.[84] 코튼은 회복률이 이렇게 낮은 데 대하여 두 가지 설명을 내놓았다. 첫째, 외과 세균학이 불완전한 수준일 수 있다. 그러므로 더 많은 수술이 필요하다는 결론을 코튼은 주저 없이 내렸다. 결장의 우측 부분만 절제한 몇몇 사례에서 "성공적이지 못한 경우에 검사를 실시해보니 좌측 역시 감염되어 있었다. 좌측도 제거하는 것이 더 지혜로웠을 것이다."[85] 이후 결장의 좌측까지 잘라내는 수술은 관행이 되었다. 또 다른 사례에서는 감염이 어딘가 또 다른 곳에 숨어 있는 것이 분명했고, 문제의 근원을 찾아내려면 면밀하게 탐색해야 했다. 따라서 정신병원은 "진보적인 종합병원에 설치된 것과 유사한 진단시설"이 필요해진다. "모든 최신 내과학 기법을 사용할 수 있어야 한다." 새 장비와 새 실험실과 새 인력이 필요하다.[86] 그리고 이런 적극적인 개입을 시작하고 나자 너무 다양한 병변이 존재하여 단 하나의 수술방법만으로는 충분치 않다는 점이 점점 더 분명해졌다.

다른 의사들이 손을 댈 수 없다고 잘못 알고 있는 장기들에도 주목할 필요가 있을지 모른다. 물론 코튼은 "수술 절차를 선택할 때는 매우 심사숙고해서 판단해야 한다."는 점을 강조했지만 말이다.[87] 다행히 개입의 여지는 여전히 많았다. 예컨대 병원에서 행한 실험으로는 위가 "중요성이 가장 낮은 장기"라는 사실이 밝혀졌다. "위의 주요 기능은 저장과 운동인데 이것은 없어도 큰 지장이 없다⋯⋯. 위는 고층건물을 지을 때 쓰이는 시멘트 혼합기와 유사하며 꼭 그만큼만 필요하다. 저장 기능을 하는 대장도 위와 마찬가지로 없어도 된다."[88] 갑상샘(갑상선)도 의심의 눈초리를 받기 시작했고, 코튼은 1921년에 최초의 갑상샘절제 사례 5건을 보고했다.[89] 여성 환자의 경우(코튼은 그 이유를 해명할 수 없었지만 "여성 환자는 결장에 문제가 있는 경우가 남성보다 두 배나 많았다.") "부인과적인 문제도 매우 중요하다. 전체 사례의 약 80퍼센트에서 자궁경부가 감염되어 있었다. 자궁경부 적출을 통해 성과가 드러나자 우리는 그곳의 병변이 중요함을 확신했다."[90] 코튼의 보고에 따르면, 외과의사들은 대개 난소와 난관은 보존할 수 있음을 발견했다. 이는 환영할 만한 일이었다. 왜냐하면 코튼이 지적했듯이 이 기관들은 여성의 건강 유지에 중요한 "분비액"을 생산하기 때문이다. 여성의 광기를[91] 제압하기 위해 수많은 난소를 제거하는 일에 열중했던 과거와 달리[92] 트렌턴 병원의 수술은 현대의학의 발견을 존중했고, 코튼이 지휘한 "부인과 수술은 일차적으로 또한 본질적으로 보호적이었다."[93]

남성 생식기도 의심의 대상이었다. 코튼은 이 문제와 관련하여 또 다른 고문들의 도움을 구했다. "지난 1년 동안 남성 비뇨생식기 분야는 뉴욕의 프레더릭 W. 스미스 박사가 연구하였는데, 그는 만성

현대 정신의학 잔혹사

환자의 최소 50퍼센트가 정낭이 감염되었음을 발견했다. 몇몇 사례에서 이 감염된 정낭을 적출하여(즉 환자를 거세하여) 만족스러운 성과를 얻었다."[94] 성별을 막론하고 쓸개와 부비동腐脾洞(눈 밑과 코 옆의 뼈 안에 있는 공간―옮긴이)에 주목해야 할 경우도 있다. 결론적으로 "많은 경우에 결장절제…… 자궁경부 적출, 쓸개절제, 자궁절제, 난소적출, 회음복구 등의 수술을 여러 차례 해야 했다."[95]

특히 성공적이었던 사례로 르웰린 부인이라는 환자가 있다. 그녀는 우울증과 불안증을 앓아 트렌턴 병원에 재차 입원했다. 그녀가 첫 번째 입원했을 때는 국소 패혈증에 대한 치료법이 완전히 개발되어 있지 않았다. 그러나 두 번째 입원 중에 그녀는 새로운 수술 치료의 혜택을 체험했다. 입원 후 수개월 동안 그녀는 위궤양으로 인해 위창자연결술을 받은 다음 결장 우측 부위를 절제하는 수술을 받았다. 그래도 우울증이 나아지지 않아 갑상샘절제술, 포괄적인 결장전절제술total colectomy, 좌우 난소와 난관(나팔관) 절제, 자궁경부 적출을 차례로 실시했고, 이어서 백신 치료 3회와 혈청 치료 2회를 했다. 그 결과 그녀는 "회복" 판정을 받고 퇴원했다.[96] 훗날 집계된 바에 따르면 코튼과 의료진은 1918년 7월부터 1925년 7월 사이에 2,186회의 개복수술을 했다.[97]

코튼이 기꺼이 시인했듯이, 환자와 가족 들이 그런 광범위한 개입에 항상 동의한 것은 아니었다. 수년 후 지역 언론에 저항하고 비명을 지르며 수술실로 끌려간 환자들의 이야기가 불거졌다. 병원 측은 이를 불만을 품은 직원들과 망상에 빠진 과거 환자들의 악의에 찬 상상으로 일축하려 했다. 그러나 코튼이 맨 처음에 발표한, 수술의 필요성을 밝힌 글에서조차 진실은 달랐음을 시사한다. 환자와 가족 들의 항의는 환자의 정신적 혼란과 무능력, 또는 가족들의 불완전한 지식을 반영하는 근시안적인 의견이므로 냉정하게 물리처야 한다고 코튼은 주장했다. "우리가 국소 감염을 제거하려 한다면, 환자의 희망을 거스르면서 완고히 버텨야만 한다는 것을 명심해야 한다……. 우리의 노력이 성공할 것이라는 사실을 명심해야 한다. 만일 우리가 충분히 철저하지 않아서 실패한다면 국소 감염론은 단번에 불신을 받게 될 것이다."[98] 코튼이 다른 정신과의사들의 엉터리 치료보다 자신의 수술법이 더 낫다는 것을 자랑하며 내세운 한 가지 장점은 더욱 의미심장하다. 정신분석가들은 흔히 자신들의 치료가 실패로 돌아간 원인을 환자들이 대화치료에 협조하기를 거부하고 저항하기 때문이라고 둘러댄다. "우리는 그런 변명을 전혀 하지 않는다. 왜냐하면 저항하거나 비협조적인 환자는 마취약을 투여한 후 완벽하게 절제술을 실행할 수 있기 때문이다."[99] 환자들의 능력과 지식을 감안할 때 그들에게 사전 동의를 받는다는 것은 터무니없는 기대이므로 호의적인 의사는 부득이하게 자신의 우월한 지식에 의지하여 항의를 무릅쓰고 절제 작업을 수행해야 한다.

그러나 동료 정신과의사들도 그 원인이 감염에 있다고 인정한 정신병이 존재했다. 앞에서도 언급했듯이, 정신병성 전신마비 또는 불완전마비는 최근에 3기 매독의 한 형태로 재해석되었다. 코튼은 새롭게 확립된 그 의학적 합의와 국소 패혈증의 병인적·치료적 함축에 관한 자신의 주장을 더욱 긴밀하게 연결하려 했다. 트렌턴 병원의 의료진은 "불완전마비에 대한 우리의 독특한 치료법"에 병행하여 다른 병원의 의사들과 마찬가지로 나선모양의 매독균을 죽이는 마지막 수단으로 파울 에를리히의 마법 탄환인 살바르산을 요추와 심실에 주사했다. 그러나 코튼의 직원들은 이 영웅적인 노력의 만족스럽지 못한 결과를 향상시키기 위해 한 걸음 더 나아가 복합적인 요인을 면밀히 조사했다. "우리는 또한 모든 국소 감염 부위를 제거했다……. 불완전마비의 원인은 매독이지만, 많은 경우 심각한 만성 감염이 함께 작용한다는 것이 우리의 견해이다."[100]

개인적으로 코튼은 정신과의사들 전체가 불가사의하며 불치이며 치명적이라고 여긴, 환자가 점차 쇠약해지는 신경병을 일으키는 주범도 국소 감염일 수 있다고 주장했다. 1921년 9월에 그는 아돌프 마이어에게 편지를 보내 그런 환자의 사례를 전했다. "다발 경화증 환자인 엘시 슈만이 완전히 회복하여 오늘은 어떤 병적 증상도 나타내지 않았음을 알면 선생님도 기뻐하실 겁니다. 우리는 결장에 감염이 있다고 진단한 후 신념에 따른 용기를 내어 매우 심하게 감염된 결장의 우측 부위를 8월에 제거했습니다. 그녀는 아무 합병증 없이 신속하게 회복했고, 오늘은 놀랄 만큼 양호합니다." 자신의 스승이 이 주장을 약간 억지스럽게 느낄 수도 있음을 의식한 코튼은 서둘러 이렇게 덧붙였다. "물론 우리는 그녀와 관련해서 지나치게 많은 것을 주장하고 싶지 않습니다. 그러나 그녀가 지난 2년 동안보다 더 나아졌다는 사실은 그 치료법의 우수성을 보여주는 것이 분명합니다."[101] 마이어가 회의를 표하기는커녕 그 사례가 매우 흥미롭다는 소감과 치료와 그 결과를 더 자세히 알려달라는 요청을 담은 편지를 보내왔을 때 코튼은 분명 기뻤을 것이다.

코튼처럼 "철저한" 사람도 결국 각각의 환자에게 실시할 수 있는 수술의 종류와 양에 적당한 한계가 있다는 사실을 인정할 수밖에 없었다. 장기나 장기의 부분을 더 이상 물리적으로 떼어낼 수 없을 때는 지역의 제약회사인 스킵 회사에서 말에게 사슬알균 균주 최대 8개와 대장균을 주입하여 생산한 특수 혈청을 접종하는 방법에 의지해야 했다.[102] 비록 최선책은 아니지만 그런 "백신"이 면역계를 강화하여 신체가 정신적 문제의 뿌리에 있는 것이 확실한 감염을 퇴치하는 데 도움을 주리라고 기대했다. 이 백신 치료법은 특히 창자 전체가 감염된 환자에게 필수였다. 그런 환자들은 감염된 창자 전체를 제거해야 할 텐데 그것은 어려우니까 말이다. 보통 그 마법의 백신을 10cc씩 10회 투여하면 충분했다.[103]

이런 광범위한 외과적·약물적 치료 혜택을 주는데도 안타깝게도 완강히 치유를 거부하는 고집스런 환자들이 있다. 언뜻 보면 그런 사례들은 국소 감염론을 반박하는 것 같다. 그러나 실제로 그 환자들이 나아지지 않는다는 사실은 정신장애의 발생에 패혈증이 중심적인 역할을 한다는 주장을 뒷받침하는 또 하나의 증거이다. 진짜 주범은 치료의 지체이다. "(정신병의) 지속기간이 길수록 독소 세거가 환자의 정신건강 회복에 미치는 효과는 줄어든다. 이는 뇌가 영구적으로 손상되었기 때문이다. 그래서 아무리 독소를 해독해도 정신상태가 회복되는 효과가 나타나지 않는 것이다."[104] "만성 환자는 뇌 조직이 영구적으로 손상되었을 여지가 커 아무 처치도 할 수 없으므로 정신적 낙오자의 수가 증가하는 것을 막는 작업은 반드시 치료보다는 예방에 주력해야 한다."[105]

예컨대 만성 변비에 시달리는 환자는 "정신병이 발생하기 훨씬 전에 예방적인 수술을 받아야 한다."[106] 아동은 초기 개입의 목표 대상으로 특히 중요했다. 비행청소년의 40퍼센트 이상은 "매우 뚜렷한 병리적 외상이나 신체장애를 보이는데, 우리는 그것이 비행의 원인이라 생각한다. 그들 중 다수는 교정기관으로 보내기에 전혀 부적합하고 병원으로 보내야 한다."[107] 발전하는 과학지식은 도덕론자들의 설명이 오류라는 것을 보여주었다. 오히려 "고집스러움과 완강함을 설명하기 위해 개인의 본래적인 악함을 가정하는 것보다 신체적인 문제를 지적하는 것이 훨씬 더 낫다."[108] 제대로 진실을 파악하면 알게 되겠지만, "비행청소년은 정신과의사와 내과의사, 외과의사가 다루어야 한다."[109] 코튼은 이미 이 결론을 몸소 실천에 옮기고 있었다. 루이스 감독관의 확고한 지원을 받으며 코튼과 직원들은 이 당시에 제임스버그 주립 소년원(그곳의 비행소년들 중 75 퍼센트가 치아와 편도가 감염되었음을 코튼과 의료진은 발견했다.)과 트렌턴 형무소와 러웨이 형무소에서 치아와 편도를 뽑아내고 있었으며, 그 소중한 장기적 안목의 사업을 확장하기 위해 제임스버그에 X선 검사실과 세균 검사실을 지을 자금을 주정부로부터 확보한 상태였다.[110] 러웨이 형무소에 필요한 장비와 인력은 확보하기 어려워 코튼의 "충고를 완벽하게 실행"할 수 없었다. 그러나 코튼이 신뢰하는 조력 의사였던 스톤은 불과 1년 만에 편도절제 34건과 발치 195건을 실시할 수 있었다.[111]

나중에 코튼은 이 개입들조차도 너무 늦다고 판단했다. 더 일찍, 전신 감염이 정신장애의 증상을 산출하기 전에 개입한다면 훨씬 더 나은 결과를 기대할 수 있을 것 같았다. 코튼은 골똘히 생각했다. "모든 국소 감염을 제거함으로써 위험을 최소화하거나 없앨 수 있는데도 왜 환자가 정신병 발병의 위험을 짊어져야 하는가?"[112] 그리하여 코튼은 "훗날 정신병을 일으킬 감염을 가지고 있을 만한 모든 학생을 적기에" 검사할 것을 제안했다.[113] 이 작업은 그 예산이 어마어마한 만큼 그 성과도 어마어마할 것이다. 왜냐하면 외견상 가장 올바른 아동조차 미래에 정신적 문제를 일으킬 후보자로 밝혀질 수 있을 테니까 말이다. 일반인은 그렇게 생각하지 않겠지만, 결함 있는 아동들이 예컨대 특별히 똑똑한 경우가 많다. 왜냐하면 "뇌에 퍼진 독소가 일으키는 첫 효과는 약간의 알콜이 일으키는 효과와 마찬가지로 정신활동을 활발하게 만드는 것"이기 때문이다.[114] 이 원리에 대한 예증은 악명 높은 레오폴드와 로엡 사건이다. 레오폴드와 로엡이라는 유복하고 조숙한 두 청소년은 완전범죄의 모험을 즐기기 위해 어린 소년 하나를 무작위로 골라 냉혹하게 죽였다. 코튼은 미국 전체를 충격과 공포에 빠뜨린 그 범죄자들을 직접 검사해보지 않았음을 인정했다. 그러나 그는 "그들이 만성 패혈증과 독소혈증toxemia을 앓고 있었다고 주저 없이 말할 수 있다."115

코튼은 자신이 6세와 8세의 아동에 대한 결장절제술을 성공적으로 실행했다고 자랑했다.116 개인적인 얘기를 해서 미안하다면서, 그는 그의 아들 헨리가 13세가 되자 "기질에 뚜렷한 변화"가 나타났다고 보고했다. 확실히 문제의 뿌리를 찾아내야 했고 신속하게 개입이 이루어졌다. "치아를 X선 검사를 해보니 아래턱 세 번째 어금니들이 잇몸 속에 매복해 있는 것이 발견되었다. 결국 그 치아들을 제거했고 그의 증상은 모두 사라졌다."117 코튼은 미래의 문제를 제거하기 위한 예방 조치의 중요성을 확신하여 두 아들의 모든 영구치를 뽑아내는 예외적인 조치를 취했고, 둘째 아들인 아돌프 마이어 코튼이 복부 감염에서 비롯된 것으로 보이는 증상을 나타내자 개복수술을 실시했다.118 코튼은 특유의 과감성을 유감 없이 드러내면서, 다른 부모들도 자녀가 그와 유사한 수술을 받을 필요가 있음을 알려주는 징후에 주의를 기울이도록 조언을 받아야 한다고 선언했다. 예컨대 기괴한 사변을 내세우는 프로이트주의자들에게는 미안하지만, 아동의 비정상적인 성욕은 "만성 패혈증과 독소혈증"의 강력한 증거이며, "대개는 결장을 절제함으로써 인격이 향상되고 자위행위 같은 비정상적 성행위가 중단되었다."119

이 같은 의학적·외과적 개입으로 가장 앞서 있고 "진보적인" 정신과의사들의 새로운 구호인 "정신 위생"은 마침내 공허한 그릇에 머물지 않고 실질적인 내용을 갖게 되었다. 대부분의 정신과의사들이 점점 더 비관적인 유전 형이상학을 받아들이고 정신병을 생물학적 퇴화가 도달한 거의 희망이 없는 최종 상태로 간주하는 가운데, 20세기 초의 주류 정신의학은 적극적인 치료의 전망을 사실상 포기한 상태였다. 심지어 정신병 환자들의 "치유"는 미래세대에 광인들이 더 늘어나리라는 것을 의미할 뿐이라는 주장을 선도적인 정신과의사들이 내놓기도 했다. 이전 세대 영어권의 저명한 정신과의사 헨리 모즐리Henry Maudsley는 이런 생각에 입각하여 자신의 직업 선택을 숨김 없이 후회했다.

> 병든 정신을 돌보는 데 평생을 바친 의사는 훌륭한 인생을 살았느냐는 질문을 마지막 순간에 받는다면, 자신이 그 일에 뛰어들 수밖에 없었던 시대를 탓하며 변명을 할 수도 있을 것이다. 그는 자신이 진료한 환자의 절반이 치유되지 않았다는 사실 앞에 씁쓸함을 느끼고, 나머지 절반을 생식이 가능하게 회복시킨 것이 과연 인류를 위해 진정으로 옳은 일이었는가를 반성하면서 일종의 불안을 느낄 것이다.[120]

이런 주장은 정신의학의 비참한 치료 성과를 해명한다는 분명한 장점이 있지만, 다른 한편으로 전문적인 개입의 가능성을 봉쇄하고 "모든 의사는 병을 치유하거나 완화하기 위해 가용한 모든 자원을 소진해야 한다는" 핵심적인 의무에 반기를 드는 분명한 단점을 가지고 있다.[121] 정신 위생에 관한 주장이 제기된 것은 이 문제 때문이었다. 만일 광기를 치유할 수 없다면, 예방해야 한다. 이 기획은 단지 정신의학이 광기의 원인을 파악하는 데 믿을 만한 지식을 확보하지 못했기 때문에, 그리고 치유라는 바람직한 목표에 도달하기 위한 확실한 무기를 확보하지 못했기 때문에 정신과의사들이 어쩔 수 없이 받아들이는 이데올로기적인 망상이었다. 그럴 능력이 없는 자들에게 "이성이 없는 짐승처럼 본능과 감정에 봉사하는 것"을 삼가라고 호소하는, 거의 무모한 과제를 대안으로 선택할 수도 있겠다.[122] 아니면 많은 정신과의사들처럼 우생학을 받아들여 "병이나 기타 원인으로 모든 면에서 자연적인 삶에 부적합해진 자들을 제

거하고 근절하는 법률"을 허용하도록 사회 정책을 수정해야 한다고 주장할 수도 있을 것이다.[123]

아돌프 마이어 자신도 이런 움직임이 더 온순하고 우호적인 얼굴을 갖도록 노력하는 선봉에 서 있었다. 마이어는 환자였던 경험이 있는 활동가 클리포드 비어스(정신병원에서 벌어지는 학대를 고발한 『자신을 발견한 정신A Mind that Found Itself』이라는 책을 써서 전국적인 명성을 얻었다.)를 채용하기 위해 여러 해 동안 노력했고, 비어스 자신이 세운 전국정신위생위원회에서 비어스가 명목뿐인 대표자 이상의 역할을 할 것을 설득했다. 원래 마이어는 국민적인 운동을 일으키려는 비어스의 계획을 좌절시키려 했다.[124] 그는 이 애송이 개혁가가 정신의학계에 피해를 입히는 활동을 할 것을 염려하여 그를 명목뿐인 한직에 임명하여 매장하려 했다. 1910년 3월 10일의 편지에서 마이어는 비어스에게 조사가 필요한 사건들이 발생한 "트렌턴 주립병원의 남성 병동 감시자"로 일할 것을 권유했다. "그것은 대단한 경험이 될 것"이며 그의 친구인 스튜어트 페이튼이 이미 코튼과 접촉하여 필요한 조치를 취했다고 마이어는 다짐했다. 그러나 비어스는 쉽게 넘어오지 않았다. 그는 역사가 노먼 데인이 "영광스런 수행원의 직무"라고 표현한 일을 화를 내며 거절했다.[125] 그 후 비어스는 진짜 주범인 마이어가 아니라 상대적으로 무고한 페이튼을 비난했고, 저명한 정신의학 교수 마이어가 전국정신위생위원회의 관심사를 입원 환자에 대한 학대 근절에서 정신질환 예방이라는 애매한 목표로 변경하는 것을 용인했다.

그러나 비어스의 위원회가 부자와 재단으로부터 경제 지원을 확보하고, 사실 발견을 위한 연구를 수행하고 부부관계와 양육 지도 클리닉을 설치하고 대중에게 정신건강 원칙을 "교육"하는 등 진보 시대에 걸맞은 역할을 했음에도 정신 위생은 여전히 내용이 공허했고 그 위원회 자체도 벌거숭이 임금님의 새 옷과 다름이 없었다. 이제 헨리 코튼은 특유의 투지를 발휘하여 정신의학의 흐름 전체를 혁명적으로 바꾸려 노력했다. 그가 기뻐하며 지적했듯이, 그의 이론과 실천은 실질적이며 전통적인 종류의 예방 조치를 위한 무한한 터를 약속했다. 그 예방 프로그램은 과학의 인도를 받는 것으로서, 지금껏 전염병처럼 번지는 광기의 문제에 대한 진지한 대응으로 여겨져 온 수사학적인 허풍과 뚜렷한 대조를 이루었다.

---

1 "병원장의 보고서," 트렌턴 주립병원 연례 보고서, 1919, 10쪽.

2 Henry A. Cotton and J. W. Draper, "What is Being Done for the Insane by Means of Surgery : Analysis of One Hundred and Twenty Five Laparotomies : Importance of Preventive Psychiatry," *Transactions of the Section on Gastroenterology and Proctology of the American Medical Association* 71(1920), 143~57쪽.

3 마틴 스톤은 영국 군병원들에서 8만 명의 "포탄 쇼크" 환자들이 치료를 받았다고 추정했다. "Shell Shock and the Psychologists," in *The Anatomy of Madness*, (eds.) W. F. Bynum, R. Porter, and M. Shepherd, vol. 2(London : Tavistock, 1985), 249쪽 참조. 폴 러너는 독일군의 포탄 쇼크 환자는 총 20만 명이었다고 추정했다.["From Traumatic Neurosis to Male Hysteria : The Decline and Fall of Hermann Oppenheim," in *Traumatic Pasts: History, Psychiatry, and Trauma in the Modern Age, 1870~1930*, (eds.) M. S. Micale and P. Lerner(Cambridge : Cambridge University Press, 2001), 141쪽] ; 또 마크 루데부시는 "프랑스군의 포탄 쇼크 환자는 독일군보다 더 많았거나 비슷했다."고 주장했다. "A Battle of Nerves : Hysteria and Its Treatment in France During World War I," 같은 책, 254쪽. 이외에 오스트리아군, 이탈리아군, 미군에도 포탄 쇼크 환자가 있었다.

4 영국 육군성은 1917년에 "포탄 쇼크"라는 용어의 사용을 공식적으로 금지했다. Ruth Leys, "Traumatic Cures : Shell Shock, Janet, and the Question of Memory," *Critical Inquiry* 20(1994), 29쪽, 각주 참조.

5 같은 책, 1쪽.

6 트렌턴 주립병원 연례 보고서, 1920, 18쪽.

7 트렌턴 주립병원 연례 보고서, 1919, 8쪽.

8 같은 곳.

9 Cotton, "The Relation of Chronic Sepsis to the So-Called Functional Psychoses," 438쪽.

10 트렌턴 주립병원 연례 보고서, 1921, 16쪽.

11 같은 곳, 16쪽. 코튼은 이 같은 추상적인 예산 절감 효과를 반복해서 자랑했지만, 그가 추정한 액수는 출판한 글마다 달랐다. 예컨대 Cotton, *The Defective Delinquent and Insane*, 80쪽 ; 같은 저자, "The Etiology and Treatment of the So-Called Functional Psychoses," *American Journal of Psychiatry* 79(1922), 188쪽 ; 트렌턴 주립병원 연례 보고서, 1920, 14쪽 참조.

12 트렌턴 주립병원 연례 보고서, 1921, 7~8쪽.

13 마이어가 코튼에게 1918년 4월 4일에 보낸 편지, 마이어의 문서, CAJH I /767/14.

14 Cotton, *The Defective Delinquent and Insane*, 77쪽.

15 Henry A. Cotton, "The Relation of Oral Infection to Mental Diseases," *Journal of Dental Research* 1(1919), 289쪽.

16 Cotton and Draper, "What is Being Done for the Insane," 7쪽.

17 트렌턴 주립병원 연례 보고서, 1919, 17쪽.

18 Cotton, *The Defective Delinquent and Insane*, 120쪽, 122쪽.

19 Cotton, "The Etiology and Treatment of the So-Called Functional Psychoses," 163쪽.

20 Cotton and Draper, "What is Being Done for the Insane," 2~3쪽.

21 같은 곳, 10쪽.

22 Cotton, *The Defective Delinquent and Insane*, 74쪽 ; 같은 저자, "The Relation of Oral Infection to Mental Diseases," 287쪽.

23 Cotton, *The Defective Delinquent and Insane*, 72쪽.

24 Cotton, "The Relation of Oral Infection to Mental Diseases," 287쪽.

25 Cotton and Draper, "What is Being Done for the Insane," 7쪽.

26 트렌턴 주립병원 연례 보고서, 1920, 20쪽.

27 같은 곳, 4쪽.

28 Cotton, "The Relation of Oral Infection to Mental Diseases," 286~7쪽.

29 Cotton, "The Etiology and Treatment of the So-Called Functional Psychoses," 163쪽.

30 Cotton, "The Relation of Oral Infection to Mental Diseases," 301쪽.

31 같은 곳, 308쪽.

32 Cotton, *The Defective Delinquent and Insane*, 57쪽; 같은 저자, "The Relation of Oral Infection to Mental Disease," 279쪽; 같은 저자, "Oral Diagnosis: An Essential Part of Medical Diagnosis," *Journal of Oralogy* 1(1922), 10쪽; 트렌턴 주립병원 연례 보고서, 1921, 21쪽.

33 Cotton, "The Etiology and Treatment of the So-Called Functional Psychoses," 164쪽.

34 Cotton, *The Defective Delinquent and Insane*, 53쪽.

35 같은 책, 95쪽.

36 같은 책, 46쪽.

37 Cotton, "The Relation of Oral Infection to Mental Diseases," 292쪽.

38 트렌턴 주립병원 연례 보고서, 1919, 12쪽.

39 같은 책, 42쪽.

40 Cotton, "The Relation of Oral Infection to Mental Diseases," 292쪽.

41 Howell, *Technology*, 여러 곳 참조.

42 트렌턴 주립병원 연례 보고서, 1921, 30쪽.

43 같은 곳.

44 Cotton, *The Defective Delinquent and Insane*, 54쪽. 그는 병원의 총 환자 수를 기준으로 삼아 일인당 평균 발치 개수를 계산했다. 그 결과는 일인당 약 5개였다.

45 Cotton, *The Defective Delinquent and Insane*, 42쪽.

46 트렌턴 주립병원 연례 보고서, 1920, 18쪽.

47 Cotton, *The Defective Delinquent and Insane*, 42쪽.

48 Cotton, "The Relation of Oral Infection to Mental Diseases," 270쪽.

49 Cotton, *The Defective Delinquent and Insane*, 42쪽.

50 같은 책, 300쪽. 트렌턴 주립병원 연례 보고서, 1919, 20~1쪽에서도 비슷한 정서를 읽을 수 있다.

51 Cotton, *The Defective Delinquent and Insane*, 269쪽.

52 같은 책, 300쪽.

53 같은 책, 74쪽.

54 트렌턴 주립병원 연례 보고서, 1920, 18쪽.

55 트렌턴 주립병원 연례 보고서, 1919, 13쪽.

56 트렌턴 주립병원 연례 보고서, 1920, 8쪽; 트렌턴 주립병원 연례 보고서, 1921, 30쪽.

57 Cotton, "The Etiology and Treatment of the So-Called Functional Psychoses," 166쪽.

58 같은 책, 166~7쪽.

59 Cotton, "The Relation of Oral Infection to Mental Diseases," 284~5쪽.

60 트렌턴 주립병원 연례 보고서, 1919, 13쪽; Cotton, "The Relation of Oral Infection to Mental Diseases," 294쪽.

61 트렌턴 주립병원 연례 보고서, 1919, 15쪽.

62 Cotton and Draper, "What is Being Done for the Insane," 6쪽.

63 코튼이 파라에게 1919년 11월 4일에 보낸 편지, Farrar Archive, Toronto, quoted in Shorter, "C. B. Farrar," 92쪽. 뉴저지 주 기관 및 단체국의 에밀 프랭클은 14년에 걸친 코튼의 개복수술 전체를 독자적으로 재조사하여 "코튼 박사가 결장절제술을 받을 환자로 선정한 사람들은 '주로 조발성 치매 환자' 가 아니었다."는 것을 발견했다. "결장절제술을 받은 환자의 약 1/3만 조발성 치매 환자였다. 또 다른 1/3은 조울병 환자였고, 나머지는 매우 다양하고 대체로 장애가 가벼운 환자였다." Emil Frankel, "Study of 'End Results' of 645 Major Operative Cases and 407 Nonoperative Cases Treated at Trenton State Hospital 1918~1932," unpublished report, 1932, State of New Jersey, Department of Institutions and Agencies, in TSH Archives, 17쪽.

64 Frankel, "Study of 'End Results'," 17쪽.

65 Henry A. Cotton, J. W. Draper, and J. Lynch, "Intestinal Pathology in the Functional Psychoses : Preliminary Report of Surgical Findings, Procedures, and Results," Medical Record 97(1920), 5쪽.

66 트렌턴 주립병원 연례 보고서, 1919, 19~20쪽.

67 코넬 대학 의과대학의 F. 유잉은 고문 병리학자로서 "수술로 잘라낸 장관을" 검사하는 일을 했다. 트렌턴 주립병원 연례 보고서, 1920, 15쪽.

68 Cotton, Draper, and Lynch, "Intestinal Pathology In the Functional Psychoses," 8쪽.

69 Cotton, The Defective Delinquent and Insane, 101쪽.

70 Cotton and Draper, "What is Being Done for the Insane," 14쪽.

71 같은 책, 12쪽.

72 Cotton, "The Etiology and Treatment of the So-Called Functional Psychoses," 180쪽.

73 같은 책, 23~4쪽. 코튼은 1920년에 J. W. 드레이퍼와 함께 쓴 논문 "What is Being Done for the Insane"에서, 기능성 정신병 환자 125명에게 개복수술을 실시했으며 모든 사례에서 결장에 감염이 있는 것이 발견되었다고 보고

했다.

74 Cotton, Draper, and Lynch, "Intestinal Pathology In the Functional Psychoses," 719~25쪽.

75 Cotton, "The Etiology and Treatment of the So-Called Functional Psychoses," 186쪽.

76 Cotton and Draper, "What is Being Done for the Insane," 12쪽.

77 Cotton, Draper, and Lynch, "Intestinal Pathology in the Functional Psychoses," 724쪽.

78 Cotton, *The Defective Delinquent and Insane*, 101쪽. 앞으로 보겠지만, 코튼의 수술에 의한 사망률은 그가 출판물에서 시인한 25~30퍼센트보다 훨씬 더 높았다. 그러나 그는 이 문제를 시종일관 경시하려 했다. 예컨대 1921년 연례 보고서에서 그는 "수술의 (직접적인) 결과로 일어난 사망은 오직 1건"뿐이었다고 주장했다. 그러나 같은 보고서의 다른 자리에서는 수술대에서 사망한 환자 외에 2명이 수술 다음날 숨졌고, 또 다른 환자는 수술 후 4주 만에 기관지 폐렴으로 사망했다고 시인했다.

79 예컨대 1920년 7월 1일부터 1921년 6월 30일까지 실시된 결장수술 70건 가운데 "우리는 오직 13건에서만 치유가 이루어졌다고 보고할 수 있다." 트렌턴 주립병원 연례 보고서, 1921, 25쪽.

80 트렌턴 주립병원 연례 보고서, 1921, 23쪽.

81 같은 책, 22쪽.

82 Cotton, "The Etiology and Treatment of the So-Called Functional Psychoses," 186쪽.

83 같은 책, 182쪽.

84 Cotton, Draper, and Lynch, "Intestinal Pathology In the Functional Psychoses," 724쪽 ; Cotton, "The Etiology and Treatment of the So-Called Functional Psychoses," 186쪽 ; 트렌턴 주립병원 연례 보고서, 1921, 25쪽.

85 Cotton, "The Etiology and Treatment of the So-Called Functional Psychoses," 185쪽.

86 트렌턴 주립병원 연례 보고서, 1921, 21쪽.

87 트렌턴 주립병원 연례 보고서, 1921, 26쪽.

88 Cotton, *The Defective Delinquent and Insane*, 66쪽.

89 트렌턴 주립병원 연례 보고서, 1921, 30쪽.

90 Cotton, "The Etiology and Treatment of the So-Called Functional Psychoses," 182~3쪽. 다른 글에서 그는 "최소한 60퍼센트의 여성 환자"가 자궁경부에 감염이 있었다고 보고했다. 트렌턴 주립병원 연례 보고서, 1921, 23쪽. 훗날 코

튼의 임상 기록을 재조사하는 과정에서 확인되었지만, 코튼은 전체 결장절제술의 78퍼센트를 여성 환자에게 실시했다. 그 후 1920년대 후반에 그는 영국 외과의사 아버스노트 레인이 개발한 규모가 더 작은 수술법을 채택했다. 그 "레인 수술"은 이른바 "장 유착"을 제거하는 수술이었다. 레인 수술을 받은 환자들 중 여성은 약 84퍼센트에 달했다. Frankel, "Study of 'End Results'" 참조.

91 이 일화에 대해서는, Andrew Scull and Diane Favreau, "'A Chance to Cut is a Chance to Cure': Sexual Surgery for Psychosis in Three Nineteenth Century Societies," in *Research in Law, Deviance, and Social Control*, (eds.) Andrew Scull and Steven Spitzer, vol. 8(Greenwich, Conn.: JAI Press, 1986), 3~39쪽 참조.

92 트렌턴 주립병원 연례 보고서, 1921, 21쪽.

93 Cotton, *The Defective Delinquent and Insane*, 70쪽.

94 같은 책, 185쪽; Henry A. Cotton, "The Relation of Focal Infections to Crime and Delinquency," *Proceedings of the 49th Annual Session of the American Association for the Study of the Feeble-Minded*, Raleigh, North Carolina, 1925, 73쪽; 트렌턴 주립병원 연례 보고서, 1920, 20쪽.

95 트렌턴 주립병원 연례 보고서, 1920, 24쪽.

96 Mikhail Rotov, "The History of Trenton State Hospital, 1848~1976: An Interpretative Essay," unpublished paper, no date, 43쪽. 로토프는 이 같은 다중 수술이 "전형적"이었다고 말한다. 그러나 실제로 이렇게 많은 수술을 받은 환자는 극소수였다.

97 Rotov, "A History of Trenton State Hospital." 과거에 뉴저지 주립병원 주임 정신과의사였던 로토프 박사는 이 논문을 내게 제공했으며, 내가 트렌턴 주립병원의 다른 많은 자료에 접근하는 것을 도와주었다. 그에게 큰 고마움을 느낀다.

98 Cotton, "The Relation of Oral Infection to Mental Diseases," 273쪽.

99 Rotov, "The History of Trenton Psychiatric Hospital"에 삽입된 연도 불명의 트렌턴 주립병원 연례 보고서에서 재인용.

100 트렌턴 주립병원 연례 보고서, 1920, 25쪽; 1921, 20쪽.

101 코튼이 마이어에게 1921년 9월 19일에 보낸 편지, CAJH I/767/18. 나는 다른 곳에서와 마찬가지로 여기에서도 환자의 사생활을 보호하려고 가명을 썼으나 이니셜은 실명과 같게 했다.

102 같은 곳, 21~2쪽.

103 같은 곳, 22쪽.

104 Cotton, "The Relation of Chronic Sepsis to the So-Called Functional Mental Disorders," 460쪽.

105 Cotton, *The Defective Delinquent and Insane*, 120쪽, 122쪽.

106 트렌턴 주립병원 연례 보고서, 1921, 25쪽.

107 Cotton, *The Defective Delinquent and Insane*, 173쪽.

108 같은 책, 174쪽

109 같은 책, 11쪽.

110 트렌턴 주립병원 연례 보고서, 1921, 36~47쪽.

111 같은 곳, 16~7쪽.

112 같은 곳, 25쪽.

113 Cotton, "The Relation of Focal Infections to Crime and Delinquency," 18쪽.

114 같은 곳, 13쪽.

115 같은 곳. 실제로 클래런스 대로는 여론의 지탄을 받는 젊은 의뢰인들이 사형 선고를 받는 것을 막기 위해, 도덕의 비행이 신체의 문제에 뿌리를 둔다는 코튼의 이론까지 받아들이지는 않았지만, 의뢰인들의 책임을 줄이는 데 도움이 될 만한 신체 결함을 찾으려 노력했다. 예컨대 그는 의뢰인들의 "기초 물질대사"를 조사하여 그들의 극악한 행동이 도덕적 문제가 아니라 신체 결함의 산물이라는 것을 보여줄 증거를 찾으라고 지시했다. Alvin V. Seller, *The Loeb Leopold Case*(Brunswick, Ga. : Classic Publishing Co., 1926) ; Maureen McKennan, *The Amazing Crime and Trial of Leopold and Loeb*(Chicago : Plymouth Court Press, 1924).

116 Cotton, "The Relation of Focal Infections to Crime and Delinquency," 76~7쪽.

117 같은 곳, 68쪽.

118 페딜 피셔 박사와의 인터뷰. 피셔 박사는 1918년부터 1960년까지 트렌턴 주립병원 치과 과장으로 일하며 수십만 개의 치아를 뽑았다(1984년에 내가 그를 인터뷰했을 당시, 피셔는 여전히 코튼의 이론을 전적으로 신뢰하고 있었고, 코튼이 결국 천재로 인정받을 것이라고 생각하고 있었다). 코튼이 아들들의 치아를 뽑은 일(그리고 아내도 수술을 받도록 강요한 일)로 인해 코튼 부부는 한동안 사이가 나빴다. 코튼 부인이 1927년에 아돌프 마이어에게 고백했듯이, 특히 개복수술은 한동안 "제 남편과 제가 의논할 수 없는 주제"였다. 델라 코튼이 마이어에게 1926년 1월 25일에 보낸 편지, 마이어의 문서, CAJH I/767/23. 코튼의 직원이었던 클래런스 파라는 아내에게 코튼 부인이 남편의 압력에 굴복하여 모든 치아를 뽑았다고 전했다. Shorter, "C. B. Farrar," 92쪽

에 나오는 조안 파라와의 1992년 7월 10일자 인터뷰를 참조하라.

119 Cotton, "The Relation of Focal Infections to Crime and Delinquency," 17
쪽.

120 Maudsley, *The Pathology of Mind*(1895 edn.), 563쪽. 모즐리에 관해서는,
Scull, MacKenzie, and Hervey, *Masters of Bedlam*, chapter 8도 참조하라.

121 Greene, "The Care and Cure of the Insane," 503쪽.

122 Strahan, "The Propagation of Insanity and Allied Neuroses," 337쪽.

123 같은 책, 331쪽.

124 Grob, *Mental Illness*, 15~71쪽 참조.

125 Norman Dain, *Clifford Beers: Advocate for the Insane*(Pittsburgh : University
of Pittsburgh Press, 1980), 146쪽.

현대 정신의학 잔혹사

헨리 코튼의 지지자들

헨리 코튼은 겸손하게 처신하는 인물이 결코 아니었다. 그는 젊은 정신과의사 시절부터 자신이 위대해질 운명이라고 확신했다. 감독관 루이스도 코튼과 유사한 영혼의 소유자였다. 루이스가 보기에 코튼의 작업은 과학적으로 인도된 개혁과 훌륭한 정부가 사회의 문제들을 해결하기 위해 무엇을 할 수 있는가를 전형적으로 보여주는 것이었다. 코튼 자신의 자기 홍보 성향은 첨단의 행정가답게 대중 선전을 강조하는 그의 상관으로부터 적극적인 지지를 받았고, 두 사람은 트렌턴 병원에서 이루어지는 획기적인 성취를 가능한 한 많은 대중에게 알리기 위해 함께 노력했다. 현대의 광고산업이 경제의 전망을 바꾸고 새롭게 등장하는 소비사회를 떠받치고 있었던 것과 유사하게, 대중에게 국소 감염의 위험을 알리는 교육활동은 대중의 건강을 극적으로 향상시킴과 동시에 정부와 사회가 광기의 불가피한 귀결인 경제적 손실과 실존적 비극을 면하게 해줄 것처럼 보였다. 대중 홍보는 결정적으로 중요했다. 왜냐하면 "다른 의학 분야에서는 일반인에게 만성 감염의 위험성을 교육함으로써 그런 성과를 얻는다는 것이 불가능하기" 때문이었다.[1]

대중 홍보 못지않게 중요한 것은 당연히 동료 의사들에게 복음을 전파하는 일이었고, 국소 패혈증에 대한 공격법이 완성된 후 처음 몇 년 동안 코튼은 정신과의사들과 의료계 전반을 계몽하기 위해 지칠 줄 모르고 노력했다. 1919년에 〈뉴욕 의학 저널New York Medical Journal〉에 두 편의 논문을 발표하고 같은 해에 〈치과학 연구 저널Journal of Dental Research〉에 한 편의 논문을 발표한 것을 시작으로 코튼은 뉴저지 주 의학회와 각종 의학 저널과 치과학 저널에 쉬지 않고 논문을 발표했다. 그는 지역과 외부의 모임에서 연설을 할 기회를 놓치지 않았다. 1920년 2월에서 4월 사이에 노스웨스턴 의학회, 뉴욕 주 의학회, 뉴저지 의학회에서 연설을 했고,[2] 6월에는 뉴욕에서 열린 신경학회에서 "조발성 치매의 문제"에 관한 연설을 했다. 또 봄에는 아이오와를 방문하여 미국 응용치과 과학아카데미에서 연설했고, 곧이어 뉴올리언스에서 열린 미국 의사협회 연례 모임에서 연설했다. 이 모임을 위해 코튼은 특별히 공을 들여 발표를 준비했다. 그는 "정신병자들을 위해 무슨 일이 행해지고 있나 : 150건의 개복수술에 대한 통계적 연구"에 관한 논문을 공식적으로 발표한 것 외에도, "수많은 의사들이 방문하는" 트렌턴 병원의 수술과 실험 작업을 소개하는 "과학적 전람회"를 개최했다. 그는 메시지에 힘을 싣기 위해 최신 기술을 이용했다. 하루에 두 번, "병원에서 행해지는 작업에 관한 영화를 상영했고 치아와 편도와 위장관에서 발견된 병적인 상태에 관한 슬라이드를 보여주었다."[3] 코튼이 기뻐하며 보고했듯이, 이런 전술을 쓰자 그의 작업에 "상당한 관심이 쏠렸고" 1921년 보스턴에서 열린 미국 정신의학회 연례 모임에서는 "고맙게도 3년 전만 해도 극도로 회의적이었던 많은 사람들이 이 작업에 관심을 갖고 각자의 병원에서 유사한 작업을 하려 노력하고 있다고 자발적으로 알려주었습니다."[4]

그러나 의사들의 모임에서 공식적으로 이루어진 발표와 의학 저널에 실린 논문은 빙산의 일각이었다. 코튼은 동부 해안을 오르내리며 상당수의 정신병원들—브루클린, 뉴욕 시, 펜실베이니아 노리스톤 주립병원, 그리고 1만 혹은 1만 2,000명의 환자를 수용하는 거대한 규모의 조지아 소재 밀레지빌 수립병원—을 몸소 방문하여 "국소 감염의 존재를 확인하기 위한 검사 작업의 실질적 세부사항에 관하여 의료진과 토론했다."[5] 1920년 초에 "오스트레일리아 시드니 정신병원의 객원 치과의사 도스 아이켄이 우리의 방법들을 시찰하여 자신의 병원에 도입할 목적으로 이 나라를 방문했다."[6] 또 1921년 7월에는 미국 전역의 아주 많은 정신과의사와 외과의사, 행정가 들이 트렌턴 병원을 방문했다.[7] 뉴욕 주지사는 3명의 조사위원을 보내 코튼의 작업을 시찰하게 했고, 1920년에는 특별 예산을 편성하여 뉴욕 주의 모든 정신병원에 전속 치과의사를 고용했다.[8]

코튼이 대중적 인기를 향한 열망과 집요한 자기 홍보 성향을 드러내자 많은 동료 정신과의사들은 반감을 일으켰다. 그것은 특히 코튼이 자신의 성취를 발표하면서 주류 정신의학의 실패에 대한 신랄한 언급을 곁들였기 때문이었다. 새로운 정신분석학적 정신의학에 대한 코튼의 공격은 프로이트Freud를 사기꾼Fraud으로 부르기를 선호하고 대화가 치료법이라는 생각 자체에 의심의 눈길을 보내는 많은 정신과의사들의 공감을 불러일으키리라 기대할 수 있었다. 코튼이 "극단적인 형태의 정신분석과 과학적 정신의학의 관계는 크리스천 사이언스(1866년 메리 베이커 에디가 설립한 기독교의 한 종파로서 신앙의 힘으로 병을 고치는 요법을 특색으로 함—감수자)와 과학적 의학의 관계와 어딘가 유사하지 않은가?"라는 수사학적인 질문을 던졌을 때, 정신과의사들의 대다수는 동의하며 고개를 끄덕였을 것이다. 그러나 그 정신과의사들 자신의 선호와 선입견에 대한 공격은 전혀 다른 문제였다.

코튼은 정신장애가 순전히 신체적인 뿌리를 가진다고 주장함으로써 "정신병의 원인으로 고려해야 할 것은 심인성 요인뿐이라고 믿는 사람들과 자신이 어느 정도 대립한다."는 점을 기꺼이 인정했다.9 그가 호의적으로 승인했듯이, 인간의 이상심리에 대한 연구는 나름대로 전혀 문제가 없으며, "증상에만 집중하고 원인과 치료에 손을 대지만 않는다면 감축하지 말아야 한다."10 그러나 그 연구가 자신의 고유 영역을 벗어나면 결국 실패로 돌아갈 것이 뻔한 엉터리 치료, 사이비 치료로 전락한다. 코튼은 광기의 뿌리가 신체의 장애에 있다고 전제하므로 다음의 주장을 내놓은 것도 놀랄 일이 아니다. "프로이트학파는…… 환자를 성공적으로 치료하는 데 아무 성과도 내지 못했다."11 정신분석학은 "뇌와 신체와 관련한 모든 해부학적·생리학적 요소를 무시하거나 내팽개치는" 용서할 수 없는 죄를 저질렀다.12 이 오류가 얼마나 심각한지는 트렌턴 병원의 외과 세균학이 거둔 성과를 보면 누구나 알 수 있을 것이다. 코튼은 이렇게 결론지었다. "농담이 아니라 진담으로 말하건대 머지않아 위 분석이 정신분석을 앞지를 것이다."13

환자의 심리적 문제를 순전히 부수적인 현상으로 경시하는 것은 코튼뿐 아니라 많은 정신과의사들이 공유했던 관점이었지만, 특히 코튼은 신체를 중시한 동료들 대부분이 환영했던 퇴화론 역시 정신분석학 못지않게 혹평했다. "우리는 정신질환이 유전적으로 전달된다는 이론이 과학적 관점에서 볼 때 매우 불안정하다고 주장한다."라고 그는 선언했다.14 그 이론은 "현대적인 생물학 지식과 조화될 수 없는 악의적인 생각이며 따라서 퇴행적이다." 정신의학계가 이 "유해하고 파괴적인" 생각을 받아들인 것은 자신의 무능함을 숨기고 비참한 치료 성과를 해명하기 위해서였고, 광기에 대한 유전적 설명은 이런 면에서 매우 좋은 효과를 발휘했다. "이 숙명론은 정신질환의 예방과 치료를 위한 인과적 연구를 질식시키고 우리의 무지를 감추는 외투 역할을 한다." 의사와 환자 들이 지불한 대가는 실로 거대했다. "만약 우리가 이 유전론과 '물려받은 체질'을 굳게 믿는다면…… 정신질환을 억제하거나 경감하는 방법을 찾으려는 노력은 우생학적 조치를 제외하고는 무의미해질 것이 확실할 테니까 말이다……. 그러나 우리는 병원성 세균과 그 독소가 정신병자에게 끼치는 영향과 관련해서 그런 난처한 망설임에 빠지지 않는다."[15]

이것은 정신의학계의 통념에 대한 전면적인 공격으로, 자신의 발견은 난공불락이라는 코튼 특유의 굳은 신념과 성격적 특징을 반영했다. 외교관의 미묘함이나 핑계는 그에게 어울리지 않았다. 그러나 다른 측면에서도 코튼의 행동은 많은 동료 정신과의사들의 반감을 살 만했다. 특히 일반인들의 관심을 사로잡으려는 그의 노력은 전문가들의 비난을 양산할 지경으로까지 그를 몰아갔다.

이미 1918년 4월에 코튼은 뉴욕 정신의학회에서 "감염된 치아를 뽑고 감염된 편도를 제거하고 위장 감염을 청소하는 일"의 중요성에 관한 강연을 했고, 7월에 그 강연문을 다시 손봐 마이어에 이어 뉴욕 정신의학회의 회장을 맡은 오거스트 호흐에게 제출했다. 그는 그 강연문을 정신의학회보에 발표할 생각이었다. 그런데 "이 저널과 신경학 및 정신의학 논문집의 합병으로 인해 (코튼의) 논문은 출판이 유보되었다가" 새 논문집의 첫 호에 실리게 되었다.[16] 출판이 미뤄지는 것을 참을 수 없었던 코튼은 감독관 루이스가 코튼 자신의 "(뉴저지) 주 자선 및 교정 담당 부서에 보내는 연례 보고서"를 요약하여 언론에 공개하는 것을 허락함으로써 심각한 직업 윤리 위반을 저질렀다. 코튼은 호호의 후임자인 조지 커비에게 보낸 편지에서 "나는 그가 그렇게 하리라는 것을 알고 있었습니다." 하고 시인하면서도, 그는 상급자들이 "나의 논문이 의학 저널에 실릴 때까지 그 보고서를 보류하도록" 최선을 다했다고 항변했다.[17]

이 불성실한 해명을 받고서도 커비의 마음은 누그러지지 않았다. 커비는 마이어에게 보낸 편지에서 "그의(코튼의) 연구에 대한 상세한 언급이 일반 언론에 게재되었을" 뿐 아니라, 코튼 자신이 쓴 기사가 그의 사진과 함께 〈문학 다이제스트Literary Digest〉에 실리기까지 했다고 지적했다.[18] 광고와 유사한 행위는 제도화된 의학계에서 오래 전부터 금기였다. 돌팔이나 장사꾼을 연상시키는 그런 행위는 신사다운 지위와 불편부당한 직업정신을 자부하는 의학계에 큰 상처를 입힐 수 있었다. "순수하게 전문적인" 사안을 일반인들 앞에서 토론하는 행위를 금기시하는 것은 고대에도 있었던 전통이었고, 그 전통은 오래 전부터 의사들이 동료와 라틴어나 그리스어로 소통하는 습관을 유지함으로써 지켜졌다. 게다가 의학이 과학과 더 긴밀하게 운명을 같이하게 된 새로운 세상에서는 또 하나의 엄격한 규범이 추가되었다. 그것은 새로운 지식은 일반인들에게 알려지기 전에 먼저 동료들의 비판을 (혹은 적어도 전문 저널에 출판되는 것을) 거쳐야 한다는 규범이었다.

그러므로 처음에 동료 정신과의사들의 분노를 산 것은 코튼의 개복수술로 인한 사망률이나 원치 않는 환자들에게 수술을 감행하는 비윤리적인 행위가 아니라 일반인들의 인정을 받으려 하고 국소 감염 치료가 정신의학의 주요 활동이 되어야 한다는 여론을 조장하려 하는 코튼의 만용이었다. 자신의 논문이 저널에 게재되지 못할 수도 있다고 느낀 코튼은 막강한 영향력을 지닌 스승에게 도움을 청했고, 마이어는 (이 엄격한 스위스인은 저널 편집자들이 "출판에 관한 규칙을 간과해서는 안 된다."는 점을 인정해야 했다.) 코튼의 불안을 기우로 만들며 최선을 다해 그를 도왔다. 1919년 1월 15일에 마이어는 커비에게 편지를 보내 이렇게 밝혔다. "나는 그런 일이 있은 후에도 코튼 박사의 논문이 논문집에 발표될 것인지 모릅니다. 나는 그렇게 되기를 위해 최선을 다했고, 호흐 박사도 그랬습니다. 그러나 다른 편집자들은 매우 완고했고, 나는 그들이 어떤 결정을 내렸는지 모릅니다."[19] 3일 후, 코튼이 전해온 소식이 마이어에게 확실한 정보를 주었다. 코튼의 논문은 거부되었고, 그는 다른 저널을 물색해야 했다. 코튼이 찾아낸 새 저널은 스미스 엘리 젤리프의 〈신경질환과 정신질환 저널_Journal of Nervous and Mental Disease_〉이었다.[20]

그러나 코튼은 실망감도 불쾌감도 없이 전진을 감행했다. 이제 그는 프린스턴 대학에서 정기적으로 정신병리학을 강의하고,[21] 이미 스튜어트 페이튼과 맺고 있던 긴밀한 관계(그 관계는 코튼이 의학대학에 다닐 때부터 형성되었고 지금은 페이튼이 트렌턴 주립병원의 고문 신경학자로 임명되면서 더욱 강화되었다.)를 확장하여 그 대학의 다른 주요 인물들과도 교류하고 있었다. 그 중에서 특히 유명한 인물은 프린스턴 대학 생물학부의 수장을 사반세기 동안 역임한 생물학자 에드윈 콩클린이었다. 『논문집』 편집진들과의 불행한 마찰을 경험한 지 채 2년이 안 되어 코튼은 페이튼과 콩클린의 강력한 지원을 받아 영광스런 상을 받았다. 프린스턴 대학에서 루이스 클라크 바눅셈 재단 강연을 하게 된 것이었다. 바눅셈이 1912년에 대학에 기부한 자금으로 운영되는 그 강연은 매년 최소한 절반 이상은 "현재의 과학적 관심사에 관한 주제"를 다루고, 강연문은 "출판하여 학교와 도서관에 널리 배포하게" 되어 있었다.[22] 여러 해 동안 많은 탁월한 과학자와 학자 들이 그 강연을 빛냈다. 코튼이 강연을 하기 전에 프랑스 과학철학자 에밀 부트루, 저명한 이탈리아 수리물리학자 겸 생물학자 비토 볼테라, 훗날 1933년 노벨의학상 수상자가 된 생물학자 토머스 헌트 모건과 같은 학자들이 그 강연을 맡았다. 양차 대전 사이의 기간에는 철학자 화이트헤드, 천문학자 에드윈 허블, 소설가 토마스 만 등이 강연을 했고, 20세기 후반기에는 원자폭탄의 아버지인 로버트 오펜하이머, 수학의 전 영역에서 두각을 나타낸 존 폰 노이만, 그리고 라이너스 폴링, 해럴드 유레이, 프랜시스 크릭과 같은 노벨상수상자들이 강연자로 나섰다. 당시에 코튼에게는 그 강연이 자신의 사상을 공표할 멋진 광장이었고 자신의 발견을 폭넓은 대중에게 알릴 매우 권위 있는 무대였다. 이번에는 동료 정신과의사들의 비판을 두려워할 필요도 없었다.

코튼은 그 기회를 두 손 들어 환영했다. 1월 11일, 그는 총 4회로 계획된 강연의 첫 회를 했다. 그 다음 강연은 13일~15일에 열렸다. 코튼은 공격적이고 호전적인 태도로, 자신의 연구가 심각한 정신질환의 치료뿐만 아니라 그가 정신과적 장애에 기인한 이상이라 생각하는－따라서 근본적으로는 신체의 장애에 뿌리를 둔－많은 범죄와 비행의 예방과 관련해서도 혁명적인 의미가 있음을 중점적으로 설명했다. 그는 자신의 발견을 "과학적 의학"의 탄생과 "병원균 이론의 토대를 놓고 의학을 혁명적으로 변화시킨 파스퇴르의 획기적인 업적"과 긴밀히 연관시키면서 이렇게 지적했다. "그 위대한 진실들은 고정되고 굳어진 유전 사상을 버리려 하지 않는 인류의 보수적인 성향에 기인한 반대와 무관심의 미로를 헤치고 인정에 도달하기까지 힘든 싸움을 해야 했습니다." 그와 마찬가지로 코튼 자신이 이루어낸 혁신도 스튜어트 페이튼과 크레펠린, 알츠하이머에 의해 새롭게 과학화된 정신의학과 무엇보다 "아돌프 마이어의 선구적인 연구"에 확고히 의지하고 있음에도 처음엔 일부 저항에 부딪힐 가능성이 있다. "그러나 공상과 사실 사이에는 분명한 차이가 있고, 만일 특정한 병의 원인이나 본성에 대한 새로운 개념이 만들어지면, 그 개념이 전통적인 가르침을 아무리 벗어난다 해도 과학적 증거와 증명에 기초를 두기만 한다면 단지 기존의 개념과 전통을 뒤엎는다는 이유만으로 비난해서는 안 될 것입니다."[23]

코튼은 과거에 그가 일반인들에게 다가가려고 시도하다가 일으킨 논란을 간접적으로 언급하면서 청중에게 이렇게 상기시켰다. "과거에 의학의 신비는 의사들에게 신성한 것이었습니다……. 의사는 자신의 신비를 더욱 강화하기 위해 라틴어를 썼습니다……. 대중은 병의 본성과 원인에 대하여 무지한 상태에 머물렀습니다." 그러나 과학적 의학이 도래하면서 "병을 예방하기 위해 대중 계몽이 필요해졌고 진보적인 의사는" 그 낡은 길드적인 관행을 버렸다.[24] 이런 견해에 입각하여 그는 계획된 강연 중 한 회의 상당 부분을 만성 패혈증의 해악을 미리 제거하는 일의 결정적인 중요성을 사회에 알리는 데 할애할 생각이었다.

코튼 자신의 연구를 넓은 역사적 맥락에 위치시키고 정신병에 대한 대안적 설명을 제시한 후, 국소 패혈증 이론의 개요를 설명하고, 가능한 감염 부위를 예외적으로 상세하게 나열했다. 갖가지 증상을 나타내는 치아(잇몸 속에 매복한 치아, 뿌리에 감염이 있는 치아와 치아끝 고름집이 있는 치아, 충치, 외견상 건강해 보이나 잇몸질환이 있는 치아, 부실하게 치료한 충치, 치조농루pyorrhea, 치아의 돌출증exostosis과 경화증sclerosis, 잔존 유치), 감염된 편도와 부비강副鼻腔, sinuses(얼굴뼈 속의 빈 공간들로 이곳에 감염이 일어나 고름이 생기는 것이 축농증이다―옮긴이), 위와 십이지장의 감염, 장관 하부와 비뇨생식관의 감염 등이 나열되었다. 이런 변화무쌍한 문제에 대한 대책으로 코튼과 그의 헌신적인 의료진은 다행스럽게도 다양한 치료법을 개발했고, 그 성과는 거의 기적적이라고 코튼은 주장했다. 그의 외과 세균학의 효과는 만성적이고 치명적인 정신질환이 극적으로 치유됨으로써 종결된 놀라운 임상 기록 25건이 극적으로 증명해주었다. 연구를 저능아나 정신지체아, 비행청소년, 심지어 성인 범죄자의 문제로 확장할 가능성을 짧게 언급한 다음, 코튼은 치아 관리를 통해 (혹은 치아를 없 앰으로써) 정신 위생을 확보해야 한다고 호소했다. 신체의 구석구석까지 패혈증을 적극적으로 찾아내 최초의 감염 증상을 밝혀내고 그로 인한 전신 중독과 정신의 장애나 붕괴가 일어나기 전에 제거해야 한다는 것이었다.

한 달이 지나지 않아 보완된 강연문이 출판되어 북아메리카에는 프린스턴 대학 출판부의 우아한 휘장을 달고, 다른 지역에는 옥스퍼드 대학 출판부의 휘장을 달고 배포되었다. 코튼은 스승에게 서문을 부탁하여 출판된 강연문에 싣는 데 성공했다. 강연문의 첫 페이지에 그는 스승을 "정신장애에 대한 연구에 과학적 원리를 적용하는 노력"을 통해 명성을 얻은 인물이라는 철저한 찬사로 소개했다.[25] 마이어도 호의로 부응했다. 그는 자신이 "그 열정적이고 공격적인 연구를 관심과 존중을 갖고" 검토했다고 선언했다. 그 연구는 "20세기 의학을 위한 탁월한 기여"이며 "다행스럽게도 우리가 전면적인 난소절제술이 이루어지는 시대에 경험한 대로 결정적인 기능 상실 없이 진행되었다." "코튼 박사는 유기체를 잠행성 감염으로부터 해방시키는 일을 그 논리적 종착점까지 끌고 간 선구자들 중 하나이다. 그는 정신장애에 대한 과거와 현재의 어느 연구도 성취하지 못한 구체적인 성과에 도달한 것으로 보인다."고 마이어는 주장했다. 심지어 성급하게 발표를 서두르는 코튼의 성향도 용서될 일이다. 코튼의 연구는,

불행하게도 전문가들의 비판과 다른 학자들의 재비판을 거치기 전에 언론과 대중의 집요한 시선에 노출되었다⋯⋯. 그러나 지금은 라틴어 문장들로 대중을 막고 오직 의학계에 입문한 자들에게만 접근을 허용하기를 기대할 시대가 아니다. 따라서 우리가 저자와 독자 자신이 위험을 무릅쓰고 행한 솔직한 진술을, 우리 자신이 그것만큼 훌륭하고 설득력 있는 사실을 더 보편적으로 만족스러운 "사물 자체"의 상에 맞게 제시할 수 없다면, 그런 솔직한 진술을 비난할 이유가 있겠는가.[26]

코튼의 연구를 평가하거나 비판하려는 자들은 "오직 완전히 수행된 노력의 결과만을 놓고 판단해야 한다. 철저하고 완전한 작업 없이 치아 몇 개만 뽑는 처치는 참된 정화의 요구에 충실하다고 할 수 없다. 마찬가지로 모든 사람의 치아에 그 정도의 문제는 있다는 말은 매우 빈약한 논증이다."[27] 확실히 "광범위하고 잘 제어된 시도가 필요했다." 주의 깊은 독자는 마이어가 "개인적으로 나 자신의 경험이라고 믿는 것을 넘어서는 약간 극단적인 주장"을 언급하는 대목에서 그 특유의 어투를 눈치챌 수 있었을 것이다. 그러나 독자는 "애처롭고 불명예스럽게 불충분한 수단에 의존하는 것"에서 탈피하라는 마이어의 요청을 더 귀 기울여 들었을 것이다. 마이어는 글을 마감하는 마지막 문장에서 "트렌턴 소재 뉴저지 주립병원에서 수행된 중요한 실험"을 칭찬하면서 이렇게 주장했다. "만일 코튼 박사의 사변적이지 않고 실질적인 연구를 철저히 완성할 수단을 확보할 수 있다면, 정신의학은 특수한 영역을 훨씬 넘어서는 크고 중요한 기여를 또 한 번 할 수 있을 것이다."[28]

마이어의 이런 언급을 코튼은 멋진 승인으로 해석했을 것이 분명하다. 그 멋진 승인에 고무되고 성공적인 강연의 잔광殘光을 즐기던 코튼은 1921년 후반에 또 한 번 만족스런 경험을 했다. 응급 정신병동psychopathic building 두 채를 추가로 건축할 자금이 주정부로부터 나왔고, 10월 21일에 공식적인 병동 개관식이 거행되었다.[29] 여성 병동은 미국 광기 교정운동의 수호성인인 도로시아 딕스의 이름을 따서 명명되었고, 남성 병동은 스튜어트 페이튼의 이름을 따서 명명되었다. 코튼은 또 다른 주요 후원자인 아돌프 마이어도 초대하여 개관식을 주재해달라고 제의했지만, 마이어는 선약이 있어 안타깝게 되었다며 참석하지 않았다.[30]

개관식에 모인 사람들은 여러 연사들의 강연을 들었다. 그 중에는 미국 의사협회 회장인 허버트 워크 박사, 미국 정신의학회 회장이며 미시건 정신병원의 원장인 앨버트 배럿도 있었다. 워크는 트렌턴 병원의 병실들을 둘러보면서 그곳에서 행해지는 선구적인 연구를 아주 잘 알고 있다고 공언했다. 그는 병원 곳곳을 둘러보고서 "이곳은 정말이지 난생 처음 보는 종합병원입니다. 없는 것이 없습니다. 이곳은 대부분의 의사들이 발열 중의 헛소리를 부수현상으로 보듯이 정신이상을 부수현상으로 봅니다……. 어떤 증상의 원인을 발견하고 제거할 수만 있다면, 그 증상을 어떻게 부르는가는 전혀 중요치 않습니다. 코튼 박사가 지휘하는 이 병원은 그런 방향의 연구를 개척하고 있습니다." 하고 확신하게 되었다.[31] 코튼 덕분에 "정신병에 대한 치료는 과학적 의학으로 둘러싸였고, 과학적 의학의 어느 부분과도 동떨어지지 않게 되었습니다. 우리는 더 이상 그림자를 실체로 착각하거나, 증상만 다스리면서 그 증상의 원인이 자연적으로 완화되기를 기다리지 않아도 됩니다." 트렌턴 병원은 미국의 "위대한 병원" 중 하나로 손꼽힌다. 그곳은 "뉴저지 주민의 공공 정신에 대한 찬사이자 그들의 사회적 윤리를 보여주는 종합적인 그림, 그들의 자비심과 기독교 정신의 상징, 가장 진보한 문명의 기념물"로 간주되어야 한다.[32]

코튼의 접근법에 대한 워크의 승인은 매우 중요한 의미를 띠었다. 왜냐하면 워크는 이미 미국 의학 정책에 영향을 미치는 중요 인물이었을 뿐 아니라, 곧 국가 정치에서 두드러진 역할을 하게 되기 때문이다. 펜실베이니아 의과대학에서 공부한 워크는 1896년에 콜로라도 푸에블로에 사립 우드크로프트 수용소를 열어 재산을 모았다. 그는 미국 의사협회 회장이 되기 8년 전에 전국적인 정신과 의사 단체인 미국 이학-심리학회의 회장을 지냈었다. 강력한 우생학 지지자였던 그는 자신의 임기 동안 정신적 부적격자와 "정신박약자"에 대한 격리와 단종斷種을 전국적으로 제도화할 것을 주창했고, "알콜중독과의" 전쟁의 일환으로 금주법을 제정해야 한다고 요구했으며, 더 일반적으로 "인간 정신의 타락과 사악한 유전 형질의 해악과 지속적인 퇴화로 인해 국가의 평균 경제 효율성이 감소하는 것에 대항하는 싸움"의 일환으로 공립학교의 아동들에게 위생을 가르치는 프로그램을 도입해야 한다고 주장했다.[33]

그렇게 워크는 1921년에 트렌턴에서 강연을 하기 이전에 여러 해동안 전국적인 무대에서 두드러진 역할을 했다. 또 자신이 코튼의 편이라고 선언한 것은 그가 우정공사 총재로 임명되어 하딩의 내각에 입성하기 불과 몇 달 전이었다. 워크는 1920년대 내내 공화당의 정치에 매우 큰 영향을 끼쳤다. 그는 티포트 돔 스캔들로 불명예 퇴임한 앨버트 폴의 뒤를 이어 1923년에 내무부장관이 되어 쿨리지 대통령의 재임 기간까지 그 직책을 유지하다가 1928년에 허버트 후버의 선거운동을 지휘하여 그를 대통령에 당선시킨다. 그러므로 워크가 1921년에 트렌턴 병동 개원식에서 국소 패혈증에 대한 공격적인 처치를 승인한 사건은 이후 해를 거듭하면서 점점 그 무게를 더해갔다고 할 수 있다.

뉴저지 의학회 회장인 헨리 코스틸도 워크의 뒤를 이어 청중에게 이렇게 다짐했다. "여러분이 (뉴저지 주에 있는) 어느 종합병원이라도 방문해서 얼마나 많은 편도 제거 수술이 이루어지고 있는지 본다면, 여러분은 의학계가 우리의 존경스런 코튼 박사의 가르침을 따르고 있다는 결론을 내리게 될 것입니다." 그리고 그것은 당연한 일이다. 왜냐하면 코튼의 방법은 "힘든 작업과 엄청난 연구"의 산물이며 "의학 분야의 위대한 성취"이기 때문이다. 코스틸은 이렇게 결론지었다. "코튼 박사는 사람들의 건강을 위한 토대를 마련했고, 이후의 세대는 그 토대로부터 수확하며 그를 찬양할 것입니다."[34]

이런 찬사들에 이어 연단에 선 스튜어트 페이튼은 할 말이 별로 없었다. 그는 다만 자신의 이름이 "이 위대한 병원"과 영원히 연결된 것에 "진심으로 감사할 뿐입니다." 하고 밝히고, 자신의 "친구이며 제자이고 이 병원의 원장인 헨리 A. 코튼 박사의 헌신"에 경의를 표한다고 말했다. "만일 도로시아 딕스가 이 자리에 올 수 있었다면 그녀도 우리처럼 신경과 정신의 질병으로 고생하는 이들을 현대적인 과학적 의학의 자원으로 도울 기회가 증가한 것에 기뻐할 것"이라고 그는 생각했다. "병에 대한 실제적인 처치"에 헌신함으로써 코튼은 "문명의 진보를 가로막는 최대의 족쇄라고 할 정신질환에 대하여 이제껏 행해진 어떤 싸움보다도 성공적인 싸움을" 시작했다.[35]

자신의 지휘로 성취된 결과를 자랑스럽게 여긴 감독관 루이스는 이제 코튼의 작업이 더 큰 대중적인 인기를 얻게 하려 노력했다. 〈리뷰 오브 리뷰스_Review of Reviews_〉의 편집자 앨버트 쇼는 루이스를 진보적 공무원의 모범으로 깊이 존경했다. 그런 쇼의 요청을 받은 루이스는 트렌턴 병원의 성취에 관하여 장황한 찬양의 글을 써서 뉴저지 주가 "정신질환에 대한 성공적인 싸움"을 주도하고 있다고 선언했다.[36] 현대적인 광고기법으로 무장한 루이스가 이미 1922년

젊은 시절의 스튜어트 페이튼 급여를 받는 학자의 직위가 필요 없을 만큼 부유했던 페이튼은 친구들 사이에서 "펠릭스"라 불렸다. 그 별명은 페이튼의 부와 멋진 외모와 밝은 성격을 칭찬하는 의미였다. 미국 최고의 정신의학 교과서 중 하나를 쓴 저자이기도 한 그는 존스홉킨스 대학 정신의학 교수직을 거절하고 1910년 이후 프린스턴 대학의 명예 연구원으로 재직했다. 그는 그곳에서 대학생을 위한 정신건강 서비스를 최초로 실시했다. 헨리 코튼의 스승인 그는 1910년대에 트렌턴 주립병원 이사회의 일원으로서 코튼을 강력하게 지원했다. 페이튼은 당대의 많은 정신과의사들과 마찬가지로 강력한 우생학 지지자였고, 정신장애가 발생하는 데 유전적 요인이 차지하는 비중에 대해서는 코튼과 약간 입장이 달랐다. 하지만 그는 1920년대에도 계속해서 코튼의 국소 패혈증에 대한 처치를 승인했다.

에 쓴 그 글은 코튼의 개입으로 가능해진 "정신질환자들의 획기적인 치유 사례"를 보고했다. "심하게 병들거나 기능이 나쁜 위, 대장과 소장의 일부, 기타 복부와 골반의 필수 장기가 개선되고 재정비되고, 특수한 경우에는 완전히 제거되었다." 다행스럽게도 "우리는 한 장기가 제 몫을 하지 못하면, 다른 장기가 그 몫을 하는 매우 놀라운 구조를 가지고 있다." 이 결과는 "인상적이고" 심지어

"충격적이다." 그리고 "기능성" 정신병에 걸린 자들의 회복률은 새 치료법이 도입되기 이전의 37퍼센트에서 이후의 65~70퍼센트로 향상되었다.

트렌턴 병원은 철저히 현대적인 병원이다. 지난 시대의 잔혹한 속박 수단은 폐지되었고 "아름다움과 친절함이 지배한다." 그 병원의 외관 자체가 광고 효과를 발휘했고, 그 병원이 전통적인 정신병원의 음울한 공포와 거리가 멀다는 점 역시 그러했다(청결과 순수를 연상시키는 루이스의 언어도 그러했다).

신입 환자는 아무리 중증이라 하더라도 개방된 현대적 병실로 안내되어 순결한 흰옷을 입은 젊은 여성 간호사의 돌봄을 받는다. 간호사의 흰옷은 흰색 위주의 실내와 침구와 철제 침대 등과 잘 어울리며, 전통적인 지하감옥이나 감금실이나 힘센 간수들 대신에 그 간호사들이

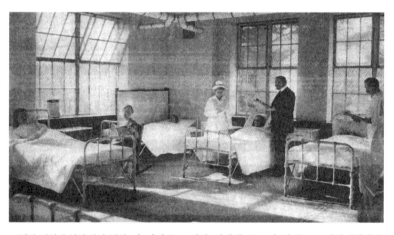

트렌턴 병원의 신입 환자 병실 이 사진은 트렌턴 병원의 1919년 연례 보고서에 "정신병질적 환자들을 위한 현대적인 신입 병실"을 광고하는 이미지로 실린 것이다(진보시대에는 "정신병질적 환자"라는 단어가 현재와는 다른 뜻으로 쓰여, 입원한 지 얼마 안되었고 회복할 가능성이 있는 환자를 의미했다). 한 환자의 곁에서 차트를 검토하는 헨리 코튼의 모습이 보인다.

현대 정신의학 잔혹사

넓은 창으로 쏟아지는 햇살의 도움을 받아 긴장한 신입 환자를 달래고 위로하여 평온한 모습을 되찾게 한다.[37]

의사들의 과학적이고 숙련된 개입을 받은 환자들은 정상적인 세계로 복귀하게 될 것이다. 코튼은 세균학자의 도움을 받아 "수술로 인한 사망률을 6개월 만에 30퍼센트에서 12퍼센트로 낮춘" 혈청을 개발했다. 그 방법의 약은 딩너리 치료나 비빌체소법에 대한 염려를 일으킬 만큼 신비롭다. 그러나 그와 유사한 혈청이 "파상풍"을 치료하고 "디프테리아라는 무서운 천형"을 종식시키는 데 사용되었고, 백신이 천연두를 예방하는 데 쓰인다는 점을 상기하면 그런 염려는 사라질 것이다.

작업에 열중하고 있는 코튼과 외과의사들의 사진은 정신장애에 대한 신체적 치료에 관한 주장을 생생하게 예증했다. 여기에 어느 "미친" 환자가 "두개골에 뚫린 구멍을 통해…… 살바르산을 함유한 혈청을" 주입받는 장면이 있다(루이스는 이 환자가 매독 3기라는 점은 대중의 반감을 살 것을 우려하여 언급하지 않았다). 또 편도절제 수술 장면도 있다. "트렌턴 뉴저지 주립병원에서는 편도 감염 환자의 80퍼센트 이상에게 편도절제술을 실시했다." 루이스는 글의 막바지에 트렌턴 병원을 "정확성이 추측을 이기는 곳─실례를 바쁘게 연구하는 실험실"로 묘사했다. 루이스는 정신과의사들 사이에서 "일반적으로 받아들여지는 통념은 광기가 일차적으로 정신의 병이라는 것"이라고 냉소적으로 썼다. 그런 통념은 "광기를 완화하려는 노력을 일으키는 것과 관련해서는 전적으로 무가치하며, 그 통념의 지지자들은 걱정스런 광기의 증가를 막는 데 확실히 실패했다." 반면에 코튼은 "장비를 잘 갖춘 수술실을 3개나 마련했다. 하나는 남성용이며 나머지 둘은 여성용이고, 모든 수술실이 항상 분주하다." 치

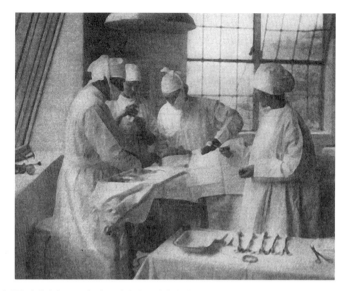

정신병성 전신마비, 즉 3기 매독 환자의 두개강에 살바르산을 주입하는 장면 비소화합물인 살바르산은 사상 최초로 특수한 병을 겨냥한 "마법의 탄환"으로 파울 에를리히가 개발하였다. 이 약물이 초기 매독에 대해 얼마나 좋은 효과를 발휘했는가는 제쳐두자. 아무튼 상당히 진전된 단계를 치료하는 데는 그 효과가 매우 제한적이라는 사실이 밝혀져 있었다. 코튼은 국소 마취한 환자의 머리가죽을 마비시킨 후 전기 드릴로 두개골에 구멍을 뚫었다. 그 다음 뇌막에 살바르산을 주입했다. 이런 처치를 통해 매독균이 중추신경계에 입힌 손상을 회복시킬 수 있으리라는 것이 그의 생각이었다. 병원의 연례 보고서에 실린 이 사진에 붙은 설명에는 이 "미친" 환자의 정신병이 매독에서 유래했다는 설명이 없다. 아마도 그 성병이 치욕으로 여겨졌기 때문일 것이다.

과의사의 진료실과 X선 검사실, 여러 실험실은 언급할 필요도 없다. 다른 주들은 광기로 인해 커다란 재정적 압박을 경험하는 반면에(광인을 위한 예산은 대부분의 주에서 큰 지출 항목이었다), 코튼의 선구적인 노력은 이미 수십만 달러에 달하는 예산을 절감하는 효과를 가져왔고, "자발적인 환자들을 끌어들여 올해에만 5만 달러 이상의 치료비를 벌어들였"으며, "최근 몇 년 동안에만 200만 달러 이상이 투입된 트렌턴 병원의 수용소 시설을 머지않아 폐기하거나 다른 용도로 전환할 수 있으리라는 전망을 갖게 해주었다."[38]

현대 정신의학 잔혹사

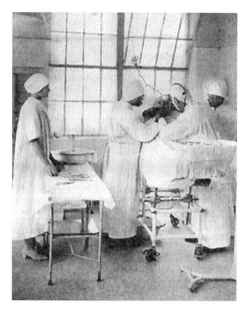
편도절제 수술 장면

　훌륭한 진보적 영혼들이 정기적으로 구독하여 거의 10만부나 유
통된 월간지인 쇼의 〈리뷰 오브 리뷰스〉에 실린 루이스의 글은 미
국 전역의 유력한 개혁가들에게 읽히고 존경을 받을 것이 분명했
다. 쇼 자신도 1890년대에 존스홉킨스 대학에서 제임스 브라이스,
우드로 윌슨(쇼는 여전히 이들과 친밀한 관계를 유지하고 있었다.)[39] 등과
함께 가르쳤으며, 시 행정에 관한 강연과 저술을 하면서 시를 일종
의 사업체처럼 경영할 것을 권고하는 인물이었다.[40] 전형적인 진보
시대 개혁가인 그는 〈리뷰 오브 리뷰스〉를 기계 정치와 이권 시스
템의 해악을 비난하고 기술 관료와 전문가를 세계를 바꿀 주역으
로 옹호하는 데 이용했다. 그에게 코튼과 루이스의 업적은 과학과
현대적 행정의 원리를 사회 문제에 적용할 때 발생할 혜택을 극적
으로 증명하는 실례였다.

트렌턴 주립병원 실험실 트렌턴 병원의 의료진이 광기의 뿌리를 찾는 데 도움이 되는 과학 지식을 산출했다는 것을 현미경과 플라스크가 증언한다.

 1922년 말에 쇼는 트렌턴 병원의 획기적 성과를 널리 알리는 노력을 재개하여 "정신장애에 대한 신체 치료"에 관한 긴 에세이를 써서 출판했다.[41] 쇼에 따르면, 루이스는 "전문적인 훈련을 받은 새로운 공무원을 대표하는 유명한 인물이며, 그런 공무원이 필요함은 매년 점점 더 확실히 인식되고 있다……. 그는 숙련된 홍보 전문가로서뿐 아니라 기술적인 전문가로서도 특별한 자격을 갖추었지만…… 그는 현재 전문가로서가 아니라 행정가로서 봉사하고 있다. 그의 역할은 전문가들이 각자의 기관에서 하는 연구가 잘 지원되고 있는지 살피는 일이다." 그 전문가들 가운데 유명한 사람으로는 "특별한 열정과 능력을 갖춘…… 헨리 A. 코튼 박사"가 있다. 그는 환자들을 "현명하고 분별 있게 다루어 구속복, 완충벽이 있는 병실, 그리고 과거에 '광인 수용소'에 있던 모든 공포스런 장비들이 완전히 사라지게" 한 공을 세웠을 뿐 아니라, "환자들의 신체상태를 철저하고 완벽하게 관리하는 근본적인 방법을 써서 대단히 성공적인 치료 성과를" 거두었다.[42]
 쇼가 만족감을 숨기지 않으며 언급했듯이, 이런 발전에 대한 루이스의 논의는 "매우 널리 읽혔고, 의학계 인사들로부터 특별히 큰 관심을 받았으며 여론에도 뚜렷한 영향을 끼쳤다." 쇼 자신의 글은 그에게 "수많은 편지들"로 전달된 루이스의 기사에 대한 반응을 요약하는 내용이 될 것이다. 그는 특히 의학계 인사들의 편지를 주로 요약할 것인데, "그것들 중 다수는 (쇼가) 의견을 요청한 편지들이다."[43] 그러나 편지를 보낸 사람들 중 일부가 제기했다고 쇼가 인정한 신사적인 질문이 있었다. 그것은 전문가들의 판단에 맡기는 것이 최선인 사안에 일반인이 뛰어드는 것이 과연 적절한가 하는 질문이었다.

쇼가 보기에 그런 비판은 타당하지 않았다. 최근까지 의학계는 "개별적인 질병 사례를 사적으로 치료하는 데" 집중했다. 그러나 "사회적·대중적 관점에서 체계적으로 질병을 공격할" 필요성이 점점 더 분명해지고 있다. "주거 환경에 대한 관리를 통해 깨끗한 물과 안전한 우유를 확보하여 결핵균의 확산을 유발하는 조건을 예방하는 것에서부터 학교에 대한 의학적 검사까지" 합리적인 공공정책 입안자들은 공동체의 복지를 위해 점점 더 많이 개입하고 있다. 그런 정책에 대한 "시대착오적인 반대는 선입견과 무지를 고수하는 이들만이 지지할 뿐이다." 코튼의 작업에 대한 대중적인 논의는 최소한 "지적인 일반인들을 자극하여 뉴저지 주의 병원과 기타기관의 병실에서 이루어지는 진료에 대해 의학적 효율성과 현대적 행정이 있어야 한다는 요구를 불러일으켰다는 점에서" 사회의 진보에 크게 기여했다. 확실히 쇼는 자신도 그런 지적인 일반인이라고 간주했다.[44]

비록 쇼는 "우리는 신체 문제가 정신장애를 산출한다는 이론의 지지자가 아니라고" 공언했지만, 그의 글은 그가 어디에 공감하는가를 확실하게 드러낸다. 그가 첫 번째로 인용한 의학계 인사는

"저명한 권위자인 뉴욕의 로버트 T. 모리스 박사"였다. 모리스 박사에 따르면 과학적 의학의 모든 활동은 과거의 형이상학적 굴레를 벗어나는 일과 다르지 않았다.

피르호(빅토리아 시대 말기에 널리 존경받은 독일의 과학적 의사)는 의학을 사변적인 철학으로부터 해방시켰다. 그는 병적인 정신상태를 비롯한 질병들이 항상 물리적 원인에서 비롯된다고 가정했다. 다른 한편 프로이트는 의학을 신비주의로 후퇴시켰다. 정신에 형이상학적 지위를 부여함으로써 그는 정신적 과정에 관한 협소한 사실들 위에 공상적인 그림을 그렸다. 피르호의 관점은 과학적 훈련을 받은 사람들에게 인기가 있다. 프로이트의 사상은 문학적 훈련을 받은 사람들에게 인기가 있다. 뉴저지 트렌턴 주립병원에서 이루어지는 작업은 피르호의 사상과 같은 범주에 속한다.

그리고 코튼의 성과는 "이 주제가 더 이상 추상적으로 토론할 사안이 아니라 구체적인 데이터를 인정할 것인가의 문제라는 점을 보여주는" 실용적인 증명이었다.[45]
코튼의 연구가 과학적 권위와 실제적인 성과를 가지고 있다는 모리스의 주장은 쇼에게 편지를 보낸 나머지 사람들의 전반적인 어조를 결정했다. 쇼가 논평을 요청한 사람들 중 다수는 주립 수용소들의 책임자이거나 새로 등장하는 공중보건 분야의 유력자였다. 뉴욕 시 보건부의 수장으로 여러 해 동안 명성을 누리다가 최근에 연방 상원위원으로 선출된 로열 코플랜드 박사는 "이 월간지가 루이스 씨의 글을 출판한 것을 축하했다." 코플랜드는 상당한 시간 동안 트렌턴 병원의 병실들을 감시했고 "그곳의 성과에 매우 긍정적인 인상을 받았다." 대중은 "그들이 그들 자신이 아니라 대중에게 도움이 될 출판의 기회를 마다하지 않고 용기를 낸 것에” 감사해야 한다.[46] 인디애나와 오하이오, 메릴랜드에서도 유사한 편지들이 왔다. 몇몇 사람들은 “광기가 전적으로 신체 조건에 의존하는가에 대해” 약간의 의심을 표했지만, 모두들 국가와 의학계가 “코튼 박사가 정신병원에서 더 나은 방법을 사용하는 문제에 대한 관심을 불러일으킨 것에 크게 감사해야 한다.”는 점을 인정했고, “병원에 들어오는 모든 환자를 정확하고 철저하게 분석하고 검사할 필요성에 대해서는 이론이 있을 수 없다.”고 주장했다.[47] 볼티모어의 존 올리버 박사는 병인에 관한 질문을 본질적으로 무의미한 것으로 치부했다.

정신질환의 원인에 대하여 과학적으로 어떤 입장을 취하든간에, 코튼 박사가 하는 일은 명확한 사고력을 가진 모든 사람에게 호소력을 발휘해야 마땅한 확정적이고 구체적인 어떤 것이라는 사실에는 변함이 없다……. 아무리 줄여 말해도, 그는 정신에 문제가 있는 환자들에게 외과 치료를 하고 있다. 그 치료는 언제나 가치가 있을 것이 분명하다. 설령 그 치료가 정신질환의 근본 원인에 효과를 미친다는 것을 절대적으로 확신할 수 없다 하더라도 말이다……. 왜냐하면 대중이 차츰 광기를 외과 치료의 혜택을 볼 수 있는 다른 질병과 유사한 것으로 보게 될 테니까 말이다……. 이런 간접적인 방식으로 코튼의 작업은 일반 대중의 정신질환에 대한 생각을 교육하는 데 엄청난 가치가 있다고 나는 믿는다.[48]

다른 한편 인디애나 주 자선국의 장관은 “코튼 박사와 그 관련자들”이 성취한 바에 대하여 경의를 표하며 그 사안에 대한 대중적 토론을 환영했다. “사람들은 정신 건강과 정신적 결함, 그리고 우리의 공공 병원이 무엇을 하고 있으며 무엇을 해야 하는가를 정말로 아는 자들에게 교육을 받아야 한다. 지식을 얻은 사람들은 자신들의 불행한 이웃과 친척을 위해 최선의 것을 요구할 것이며, 마땅히 그래야 한다."[49]

여러 주립 병원장들도 지원을 아끼지 않았다. 찰스 페이지는 코튼이 트렌턴으로 옮겨오기 전 댄버스에 있을 때 그의 상급자였고, 현재는 36년간의 수용소 사업을 접고 은퇴한 상태였다. 한때 자신의 직원이었던 사람이 이룬 성취에 자부심을 느낀 페이지는 하트포드에서 편지를 보내 자신이 코튼의 작업에 "깊은 관심"을 가지고 있다고 밝혔다. "모든 임상 관찰을 실험적으로 증명하는 과학적 연구를 여러 해에 걸쳐 수행한 후에 코튼 박사는 확고한 사실을 충분히 축적하여 세균 독소와 기능성 광기 사이의 실질적인 인과관계를 확립했다……. 그리고 더욱 훌륭한 것은 그가 그런 유해한 원인을 근절하거나 약화시키는 외과적 수단, 세균학적 수단 등을 설명했다는 점이다."라고 페이지는 강조했다.[50] 롱아일랜드 킹스 파크 주립병원의 윌리엄 C. 가빈은 "모든 종류의 국소 감염을 제거하려는 코튼 박사의 욕구에 전적으로 공감한다."면서 "몇 년 전부터 이 병원(킹스 파크 주립병원)에 입원한 모든 환자는 안과 전문의와 이비인후과 전문의, 전속 치과의사에게 검사를 받는다."고 썼다. 하지만 "우리가 돌보는 환자가 5,300명에 달하고 치과의사는 1명밖에 없기 때문에 우리가 그 방향으로 아주 멀리 전진하지 못하는 것은 쉽게 이해할 수 있는 일이다."라고 그는 덧붙였다.[51] 아칸소의 커크 박사는 "코튼 박사와 개인적인 친분이 있기 때문에 그가 트렌턴에서 하는 위대한 작업을" 잘 안다면서, 자신은 가난한 시골인 아칸소 주에서 코튼의 성취를 본받으려 최선을 다하고 있다고 썼다. 트렌턴에서의 작업은 정신질환의 예후에 대한 커크의 생각을 확실히 바꿔놓았다.

　　내가 처음 의사가 되어 근무한 병원의 원장과 나이 많은 의료진은 영구적으로 회복될 수 있는 정신질환의 사례는 극히 드물며, 증세가 완화되는 경우도 10퍼센트를 넘지 않는다고 믿었다. 그 병원은 환자를 훌륭하게 보호하고 관리했으나 과학적인 치료는 거의 없는 곳이었다. 나는 그 비관론의 영향을 받았고, 치료와 관련해서는 할 수 있는 일이 많지 않다고 느꼈다. 그러나 오늘날 나는 행복하게도 과학적·건설적·인도적 방법들이 거둔 성과를 보고 놀라면서 낙관적인 느낌을 가진다.[52]

　　쇼는 더 많은 권위자들에게 루이스의 주장에 대한 평가를 요청했다. "팰러앨토 소재 미24 퇴역군인병원의 신경정신과 과장"인 폴 바우어스 박사는 "나는 환자들의 신경 조직을 파괴할 가능성이 있는 국소 감염을 모두 제거하려고 노력해왔다. 이를 위해 우리는 감염된 편도와 치아를 제거하고 필요한 외과수술을 실시한다."고 답신했다. 바우어스는 대중이 곧 "우리의 주립병원들이 프랑스의 피넬과 미국의 러시에 의해 시작된 인도적이고 과학적인 작업을 수행하도록 자금을 지원하게끔 완고한 입법자들에게 압력을 넣을 것을" 기대했다.[53]

　　사적인 영역에서는 "코튼 박사와 드레이퍼 박사의 지칠 줄 모르는 열정과 과감한 태도"에 대하여 더 많은 찬사와, 개입을 더 앞당겨 정신질환을 예방함으로써 좋은 효과를 증폭시켜야 한다는 제안이 답지했다. 뉴저지 뉴펀들랜드 "이딜리스 인Idylease Inn"—"주로 부유한 환자들을 돌보는 유명한 사립병원"—의 원장인 드레이크 박사는 새로운 형태의 치료법을 그가 운영하는 병원과 유사한 기관에 몰려 있는 신경과민, 신경증, 신경쇠약 환자들에게도 적용할 필요가 있음을 역설했다.

　　나는 위대한 영국 학파와 마찬가지로 악명 높은 조발성 치매와 조울병 같은 이른바 '기능성' 정신병들이 그 자체로 병이 아니라 오래 지속된 독소혈증의 최종 증상이라고 믿는 정신과의사들에게 진심으로 동의한다. 그런 의사들은 급속히 증가하고 있다. 또 나는 이 형태의 질병으로 진행하는 환자들 대부분이 예외 없이 신체적이며 흔히 제거할 수 있는 원인으로 인한 '신경쇠약'의 단계를 확실히 거친다는 믿음에 동의한다.

　　그러므로 드레이크는 코튼의 외과 세균학이 확대 적용되어 "그 수많은 예비 광인들이 지닌 모든 국소 감염을 확실히 인지하고 제거하기를" 강력하게 원했으며, "이 원인을 제거하면 기능성 광기의 치유보다 예방 분야에서 더 큰 성과가 있으리라고" 확신했다.[54]
　　쇼는 더 넓게 그물을 던져 제도화된 정신의학계와 동떨어진 영역에서도 많은 찬사를 건져올렸다. 세계적으로 유명한 메이오 클리닉의 이름을 들어보지 못한 미국인은 거의 없었을 것이다. 그곳의 직원들은 현대적 무균 수술의 기적을 행했다. 이 진영으로부터 추천을 받는다면 큰 도움이 될 것이 분명했고, 쇼는 "미네소타 주 로체스터의 탁월한 외과의사인 메이오 박사는 코튼 박사와 그 관련자들의 견해를 '병의 기원에 대한 현대적 연구와 동일한 선상에 있다'고 여기며 루이스 씨의 기사는 코튼의 방법이 다른 병원으로 확산되는 데 도움을 줄 것이라고 믿는다."고 보고했다. 순수과학 분야에서는 "저명한" 에드윈 G. 콩클린이 찬양에 가담했다. 쇼가 독자들에게 전한 콩클린의 견해는 "콩클린 박사는 한때 트렌턴의 병원 관리국에서 일했고, 따라서 그의 입장은 일시적인 인상이 아니라 완숙한 판단을 반영하기 때문에" 더욱 값진 것이었다. 콩클린은 이렇게 말했다. "간절히 말하건대 나는 현재 트렌턴에서 국소 감염, 특히 치아와 편도의 감염을 제거하는 데 사용되는 방법이 정신 장애의 치료에서 매우 큰 가치가 있음이 증명될 것이며 폭넓게 적용되어야 마땅하다는 점에 조금도 의심하지 않는다." 그는 비록 그 방법이 많은 정신병사들에게 유효한지에 대해서는 약간 유보적인 입장이지만, "그 방법이 그냥 두면 장기화되거나 치료가 불가능해질지도 모를 많은 사례의 치유를 크게 앞당기리라고 기대하는 것이 합리적"이라고 판단했다. 역시 프린스턴 대학에 있으며 코튼의 성취를 개인적으로 잘 아는 스튜어트 페이튼은 약간 더 신중했던 것 같다. 그는 "정신질환의 심인성 요인"을 간과하지 말아야 한다고 경고했고, 늘 그래왔듯이 "정신 위생이 하는 매우 중요한 역할"을 강조했다. 그러나 페이튼 역시 코튼이 이룬 성과에 대해 근본적인 존경심을 갖고 있다고 말했다. 그는 이렇게 결론지었다. "나는 코튼 박사가 트렌턴에서 하는 작업이 이 나라의 모든 정신병원에서 이루어지기를 희망한다."55

실로 아무리 완고한 회의론자라도 설득하기에 충분할 만큼 찬란한 권위자들의 합동 찬양이었다고 할 수 있을 것이다. 그러나 쇼가 평가를 의뢰한 전문가가 모두 그렇게 열광적인 반응을 보인 것은 아니었다. 여러 사람이 코튼의 작업을 평가하는 데 조심할 것을 촉구했다. 그 중 한 사람은 국소 패혈증에 관한 최고 권위자인 프랭크 빌링스였다. 그는 자신이 트렌턴에서 행해지는 작업을 "온전히 평가할 능력이 없다."고 공언했고, 아무리 값진 접근법이라도 "판단력과 분별력이 빈약한 개별 의사들이 이용할" 위험은 항상 있다고 경고했다. 그러나 "나는 코튼 박사가 광인들을 위해 행한 작업이 정

신질환의 예방과 치료에 유효한 것으로 판명되기를 바란다."고 빌링스는 전했다.[56]

정신의학계 내부에서는, 뉴욕 주에서 가장 오래되었으며 유티카에 있는 병원의 원장인 리처드 허칭스가 "코튼 박사는 훌륭한 일을 하고 있지만 거대한 문제의 한 귀퉁이를 건드리고 있을 뿐이다. 그 문제의 해결은 요원한 일"이라는 경고의 메시지를 보내왔다. 하지만 다른 비판적 목소리와 마찬가지로 그 역시 "편도에 있건 치아의 뿌리에 있건, 혹은 다른 곳에 있건 감염 부위를 제거하는 것이 바람직하다는 점에 대해서는 이견이 없다."고 인정했다. 이 입장은 코튼의 작업에 반발한 사람들이 맞닥뜨려야 했던 매우 심각한 난점을 시사한다. "환자를 최고로 완벽한 신체상태에" 도달시키기 위해 고안된 수단에 반대하는 것은 아무리 생각해도 옳지 않아 보였고, 신체 건강이 정신상태와 무관하다고 주장하기는 어려웠던 것이다. 그리하여 정신질환의 원인이 단 하나라는 코튼의 설명이 너무 단순하다고 주장한 허칭스 같은 사람들조차 정신의학계가 "쉽게 간과될 수도 있지만 환자의 건강 일반에 무언가 영향을 끼칠 것이 분명하고 이차적으로는 환자의 정신상태에도 영향을 끼칠 것이 분명한 감염 원천에 관심을 기울일 것을 촉구했다는 점에서 코튼 박사에게 감사해야 한다."고 인정할 수밖에 없다고 느꼈다.[57]

많은 일반인들은 이런 조심성과 유보를 무시했을 여지가 크다. 코튼의 후원자인 아돌프 마이어의 전형적으로 배배 꼬인 산문을 제대로 이해한 일반인은 거의 없었을 것이다. 마이어는 피후원자의 작업을 칭찬하면서 또한 얼버무려 넘기는 묘기를 발휘했다. 그는 한편으로 "대중이 '단 하나의 비결만 이용하는 해법'에 너무 많은 기대를 걸 위험이 있다."고 경고하며 "독립적인 연구"의 필요성과 "너무 성급히 결론을 내리지 않을" 필요성을 촉구하면서도, 다른 한편으로 다시 한 번 "트렌턴에서의…… 활발하고 단호한 작업"을 승인하고 "그곳에서 중요한 실험이 진행되고 있다."고 주장했다.[58]

쇼에게, 그리고 추측건대 그의 글을 읽은 독자들에게 이 모든 논평의 귀결은 명백했다. 요점은 "진보"와 "향상", "희망 찬 전망"이었다. 쇼는 이 단어들을 자기 글의 곳곳에 마치 이정표처럼 소제목으로 배치했다. 그리고 독자는 마지막으로 "최종적인 격려"를 만났다. 새쿼티 수재 캔리포니아 주립 병무소의 선석 의사인 스탠리 박사는 최근에 트렌턴 병원을 방문했다. 그는 이렇게 말했다. "개인적으로 나는 그곳의 의사들이 위대한 일을 하고 있다고 느낀다." 그들은 "환자들에게 보호와 관리 이상의 것을 제공하기 위해 지칠 줄 모르고 열정적으로" 노력하고 있었다. 코튼이 쇼에게 보낸 편지는 그 노력이 얼마나 성공적인지를 보여주었다. 병원의 직원들은 "지난 4년 동안 회복 판정을 받고 퇴원한 환자 1,400명을 체계적으로 분석했다. 그 중에서 병원으로 돌아온 환자는 42명뿐이었다. 50명 가량에 대해서는 추적이 불가능했다. 그 외의 환자에 대해서는 사회복지사들이 최소한 1년에 두 번 작성한 매우 상세한 보고서가 있다. 그러므로 우리는 그들의 상태를 정확히 안다."[59]

쇼는 이렇게 결론지었다. "결국 최종적인 결론은" 코튼의 "향상된 의학적 방법들"을 채택하는 것이 "시대의 절박한 요구"라는 것이다. "지적인 대중은 이 커다란 사회적 목표에 관심을 가져야 하고", 쇼의 〈리뷰 오브 리뷰스〉는 대의에 앞장서고 있다는 사실에 행복을 느꼈다.[60]

1 트렌턴 주립병원 연례 보고서, 1920, 29쪽.

2 Henry A. Cotton, "The Relation of Focal Infection to Mental Diseases," *New York Medical Journal* III(1920), 672쪽.

3 트렌턴 주립병원 연례 보고서, 1920, 8쪽, 33~4쪽 ; 트렌턴 주립병원 연례 보고서, 1921, 30쪽.

4 트렌턴 주립병원 연례 보고서, 1920, 29쪽 ; 트렌턴 주립병원 연례 보고서, 1921, 34쪽.

5 트렌턴 주립병원 연례 보고서, 1921, 34쪽.

6 트렌턴 주립병원 연례 보고서, 1920, 28쪽.

7 1920년 7월 1일에서 1921년 6월 30일까지 12개월 동안 코튼은 모리스타운에 있는 뉴저지 주의 또 다른 주립 정신병원의 병원장과 직원, 이사 들의 방문, 펜실페이니아 소재 노리스타운 주립병원 이사와 직원 들의 "잦은" 방문, 조지아, 사우스캐롤라이나, 버지니아, 뉴욕 주 병원장들의 방문, 시카고 정신병 클리닉 소장의 방문, 여러 신경학자들의 방문, 일리노이 주 자선국장, 기타 다양한 사람들의 방문을 받았고, 존스홉킨스 대학 정교수 아돌프 마이어의 방문도 받았다. 마이어는 "우리가 특히 장관에서 증명한 국소 감염의 병리학과 그 치료법에 특별한 관심이 있습니다." 하고 공언했다. 트렌턴 주립병원 연례 보고서, 1921, 35쪽.

8 트렌턴 주립병원 연례 보고서, 1920, 29쪽.

9 같은 곳, 17쪽.

10 Cotton, *The Defective Delinquent and Insane*, 185쪽.

11 같은 책, 80~1쪽.

12 같은 곳.

13 같은 책, 185쪽.

14 같은 책, 19쪽.

15 같은 책, 21쪽.

16 코튼이 조지 S. 커비에게 1919년 1월 8일에 보낸 편지, 마이어의 문서에 있는 복사본, CAJH I/2110/9.

17 같은 곳.

18 커비가 마이어에게 1919년 1월 13일에 보낸 편지, 마이어의 문서, CAJH I/2110/9.

19 마이어가 커비에게 1919년 1월 15일에 보낸 편지, 마이어의 문서, CAJH I/2110/9.

현대 정신의학 잔혹사

20 코튼이 마이어에게 1919년 1월 18일에 보낸 편지 ; 마이어가 코튼에게 1921
   년 1월 21일에 보낸 편지, 마이어의 문서, CAJH I/767/16. Henry A. Cotton,
   "The Role of Focal Infections in the Psychoses," *Journal of Nervous and
   Mental Disease* 49(1919), 177~207쪽 참조.

21 *Daily Princetonian*, 1921년 4월 7일자 참조.

22 이 같은 바눅셈의 뜻은 코튼의 강연문을 출판한 책의 표지 뒷면에 명시되었다.

23 Cotton, *The Defective Delinquent and Insane*, 1~3쪽.

24 같은 곳.

25 같은 책, 1쪽,

26 Adolf Meyer, "Foreword" to Cotton, *The Defective Delinquent and Insane*,
   p. v.

27 같은 곳.

28 같은 책, p. vi.

29 이때 "응급 정신병동"의 의미는 오늘날 사용되는 의미와 달리 최근에 발병
   한 환자들을 집중적으로 치료하는 건물이라는 뜻이다. 1905년 앤아버에 미시
   건 응급 정신병원이 설립된 이후 이런 유형의 전문화된 병원이 보스턴, 볼티
   모어, 시카고, 아이오와에 여러 곳 생겨났다. 코튼이 이룬 혁신은 그 집중 치
   료시설을 전통적인 정신병원의 일부로 설립했다는 점이다.

30 코튼이 마이어에게 1921년 9월 19일에 보낸 편지, 마이어의 문서, CAJH
   I/767/18.

31 Burdette G. Lewis, "Winning the Fight Against Mental Disease," *Review of
   Reviews* 65(April 1922), 11쪽에 언급된 새 응급 병동 개관식 연설에서 재인
   용.

32 "Association and Hospital Notes and News," *American Journal of Insanity*
   79(1922), 114~5쪽.

33 Hubert Work, "The Sociologic Aspect of Insanity and Allied Defecs,"
   American Journal of Insanity 69(1912), 1~15쪽.

34 "Association and Hospital Notes and News," *American Journal of Insanity*
   79(1922), 120~2쪽.

35 같은 곳, 122쪽. 스튜어트 페이튼이 이 성대한 행사에 초대받았던 것에 관련
   한 기록은 현재 프린스턴 대학 머드 도서관 문서보관소에 남아 있다.

36 Lewis, "The Winning Fight Against Mental Disease," 411~8쪽.

37 같은 곳.

38 같은 곳.

39 쇼는 윌슨 대통령의 글과 연설을 편집한 인물이기도 하다. Albert Shaw

(ed.), *President Wilson's State Papers and Speeches*(New York : Review of Reviews Company, 1918) ; 같은 저자, *The Messages and Papers of Woodrow Wilson*, 2 vols.(New York : Review of Reviews Company, 1924)

41 쇼의 저서 중에는 *Municipal Government in Great Britain*(New York : The Century Company, 1895), *Municipal Government in Continental Europe* (London : Macmillan, 1901), *The Business Career in Its Public Relations*(San Francisco : Elder, 1904)도 있다.

41 Albert Shaw, "Physical Treatment for Mental Disorders : A Summary of Expert Comments Upon Dr. Cotton's Work at Trenton," *Review of Reviews* 66(December 1922), 625~36쪽.

42 같은 곳, 625~6쪽.

43 같은 곳, 627쪽.

44 같은 곳, 627~8쪽.

45 같은 곳, 628쪽. 로버트 T. 모리스 박사의 말.

46 같은 곳, 629쪽. 로열 S. 코플랜드 박사의 말.

47 같은 곳, 629쪽, 오하이오 주 공공복지 과장인 H. S. 매케일 박사의 말.

48 같은 곳, 628~9쪽. 볼티모어 최고법원 의료서비스 책임자인 존 R. 올리버 박사의 말.

49 같은 곳, 630쪽.

50 같은 곳, 631~2쪽. 전직 매사추세츠 댄버스 수용소 원장인 찰스 W. 페이지 박사의 말.

51 같은 곳, 632쪽. 뉴욕 킹스 파크 주립병원장인 윌리엄 G. 가빈 박사의 말.

52 같은 곳, 632~3쪽. 아칸소 리틀 록 주립 수용소 원장인 C. C. 커크 박사의 말.

53 같은 곳, 630~1쪽, 팰러앨토 퇴역군인병원의 폴 E. 바우어스 박사의 말.

54 같은 곳, 631~2쪽. 이딜리스 인의 원장인 D. E. 드레이크 박사의 말.

55 같은 곳, 635~6쪽. 메이오 박사, 스튜어트 페이튼 박사, 에드윈 G. 콩클린 박사의 말.

56 같은 곳, 636쪽. 프랭클린 빌링스 박사의 말.

57 같은 곳, 634쪽. 유티카 소재 뉴욕 주립병원의 원장인 리처드 허칭스 박사의 말.

58 같은 곳, 634~5쪽.

59 같은 곳, 635쪽.

60 같은 곳.

치유하고 싶은 욕구, 치유되고 싶은 욕구

자신(또는 자신에게 가장 사랑스럽고 친근한 이들)을 괴롭히는 악령으로부터의 해방을 절실히 원하고, 광기에 관한 세균학적 이론이 획기적인 성과를 거두었다는 트렌턴으로부터 나온 권위 있어 보이는 소식에 현혹된 환자들(또는 환자의 가족들)은 그 새로운 기적의 치료에 동참하기를 간절히 원했다. 수많은 미친 남자와 미친 여자 들이 트렌턴으로 몰려들었다. 그들의 수는 주립병원에 수용된 환자의 수를 능가했고, 코튼과 그의 고문들에게 진료를 받으려고 기꺼이 웃돈을 얹어주는 성의를 보임으로써 그들은 매우 매력적인 자원이 되었다. 감독관 루이스는 그들이 주정부의 재정에 기여하는 바를 감사의 마음으로 인정했다.

전통적으로 부자들은 자신의 친지를 수용소에 두는 가슴 아픈 일을 피하기 위해―혹은 최소한 연기하기 위해―상당한 노력을 했다.[1] 정신병원에 대한 참담한 평판은 자신에게 미친 친척이 있음을 공공연히 드러낼 때 감수해야 하는 사회적 수치심과 결합되었고,

일반적으로 광기가 퇴화와 유전적 결함의 증거로 생각되던 19세기 말의 퇴폐적인 풍토 속에서 자신의 친척을 정신병원에 맡기는 일은 감당하기 힘든 치욕이었다. 부유한 가족들은 생산력을 잃은 자를 감당할 사회적 지위와 경제적 능력을 가지고 있었다. 골칫거리인 친지를 돌볼 하인을 여러 명 고용할 능력, 만일 필요하다면 그런 친지를 조용하고 한적한 지역이나 심지어 외국으로 보낼 능력이 있었고, 공식적으로 미쳤다는 판정을 받은 친지가 있을 때 불가피하게 따라오는 스캔들과 험담을 피할 상력한 동기가 있었다. 미국에서는 수익성이 높은 요양소들이 부유하고 "신경이 쇠약한" 자들의 요구에 부응하여 번창했다. 그런 요양소는 그런대로 사회적으로 받아들일 수 있고 가족들이 고려해볼 만한 또 하나의 대안이 되었다.

트렌턴 병원으로 이송된 최초의 개인 환자들 중 한 사람인 마가렛 피셔의 사례는 이런 패턴의 많은 부분을 예증한다. 또한 부유하고 인맥이 좋고 교육 수준이 높은 사람들이 코튼의 기적적인 치료를 받기 위해, 혹은 그 치료를 받게 할 친척을 데리고 트렌턴에 도착했을 때 가졌던 열망을 예증한다. 마가렛의 아버지인 어빙 피셔는 예일 대학의 교수로 조지프 슘페터(미국의 경제학자, 정치학자─옮긴이) 같은 결출한 인물에게 "미국이 배출한 가장 위대한 경제학자"라는 찬사를 들은 사람이었다.[2] 피셔는 오만하고 유머가 없고 권력 지향적인 남성으로 1,000만 달러(현재 가치로 따지면 4,000만 달러) 이상의 재산을 모았고(결국엔 탕진했다.) 미국 최고의 상류층과 교류했으며, 금주법, 우생학, 식생활 개선, 인간의 수명 연장 등의 여러 가지 대의를 품고 있었다. 이런 관심은 부분적으로 그가 30대 초에 결핵에 걸려 일시적으로 무력해진 경험이 있기 때문에 생긴 것이었다. 미시간에 있는 최신식 배틀 크릭 요양소의 창설자이며 거대한 아침식사용 시리얼 제국의 창업자인 존 하비 켈로그와 친밀히 교류했던 피셔는 1900년대 초부터 매년 아내와 가족을 그 요양소로 데리고 가 치료를 받게 했다. 물치료Hydrotherapy, 운동, 채식, 내장의 작동에 대한 면밀한 관심—켈로그 섭생법의 이 모든 주요 요소들은 피셔 가족의 일상에 확고히 자리 잡았다(비록 집에 돌아오면 순수한 채식요법을 포기했지만). 마가렛은 공손한 딸답게 아버지의 주장에 따라 이런 규칙과 기타 "긴긴한" 활동을 실천했다.

20대가 되어서도 여전히 가정에 머물며 아버지의 무급 사무 조수로 일하던 마가렛은 1916년부터 정신상태가 조금씩 악화되었던 것으로 보인다. 처음에는 미세한 변화였다. 그녀의 증상은 잠행성이었고 쉽게 간과하거나 합리화할 수 있었다. 그녀의 부모는 나중에 돌이켜보고서야 비로소 그것들이 병의 전조였음을 깨달았다.

1918년 4월 27일, 마가렛은 예일 대학 법학부를 졸업한 조지 스튜어트라는 젊은이와 약혼했다. 그는 군에 입대하여 서부전선으로 파견될 준비를 하고 있었다. 마가렛의 부모는 기뻐했고, 마가렛의 아버지는 (그 젊은이의 가문을 확인한 후) 가능한 한 빨리 결혼하라고 재촉했다. 그러나 결혼의 전망이 딸을 혼란스럽게 했던 것으로 보인다. 며칠 뒤에 마가렛은 "불길한 일에 관한 이상한 말"을 지껄이고 "약혼자가 (전쟁에서) 돌아오지 못할 것을 두려워하기 시작했다. 곧이어 '신과 그리스도, 영혼의 불멸'에 관하여 닥치는 대로 말하고 환청에 반응하기 시작했다. 그녀의 행동은 여러 면에서 특이했다. 그녀의 상태는 점점 나빠졌고, 6월 1일에 그녀는 어느 사립병원으로 보내졌다."[3]

피셔 가족은 당시까지 마가렛의 상태를 일시적인 신경쇠약으로 판단하고 그녀에게 정신의학적 조치를 취하게 하지 않았다. 그러나 불행하게도 일단 입원을 하고 나자 "그녀는 훨씬 더 악화되었고 통제할 수 없게 되었다."— 그리하여 어빙 피셔와 그의 아내는 어쩔 수 없이 "그녀를 블루밍데일 수용소로 보내야 한다."는 결론을 내렸다. 화이트 플레인스에 위치한 블루밍데일 수용소는 오래 전부터 미국의 부자들이 자신들의 사회적 지위에 걸맞은 병원으로 여겨온 곳이었다. 6월 27일에 그 수용소에 입원한 마가렛은 "시무룩했고, 몰두해 있었고, 때로 우울했다. 그녀는 질문에 느리게 반응했고, 흥분하면 엉뚱하게 행동했다."[4] 정신과의사들은 곧 그녀를 포기했다. "환자의 성격이 급격히 왜곡되고 생각이 두드러지게 일그러지며 기분과 생각의 부조화와 특이한 행동이 나타나는 것"을 확인한 의사들은 그녀의 병이 "피로에 의한 장애나 조울 장애라기보다 정신분열 장애에 가깝다."는 결론을 내렸다. 이것은 중요한 진단이었다. 왜냐하면 정신분열병은 본질적으로 고칠 수 없다는 것이 이 당시의 일반적인 통념이었기 때문이다. 실제로 피셔 가족은 "흠 없이 온전하게 회복하는 것은 기대하기 어렵다."는 설명을 들었다.[5] 어빙 피셔는 신속하게 대응했다. 그는 1919년 3월 29일에 마가렛을 블루밍데일 수용소에서 퇴원시켜 감쪽같이 주 경계를 벗어나 같은 날 트렌턴 주립병원에 개인 환자로 입원시켰다.[6]

피셔는 여러 해 동안 존 하비 켈로그와 친밀한 관계를 유지해왔다. 예컨대 1914년 8월에 두 사람은 공동으로 배틀 크릭 요양소에서 제1회 국제인종개량 학회를 개최했고, 피셔는 켈로그가 간행하는 잡지 〈굿 헬스 *Good Health*〉에 글을 기고했다.[7] 켈로그는 코튼과 마찬가지로 썩은 치아와 내장에 숨어 있는 독소의 해악을 강조했다. 그러므로 피셔가 국소 감염과 광기 사이의 인과관계와 가망이 없어 보이는 환자를 외과 세균학 프로그램을 통해 치유할 가능성에 대한 코튼의 주장을 접했을 때, 그는 이미 그 주장을 수용할 준비가 되어 있었다.

마가렛 피셔는 신경학적으로는 정상으로 보인다고 코튼은 보고했다. 그러나 "맹장에 두드러진 배설물 정체가 있고, 그 근처의 결장이 뚜렷이 커졌다는" 불길한 증거가 있었다. "그녀의 저항 때문에 장관에 대한 X선 검사는 실시할 수 없었다." 그러나 코튼은 그녀가 가진 문제의 상당 부분이 무엇에 원인이 있는가를 발견했다고 확신했다. 더 나아가 그는 그녀의 "자궁경부가 손상되었다."는 증거를 발견했다. 입몸 속에 매복된 이틈니 2개노 매우 의심스러웠다. 코튼은 즉시 그 어금니들을 뽑아야 한다고 주장했다. 그 다음으로 그는 "변비가 오래 지속되었다는 사실과 신체 검사에 근거하여…… 직접적인 검사를 위한 개복수술"을 해야 한다고 피셔 가족을 설득했다.[8]

어빙 피셔와 그의 아내는 딸의 장애에 대한 신체적 설명을 환영하는 것이 분명했다. 그 설명은 인간의 건강에 대한 그들 자신의 믿음과 일치했고, 블루밍데일 수용소의 의사들이 내놓은 것보다 훨씬 더 희망적인 예측을 제공했다. 하지만 그들은 마가렛의 복부에 수술을 감행하는 것을 주저하면서 "백신과 혈청 같은 다른 수단을 다 쓸 때까지 기다리는 것이 좋겠다."는 의사를 밝혔다. 그러나 8월에 그들은 마가렛의 조직에 "순수한 대장균"이 있다는 조언을 들은 후, 그녀의 자궁경부에 "원추절제술conical plastic enucleation"을 시술하는 데 동의했다. 코튼의 조력 의사인 로버트 스톤 박사가 1919년 8월 15일에 그 수술을 집도했고,[9] 이튿날 어빙 피셔와 조지 스튜어트(마가렛의 약혼자), 코튼은 켈로그에게 조언을 구하기 위해 기차를 타고 배틀 크릭으로 향했다. "BC(배틀 크릭)로 달리면서" 피셔는 아내에게 이렇게 전했다. "C(코튼) 박사는 (마가렛에 관한) 기록을 가져왔소. 자궁경부는 대장균에 감염되어 있었고 혈액은 '대장균 검사에 양성 반응'을 나타냈다오. 이 두 증거는 서로 맞아떨어지고,

(말하기 부끄럽지만) 그 애가 '돌' 정도로 변비를 앓았다는 사실과도 맞아떨어지오……. 나는 대장균이라는 작은 악령이 주범이라고 추측하오."[10] 이틀 후에 쓰인 또 다른 편지는 피셔의 아내가 마가렛이 트렌턴 병원에 입원하기 오래 전부터 그와 똑같은 의심을 품어 왔다는 것을 암시한다. 어빙 피셔는 이렇게 썼다. "변비가 핵심이라 생각하는 다른 모든 사람과 마찬가지로 당신도 옳다고 나는 생각하오."[11]

피셔의 보고에 따르면, 배틀 크릭 요양소에서 "코튼 박사는 깊은 인상을 받은 듯하오." 또 조지는 "그곳과 사랑에 빠졌소." 코튼은 긴 시간을 함께 보내는 기회를 놓치지 않고 마가렛에게 또 다른 수술을 가하는 시도에 대한 피셔의 망설임을 물리치기 위해 갖은 노력을 다했던 것이 분명하다. 피셔는 이렇게 전했다. "C박사는 M(마가렛)이 전혀 통증을 겪지 않을 것이라고 생각하오. 자궁은 장이나 기타 내부 장기와 마찬가지로 신경이 거의 없다는 것이오. 당신도 알다시피 자궁경부 외에 다른 내장도 있소. 드레이퍼 박사가 발견한 [해독 불가능]을 제거해야 하고, 어쩌면 외항문괄약근도 잘라야 할 것 같소."[12]

그러나 피셔는 여전히 주저했다. 돌아오는 길에 그는 아내에게 이렇게 알렸다. "C박사와 K(켈로그)박사, 나는 M에 관하여 매우 만족스런 대화를 나눴소. C박사는 콜락스Colax(변비약의 일종—옮긴이)와 약초즙, 식이요법, [해독 불가능]을 써서 M의 내장을 다스릴 계획이오."[13] 병원으로 돌아온 코튼은 "가족이 기다리기를 원했다."고 인정했다. 그리하여 그는 "9월에 또 한 차례의 항抗사슬알균 처치를 했다."[14] 그 후 코튼은 다시 한 번 내장에 대한 수술을 재촉했고, 피셔는 우물쭈물했다. 그는 10월 초에 아내에게 이렇게 썼다. "M의 수술에 대해서는 C박사와 다시 상의하고, 우리끼리도 상의합

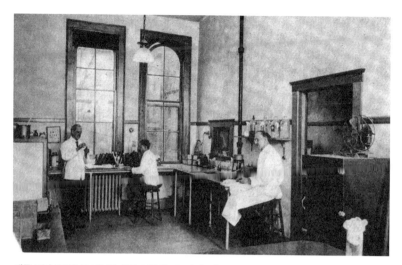

배틀 크릭 요양소의 배설물 분석 실험실 존 하비 켈로그는 코튼과 마찬가지로 배설물에 집착했다. 그는 배변을 자주 하는 것이 건강의 열쇠라고 주장했다. 몸 속에 남아 있는 배설물이 전신을 중독시키기 때문이라는 것이었다. 잦은 배변을 위해 그는 운동, 좋은 자세, 신선한 공기, 물치료를 강조했고 배변 과정을 편하게 해주는 화장실을 설계했으며 식생활 개선을 주창했고 아침식사용 시리얼을 비롯한 많은 식품을 발명하여 큰 돈을 벌었다. 이 모든 수단이 효과가 없을 때는 장내 정체를 교정하기 위해 여러 차례 개복수술을 했다. 이 사진은 요양소의 처치가 현대적인 실험 의학의 성과를 토대로 한다는 점을 부유한 고객들에게 보여주기 위해 찍은 것이다. 고객들의 배설물을 분석하여 그들의 장관이 건강한지 확인한다는 것이었다.

시다."[15] 그 후 일어난 사건들이 의료진과 가족의 결정권을 앗아갔다. 위기는 어쩌면 의사 때문에 발생했는지도 모른다. 그러니까 사슬알균을 마가렛의 몸에 주입하기 전에 죽였어야 하는데, 그 과정에서 실수가 있었기 때문인지도 모른다. 아무튼 10월 말에 그녀는 폐렴 증상을 나타냈고, 좌측 늑골 안쪽 깊숙한 부위에 농양이 생겼다―그 농양을 절개하여 배양하니 "순수한 사슬알균이 검출되었다……. 치아와 위에서 발견된 것과 동일한 종류였다." 그리고―코튼은 이 사실에 대해 침묵했지만―그 사슬알균은 이른바 백신을 만드는 데 사용되었고, 코튼은 그 백신을 그녀에게 주입했다. "환자의 상태는 나아지지 않았고 체온은 계속 높았다. 그녀는 급속히 쇠약해졌고 1919년 11월 7일에 사망했다."[16]

피셔는 망연자실했지만 계속해서 코튼의 이론을 믿었고 "마가렛의 병은 신체적 원인에서 비롯되었다."는 주장을 굽히지 않았다. "심지어 몇 년 후에도 그는 친구인 윌 엘리엇에게 모종의 중독이 신경쇠약의 원인이라고 썼다."[17] 이런 지속적인 신념은 당연히 자신이 그 처치를 선택하고 인정한 것을 감안한 자연스런 심리적 방어기제였기도 하지만, 다른 한편 피셔가 얼마나 고집스럽게 자신의 믿음에 매달렸는가를 반영한다.[18] 그리고 유독 피셔만 그런 것이 아니었다. 수많은 부유한 미국인들이 그의 전철을 밟았다. 치료를 받기 위해 트렌턴 병원을 찾아오는 개인 환자들의 수는 주립병원의 수용력을 초과하기 시작했다. 개인 환자들이 폭증하자 헨리 코튼은 기회를 놓치지 않고 시내에 개인병원을 열었다. 이후 수많은 유료 환자들이 그 병원에서 치료를 받았다.

미국 전역의 다른 정신과의사들은 자신들이 새로운 기적의 치료를 애원하는 사람들에게 둘러싸였다고 보고했다. 가족들은 미친 듯 날뛰며 치아와 편도와 창자를 샅샅이 뒤져 환각과 망상, 헛소리와 광란, 슬픔과 우울을 야기한 병균을 찾아내라고 재촉했다.[19] 오랫동안 광기는 어찌할 도리가 없는 상태로 여겨졌고, 수치요 치욕이었기 때문이었다. 만일 현대적인 생물과학이 광기는 또 다른 신체적 질병이라는 사실을 밝혀냈다면, 이성과 합리성이 무너지는 무시무시하고 끔찍한 증상도 뇌의 세균성 중독의 결과에 지나지 않을 것이고, 따라서 광기를 제거하는 것도 손쉬운 일일 터였다. 과거에는 희망을 송두리째 앗아가고 최악의 치욕과 사회적 갈등을 가져왔던 병이 이제 새로운 모습으로, 단지 또 다른 형태의 감염성 질병으로 다가온 것이었다. 그리고 그 감염성 질병은 현대의 과학적 의학의

현대 정신의학 잔혹사

기적으로 치료할 수 있다고 사람들은 믿었다.

조엘 브래슬로가 최근에 보여주었듯이, 더 제한된 영역에서는 공포스런 3기 매독에 맞닥뜨린 환자와 가족(그리고 의사들)의 태도에 유사한 변화가 일어나고 있었다. 점점 더 심해지는 신경적·정신적 재앙의 연쇄—신체적으로는 발작, 균형감각과 걸음걸이의 혼란, 마비, 실금失禁, 정신적으로는 조병이 점점 심해지며 놀랍도록 웅장한 망상 등이 일어나며 결국 급격하고 완전한 정신의 붕괴, 그리고 고통스러운 죽음으로 이어진다—에 시달리는 불완전마비 환자는 20세기가 시작된 후에도 대부분의 정신병원에서 상당한 비율을 차지했다. 미국 전역의 많은 정신병원에서 불완전마비 환자는 남성 입원 환자 가운데 무려 20퍼센트를 차지했다. 우리가 이미 보았듯이, 오랫동안 의심되어온 성병 감염과 이른바 정신병성 전신마비 사이의 연관은 20세기 초에 확증되었고, 이로 인해 그 병 자체의 처참함에 성적인 죄인에게 가해지는 보편적인 도덕적 비난이 추가되었다. 그런 저주받은 인간쓰레기들은 대중 언론에서 끔찍한 도덕적·신체적 타락의 실례로 묘사되었다. 그러나 코튼이 외과 세균학을 실험하고 있던 그 시기에 빈의 어느 교수가 3기 매독 환자들에게 삼일열 말라리아tertian malaria 원충을 접종하는 처치를 했다. 그러자 환자들은 심한 열에 시달렸고, 어찌된 영문인지 기적 같은 작용이 일어나 끊임없이 일어나야 할 매독 증상의 악화가 역전되거나 중단되었다(혹은 그렇다고 믿어졌다).

프로이트와 동시대인으로 악명 높은 반유대주의자이고 훗날 열정적인 나치가 되는 율리우스 바그너 폰 야우렉Julius Wagner von Jauregg은 오래 전부터 열이 정신장애의 완화를 일으킬 가능성이 있다고 주장했다. 그는 비교적 무명의 젊은 의사였던 1880년대부터 신체에 투입되면 열을 일으키는 다양한 작용체agent를 가지고 실험을 하면서 자신이 원하는 생리적 반응을 만들어낼 수단을 찾았다. 그는 일찍부터 화농성 사슬알균Streptococcus pyogenes을 사용했다. 이 균은 얕은연조직염(단독)과 성홍열을 일으키는 병원체이다. 이어서 그는 유명한 로베르트 코흐가 도입한 엉터리 결핵 치료제인 투베르쿨린 Tuberculin을 사용했고, 더 나중에는 티푸스 백신을 쓰면서 그로 인해 일어나는 체온 상승은 "울병, 조증상태, 급성 조병"20 등 수많은 정신장애를 치료하는 데 도움이 된다고 주장했다. 그러나 발생하는 열은 미약했고, 동료 의사들 대부분은 폰 야우렉의 치료법을 신뢰하지 않았다.

그러나 폰 야우렉은 뜻을 굽히지 않고 전진하면서 점점 더 불완전마비에 초점을 맞추었다. 1차 세계대전 중에 그는 빈 대학에서 정신의학 교수로 일하면서 전염병처럼 창궐한 포탄 쇼크에 대처하는 데 핵심적인(결국엔 악명 높은) 역할을 했다. 포탄 쇼크는 적국인 프랑스, 영국, 이탈리아, 미국과 동맹국인 독일뿐 아니라 오스트리아의 군대에도 심각한 타격을 주고 있었다.21 폰 야우렉은 "모든 전쟁을 끝장내기 위한 전쟁"을 벌이는 양편의 많은 의사들과 마찬가지로 그 정신의학적 상해를 비겁함이요 꾀병이라 여기며 분개했다. 루이스 일랜드가 영국군을 상대로, 클로비 뱅상이 프랑스군을 상대로, L. 드 리시와 E. 포스카리니가 이탈리아군을 상대로, 피어스 베일리가 미군을 상대로, 프리츠 카우프만이 독일군을 상대로 그렇게 했던 것과 마찬가지로, 폰 야우렉은 포탄 쇼크에 대한 군 지휘부의 적대적인 태도와 전쟁이라는 기계에 공급할 포탄받이들에 대한 수요가 제공한 자유를 잔혹한 치료법을 허용하는 증서처럼 휘두르며 그에게 인도된 반항적인 인간을 정상적인 모양새로 만드는 데 매진했다. 입과 인두(구강과 식도 사이의 부위 – 옮긴이)에 강한 전기충격을 반복해서 가하는 방법이 귀머거리는 듣도록, 벙어리는 말하도록, 절름발이는 걷도록 강제하는 데 쓰였다. 그 치료는 오랫동안 극도로 잔인하게 이루어졌기 때문에 환자들은 사망에 이르거나 자살했다. 실제로 전후에 폰 야우렉은 이런 치료 때문에 범죄 혐의로 조사를 받았다. 그러나 아이러니하게도 그는 부분적으로 지그문트 프로이트가 "(나는) 개인적으로 바그너 야우렉 교수가 (전기충격)을 잔인할 정도로 증폭하는 것을 결코 허락하지 않았을 것이라고 확신한다."고 증언한 덕분에 유죄 판결을 면할 수 있었다.[22]

전쟁 막바지의 몇 달 동안 폰 야우렉은 이탈리아 전선에서 포탄 쇼크와 삼일열 말라리아에 동시에 걸린 환자들을 받았다. 마침내 체온을 최고 섭씨 41도까지 지속적으로 올리는 병균을 지닌 연구 재료를 얻은 것이었다. 그렇게 높아진 체온은 (대개는) 키닌quinine을 투여하여 조절할 수 있었다. 그는 즉시 그 연구 재료를 이용하여 처음엔 1명의 불완전마비 환자를 말라리아에 감염시켰고, 그 다음엔 모든 불완전마비 환자를 감염시켰다. 그가 전체 환자의 2/3에서 거의 기적적인 성과를 산출했다고 주장한 치료법은 그렇게 실시되기 시작했다. 그 치료법은 전쟁이 끝난 후 유럽 전역과 북아메리카로 신속하게 확산되었다. 〈리뷰 오브 리뷰스〉에 코튼의 성과를 찬양하는 기사가 실린 그 해에 폰 야우렉은 자신이 말라리아 병원체를 주입한 불완전마비 환자 200여 명을 치료한 성과를 발표하여 50명이 이제껏 치명적이라 믿었던 병으로부터 회복되었다고 주장했다.[23] 곧 〈미국 정신의학 저널〉의 한 편집자가 폰 야우렉의 연구에 관심을 갖고 북아메리카에서 그 연구를 재현할 것을 촉구했다. "모든 대형 정신병원들이 병원체의 공급원으로 1명 혹은 그 이상의 말라리아 환자를 보유하는 날이 올지도 모른다."[24]

이 치료법이 확산되면서 의사들이 환자를 대하는 태도에 미세하지만 확실한 변화가 일어났다. "의사들은 환자를 더 이상 조작할 대상으로 보지 않고 환자의 욕구를 경청하고 그에 따르게 되었다." 아마도 사상 최초로 환자들을 "환자"라는 확실한 지위를 가진 인간으로 대하게 된 것이다. 새 치료법의 존재는 신경매독 환자와 그 가족의 "입원과 치료에 대한 태도"도 긍정적인 방향으로 변화시켰다. 예컨대 여러 환자와 가족은 그 새 치료에 참여하기 위해 자발적으로 입원했다.[25] 브래슬로가 지적하듯이, 초점이 "문란한 행실"에서 "조직과 혈액, 뇌"를 공격하는 "병원체"로 옮겨감에 따라 불완전마비의 도덕적 의미는 결정적으로 달라졌다.

환자와 가족의 희망을 고양시킨다는 점에서 "치유하고 싶은 욕구와 치유되고 싶은 욕구"에 부응한다는 점에서, 그리고 정신질환의 의미 자체를 바꿀 전망을 제시한다는 점에서,[26] 정신병의 뿌리가 감염이라는 코튼의 주장은 일반인들에게 불완전마비에 대한 새 치료법과 유사한 위안을 주었다. 버디트 루이스는 국소 패혈증 이론의 매력에 대하여 이와 동일한 결론에 도달했다. "신체에 대한 치료는 특히 일반인에게 더 큰 매력을 발휘한다. 왜냐하면 그런 유형의 치료는 일반인이 이해하기가 더 쉽고, 실험실의 기법에 맞게 검증하기가 더 쉽고, 현재의 결과는 그 치료법이 더 효과적이라는 것을 보여주기 때문이다."[27] 또 앨버트 쇼의 조사는 모든 의료인이 이런 유혹에서 절대로 자유롭지 않다는 사실을 보여주었다.

그러나 쇼가 조사를 통해 얻은, 코튼의 활동에 대한 만장일치에 가까운 낙관적이고 긍정적인 평가는 전문가들의 합의된 견해가 결코 아니었다. 정반대로 많은 저명한 정신과의사들은 트렌턴에서 진행되는 일에 대해 개인적으로 상당한 당혹감을 표현하고 있었다. 마이어는 이미 1921년에 정신장애의 원인이 단 하나라는 코튼의 주장은 불필요하게 많은 동료들의 반대를 살 수 있다고 경고하면서, 코튼에게 "대중화에 주력하기보다는 연구를 더 심화하는 데" 집중하라고 촉구했다. 대중화는 "감염된 치아에 맞선 거의 전국적인 캠페인을 통해 매우 광범위하게 이루어졌다고 생각하네." 하고 마이어는 말했다.[28] 코튼은 그답게 이 꾸지람을 무시했다.

의학계의 불만은 커져갔다. 정치적으로 영향력이 있으며 워싱턴시 성 엘리자베스 연방 정신병원의 병원장인 윌리엄 앨런슨 화이트는 처음부터 회의적이었다. 조지아 주립 요양소의 원장이 코튼의 초기 논문에 당혹감을 느끼고 화이트의 의견을 묻기 위해 편지를 보냈을 때, 화이트는 "감염된 치아에 중점을 둔 것은 매우 불행한 일이라는 것이 나의 의견"이라고 신랄하게 답했다. 그는 비록 "개인의 건강 일반을 해치는 것은 무엇이든 정신 문제의 원인일 수 있음"을 인정하지만, "그렇다고 정신질환이 있는 사람이라면 누구나 치아를 모조리 뽑아야 하는 것은 아니"라고 주장했다.[29] 몇 달 후 연방 상원위원 캐러웨이의 비서가 그에게 국소 패혈증에 관한 연구를 어떻게 생각하느냐고 묻자, 그는 주저 없이 대답했다. "나의 아주 좋은 친구인 코튼 박사는…… 미국 정신의학계에서 가장 열정적이고 힘이 넘치는 연구자입니다." 그러나 코튼은 "극단적인 관점으로 치닫는 사람입니다. 나 자신은 그의 이론을 신뢰하지 않습니다……. 나는 그녀의 치아를 모조리 뽑아 환자를 추하게 만들거나 창자의 상당 부분을 절제하는 것과 같은 외과적 수술을 감행하기 전에 오랫동안 주저할 것입니다."[30]

화이드는 프로이트와 정신분석학에 공감하는 몇 안 되는 정신과 의사 중 한 사람이었으므로, 그의 반발은 아마 예상할 수 있는 것이었다. 그러나 적대감은 다른 진영에서도 확연히 드러났다. J. K. 홀은 1920년대와 30년대에 미국 남부에서 가장 유명한 정신과의사였고 〈남부 의학과 외과학 *Southern Medicine and Surgery*〉이라는 영향력 있는 저널(코튼은 이 저널에 "국소 감염, 많은 정신장애의 원인"에 관한 논문

을 게재할 계획이었다.)에 매달 칼럼을 쓰고 있었으며 보수적인 사람
이었다. 그는 레일리 소재 로스캐롤라이나 주립병원의 원장이며 그
의 삼촌인 앨버트 앤더슨에게 자신의 염려를 토로했다.

코튼의 이론과 작업은 그럭저럭 좋지만, 제 생각으론 해를 더 많이
끼치고 있습니다. 왜냐하면 그는 많은 사람들에게서 그들에게 아마도
틀림없이 유용할 치아와 소화관의 일부를 앗아가기 때문입니다. 또 그
의 설교가 지닌 최악의 특성은 정신병자의 친지들에게 실현될 수 없는
희망을 심어준다는 것입니다. 코튼의 태도는 분별 없고, 추론은 타당하
지 않습니다……. 세상은 수많은 빌어먹을 바보 이론으로 넘쳐납니다.
저는 우리 의사들 중 일부라도 최소한 분별력을 유지하면서 굳건한 땅
에 발을 디디는 것이 인류의 행복을 위해 중요하다고 생각합니다.[31]

특히 불쾌한 점은 코튼이 동료 정신과의사들을 아무 일도 안 하
는 사람들로 매도한 것이라고 홀은 고백했다. "국민들이 주립병원
에서 그들의 미친 친지를 책임지는 사람들에 대한 신뢰를 잃는다
면, 그것은 비극적인 일일 것입니다. 이렇게 주립병원에 대한 부당
한 비판에 탐닉하는 경향은 물리치고 바로잡아야 할 것입니다."[32]
그리고 그것을 자신의 과제로 삼을 계획이라고 홀은 밝혔다.
워즈 아일랜드 소재 뉴욕 정신의학 연구소에서 일하던 마이어의
또 다른 제자 조지 커비는 최근에 소장이 되어 자신의 연구진인 젊
은 세균학자 니콜라스 코플로프와 부소장 클래런스 체니와 함께 지
역 정신과의사들의 모임에서 코튼의 주장에 대해 의심을 표하기 시
작했다. 그 즈음에 미국 정신의학회 연례 모임이 1922년 6월 퀘벡
시에서 열렸다. 코튼의 접근법에 관한 격렬한 논쟁의 장이 마련된
것이었다. 공식 회의록에서 인정했듯이, 코튼의 접근법이 회의 전

체에서 "가장 큰 관심"을 받은 주제였다. 코플로프와 체니가 먼저 나서 자신들이 코튼의 발견을 재현하기 위해 수행한 연구를 개략적으로 설명하는 긴 논문을 발표했다. 외과적 개입의 효과를 평가하는 독립적인 수단을 마련하기 위하여 그들은 제어된 실험을 시도했다. 즉, "성별, 나이, 정신병을 앓은 기간, 진단, 예후, 치아와 편도의 감염상태"가 일치하는 환자들을 두 집단으로 나누어 한 집단은 외과적인 방법과 기타 방법으로 국소 감염을 제거하는 처치를 하고, 나머지 집단은 처치를 하지 않고 대조군으로 삼았다.[33] 수술에 너무 심하게 저항한 소수의 환자들은 부득이하게 대조군에 편성했는데, 코플로프와 체니는 이 결정이 수술 처치의 긍정적 효과를 드러내는 데 도움이 되면 되었지 해가 되지는 않는다고 주장했다. 왜냐하면 이 결정 때문에 대조군은 평균적으로 광기의 정도가 약간 더 심할 것이기 때문이라고 그들은 설명했다.

처음 실험한 환자 60명에 관한 결과를 보고하면서 코플로프와 체니는 자신들의 결론이 "잠정적이며, 다른 사실이 밝혀진다면 수정되어야 할 것이라는" 점을 강조했다. 또 그들은 개복수술은 너무 위험이 크다고 판단하여 하지 않았고, 그 대신에 만성 변비 환자를 유산균 우유를 먹이는 방법으로 처치했다는 것을 언급했다. 그 방법으로도 변비는 성공적으로 경감되었다고 그들은 보고했다. 그 외의 환자에 대해서는 X선 촬영과 검사를 했고, "포괄적인 세균학적 조사"를 했으며, 감염된 치아와 매복한 어금니를 뽑고, 편도절제를 실시했으며, 부인과적 패혈증도 조사했다. 실험 결과, 수술 치료를 받은 집단의 호전好轉 정도를 아무리 관대하게 평가해도(예컨대 3명의 조발성 치매 환자가 여전히 "망상적인 생각과 행동을 나타내고 통찰력이 전혀 없는" 상태였지만 가족의 요구에 따라 그들을 퇴원시킨 것까지 "호전"으로 쳐도) "우리는 국소 감염의 제거가 그 자체로 치유를 일으킨다는 결론을 뒷받침하는 증거를 얻지 못했습니다……. 특정 세균과 감염 부위 사이의 아주 대략적인 관련성 이상을 보여주는 증거는 거의 없으며, 발견된 세균이 어떤 식으로든 정신병과 인과적으로 연결됨을 시사하는 증거도 거의 없습니다." 하고 코플로프와 체니는 단호하게 결론지었다.[34] 코플로프의 주장에 따르면, 심지어 코튼 연구진이 사용한 기술은 애당초 세균 감염을 진단하는 신뢰할 만한 방법이 아니었다.

코튼은 이런 반론을 간난히 일축했다. 부적절한 것은 트렌턴에서의 연구가 아니라 코플로프의 세균학 연구이다. 그 연구는 사용된 기술의 측면에서도, 그리고 트렌턴에서 연구된 것보다 적은 사례를 연구했다는 측면에서도 부적절하다. 대조적으로 코튼 자신의 발표는 "우리 추론의 정확성에 대한 모든 의심을 잠재울 임상학적 · 병리학적 증거를 제시했습니다……. 지난 4년 동안 1,400명을 성공적으로 치료한 결과 그 중 42명만 현재 병원에 재입원했다는 사실은 우리의 작업이 효과적이라는 것을 보여주는 증거로 받아들여져야 합니다. 1918년 이전의 10년 동안 (기능성 정신병 환자들에 대한) 회복률이 37퍼센트였던 데 비해 우리는 지난 4년간 80퍼센트에 도달했다는 사실은 확신을 품게 하기에 충분합니다." 하고 코튼은 자랑스럽게 말했다.[35] 확실히 "미국의 주립병원 대부분에 적절한 실험 장비들이 안타깝게도 부족하기 때문에 연구가 늦어지고, 환자들에게 도움이 될 치료법을 도입하는 데 관심을 가진 양심적인 사람들이 큰 곤란을 겪는 일이 불가피하게 발생할 것입니다."[36] 그러나 더 큰 문제는 "전통적인 정신의학의 가르침에 깃든 선입견을 극복하는 것"이었다. 한탄스럽게도 그 선입견은 많은 사람들을 "아무 일도 안 하기 전략"으로 이끌어갔다. "가까운 미래에 그 장애물을 극복하는 것은 기대하기 어렵겠지만" 현재 몇몇 정신과의사들은 그 전략을 버리고 있다고 코튼은 주장했다.[37] 이 상황은 불완전마비와 관련한 상황과 유사했다. "미국에서는 매독과 불완전마비의 연관성을 의문시했습니다. 불완전마비는 증권중개인, 금융인, 배우, 기타 과로하는 일이 잦은 직종의 사람들이 주로 걸렸기 때문에 과로와 정신적 긴장에서 비롯된 병으로 여겨졌습니다. 순전히 정신적인 병으로 간주되었던 거죠." 그러나 실험실에서 일어난 진보 덕분에 "불완전마비의 원인에 관한 지식은 혁명적으로 바뀌었고, 불완전마비는 매독균에 의한 뇌 조직 파괴에서 비롯된 뇌의 기질器質적인 병이라는 사실에 토를 다는 사람은 오늘날 아무도 없습니다."[38] 그러므로 보수적인 의학계가 선입견 없는 눈으로 국소 패혈증을 찾아내고 제거하는 노력의 효과를 보기만 한다면 정신병 일반과 관련해서도 똑같은 일이 벌어질 것이라고 코튼은 느꼈다.

코튼의 발표가 끝나자 오랫동안 열띤 토론이 벌어졌다. 연단에 오른 고위급 의사들 대부분은 트렌턴에서의 작업에 대해 다양한 강도로 의심과 비판을 제기했다. 그 중 강력하게 비판한 사람은 볼티모어 외곽에 위치한 사립병원의 원장이며 〈미국 정신의학 저널〉의 편집자인 에드워드 브러시였다. 그는 "오랜 친구"인 "코튼 박사에게 최고의 경의를 표합니다." 하고 공언한 다음, "나는 국소 감염을 환자의 건강과 편안에 영향을 끼치는 다른 조건과 마찬가지로 보는 것에는 전혀 반대하지 않지만, 아주 오랜 옛날부터 의사들이 아주 혐오해온 경향성, 즉 만병통치약이나 특효약, 또는 확실한 치료법을 추구하면서 효과가 있는 것 같은 약이나 치료법이 발견되면 다른 모든 가능한 가설을 침착하게 검토하기도 전에 너무 낙관적인 태도를 갖는 경향성에는 반대합니다." 하고 선언했다. 브러시가 보기에, "코튼 박사는" 아주 명백하게 "미리 전제한 생각, 즉 그 자신이 구성한 이론이 그의 정신적 시야 전체를 차지해버림으로써 그가 지금 주장하는 견해에 수정을 가할 수도 있는, 다른 견해를 맹목적으로 배제하는 경향을 보여왔습니다."[39]

브루클린 주립병원의 원장인 아이샵 해리스도 비슷한 어조로 "코튼 박사는 일을 할 때는 성실한데…… 자신의 주장을 제시할 때는 다소 지나치게 열광적"이라고 과감하게 지적했다.[40] 아칸소 주립병원의 원장인 커크 박사는 "우리 병원에 오는 많은 여성들은 수술이 부족하기는커녕 너무 많은 수술을 경험했다는 것이 우리의 생각입니다. 우리 치과의사의 철저한 진료는 당연히 환자들에게 큰 도움이 됩니다. 그러나 내 생각으론, 단지 치아를 뽑는 것만으로 치유가 된 적은 한 번도 없었습니다." 하고 언급했다.[41] 다른 사람들은 코튼의 치료 후 추적 조사가 얼마나 철저했는가, 그가 거둔 치료 성과가 과거에 얼마나 지속되었고 미래에 얼마나 지속될 것인가에 대한 질문을 제기했다. 정신분석학자 브릴은 기능성 정신병 환자의 85퍼센트를 치유했다는 코튼의 "매우 놀라운 주장"을 거론했다. 증상이 간헐적으로 나타나고 따라서 회복의 기준을 제시하기가 대단히 어려운 것으로 악명 높은 조울병의 경우, 코튼은 자신이 일시적인 증상 완화를 회복으로 착각하지 않았다고 어떻게 확신하는가? 다른 형태의 정신병들에서도, 코튼이 제시한 주장은 브릴이 생각하는 신뢰성의 한계를 벗어났다. "나는 정말로 심한 편집병자가 어떤 치료법에 의해 회복된다는 것을 상상할 수 없습니다……. 또 주립병원으로 보내야 했던 조발성 치매 환자가 과학적인 의미에서 회복된다는 것도 상상할 수 없습니다. 조발성 치매 환자는 흔히 사회적 적응력이 향상되었다는 의미에서 호전되었다는 판정을 받고 퇴원하죠. 그러나 그는 수술을 받았건 안 받았건 간에 언제나 조발성 치매 환자입니다."[42]

그러나 이 의심 많은 도마(예수의 부활을 의심했던 제자—옮긴이)들조차 대부분 코튼의 작업을 즉각 거부하거나 그의 진료활동을 허용하는 것이 과연 지혜로운가 하는 의문을 제기하지 않았다. 커크가 총대를 짊어졌다. "개인적으로 나는 코튼 박사의 작업이 얻은 대중적 명성이 해롭다고 믿지만, 다른 한편 환자에게 보호관리 외에는 제공하지 못하는 낙후된 주들에서는 대중의 여론을 창출하는 좋은 역할도 할 것이라 믿습니다."[43] 에드워드 브러시는 "공평하고 과학적으로 훈련된 사람들"이 "트렌턴 병원의 실험실과 병실에서 사용하는 방법을 평가할 기회를 마련할 것"을 동료 정신과의사들에게 호소하는 것으로 긴 발언을 마무리했다. 그는 "우리는 한편으로 코튼 박사의 열의에 넋을 잃지 말고, 다른 한편으로 나 같은 보수적인 사람들로부터 너무 큰 영향을 받지도 말고, 이 문제 전체를 아주 신중하고 철저하게 탐구해야 할 것입니다." 하고 강조했다.[44]

더 젊고 지위도 낮은 편에 속하는 의사들 사이에서는 코튼을 옹호하는 분위기가 강했다. 처음으로 발언을 한 사람은 토론토 정신병원의 부원장 하비 클레어였다. 그는 "국소 감염론이 얼마나 진실을 담고 있는지 모르겠습니다." 하고 고백하면서도, 캐나다에서는 "과거에 일반인들 사이에서 정신질환은 고칠 수 없다는 인상이 굳어지고 있었습니다." 하고 지적했다. 그 인상은 주류 정신의학계의 생각과 대체로 일치했다. 클레어는 그런 생각을 물리치는 것이 결정적으로 중요하다고 믿었다. "나는 만일 코튼 박사의 면밀한 연구계획이 실현된다면 과학자들이 우리의 환자들을 돌보고…… 환자들은 모든 면에서 검사를 받게 되리라고 믿습니다……. 의사가 환자에게 관심을 기울이도록 자극받는 일은 환자에게 반드시 도움이 되게 마련입니다."[45] 클레어의 뒤를 이어 오하이오 데이턴 주립병원의 원장인 아미티지 바버가 연단에 섰다. 그는 "이 문제를 병리학적으로 토론하는 것"을 정중히 거절하는 한편, 실천적인 차원에서 다음과 같은 입장을 명확히 했다. "우리는 코튼 박사보다 제한적인 방식으로 진료를 합니다. 그러나 우리는 대체로 코튼 박사가 주장한 방향을 따르고 있습니다……. 나는 그가 밝힌 견해에 확실히 동의합니다. 그는 자신이 우리들 대부분보다 더 직극적으로 일했고 더 훌륭한 성과를 낼 수 있다는 것을 확실하게 보여주었습니다."[46]

어느새 코튼을 옹호하는 분위기가 대세가 되었다. 밀리지빌에 있으며 최대 1만 명의 정신병자를 수용하는 거대한 조지아 주립 요양소의 임상 책임자인 로저 스윈트는 코튼이 "자신의 작업에 대하여 다소 지나치게 낙관적일" 수도 있다고 인정했다. 그러나

나는 지금까지 코튼 박사가 개발해온 치료법을 비판하는 것은 바람직하지 않다고 생각합니다. 그는 많은 개척자들, 예컨대 당대에 격렬한 비판과 멸시를 받았던 체온계 발명자와 똑같은 운명을 겪고 있습니다. 나는 그런 운명을 겪은 사람들의 이름을 줄줄이 나열할 수도 있습니다……. 코튼 박사는 여기에서 연구할 가치가 있는 사실을 발표했습니다. 만일 그가 전체 환자의 85퍼센트를 치유했다면, 확실히 우리보다 훨씬 큰 성과를 내고 있는 것입니다. 좋은 작업은 계속되어야 할 것입니다.[47]

미네소타 주 로체스터 주립병원의 원장인 아서 킬번 역시 단호한 입장이었다. 전문가이자 신사인 동료의 말을 신뢰해야 한다는 것이었다.

어떤 사람이 이 회의장에 나와 발표를 한다면, 우리가 그의 말을 반박할 처지가 아니라면, 그의 말을 사실로 받아들여야 한다고 생각합니

다. 코튼 박사는 이 작업을 4년 동안 경험했습니다. 우리가 그만큼의 경험을 갖고 있지 않다면, 또는 지금부터 4년 후에 우리 자신의 연구 결과를 가지고 올 수 없다면, 우리는 코튼 박사의 주장을 비판할 수 없을 것입니다. 개인적으로 나는 코튼 박사가 제시한 치유 통계가 모든 병원에서 재현되기를 희망합니다.

"만일 우리가 이 작업을 수행할 수단을 갖고 있기만 하다면, 우리 모두가 충분한 명예를 얻을 것"이라고 그는 덧붙였다.[48]

중도적인 입장을 취하려는 이들은 코튼의 주장을 검증할 위원회를 조직하자고 제안했고, 코튼은 즉각 그 제안을 환영했다. "우리의 기록과 작업은 개방되어 있습니다. 오히려 우리를 조사할 사람이 없다는 게 가장 큰 문제였습니다. 만일 조사위원회가 조직된다면 나와 직원들은 매우 기뻐할 것입니다. 우리는 항상 우리의 작업을 살펴보기 원하는 사람이라면 누구나 환영해왔습니다."[49] 그러나 그 제안에 반대하는 입장도 많았다. 미국 정신의학회의 회장인 앨버트 배럿은 정신의학회가 그런 일을 하는 것이 적절한가에 대해 의문을 표했고, 학회원들이 꾸린 위원회가 "균형 잡힌 과학적 의견"을 내놓을 수 있을지 의심했다. 다른 사람들의 입장은 더 분명했다. 로드아일랜드 주립병원의 병리학자 하워드 고슬라인은 그 제안 자체를 "더 토론할 것 없이 기각해야 합니다." 하고 잘라 말했다. "그런 조사는 낭연히 지속적으로 이루어져야 합니다……. 이를 위해 따로 위원회를 조직하는 것은 어리석은 일입니다. 과학적인 사안은 어떤 위원회에 의해서가 아니라 관심이 있는 모든 사람에게 조사받아야 합니다."[50] 펜실베이니아 사립병원의 신경정신과 과장인 오웬 코프도 "논쟁을 즐기는 정신"에 단호한 유감의 뜻을 표하면서 코튼의 활동을 조금이라도 방해할 여지가 있는 모든 제안을 강력하게 반대했다.

나는 이 대단한 소동이 지속되어 효과를 발휘하는 것을 보고 싶어요. 우리는 환자에 대한 치료와 연구에서 하는 일이 거의 없다는 불평을 듣고 있습니다. 그런데 위원회나 조사단을 꾸려 이 사안을 이렇게 혹은 저렇게 판정하겠다고요? 안 돼요, 절대로 안 됩니다. 그런 행동을 우리가 원합니까? 아니에요, 결코 아닙니다. (박수) 우리는 이 일이 지속되기를 바랍니다. 우리는 코튼 박사가 연구를 계속하길 원합니다. 의견을 넘어서 사실을 제시하기를. 그게 어렵다면 우리가 그를 도울 것입니다. (박수) 우리는 환자들에게 좋고 이로울 가망이 있는 일에 반대하는 입장을 취하고 싶지 않습니다. 우리는 환자들을 위해 할 수 있는 모든 일을 하고 있지 않습니다……. 우리가 각자의 병원에서 나름의 방식으로, 코튼 박사가 하고 있는 작업을 더 많이 할 필요가 있습니다……. 연구비를 타러 주 의회로 갈 때 들고 갈 사실들을 내놓으세요. 그렇게 해야 우리는 우리의 병원들을 진짜 병원으로 만들게 될 것입니다. 코튼 박사가 그런 변화를 위해 우리를 돕고 있는 것이라면, 코튼 박사에게 신의 가호를 빕니다. 현재 우리는 최종적인 의견을 제시할 수 없습니다. 나는 코튼의 작업이 옳은지 아니면 그른지 모릅니다. 하지만 나는 그 작업이 중단되지 않기를 바랍니다.[51]

그리고 거기에서 분위기는 안정을 되찾았다. 놀랍게도 코플로프와 체니의 실험 결과는 구석에 내팽개쳐졌고, 강제로 감금된 환자들을 대상으로 실험을 하거나 치사율이 30퍼센트 이상이라고 보고된 대수술을 하는 시도의 윤리 문제에 대해서는 중얼거림조차 들리지 않았다. 그나마 에드워드 브러시가 "나로서는 인공항문형성술이나 결장절제술은 심각한 수술이라는 의견"이라면서 "코튼 박사

현대 정신의학 잔혹사

는 그것들이 발치술처럼 간단하고 위험이 없는 수술인 것처럼 얘기하는군요." 하고 꼬집었다. "나는 코튼 박사의 표현을 따르자면, 자궁경부의 절단 또는 적출을 그것이 필수적이라고 또는 그곳의 감염이 다른 곳의 더 심각한 감염을 산출했다고 믿을 확고한 근거가 있지 않은 한, 이론을 뒷받침하기 위해 할 수 있는 수술이라고 여기지 않을 것"이라고 그는 덧붙였다. 그러나 브러시조차도 감히 정회를 요청하지 못하고, 다만 "트렌턴 병원의 실험실과 병실에서 사용되는 방법이 면밀히 조사되고 다른 병원에서 상세히 시험되기를 바랄 뿐입니다."라는 입장만 밝혔다.[52] 트렌턴에서 벌어지는 일을 조사할 위원회를 꾸리자는 제안에 대해서는, 그 제안을 처음 내놓은 글뤼크 박사가 자신의 제안에 대하여 "근본적인 오해"가 있다고 항변했다. 그는 결코 그 제안으로 "코튼 박사의 작업을 저지하려는" 것이 아니었다. 그리고 그는 그 제안이 일으킨 비판을 바라보면서 "내 제안을 철회"하고 싶어했다.[53]

클래런스 체니에게 자신의 연구 결과에 대해, 거의 회의가 끝난 다음의 후일담처럼, 변론을 할 시간이 몇 분 주어졌다. 그는 이렇게 말했다. "코튼 박사에 버금가는 성과를 얻는다면 누구보다도 우리 자신이 가장 기뻐할 것입니다." 하지만 안타깝게도 그들은 그러지 못했다. 그는 자신과 공동 연구자가 얻은 결과가 코튼의 주장을 극적으로 반박한다는 점을 청중에게 강조하는 대신에, 논의를 전문적 세부사항의 늪으로 이끄는 바람에 자신들의 발견을 돋보이게 하기는커녕 오히려 모호하게 만들었다.[54]

불꽃놀이가 모두 끝나고 마지막으로 발언의 기회를 얻은 사람은 코튼이었다. 그는 자리에서 일어나 "오늘 우리의 작업과 관련하여 이루어진 토론을 매우 감사하게 생각합니다." 그는 아직 모든 사람들이 확신하지는 않는다는 점을 이해했다. "그러나 우리의 통계는 우리가 옳음을 말해주고, 나는 만일 이 방법을 채택하면 그만큼 좋은 결과를 얻게 되리라고 확신합니다."[55] 뉴욕에서 온 반대자들이 제시한 정반대의 결과 때문에 지체하는 사람이 있어서는 안 된다. 오히려 "체니 박사와 코플로프 박사의 부적설하고 성공적이지 못한 노력은 우리 자신의 경험과 정확히 일치합니다. 우리가 1916년에 이 연구를 시작했을 때, 최초의 발치 사례 50건에서는 아무 성과도 발견할 수 없었습니다. 체니 박사와 코플로프 박사는 그런 부적절한 치료의 단계를 지나고 있는 것이 분명합니다. 나는 그들이 25건의 사례에서 얻은 결과에 실망하지 않고 연구를 계속하여 우리의 기술을 따라오기를 진심으로 바랍니다." 다시 말해서 감염 제거는 철저하고 완벽해야 한다. 또 "성과를 얻으려면 정신과의사와 다른 여러 분야 전문의들이 공동으로 노력해야 합니다." 하지만 "다른 병원들이 우리 병원에 버금가는 성과를 얻고 있다는 사실에서 나는 우리의 작업이 보이는 것만큼 그렇게 어렵지는 않다는 느낌을 받았습니다."[56]

열흘 후, 코튼은 트렌턴으로 돌아오는 길에 마이어에게 편지를 써 학회에서 있었던 일을 보고했다. 적들이 여러 명 참석했다고 코튼은 썼다. "늘 그랬듯이 그들은 저를 겨냥했습니다. 특히 워즈 아일랜드 의사 체니는 25건의 사례와 치료하지 않은 '유사한' 25건의 사례를 비교한 결과를 보고했습니다. 그들(체니와 코플로프)은 세균학에 대한 의견이 달랐고 그 발견 전반에 대한 의견도 달랐습니다. 말할 필요도 없지만, 그들의 연구는 매우 부적절하게 이루어진 것이고 제게 자문도 구하지 않은 것이었습니다……. 제가 도움을 줄 수도 있었을 텐데 말이죠." 다행스럽게도 체니와 코플로프의 비판은 거의 효과가 없었던 것 같았다. 코튼은 토론시간에 다른 사람들이 그의 모범을 좇아 외과적 개입을 점점 더 중요시하기 시작했다는 사실을 만족스럽게 확인했다. 마침내 대세가 그를 향해 방향을 돌리는 중이라고 코튼은 당당하게 썼다.[57]

---

1 Andrew Scull, *The Most Solitary of Afflictions: Madness and Society In Britain, 1700~1900* (New Haven and London : Yale University Press, 1993), 355~63쪽 참고. 이 현상을 보여주는 미국의 사례로는 하비스트 머신 컴퍼니(훗날의 이름은 인터내셔널 하비스터)의 상속자였던 스탠리 매코믹이 있다. 그에 관한 이야기는 9장과 10장에서 다뤄진다.

2 Joseph Schumpeter, *Ten Great Economists from Marx to Keynes* (New York : Oxford University Press, 1951), 223쪽.

3 Cotton, *The Defective Delinquent and Insane*, 157쪽. 이 글에서 마가렛 피셔는 '사례 24'로 지칭된다. 실비아 네이저는 내가 마가렛 피셔에 관심을 갖게 해주었고, 사례 24가 그녀임을 알아냈고, 정말 고맙게도 피셔 가족이 주고받은 편지 중에서 그녀와 관련된 내용을 내게 제공했다. 이 밖에도 많은 면에서 나는 그녀에게 빚을 졌다.

4 같은 곳.

5 블루밍데일 임상 기록. Cotton, *The Defective Delinquent and Insane*, 158쪽에 나온 요약에 따름.

6 같은 곳.

7 Robert Loring Allen, *Irving Fisher, A Biography* (Oxford : Blackwell, 1993), 139쪽.

8 Cotton, *The Defective Delinquent and Insane*, 158~9쪽.

9 같은 곳, 159쪽.

10 어빙 피셔가 마가렛 해저드 피셔에게 1919년 8월 16일에 보낸 편지, Fisher Papers, Yale University.

11 어빙 피셔가 마가렛 H. 피셔에게 1919년 8월 18일에 보낸 편지, Fisher Papers, Yale University.

12 같은 곳. 드레이퍼는 이 시절에 트렌턴에서 개복수술을 담당한 콜롬비아 출신의 외과의사이다.

13 어빙 피셔가 마가렛 H. 피셔에게 1919년 8월 20일에 보낸 편지, Fisher Papers, Yale University. 지금도 인터넷에서 콜락스가 '약초 성분의 장 청소

제'로 광고되는 것을 볼 수 있다. 콜락스를 쓰면 "안정을 유지하고 신체의 해로운 독소를 청소할 수 있다. 해독은 신체에 쌓인 독소를 중화하고 제거하는 과정이다……. 이 특별한 섬유질 혼합물은 건강에 해로운 독소를 당신의 몸에서 부드럽게 씻어낸다."고 한다. www.opnetint.com/colax.htm. 참조.

14 Cotton, *The Defective Delinquent and Insane*, 159쪽.

15 어빙 피셔가 마가렛 H. 피셔에게 1919년 10월 7일에 보낸 편지, Fisher Papers, Yale University.

16 Cotton, *The Defective Delinquent and Insane*, 159쪽.

17 Allen, *Fisher*, 159쪽.

18 Allen, *Fisher*에 있는 초상화와, 피셔의 아들인 어빙 노턴 피셔가 쓴 *My Father, Irving Fisher*(New York : Comet Press, 1956) 참조.

19 〈미국 정신의학 저널〉의 편집자 에드워드 브러시는 자신과 동료들이 "의학적 출판물을 통해서가 아니라 일반 잡지와 일간 신문을 통해 이 활동과 이론을 알게 된 사람들로부터, 트렌턴에서 코튼 박사와 의료진에 의해 우리가 하지 않는 어떤 일이 행해지고 있으며 그들이 우리도 그 이론을 채택하고 트렌턴의 방법을 받아들여야 한다고 요구한다는 이야기를 듣는다."고 투덜거렸다. "Discussion–Functional Psychoses," *American Journal of Psychiatry* 79(1922), 199쪽. 뉴욕 사회복지 학교 아동지도국 책임자인 버나드 글룩은 "수많은 일반인이 이 주제에 관심을 갖게 되었고…… 그들 중 일부는 대중의 신뢰를 받는 중요한 지위에 있다."고 말했다. 같은 곳, 204쪽.

20 Rudolph Kampmeier, "Wagner von Jauregg and the Treatment of General Paresis by Fever," *Sexually Transmitted Diseases* 7(1980), 143쪽.

21 다양한 국가적 · 문화적 맥락 속에서 포탄 쇼크에 대한 반응이 여러 가지였던 것에 대한 최근의 학문적 연구로 Micale and Lerner(eds.), *Traumatic Pasts*가 있다.

22 Sigmund Freud, "A Memorandum on Electrical Treatment," in *The Complete Psychological Works of Sigmund Freud*, vol. 17, (eds.) A. and J. Strachey (London : Hogarth Press, 1955), 211~5쪽 참조.

23 Julius Wagner von Jauregg, "The Treatment of General Paresis by Inoculation of Malaria," *Journal of Nervous and Mental Disease* 55(1922), 369~75쪽. 바그너 폰 야우렉은 1927년에 노벨의학상을 받았다.

24 "The Treatment of Paresis by Malaria," *American Journal of Psychiatry* 79 (1922), 721~3쪽.

25 Braslow, *Mental Ills and Bodily Cures*, chapter 4 참조.

26 말라리아 요법의 효과에 관한 브래슬로의 결론을 내가 쉽게 풀어 쓴 것이다.

27 Lewis, "*Winning the Fight Against Mental Disease*," 416쪽.

28 마이어가 코튼에게 1921년 3월 26일에 보낸 편지, CAJH Ⅰ/767/17.

29 윌리엄 A. 화이트가 L. M. 존스에게 1919년 9월 26일에 보낸 편지. William Alanson White Papers, National Archives, Washington, D.C.

30 화이트가 J. G. 화이트사이드에게 1922년 11월 22일에 보낸 편지. White Papers, National Archives, Washington, D.C. 화이트가 편지에서 '그녀'라는 여성 대명사를 쓴 것은 그가 정치적 공정성을 일찍 깨달은 선각자였기 때문이 결코 아니다. 당대는 남성이 인간을 대표하던 때였다. 그러나 코튼의 치료를 받은 환자들, 특히 큰 수술을 받은 환자들은 압도적으로 여성이 많았다. 게다가 화이트는 지적인 성향의 인물이었다는 점을 감안하면, 그가 여성 대명사를 쓴 것은 어쩌면 프로이트가 논한 무의식적 실수인 것처럼 느껴지기도 한다.

31 J. K. 홀이 앨버트 앤더슨에게 1922년 7월 27일에 보낸 편지. Hall Papers, Southern Historical Collection, University of North Carolina, Chapel Hill. Gerald Grob, *The Inner World of American Psychiatry, 1890~1940: Selected Correspondence*(New Brunswick, N.J. : Rutgers University Press, 1985), 110 ~1쪽에서 재인용.

32 같은 곳.

33 Nicholas Kopeloff and Clarence O. Cheney, "Studies in Focal Infection : Its Presence and Elimination in the Funcional Psychoses," *American Journal of Psychiatry* 79(1922), 141쪽, 143쪽. 오늘날 혁신적인 치료법을 평가할 때 '황금률'로 여겨지는 이중맹검법(double-blind controlled experiment)은 2차 세계대전 후에도 널리 채택되지 않았다. Harry Marks, *The Progress of Experiment: Science and Therapeutic Reform, 1900~1990*(New York : Cambridge University Press, 1997) 참조.

34 Kopeloff and Cheney, "Studies in Focal Infection," 145쪽, 154~5쪽.

35 Cotton, "The Etiology and Treatment of the So-Called Functional Psychoses," 1922, 170~1쪽, 190~1쪽.

36 같은 곳, 157~8쪽.

37 같은 곳, 158쪽.

38 같은 곳, 162쪽.

39 "Discussion–Functional Psychoses," *American Journal of Psychiatry* 79(1922), 198~9쪽.

40 같은 곳, 202쪽.

41 같은 곳, 195쪽.

42 같은 곳, 200~2쪽.

43 같은 곳, 195쪽.

44 같은 곳, 199~200쪽.

45 같은 곳, 202쪽.

46 같은 곳, 203쪽.

47 같은 곳.

48 같은 곳, 207쪽.

49 조사위원회를 구성하자는 생각은 글뤼크 박사가 제안하였고 브러시와 퀘벡의 프랜시스 데블린이 지지했다. 같은 곳, 204쪽, 206쪽 참조. 코튼이 그 생각을 환영했다는 사실은 204쪽에서 확인된다.

50 같은 곳, 207쪽.

51 같은 곳, 205~7쪽.

52 같은 곳, 197~8쪽, 200쪽.

53 같은 곳, 206쪽.

54 같은 곳, 208~9쪽.

55 같은 곳, 209쪽.

56 같은 곳, 210쪽.

57 코튼이 마이어에게 1922년 6월 20일에 보낸 편지, CAJH I/767/18. 늘 그랬듯이 마이어의 반응은 커비와의 의견 충돌을 두 사람이 알아서 조정하라고 촉구하고, 커비의 연구에는 "왜곡이나 머뭇거림의 경향이 없다고 나는 믿네." 라고 주장했다. 마이어가 코튼에게 1922년 6월 22일에 보낸 편지, Meyer Papers, CAJH I/767/18.

현대 정신의학 잔혹사

의사 길드의 공격

    코튼은 성격적으로 허풍이 강하고, 자신이 옳고 모든 반대자들은 무지하거나 악의적이라고 확신했지만, 많은 사람들이 그의 활동에 불안과 반감을 느낀다는 사실을 잘 알고 있었다. 물론 그를 가장 강하게 비판한 이들도 그의 실험을 막으려 들지는 않았다. 오히려 그들은 다른 사람들이 그 실험을 재현할 것을 촉구했다. 그러나 정신의학계의 유력한 인물의 상당수가 무엇보다도 그의 윤리 문제 때문에 당혹스러워한다는 사실은 확실히 감지되었다.

    이 대목에서 "윤리"는 특별한 직업적 의미를 가졌다. 동료 정신과의사들의 사적이거나 공적인 항의를 보고 판단하건대 그들이 문제 삼은 것은 코튼이 약자들을 대상으로 삼아 실험을 한다거나 환자들의 반대를 무릅쓰면서 위험하고 추한 꼴을 만들고 심지어 치명적인 수술을 감행한다는 것이 아니었다. 우리가 이미 보았듯이, 그들이 탐탁지 않게 여긴 것은 오히려 코튼이 계속해서 동료가 아닌 일반인에게 인기를 얻으려 한다는 점이었다. 그가 대중 언론에 아부하고, (그의 감독관과 함께) "고름 감염의 위험성"에 맞선 전쟁에 대한 대중적·정서적 지지를 조장한다는 점이었다.

코튼의 임상행위를 공식적으로 조사하자는 제안은 전문 지식을 갖춘 신사는 자신의 예측에 따라 어느 방향으로든 자유롭게 전진하도록 허용해야 한다는 신념을 가진 동료 의사들 대다수의 반대에 부딪혔다. 그러나 의사가 자신의 상품을 대중에게 광고하는 것은 또 다른 문제였다. 그런 광고행위에 우호적인 동료는 거의 없었다. 광고행위에 관한 규범은 비공식적이고 모호했지만, 의사 길드는 오래 전부터 의사의 품위를 해치거나 장사꾼이나 사기꾼의 냄새를 풍기는 행위를 저주했다. 경쟁이 치열한 의료시장을 제어하고, "공평무사한" 전문가들을 움직이는 것은 상업적인 동기가 아니라는 점을 대중에게 확신시키기 위해서는 시장에서 의사에게 허용되는 활동의 한계를 어느 정도 규정하는 것이 필수적이었다. 대중이 아니라 동료 의사들이 논쟁적인 사안을 판결할 법관이 되고, 자기 광고의 성격이 너무 빤히 드러나는 행위를 막는 장벽을 세우는 일이 필수적이었던 것이다. 코튼은 국소 감염에 관한 그의 논문이 발표되기도 전에 그의 연구 결과가 그의 사진과 함께 신문사에 배포되는 것을 용인했다. 그는 그때 이미 의사가 지켜야 할 규범을 어긴 것이었다. 상황을 무마하려고 마이어가 노력했지만, 코튼은 당시에 자신의 편을 들어줄 또 다른 법정을 찾을 수밖에 없었고 그로 인해 스승의 꾸지람을 들어야 했다. 그리고 지금 그는 광고행위를 완강히 고수한 탓에 더 큰 문제에 봉착할 위험에 처했다.

미국 정신의학회의 운영에 관한 논의를 위해 퀘벡에서 열린 모임에서 회장과 이사회는 2개의 새로운 상임위원회를 설치하기로 결정했다. 하나는 정신건강 정책을 다루는 위원회로, "정신질환과 관련한 공공 정책의 지침"을 제공하는 역할을 하는 기구였다. 이 기

현대 정신의학 잔혹사

구를 설치하는 데는 논란이 없었다. 그것은 단지 미국 정신의학회가 1844년에 창립되면서부터 지속적으로 해온 활동을 공식화하는 것에 불과했다. 반면에 두 번째 상임위원회는 새로운 문제를 다루기 위해 설치되었다. "학회 설립 초기에는 학회의 윤리적 기준이 매우 높았고, 창립 회원들이 정한 기준을 벗어나는 일은 사실상 없었다. 이런 사정은 현재까지 유지되었다." 그런데 이제 심각한 문제가 발생하여 윤리위원회의 구성이 불가피해졌다.

몇 년 전에는 비윤리적이라 여겨진 방법들에 대한 전문가 집단의 태도 변화와 의학 문제에 대한 대중의 관심 증가, 그리고 최근까지 오직 전문 저널에서만 다루었던 주제들을 일반 언론이 토론하는 경향으로 인해 조직의 회원들이 지켜야 하고, 드문 예외를 빼면 지켜왔다고 우리가 믿는 윤리적 원칙에 대한 위반을 다루는 상임위원회를 설치하는 것이 바람직해 보이는 상황이 되었다.[1]

윤리위원회의 목표에 관하여 추호의 애매함도 남기지 않기 위해 위의 글을 쓴 저자는 위의 대목에서 몇 단락이 지난 다음에 다시 한 번 누구의 행동 때문에 위원회의 필요성이 제기되었는가를 명확히 밝혔다. 저자는 학회 모임의 절정이 코플로프와 체니의 논문 발표와 헨리 코튼의 논문 발표였다고 보고했다. 코플로프와 체니는 "정신장애의 발생에서 국소 감염이 하는 역할에 관하여 코튼 박사에게 동의할 이유를 찾을 수 없었다."고 언급하면서 독자들 스스로 각자 결론을 내리라고 제안한 후, 저자는 코튼의 논문과 그것에 쏠린 관심으로 화제를 돌렸다. 그는 비웃는 투로, 코튼의 발표에는 "학회원들이 이미"—다음 대목에서 저자의 불만이 뚜렷이 드러난다—"일반 언론을 통해 잘 아는 것" 외에 다른 내용은 거의 없었다고 꼬집었다. 또 "그(코튼)가 지난 4년여 동안 정신병이 국소 감염에서 비롯된다는 이론에 기초하여 환자를 치료한 트렌턴 주립병원에서 회복률이 85퍼센트이고 환자의 평균 입원기간이 현재의 방법을 도입하기 이전보다 반으로 줄었다는 상당히 경이로운 주장"이 있었다.[2]

저자의 비난이 향하는 핵심적인 표적은 길드의 규범을 위반한 행위라는 점이 다음 단락에서 더 명확하게 드러난다. 그 단락은 매우 복잡한 단 하나의 문장으로 되어 있지만, 무엇을 비난하는 내용인지는 투명하다 할 정도로 분명하다.

코튼 박사가 트렌턴의 어느 일반 잡지에서 매우 놀랍고, 많은 사람이 보기엔, 비윤리적인 방식으로 자기 연구의 방법과 결과를 오용한 것에 대하여 박사 자신이 어떤 설명을 할지를 많은 사람이 궁금히 여기며, 코튼 박사의 논문에 대하여 상당히 큰 관심이 일어난 것이 분명하다는 말은 코튼 박사의 논문에 대한 논평이 아니며, 더구나 오용은 버디트 G. 루이스라는 일반인에 의해, 코튼 박사의 동료인 회원들의 작업을 최소로 평가하고 많은 공립 정신병원들의 만원상태를 경감하기 위한 방편으로 끊임없이 이루어지는 호소를, 만일 트렌턴에서 쓰이는 방법이 확산된다면 그런 호소가 불필요해질 것이라는 이론에 기초하여, 의심하는 방식으로 이루어졌다.[3]

저자가 독자들에게 애써 상기시켰듯이, 루이스는 "이삼 년 전에" 정신의학회에서 직접 발표를 한 바 있었다. 그때 그는 주어진 시간의 상당 부분을 "대부분의 병원이 따르는 사업 방법과 대부분의 병원장이 지닌 사업 능력"을 비판하는 데 썼다—그때의 일은 여전히 루이스의 가슴에, 그리고 아마 다른 사람들의 가슴에도 사무쳐 있는 것이 분명했다. 더욱 심각한 문제는, 감독관 루이스가 최근 들어 더 대담하게 전문가들의 영역을 침범하는 행보를 보인다는 점이었다. 그는 감히 "온전히 의학적이며 아직 미결인 주제"에 관하여 전문가들에게 강연을 했다. 저자는 "아무도, 특히 코튼 박사의 동료인 정신과의사들은 그 누구도, 만일 트렌턴에서 나온 이론들이 비판적인 검사와 분석의 시험을 통과한다면, 그 이론들이 일반적으로 채택되는 것을 털끝만큼도 방해할 마음이 없다."면서도, 코튼이 공모한 것이 분명한 대중 홍보만큼은 강하게 반대했다. "코튼 박사의 연구가 지닌 가치, 그가 내린 결론의 건전성을 대중의, 혹은 일반 저널이나 일간신문 종사자들의 마음에 드는가를 가지고서 평가하거나 토론할 수는 없다."[4]

모든 비판을 즉석에서 물리치는 성격을 지닌 코튼은 문제 전체를 무시하고 싶었겠지만, 과거에 여러 번 그를 방어하기 위해 나섰던 아돌프 마이어마저 자신의 행동으로 인해 곤란을 겪는 것을 알게 되었다. 코튼은 스승을 달래기 위해 허울뿐인 말 몇 마디와 빨리 보이는 위선적인 후회의 심정을 전했다. "저는 우리의 연구가 루이스 씨의 〈리뷰 오브 리뷰스〉 기사를 통해 얻은 인기를 선생님이 승인하지 않는다는 것을 실감합니다. 제게는 불길한 일이지요." 그러나 그의 행동은 결과에 의해 정당화되는 직업윤리 위반이었다고 주장했다. "동시에 저는 그 기사가 병원을 자극하는 매우 좋은 결과를 가져왔다고 느낍니다. 이제 무엇이 행해질 수 있는가를 알게 된 대중 앞에서 병원은 옛 방식을 고수할 수 없을 테니까요."[5]

딱딱한 독일식 예절과 날카로운 말투와 냉혹한 성격으로 아랫사람들을 미라처럼 만들기로 유명했던 마이어는 코튼의 공격적인 반응이 약간 당황스러웠던 모양이다. 아랫사람이 자신의 권위를 인정하지 않는 경우에 익숙지 않은 그는 코튼에게 좀더 온건하게 행동하라고 권고하는 것으로 만족했다. "내 느낌은 다만, 그토록 중요한 주장은 의료계에서 활동하는 사람들의 동의를 얻었다는 표식을 다는 것이 마땅한데, 그러기도 전에 일반 언론을 통해 공개된 것이 불운한 일이라는 것일세."[6] 코튼은 이 조인을 작정하고 무시했다.

코튼의 병원에서 행해지는 국소 패혈증과의 싸움은 여전히 예전처럼 광범위하고 공격적이었다. 1922년에는 결장절제 수술 횟수가 신기록에 도달했다. 연간 결장절제술 건수가 전년도의 63회에서 81회로 증가했던 것이다.[7] 치아, 편도, 부비강, 위, 지라, 쓸개, 자궁경부는 계속해서 집중적인 의심의 대상이 되었고 공격적인 개입이 실행된 부위였다. 또 구강외과 과장인 페딜 피셔의 도움으로 구강 수술은 더 철저하고 광범위해졌다. 코튼과 피셔는 지난 4년을 돌아보면서 "과거에 우리가 범한 많은 실수는 우리가 너무 보수적이었기 때문이라고 설명할 수 있다. 따라서 오늘 우리는 구강 감염의 완전한 제거는 오직 근본적인 발치를 통해서만, 혹은 더 나은 방법으로는 감염된 치아를 수술로 제거함으로써만 이루어질 수 있다고 생각한다." 그리고 제거할 치아와 살릴 치아를 결정하는 기준은 명확했다. "만일 어떤 치아가 조금이라도 의심스럽다면, 그것을 다른 모든 국소 감염을 제거한 후에 유일한 근심거리로 남겨두지 말고 뽑아버려야 한다는 것이 우리의 의견이다."[8] 모든 브리지, 크라운, 피벗, 매복한 치아도 마찬가지로 위험하므로 감염의 저장소 역할을 하도록 내버려두면 안 된다.[9] 또 치아뿌리끝에 생긴 농양과 감염은 주위의 뼈로 확대되므로, 그 뼈까지 제거하는 광범위한 구강 수술이 필수적이다.

수술실이 가장 바빴던 한 해를 보내고 12월이 되자 코튼은 주지사 헨리 J. 퍼날드의 요구에 따라 예산 편성에 관한 자신의 입장을 밝혔다. 퇴원한 환자들을 지속적으로 관리하기 위한 자금 확보, 그리고 코튼이 3년 전에 설치한 "교정기관들을 위한 정신과 클리닉"의 확장이 최우선의 안건이었다. 이 두 조치는 정부의 지출을 줄이는 효과를 가져올 것이며, "다른 병원이 우리의 작업에 대해 제기하는 비판"을 반박할 자료를 산출할 것이라고 코튼은 퍼날드에게 장담했다.[10]

그런 비판은 사적·공적 영역에서 계속해서 증가했고, 코튼은 그 사실을 잘 알고 있었다.[11] 심지어 뉴저지 주의 다른 수립병원 의료진도 비판에 가담했다.[12] 〈미국 정신의학 저널〉의 편집자 에드워드 브러시는 코튼의 바뉵셈 강연문을 직접 검토하고 그것이 "열광적인 선전문"이라고 평했다. 코플로프와 체니가 코튼의 주장을 반박했지만, 그들은 "코튼 박사의 작업을 특정 측면에서만 따라했고…… 아무도 그 작업을 온전히 따라하거나 그에 버금가는 자료를 제시하지 못했기 때문에" 그들의 반박을 평가하기가 어려웠다고 브러시는 지적했다. 따라서 최종적인 결론은 내려지지 않았다고 기꺼이 인정하면서, 그는 "코튼 박사는 정신질환의 신체적 원인을 강조하고 정신적 원인을 최소화하지만, 모든 독자들은 그 견해에 약간만 동의할 것이고, 일부 독자는 그 견해를 끝까지 밀어붙일 것"이라고 말했다. 그러나 논평이 막바지에 이르면서 브러시의 의심이 명백히 드러났다. 출판된 바뉵셈 강연문의 두 번째 부분은 "25건의 임상 사례"로 되어 있는데, "그것은 많은 독자들에게 별다른 느낌을 주지 못할 것이다." 모든 정신과의사들은 "다양한 치료 이후에, 또는 다양한 행운 이후에 병원과 개인 가정에서 회복이나 호전 혹은 사망이 일어난 사례들을 기억할" 테니까 말이다.[13]

동부의 또 다른 주요 정신과의사로 유명한 펜실베이니아 병원에서 일하는 에드워드 스트레커는 〈신경학과 정신의학 자료집Archives of Neurology and Psychiatry〉 1923년호에서 자신의 입장을 분명히 밝혔다.

이 저널은 당시에 창간된 미국 신경학회의 공식 매체였다.[14] 스트레커의 글은 지난 미국 정신의학회 모임에서 발표된 코튼의 논문과 코플로프와 체니의 공동 논문을 요약하는 내용으로 의도되었지만, 스트레커는 그 요약에 이어 긴 논평을 추가했다. 스트레커는 코플로프와 체니의 연구를 "면밀하게 통제된 치료법 실험"으로 칭하면서, 실험 대상자를 선정하고 그들의 경과를 추적하는 과정에서 "실천한 조심성"을 칭찬했다. 반면에 코튼의 논문은 종류가 전혀 다른 것이라 "할 수 있다."고 그는 시인했다. 또 확실히 코튼이 "보고한 결과는 찬란하다."("보고한"이라는 단서에 대한 스트레커의 강조는 암묵적이지만 명확하다.) 그러나 코튼은 많은 환자들을 다루었고, "몇 명 안 되는 현장 연구자만 가지고서 구체적인 정보를 풍부하게 확보하는 것은 거의 불가능하다." 더 심각한 것은 "치유의 정도와 유형은 의학적 판단의 문제이고, 많은 환자들은 전혀 정상적이지 못하더라도 병원 밖에서 살 수 있다."는 점이다. 모든 독자들이 알듯이, 광기는 간헐적일 수 있고, 따라서 코튼의 주장은 과장되거나 잘못된 것일지도 모른다. 이 모든 점—"(코튼의 연구는) 명백히 부정적인 실험negative experiment(환자들이 병원으로 돌아오지 '않았다'라는 결론을 이끌어낸 실험—옮긴이)이라는 점, 경쟁하는 연구자들 사이에 합의가 없다는 점, 추적 작업에 오류가 있을 가능성, 본격적으로 많은 환자들에게 독성 제거 치료를 한 후에 시간이 충분히 지나지 않았다는 점, 세균학적 기술의 몇몇 측면에 불확실성이 있다는 점"—을 고려할 때, "신경정신과의사의 대다수는 마땅히 국소 감염의 효과를 의문의 여지가 있는 것으로 간주하는 편을 택한다."고 스트레커는 결론지었다. 또 그는 정신의학계가 "코튼과 그의 의료진이 국소 감염을 찾아 제거하는 일의 중요성을 강조했다는 점에서 그들에게 빚을 졌다."는 점을 인정했지만, 수술은 오직 좁게 정의된 상황에

현대 정신의학 잔혹사

만 적용되어야 한다고 강조했다. "처치 후 사망률이 30퍼센트에 달하는 수술은 증상이 명백하고 확정적이지 않다면 실시하지 말아야 한다."는 것이 그의 결론이었다. 또 그보다 덜 위험한 경우에도, "치아 1개를 제거하는 일을 고려할 때라도 열광이 이성적 판단을 앞지르도록 허용해서는 안 된다." 더 나아가 "결장절제술로 인한 사망이 궁극적으로 치매 환자가 되는 것보다 낫다."는 주장을 받아들여서는 안 된다. 왜냐하면 "인상 정신의학은 아식 최종적인 치매를 예측할 수 있을 만큼 발달된 진단법을 확보하지 못했기 때문이다. 정신병이 결장절제술조차 소용없을 정도로 악화된 단계에 이르기 전까지는 그런 예측이 불가능하다."[15]

당대에 널리 쓰인 정신의학 교과서 『신경계의 병Diseases of the Nervous System』을 쓴 젤리프와 화이트는 그 책의 네 번째 개정판을 내면서 코튼의 지나친 행동을 공격하는 글을 첨가했다. 요사이 "신경정신과의사는······ 치아를 뽑거나 편도를 도려내거나 눈을 수술하거나 안구 근육을 절단하거나 자궁경부를 절제하거나 난소를 제거하거나 창자를 23센티미터에서 183센티미터까지 잘라내거나 모든 내분비샘을 없애거나, 정형외과적인 장치들을 달거나, 까다로운 전기적 절차를 쓰거나 쓰지 않으면서 수주 동안 결장세척을 받은 환자들을 본다."고 그들은 한탄했다. 적어도 그들이 보기에 이것은 전혀 효과가 없는 외과적 개입의 향연이었다.[16] 또 니콜라스 코플로프는 1922년 가을 이후 나양한 정신과의사 모임에서 뉴욕 정신의학 연구소에서 자신이 연구를 행하여 얻은 코튼의 주장에 정반대되는 결과를 계속해서 보고했다.

놀랍게도 코튼은 이런 비판이 전혀 중요치 않은 것처럼 행동했다. 단, 뉴욕에서 날아온 격렬한 비판만 예외였다. 그가 잘 알고 있었듯이, 그 비판과 관련한 상황은 약간 미묘했다. 국소 감염론 연구를 처음 시작한 커비는 코튼과 마찬가지로 남부 사람이었고, 이 두 인물은 같은 시기에 매사추세츠 우스터 주립병원에서 마이어의 젊은 조수로 정신의학계에 발을 들여놓았다. 코튼과 마찬가지로 커비는 마이어의 축복과 지원을 받으며 독일로 갔고[17] 그곳에서 크레펠린과 함께 일했다. 마이어와 커비는 친밀한 관계를 유지했다. 마이어는 평소의 그답지 않게 커비와의 "평생에 걸친 우정"을 언급하기도 했다. 두 사람의 우정은 마이어가 커비에게 워즈 아일랜드 병원에서 일하던 폴란드 "여자"와 결혼하지 말라고 조언한 일이 있었는데도 살아남았다. 마이어는 "인종적인" 차이로 인해 그녀는 그들의 사회에 받아들여질 수 없고, 그녀와 결혼하는 것은 커비의 직업적 경력의 종말을 의미한다고 경고했다.[18] 그 후 커비에게 정신과의사로서 일자리를 주기 위해 가장 많이 애쓴 사람은 다름 아닌 마이어였다. 커비는 일자리를 얻자마자 마이어에게 기쁨의 편지를 썼다. 또 커비가 뉴욕 주립병원의 정치 상황에 불만을 품고 우스터 병원으로 옮기거나 위험을 무릅쓰고 개인 진료소를 차릴 마음을 먹었을 때 조언을 구한 인물이 마이어였다.[19]

그러므로 커비는 코튼의 오랜 직업적 경쟁자일 뿐 아니라, 어느 모로 보나 코튼 못지않게 마이어와 친밀했다. 이를 잘 아는 코튼은 자신의 연구를 공격하는 사람은 커비 자신이 아니라 커비의 직원들이라고 주장했다. "비난은 워즈 아일랜드의 코플로프에게서 나왔습니다." 하고 코튼은 마이어에게 썼다. 1922년 미국 정신의학회 모임에서 논쟁이 벌어진 후, 코튼은 마이어에게 개입을 요청하고 커비에게 아랫사람들이 국소 패혈증의 중요성을 폄훼하는 것을 중단시키라고 요구했던 것이 분명하다. 몇 달 후 코튼은 이렇게 한탄했다. "선생님이 커비 박사에게 보낸 편지와 이성의 소리를 들으려는 그의 의지에도 불구하고, (1922년) 가을에 코플로프는 퀘벡에서 발표한 것과 똑같은 논문을 역시 똑같은 부적절하고 부당한 결론과 함께 제출했습니다. 이번에는 뉴욕 신경학회 모임에서였습니다……. 코플로프는 이곳에서 행해지는 연구를 반박하려는 뜻으로 가득한 매우 위험한 사람인 듯합니다. 커비가 그에게 의존하여 정보를 얻는다는 점이 매우 유감스럽습니다."[20]

그러나 커비와 그의 수하인 세균학자 코플로프를 이간하려는 노력은 비참한 실패로 끝났다. 1923년의 미국 정신의학회 모임은 6월에 디트로이트에서 열렸다. 때는 찌는 듯한 여름이어서 모임에 참석한 정신과의사들은 적잖은 불만을 토로했다. 이제 클래런스 체니는 워즈 아일랜드를 떠나 뉴욕 주 북부의 유티카 주립병원에서 부원장으로 일하고 있었다. 따라서 코튼의 주장을 검증하는 연구의 진척을 보고하는 임무를 체니에게 맡길 수는 없었다. 의사 자격증 MD이 아니라 철학박사 학위PhD를 가지고 있었던 니콜라스 코플로프는 정신의학회에서 발표할 자격이 없었다. 그리하여 조지 커비가 직접 나서 연구 결과를 보고했고, 〈미국 정신의학 저널〉 10월호에 출판된 그들의 논문에는 커비의 이름이 두 번째 저자로 기록되었다.

자신들의 연구는 "어떤 선행하는 가설도 없이 이루어졌고, 목표는 국소 감염과 정신질환 사이의 관계에 대한 지식에 어떤 식으로든 보탬이 되는 것"이었다고 주장한[21] 코플로프와 커비는 지난 1년 동안 60명의 환자를 추가로 연구했다. 따라서 그들은 코튼의 주장을 검증하기 위해 총 2년 동안 맨해튼 주립병원의 환자 120명을 연구한 셈이었다. 환자들은 여성이 72명, 남성이 48명이었으며, 58명을 수술군에 배정했고 62명을 대조군에 배정했다. 실험 시작에 앞서 커비는 환자 각각의 치유나 호전 여부를 예측했고, 그 다음에 모든 환자의 감염 부위를 면밀히 검사하고 정신질환을 진단했다.

수술군에 대해서는 적극적인 치료가 시작되었다. 반면에 나이와 성별, 병을 앓은 기간, 정신병의 유형, 예후, 감염상태가 수술군과 일치하는 대조군은 단지 관찰만 하면서 비교의 기준으로 삼았다.

코플로프와 체니가 첫 발표를 했을 때 그들의 보고서는 조심스럽고 신중했다. 그러나 1년이 지난 후에는 그런 망설임이 사라졌다. 코플로프와 커비는 코튼의 연구를 모든 면에서 정면으로 공격했다. 감염의 존재를 진단하기 위해 코튼이 사용한 기술, 패혈증이 정신질환의 원인이라는 코튼의 주장, 외과적 개입이 일으킨 치료 효과에 관한 코튼의 보고가 모두 강력하고 집요한 비판의 표적이 되었다.

그들이 청중에게 상기시켰듯이, 코튼은 4년 동안 1,400명의 환자가 치유되거나 호전되어 퇴원했다는 것을 대단한 성과로 거듭 자랑했다. 그러나 "이 환자군에 관한 상세한 데이터는 한 번도 발표되지 않았습니다."[22] 코튼은 수많은 글을 발표했지만 "임상 연구나 실험실 연구의 완전한 데이터를 공개하지 않았습니다."[23] 감염의 존재를 확인하는 일과 관련해서도, "코튼의 수많은 출판물을 면밀히 검토했지만 어디에서도 그가 어떤 세균학적 기술을 사용했는지 알 수 없었습니다."[24] 그와 조력자들이 수행한 연구의 가치에 심각한 의심을 품을 만한 본질적인 증거들이 있다. 예컨대 "코튼의 세균학적 데이터가 가진 놀라운 특징은 환자의 구강 내 세균 구성이 매우 단순하다는 사실입니다……. 세균학 문헌을 다 뒤져도 자연 속에 그와 유사한 세균 구성이 존재한다는 보고는 찾기 어려울 것입니다."[25]

코튼은 핵심 용어를 "어디에서도 정의하지 않으며" "자의적인 진단"에 의존했고, 그의 데이터에 대한 논의를 검토하면 "정신병 환자들에게 위 감염이 있다는 점이 증명되지 않았으며, 위 감염이 정

현대 정신의학 잔혹사

신병에 영향을 끼친다는 것은 고작 추측에 불과하다는 것을 분명히 알 수 있습니다." 하고 코플로프와 커비는 불평했다.[26] "예를 들어 코튼은 위 내용물에 존재하는 세균을 감염의 증거로 간주합니다. 그러나 세균이 있다는 사실만으로 감염을 추론할 수는 없습니다. 최소한 세균이 증식한다는 점, 또 어쩌면 세균이 조직을 침범한다는 점이 확인되어야 감염을 추론할 수 있을 것입니다."[27] 코튼이 위 속의 세균을 확인하기 위해 사용한 네우스 검사법은 코플로프와 커비가 보기에 전혀 부적절한 방법이었다.[28] 또 치아와 편도의 세균을 배양해서 얻은 결과도 매우 의심스럽다. "하부 위장관"의 감염과 관련해서도, "우리의 환자들을 상대로 정확히 동일한 관찰을 했지만 대수술을 정당화할 만한 문젯거리를 전혀 발견하지 못했습니다." 코튼은 "담즙 이상으로 인한 발작", "X선 촬영으로 확인한 검사식의 장관 내 정체", "습관성 변비"를 감염의 징후로 지적했다. 그러나 "우리가 본 가장 심한 변비 환자조차도" 수술이 필요하기는커녕 "유산균 우유를 이용한 치료로 효과를 보았"으며, "변비가 호전된" 모든 사례에서 "정신병은 전혀 완화되지 않았습니다."[29] 일반적으로 "트렌턴 주립병원에서 이루어진 국소 감염에 대한 진료는 다른 병원이나 진료소에서 행해지는 절차와 일치하지 않습니다." 또 "코튼의 해석은 그가 제시한 사실과 다르다는 결론을 내릴 수 있습니다."[30]

이렇게 융단폭격처럼 비판을 가한 것으로도 충분치 않다는 듯이, 코플로프와 커비는 그들 자신의 실험에서 얻은 결과를 상세히 설명하기 시작했다. 정신의학 연구소에서 처음 1년 동안 연구하여 얻은 결과는 오직 발치와 편도절제를 행했을 때의 효과에 관한 것이었지만, 그후 12개월 동안 코플로프와 커비는 범위를 더 확대하여 공격적으로 개입했다. "치아, 편도, 부비강, 생식기관에 대한 수술과 관련해서 우리는 감염이 조금이라도 의심되면 외과적 조치를 취하는 것을 주저하지 않았습니다. 우리가 수술을 실시한 많은 사례와 관련해서 우리의 고문들은 그들 자신이 평범한 진료를 하는 경우라면 그런 사례에 수술을 적용하지 않을 것이라고 조언했습니다."[31] 코플로프와 커비는 58명의 환자를 수술하여 치아 253개를 뽑고, 편도를 잘라냈다. 심지어 과거에 편도절제술을 받아 "편도 조직이 조금만 남아 있고…… 수술을 요구하는 국소적 증상이 사실상 없는" 환자들도 "가능한 감염 원천을 다 제거하여 우리에게 부과된 철저한 요구사항을 충족시키기 위해" 편도절제술을 실시했다.[32] 그들은 다른 부위도 열심히 공략했다. "자궁경부에 대한 스투름도르프 원추절제술"을 실시했고 "위장관에도 특별한 주의를" 기울였다.[33](실험 결과의 건전성에 대한 신뢰를 더욱 강화하기 위해 커비는 토론시간에 자신이 최고의 전문가들에게 폭넓은 조언을 받았다고 밝혔다. "우리는 뉴욕에서 가장 유능한 전문가들의 도움을 받는 행운을 누렸습니다. 그러므로 우리는 진단과 수술 작업이 면밀하고 철저하게 이루어졌다고 생각합니다."[34]) 코튼은 그들이 결장 수술을 실시하지 않았다는 반론을 제기할 수도 있을 것이라고 커비와 코플로프는 인정했다. 그러나 "트렌턴 주립병원에서 1918년~1919년에 그 수술을 담당한 제롬 린치 박사가 우리 환자들에게는 결장절제술이 필요치 않다고 조언했기 때문에 그 수술은 실시하지 않았습니다."[35] 뿐만 아니라 코튼 자신이 〈신경학과 정신의학 자료집〉 3월호에서 제시한 설명에 따르면, "(트렌턴에서) 현재까지 실시한 결장절제술 사례는 150건이 넘습니다. 그 작업의 결과로 최소한 25명의 환자가 (드레이퍼의) 솜씨 덕분에 치유되었습니다."[36] 그러나 이 25건은 코튼이 주장한 1,000 건 이상의 치유 사례 중 2~3퍼센트에 불과했고, "코튼이 주장한 85퍼센트의 회복률과 우리가 도달한 15퍼센트 이하의 회복률 사이의 커

다란 간극"을 설명하는 데 거의 도움이 되지 않았다.[37]

그리고 적어도 커비와 코플로프가 보기에는 이 점이 문제의 핵심이었다. 장소를 불문하고 패혈증을 찾아내 제거하기 위해 그들이 기울인 성실한 노력은 성과가 없었다. 조울병 환자들은 수술군과 대조군의 회복률이 동일했고, 조발성 치매 환자들은 "수술군의 호전율이 대조군의 호전율보다 약간 낮았다. 즉 전자가 18퍼센트, 후자가 25퍼센트였습니다."[30] 더 나아가 "우리의 관찰은 모든 회복 사례에서 회복은 치료가 시작되기 전에 이미 예상된 일이었습니다. 예후가 안 좋았던 사례에서는 회복이 1건도 일어나지 않았습니다. 오직 1건에서 약간의 호전이 일어났을 뿐입니다."[39] 이제 "국소 감염에서 유래한 특수한 세균 독소와 기능성 정신병 사이에 아무런 인과관계가 없다는" 사실을 확신한 두 사람은 "연구를 종료합니다." 하고 선언했다.[40]

퀘벡 모임을 소란스럽게 한 길고 열렬한 토론에 비교할 때 커비의 발표에 이어진 토론은 눈에 띄게 미미했다. 소수의 청중만 용기를 내어 발언했고, 그들의 의견은 거의 같았다. 짐작할 수 있듯이 클래런스 체니는 과거의 동료들이 자신이 시작한 연구를 이토록 확실한 결론으로 이끈 것을 축하했다. 로드아일랜드에서 온 병리학자와 뉴저지 에식스 군 정신병원에서 온 또 다른 병리학자는 자신들의 독자적인 실험에 근거를 두고 코플로프와 커비의 연구 결과를 승인했다. 그러나 이 두 사람은 자신들의 연구는 훨씬 덜 엄밀하고 덜 확정적이었다고 덧붙였다. 로드아일랜드의 해럴드 고슬라인은 치료와 병인 확인의 차이를 강조하면서 "감염을 제거했는데도 환자가 치유되지 않았다는 사실은 그 감염이 정신병의 원인이 아니라는 증거가 아니"라고 주장했다. 왜냐하면 그 환자는 이미 "너무 많은 손상을 입어 회복이 불가능한 상태"일 수도 있기 때문이다.[41]

그러나 그의 견해는 이 날 커비와 코플로프의 발표에 대하여 제기된 거의 유일한 반론이었다.

필라델피아의 에드워드 스트레커는 특히 후한 칭찬을 쏟아냈다. 그는 코플로프 박사의 연구를 자세히 검토했고, "나는 그가 오늘 내린 결론이 놀랍지 않습니다." 그 연구는 매우 "시기적절합니다. 왜냐하면 지난 1년 동안 병원이나 상담소에서 일하는 모든 신경정신과의사들은 단 하루도 빠짐 없이 정신병 환자의 국소 감염을 제거하는 치료법을 쓰는 것이 바람직하지 않겠냐고 묻는 사람들을 만났을 것이기 때문입니다. 또 그 치료법은 상당한 인기를 획득했습니다. 따라서 그 치료법을 신뢰하지 않는다는 단순한 말로는 부족한 상황이 되었습니다." 그는 안도의 심정을 숨기지 않으면서 국소 패혈증에 대한 열광이 종말을 고했다고 선언했다. "코플로프 박사와 커비 박사의 발표는 손에 땀을 쥐게 하던 긴 이야기의 마지막 장章이 될 것입니다."[42]

그러나 그것은 아주 틀린 평가였음이 드러나게 된다.

---

1 "Notes and Comment : the Seventy Eighth Annual Meeting of the American Psychiatric Association," *American Journal of Psychiatry* 79(1922), 108~9쪽.

2 같은 곳, 110쪽.

3 같은 곳.

4 같은 곳, 111쪽.

5 코튼이 마이어에게 1922년 6월 20일에 보낸 편지, Meyer Papers, CAJH I /767/18.

6 마이어가 코튼에게 1922년 6월 22일에 보낸 편지, Meyer Papers, CAJH I /767/19.

7 Frankel, "Study of 'End Results'."

8 Cotton, "Oral Diagnosis," 4쪽, 10쪽.

9 "오늘날의 치과의사는 건강한 사람을 다룰 때 특히 주의해야 한다. 왜냐하면 우리 환자들의 다수가 정신적 증상이 발생하기 5년에서 10년 전에 완벽하게 건강했을 때 설치한 그릇된 치과 보조물을 가지고 있다는 점을 기억해야 하기 때문이다. 이 때문에 생명을 잃은 치아를 보존하려는 관행 일반이 저주스럽다." 같은 곳, 4쪽.

10 코튼이 헨리 J. 퍼날드에게 1922년 12월 8일에 보낸 편지, TSH Archives.

11 가볍게 제기된 몇몇 비판을 보려면, 에컨대 Albert M. Barrett, "Presidential Address : The Broadened Interests of Psychiatry," *American Journal of Psychiatry* 79(1922), 10쪽 ; the unsigned editorial, "State Hospital Physicians and the Recognition and Diagnosis of Physical Disorders in their Patients," *American Journal of Psychiatry* 79(1922), 346~8쪽 ; C. McFie Campbell, "The Psychoneuroses," *American Journal of Psychiatry* 79(1922), 369쪽 ; H. W. Mitchell, "Presidential Address," *American Journal of Psychiatry* 80(1923), 4~5쪽을 참조하라.

12 루이스는 이 비판에 경악하면서 신임 병원장 마커스 커리에게 모든 노력을 다하여 그의 의료진을 "협력하도록" 만들라고 지시했다. "그곳에 여러 해 있었고 새로운 의료활동의 필요성을 매우 자연스럽게 의문시하는" 자들의 본성적인 보수주의가 진보의 행진을 가로막게 놔둘 수는 없다는 것이었다. Burdette G. Lewis, "Log," December 21, 1922, Lewis Papers, New Jersey State Archives.

13 E. D. B(rush), "Review of *The Defective Delinquent and Insane*," *American Journal of Psychiatry* 79(1922), 124~5쪽.

14 이 학회는 〈신경질환과 정신질환 저널〉의 편집자 스미스 엘라이 젤리프가 정신분석학을 받아들이자 그 학술지와의 관계를 끊었다. 신체에 중심을 둔 주류 신경학자들은 정신분석학을 사이비 과학으로 여겼다.

15 (Edward) Strecker, "Abstracts from Current Literature," *Archives of Neurology and Psychiatry* 9(1923), 223~7쪽.

16 Smith Ely Jelliffe and William Alanson White, *Diseases of the Nervous System: A Textbook of Neurology and Psychiatry* 4th ed.(Philadelphia and New York : Lea and Febiger, 1923), 752쪽.

17 이 두 사람이 주고받은 편지는 마이어의 문서에 포함되어 보존되었다. CAJH I/2110/2~3.

18 같은 곳. 이 문서철에는 마이어가 연필로 초안을 잡았으나 부치지 않은 편지들이 다수 들어 있다. 하지만 두 사람은 결국 만나 대화를 나눴고, 커비는 마이어의 바람을 수용했다.

19 커비가 마이어에게 1917년 10월 25일에 보낸 편지 ; 커비가 마이어에게 1918
년 11월 26일에 보낸 편지 ; 마이어가 커비에게 1918년 12월 2일에 보낸 편
지 ; 마이어가 커비에게 1920년 1월 30일에 보낸 편지, Meyer Papers, CAJH
I/2110/9 and I/2110/12. 마이어는 뉴욕 정신병원 시스템의 문제를 잘 알
고 있었지만, 대안에 대하여 낙관적인 입장이 아니었다. 그는 커비의 결혼 계
획을 듣고 또 한 번 인종주의적 선입견을 드러냈다. "우스터의 식물은 오로지
뉴잉글랜드 사람에게 이상적이지. 뉴아일랜드에 압도된 감소하는 인종이라?
아무튼 썩 내키는 일은 아니네." 마이어는 자신의 개인 사정에 대해서 이렇게
전했다. "지출이 많아. 유동적인 수입에 침착하고 지혜롭게 대처해야 하는 반
면, 지출에 대해서는 그 안정성을 확신할 수 있네……. 나 자신의 정신적 평
화를 위해 나는 우스터를 선택해야 하네……. 선교 정신과 더 큰 가능성들이
나를 그 병원에 붙들어둘 것이야." 마이어가 커비에게 1918년 12월 2일에 보
낸 편지.

20 코튼이 마이어에게 1923년 5월 16일에 보낸 편지, CAJH I/767/19.

21 Nicholas Kopeloff and G. Kirby, "Focal Infection and Mental Disease,"
American Journal of Psychiatry 80(1923), 149쪽.

22 같은 곳, 169쪽.

23 같은 곳, 190쪽.

24 같은 곳, 171쪽.

25 같은 곳, 186쪽.

26 같은 곳, 186~7쪽, 190쪽.

27 같은 곳, 190쪽.

28 이 대목에서 그들은 코플로프가 과거에 쓴 상세한 논문을 언급했다. 그 논문
은 Nicholas Kopeloff, "Studies in the Rehfuss Fractional Method of Gastric
Analysis Applied to the Psychosis," *New York State Hospital Quarterly*
7(1922), 326~416쪽이다.

29 Kopeloff and Kirby, "Focal Infection," 187~8쪽.

30 같은 곳, 191쪽.

31 같은 곳, 193쪽.

32 같은 곳, 166쪽.

33 같은 곳, 170쪽.

34 같은 곳, 193쪽.

35 같은 곳, 170쪽.

36 Henry A. Cotton, "Discussion," *Archives of Neurology and Psychiatry*
9(1923), 392~3쪽 ; 같은 곳, 170쪽.

37 같은 곳, 171쪽.

38 같은 곳, 163쪽.

39 같은 곳, 166쪽.

40 같은 곳, 169쪽, 191쪽. 그러나 커비 역시 정신장애에 대한 신체적 치료법을 찾아낸다는 생각에 매력을 느꼈다는 점을 간과하지 말아야 한다. 그의 병원은 폰 야우렉의 진행마비에 대한 말라리아 치료법을 최초로 실험한 미국 병원 중 하나였다. 또 그는 국소 감염론을 배척한 후에 바르비투르염(barbiturates, 진정, 수면제—옮긴이)을 이용한 지속 마취, 호르몬 제제 투여, 산소 주입, 스트리크닌 투여를 실험했으나 성과를 거두지 못했다. Walter Bromberg, *Psychiatry Between the Wars: A Recollection* (Westport, Conn. : Greenwood, 1982), 70~1쪽 참조.

41 Kopeloff and Kirby, "Focal Infection," 194~7쪽.

42 같은 곳, 192쪽.

광기 제국의 절대자

  헨리 코튼은 1923년 6월 디트로이트의 열기 속에서 땀을 흘린 정신과의사들의 무리 속에 끼어 있지 않았다. 코튼이 없었으므로, "나를 잡으려고 발벗고 나선"[1] 사람들이라고 코튼이 표현한 그 정신과의사들은 그가 틀림없이 제기했을 시끄러운 반론을 듣지 않아도 되었다. 그러나 그의 부재는 그 모임 전체의 격을 대폭 떨어뜨렸다. 코플로프와 커비의 논문이 생각보다 적은 관심을 받은 것은 아마도 그 때문이었을 것이다. 그들이 뉴욕에서 행한 연구에 관한 첫 번째 발표는 1922년 미국 정신의학회 모임의 핵심이었던 반면, 더 큰 파괴력을 발휘할 수 있는 두 번째 발표는 그보다 적은 관심을 받았고, 훨씬 적은 토론을 유발했다. 그 발표는 곧이어 〈미국 정신의학 저널〉에 실린 연례회의 요약문에도 언급되지 않았다. 마치 유령이 등장하지 않는 〈햄릿〉 공연처럼 코플로프와 커비의 발표는 코튼의 호전적인 성품과 공격적인 태도가 제공하는 불꽃놀이가 없자 거의 용두사미가 되었다.

코튼이 그 모임에 없었던 것은 그가 정면대결을 피하는 성격이어서가 결코 아니었다. 단지 그는 그의 찬란한 성취를 인정하려는 경향이 더 큰 청중 앞에서 연설하는 일이 더 급했을 뿐이었다. 북아메리카의 정신과의사 동료들이 "덥고 습한 날씨 때문에 불편하고 산만했던 모임"[2]을 견디면서 시원한 바닷바람 부는 애틀랜틱시티에서 열릴 1924년 모임을 애타게 상상하고 있는 동안, 코튼은 영국으로 향하는 여객선을 타고 있었다.

런던으로 와서 영국 및 아일랜드 의학-심리학회 본회의에서 국소 패혈증의 발견과 치료에 관한 혁신적인 성취에 대하여 연설을 해달라는 공식 요청이 트렌턴의 코튼에게 전달된 때는 그 해 봄이었다. 코튼은 주저 없이 요청을 받아들였다. 영국의 여러 의사와 외과의사 들이 감염과 정신병의 연관성을 의심하고 있다는 사실을 그는 알고 있었다. 또 대서양 건너편에서 더 많은 추종자를 얻을 수 있으리라는 희망을 품는 것은 최근에 그가 미국에서 맞닥뜨린 비판 공세를 잠시 잊게 해주는 고마운 일이었다. 코튼의 아들인 아돌프 마이어 코튼은 5월 말에 자신과 아버지가 아돌프 마이어에게 가려고 준비했다고 기록했다. 그리고 코튼 부자는 런던에 도착하여 그 위대한 인물을 보리라는 기대에 부풀어 6월 23일에 출항했다.[3]

코튼을 초빙하는 일을 적극 추진한 인물은 영국 제2의 도시인 버밍엄에 있는 러버리 힐 수용소와 홀리무어 수용소의 소장 토머스 시버스 그레이브스Thomas Chivers Graves였다.[4] 폴리머스 형제회 소속의 가난한 순회 Plymouth Brethren(1820년대 아일랜드와 영국에서 시작된 기독교 복음주의 운동 조직-옮긴이) 목사의 아들인 그레이브스는 외과의사가 되기를 원했지만, 형편이 열악해 의학이 아니라 수의학을 공부해야 했고, 그래서 처음에는 동물을 수술하는 일을 했다. 그러나 그는 대단한 재능의 소유자였기에 얼마 후 의과대학의 장학금을 획득했다.

그의 어린 시절의 꿈이 곧 실현될 것처럼 보였다. 그러나 1차 세계대전이 외과를 전공하려던 그의 계획을 뒤틀어버렸고 그의 30대 시절을 앗아갔다. 그는 군대에서 상관의 딸과 결혼하여 곤란을 벗어날 수 있었다. 그러나 처지가 나아지고 나자 그는 가장 재능 있는 학생조차도 불확실하고 유동적인 수입에 의존하여 버텨야 하는 몇 년 동안의 외과의사 수련기간을 보낼 엄두가 나지 않았다.

아무튼 전쟁 덕분에 그는 현실과 만났고, 그 현실은 그의 직업 선택을 극적으로 바꿔놓았다. 1차 세계대전 중에 군의관으로 일하면서 그는 수많은 다른 의사들과 마찬가지로 포탄 쇼크 환자들을 다루어야 했다. 20세기 초 영국 정신의학은 정신장애를 기질氣質적으로 설명하는 경향이 있었다. 그러한 편견과 선호는 군인들이 참호 전투의 공포에 짓눌려―환각, 마비, 실어증, 심인성 시각 상실, 정서적 혼란을 겪는―정신적인 파멸자로 돌변하는 것을 목격하면서 어느 정도 흔들리게 되었다. 그러나 정신적 괴멸에 대한 정신역동학적 설명은 전혀 보편적인 지지를 받지 못했다. 많은 사람들은 유전적 결함과 물리적 충격, 신경학적 손상이 개별적으로 또는 조합되어 문제를 야기한다고 믿었다.5 이 설명에 따르면 포탄 쇼크에 걸린 군인들은 민간인 정신병자와 마찬가지로 신체적으로 병들었거나 생물학적으로 퇴화된 개체이며, 그들의 정신 문제는 더 깊은 물리적 결함의 반영일 뿐이었다. 그레이브스는 이 견해가 심리학적 설명보다 더 그럴듯하다고 생각했다. 그는 모든 병의 뿌리가 신체에 있고, 유일한 "진짜" 치료법은 수술이라고 확신했다.6

그레이브스가 정신과의사가 되기로 결심한 것은 의심의 여지 없이 전쟁 중의 경험 때문이었다. 물론 정신의학계가 최소한 안정된 직장과 수입을 확보할 전망이 있다는 판단도 그 결심에 영향을 미쳤다.7 정신의학에 대한 그의 경험은 일천했음에도, 그의 훌륭한 의학 성적표와[8] 전쟁 중의 군의관 경력 덕분에 그는 보통 병원장이 되기 위한 전제조건인 고되고 비굴한 조력 의사 생활을 거치지 않고 최고의 정신과의사의 자리에 앉을 수 있었다.[9] 그레이브스는 제대하자마자 헤리퍼드 군립 수용소 소장이 되었고, 1년이 채 지나기 전에 그보다 더 명예롭고 이권이 큰, 버밍엄 소재 러버리 힐 수용소와 홀리무어 수용소의 소장직을 꿰찼다―두 직책 모두 조력 정신과의사들이 수십 년 동안 갈구하는 정신의학계의 찬란한 목표였다. 그러나 그레이브스 정도의 에너지와 야심을 가진 사람이 일반적으로 의학계의 낙후지역으로 여겨지는 전공분야에 묶여 수용소의 농장을 감독하고 하수구를 관리하고 불필요한 인간들의 창고에서 벌어지는 판에 박힌 일상을 주재하는 일이나 하고 있는 것은 분명 바람직하지 않았다. 그런 일은 그레이브스 정도의 열정과 심미안을 가진 사람이 평정을 유지하면서 수행할 만한 일이 아니었고, 그레이브스는 얼마 지나지 않아 마치 겉만 번지르르한 괴상한 마을을 다스리는 해임된 관리처럼 느껴지는 자기 자신에 만족할 수 없게 되었다.

그레이브스는 에너지와 열정을 수용소에 들여왔다. 그리고 "정신의학의 관행에 병리학 연구와 의학의 기초 원리를 도입하겠다는 결심"을 들여왔다.[10] 당대의 다른 병원장과 마찬가지로 그는 자신의 열정과 생각을 상당히 자유롭게 실천에 옮길 권한이 있었다. 병원장은 왕까지는 아니더라도 자신이 지배하는 인위적이고 폐쇄적인 공동체 안에서 거의 독재적인 권력자였고, 그레이브스는 장대한 기골(키가 186센티미터였다.)과 오만하고 카리스마적인 성품으로 자신에게 주어진 명목상의 권위를 유감 없이 휘둘렀다.[11]

그레이브스가 러버리 힐에 부임한 후 처음 몇 달은 전쟁 중에 군병원으로 개조되었던 시설을 다시 정신병원으로 복원하는 일로 지나갔다. 그레이브스는 병원의 물리적 토대를 개선하고 확장하는 일을 1920년대 내내 주요 과업으로 수행하게 된다. 거주자는 전혀 없이 거의 거주를 할 수 없는 건물만 있는 병원을 떠맡은 그는 1921년 초까지 560명의 환자를 다시 채웠고, 1925년까지 새로운 주간 휴게실과 다수의 방갈로식 병동을 홀리무어와 러버리 힐 모두에 추가했다.[12] 행정가로서 상당한 재능을 지녔던 그레이브스는 자신의 지위를 마음껏 누리며 직원과 환자 들을 지배했고, 사람들의 시선을 받을 기회를 적극 활용했다. 동료 정신과의사들 앞에서는 풍부한 슬라이드 사진과 통계표를 동원하여 강연했고, 길버트w. s. Gilbert와 설리번Arthur S. Sullivan의 작품(작사가 길버트와 작곡가 설리번은 1871년~1896년에 영국에서 14편의 희극 오페라를 함께 만들었다 – 옮긴이)을 수용소에서 공연할 때 주역을 맡았으며, 매년 "병원의 크리스마스 쇼에서 푸바〔길버트와 설리번 합작의 희가극 〈미카도The Mikado〉에 등장하는 인물의 이름 – 감수자〕 역을 맡았는데, 여러 번 박수가 터져나와 공연이 중단되었다."[13] 심지어 그는 부농富農 노릇도 했다. 당대의 병원 대부분이 그랬듯이 그의 병원도 부속 농장을 가지고 있었다. 그 농장에서 산출된 우유와 버터, 고기, 달걀은 1922년에 7,500파운드 이상의 가치에 달했다. 그레이브스가 받았던 수의사 수련이 정식으로 빛을 발했던 셈이다.

하지만 30년 동안 지속된 그레이브스의 정신과의사 생활에 더 뚜렷한 특징을 부여한 것은 그의 외과의사 경력이었다. 정신역동에 경도된 정신의학은 전쟁 중과 후에 괄목할 만한 발전을 이루어 혹독한 비판과 노골적인 반감을 전보다 덜 받게 되었지만, 주류 정신의학계는 여전히 해묵은 혐오와 불신을 거의 누그러뜨리지 않았다.[14] 그레이브스는 "유년기에 경험한 좌절의 역사"를 정신장애의 원천으로 보는 이론에 큰 기대를 걸지 않았고, 그로 인해 주류 정

현대 정신의학 잔혹사

러버리 힐 수용소와 홀리무어 수용소의 소장이었던 토머스 시버스 그레이브스가 병원에서 공연된 길버트와 설리번의 작품에 플라자 토로 공작으로 분장하고 등장한 모습 그레이브스는 오랫동안 소장으로 재직하는 동안 다양한 역할로 고분고분한 의료진과 환자들의 주목을 받았다.

신의학계의 견해에 자신을 동화시킬 수 있었다.[15] 1922년에 그는 정신역동적 설명을 더 확실하게 반박하기 위하여 정신질환의 원인에 관한 전혀 다른 설명을 글과 말을 통해 제시하기 시작했다. 그의 설명은 처음부터 정신의학계 전반의 주요 인물들과 동료 의사들에게 공감을 얻었다. 또 그 설명을 근거로 그레이브스는 수술에 대한 수련과 애호를 그의 수용소 업무와 직접 연결했다.

그레이브스는 1922년 〈란셋Lancet〉(영국에서 나오는 유명한 의학 저널─옮긴이)에 논문을 발표하여[16] 처음으로 자신의 견해를 발표했고, 이후 헨리 코튼의 것과 기본적으로 동일한 이론을 점점 더 공격적으로 펼쳐갔다. 정신장애는 자가중독auto-toxicity의 산물이라는 것이 그 이론의 요점이었다. 또 그 자가중독은 방치된 만성 감염이 다양한 장기에 있기 때문에 발생한다고 그레이브스는 믿었다. 그가 처음부터 시인했듯이, 이 가설은 전혀 새로운 것이 아니었다. 이와 유사한 추측이 이미 1860년대에 있었다. 그리고 1922년 에든버러에서 열린 의학-심리학회 연례 모임에서, 정신장애의 발생에서 세균에 의한 뇌 중독의 중요성에 대한 그레이브스의 견해는 에든버러 왕립병원의 유력한 의사인 챌머스 왓슨으로부터 전폭적인 지지를 받았다.[17] 이 이른 시기에 그레이브스는 연구를 통해 "지속적인 정서 문제와 특히 아래턱과 같은 단단한 조직에 발생하는 만성 패혈증 사이에 임상적으로 중요한 연관성이 있음을 입증할 수 있습니다." 하고 강조했다.[18] 반면에 왓슨은 "창자 내부의 과도한 부패"를 최소한 구강 내 부패 못지않게 강조했고, 거의 성인으로 추앙받는 리스터를 들먹이면서 "모든 정신장애에 대한 연구에서 일반 의학의 관점을 더 강화하고, 현대적인 시각과 지식을 가진 의사들이 하는 것처럼 현대적인 검사 방법을 총동원하는 것이 오늘날 절박하게 필요합니다." 하고 청중에게 호소했다.[19] 그러나 두 사람은 광기가 간단히 물리적 원인에서 유래한다는 믿음과 비교적 간단한 치료법을 공유하고 있었다. 또 왓슨은 일반의로서 정신의학계와 공식적인 관련이 전혀 없었고, 그레이브스 역시 (약 40년 후 그의 사망 기사를 쓴 필자에 따르면) "(그 자신이 이해한) 현대의학의 병리학 연구와 기초 원리를 정신의학계의 관행에 도입하려는 야심"을 지닌, 정신의학계의 변방에 있는 인물이었다.[20]

그레이브스는 자신이 수행하는 실험적 연구에 대한 챌머스 왓슨의 지지를 반갑게 받아들였다. 하지만 그를 더 많이 고무시킨 것은 고름 감염을 더 철저히 공격할 때 일어나는 효과에 대한 헨리 코튼의 충격적인 주장이었다. 동료 정신과의사들이 1923년 7월 런던에서 연례 모임을 갖기 훨씬 전부터 그레이브스는 미국에서 오는 코튼이 주요 연설을 할 수 있도록 모임 일정을 짰고, 그 자신도 자신의 병원에서 치과 수술을 통해 얻은 결과를 담은 논문을 써서 발표할 계획을 세웠다. 이미 1900년에 "리스터 소독법"의 원리를 의학 일반에 적용할 것을 촉구했고 정신장애를 비롯한 다양한 질병이 국소 감염에서 유래한다고 주장한 외과의사 윌리엄 헌터도 코튼의 연설에 주의를 기울일 것을 주최측에 강조했다.[21] 의학−심리학회 회장인 에든버러 대학의 조지 로버트슨 교수가 국소 감염 가설에 대체로 공감한다는 것은 이미 널리 알려진 사실이었으므로, 코튼이 영국에서 만난 청중은 미국 청중보다 훨씬 더 우호적이었다. 그는 7월 11일에 캐번디시 광장 인근의 런던의학회 회의실을 가득 메운 청중 앞에서 자신의 병리학적 발견과 극적인 성과를 거둔 치료법에 관하여 긴 연설을 했다.

미국이 독립을 선언하기 3년 전에 건축된 의학회 회의실은 런던에서 가장 멋지다고 할 수 있는 팔라디오 양식의 광장에서 북쪽으로 조금 떨어진 곳에 있었다. 당시에 그 지역은 여전히 부유한 지주 귀족들의 저택이 밀집한 곳이었다. 의학−심리학회는 아직 독자적인 건물이 없었기 때문에 비교적 덜 화려하지만 그래도 고전풍으로 지어진 3층 건물인 렛섬하우스Lettsom House에서 정기적으로 모임을 가졌다. 그 건물의 모방한 듯하면서도 어딘가 퇴색한 느낌의 장엄함은 영국 의학의 서자로서 정신의학의 지위를 떠올리게끔 했다. 하지만 식민지에서 과학적 혁신을 한아름 품고 온 코튼에게 그 귀족적이고 구세계적인 무대와 깨끗이 차려입고 모인 영국 정신과 의사들은 정말 멋진 만남의 대상이었다. 그는 자신을 초빙한 그들에게 진심어린 감사의 인사를 했다.

아주 이상하게도 그 모임은 코튼이 불참한 디트로이트 모임을 전혀 예기치 못한 측면에서 연상시켰다. 런던은 7월 6일에 시작된 유별난 더위가 아직 가시지 않은 상태였다. 낮기온은 33도 이상까지 올라갔다.[22] 게다가 참기 힘들 정도로 습한 날씨였다. 7월 9일 밤에는 20세기 들어 가장 격렬하고 긴 폭풍우가 자정 직전부터 몰려와 억수같이 비가 내리고 쉴새없이 번개가 쳐 밤하늘이 6시간 동안 환했다. 어떤 사람의 기록에 따르면, 그 날 런던에서 서쪽으로 조금 떨어진 첼시에서는 6,294번 번개가 쳤다. 1분에 18번씩 쳤다는 얘기다. 그리고 코튼의 연설이 있기 전날 밤엔 그보다 더 심한 폭풍우가 몰아쳐 오랫동안 번개가 번쩍였다.[23] 뉴저지 주의 무더위에 익숙한 코튼은 영국 정신과의사들보다 덜 힘들었을 것이 분명하다. 그러나 의학회 회의실의 상태로 말미암아 사태는 더욱 심각해졌다. 꽤 웅장한 회전 계단을 끝까지 올라 문을 열면 나오는 그 방은 아주 멋있었다. 벽은 의학계의 유명 인사들과 그 부인들의 빅토리아풍 초상화로 덮여 있었고, 오크로 된 인상적인 연사용 탁자가 세워져 있었고, 높고 둥글고 금박을 입힌 천장을 화려한 코린트식 기둥들이 받치고 있었다. 헌데 환기구가 양쪽 측면 벽 높은 곳에 뚫린 대여섯 개의 작은 아치형 창문밖에 없었다. 그 정도의 설비로는 기후가 아주 좋을 때에도 부족할 듯했다. 특히 런던을 엄습한 이 찌는 듯한 더위에는 부족하기 짝이 없었다. 그 날의 회의 기록조차 참석자들이 감내해야 했던 "심한 더위"를 언급할 정도였다. 그런데도 광기를 고치는 열쇠를 가졌다고 주장하는 사람의 연설에 대한 호기심 때문에 수많은 청중이 모여들었다.[24]

코튼은 청중을 실망시키지 않고, 정신적으로 병든 자들과 그들을 고친다고 주장하는 자들의 미래를 바꿔놓은─그는 몰두한 청중에게 그렇게 말했다─혁명적인 발견에 관하여 차트와 슬라이드를 동원한 긴 연설을 했다. 1시간 넘게 연설이 계속되는 가운데 병든 결

렛섬하우스의 회의실 이곳은 런던의학회의 본부로, 코튼이 1923년 7월의 어느 무더운 날에 국소 감염과 정신의학에 관한 강연을 한 장소이다. 코튼의 연설을 들으려 이 방에 모인 청중을 위한 환기시설은 측면 벽 높은 곳에 뚫린 작은 창문들뿐이었다.

장과 위장관 전체를 보여주는 멋진 X선 사진들이 청중 앞에 걸린 스크린에 빛났다. 그것은 사반세기가 세 번 지난 후에 의학과 관련한 발표 현장에서 일상화될 기술이었지만 당시로서는 매우 새로웠다. 썩어가는 치아의 사진과 내장 속에 있는 해로운 세균에 관한 차트는 코튼이 펼치는 승리의 동화에 과학적 실체를 제공한 기법과 실험실 분석의 생생한 증거였다. 그리고 그 모든 증거를 종합한 포스터 크기의 여성 토르소 사진이 제시되었다. 그녀의 몸은 광기를 유발하는 "국소 감염"이 은밀히 숨을 수 있는 장소들을 보여주는 지도로 꾸며져 있었다.

새롭고 호의적인 청중에게 연설할 기회를 얻자 코튼의 자신감과 무대 체질은 거침없이 발산되었다. 먼저 국소 감염론이 영국에서

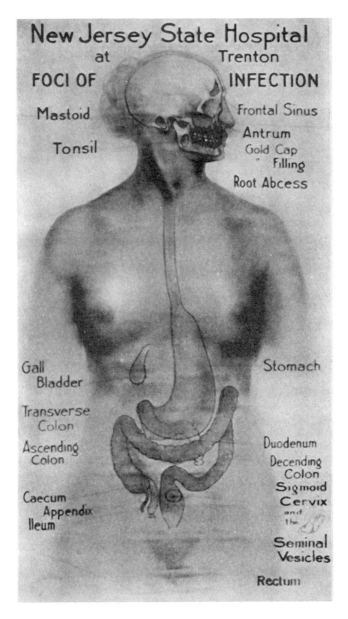

국소 패혈증이 발생하는 자리들 코튼은 국소 패혈증이 숨어 있으면서 전신으로 독소를 확산하여 광기를 일으킬 수 있는 구석진 장소들을 보여주기 위해 이 그림을 여러 번—뉴올리언스에서 열린 미국 의사협회, 1923년의 런던 강연, 그리고 여러 논문에서—사용했다.

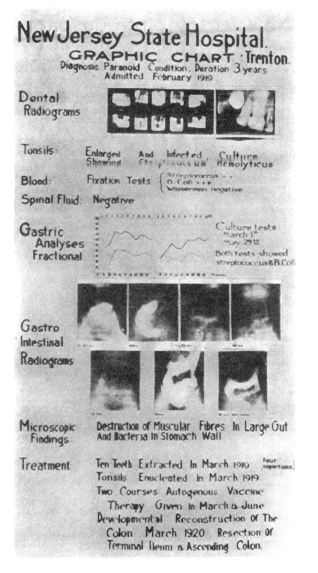

정신병 치료 : 트렌턴 주립병원에서 편집병 진단을 받은 어느 환자의 차트 의료진은 패혈증을 찾아내기 위해 치아 X선 검사, 편도 조직 배양, 요추를 통한 뇌척수액 채취, 혈액에 대한 매독균·대장균 감염 검사, 뇌척수액 성분 분석, 바륨 관장을 이용한 장관 X선 촬영, 대장벽과 위벽에 대한 현미경 검사를 했다. 치아와 편도와 결장의 제거에 관한 기록도 포함한 이런 방대한 글과 사진을 보며 일반 독자는 환자에 대한 검사와 그에 따른 "외과 세균학"의 조치가 얼마나 광범위하고 철저했는가를 여실히 느꼈다.

유래했다는 말로 청중에게 아부한 그는 정신질환자가 지닌 국소 감염에 대한 전면적인 공격이 가져온 효과를 입에 침이 마르게 찬양하기 시작했다. 그는 청중에게 "패혈증과의 전쟁"에 참여하고 "항패혈증 의학"—코튼은 이 개념이 윌리엄 헌터에서 유래했다고 말했다—을 지지할 것을 촉구했다. 1910년대에 선지적인 헌터는 "'항패혈증 의사'라는 직함이 훌륭한 의사라는 호칭처럼 분명한 의미를 가질 날이 빠르게 다가오고 있다. 그 직함은 '항패혈증 외과 의사'만큼 명예로운 호칭이 될 것이다. 그 직함이 함축하는 지식과 관점이 의학에서 패혈증의 중요성과 관련하여 좋은 의사가 갖추어야 할 최고의 덕목으로 여겨지게 될 것이다."라고 예언했다고 코튼은 청중에게 상기시켰다. 정신의학계가 "이 원리 선언"을 수용할 때가 왔다고 코튼은 확신했다.[25]

이어서 코튼은 자신의 정신의학 연구로 화제를 돌려, 본인은 독일에서의 수련을 통해 "정신장애의 원인"을 "기능적인 관점이 아니라 기질적인 관점에서" 탐구해야 한다는 확신을 더욱 강화할 수 있었다고 밝혔다. "(코튼은) 이 연구에서 상당히 고립되어 있었습니다. 왜냐하면 그 견해는 당시의 정신의학적 가르침에 반대되었기 때문입니다." 그의 고국에서는 심지어 진실에 대한 저항이 아직도 거세었다. "정신과의사들의 대다수"는 "지난 5년 동안 발표자가 쓴 많은 논문에 담긴 원리와 실천을 수용하는 것을 방해하는" 낡은 이론과 사상에 여전히 매달렸다. 이어서 그는 논점을 강조하기 위해 '나'라는 호칭을 직접 써서 다음과 같이 말하며 연설의 도입부를 마무리했다. "말할 필요도 없겠지만, 나는 많은 영국 정신과의사들이 그런 선입견 없이 우리의 이론에 진지한 관심을 기울인다는 것을 알고 매우 감사하게 생각했습니다."[26]

코튼이 청중에게 밝혔듯이, 그는 1907년부터 1916년까지 대뇌 피질의 병소를 그 원인이 되는 신체적 과정과 연결하려 노력했고, 결국 "내분비샘의 문제"를 탐구했다. "그러나 불행히도 5년 동안 그 연구를 했음에도 우리는 어떤 결정적인 성과도 산출할 수 없었습니다. 내분비샘 치료법은 실패했습니다." 마침내 1916년에 "우리는 가능한 원인으로 만성 패혈증에 관심을 두게 되었습니다." 그레이브스와 마찬가지로 코튼은 "자연스럽게 우리의 최초 작업은 감염된 치아에 국한되었습니다." 하고 공언했다. 그러나 처음 결과는 좋지 않았다. "처음 50건의 발치 사례에서 아무 성과도 얻지 못했습니다." 그러나 코튼은 실망하지 않았다. 1917년에 편도절제를 실시한 것을 시작으로 패혈증과의 전쟁은 곧 다양한 부위로 확대되었다. "우리의 환자들이 지닌 모든 만성 국소 패혈증을 말 그대로 '청소'하기 위한" 전면전이 시작된 것이었다.[27] 부비강, 편도, 위, 쓸개, 결장, 자궁경부, 정낭 등이 은밀히 만성적인 감염을 가지고 림프계와 혈류에 독소를 확산시켜 뇌를 중독시키는 부위가 될 수 있었다. 이 부위에 외과의사의 칼이 필요했다.

그리고 패혈증에 대한 그런 거침없는 탐색과 제거의 대가로 행복하게도 매우 긍정적인 성과를 거두었다. "우리의 회복률은 37퍼센트에서 85퍼센트로 향상되었습니다."[28] 이 모든 효과는 최신 현대의학의 과학적 진보에 의존한 것이었음을 코튼은 강조했다. 위 분석과 혈청학, 세균학 연구와 X선, 혈청과 백신, 무엇보다도 현대적인 무균 수술의 기적에 의존한 것이었다. 왜냐하면 오직 외과의사의 칼과 치과의사의 집게만이 성공적인 "해독解毒"을 보장할 수 있기 때문이었다. 청중은 아마도 코튼이 오랫동안 영국 정신의학계가 선호해온, 정신장애를 유전적 결함론으로 설명하는 태도에 대하여 퍼붓는 조롱에 약간 불쾌감을 느꼈을 것이다.("이 이론은 다소 숙명론적이었고, 단지 우리의 무지를 가리는 외투의 역할을 했을 뿐입니다." 또

"연구를 억압하고 건설적인 작업을 지체시키는 가장 불행한 결과를 초래했습니다.")[29] 그러나 청중은 코튼이 정신분석을 더 맹렬히 비난할 때 공감을 느끼며 고개를 끄덕였다.("정신분석학 추종자들이 제기한 엉뚱한 주장은 토대도 정당성도 없습니다. 프로이트주의는 정신의학에 커다란 장애가 된다는 점이 밝혀졌습니다.")[30] 그리고 코튼이 신속하게 상기시켰듯이, 그 두 접근법으로는 치료가 불가능하다는 결론으로 귀착했다. 유전은 "확정된 것"이며 "토론이나 치료를 통해 영향을 미칠 수 있는 요소가 아닙니다." 그리고 "정신병원과 관련이 있는 사람이라면 누구나 이른바 기능성 정신병자에 대한 정신적 치료가 단 한 번이라도 성공적이었다는 착각을 하지 않을 것입니다."[31]

코튼은 마치 의무적인 목례를 하듯이 "이른바 기능성 정신병"의 원인이 여러 가지라는 이론의 타당성을 수긍하면서도,[32] "가장 흔하며 치료의 관점에서 볼 때 가장 중요한 원인은 만성 국소 감염에서 유래하여 전신을 순환하는 독소가 일으킨 뇌 내부의 생화학적 세포 장애"라는 점을 강조했다. "물론 심인성 요소를 무시하지 말아야 할 것입니다. 그 요소는 말 그대로 감염과 그로 인한 중독으로 충만한 환자의 정신적 문제를 촉진시키는 중요한 역할을 합니다."[33] 그러나 그 요소는 전적으로 이차적이며, 아무리 중시한다 해도 정신질환 발생의 필요조건도 충분조건도 아니었다.

트렌턴에서 이루어진 발견은 다음의 또 다른 사실도 함축했다. 정신병을 그 자체로 병으로 볼 것이 아니라 "증상으로, 또 대개의 경우 오래 지속된 만성 패혈증이나 은밀한 감염에 의해 축적된 독소혈증이 직접·간접으로 뇌세포에 작용하여 발생하는 말기 증상으로 보아야 할 것입니다."[34] 미국인들은 크레펠린의 정신질환 분류를 곧이곧대로 받아들이는 실수를 저질러 수많은 상이한 병이 있다고 전제하는 것 같았다. 그러나 "우리 연구의 결론으로, 나는 기

현대 정신의학 잔혹사

능성 정신병 사이에 근본적인 차이는 없다고 믿습니다. 환자들을 더 많이 연구할수록, 우리는 예컨대 조울병, 조발성 치매, 편집병, 정신신경증 등 이른바 기능성 정신병이 서로 다르지 않다는 결론을 내릴 수밖에 없습니다."[35] 외견상 달라 보이는 병들이 실제로는 "정신병이 여러 요인에 의해 변형된" 양태에 불과했다. 그 요인으로는 "패혈증의 지속 기간, 생성된 독소혈증의 심각한 정도, 환자의 저항력 등이 있습니다."[36] 정신병이 오직 한 가지뿐이라는 생각을 수용하고 코튼이 국소 감염을 제거함으로써 거둔 성과를 인정하는 것이 영국에서 더 쉬운 일인 이유는 아마도 "영국인인 여러분께서 미국인들처럼 남의 말을 쉽게 믿지 않기" 때문일 것이라고 코튼은 말했다.[37]

주의 깊은 청중은 코튼이 이룬 거대한 진보에 불가피하게 동반된 불행한 부수 효과에 대한 언급도 귀담아들었을 것이다. 예컨대 "결장의 심각한 병소" 때문에 치료가 필요했던 환자들이 있었다. 그런 환자는 "'기능성' 환자군의 20퍼센트를 차지했습니다." 다른 종류의 패혈증에서와 마찬가지로 코튼이 보기에 유일한 치료법은 "제거"였다. 이때 제거는 불행하게도 이중적인 의미를 띠었다. "우리의 초기 수술에서는 맹장과 상행결장만 절제했습니다……. 성공적이지 않은 사례를 더 연구해보니 지라와 하행결장에도 문제가 있다는 사실이 드러났습니다. 그리하여 지난 2년 동안은 사실상 모든 사례에 대하여 결장을 전부 절제하는 수술이 실시되었습니다. 133명이 그 수술을 받았는데, 그 중 44명이 회복되고 59명이 사망했습니다."―이렇게 높은 사망률은 "환자들 대부분이 매우 열악한 신체상태에 있었던 것에서 기인하므로" 용납될 수 있을 것이라고 코튼은 해명했다.[38]

그러나 그것은 예외적으로 성공적인 치료였다고 코튼은 주장했다. 또 청중이 기울인 관심의 초점은 코튼의 접근법이 현대의학의 가장 "과학적인" 요소들을 동원한 것처럼 보인다는 점에 놓여 있었다. 여러 저명한 인물들이 강연에 이어진 토론시간을 이용하여 미국인 강연자에게 열렬한 찬사를 보냈다. 반감이나 진지한 비판의 말은 한 마디도 없었다. 코튼이 제시한 사망률은 전적으로 무시되었다.

챌머스 왓슨은 자신이 정신과의사가 아닌 일반의의 입장에서 발언한다는 점을 강조하면서 그 미국인의 업적은 "전적으로 존경할 만"하다고 선언했다. 또 그는 결장이 병든 정신병 환자의 비율은 코튼이 추정한 20퍼센트보다 "훨씬 더 높을 것"이라는 주장을 자신의 경험에 근거하여 제시했다. 그러므로 10명의 환자 중 여덟아홉 명을 회복시키려면 개복수술을 더 적게 할 것이 아니라 더 많이 해야 할 것이다. 코튼의 접근법은 "정신의학이 일반 의학의 한 갈래일 뿐"이라는 사실을 재강조했다는 점에서 정신의학계에 존경스러운 영향을 끼쳤다. 그러나 코튼의 작업이 일단 정신의학에 적용되고 나면, "그것을 (다시) 일반 의학의 영역으로 확대해야 했다. 그 원리를 일반 의학에 적용하면, 코튼이 정신적 증상에 대한 연구에서 얻었다고 주장한 것에 못지않은 생산적인 결실을 거둘 수 있을 것이라고 그는 생각했다."[39]

왓슨의 뒤를 이어 런던 군립 수용소 병리학 실험실 책임자인 프레더릭 무트 경이 연단에 섰다. 그는 왕립학회 회원이었고 영국 정신의학계에서 영향력이 막강한 인물이었으며, 헨리 모즐리를 설득하여 그의 이름을 딴 응급 정신병원에 기부금을 내도록 하는 데 크게 공헌한 인물이기도 했다. 1923년에 모즐리는 영국의 정신의학 교육에서 탁월한 명성을 얻기 시작하는 중이었다. 코튼과 마찬가지로 젊은 시절에 과학적 훈련을 위해 독일의 연구소를 거친 바 있는 신경생리학자 모트는 오래 전부터 정신병에 관한 신체중심 이론을 변함 없이 확신했고, 독일의 모범을 좇아 정신의학을 대학과 연결하려 부단히 노력했다.[40] 그의 정치적인 수완과 정신의학계에 드문 "지성인"이라는 대중적 평판은 그를 막강한 인물로 만들어놓았다. 따라서 코튼은 모트가 자신이 패혈증과의 전쟁에서 얻은 성과를 엄청나게 칭찬하는 순간, 그 중요성을 아주 잘 의식했다. "그는 특히 코튼 박사가 보여준 결장의 예에 크게 감동했다. 왜냐하면 그것은 프레데릭 경이 직접 경험한 사실과 매우 유사했기 때문이었다……. 코튼 박사의 연구는 결장이 만성 감염의 원천으로서 갖는 중요성을 확실히 보여주었다." 또 모든 수용소가 "그곳에 수용된 많은 환자들이 걸리는 장티푸스, 파라티푸스, 이질 등의 감염성 결장 질병을 예방하기 위한" 조치를 취하는 것은 매우 중요한 일이었다. 코튼 박사의 강연은 "멋진 그림과 사진으로 인해 주목을 받았다. 그가 제시한 실례는 매우 신뢰할 만했다. 치아와 결장의 상태를 보여주는 X선 사진이 특히 멋졌다." 전체적으로 청중은 "이 나라의 모든 사람들을 크게 흥분시킬 매우 값진 업적"을 들을 기회를 갖게 되어 기쁘게 생각했다.[41]

코튼이 정신질환과 국소 감염의 연관성에 관한 가설을 최초로 제시한 인물로 소개한 윌리엄 헌터는 더 긴 발언을 했다. 청중은 방금 "정신질환과 관련한 위대한 업적"에 관한 연설을 들었다고 헌터는 선언했다. 그는 "정신의학 전문가의 경험을 가지고서 발언할 자격은 없지만, 코튼 박사가 다룬 병소에 대한 지식에 근거하여 코튼 박사의 결론이 전적으로 타당하며 예측 가능하다는 것을 인정했다."[42] 더욱 놀랍고 다행스런 점은 "극심한 정신장애를 비롯한 많은 정신장애들이 실제적인 퇴화에서 비롯되는 것이 아니라 유해한 작용에서 비롯된다."는 점을 증명하는 것처럼 보인다는 사실이다.

"따라서 그런 환자들이 지닌 국소 감염을 제거하면 정신장애 전체에 근본적인 영향을 미쳐 몇 년 동안 지속된 병이 몇 주 만에 사라질 수 있을 것입니다." 의심은 전혀 찾아볼 수 없었다. "코튼 박사가 제시한 놀라운 개별적인 결과와 통계적인 결과를 보면 어떤 합리적인 의심도 할 수 없습니다. 이제 남은 일은 패혈증에 대항한 조치를 몇몇 고립된 사례에 적용하는 것을 넘어서 모든 광기에 대한 관행적인 치료법으로 삼는 것뿐입니다."[43]

이제 회장이 오전 회의의 종료를 선언할 시간이었다. 얼마 전 회장으로 취임한 에드윈 구달은 "이 값진 강연"을 거듭 찬양했다.[44] 영국 정신과의사 대부분과 마찬가지로 프로이트는 사기꾼이며 비과학적인 돌팔이라 믿었고 일부 지식인들 사이에서 프로이트의 사상이 유행하는 것에 반감을 느꼈던 구달은 정신장애를 다시 생물학적 문제로 정립하는 코튼의 접근법을 열정적으로 환영했다. 정신질환의 원인과 치료에 대한 코튼의 새로운 생각은 "회원들을 심인론이 펼쳐놓은 유혹적인 들판으로부터 다시 더 좁고 가파르고 거칠고 힘들지만 곧은 길로, 일반 의학의 길로 이끌었을 것입니다……. 회원들은 방대하고 깊은 잠재의식에서 정령을 호출하기 전에 자신이 유물론자이자 생물학자로 성장했다는 것을 기억해야 할 것입니다. 그 심연에 뛰어들기 전에, 정신질환자를 다루고 치료할 물질적인 수단을 남김 없이 써야 할 것입니다."[45] 구달이 토론시간을 시작하면서 강조했듯이, "오늘 여기에서 제시된 결과는 누구도 부정할 수 없는 것이었다. 보고서도 안 믿을 수는 없었다. 그는 모든 참석자가 깊은 인상과 교훈을 받았으리라 확신했다."[46]

이제 사람들은 비좁고 더운 회의실을 벗어나 템스 강을 건너 베들럼Bedlam 병원의 후신인 베들럼Bethlem 왕립병원으로 향했다. 그 병원의 원장인 포터 필립스가 일행을 맞이하여 전형적인 영국식 행

현대 정신의학 잔혹사

사인 가든파티를 베풀었다. "더위는 심했는데 매우 즐거운 오후였다." "오래되었지만 여전히 웅장하고 신식 공공 건물의 병실을 둘러보며"[47] 마치 휴일을 맞은 버스운전사들처럼 한가로운 시간을 보냈다. 이어서 또 하나의 관례적인 행사인 런던의학회 연례 저녁식사 모임이 노섬벌랜드 로肺의 뉴호텔 메트로폴에서 열렸다. 코튼은 귀빈의 한 사람으로서 중앙 식탁에 왕립 의학칼리지의 학장인 험프리 록스턴 옆에 앉았다. 모임은 밤늦게까지 계속되었고, 긴 연설과 "국왕 폐하를 위하여"로 시작되는 건배가 끊이지 않았다. 여러 정치인들과 의료계 인사들이 차례로 일어나 자신의 재치를 뽐내고 의학 회원들의 지혜를 찬양했다. 그러는 동안 사람들은 차츰 알콜성 혼미상태에 빠져들었고, 그럴수록 술은 끝없이 제공되었다.

한참 후에 코튼이 힘겹게 일어나 의학 회원들에게 감사의 뜻을 전하며 이렇게 상기시켰다. "나는 용감한 자들의 나라, 한때 자유로웠던 자들의 고향에서 왔습니다. (박수) 소수의 미국인이 다수를 위해 법을 정하기 때문에 우리는 금주법이라는 바람직하지 않은 법을 가지게 되었습니다. 이제 우리 학회(미국 정신의학회)는 성공적인 모임을 원할 때 퀘벡으로 갑니다. (웃음)" 그는 잠시 진지한 표정을 짓더니 다시 한 번 영국 정신과의사들에게 아첨했다.

나는 왠지 집을 떠나 먼 나라로 가서 몇 년 동안 외국인들 특히 독일인들의 쭉정이로 연명한 탕자처럼 느껴집니다. 우리는 독일 철학과 독일 정신의학에 물들어 적잖은 피해를 입었습니다. 그리고 이 모임은 우리가 참된 과학의 원천으로 복귀한 탕자의 입장에 있어야 한다는 점을 내게 보여주었습니다……. 우리가 그 형이상학적이고 환상적이고 문제 많은 정신분석 이론을 내던지면, 우리는 사실에 도달하게 됩니다……. 우리의 병원도 1918년까지 회복률이 37퍼센트였습니다. 그러나 국소 감염에 대한 청소를 실시하자, 회복률이 지난 5년 동안 85퍼센트로 향상되었습니다. (박수) 이 놀라운 수치는 열정이 아니라 매우 보수적인 사실에 근거하여 얻은 성과입니다……. 나는 더 나아간 작업을 위한 자극을 충분히 받아서 미국으로 놀아갈 것입니다. 나는 정신질환 치료의 더 위대한 장章이 이제 영국에서 씌어질 것이라 느낍니다……. 또 미국에서 우리가 한 작업은 영국 정신과의사들이 수행한 연구의 적용에 불과하다고 생각합니다. 감사합니다. (박수)[48]

미국으로 돌아온 코튼은 런던에서의 승리를 회상하며 달콤한 시간을 보냈다. 그의 강연문은 더 보충되어 〈정신과학 저널*Journal of Mental Science*〉 10월호에 실렸다. 출판된 글에는 영국 의학계와 정신의학계 유명 인사들의 찬사가 추가되어 있었다. "만성 패혈증과 정신질환"이라는 제목이 붙은 그 논문의 편집자는 따로 편집자의 말을 덧붙여 코튼의 "놀라운 용기와 집요함"을 칭찬하고 그의 연구가 "정신질환에 걸린 사람들과 정신의학을 위한 더 밝은 날의 도래를 알리기를" 희망했다. 확실히 "많은 정신과의사들은 모든 정신병의 기반에 하나의 기초적인 병적 상태가 있을 것이라는 생각을 놀랍게 여기지 않을 것"이라고 편집자는 논평했다. 전망은 한 마디로 혁명적이었다. "만일 조울병, 조발성 치매, 편집병, 정신신경증, 중독 정신병 환자들의 만성 패혈증을 제거함으로써 80~90퍼센트를 회복시킬 수 있다면, 이제껏 소중히 여겨진 이론과 믿음과 글을 얼마나 많이 폐기해야 할 것인가!"[49] 만일 그럴 수 있었다면, 정말 엄청난 후폭풍이 일어났을 것이다.

편집자는 코튼 박사가 영국 선배들에게 우호적인 몸짓을 보여주었지만, 그의 혁신은 본질적으로 미국적인 것이라고 시인했다. 그러나 그레이브스 박사 덕분에 "버밍엄에서 혁신이 시작되었다. 이

현대 정신의학 잔혹사

제 런던과 기타 대도시는 뒤처지지 않을 의무가 있다."[50] 영국 정신의학계는 "그가 우리 앞에 제시한 이론적인 주장을 온전히 수용할 준비가 되어 있지 않다."고 편집자는 지적했다. 그러나 그는 곧바로 "우리는 실천적인 성과에 주목할 수밖에 없고, 그가 더 탐구할 가치가 충분히 있는 치료의 길을 가리켰다고 생각한다."고 덧붙였다.[51] 필요한 수술 설비를 추가하는 일, 더 중요하게는 외부 고문을 초빙하는 일로 인해 정신병원의 지출이 상당히 증가하는 것이 불가피해질 것이다. 그러나 "그 비용이 처음엔 상당히 많아도 결국 만성 정신병자를 관리하는 비용보다 저렴하다는 것을 정부와 지방권력이 이해하도록 설득해야 한다."[52]

12월이 되어 이런 찬사들이 미국에 나돌고 정신병의 비밀을 밝혀냈다는 코튼의 주장이 다시 세력을 얻기 시작하자, 그를 가장 강력하게 비판한 사람들은 참을 수 없게 되었다. 코튼의 최근 주장을 담은 글을 자세히 읽은 윌리엄 앨런슨 화이트는 스미스 엘라이 젤리프에게 편지를 보내 분노를 표출했다. "최근에 내게 전해진 완전히 '초인적인' 성취의 소식 가운데 단연 압권은 뉴저지에서 나온 것입니다. 지금 나는 그쪽에서 엄청난 폭발음이 들려올 것을 기대하고 있습니다. 그 폭발음을 들으면, 그것이 무슨 소리인지 알 것 같습니다. 부풀리고 뻥튀기고 내세우는 행위가 보상을 받는 것을 본 적이 있는지요? 우리의 친구는 인격적인 동맥류(혈관 벽에 혈액이 충만하여 비정상적으로 확장되는 증상-옮긴이)에 걸린 것이 분명하고, 나는 미래가 몹시 걱정됩니다."[53]

초봄에 캐나다 정신과의사 A. T. 홉스가 화이트에게 국소 패혈증 연구에 대한 의견을 물었다. 화이트 역시 분노하고 있었다. "출판된 논문을 보고 판단하건대, 코튼 박사의 연구는 정신의학계의 가장 근본적인 불행이라고 생각합니다." 만일 그 이론이 수용된다면,

"정신과의사는 소화기내과의사와 비뇨생식기 외과의사와 치과의사의 조수나 하녀로 전락하고, 인간의 최고 영광인 정신은 예컨대 소화기 이상의 대접을 받지 못하게 될 것입니다." 적어도 화이트와 그의 의료진이 보기에는

 환자의 신체와 정신 중 어느 한쪽에만 주의를 집중하는 것은…… 심각한 과학적 오류입니다. 코튼 박사가 모든 정신적 문제를 신체적 접근을 통해 해결할 수 있다고 믿든 안 믿든, 그의 논문들은 그 가설에 대한 지지를 분명히 함축합니다……. 우리는 국소 감염의 제거가 아무리 면밀하고 철저하게 이루어진다 해도 환자의 체질적이고 기질적인 상태에 영향을 미칠 수 있다고 믿을 수 없습니다……. 나는 코튼 박사가 다룬, 그 스스로 매우 경미하다고 인정했거나 적어도 외견상 경미한 감염이 어떻게 환자의 거시적인 행동에 매우 실질적인 영향을 끼칠 수 있는지 이해하지 못하겠다고 고백할 수밖에 없습니다. 나는 코튼 박사가 제시한 수치를 이해할 수 없습니다. 그가 제시한 놀라운 회복률을 정신질환에 대한 내 생각과 조화시킬 수 없습니다……. 나로서는 과학적 훈련을 받은 정신들이 그런 결과를 어떻게 수용할 수 있는지 상상할 수 없습니다.[54]

 코튼은 이미 이런 비판을 예상했고, 이는 고의적으로 장님이 된 정신과의사들의 헛소리라고 일축한 바 있었다. 그 정신과의사들은 정신분석을 지지하는 선입견이 너무 강해서 "어떤 결과를 들이대도 정신적 요인 외의 다른 요인을 고려하려 하지 않는다."는 것이었다.[55] 그러나 홉스의 비공식적인 전문가 의견 조사에서 드러났듯이 코튼에 대한 비판은 더 넓은 진영에서 제기되었다. 홉스는 의심스러운 신체 치료법을 정신질환에 적용해본 경험이 있었다(20세기

초 온타리오 홈우드 요양소의 소장으로 있을 당시에 그는 여성 환자의 정신 질환을 치료하기 위해 난소를 절제하는 데 주력했다).[56] 그가 왜 코튼의 작업에 대한 의사들의 의견을 듣고자 했는지, 그리고 그가 어떤 기준으로 문의할 의사들을 선정했는지는 분명치 않다. 아무튼 1924년 10월에 〈정신과학 저널〉에 발표된 홉스의 조사 결과는 거의 모든 의사들이 트렌턴 병원의 접근법에 매우 비판적임을 보여주었다. 예컨대 코튼은 존스홉킨스 대학의 르웰리스 바커를 국소 감염론을 지지하는 유력자이자 그 자신에게 영감을 준 인물로 거듭 언급했다. 그러나 트렌턴 병원의 접근법에 대한 견해를 문의받은 바커의 반응은 매우 부정적이었다. "치아 속 신경이 죽었다는 이유만으로 무분별하게 치아를 뽑는 행위는 지혜롭지 못하다고 생각한다. 아무 작용이 없는 부비강 속의 찌꺼기에 대한 근본적인 수술도 마찬가지다. 더 나아가 조울정신병이나 정신분열병의 진행을 막으려는 희망으로 결장을 절제하는 것은 부조리에 가깝다고 생각한다."[57]

홉스가 문의한 사람들 중에 2명이 조심스럽게 코튼의 접근법에 대한 관심을 표명했다. 코네티컷 노리치 주립병원의 원장인 프랭클린 윌콕스는 이렇게 말했다. "우리는 코튼이 한 것과 어느 정도 유사한 치료법을 지난 삼사 년 동안 사용했다. 편도, 자궁, 자궁경부, 직장, 항문을 수술했으며, 장 절제만 빼고 전반적으로 코튼과 기타 인물의 주장을 따랐다……. 나는 코튼 박사의 위대한 기록을 언급할 처지가 아니지만, 신체상태를 향상시키는 조치들이 환자의 정신상태도 향상시킨다는 주장을 확고히 지지한다는 입장을 밝히고 싶다."[58] 한편 전국정신위생위원회의 의학 책임자인 프랭크우드 윌리엄스는 자신이 이론에 대해서 무지하며 "코튼 박사가 우리에게 동의할지는 몰라도…… 이 주제는 실험 단계에 있다."면서도 "그렇다고 해서 우리가 코튼 박사가 하는 작업의 막대한 중요성을 깎아내

리려는 것은 아니"라고 덧붙였다.[59]

그러나 다른 진영들의 비판은 신랄했다. 미국 정신의학회의 전임 회장인 앨버트 배럿은 코튼의 "시각은 극도로 좁으며 미국과 캐나다의 정신의학 발전에 악영향을 끼쳐왔다."고 주장했다. 특권층을 위한 사립병원인 뉴욕 소재 블루밍데일 병원의 원장 윌리엄 러셀은 의료진이 환자들의 치아, 골반 속의 장기들, 위장관을 검사하고 치료했지만, "패혈증에 의한 망상의 경우를 제외하면, 이 조치의 효과라 할 만한 뚜렷하고 특별한 결과를 보고할 수 없었다."고 주장했다.[60] 보스턴 정신병원의 맥피 캠벨은 코튼이 "외과적이고 세균학적인 방향에서 이룰 수 있는 것을 지나치게 낙관적으로 평가한다고" 비난했다.[61] 〈미국 정신의학 저널〉의 편집자인 에드윈 브러시는 "내가 보기에 인공항문형성술이나 결장절제술은 상당히 심각한 수술인데, 코튼 박사는 그것이 발치술만큼 간단하고 위험하지 않은 것처럼 말한다."고 반발했다.[62] 밀스는 다음과 같은 경고로 이처럼 팽배한 부정적 견해를 요약했다. "우리는 전문가와 대중을 그릇된 길로 거듭 이끈 유행과 오류의 기간을 또 한 번 지나고 있는 것 같다. 만일 폭력적인 제거의 광기가 지속된다면, 우리는 창자와 내분비샘과 치아가 없는 환자를 만나게 될 것이다. 그릇된 심리학과 외과학 덕분에 제정신을 잃은 종족을 만나지 말라는 보장도 없는 것 같다."[63]

그러나 코튼은 이런 불평에 무관심했고, 패혈증을 몰아내기 위한 그의 공격적인 외과적 치료는 트렌턴의 실험실과 치과 시설과 수술실에서 계속 행해졌다. 다른 한편 그는 자신과 직원들이 얻고 있는 찬란한 성과를 소리 높여 자랑할 기회를 한 번도 놓치지 않았다. 1924년에 그가 결장 제거가 불가피하다고 생각한 환자의 수는 급격히 줄어 4명뿐이었다. 그가 장내 정체의 위험성을 인식한 이후 처음으로 결정절제술 건수가 감소한 것이다. 그러나 이 감소가 배설물 중독 제거의 중요성을 확신하는 신념의 감소를 의미하는 것은 결코 아니었다. 오히려 이 변화는 코튼이 영국에서 가져온 새로운 접근법을 반영했다. 배설과 관련한 부위에 막힘이 있을 때 생기는 위험을 설명한 아버스노트 레인 경의 강연은 일반 대중에게 폭넓은 관심을 받았다. 그는 여러 해 동안 창자의 일부를 제거하여 변비와 장내 중독증의 위험을 제거하는 수술을 했다. 그러나 코튼이 런던에서 알게 되었듯이, "최근에 아버스노트 레인 경은 유착을 완화하여 장내 정체를 치료하는 방법을 고안했고…… (이제) 우리는 가능하면 절제 대신에 그 방법을 쓴다……. 우리는 그 기술을 차츰 발전시키고 있다. 그 결과 사망률은 계속 떨어지고 있고(10퍼센트 아래로 떨어졌다고 그는 주장했다), 이제 우리는 절제가 필요한 환자와 그렇지 않은 환자를 구별할 수 있다."[64]

"결장 주변 막절제술pericolic membranotomy"이라 불린 이 새로운 치료법은 1923년 가을에 트렌턴에서 19명의 환자에게 처음으로 시술되었다. 코튼은 아버스노트 레인의 뒤를 좇아 "충수, 회장(소장의 끝부분─옮긴이), 상행결장, 횡행결장, 하행결장에서 발견된 유착을 완화하려" 노력했고,[65] 이후 12개월 동안 99명의 환자가 새 수술법의 "혜택"을 입었다. 이 개량된 방법으로 인해 수술 후 사망 환자의 수는 줄어들었다. 얼마 후에 작성된 병원 기록에 대한 외부 검토서에 따르면, 전면적인 결장절제술을 받고 사망한 환자의 비율은 44.7퍼센트였던 반면에 막절제술을 받고 사망한 환자의 비율은 19퍼센트였다.[66] 그러나 코튼은 이 새 수술법이 문제의 뿌리를 제거한다는 것을 전적으로 확신할 수 없었다. 1925년에 그는 막절제술을 76회 하였고, 결장절제술을 다시 강조하여 27명의 환자에게 시행했다. 결장절제술을 받은 환자들 중 일부는 막절제술로도 정신병이 호전되지 않은 환자들이었다. 코튼은 이들에게 다시 패혈증 제거 수술을 하는 것이 정당하다고 생각했다. 우측 결장을 제거했지만 호전되지 않은 17명의 환자들에게 좌측 결장 절제를 다시 행하는 것이 정당한 것처럼 말이다.[67] 이런 대수술을 받을 환자를 선택하는 기준은 한 가지 중요한 측면에서 큰 변화가 없었다. 결장절제술을 받은 환자의 77.9퍼센트는 여성이었다. 이런 성적 불균형은 막절제술과 관련해서는 더 두드러졌다. 놀랍게도 막절제술을 받은 환자의 83.6퍼센트가 여성이었다.[68]

수술 후 높은 사망률은 트렌턴 병원 외부의 외과의사들에게 "매우 걱정스럽게" 보였을 것이다. 그러나 코튼은 설령 "30퍼센트가 견디지 못한다 하더라도 그 수술은 영원히 병원을 떠나지 못할 만성 정신질환자들에게는 정당했다."고 주장했다.[69] 어쨌든 칼을 대체할 대안은 없었다. "우리는 그 병소들이 기계적mechanical이라는 점을 아주 중요하게 강조하고자 한다. 유착으로 결장의 다양한 지점에 기계적 협착이 일어나고, 이를 제거하는 방법은 아직까지 수술밖에 없다. 약과 식이요법, 기타 의학적 조치는 어느 정도 효과는 있을지 몰라도 근본적인 문제를 해결하지 못한다. 영구적인 효과가 있는 유일한 방법은 절제나 유착 완화를 위한 수술이다."[70]

물론 결장 수술은 트렌턴 병원의 치료 전략의 한 부분일 뿐이었고, 많은 면에서 아주 작은 부분이었다. 과거와 마찬가지로 사실상 트렌턴 병원의 환자들은 매일 치아를 뽑고 편도를 절제하는 수술을 받았다. 쓸개와 위, 지라, 위장관, 비뇨생식관도 주의의 대상이었다. 비뇨생식관은 특히 여성 환자의 경우에 주의 깊게 검사했다. 코튼은 여성 환자의 자궁경부가 매우 흔하게 감염되어 절단할 필요가 있다는 점을 계속해서 발견했다.

감독관 루이스는 열정적으로 코튼을 지원했다. 루이스의 제국은 주립 교도소와 소년원도 포괄했고, 코튼은 1918년에 설립한 교정 기관을 위한 정신의학 클리닉을 계속 확대하여 트렌턴 주립병원에서 파견한 정신과의사 3명 외에 심리학자들을 더 채용했고 "제임스버그 소년원, 러웨이 소년원, 주립 소녀의 집, 주립 교도소의 재소자들을 체계적으로 검사했다. 새로 들어오는 사람은 누구나 철저한 심리학적·정신의학적·신체적 검사를 받아야 했다. 비정상 행동을 보이는 기존 재소자들도 마찬가지였다."[71] 의심스러운 사람들—코튼은 1925년 초까지 그런 사람을 "274명" 확인했다고 언급했다[72]—은 더 자세한 검사와 치료를 위해 주립병원으로 이송되었다. 그러므로 코튼이 프린스턴 강연에서 그 윤곽을 제시한 "결함 있는 비행청소년과 광인"에 대한 공격적인 개입 프로그램은 점점 더 현실화되는 것처럼 보였다. 코튼은 개입을 더욱 확대하여 "비정상적인 학생들"까지 포괄하려는 계획도 가지고 있었다.

그는 1925년 5월에 미국 정신박약연구협회에서 행한 연설에서 미국이 당면한 위험에 대하여 거창한 웅변을 했다. "취학 연령대 초기의 비정상적 아동의 문제는 지난 25년 동안에 걱정스런 수준이 되었다. 급속히 증가하는 문제 아동들을 위한 조치가 모든 교육기관에서 꼭 필요해졌다……. 지난 세대가 강제한 규율은 오늘날 현존하는 상황에 적용하기에 전적으로 부적절하다……. 나는 비정상 행동을 보이는 아동을 검사해달라는 요청을 거의 매주 받는다. 그런 아동들은 흔히 확실한 정신병을 가지고 있다."[73] 그러니 무슨 일을 해야 할까?

"공립학교에서 의학적 검사"를 어느 정도 제공하는 노력이 이루어지고 있는 것은 사실이다. 그러나 그 노력은 한계가 있고, "많은 문제 아동들은 우리가 적절하다고 생각하는 실험실 분석과 X선 촬영을 통한 검사를 받지 못한다는 문제가 있다……. 아동이 교정 불가능한 지경에 이르러 그를 교정기관에 보내야만 하면, 그제야 비로소 정신적 · 신체적 결함에 대한 적절한 조사가 이루어진다."[74] 분명 더 일찍 예방과 초기 개입을 강조하는 조치를 취할 필요가 있다. 확실히 "어린 세대에서는 대부분의 아동이 이미 편도를 제거했다……. 결함이 있고 비행을 저지르는 아동들은 편도를 제거하지 않았다."[75] 그러나 문제는 그 다음부터 시작된다. 감염된 미붕출치는 또 다른 문제의 원천이다. 감염된 위와 비뇨생식기도 마찬가지다. "그러나 더 심각한 것은 하부위장관, 특히 결장 또는 대장의 이상이다……. 우리 병원에서 정신병을 진단받은 환자의 절반 이상이 결장에 문제가 있는 것으로 드러났다. 이 비율은 결함 있고 비행을 저지르는 아동에게도 적용될 것이다."[76]

"정체와 독소혈증"은 나이를 가리지 않는다. "우리는 나이가 세 살 반인 아동들에게서도 그 병을 발견했고, 7세에서 15세 사이의 아동들은 여러 명 수술했다."[77] 이어서 코튼은 논점을 더욱 강조하기 위해 2건의 대표적인 사례를 상세히 소개했다. 6세 아동과 8세 아동이 있었는데, 이들의 "만성 변비"는 다양한 반사회적 행동─ "통제할 수 없는 분노", "파괴적인" 행동, "변덕스럽고 부루퉁하고 우울한" 감정, 심지어 "자살" 행동─으로 이어졌다. 한 아동은 "배우려는 노력을 안 했고 고분고분해지지 않았다." 다른 아동은 "공기총으로 아버지를 쏘려 했다." 두 아동은 결장 수술을 받았다. 그 후 6세 아동은 "정상으로 행동했고, 특이한 행동을 보이지 않았으며, 규칙적으로 학교에 다녔다……. 학업에 어려움을 겪지 않았다." 다른 8세 아동은 "정상 아동과 유사한 기질과 취향과 일반적 행동"을 나타냈다.[78]

코튼은 "사례를 끝없이 제시할" 수 있었다. "그러나 이 사례들만으로도 우리가 확립하고자 하는 원리가 생생히 증명된다."[79] "정서적으로 불안하고, 결함이 있으며, 목적 없는 과잉행동을" 나타내는 아동들은 "명백한 정신질환자들"과 매우 유사했다. 이는 이 두 증상이 만성 패혈증이라는 공통의 기원을 가진다는 것을 생각하면 놀라운 일이 아니다. 더욱이 이 아동들을 치료하지 않고 놔두면 정신적 붕괴와 신체적 붕괴가 일어날 가능성이 높다.[80] "한 가지 확실한 점은 이 상태를 인지하고 정신병이 발생하기 훨씬 전에 치료해야 한다는 것이다."[81] "비정상적 성행위"의 죄를 짓는 상당수의 아동들도 마찬가지다. 코튼은 이렇게 말했다. "나는 이미 비정상적 성습관이 든 어린 아동을 자녀로 둔 부모들에게 끊임없이 조언을 요청받는다……. 이 사례들 중 다수에서 우리는 원인이 만성 패혈증과 중독혈증에 있음을 발견했고, 많은 아동의 결장을 절제하여 자위행위 같은 비정상적 성행위가 중지되고 인격이 향상되는 효과를 보았다."[82]

그러나 이렇게 확장된 잠재적 개입 영역조차도 코튼을 만족시키지 못했다. 오히려 그는 면밀한 검사를 "비정상적 정신 증상을 보이는 학생뿐 아니라 외견상 정상적인 학생까지, 10세에서 18세 사이의 모든 학생에게" 실시해야 한다고 촉구했다. 오직 그런 공격적인 프로그램을 통해서만 사회 속에 보이지 않게 숨어 있는 문제의 원천을 발견할 희망이 있다는 것이었다. 그런 예방조치를 실시하면 극적인 효과를 기대할 수 있을 것이었다. "첫째, 우리는 특수 학급에서 다루어야 할 비정상 아동들의 수를 제한할 수 있을 것이며, 둘째 아마도 가장 중요하게는 나중에 심각한 정신장애가 발생하는 것을 막을 수 있을 것이다."[83]

이렇게 코튼은 물러날 기미를 보이지 않았고, 비판자들은 경악했다. 오히려 그는 전과 다름없이 그가 품은 대의가 옳다고 확신했고, 모든 만성 패혈증의 흔적을 제거하는 데 전념했다. 그는 미래를 바라보면서 개혁된 정신의학의 영역이 점점 더 넓어지는 것을 꿈꾸었다. 광기와 범죄와 비행의 뿌리가 신체적 문제에 있다는 올바른 관점을 폭넓게 채택하기만 하면 실현될 공중 건강의 참된 혁명을 그는 꿈꾸었다.

---

1 코튼이 마이어에게 1922년 6월 22일에 보낸 편지, Meyer Papers, CAJH I/767/18.

2 "Association and Hospital Notes and News," *American Journal of Psychiatry* 80(1923), 137쪽.

3 아돌프 마이어 코튼이 마이어에게 1923년 5월 29일에 보낸 편지, Meyer Papers, CAJH I/766/1. 마이어는 코튼의 아들 아돌프 마이어 코튼에게 지속적으로 관심을 기울였다. 그는 정기적으로 책을 보냈고, 아돌프의 학업에 관해 조언했고 부모가 출타하면 외롭다는 아돌프의 불평을 들어주었다. 같은 곳, 또한 아돌프 마이어 코튼이 마이어에게 1923년 2월 11일에 보낸 편지 참조.

4 "Notes and News," *Journal of Mental Science* 69(1923), 557쪽.

5 예컨대 J. M. Wolfson, "The Pre-Disposing Factors in War Psychoneurosis," *The Lancet* 2(Feburary 1918), 177~80쪽 ; Frederick W. Mott, *War Neurosis and Shell Shock*(London : Hodder and Stoughton, 1919) 참조. 런던 지역 수용소들의 실험실 작업 전체를 관할한 병리학자 프레더릭 모트 경은 전쟁 직후 몇 년 동안 국소 패혈증론의 확실한 지지자로 활동하게 된다.

6 그레이브스는 말년에 두 아들을 얻었고, 그 아들들은 모두 의사가 되었다. 한 명은 비뇨기외과의가 되었고, 다른 한 명은 탁월한 일반 개업의가 되었으며 의학 교육에 대한 지속적인 공헌으로 대영제국훈장(Order of the British Empire, OBE)을 받았다. 비뇨기외과의가 된 프레더릭 시버스 그레이브스와의 인터뷰(1986년 7월 31일), 그리고 일반 개업의가 된 아들인 존의 미망인 발레리 그레이브스와의 인터뷰(1986년 7월 28일)에서 두 사람 다 토머스 시버스 그레이브스가 참된 의술은 수술뿐이라고 확신했다고 말했다. 심지어 존이 상당한 명성을 얻은 뒤에도 그의 아버지는 아들이 "진짜" 의술을 행해야 한다고 채근했고, 아들을 실패자로 여겼다.

7 그레이브스는 1914년에 왕립 육군의무부대에 들어가자마자 정신질환자들을 받

기 시작했고, 1915년에 의학-심리학회 회원이 되었다.

8 그레이브스는 런던 유니버시티 칼리지의 의학부 학생 시절에 해부학, 생리학, 약학, 위생학, 보건학에서 금메달을 받았고, 외과학에서 리스턴 금메달(Liston Gold Medal)을 받았으며, 1914년에 31세의 나이로 왕립 외과의과대학의 펠로가 되었다.

9 외부인을 그런 직위에 임명한 일은 그 자리를 열망하는 조력 의사들에게 분명 쓰라린 아픔이었을 것이다. 그런 조력 의사 3명은 씁쓸한 심정으로 자신들을 "유산이 떨어지기를 매우 참을성 있게 기다리는 충실한 친척들"에 비유하기도 했다. "병원장의 두둑한 수입과 조력 의사들의 얄팍한 수입 시이의 현격한 차이"는 "조력 의사가 몇 명 안 되고 4~5년만 지나면 병원장직이 보장된다면" 참을 만하다고 그들은 느꼈다. "그러나 우리가 10년, 12년, 또는 그 이상 황금 열매를 기다려야 하고, 심지어 그 열매가 익어 떨어질 즈음에 담장 너머의 외부인이 따갈 위험도 있을 경우, (참고 기다리라는 선배들의 조언은) 아무 효과가 없어진다." Dr. Dodds, Dr. Strahan, and Dr. Greenlees, "Assistant Medical Officers in Asylums : Their Status in the Specialty," *Journal of Mental Science* 36(1890), 43~50쪽.

10 "Obituary : Thomas Chivers Graves," *British Medical Journal* 1(1964), 1711쪽.

11 그의 사망 기사를 쓴 저자는 그를 "격려적인, 그러나 때로는 압도적인" 사람으로 조심스럽게 표현했다(*British Medical Journal* 1(1964), 1711쪽]. 그의 며느리는 내게 더 솔직하게 그는 "약한 사람을 들볶는 골목대장 같은 사람"이었다고 말했고, 그레이브스가 은퇴하고 몇 년 후에 러버리 병원의 고문 정신과의사가 된 D. W. 밀러드 박사는 "토머스 시버스 그레이브스는 의료진을 확실한 공포에 휩싸이게 할 수 있었던 사람인 것 같습니다. 그것은 그가 절대적인 폭군이었기 때문일 것입니다."라고 말했다.

12 A. H. Ogden, "T. C. Graves and Focal Sepsis Theory," unpublished paper presented to the Midlands Division of the Royal College of Psychiatrists, 1983, 3쪽.

13 "Obituary," *British Medical Journal* 1(1964), 1711쪽 ; 1986년 8월 28일에 행한 발레리 그레이브스 박사와의 인터뷰 ; A. Ogden, "T. C. Graves," 4쪽.

14 이 적대감의 원천과 범위에 대해서는, Michael Clark, "The Rejection of Psychological Approaches to Mental Disorder," in *Madhouses, Mad-Doctors, and Madmen,* (ed.) A. Scull, 71~101쪽 ; Malcolm Pines, "The Development of the Psychodynamic Movement," in *150 Years of British Psychiatry, 1841 ~1991,* (eds.) G. E. Berrios and Hugh Freeman(London : Gaskell, 1991),

206~31쪽 참조.

15 "Obituary," *The Lancet* 1(1964), 1400쪽.

16 T. C. Graves, "Colloidal Calcium in Malnutrition, Chronic Sepsis, and Emotional Disturbance," *The Lancet* 2(1922), 957쪽.

17 Chalmers Watson, "The Role of AutoIntoxicationor Auto-Infection in Mental Disorders," *Journal of Mental Science* 69(1923), 52~77쪽.

18 T. C. Graves, "The Relation of Chronic Sepsis to So-Called Functional Mental Disorder," *Journal of Mental Science* 69(1923), 471쪽.

19 Watson, "The Role of Auto-Intoxication," 63쪽, 75쪽.

20 "Obituary," *British Medical Journal* 1(1964), 1711쪽.

21 William Hunter, "Oral Sepsis as a Cause of Disease," *British Medical Journal* 2(1900), 215~6쪽.

22 런던 중심부 캠든 광장의 기온이 35.5도까지 치솟은 다음날인 금요일에 〈타임스〉의 사설은 독자들에게 아무리 덥더라도 당황하지 말라고 조언했다. 폭염은 토요일부터 누그러지기 시작했다. *The Times*, July 13, 1923, 11쪽, col.D.

23 B. Prichard, "London's Top Ten Thunderstorms in the Twentieth Century," *Journal of Metereology* 24, no. 243(November 1999), 354~8쪽 참조. 이 책에 따르면 7월 9일과 10일 사이의 그 폭풍은 20세기에 런던을 덮친 최악의 폭풍이었다. 이 참고문헌을 알려준 트레버 할리에게 깊이 감사한다.

24 "Notes and News," *Journal of Mental Science* 69(1923), 560쪽.

25 Cotton, "The Relationship of Chronic Sepsis to the So-Called Functional Mental Disorders," 435쪽.

26 같은 곳, 346~7쪽.

27 같은 곳, 434~5쪽. 코튼은 William Hunter, "Oral Sepsis and Antiseptic Medicine," *Faculty of Medicine of McGill University*, Montreal, 1910을 인용하고 있으나, 나는 이 논문을 찾지 못했다.

28 Cotton, "The Relationship of Chronic Sepsis to the So-Called Functional Mental Disorders," 438쪽. 나중에 코튼은 트렌턴 병원의 1908년~1918년 치유율(38퍼센트)과 극단적인 패혈증 제거 프로그램이 실시된 1918년~1922년의 치유율(87퍼센트, 혹은 "성공적으로 치유된 사례 1,412건")을 비교했다. 같은 곳, 458~9쪽.

29 같은 곳, 439쪽. 다른 글에서 그는 "현대 세균학 연구는 정신장애의 유전이…… 거의 불가능하다는 것을 보여주는 경향이 있다."고 주장했다. Cotton, "The Etiology and Treatment of the So-Called Functional Psychoses," 158쪽.

30 같은 곳, 440쪽.

31 같은 곳.

32 "기질성(organic)" 정신병과 달리 "기능성(functional)" 정신병은 구조적인 혹은 신체적인 원인이 알려지지 않은 심각한 정신장애(예컨대 조발성 치매, 정신분열병, 조울정신병)를 의미했다. 코튼이 그 정신장애를 "소위 기능성 정신병"으로 지칭한 것은 그것의 신체적 원인을 발견했다고 믿었기 때문이다.

33 같은 곳, 443쪽.

34 같은 곳, 443~4쪽.

35 같은 곳, 444~5쪽.

36 같은 곳, 445쪽.

37 같은 곳, 444쪽.

38 같은 곳, 454쪽, 457쪽.

39 "Notes and News," *Journal of Mental Science* 69(1923), 555~7쪽.

40 John Crammer, "The Maudsley Hospital," in *150 Years of British Psychiatry*, vol. 2, *The Aftermath*, G. E. Berrios and Hugh Freeman(London : Athlone, 1996), 237~42쪽 ; Trevor Turner, "James Crichton-Browne and the AntiPsychoanalysts," in 같은 곳, 145~7쪽 참조.

41 "Notes and News," *Journal of Mental Science* 69(1923), 557~9쪽.

42 같은 곳, 553쪽.

43 같은 곳, 555쪽.

44 구달 자신의 연설 "Considerations, Bacteriological, Toxicological, and Hæmatological, and Others Thereto Akin, Bearing Upon the Psychoses," [*Journal of Mental Science* 69(1923), 417~34쪽]는 거의 이해하기 힘들 정도로 비일관적이었다. 적어도 이해할 수 있는 한에서 그 연설은 정신병의 신체적 뿌리에 초점을 맞추는 것 같았다. 그는 여러 대목에서 정신병을 일으키는 독소를 찾을 것을 촉구했지만, 다른 대목에서는 상당한 회의론을 펼치는 것도 같았다. 예컨대 다음과 같은 충격적인 대목도 있었다. "어떤 사람들은 마치 돈을 빌려준 사람이나 자신의 하인과 친밀하듯이 정신병 독소와 친밀한 것 같습니다. 특히 장에서 쏟아져 나오는 독소와 관련해서…… 이 신사분들은 사망 선언까지는 아니라 해도 파산 선언을 하는 것이 좋을 듯합니다." 같은 곳, 418쪽.

45 "Notes and News," *Journal of Mental Science* 69(1923), 553~8쪽.

46 같은 곳, 558~9쪽.

47 같은 곳, 560쪽.

48 같은 곳, 569~70쪽. 코튼은 이튿날인 7월 12일 목요일에 또 한 번 논의에 개입했다. 그는 프레더릭 모트 경과 I. M. D. 로버트슨의 사망한 정신병자의

뇌하수체 조직에 관한 논문을 논평하면서 그들이 그 위치를 찾아냈다고 주장한 병증은 다른 패혈 과정의 산물이라고 반박했다. 많은 미국 정신과의사들은 모트가 탐구한 조울병과 조발성 치매를 "신체상태는 사실상 정상인 기능성 정신병"으로 보는 경향이 있었던 반면에 코튼은 그것이 "런던에서는 널리 수용되지 않는 것"을 보고 기뻐했다. "마지막 며칠 동안 영국 정신과의사들과 교류하면서 그는 그들이 그 정신병에 동반되는 신체적 문제에 관해서 미국 의사들보다 훨씬 더 확고한 토대 위에 있다는 느낌을 받았다……. 그들은 병의 원인으로 작용하는 부위를 다루고 있었다. 그들은 정신도 물론 가지지만 과거에는 완전히 무시되었던 신체도 가진 개체를 다루고 있었던 것이다. 눈썹 위의 부위뿐 아니라 아래의 부위도 다루는 것은 필수적이었다. 특히 눈썹 위의 부위는 해부학적으로 작은 부분에 불과하다는 점을 상기하면 말이다." 같은 곳, 575쪽.

49 Henry A. Cotton, "Chronic Sepsis and Mental Disease," *Journal of Mental Science* 69(1923), 502~4쪽.

50 같은 곳.

51 같은 곳, 502~3쪽.

52 같은 곳, 502쪽.

53 화이트가 젤리프에게 1923년 12월 20일에 보낸 편지, Jelliffe Papers, Library of Congress, Washington, D.C.

54 화이트가 홉스에게 1924년 3월 7일에 보낸 편지, William Alanson White Papers, National Archives, Washington, D.C.

55 Cotton, "The Relationship of Chronic Sepsis to the So-Called Functional Disorders," 440쪽.

56 Scull and Favreau, "'A Chance to Cut is a Chance to Cure'," 3~39쪽 참조.

57 A. T. Hobbs, "A Survey of American and Canadian Psychiatric Opinion as to Focal Infections (or Chronic Sepsis) as Causative Factors in the Functional Psychoses," *Journal of Mental Science* 70(1924), 550쪽.

58 같은 곳, 550~1쪽.

59 같은 곳, 552쪽.

60 같은 곳, 549쪽.

61 같은 곳.

62 같은 곳, 550쪽.

63 같은 곳, 553쪽.

64 Cotton, "Relation of Focal Infections to Crime and Delinquency," 11쪽.

65 Frankel, "Study of 'End Results'," 18쪽, quoting Henry A. Cotton, "Report on the Operative Procedures on the Colon in Mental Disorders," presented to the Board of Managers of Trenton State Hospital, November 15, 1932, TSH Archives.

66 같은 곳, 2쪽, 15쪽. 코튼 자신이 1932년에 내부적으로 추정하여 얻은 결과는 그가 과거에 공언한 결과보다 덜 낙관적이었다. 그는 "이 수술(막절제술)은 결장의 일부 혹은 전부를 제거하는 수술보다 성공률이 높았다. 사망률이 33.5퍼센트에서 19퍼센트로 감소했고 치유율은 37퍼센트였다."고 썼다. "Report on the Operative Procedures on the Colon," quoted 18쪽. 프랭클은 자료들을 재검토하여 이 마지막 주장을 반박했다. "코튼 박사가 주장한 치유율 37퍼센트와 달리, 병원의 기록은 결장 주변 막절제술을 받은 환자들 중에서 42명(12.5퍼센트)만 치유되었다고 판정할 수 있다는 사실을 보여준다." 19쪽.

67 같은 곳, 2쪽, 4쪽.

68 같은 곳, 3쪽.

69 Cotton, "Relation of Focal Infections to Crime and Delinquency," 72쪽.

70 같은 곳.

71 같은 곳, 65쪽.

72 같은 곳.

73 같은 곳, 63~4쪽.

74 같은 곳, 65쪽.

75 같은 곳, 66~7쪽.

76 같은 곳, 69쪽.

77 같은 곳, 70쪽.

78 같은 곳, 76~8쪽.

79 같은 곳, 78쪽.

80 같은 곳, 73~4쪽.

81 같은 곳, 73쪽.

82 같은 곳, 78쪽.

83 같은 곳, 79쪽.

2부

여성이 의사로 살아가기

　해리슨 가와 웰스 가 모퉁이의 커다란 시계탑을 지난 택시는 대중앙역이라는 적절한 이름이 붙은 기차역으로 통하는 3개의 아치들 중 첫 번째를 통과했다. 그린에이커 박사는 볼티모어로 가는 기차시간에 늦지 않게 도착했다. 그녀는 부쳐야 할 짐을 가지고 있다. 커다란 여행가방 2개와 다양한 옷가방들이었다. 그리고 거기에 적혀 있는 수신지 주소는 존스홉킨스 의과대학이었다.

　수고한 운전사와 짐꾼에게 사례한 후, 필리스 그린에이커는 작은 가방을 들고 널찍한 대합실로 향했다. 값비싼 재료로 치장되었지만 전혀 조화롭게 보이지 않는 곳이었다. 버몬트산 붉은 대리석과 흰 대리석이 깔린 바닥, 테네시산 분홍 대리석으로 된 징두리 벽판, 약 8미터 높이의 정교한 천장까지 닿은 불그레한 인조 대리석 기둥. 대합실 안은 솔직히 말해서 약간 음침했다. 거대한 스테인드글라스 창들은 흐릿한 빛만 통과시켰고, 신제품인 에디슨 전구도 그녀의 머리 위 8미터 높이에 매달려 아래의 벤치들을 어두침침하게 비출

뿐이었다. 아치형 창과 음산한 공기, 마치 교회의 좌석처럼 늘어선 오크 벤치로 인해 대중앙역은 미국의 기동성을 찬양하는 성당처럼 보였다.

그린에이커 박사는 키가 크고 말쑥하게 차려입은 수줍은 듯한 대도의 아가씨였다. 겨우 22세의 나이로 고향을 떠나 전혀 낯선 곳에서 같은 분야에 종사하는 재능 있는 남성들과 경쟁하며 독립적인 전문직 여성으로서 경력을 쌓아갈 결심을 한 그녀는 당연히 제 나름의 생각과 느낌에 잠겨 있었다. 출발을 1시간여 앞둔 지금, 그녀는 자신이 여기까지 오는 동안 넘어야 했던 산들을 다시 떠올렸다. 그녀의 심정은 누구라도 이해할 만한 것이었다.

대부분의 사람들은 그녀가 유복한 어린 시절을 보냈다고 생각할 것이다. 그녀의 아버지는 시카고 부유층이 성공의 상징으로 여기는 호숫가의 저택을 소유한 거상은 아니었다. 그는 포터 파머Potter Palmer(1826~1902. 시카고의 사업가―옮긴이)나 록펠러 매코믹Edith Rockefeller McCormick(1872~1937. 스탠더드오일 사의 거물 존 D. 록펠러의 넷째 딸이며 미국 사교계의 명사, 오페라 후원자―옮긴이), 맥비Isaac Wayne MacVeagh(1833~1917. 미국의 정치인, 외교관―옮긴이), 혹은 보든Gail Borden Jr.(1801~1874. 연유를 발명한 미국 발명가, 사업가―옮긴이)이 아니었다. 하지만 그는 성공한 사람이었고 유명했다. 시카고 부유층의 소중한 조언자였으며 진보정치 진영의 주요 인물이었다. 그는 자신의 빅토리아풍 대가족을, 더 정확히 말하면 가족들을 풍요롭게 부양했다.

그린에이커 박사의 아버지는 난처한 비밀을 가지고 있었다. 동시에 두 집 살림을 했던 것이다. 공식적으로 인정받은 "합법적" 가정은 그린에이커 박사와 6명의 형제자매가 성장한 곳이었고, 은밀한 또 하나의 가정은 이사야 그린에이커의 첩과 그 자녀들이 사는 곳이었다. 그린에이커 박사의 어머니가 심각한 우울증에 빠져드는 성

현대 정신의학 잔혹사

젊은 시절의 필리스 그린에이커 이 사진은 그녀가 의과대학에 다닐 때 찍은 것으로 보인다. 그린에이커는 평생 동안 카메라를 피했기 때문에 그녀의 사진은 몇 장 남아 있지 않다. 이 사진을 제공한 피터 리히터 박사에게 감사한다.

향이 있었던 것은(어린 필리스 역시 같은 성향을 띤 조짐을 보였다) 아마도 아버지의 행실 때문이었을 것이다. 물론 그렇지 않을 수도 있다. 아무튼 공인되지 않았지만 숨기기 어려웠던 아버지의 이중생활은 필리스 그린에이커의 유년기에 근본적인 영향을 끼쳤다. 게다가 그녀의 쌍둥이 형제가 어려서 죽었고, 그녀 또한 몇 년 후에 성홍열로 죽음의 문턱까지 갔다.[1] 어린 시절의 그녀는 견디기 힘든 혼란을 경험했던 것이다. 그녀는 7살 때까지 언어장애가 있어 의사소통이 어려웠다. 그래서 그녀는 4살 때 스스로 읽기와 쓰기를 익혀 부모에게 말을 해야 할 때면 공책에 글을 적어 내밀었다![2] 16세에 그녀는 그럭저럭 버틴 결함 있는 가정생활의 굴레를 벗어나려 했지만, 아버지는 그녀의 교육비를 부담하기를 극구 거부했다. 오로지 스스로의 결단과 단호함, 그리고 시카고 대학과 시카고 - 러시 의과대학에 지불할 돈을 빌릴 의지와 능력만으로 그녀는 매혹적인 미래의 전망을 열었다.[3]

그것은 확실히 투쟁이었다. 그녀는 대단한 지적 능력과 의지력을 가지고 있었지만 안타까울 정도로 수줍음이 많았다. 소란스럽고 남성 중심적이며 여성 침입자에 대하여 노골적으로 적대적인 의과대학의 분위기에서 그녀는 몇 명 안 되는 여학생으로서 무례하고 거의 대놓고 무시하는 대접을 받았다. 러시 의학교는 하퍼William R. Harper(시카고 대학 초대 총장 - 옮긴이)의 시카고 대학과 합병한 직후인 1901년부터 여학생의 입학을 허용했다. 그러나 열등한 성을 지닌 학생이 다수 입학하는 것은 결코 허락하지 않았다. 그린에이커의 동기 여학생은 대여섯 명에 불과했고, 1916년에 그녀가 졸업할 때까지 러시 의과대학에서 의사 자격을 취득한 여성은 60명이 채 안 되었다. 아무튼 그녀는 1913년에 장학금 혜택과 함께 이학사bachelor of science degree학위를 받았고, 명예로운 파이 베타 카파 모임의 회원으로 선출되었다.[4] 그녀가 받은 의학 수업은 다행스럽게도 대부분 강의였고, 그녀는 대체로 강의실 뒷줄에 있는 듯 없는 듯 앉아 공부했다. 몇몇 교수들은 그녀가 논문을 제출했을 때 비로소 그녀의 재능을 알아보았다. 하지만 그녀의 논문은 워낙 탁월했고, 그녀는 그 탁월함을 인정해준 상을 받아 학우들의 부러움을 샀다.

이제 그린에이커는 미국 최고의 의과대학에 직원으로 채용되기 위해 한 걸음을 내디딘 것이었다. 그녀는 지난 11월에 "핍스 클리닉Phipps Clinic 수련의 과정"[5]에 지원했고, 응답을 받지 못해 다시 한 번 걱정하는 마음을 담아 편지를 보냈다. 그녀는 마이어에게 만일 존스홉킨스 대학에 자리를 얻을 수 없다면 다른 병원을 알아보아야 한다고 상기시켰다. 결국 그녀의 탁월한 논문 요약서와 러시 의과대학 학장인 도슨의 추천서 덕분에 그녀는 핍스 클리닉에 자리를 얻을 수 있었다. 도슨은 마이어에게, 그녀는 "학문적 소양에 관한 한, 우리 대학에서 제일 뛰어난 학생"이며 존스홉킨스의 일자리에 "특별히 어울리는 자격을 갖춘" 사람이라고 썼다.[6]

좋은 인상을 받은 마이어는 그린에이커에게 답장을 보내 이렇게 알렸다. "학생이 1916년 9월 1일부터 일할 수 있도록 자리 하나를 마련했습니다." 그리고 그는 이렇게 덧붙였다. "만일 그보다 일찍 올 수 있다면, 학생을 만나 더 자세하게 연구 계획을 논의할 수 있어 매우 기쁠 것입니다."[7] 그녀는 주저 없이 제안을 받아들였다.[8] 존스홉킨스 대학은 타 대학 출신 젊은이를 뽑지 않기로 유명했으므로 그녀의 성취는 정말 대단한 것이었다. 또 존스홉킨스 대학 역시 당대의 다른 의과대학들과 마찬가지로 여의사를 직원으로 채용하는 데 우호적일 리 없었다. 그럼에도 그녀가 그 무시무시한 아돌프 마이어의 조수로 채용되었다는 사실은 그녀가 학생 시절에 보여준 탁월한 능력을 여실히 증언한다.

그녀는 새 일자리에 많은 희망을 품었다. 최소한 불행한 가정의 흔적을 완전히 떨쳐버릴 기회를 제공했다. 혹은 적어도 이 시점에서 그녀는 그럴 기회가 왔다고 소박하게 다짐했다. 그녀는 자신의 야망을 지원하지 않았으며 그녀에겐 너무나 낯선 이기적이고 외향적인 성격을 가졌던 위선적인 아버지에게 최종적으로 작별을 고하는 것이 정말 기뻤다. 그녀는 아버지가 직업생활 내내 한 번도 소송에 진 적이 없다고 자주 자랑했던 것을 몸서리치며 회상했다. 그의 전형적인 과장의 몸짓이 그런 식이었다. 또 그 말이 진실이라면, 그건 그가 이길 것이 확실하지 않은 소송을 한 번도 맡지 않았기 때문이라고 그녀는 혼잣말로 신랄하게 중얼거렸다. 그녀는 그의 차갑고 냉정한 태도나 그의 연애행각에 대한 어머니의 수동-공격적 반응-머리 싸매고 누워 우울증에 빠지는 것-을 그리워하지 않을 것이었다. 다만 그녀가 그 모든 비참한 상황으로부터 물리적·감성적 거리를 확보하고 나자, 그녀가 혐오한 그 상황이 매우 긍정적인 효과를 발휘했을 수도 있겠구나 하는 생각이 들었다. 그 상황은 독립과 자율과 탈출을 향한 그녀의 절실한 욕구를 키워준 자양분일지도 몰랐다.

대합실 입구 위에 걸린 화려한 시계가 1시를 알렸다. 기차에 오를 시간이었다. 그녀는 여행가방을 집어들고 화려한 철문을 통과하는 승객들의 행렬에 합류했다. 머리 위로 승강장을 덮은 거대한 둥근 지붕이 까마득히 보였다. 복잡한 철골 격자구조가 멀리까지 이어져 있었다.

사랑하는 사람을 떠나보내는 친척과 친구 들이 기차 양편에 몰려 있었다. 그 격한 감정과 행동의 소용돌이 한가운데 그린에이커 박사는 혼자였다. 그녀의 가족-어머니, 아버지, 형제-은 배웅조차 하러 나오지 않았다. 아무래도 그녀는 한 방울의 눈물도 없이 떠날 모양이었다.

그러므로 침대칸을 찾아 움직이던 그녀가 뒤따라오는 발짝소리와 "그린에이커 박사님, 그린에이커 박사님" 하고 애타게 부르는 남자의 목소리를 들었을 때 무척 놀랐다. 고개를 돌린 그녀는 시카고 대학 시체보관소의 직원이 큼직한 통처럼 보이는 물건 2개를 들고 달려오는 것을 보았다. 정말 통이었다. 마개를 덮고 밀봉한 그 통들은 도슨 학장이 존스홉킨스 대학의 폽시 웰치와 아돌프 마이어에게 보내는 선물이라고 직원은 자랑스럽게 말했다. 포르말린 냄새가 코를 찔렀다. 유별나게 지독한 방부제 냄새로 보아 별것 아닌 듯이 보이는 그 통 속에 무엇이 들어 있는지 충분히 짐작할 수 있었다. 정말 기괴한 화물이었던 것이다.

그리하여 방부제에 절여진 인간 뇌가 담긴 2개의 통이 볼티모어로 가는 그녀의 길동무가 되었다. 그녀는 그것들을 존스홉킨스 대학에 도착하자마자 웰치와 마이어의 해부학 연구용으로 전달하라는 요청을 받았다. 키가 작고 말이 많은 그 시체보관소 직원은 그화물을 기차에 싣는 것을 도운 다음 서둘러 돌아갔다—그것이 그녀가 기억하는 시카고에서의 마지막 사건이었다.

다행스럽게도 필리스의 객실엔 그녀 혼자뿐이었다. 보존액의 낯설고 불쾌하고 약간 역겨운 냄새는 약하게만 느껴졌다. 게다가 그녀는 시체보관소에서 보낸 시간 덕분에 그 냄새에 익숙했다. 하지만 이웃 객실의 승객이 그녀의 화물이 무엇인지 알게 된다면 공포에 휩싸일 것이 틀림없다고 그녀는 생각했다. 그녀는 화물의 정체를 비밀로 해야 할 것이었다.

그녀는 창으로 다가가 마지막으로 역을 바라보았다. 이곳을 다시볼 가능성은 희박했다. 저 앞에는 그녀를 볼티모어로 데려갈 기관차가 출발 신호를 기다리고 있었다. 황과 검댕과 수증기의 냄새가기관차를 붙잡고 있는 제동장치의 자극적인 냄새에 섞여 풍겨왔다.호루라기 소리가 들렸다. 수증기가 날카로운 바람소리를 내며 구름을 만들고 거대한 엔진이 살아나면서 갑작스럽게 진동이 일어나고,피스톤이 움직이면서 요란한 소음이 시작되었다. 쇠가 쇠에 마찰되는 소리, 그리고 문득 결단한 듯, 기차는 거대한 덩치를 움직여 역을 빠져나갔다. 차츰 속도가 붙으면서 시카고 강 위에 가로놓인 가동교可動橋를 건넌 기차는 도시 외곽에서 남동쪽으로 방향을 틀어 애팔래치아 산맥과 아직 멀리 있는 동부 해안을 향해, 필리스에게 새인생을 열어주기 위해 달렸다.

해질 무렵 필리스 그린에이커는 비좁은 객실을 떠나 쾌적한 식당칸으로 갔다. 이미 시장한 승객들이 들어차 200가지 이상의 음식들 중에서 원하는 것을 고르느라 분주했지만, 다행히도 빈 자리가 있었다. 그녀는 흰 아마포를 깔고 그 위에 은과 유리로 된 식기를 늘어놓은 식탁을 앞에 두고 가죽 등받이가 있는 의자에 앉아 간소하지만 훌륭한 음식을 먹었다. 색을 칠하고 금박을 입힌 천장에 매달린 등은 기차의 움직임에 따라 앞뒤로 흔들렸다. 석양이 잦아들 무렵 우아한 곡선 형태의 창을 통해 내다보니 기차는 평평하고 단조로운 대초원을 이미 뒤로 하고 애팔래치아 산맥의 가장자리를 올라가고 있었다.

객실로 돌아온 그린에이커 박사는 자리를 뜬 사이에 승무원들이 잠자리를 준비해놓은 것을 발견했다. 통은 한쪽 구석으로 옮겨져 있었다. 승무원들은 통의 내용물에 대해 무관심했던 모양이었다. 정신적으로 피곤했던 긴 하루를 마감하며 그녀는 감사의 마음으로 잠자리에 들었다.

이튿날 아침 그녀가 일어났을 때 기차는 그림 같은 포토맥 강 계곡의 내리막길을 달리고 있었다. 양편에 급경사로 솟은 봉우리들의 그림자 속에서 기차는 굽이치는 물길을 끌어안고 달렸다. 시카고의 평지에서 자란 사람에겐 전혀 새로운 산악 지역의 장관을 보며 한동안 그녀는 황홀했다. 그러나 그녀는 여행이 빨리 끝나고 새 삶이 시작되기를 애타게 바랐다. 잠시 아침을 먹는 데 열중하고 나니 기차가 워싱턴에 도착하여 소란이 일었다. 승객들이 하차하고, 그녀는 처음으로 미국의 수도를 내다보았다.

그러나 워싱턴을 제대로 보는 일은 다음으로 미뤄야 했다. 아직 갈 길이 64킬로미터, 그러니까 1시간 더 남아 있었다. 기대가 크다보니 그 시간이 평소보다 훨씬 더 길게 느껴졌다. 하지만 결국 기차는 시내로 진입했고, 하워드 가 지하의 터널로 들어갔다가 그녀의 목적지인 마운트 로열 역에서 지상으로 올라왔다.

　첫눈에 보아도 볼티모어는 그녀가 떠나온 복잡한 대도시와 전혀
달랐다. 우선 볼티모어는 크기가 겨우 시카고의 1/4 정도였다. 또
훨씬 오래된 도시였다. 이곳의 빅토리아풍의 낮은 집, 벽돌 주택,
작은 길모퉁이 상점은 시카고의 풍경을 지배하는 고층 빌딩, 과시
적이고 온갖 양식이 혼합된 저택, 거대한 공공 건물, 화려한 상가
와 확연히 대조되었다. 1871년의 대화재는 과거에 변방이었던 시
카고의 모습을 남김없이 앗아가 버렸다. 그리고 그 파괴적인 재난
의 폐허 위에 거대한 현대 도시가 세워졌다. 뻔뻔스럽게 야하고 저
속한 도시, 새로 축적한 부와 권력을 세상 모두에게 자랑하는 도시
가 세워졌던 것이다. 그 도시의 자만심과 거드름, 광채와 장엄, 가
축시장과 도살장의 통제할 수 없는 불결함과 그곳에서 정기적으로
동쪽으로 퍼져 도시를 뒤덮던 악취는 이제 그녀가 도착한 오래되
고 차분한 항구도시에선 거의 상상할 수 없는 모습이었다.
　게다가 볼티모어는 본질적으로 미국 제2의 도시에서 벌어지는 광
란의 소동과는 전혀 다른 속도로 움직이는 남부의 마을이었다. 볼
티모어도 1873년과 1904년에 화재를 당했다. 그러나 그 두 번의 화
재로 다양한 식민지시대와 빅토리아시대의 건물이 파괴되었고, 규
모가 더 컸던 두 번째 화재는 중심가의 상업 지역을 초토화시켰지
만, 도시의 기본적인 성격―시민들이 볼티모어의 매력과 품위라고
여긴 특징―은 변하지 않았다(20세기 초의 시카고에 매력이나 품위 같
은 술어를 붙일 생각을 한 사람은 아무도 없었을 것이다). 볼티모어의 예
절과 관습은 남부의 그것에 머물러 있었다. 최초로 볼티모어에 정
착한 가족들은 자신들을 귀족으로 생각했다. 뿌리 깊이 보수적이고
토속적인 그들은 전통과 위계를 숭배하면서 그린에이커 박사가 태

어난 소란한 도시와 전혀 다른 품위 있고 느긋한 분위기를 창조했다. 그 분위기는 하찮은 거만함과 보수성 이상이었다.

그리고 무엇보다도 볼티모어는 미국 의학계의 정상에 있었다. 그린에이커 박사는 존스홉킨스 의대 건물이 록펠러가 사서 시카고 대학에 기증한 멋진 신新고딕풍 건물보다 못하다는 느낌을 지울 수 없었다. 존 쇼 빌링스가 지휘하는 대학병원은 가장 현대적인 병동 설계를 구현한 건물이고 그 안에는 미국 최고의 의사들이 들어 있다 하더라도 단순하고 효용 위주의 구조물이어서 미적으로 선혀 배력이 없었다. 여기저기 놓인 1층짜리, 2층짜리, 3층짜리 건물들이 단일한 통로로 연결되어 있었다. 더구나 그린에이커 박사가 매일 새삼스럽게 느꼈지만, 의과대학은 특히 황량하고 멋없는 지역에 있었다. 좁은 길과 골목이 얽힌 미로의 한가운데 햇빛도 잘 안 드는 곳, 쓰레기와 부패물의 고약한 냄새와 가난한 백인과 흑인 들에게 부실한 보금자리를 제공하는 싸구려 벽돌로 지은 낮은 집들과 의대생들을 위한 하숙집으로 둘러싸인 곳에 있었다.

그러나 지적인 활동력과 자부심과 자신감만큼은 존스홉킨스 의대와 그곳의 직원들을 따라올 경쟁자가 없었다. 그곳에 도착한 그린에이커 박사는 자신이 강력한 자신감과 불 같은 열정과 뼈를 깎는 고된 노동이 지배하는 세계에 뛰어들었음을 즉시 깨달았다. 당연히 그녀는 어려운 시절을 겪어야 했다. 그녀가 여성이라는 점은 분명 단점으로 작용했을 것이다. 존스홉킨스 의대가 개교할 때부터 여성에게 문호를 개방했던 것은 사실이지만, 그것은 어쩔 수 없는 선택이었다. 그 학교가 개교를 눈앞에 두고 있었던 1888년에 훗날 그린에이커가 시카고에서 타고 온 기차를 운영한 철도회사―볼티모어 앤드 오하이오B&O 철도―가 재정난에 빠져 배당을 연기했다. 당시에 존스홉킨스 의대가 확보한 기부금은 사실상 전부 B&O 주식

현대 정신의학 잔혹사

존스홉킨스 의대의 마이어 밑에서 일한 직원들 필리스 그린에이커가 1916년에 신입 직원으로 합류한 직후에 찍은 단체사진이다. 마이어는 앞줄에 턱수염을 뾰족하게 기른 인물이다. 늘씬하고 매력적인 필리스 그린에이커는 앞줄 오른쪽 끝에 있다. 그녀는 마이어 교수보다 큰 키를 감추려는 듯 한 발을 계단 아래로 내렸다.

의 형태였으므로, 막 태어나는 단계에 있던 학교는 절박한 위기에 봉착할 수밖에 없었다. 그때 예기치 못한 곳에서 천사들—대학 평의회원들의 딸이며 독립적이고 부유한 여성 4명—이 나타나 50만 달러를 기부하여 대학을 구했다. 그러나 그 기부금에는 여성에게도 남성과 동등한 입학 기회를 주어야 한다는 조건이 달려 있었다. 교수들은 이 조건에 격렬히 반대했지만, 대학 평의회는 결국 그것을 수락할 수밖에 없었다.

그러나 "동등한"이라는 단서가 붙었는데도 매년 입학하는 여학생의 비율은 10퍼센트에 미치지 못했다. 뿐만 아니라 남성 교수들이 열등한 성을 가진 학생의 존재를 어쩔 수 없이 용납했다고 해서, 그들이 그 학생들을 좋아해야 할 의무까지는 없었다. 여학생 입학에 심하게 반대했던 교수들이 불쾌감을 표현하고 갖은 수단을 동원하여 침입자들을 괴롭히고 난처하게 만드는 행위까지 막을 수는 없었다. 그린에이커도 그런 이야기를 들었다. 예컨대 다음과 같은 악명 높은 사례가 있었다. 어느 이비인후과 교수가 코의 해면 조직과 음경의 요도해면체尿道海綿體를 비교하는 강의를 했다. 그는 재미를 더하려고 여러 음란한 이야기를 곁들였고, 남학생들은 배꼽을 잡고 뒹굴며 웃었다. 반면에 의도적인 모욕을 당한 소수의 여학생들은 당황하여 안색이 새빨개졌고 진지하게 자퇴를 고려했다.[9] 그후 도로시 리드와 플로런스 세이빈이 대담하게 수석으로 졸업하여 존스홉킨스 의대의 수련의 자리 중에서 가장 인기 있는 내과 수련의 임명을 받은 일이 있었다. 대학병원의 원장 헨리 허드는 즉시 두 사람 중 1명이라도 다른 남학생을 위해 자리를 양보하게끔 노력했다. 그는 리드를 남성 흑인 병동에 배정했다. 어떤 젊은 여성도 그런 자리를 수락할 수는 없을 것이라고 그는 생각했다. 그러나 그녀가 뜻을 굽히지 않자, 결국 그는 그녀에게 "그(허드)는 그녀(리드)가 유색인 병동을 원한다는 사실을 이해했습니다." 하고 통보했고, 그 점은 "그녀의 비정상적인 성도착"을 반영한다고 주장했다. "오직 성적 호기심을 충족시키려는 (리드의) 욕망만으로 (그녀가) 남성 병동을 맡을 수 있기 때문"이라는 것이었다. 그러나 이런 고의적인 모욕도 그가 원한 결과를 이끌어내지 못했다.[10]

이런 일화들은 존스홉킨스 대학에 관한 전설의 한 부분이 되었다. 더 세속적인 차원에서는, 적당한 자기 자리에 머물기를 거부하는 여성들을 향한 많은 진영의 적대감이 거의 노골적이었다. 그러나 정신의학은 소아과학과 마찬가지로 일종의 예외였다. 어쩌면 정신과가 의학계의 위계에서 낮은 지위를 차지했기 때문인지 몰라도, 정신의학계에서는 여의사가 비교적 덜 이상하게 여겨졌다. 실제로 그린에이커는 첫 출근을 한 날 자신이 새로 임용된 3명의 여직원 중 한 사람임을 알게 되었고, 곧 루스 페어뱅크Ruth Fairbank, 유능한 에스더 리처즈Esther Richards(훗날 마이어의 수석 임상 직원이 된다.)와 함께 업무를 시작했다.

그러나 여성 동료의 존재는 큰 도움이 되지 않았다. 물론 처음 6개월은 그녀에게 그런대로 좋은 시간이었다. 그녀는 병리학 분과에 배정되었고, 이어서 신경학 분야를 맡았다. 그녀는 시카고에서 받은 교육 덕분에 이 두 분야에 사전 지식이 있었다. 시체보관소에서 오랜 시간을 보내면서 그녀는 뇌출혈에 관한 논문을 썼고, 훗날 그 논문은 그녀의 첫 번째 의학 출판물이 되었다.

그러나 얼마 지나지 않아 그녀는 핍스 클리닉에서의 수련의 과정을 위해 일터를 옮겼고, 이때부터 문제가 생기기 시작했다. 그녀는 정신과의사가 되기로 결심하고 이곳으로 왔지만, 그녀가 가진 배경 지식은 애처로울 정도로 부족했다. 시카고 대학에서의 교육이 아무리 충실했다 하더라도, 그곳의 교과과정에서 정신의학이 차지하는 비중은 매우 작았던 게 사실이었다. 이제 그녀는 의과대학 3학년이나 4학년 학생들도 그녀보다 아는 것이 더 많은 곳에서 일하게 된 것이었다.

그녀는 일에 몰두했지만, 이 낯선 환경에서 지독한 외로움과 불행을 느꼈다. 자기에 대한 확신이 흔들렸고, 난생 처음 자신의 능력에 대한 의문이 생겼다. 참 이상하게도 다른 여성의 존재는 문제를 더 악화시키는 것 같았다. 그녀들은 잘해나가는 것 같았고, 그녀들의 성취에 견주어보면 자신이 여성이기 때문에 곤란을 겪는다는 생각을 하기 어려워졌다. 비딱한 태도로 보일지 모르지만, 만일 그녀가 여성이라서 곤란을 겪는 것이라면 위안을 얻을 수 있을 것이었다. 그녀의 의기소침이 실제적인 어려움에서 비롯된다는 것을 확신할 수 있을 테니까 말이다. 그러나 그녀는 자신의 우울함이 어머니에게 물려받은 무력하고 거의 병적인 감성적 불안의 징후일지도 모른다는 생각에 점점 더 빠져들었다.

그녀는 모든 불안이 그녀가 외부인이기 때문에 생긴다는 생각으로 위안을 삼으려 했다.[11] 사실 그녀는 존스홉킨스 의대 출신자가 아니라, 개인 소유의 학교라는 오명을 최근에야 벗은 중서부 대학 출신자였고, 그것은 분명 그녀의 약점이었다. 러시 의대는 여러 해 동안 그 대학 교수들의 소유였고, 그녀가 알고 낭황한 일이었지만, 속물적인 동부 해안의 의학계는 러시 의대가 록펠러의 대학과 연합함으로써 얻으려 한 새로운 명성을 마지못해 점진적으로 인정해 가는 중이었다.

그러나 그렇다고 해도, 그런 합리화는 감성적인 위안을 전혀 제공하지 못한다는 것을 그녀는 발견했다. 그녀의 고립감은 깊어졌고, 그녀는 자신이 취약하고 겁에 질렸다고 느꼈다. 정신과 수련의는 자기 자신의 정신의학적 악령과 씨름했고 매번 패배했다. 더욱 심각한 것은 그녀가 상급자로 선택한 아돌프 마이어가 가까이 하기 어려운 인물이라는 점이었다. 권위적인 스위스 출신 독일인으로서 위계에 대한 확고한 유럽적 사상을 가졌던 그는 세부사항에 집착했고, 실수에 민감했고, 업무의 모든 면을 통제하려 했다. 그는 큰 키가 아니었지만 위압적인 풍모의 소유자였다. 쏘아보는 듯한 눈, 날카로운 이목구비, 뾰족하게 기른 검은 수염, 구세계적인 고집, 거의 알아듣기 힘든 독일식 발음을 하는 그를 대하는 사람은 대개 겁을 먹었다.

그녀는 처음 만났을 때 벌써 그가 무서운 사람이라고 느꼈다. 그녀뿐만이 아니었다. 사람들은 그를 숭배하거나 혐오하거나 둘 중 하나인 것 같았다. 그 중간은 없었다. 새로 들어온 직원들은 서로

현대 정신의학 잔혹사

를 사귀고 좋은 인상을 주려고 애쓰다가도 마이어만 나타나면 벙어리가 되는 것 같았다. 그 해에 처음 열린 직원회의는 무서운 정적이 지배했다. 그녀가 나중에 알게 되었지만, 마이어가 없는 자리에서도 아무도 그의 심기를 건드리려 하지 않았다. 매년 여름 마이어가 휴가를 떠나면, 핍스 클리닉의 업무는 차츰 정지되었다. 최고참 직원들조차도 마이어가 없는 상황에서 환자를 입원시키라는 지시를 감히 내리지 못했다.[12] 몇 년 후 그린에이커는 스미스 엘라이젤리프가 마이어가 직원들에게 미친 영향을 가혹하게 비판했다는 ─ 젤리프는 마이어가 "반쯤 거세된 제자들을 교수직에 앉혔습니다." 하고 비난했다[13] ─ 소식을 들었다. 그녀는 그 비판의 의미를 잘 이해할 수 있었다.

어느 정도 시간이 흐른 후 그린에이커 박사는 처음의 공포에서 벗어나 마이어와 더 복잡한 관계를 맺게 되었고, 결국 그를 실망과 존경이 뒤섞인 미묘한 감정으로 바라보게 된다. 그러나 마이어 밑에서 일한 처음 몇 달은 악몽 같았고 못 견딜 정도로 어려웠다. 그는 너무 멀고 접근할 수 없어 보였고, 그의 기준들은 충족시키기 어려웠고, 그의 생각은 그녀가 자신의 미래를 포기할 만큼 불가해했다. 존스홉킨스 대학에 도착하고 채 1년이 지나지 않아 그녀는 깊은 우울증에 빠져 더 이상 일을 할 수 없게 되었다. 마이어가 그녀에게 정신병이 있다는 진단을 내렸다.

그녀의 정신상태는 몇 달이 지난 후에야 비로소 천천히 호전되어 그녀는 1918년 봄에야 직무에 복귀할 수 있었다. 그러나 어떤 이유에서였는지 마이어는 그녀를 해고하지 않았다. 그녀의 재능 때문이었을지도 모르고, 어쩌면 그녀가 느낀 대로 그의 메시아 콤플렉스와 그에 동반된, "구원 환상"에 빠져드는 성향 때문이었는지도 모른다. 또 어쩌면 직원에 대한 의리 때문이었거나 단순히 많은 남성 직원들이 전쟁터로 떠났기 때문이었는지도 모른다. 아니 어쩌면—이것은 그가 누구에게도 누설하지 않은 어두운 개인적 비밀이었다—그가 직업적인 성공을 위해 스위스를 떠나 미국으로 온 것 때문에 그의 어머니가 회복할 수 없는 우울증에 빠진 일에 대한 죄책감 때문이었는지도 모른다. 혹은 이 모든 이유가 전부 작용했을지도 모른다. 그린에이커가 보기에, 정확한 이유가 무엇이었는지는 그다지 중요하지 않았다. 아무튼 그녀는 의학계 직업인으로서의 삶에 종지부를 찍는 운명을 면할 수 있었다.

그로부터 18개월이 지나는 동안 그녀의 인생은 또 한 번 뒤집혔다. 그녀가 비록 수줍음을 많이 타는 성격이지만, 그녀의 빼어난 외모와 훌륭한 마음씨는 마침내 한 남자를 끌어당겨 그녀를 숭배하게 만들었다. 1919년 1월, 행동주의behaviorism의 창시자이며 존스 홉킨스 대학 심리학 연구소의 책임자인 존 왓슨은 커트 리히터Curt Richter라는 총명한 젊은이를 조수로 채용했다. 마이어는 곧 그 신입 조수를 초빙하여 자신의 직원회의에 참석시키고 몇 차례 강연을 하게 했다.[14] 이 과정에서 그린에이커와 리히터는 서로를 알게 되었다.

그린에이커가 리히터를 보고 한눈에 반한 것은 놀라운 일이 아니었다. 커트는 콜로라도에서 고등학교에 다닐 때 육상선수를 한 경력이 있는 잘생긴 청년이었다. 그는 명목상 공학을 공부하기 위해 3년 동안 독일에 머물렀는데, 그 기간 동안 연극과 오페라와 문학에 심취했다. 1차 세계대전이 발발하고 1년 반이 지난 뒤에 미국으로 돌아온 그는 공학에 대한 관심을 잃고 새로운 직업적 전망을 위해 하버드 대학에 입학했다. 외교학, 경제학, 철학이 차례로 그의 관심을 끌었지만, 그 관심은 곧 시들해졌다. 그러나 정신분석학 문헌을 점점 더 많이 알게 되고, 한동안 헨더슨과 로버트 여크스와 함께 동물 행동을 연구하면서 그는 점차 일생의 관심사가 될 주제인 행동의 생물학적 토대에 빠져들었다. 그래서 그는 결국 볼티모어로 왔다. 세계 시민다운 세련미, 방대한 지식과 지적 호기심, 신체적인 매력을 지니고 볼티모어에 나타난 그를 필리스는 사랑할 수밖에 없었다.

그러나 낭만적인 연애에 온전히 빠져들 수는 없었다. 새로 찾은 행복의 한가운데 있으면서도 필리스는 결혼은 직업적 야심을 간직하는 데 심각한 위협이 된다는 생각을 떨쳐버릴 수 없었다. 또 그들의 재정 기반이 매우 빈약한 사실을 생각하면 커트에게도 결혼은 버거운 일일 가능성이 매우 높았다. 그러나 그녀는 이런 고민 때문에 아주 오래 주저하지는 않았다. 마이어가 캘리포니아로 떠나기 직전인 6월 24일에 그녀는 소식을 알렸다. "제가 커트 리히터와 약혼했다는 사실을 알려드리고 싶습니다. 우리는 가능하면 빨리, 가을쯤에 결혼하려 합니다." 그녀가 마이어에게 다짐했듯이 그녀는 "실험실에서의 일을 계속할 수 있기를 간절히 바랍니다……. 그만둔다는 생각은 감히 할 수도 없습니다. 처지가 달라진다고 해서 제가 능률을 덜 발휘하리라고 생각지 않습니다. 오히려 그 반대일 겁니다."[15]

마이어가 그 결혼을 승낙한 것은 그녀에게 분명 중요한 일이었다. 실제로 상황은 전혀 다르게 흘러갈 수도 있었다. 왜냐하면 커트와 필리스의 고용계약서에는 존스홉킨스 대학 평의회의 동의 없이는 결혼할 수 없다는 조항이 들어 있었고, 그 동의는 드물게만 받을 수 있는 것이었으니까 말이다.[16] 또 필리스는 감성적으로 마이어의 지지가 필요했다. 마이어는 이제 그녀에게 아버지의 대리인 같은 인물이었던 것이다. 놀랍게도 한때 멀기만 했던 상관은 여전히 그가 직원들과의 관계에서 특징적으로 보여주는 형식적 겉치레 밑에 그녀에 대한 호혜적인 느낌을 가지고 있었고 그녀의 신뢰를 환영하고 있었다. 마이어는 필리스에게 조언했다. "다른 무엇보다도 자네가 과거에는 가족으로부터 도움이나 자유로운 대화의 기회를 얻기가 어려웠다 하더라도 이제는 더 중립적이면서도 가족 못지않은 관심을 가진 자네의 '상관'과 절대적으로 솔직하고 진지하면서 귀찮게 간섭하지 않는 대화를 나눌 수 있다는 점을 잊지 말게. 그 상관은 항상 자신이, 자네가 수용하는 한에서, 부모의 입장에 있다고 느껴왔다네(부권주의를 연상하진 말기 바라네)."[17]

마이어는 그린에이커의 결혼 소식에 양면적이고 조심스럽게 반응했다. 그녀의 신속한 결정에 허를 찔린 그는, 그 결혼 계획이 과거의 정서적 혼란의 산물일 수 있고, 필리스 자신의 말에 따르면 그녀가 "지난 봄에 다소 멍한 상태였음을 생각하게." 하고 우려를 표했다. 그녀는 서둘러 "저는 결혼을 성공이나 안정을 가져올 만한 치료 조치로 생각한 적이 결코 없습니다. 제 경우에는 늘, 반쯤 소화된 문제들은 반드시 새로운 복잡한 조건에 의해 증폭됩니다." 하고 대답했다. 그녀는 주장했다. "저는 지난 한 해 동안 더 편했습니다……. 저를 집어삼키곤 하던 막연한 우울함 때문에 소진한 에너지가 확실히 더 적었습니다. 그리고 제 생각은 더 희망차게 되었고 우울한 느낌은 줄었다고 저는 믿습니다."[18]

필리스의 정서상태에 대한 우려와 별도로 마이어가 많이 걱정한 것은 더 현실적인 문제였다. 첫 번째 편지에서(그리고 더 나중에 7월부터 9월 사이에 쓴 여러 편의 긴 편지들에서) 그는 그린에이커와 리히터가 모두 직업적 경력을 쌓고자 할 때 발생할 수 있는 스트레스에 대한 염려를 명시적으로 밝혔다. "나는 학생들이 행복한 결혼을 하는 것을 몇 번 보았네. 그러나 나는 최종적인 직업을 위해 험한 세상의 검증을 받는 힘든 기간 동안 자유를 확보하는 일이 얼마나 중요한지도 알고 있네."[19] 그린에이커는 경력을 잘 쌓아가고 있는 반면, 리히터는 겨우 시작단계이며, 훨씬 덜 확실하고 덜 안전한 것 같았다. 마이어는 그 불확실성을 걱정했다. "나는 그의 잠재력을 평가하기 어렵네." 부분적으로 그것은 그가 "집중하는 데 어려움을 겪는 것"처럼 보이기 때문이었다. "리히터가 어떤 일에 집중했다고 내가 생각할 때마다 그는 그 출발점도 완성하지 않은 채 다른 곳으로 움직이는 것처럼 느껴졌다네."[20] 적극적인 행동에 나서기 전에 마이어는 직원에게 사태를 합리적이고 신중하게 숙고하라고 촉구했다. "만일 현실의 저울이 밝은 전망을 약속한다면 자네들 두 사람의 직업적 경력이 적당한 정도로 융합되지 못할 이유는 없지. 내가 던지는 질문은 혹시 그 저울을 적당한 시일을 두고, 자네들이 맺은 관계의 순수함과 진실함을 방해하지 않으면서, 하지만 그 저울이 보여주는 바가 명확해지기 전에는 결혼이라는 종신계약을 맺지 않으면서, 살펴볼 수는 없을까 하는 것이네."[21] 그린에이커의 연구는 그녀 자신에게 엄청나게 중요하며, 그녀는 그것을 위태롭게 하지 말아야 한다고 마이어는 지적했다.

1년 전에 내가 자네를 실험실로 보내기로 하고, 자네보다 적임자이지는 않으나 다른 유형의 일 때문에 더 적합한 페어뱅크 박사가 그 일을 맡았을 때, 자네가 그렇게 승진에서 외견상 등한시된 것에 대해 보였던 반응과 예민함을 나는 아주 잘 기억하네. 그런 식의 선택과 유예 조치는 결혼한 부부에게는 훨씬 더 많을 테지. 만일 자네가 우연적인 어려움들, 특히 리히터 군으로 인한 어려움에 빠지지 않는다면 원기 왕성하고 유능한 사람이 될 수 있는데도 그 모든 불이익에 노출되는 것은 매우 그릇된 일이라고 생각할 수밖에 없네.[22]

마이어에게는 당황스럽게도 그린에이커는 "때이른 결혼에 동반될 수 있는 복잡한 문제"에 관한 마이어의 경고를 무시하고 오직 "자네가 어떤 결정을 내리든 나는 도움을 주려 노력할 것"이라는 그의 약속에만 초점을 맞추었다.[23] 상황에 대해 더 숙고할 시간을 갖는 대신에 그녀는 자신과 리히터가 학사 연도가 시작되기 전인 9월 1일에 결혼하기로 결정했다고 답장했다.[24] 마음이 상한 것이 분명한 마이어는 "자네의 결정은 나의 바람이 들어설 여지를 남기지 않는 것 같군." 하고 대꾸했다. 그리고 그는 다시 한 번 그녀에게 더 신중하라고 촉구했다. 그러나 "사태가 그렇게 흘러가야만 한다면…… 나는 상황을 받아들이겠네……. 자네의 계획이 무엇이든, '추정된 근거'가 자네에게 우호적이리라는 것을 자네는 믿고 의지할 수 있을 것이야."[25](라고도 말했다.)

이 편지에 잠시 고무된 그린에이커는 "제가 선생님이 걱정하는 내용을 이해하지 못했던 것 같습니다." 하고 인정했다. 겉보기엔 반대였지만, 그녀는 "제 부족함을 저보다 더 잘 이해할 수 있는 '중립적인' 사람의 조언을" 소중히 여겼다. 또 그녀는 "우리의 계획은 전혀 확고하지 않습니다." 하고 서둘러 마이어를 안심시켰다.[26] 실제로 그들의 계획은 확고하지 않았던 것으로 판명되었다. 3주 후에 그녀는 마이어에게 수수께끼 같은 편지를 보내 "제가 선생님께 편지로 전한 계획은 완전히 틀어졌습니다. 새 계획이 진행되면 선생님께 편지하겠습니다. 아니 선생님과 대화하는 편이 더 나을 것 같아요." 하고 알렸다.[27]

무슨 일이 생겨서 이렇게 급작스런 변화가 일어난 것인지는 불분명하다. 아무튼 두 사람의 의도가 영구적으로 바뀐 것은 아니었다. "때이른 결혼과 어울리는 것은 자네들의 애정이 아니라 복잡한 문제들이야. 나는 그 문제들이 두 사람 중 하나나 두 사람 모두, 특히 리히터 군을, 자네들이 어찌할 수 없는 방식으로 괴롭히게 되지 않을까 염려스럽네."[28]라는 마이어의 거듭된 경고도 그녀의 걸음을 막을 수 없었다. 1920년 봄, 필리스와 리히터는 결혼했고, 필리스는 일주일이 안 되어 임신했다.

사람들은 커트와 필리스가 이상적인 커플이라 생각했다. 심지어 마이어조차도 일찍부터 그 점을 인정했다. 커트가 전문적인 직업에 충실하지 못하여 얼치기로 머물지도 모른다는 초기의 염려는 곧 사라졌고, 젊은 리히터는 머지않아 마이어 교수가 좋아하는 인물이 되었다. 상급자인 존 왓슨보다 훨씬 덜 교조적이고 유럽 교육을 받았으며 가톨릭에 대한 지적인 관심도 가졌던 리히터는 왓슨의 팀보다 마이어의 팀에 비교할 수 없을 만큼 더 잘 어울리는 사람이었다. 물론 왓슨도 나름대로 추구하는 지적인 주제가 있었다. 그러나 그는 존스홉킨스 의대에 발을 들여놓자마자 마이어에게 자신은 인간의 의식이나 그와 유사한 "신화적인" 것에 관한 공허한 철학을 할 시간이 없다는 점을 분명히 했다. 이 저명한 스위스 교수는 정신의학을 "정신생물학"(이것이 어떤 학문인지는 확실치 않지만)의 토대 위에 세운다는 원대한 뜻을 품고 그 뜻을 실현하는 데 보탬이 될 사람을 원했던 반면, 왓슨은 자신에게 어떤 도움도 기대하지 말라고 명확히 선언했던 것이다. 그러나 리히터는 마이어에게 더 잘 적응할 수 있는 인물이었다. 확실히 그는 정신분석에 관심이 있었고 생물학을 좋아했으며 실험에 재능이 있었다. 마이어가 육성하려는 연구를 맡을 적임자였던 것이다.

마이어의 팀은 과학적으로 훌륭한 독창적 연구 성과를 내놓는 일이 점점 더 절박해진 상태였다. 마이어가 존스홉킨스 대학에 임용되고 정신의학계를 넘어 의학계 일반에서 권위자로 인정받은 것은 대부분 그가 받은 엄격한 유럽적 훈련과 초기의 뇌와 중추신경계에 대한 해부학 연구 덕분이었다. 의학계의 실력자들은 그가 제도권 정신의학을 뒤덮고 점점 더 정신과의사들을 부끄럽게 하는 병인에 대한 무지와 치료에 대한 무능을 걷어낼 연구 프로그램을 가진 과학자라고 여겼다. 그러나 실상은 달랐다. 마이어가 존스홉킨스 대학에 부임할 시점에는 그가 개인적으로 계획한 연구들은 이미 종결된 상태였다.

확실히 마이어는 여러 학자의 견해를 절충하여 행동을 결정하는 요인—환경, 유전, 습관, 개인의 심리, 기질적 요소들—이 다양하다는 점을 강조했다. 이 생각은 거의 무한한 연구 영역을 제공했다. 심리학, 생리학, 신경병리학, 심지어 사회학까지, 모든 것이 광기의 비밀을 밝히는 데 기여할 수 있을 듯했다. 그러나 10년의 연구에서 나온 산물은 마이어 자신의 점점 더 모호해진 잠정적 주장 외에는 이렇다 할 것이 없었다. 직원들을 바쁘게 부리는 데는 문제가 없었다. 마이어의 학생과 직원 들은 그가 "개체 전체의 역동적인 생물학적 과정"이라 부른 것을 이해하는 데 도움이 될 만한 모든 것을 살피고 그가 강조한 대로 "사실들"을 가능한 한 많이 모으고 그가 "개체 정신의 환경에 대한 건강하지 못한 반응"이라 부른 것과 관련이 있을 만한 모든 사항을 지독할 정도로 세부적으로 추적하며 무한히 긴 시간을 소모했다.[29]

그런데 그렇게 해서 얻은 성과는 무엇인가? 마이어는 자신의 이론이 "상식적인 정신의학"이라 주장했다. 그러나 그것은 이해할 수 없는 독특한 상식이었고, 마이어가 무슨 말을 하려는 것인지를 판별하는 사람조차 거의 없을 만큼 모호한 언어로 표현되었다. 마이어가 무언가 알기는 아는 것일까? 혹시 공허한 빈말만 늘어놓고 있는 것은 아닐까? 확실히 존스홉킨스 대학의 많은 동료들은 마이어가 핍스 클리닉에서 추구하는 목표의 가치에 대해 점점 더 큰 의심을 품는 듯했다.[30] 학교를 홍보 기회가 생기면 학생들 역시 마이어가 분명히 심리학떠벌이라며 비웃었다. 어느 해에 학생들이 공연한 연극에서는 수염을 단 "마이어"가 등장하여 중국어로 강의하면서 간간이 마이어가 좋아하는 단어들—통합 개념, 가족 형성, 자연에 대한 경험, 에르가시아스ergasias(마이어가 '일'과 '행위'를 뜻하는 그리스어를 합성하여 만든 단어—옮긴이) 등—을 내뱉었다.[31] 위대한 마이어는 전혀 유쾌하지 않았다. 그가 **분노하자** 내학 낭국은 그런 종류의 공연을 금지했다.

마이어의 젊은 직원은 이런 분위기를 타개하는 데 크게 공헌할 수 있을 만한 인물이었다. 리히터는 마법 같은 기술, 지적인 호기심, 실험을 계획하고 실행하는 솜씨를 이미 확실히 보여주었다. 대학의 과학부 사람들과 사귀는 솜씨도 남달랐다. 내분비샘과 그것이 동물의 행동에 미치는 영향에 관한 그의 초기 연구는 의심의 여지 없이 과학자들에게 큰 인상을 주었다. 만일 그 연구를 특정 정신병의 신비스런 주기성과 연결할 수만 있다면, 정신생물학은 더 이상 매력적인 구호에만 머물지 않게 될 것이었다.

현재 리히터는 비협조적이고 심지어 적대적인 존 왓슨의 휘하에 있었다. 마이어와 왓슨 사이의 대화는 해를 거듭하면서 점점 더 신랄해졌다.[32] 그러나 그런 적대관계는 오래가지 않았다.

리히터의 상급자는 1909년에 당시 심리학 연구소 소장이었던 제임스 볼드윈이 볼티모어 성매매 지역을 급습한 경찰에 검거되어 어쩔 수 없이 자리에서 물러나는 바람에 그 자리를 꿰찰 수 있었다. 그런데 이제는 왓슨 자신이 그보다 더 큰 스캔들에 휘말리게 되었다. 그는 이제 막 태어나는 심리학계에서 자신이 지닌 명성이 볼드윈이 당한 것과 같은 대중적 망신으로부터 자신을 보호할 것이라고 착각했고, 그 착각으로 인해 뜻하지 않게 리히터와 그린에이커

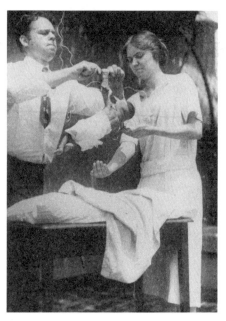

커트 리히터와 필리스 그린에이커가 유아의 움켜잡기 반사를 실험하는 모습 이 유아가 누구인 지는 확인되지 않았으나, 아마 이들 부부의 아이였을 것이다. 이런 식의 연구는 논란 을 불러일으켰고, 리히터는 곧 인간 유아 대신에 나무늘보를 실험 대상으로 썼다.

가 이익을 얻게 되었다.

1919년 가을에 왓슨은 또다시 아내를 속이고 불륜을 저질렀다. 그가 과거에 저지른 불륜행위는 적당히 처리되었지만, 이번엔 그의 파트너 선택이 놀랍도록 자멸적이었다. 로살리 레이너는 메릴랜드 주의 어느 거물급 인사의 손녀이자 연방 상원위원의 조카이고 매 우 아름다웠다. 바사 칼리지를 졸업한 그녀는 19세의 대학원생 신 분으로 1919년 가을에 왓슨의 연구소에 들어왔다. 왓슨과 레이너 는 거의 25년이나 나이차가 나는데도, 아니 어쩌면 그 때문에 불 과 몇 주 만에 연인이 되었다. 게다가 그들은 철없는 연인이었다. 그들이 뉴욕에서 남몰래 주말을 보내는 것은 위험하기 짝이 없는 일이었다. 그러나 로살리는 곧 애인과 함께하고 싶은 욕구를 못 이기고 칼리지 시절의 친구를 설득하여 볼티모어에 있는 그의 아파트를 세냈다. 그 아파트에서 왓슨은 "모든 일이 잘될 테고, 우린 안전하게 놀아야 해. 아무튼, 우린 놀 거야." 하고 장담했다.[33]

그리고 그들은 놀았다. 왓슨은 자신이 "대단한 죄인"이라 시인한 후, 더욱더 죄의 쾌락 속으로 빠져들었다. 그는 로살리에게 요구했다. "당신 지금 당장 2시간 동안 싫증내지 않고 나랑 키스할 수 있겠어? 나는 24시간 내내 그러고 싶어. 그러고도 하루가 왜 그렇게 짧으냐고 우주에 대고 따질 거야. 우리 밤낮이 6개월씩인 북극으로 가자."[34] 두 사람이 점점 더 서로에게 빠져들면서 모든 조심성은 사라졌다. 곧 어리석은 두 연인은 낮에 연구소에서 함께 보내는 시간이 욕구를 더 돋울 뿐이라고 불평하면서 연애편지를 주고받기 시작했다. 왓슨은 독특한 언어로 이렇게 고백했다. "내가 가진 모든 세포는 각각 그리고 집단적으로 당신 것이오. 나의 모든 반응은 양성이고 당신을 향해 있소. 나의 모든 심장 반응 하나하나도 마찬가지오. 설령 외과수술로 우리를 하나로 만든다 해도, 내가 이보다 더 온전하게 당신 것이 될 수는 없을 것이오."[35]

로살리도 호응했다. 어느 날 그녀의 중년 애인은 "나는 아주 어린 소녀에게 하루 동안 해줄 사랑을 이미 충분히 했다오."라는 말로 그녀를 애태웠다. 곧이어 그는 마치 상사병에 걸린 소년처럼 고백했다. "당신 목소리를 듣지 못하면 난 죽을 것 같소. 당신이 안에 있는 걸 알았다면 위험을 무릅쓰고 당신에게 전화했을 것이오. 매번 전화벨이 울릴 때마다 나는 의자에서 벌떡 일어날 것이오. 내 심장은 방망이질치겠지만 어쨌든 난 귀를 기울일 수 있을 것이오……. 당신의 마음과 몸이 여전히 내 것이라고 써주시오."

그들의 서로를 향한 목마름은 한이 없는 것 같았다. 아무것도 그들을 방해할 수 없었다. 서로 떨어져 지내는 저녁시간이 고통스러웠던 로살리는 대담하게도 부모를 설득하여 존과 아내 메리를 유토 광장에 있는 자신의 저택으로 초대하게 했다. 그런 초대는 반복되었다. 왓슨은 최선을 다해 반듯한 행동을 했고, 로살리의 가족은 그에게 매력을 느꼈다. 얼마 지나지 않아 두 가족은 일주일에 여러 번 함께 저녁을 먹게 되었고, 어찌된 영문인지 로살리의 부모는 딸과 그녀의 연인 사이에서 은밀히 벌어지는 위험하고 달콤한 성적인 유희를 눈치채지 못했다.

그러나 이미 오랫동안 남편의 불륜을 경험한 존의 아내는 달랐다. 그녀는 여러 달 동안 그가 또다시 바람을 피운다고 의심했다. 심증은 충분했다. 그녀의 면전에서도 로살리와 존이 뻔뻔스럽게 시시덕거리는 것을 보면, 존의 새 연인이 누구인지 더 이상 고민할 필요가 없었다. 그러나 그녀는 남편의 불륜을 확고하게 증명할 증거가 없었다. 그러나 2월 말에 왓슨은 로살리의 연애편지를 주머니에 넣어두고 잊어버리는 실수를 저질렀고, 그의 아내가 세탁을 하다가 그것을 발견했다. 그런 실수는 불가피했다. 사실 왓슨의 행동은 점점 더 부주의해져 거의 불륜이 들통나기를 의도적으로 바라는 것 같은 수준이었다. 하지만 편지 한 통 정도는 적당히 얼버무릴 수 있을 것이었다. 메리는 더 많은 증거를 확보하기로 결심하고 영리한 계략을 꾸몄다. 또다시 레이너 가족의 집에서 저녁을 먹게 되었을 때, 그녀는 두통이 있어 로살리의 침실로 가서 쉬어야겠다면서 왓슨과 로살리는 핍스 클리닉에 관해 하던 얘기를 마저 하라고 했다. 메리는 침실의 문을 걸어 잠그고 방 안을 뒤졌고 그녀의 남편이 보낸 저주스런 편지를 한 다발 발견했다. 그 편지들을 챙긴 그녀는 식탁으로 돌아와 아무 일도 없었던 것처럼 행동했다.

그런 냉정함과 침착함은 오래가지 않았다. 그 편지들을 읽은 그녀는 다시 혼자서 레이너 가족을 방문했고, 당당하게 대응하는 로살리 앞에서 불륜 사건을 지저분할 정도로 세세히 공개하고 레이너 부부에게 스캔들을 막으려면 로살리를 1년 동안 유럽으로 보내라고 요구했다. 1년 정도면 남편의 일시적인 환상이 사라지기에 충분한 시간이라고 그녀는 장담했다. 그러나 로살리는 꿈쩍도 하지 않았고, 남편과의 관계를 끊기 위한 메리의 이어진 노력도 헛수고였다. 왓슨 부부는 4월에 이혼했고, 왓슨의 불륜 소식은 존스홉킨스 대학이라는 좁은 사회에 급속도로 퍼졌다.

대단한 자신감을 지닌 인물인 왓슨은 스캔들을 극복할 수 있으리라 확신했다. 그러나 그것은 어리석은 예측이었다. 아돌프 마이어가 매정하게 개입하여 그의 운명을 확정했다. 왓슨 부부의 이혼 소식을 접한 굿나우 학장이 마이어에게 조언을 구하자, 마이어는 완고하고 단호한 입장을 취했다. 왓슨은 불륜을 그만두라는 마이어의 권고를 비웃은 바 있었다. 이제 그는 자신의 부도덕한 행동에 대해 대가를 치러야 한다. 성적인 문제에 대해서 청교도처럼 행동하기로 유명했던 마이어는 왓슨이 동료의 신의를 저버린 일에 큰 충격을 받았다고 선언했다. 그로 인해 대학이 입을 피해는 막대했다. "이 문제를 깨끗이 매듭짓고 도덕적 원칙을 천명하지 않는다면 우리는 교육기관을 운영할 수 없을 것입니다." 그러므로 왓슨과 존스홉킨스 대학의 관계를 "단절"하는 것은 "불가피합니다."[36] 이로써 왓슨의 학자 경력에 종지부가 찍혔다.

왓슨을 제거하기 위해 단호히 개입한 마이어는 신속하게 리히터가 핍스 클리닉 3층에 있는 심리학 연구소의 소장으로 임명되게 노력했다. 리히터 부부는 이 예상치 못한 상에 감격했다. 이미 그들은 신참 학자의 보잘것없는 월급으로 곧 태어날 아기를 어떻게 부양해야 할지 걱정하고 있던 참이었다. 그러나 안도의 숨을 쉴 수 있었던 것은 잠시뿐이었다. 결혼 2년 만에 1명이 아니라 2명의 아기가 태어났던 것이다. 1921년 2월에 앤, 1922년 5월에 피터가 태어났다. 리히터가 승진한 후에도 살림이 빠듯했던 가족은 기차역 근처 리저바 가 731번지에 아주 작고 소박한 아파트를 장만했다.

가정형편이 빈곤한 상황에서 리히터가 보인 반응은 연구에 몰두하는 것이었다. 그는 실험실에서 한없이 오랜 시간을 보내며 훗날 박사논문의 기초가 된 연구에 매달렸다. 그것은 우리에 갇힌 쥐의 신체활동 수준을 연구하여 행동의 리듬과 내재적인 "생물시계"의 존재를 증명하는 연구였다.[37] 그린에이커도 남편 못지않게 열심이었다. 그녀는 빠듯한 살림을 쪼개어 아이들을 돌볼 흑인 유모를 고용했고, 계속해서 전업으로 직업생활을 유지하겠다는 뜻을 밝혀 모든 사람을 놀랬다.

존스홉킨스 대학은 확실히 주부 직원을 반기지 않았다. 1921년 2월에 앤이 태어났을 때, 그린에이커는 마이어에게 "병원이 출산 휴가를 주지 않아" 정규 휴가를 전용해야 했다고 말했다. 이듬해 1월, 그녀는 마이어에게 "여름에 한 달이나 6주 동안의 휴가"를 얻을 수 있도록 도와달라고 요청했다. "5월에 둘째 아이가 태어나는데 그 때문에 정규 휴가 4주 가운데 3주는 날아갈 수밖에 없어요." 하고 그녀는 호소했다. 더 많은 저항을 불러일으킬 만한데도 그녀는 당당하게 선언했다. "만일 그것이 어렵다면 저는 5월에 휴가를 쓰는 것을 좋은 투자로 여기면서 여름 휴가를 포기하겠습니다."[38]

항상 수줍고 내성적인 그린에이커는 자기 자신을 내세우기를 꺼리는 편이었다. 그러나 자신이 마이어 밑에서 발전하지 못하고 있다는 사실이 점점 가슴에 사무쳤고, 아기의 출생이 임박해지면서 재정적 고민이 깊었기 때문에 그녀는 과감하게 자신의 고민을 털어놓을 수 있었던 것이다. 그녀는 마이어의 가르침을 언급하면서

현대 정신의학 잔혹사

존스홉킨스 대학의 핍스 클리닉 마이어, 리히터, 그린에이커가 1910~1920년대에 같이 일한 곳이다.

자신의 당돌함을 정당화했다. "저는 클리닉에서 생활하면서 불만을 쌓아두다가 한꺼번에 폭발시키지 말고 바로 얘기하고 풀어버려야 한다는 것을 배웠습니다."[39] 그녀는 자신의 결혼 계획과 관련하여 편지를 주고받을 때 마이어가 "나는 기혼자와 여성을 꺼리는 대부분의 행정가들보다 선입견이 훨씬 적은 편이네."라고 자신 있게 말했던 것을 떠올렸다.[40] 그리고 그녀는 그 말이 어느 정도 사실이라는 것을 알고 있었다. 그러나 그녀가 지적했듯이, "수련의로 들어오면서 자동적으로 획득한 지위에 6년 동안이나 머물러 있는 사람은" 그녀 하나뿐인 것 같았다. 그런 사정은 "외부인과 학생들에게 드러나는 (그녀의 지위에 관한) 유일한 지표가 그것이므로 가끔 창피하게" 느껴졌다. 다른 직원들이 "아첨과 그럴싸한 말과 아부와 위선으로, 또 거의 대부분 사실을 위조하고 왜곡하여" 승진하는 광경은 그녀가 가진 "현재의 불쾌감과 혐오감"을 강화시켰다. 그녀는 책임이 늘어감에 따라 지위가 높아지기는커녕, "저와 제 연구에 확실히 관련된 몇 가지 사항조차 제게 알려주거나 저와 의논하는 일이 없는" 처지에 놓여 있다고 느꼈다. 실험실 책임자로서 그녀의 지위를 확실히 할 필요가 있었고, 그녀는 학생들과 함께 하는 연구에서 자신의 역할을 확대하고 싶었다. 임상활동과 관련해서도 그녀는 자신의 역할이 확대되는 것을 마다하지 않을 터였다. 하지만 그녀가 솔직히 밝혔듯이, 이 제안은 "어떤 근본적인 야심 때문이 아니라 제 수입을 늘릴 수 있는 방안이기 때문에" 한 것이었다. "하지만 저는 절박한 재정적 궁핍을 면할 실질적인 수단으로서 제 임상활동의 확대를 환영해야만 합니다." 바로 이 점이 핵심이었다. 급여 인상은 "제게 절박하게 필요하므로 지금 제 계획에 지배적인 영향을 미칠 수밖에 없습니다. 저는 현재의 힘든 싸움을 계속할 수 없고, 무언가 구원의 길을 찾아야 합니다." 1916년에 존스홉킨스 대학으로 온 이후 받은 급여를 열거한 후 그녀는 이렇게 지적했다. "지난 이삼 년 동안 월급이 외견상 오른 것 같지만, 실질적으로 오른 것은 아닙니다. 1919년~1920년에는 현금으로 받은 월급이 전혀 없습니다."[41]

마땅한 수준 이하의 인정과 급여를 받고 있다고 느끼면서도 그린에이커는 힘든 직장생활을 이어나갔다. 그녀는 매독이 중추신경계에 미치는 영향에 관한 초기의 연구를 계속했고, 개별 환자를 꼼꼼히 살피라는 마이어의 가르침을 충실히 이행하면서 임상활동도 지속했다. 그녀는 마이어를 대신해서 그의 실험실을 감독하면서 "학생들과의 공동 연구를 더 발전시켜 실험실 검사를 임상 분야와 연계할" 기회를 얻으려 노력했고 "수련의들의 실험실 근무"를 관리했다. "(병원 환자들에 대한) 추적 연구 때문에 제 자유시간이 몽땅 소요되고 있고, 일주일에 두세 번은 저녁에 집에서 과거의 병력들을 요약해야 합니다. 꼭 필요한 (환자들과의) 저녁 대화는 제가 (병원 근처에) 사무실을 얻어 밤에 다시 병원으로 나오지 않아도 된다면 훨씬 수월해질 것입니다."[42] 또 다른 선구적인 여성인 도로시 리드는 그린에이커와 마찬가지로 과감히 결혼을 한 후 아이들이 성장할 때까지 가정에 머물렀다. 그러나 그린에이커는 그렇게 하지 않았다.

그린에이커는 매독에 관한 연구를 마무리하고 출판을 통해 명성을 얻으려 노력하면서 실험실에서 얻은 결과를 여러 차례 논문으로 정리했다. 그러나 논문을 읽은 마이어는 매번 새로운 반대 의견을 제시하거나 또 다른 연구 방향을 지시했다. 어떤 때는 그녀의 논문이 출판해도 좋을 만큼 훌륭하다고 했다가 며칠 후에 그녀를 불러 반대 의견을 제시하면서 시간이 더 오래 걸리는 새 연구를 지시하기도 했다. 그녀는 차츰 그가 지시하는 연구가 시지포스의 바위 굴리기 같다고 느끼게 되었다.

마이어가 그린에이커에게 자신의 제자이며 주립병원의 원장인 헨리 코튼을 만나 연구 결과를 비교할 것을 제안했을 때 그녀는 이렇게 반가운 듯이 대답했다. "저도 다른 연구자의 g.p.진행마비 자료를 검토해보고 싶던 참이었습니다. 더구나 코튼처럼 전망이 좋은 연구자의 자료를 볼 수 있다니 마음이 설레는군요."[43] 그녀는 주립병원 방문을 준비하면서 코튼이 프린스턴에서 발표한 강연문 『결함 있는 자, 비행을 저지르는 자, 미친 자』를 읽었고, 코튼의 "대담한 주장과, 정신병의 정신적 요인과 관련 문제를 다루는 대담한 방식"에 매우 놀랐다고 고백했다. 하지만 "저는 그가 이룬 긍정적인 성과에 주목해야 한다고 생각합니다……. 그의 일부 주장에 담긴 오류에 주목하는 것이 아니라, 그의 성과가 매우 영웅적인 그의 조치를 정당화하는가 하는 문제에 주목해야 할 것입니다."[44] 그녀

는 늦여름에 코튼을 직접 만나기도 했다. "블루밍데일 (수용소 125
주년 창립) 기념식에서 그를 보고 특이한 인상을 받았습니다. 그는
비공식 방문객들 틈에 끼어 멀찌감치 떨어져 있었습니다. 그러나
그는 강렬한 에너지와 희망으로 가득한 사람임에 분명해 보였습니
다. 저는 그와의 공동 연구를 매우 열망하고 있습니다."[45]

그러나 그녀는 다시 한 번 실망했다. 마이어는 제안만 했을 뿐,
아무것도 성사시키지 않았던 것이다. 직무상 어쩔 수 없이 평온한
모습을 보였지만 그린에이커는 이런 거듭된 지연에 분노했다. 그녀
는 직업적 경력을 위해 출판을 할 필요가 있었고 자신의 연구가 타
당하다고 믿고 있었다. 그러나 마이어의 허가가 없는 한, 그녀로서
는 한 발짝도 전진할 수 없었다.[46]

다른 한편, 임상분야에서도 또 다른 갈등의 씨앗이 표면 바로 밑
에 도사리고 있었다. 마이어의 모든 조수들이 그랬듯이, 그린에이
커는 지역의 주립 정신병원에서 3개월씩 교대로 근무해야 했다. 그
것은 회복될 가망이 없는 만성 환자로 가득한 병실을 돌며 의학적
조치는 감히 상상도 못하면서 소일하는 비참한 경험이었다. 그녀
자신이 정신과의사이고 그녀의 우울증이 호전되었기 때문에 그 환
자들에게 닥친 참혹한 운명을 면할 수 있었다는 것을 새삼 깨달으
며 정신을 바짝 차렸다.

다시 핍스 클리닉으로 근무지를 옮기는 것은 일단 기쁜 일이었
다. 접할 수 있는 임상 사례가 정말 다양하다는 점, 모든 환자가
(회복되거나 주립병원으로 이송되어) 결국 떠난다는 점, 개별 환자를 대
상으로 연구할 수 있다는 점, 그리고 마이어의 라이프 차트life-chart
기법을 배우며 팀의 일원으로 일한다는 점에 구미가 당기지 않을
젊고 야심 있는 정신과의사가 있겠는가? 그것은 피곤하지만 또한
생기를 북돋워주는 일이었다.

그러나 달콤한 꿈은 곧 깨지고 말았다. 이 모든 노고가 무슨 소용이 있을까? 왜 그 많은 연구가 무의미하고 정신병에 대한 지식이나 치료와 동떨어져 있다고 느껴질까? 점차 그녀는 마이어의 접근법을 "강박적이고 아마도 쓸데없는 엄밀성의 추구"로 여기게 되었다. 개인적으로 그녀는 "모든 가능한 현상적 세부사항을 기록하는 것이 때때로 터무니없을 만큼 강조되었다."고 확신했다. 또 그녀는 자신만 그런 생각을 하는 것이 아님을 발견했다. 어떤 동료는 분노와 혐오를 느끼며 그녀에게 이렇게 주장했다. "환자의 환경을 일일이 기록하라는 압력을 이런 식으로 계속 받으면, 우린 곧 환자의 집에 도배된 벽지의 색깔과 무늬까지 기록하게 될 거야. 그게 환자의 정신상태에 영향을 끼치는 중요한 요인으로 간주될 수도 있을 테니까." 그러나 그린에이커는 그 동료에게 동의하지 않으면서 "상황이 그렇게 나쁜 것은 결코 아니"라고 스스로를 위안하려 노력했다.[47] 그러나 마이어의 기법은 본질적으로 환자의 일생을 아무 생각 없이 시간적인 순서에 따라 정리하는 일에 불과했다. 몇째 아이로 태어났는가, 유년기에 어떤 병을 앓았는가, 학교에서 어떤 경험과 성적을 얻었는가, 키와 몸무게는 어떻게 변했는가, 부모와 또래와의 관계는 어땠는가, 성경험은 어떠했는가, 정신상태, 직업 경력, 부상이나 장애 상태, 연애와 결혼, 지능, 취미, 정치적 입장, 생활 경험은 어떠했는가 따위가 기록되었다. 하찮고 무의미해서 기록할 필요가 없는 것은 아무것도 없었다. 위대한 마이어가 그녀에게 끊임없이 강조했듯이, "사실이란 차이를 산출하는 모든 것"이었다.[48]

그런데 무엇이 차이를 산출하는가? 어떤 것이 차이를 산출한다고 확실히 말할 수 있는가? 결국 그린에이커는 이런 질문을 명쾌하게 대답할 수 없다는 점에 불만을 품게 되었다. "관찰하는 훈련은 가늠할 수 없을 만큼 유익했고, 나는 그 훈련을 고맙게 여겨야 마땅하다."고 그녀는 솔직히 인정했다. 그러나 마이어가 가르친 실증적인 작업 못지않게 중요한 또 다른 원칙을 배우지 못하고 있다고 그녀는 생각했다. "(내 경험의) 적잖은 부분은 관찰하고 기록하는 일을 무한히 터무니없을 정도로 밀어붙여 모든 것을 포괄하겠다고 나서면 안 된다는 것이었다."[49]─ 그녀는 이 이단적인 결론을 발설할 수 없었다.

일이야 늘 불만스러운 게 당연하다고 할 수 있겠지만, 사람들이 가정의 행복이라 부르는 것 역시 그녀를 실망시켰다. 외부인들은 커트와 필리스가 동등한 지위로 결혼했다고 생각했다. 두 사람 모두 재능이 뛰어난 젊은 과학자였고, 전망이 매우 밝은 직업 경력을 쌓고 있었다. 몇 명 안 되는 존스홉킨스 대학의 여성들 중에서 일과 결혼생활과 자녀양육을 성공적으로 병행하는 사람은 그린에이커뿐이었다. 커트와 필리스의 결합에 대해 마이어가 처음에 품었던 걱정은 사라진 것 같았다. 마이어의 직원인 그들은 한동안 그의 외견상의 호의를 받았고, 그를 자주 집으로 초대해 저녁을 대접했다. 그러나 사생활의 영역에서는 모든 것이 엉망이었다.

의사의 품위를 유지하는 것은 고사하고 자기 한 몸 입고 먹기에도 빠듯한 수입으로 생계를 유지하고 직장생활을 지속하는 것이 벅찬 일이었기 때문일 수도 있다. 또 어쩌면 부부가 둘 다 연구에 몰두해서 서로를 위해 충분한 시간을 내지 못했기 때문일 수도 있다. 아니 어쩌면 그린에이커의 우울증이 반복적으로 도져 그녀를 무력화시킬 정도는 아니어도 부부 간에 갈등의 원인을 제공했을지도 모른다. 아무튼 아들 피터가 태어난 후 몇 달 지나지 않아 부부의 관계는 악화되기 시작했다. 필리스는 과식으로 대응했고, 곧 체중이 20킬로그램 정도 불었다. 그녀의 외모가 그렇게 극적으로 변했는데

1920년대 중반의 핍스 클리닉 직원들 눈에 띄게 뚱뚱해진 그린에이커가 앞줄 마이어 옆에 있다. 그녀와의 관계가 소원해진 남편 커트 리히터는 가능한 한 멀리 떨어져 자리를 잡았다(리히터는 왼쪽 맨 끝에서 두 번째 인물이다).

도 동료들은 그 변화의 의미를 눈치채지 못하는 것 같았다.[50] 물론 동료들의 반응은 아무래도 상관이 없었다. 커트와 필리스는 결혼을 잘 감당할 수 없었지만, 이혼은 더욱 감당하기 어려웠다. 이혼은 경제적으로, 또 더욱 중요하게는 직업적으로 파멸을 초래할 것 같았다. 그들은 1924년 초에 듀클랜드 가에 있는 더 작고 저렴한 아파트로 이사했다. 이는 그들의 살림이 얼마나 빠듯했는가를 보여주는 증거이다. 아이들이 성장하여 가계 지출이 늘었지만, 부부의 수입은 전혀 증가하지 않았다.

걱정거리들이 쌓여가고 끊임없이 상대방이 자신을 제압한다는 느낌을 받는 가운데 두 사람 사이의 관계는 나빠져만 갔다. 외적으로는 품위를 유지해야 했다. 그러나 닫힌 문 안쪽에서는 싸움이 격해졌다. 두 사람 모두 일에 더욱 매진하고 가능한 한 서로 마주치지 않는 방법으로 어려움에 대처했다. 갈등이 깊어지면서 그린에이커는 거의 절망에 도달했다. 몇 달이 아니라 몇 주 안에 심각한 우울증이 덮쳐올 것이 확실했다. 그러면 그녀의 직업, 그녀의 인생, 그녀의 아이들은 어떻게 될 것인가?

그녀는 존스홉킨스 대학으로부터 월급을 인상받는 데 도움을 달라고 마이어에게 또 한 번 애원했지만, 불길하게도 몇 주 동안 대꾸가 없었다. 결국 마이어는 캘리포니아 샌타바버라로 여름 휴가를 떠나기 며칠 전에 이런 내용이 담긴 답장을 보내왔다. "자네의 편지에 답장이 늦어 미안하네. 자네에게 무언가 기쁘고 긍정적인 소식을 전할 수 있다면 내 마음이 한결 나을 것이네." 그러나 재무부의 답변은 "대학은 자네에게 아무것도 해줄 수 없다는 취지였네……. 이제 어떻게 해야 할지 잘 모르겠네."[51]

잠깐 동안 그린에이커는 "전국정신위생위원회가 제안한 일자리"를 수락할까 고민했지만, 결국 존스홉킨스 대학에서의 연구를 포기할 수 없었다. "제가 연구를 시작했고 반드시 마무리해야 한다고 느끼는 구체적인 문제들이 있습니다." 그녀는 다시 한 번 실망감을 드러냈다. "그러나 지금까지보다 더 큰 발전, 그리고 출판과 특히 강의를 통한 더 많은 교류를 기대할 수 없다면, 저는 더 이상 일을 계속할 수 없습니다." 그리고 그녀가 받는 월급이 적정한 수준이 아니라는 불만을 다시 한 번 토로했다. "저는 방금 대학 당국으로부터 임용통지서를 받았습니다. 저는 1년 동안 정신의학부 조수로 재임용되었고 연봉은 2,500달러(그녀가 1921년~1922년에 받은 것보다 700달러 인상된 금액이다.)입니다. 제가 클리닉으로 복귀할 경우, 그것이 제 급여 전체인지 여부를 저는 몰랐습니다. 선생님도 이해하겠지만, 저는 극도로 어려운 상황에 처할 수밖에 없습니다."[52]

이 같은 불만의 토로에 대하여 마이어는 샌프란시스코 세인트 프랜시스 호텔에서 답장을 보내왔다. 확실히 그는 그린에이커가 보낸 편지의 심층적인 의미를 이해했다. 그가 그녀의 요구를 들어주기 위해 무언가 신뢰할 만한 행동을 하지 않는다면 가장 소중한 조수를 잃게 되리라는 것을 말이다. 마이어의 편지는 그가 그녀를 돕기 위해 다양한 계획을 세웠음을 분명히 보여준다. 강의와 관련해서 마이어는 즉시 "격주로 목요일에 임상에 관한 토론을 맡거나 자네가 원한다면 매주 목요일 강의를 맡을 수 있도록" 조치를 취하기 시작했으며, "리처즈 박사와 협의하여 약간의 그룹 강의를 조직"하겠다고 밝혔다. 또 그는 "자네 자신과 클리닉의 연구와 교육이 최선의 결과에 도달하도록 상황을 재조정하겠네."라고 약속했다. 다른 한편 그는 "출판 문제(이것은 나의 첫 번째 관심사이다.)"를 확실히 "해결할" 필요성을 인정했다. 결론적으로 "부적절한 불만의 씨앗이 존재하는 것이 분명하네. 나는 그 점이 매우 유감스럽네."[53]

권위적인 마이어가 아랫사람에게 보인 태도치고는 대체로 매우 관대했다고 할 수 있다. 그린에이커의 보수에 관한 문제는 마이어로서도 더 까다로웠다. 존스홉킨스 대학 당국은 그녀에게 더 많은 급여를 주지 않으려 했으므로, 이제는 그녀의 가장 절박한 근심을 마이어가 나서서 해결해야 할 상황이었다. 그는 우선 "성sex 연구와 관련해서는 작년에 받은 것과 똑같은 금액을 받게 될 것"이라고 보장했다.[54] 그보다 더 중요한 수입원은 그가 휴가를 떠나기 직전에 그녀에게 언급한 프로젝트였다. 프린스턴 대학 소속이며 트렌턴 주립병원 이사회의 두 의료인 중 한 사람인 조지프 레이크로프트는 마이어에게 코튼의 국소 감염과 광기에 관한 연구를 검토할 것을 제안했다. 마이어는 그린에이커에게 만일 그녀가 원한다면 자신의 폭넓은 감독을 받으며 그 작업을 수행하도록 맡길 계획이 있다고 밝혔다. 그 작업을 한다면 보충적인 수입을 얻을 수 있을 것이었다.

그녀가 알기로 마이어는 처음에 3기 매독에 관한 그녀의 연구와 관련해서 코튼의 논문을 살펴보라고 제안했다. 그러나 지금 거론되는 프로젝트는 규모가 훨씬 더 컸고 뉴저지 주와 주립병원 당국으로부터 재정적 지원을 받는 것도 보장되어 있었다. 요점은 국소 감염을 퇴치하여 정신병을 치료하기 위한 코튼의 외과적 개입의 결과를 체계적으로 검토하는 것이었다. 따라서 병원과 기타 장소에서 광범위한 현장 연구를 하는 것이 필수적일 터였다. 초여름에 레이크로프트는 "잠정적이고 신뢰할 만한" 연구 계획을 짰고, 마이어는 9월에 볼티모어로 돌아가는 즉시 그 연구에 관하여 그린에이커와 의논하고 조언을 듣겠다고 밝혔다.[55] 그때까지 마이어는 그녀가 받을 금전적 보상에 관심을 기울일 작정이었다.

　마이어는―실제로 그는 그린에이커와 이 문제를 의논했다―그 일이 그린에이커 개인의 큰 희생을 요구할 것이라는 사실을 잘 알고 있었다. 그녀는 최소한 매주 며칠씩 트렌턴에 머물러야 할 것이고, 따라서 당연히 남편과 아이들을 보지 못할 것이었다. 그는 모아야 할 정보의 양이 상당할 것이지만 그녀의 발견이 가질 수 있는 중요성 역시 상당할 것이라고 지적했다. 만일 코튼의 주장에 조금이라도 진실이 들어 있다면(마이어는 국소 감염이 정신병의 주원인이라는 기본적인 발상이 흥미로우며 자신의 이론과 충분히 경쟁할 만하다고 생각했다.) 정신병의 치료법과 의학계와 일반인 사이에서 정신의학이 차지하는 지위가 크게 달라질 것이었다.

　9월에 마이어는 그린에이커에게 코튼의 연구를 검증하는 작업을 맡으면 금전적으로 큰 이익을 볼 수 있다고 알렸다. 트렌턴 병원은 그녀가 만드는 모든 자료의 사본을 마이어에게 보내는 것에 동의했고, 그 덕분에 존스홉킨스 대학으로부터 받는 급여를 그대로 받을 수 있게 되었다. 게다가 뉴저지 주 병원 이사회는 그녀의 비용

전체를 지불하고 추가로 매월 300달러를 지급하는 데 동의했다. 따라서 그린에이커는 연간 6,000달러 정도의 수입을 올리고 추가로 모든 비용을 보전받게 되었다. 이는 마이어가 올리는 수입의 절반보다 많고, 그녀의 현재 수입의 두 배보다 많았다.[56] 자신이 너무 낮은 평가와 보수를 받는다는 그녀의 불만은 더 이상 정당하지 않아 보였다. 그녀의 절박한 재정적 근심도 최소한 한층 누그러질 것 같았다.

---

1 필리스는 사망할 때까지 "아기 그린에이커"를 묻은 장의사의 영수증 사본을 간직하고 있었다. 그 아기의 성별은 파악할 수 없다. 또 그녀는 아들에게 자신이 성홍열로 누워 있을 때 아버지가 그녀를 굽어보면서 "이 아이도 죽을 거야." 하고 말한 것을 기억한다고 말했다. 이 이야기를 내게 해준 필리스의 아들 피터 리히터에게 감사한다.

2 뉴욕 정신분석 연구회와 협회의 웹사이트에 있는 필리스 그린에이커에 관한 짧은 전기를 참조하라. http://www.psychoanalysis.org/bio_gree.htm.

3 필리스 그린에이커의 성장기와 볼티모어로 떠나게 된 배경에 관한 논의는 내가 그녀를 직접 인터뷰하여 얻은 정보와 그 후에 피터 리히터를 만나 토론한 바에 근거를 둔다. 피터 리히터는 매우 친절했고, 내 연구가 진행되는 데 여러모로 도움을 주었다.

4 그린에이커가 마이어에게 1915년 11월 16일에 보낸 편지, Meyer–Greenacre Correspondence, Meyer Papers, CAJH Series XV. 또한 *Chicago Transcript*, November 18, 1915 참조. 이 문건은 아돌프 마이어의 문서철에 들어 있는데, 아마도 필리스 그린에이커와 관련한 서류인 것 같다. Meyer–Greenacre Correspondence, Meyer Papers, CAJH Series XV. 오늘날 미국에서는 의사가 되기 전에 학사학위를 받는 것이 관행이지만, 20세기 초에는 그런 경우가 매우 드물었다. 1898년에 러시 의학교가 시카고 대학과 통합되었을 때, 시카고 대학의 총장 윌리엄 하퍼는 의학부 학생들이 45개월에 걸친 본과 과정에 들어가기 전에 최소한 2년 동안 예과(pre-med) 과정을 거쳐야 한다고 주장했다. 그러므로 그린에이커가 받은 과학 교육은 당대의 기준을 훨씬 초과했고,

따라서 그녀는 과학과 의학을 연결하는 연구의 최첨단에 있다고 자부한 존스 홉킨스 대학이 직원으로 뽑기에 적합한 재원이었다.

5 그린에이커가 아돌프 마이어에게 1915년 11월 10일에 보낸 편지, Meyer Papers, CAJH Series XV.

6 존 M. 도슨이 아돌프 마이어에게 1915년 11월 15일에 보낸 편지, Meyer Papers, General Correspondence, CAJH Series XV.

7 마이어가 그린에이커에게 1916년 1월 8일에 보낸 편지, Meyer—Greenacre Correspondence, Meyer Papers, CAJH Series XV.

8 그린에이커가 마이어에게 1916년 1월 12일에 보낸 편지, Meyer—Greenacre Correspondence, Meyer Papers, CAJH Series XV.

9 John Noland Mackenzie, "The Physiological and Pathological Relations Between the Nose and the Sexual Apparatus of Man," *Johns Hopkins Hospital Bulletin* 9(1898), 100쪽.

10 Dorothy Reed, quoted in A. McGehee Harvey, *Adventures in Medical Research: A Century of Discovery at Johns Hopkins* (Baltimore : Johns Hopkins University Press, 1976), 229~30쪽.

11 존스홉킨스 대학이 직원 채용에 지원한 대부분의 사람들을 걸러낸 방식에 대해서는, Thomas B. Turner, *Heritage of Excellence: The Johns Hopkins Medical Institutions, 1914~1947* (Baltimore : Johns Hopkins University Press, 1974), 234~7쪽 참조.

12 Norman Dain, *Beers*, 151쪽, 359쪽.

13 스미스 엘라이 젤리프가 해리 스톡 설리번에게 1937년 6월 1일에 보낸 편지, Jelliffe Papers, Library of Congress.

14 Curt P. Richter, autobiographical reminiscences, reprinted in Harvey, *Adventures in Medical Research*, 341~2쪽.

15 그린에이커가 마이어에게 1919년 6월 24일에 보낸 편지, Meyer Papers, CAJH Series XV.

16 젊은 직원들의 결혼을 금지한 일에 대해서는, Turner, *Heritage of Excellence*, 237~8쪽을 참조하라. 1935년에도 존스홉킨스 대학병원은 이 정책을 다음과 같이 재천명했다. "미혼 수련의는 수련 과정 동안 미혼상태를 유지해야 한다. 만일 미혼상태가 바뀌면, 그것은 자동적으로 사직을 의미할 것이다. 어떤 경우에도 병원은 부부가 동시에 전공의 직원으로 일하는 것을 허용치 않을 것이다. 남편과 아내가 각각 다른 부서에서 일한다 하더라도 말이다." 이 정책은 공식적으로 2차 세계대전 때까지 유지되었다.

17 마이어가 그린에이커에게 보낸 날짜 불명(1919년 6월 하순)의 편지, Meyer

Papers, CAJH Series XV.

18 그린에이커가 마이어에게 1919년 8월 14일에 보낸 편지, Meyer Papers, CAJH Series XV.

19 마이어가 그린에이커에게 1919년 7월 1일에 보낸 편지, Meyer Papers, CAJH Series XV.

20 마이어가 그린에이커에게 보낸 날짜 불명(1919년 6월 하순)의 편지, Meyer Papers, CAJH Series XV.

21 같은 곳.

22 같은 곳.

23 같은 곳.

24 그린에이커가 마이어에게 1919년 7월 18일에 보낸 편지, Meyer Papers, CAJH Series XV.

25 마이어가 그린에이커에게 1919년 7월 24일에 보낸 편지, Meyer Papers, CAJH Series XV.

26 그린에이커가 마이어에게 1919년 8월 14일에 보낸 편지, Meyer Papers, CAJH Series XV. 이 편지에 대한 답장으로 마이어가 보낸 날짜 불명의 편지에는 그린에이커에게 성급하게 결혼하지 말라고 조언하는 내용이 다시 들어 있다. 그러나 나머지 부분은 마이어가 그녀의 재능을 높이 평가하며 "자네 둘 다 오래도록 행복하기를 바랄 뿐이네."라는 내용이었다.

27 그린에이커가 마이어에게 1919년 9월 8일에 보낸 편지, Meyer Papers, CAJH Series XVH.

28 마이어가 그린에이커에게 보낸 날짜 불명의 편지, Meyer Papers, CAJH Series XV.

29 Bertram M. Bernheim, *The Story of the Johns Hopkins*(New York : McGrawHill, 1948), chapter 13 ; Turner, *Heritage of Excellence*, 441~4쪽 (터너는 "마이어는 존스홉킨스 대학에 부임한 이후 통상적인 의미의 연구를 별로 하지 않은 것으로 보인다. 해당 분야에서 그의 직접적인 기여를 전혀 확인할 수 없다."고 판단한다. 이는 존스홉킨스 대학 교수에 대한 평가로는 치명적이라 하겠다.) 참조. 맥기 하비의 *Adventures in Medical Research*에 마이어에 대한 논의가 없다는 점도(마이어는 리히터의 연구를 논하는 대목에서 스쳐가듯이 언급될 뿐이다.) 존스홉킨스 대학의 의사들 사이에서 정신의학이 얼마나 낮은 평가를 받았는지 보여주는 증거이다. 마이어의 글이 모호하고 혼란스럽다는 외부인들의 비판은 수십 년 동안 이어졌다. 이에 대해서는 예컨대 아서 러브조이(Arthur Lovejoy)가 마이어에게 1916년 2월 25일에 보낸 편지, 에드워드 티치너(Edward B. Tichener)가 마이어에게 1909년 9월 19, 20, 25

일, 10월 26일에 보낸 편지, 월터 캐넌(Walter B. Cannon)이 마이어에게 1931년 5월 13일에 보낸 편지, Meyer Papers, CAJH Series I을 참조하라(제럴드 그룹이 지적하듯이, "마이어는 자신의 입장을 명료화하려 노력했지만 그럴수록 혼란만 가중되었다." *Mental Illness*, 118쪽).

30 Alfred Lief(ed.), *The Commonsense Psychiatry of Adolf Meyer: Fifty-Two Selected Papers*(New York : McGraw Hill, 1948) 참조.

31 Turner, *Heritage of Excellence*, 268쪽(터너는 이것이 리히터에게서 유래한 이야기라고 밝혔다).

32 예컨대 마이어가 왓슨에게 1916년 5월 29일에 보낸 편지, 왓슨이 마이어에게 1916년 6월 1일에 보낸 편지, 마이어가 왓슨에게 1916년 6월 3일에 보낸 편지, Meyer Papers, CAJH I/3974 참조.

33 David Cohen, *J. B. Watson: The Founder of Behaviorism*(London : Routledge and Kegan Paul, 1979), 151쪽에서 재인용.

34 Kerry W. Buckley, *Mechanical Man: John Broadus Watson and the Beginnings of Behaviorism*(New York : Guilford, 1989), 124쪽에서 재인용.

35 왓슨이 로살리 레이너와 주고받은 편지의 일부는 왓슨의 아내가 이혼 청구를 하면서 증거로 제출했기 때문에 보존되었다. 이하의 인용문들은 Mary Watson's exhibit in Watson v. Watson, #B6801192o B-21779, Circuit Court of Baltimore City, Baltimore, Maryland, December 24, 1920에 의거한다. 왓슨은 유명 인사였고 섹스 스캔들은 늘 대중의 흥미를 자아내므로 그의 "죄받을" 행동은 지역 언론뿐 아니라 전국적인 언론의 조명을 받았다. 〈볼티모어 선*Baltimore Sun*〉, 1920년 11월 27, 28, 29일자와 12월 26일자, 〈볼티모어 이브닝 선*Baltimore Evening Sun*〉, 1920년 11월 20일, 12월 24일자, 〈뉴욕 타임스〉, 1920년 11월 27일, 12월 25일자, 〈워싱턴 포스트*Washington Post*〉, 1920년 11월 27일자 참조.

36 마이어가 1920년 9월 29일에 굿나우에게 보낸 편지, Hamburger Archives. 또한 마이어가 왓슨에게 1920년 8월 17일에 보낸 편지, Meyer Papers, CAJH I/13974/19 참조.

37 Curt P. Richter, *A Behavioristic Study of the Activity of the Rat*(Baltimore : Williams and Wilkins, 1922).

38 그린에이커가 마이어에게 1922년 1월 5일에 보낸 편지, Meyer Papers, CAJH Series XV.

39 같은 곳.

40 마이어가 그린에이커에게 보낸 날짜 불명(1919년 7월)의 편지, Meyer Papers, CAJH Series XV.

41 그린에이커가 마이어에게 1922년 1월 5일에 보낸 편지, Meyer Papers, CAJH Series XV.

42 같은 곳.

43 그린에이커가 마이어에게 1923년 8월 23일에 보낸 편지, Meyer Papers, CAJH Series XV.

44 그린에이커가 마이어에게 1923년 9월 5일에 보낸 편지, Meyer Papers, CAJH Series XV.

45 같은 곳.

46 내가 필리스 그린에이커를 그녀의 자택인 맨해튼 동부의 고급 아파트에서 인터뷰했을 때는 이 일이 일어나고 60년 이상이 지난 후였다. 마이어의 행동에 대한 그녀의 생생한 기억과 그 기억을 내게 털어놓으며 그녀가 보인 감정의 동요는 그녀가 이런 식으로 취급받는 것에 얼마나 분개했는지를 여실히 보여주었다.

47 Phyllis Greenacre, *Emotional Growth*(New York International University Press, 1971), p. xxii.

48 Adolf Meyer, "The Scope and Teaching of Psychobiology," in *The Commonsense Psychiatry of Dr. Adolf Meyer*, (ed.) Alfred Lief(New York : McGraw-Hill, 1948), 436쪽.

49 Greenacre, *Emotional Growth*, p. xxii.

50 이 일을 내게 알려준 피터 리히터 박사에게 감사한다.

51 마이어가 그린에이커에게 1924년 7월 3일에 보낸 편지, Meyer Papers, CAJH Series XV.

52 그린에이커가 마이어에게 1924년 7월 18일에 보낸 편지, Meyer Papers, CAJH Series XV.

53 마이어가 그린에이커에게 1924년 7월 29일에 보내려고 썼으나 "부치지 않은" 편지, Meyer Papers, CAJH Series XVH.

54 같은 곳.

55 같은 곳.

56 마이어가 코튼에게 1924년 9월 11일에 보낸 편지, Meyer Papers, CAJH I/767/20.

9

망상에 빠진 영웅을 조사하다

코튼의 작업에 대한 평가를 외부인에게 위탁하기로 결정하기까지 병원의 이사들은 상당한 논쟁을 벌였다.[1] 병원의 이사들과 감독관 루이스는 오래 전부터 코튼의 가장 열렬한 추종세력이었다. 외부 평가에 관한 제안이 처음으로 제기된 후 몇 주 동안 그들 중 일부는 반대 의사를 밝혔다. 그 평가 작업이 "불만족스럽게 이루어지고 병원이 바람직하지 않은 평판을 얻는 것"이 우려된다는 입장이었다. 만일 작업을 조심스럽게 하지 못한다면 "평가 보고서가 일반 언론에 들어갈" 가능성도 있었다. 뿐만 아니라 조지프 레이크로프트의 제안을 받은 누군가가 말했듯이, "그 연구는 너무 새로워서 평가를 할 수 있을지조차 의문"이었다.[2]

그러나 이사회에서 가장 강력하게 코튼을 지지한 인물인 레이크로프트는 뜻을 굽히지 않았고, 신속하게 감독관 루이스와 코튼의 지원을 얻어냈다. 정치적으로 매우 영리한 레이크로프트는 뉴저지 주의 또 다른 주립병원인 그레이스톤 파크가 오래 전부터 트렌턴

현대 정신의학 잔혹사

병원의 훌륭한 직원들과 대중적 명성을 질투하면서—그가 확신하기로는 질투심 때문이거나 순전히 고약한 심성 때문에—코튼의 혁신을 받아들이는 것을 고려하는 것조차 결단코 거부해왔다는 사실을 알고 있었다. 또 그는 많은 동료 정신과의사들 사이에서 코튼의 작업이 논란을 일으키고 있다는 것도 잘 알고 있었다. 그러나 그들의 반발은 언제나 천재적인 개혁가들을 괴롭힌 질투와 타성의 표현일 뿐이라고 그는 생각했다. 코튼의 싱춰는 완벽한 과학적 토대에 의지하고 있을 뿐 아니라, 이사회가 잘 알듯이 금전적 이익을 산출했다. 반발하는 정신과의사들의 대부분은 "모든 새로운 시도에 대해 불신을" 표하며 "더 현대적인 외과적 치료를 위해 광인에 대한 전통적인 보호관리 처방을 변화시킬 의사나 능력이 없는 현상유지론자"이다. 또 국소 패혈증 치료를 시도했으나 코튼의 것과 유사한 성과를 얻지 못했다고 주장하는 이들은 소수의 사례들만, 더구나 "코튼 박사가 채택한 것과 다른 기본 원리에 기초하여" 다른 것이 분명했다.[3]

그러나 이런 저급한 반발은 레이크로프트의 동료 이사들이 느끼는 것보다 훨씬 더 위험했다. 레이크로프트는 자신이 "별것 아닌 문제를 찾아 돌아다니는 사람들의 부류에 속하고 싶지 않습니다." 하고 밝혔다. 그러나 "내가 보기에 중요한 것은 코튼 박사의 작업에 대한 모종의 검토가 조만간 이루어질 것이라는 사실입니다." 만일 병원 이사회가 먼저 나서지 않는다면 코튼의 비판자들은 적대적인 조사단을 꾸려 레이크로프트의 일생에 일어난 커다란 정신병 치료의 진보를 폄하하려 할 것이다. 이사회가 그런 움직임을 예견하고 스스로 나서 "당면 연구 계획에 대해 중립적이거나 최소한 적대적이지 않은" 사람들이 조사를 하게 하는 것이 훨씬 더 나을 것이다.[4]

레이크로프트는 코튼과 루이스와 함께 2월 내내 적당한 틀을[5] 짜기 위해 노력했다. 그러나 그가 트렌턴 병원 이사회에 속한 또 다른 의료인인 폴 메크레이에게 일을 맡기려 하자, 메크레이는 예상 외로 제안을 거절했다. 그는 한 달 이상 거부 의사를 굽히지 않았고, 심지어 레이크로프트가 주정부의 병원 및 기관 남당국이 "우리 이사회와 무관하게" 자체적으로 조사단을 꾸리기 직전이라고 경고했을 때에도 생각을 바꾸지 않았다.6 그러나 메크레이는 결국 동료의 애원에 굴복했고, 이어서 이사회에 속한 일반인들이 신속하게 조사단에 합류했다.

이제 조사의 지휘를 누구에게 맡겨야 하는가라는 미묘한 문제를 해결해야 했다. 조사단의 책임자는 정말로 실력이 있는 사람이어야 했다. 그렇지 않다면 조사 전체가 무의미해질 터였다. 그런데 누구에게 이토록 민감한 과제를 맡겨야 할까? 이 운명의 갈림길에서 레이크로프트는 존스홉킨스 대학의 아돌프 마이어에게 조사 작업의 감독을 맡기자는 기발한 제안을 내놓았다. 그들은 마이어가 코튼의 작업에 우호적이라는 것을 알고 있었다. 게다가 그는 몇 년 전 코튼이 프린스턴에서 행한 바늑셈 강연의 원고가 출판되었을 때 훌륭한 서문을 써주지 않았는가. 또 코튼은 오랫동안 그의 제자였다. 동료 정신과의사들 사이에서 마이어가 누리는 권위와 그가 존스홉킨스 대학에 있기 때문에 의학계 일반에서 확보한 특권을 생각할 때, 그가 코튼의 작업을 승인한다면 가장 요란한 비판자들조차 입을 다물게 될 것이 확실했다.

레이크로프트의 동료들 중 일부는 마이어가 엄격한 스위스식 예절을 지키기 위해 그들의 제안을 물리치지 않겠느냐고 걱정했다. 하지만 아주 이상하게도 마이어는 그런 예절을 언급조차 하지 않았다. 오히려 그는 자신이 너무 바쁘다는 투정만 거듭 늘어놓았다. 하지만 마이어는 코튼의 작업이 갖는 중요성을 인정하는 듯했고,

현대 정신의학 잔혹사

몇 번 편지를 주고받고 한 번 만남을 가진 뒤 최종적으로 제안을 받아들였다. 그는 자신의 조수에게 검사 작업을 맡길 것이며, 그 작업을 자신이 직접 감독하여 최종 보고서에 자신의 이름과 권위가 실릴 수 있게 하겠다고 밝혔다.[7] 레이크로프트는 기뻤다. 6월 30일에 그는 마이어에게 편지를 보내 "우리는 가능한 모든 방법으로 당신을 도울" 것이라고 하면서 조사를 계획하고 수행하는 일은 전적으로 마이어의 자유에 맡기겠다고 약속했다. 편지에는 "약 한 달전의 회의에서 당신이 제안한 방향에 따라 개정된 조사 작업의 일반적 특징을 요약한 문서의 사본"과 "병원 이사회에 제출한 결의안의 사본"이 동봉되었다. 그 결의안에 대하여 레이크로프트는 "이사회는 이 사안과 관련하여 공식적인 행동을 취하지 말아야 한다고 당신이 주장한 것을 나는 기억하고 있습니다. 그러나…… 사안을 제대로 설명하고 코튼이 '수사를 받고 있다'는 소문이 날 가능성을 배제하기 위해 결의안을 작성하는 것이 지혜로울 것 같습니다."라고 썼다. 레이크로프트가 마이어에게 보장했듯이, 코튼은 이제 자신의 연구가 충분히 많이 진척되어 "권위 있고 영구적인 가치가 있는 결론"에 도달하기 위한 조사를 허용할 수 있다고 생각했고 조사에 협조하겠다고 약속했다. 조사에 필요한 자금에 대해서는 "그린에이커 박사와 조사원들을 우리 병원의 정규 직원 명부에 올려 보수를 지급하는 것이 충분히 가능할 것입니다. 그 외의 비용은 다른 재원에서 마련할 수 있을 겁니다. 당신 자신과 그 밖의 사람들을 위해 필요한 금액이 어느 정도인지 알려주시는 대로 조치를 취하겠습니다." 하고 레이크로프트는 밝혔다.[8]

열흘 후 마이어는 "리번 록"에서 답장을 보냈다. 계획된 조사 작업은 "순탄한 항해처럼 보이는군요. 그러나 내가 9월 15일에 돌아가기 전까지 계획이 정리될 수 있을지 모르겠습니다." 그는 일상적인 조사를 "(시카고-러시 의대 졸업생이며 1916년부터 나와 함께 있는) 필리스 그린에이커 박사"에게 맡길 생각이었다. 공교롭게도 그린에 이커는 레이크로프트가 시카고에서 생물학을 가르칠 때 그와 함께 공부한 적이 있으며 그를 "잘 기억하고" 있었다. 마이어는 그린에 이커가 트렌턴 병원 사람들 모두의 마음에 들 것이라고 확신했고, 병원 당국이 그녀의 작업을 지원하기 위해 특별 예산을 편성하는 게 좋을 것이라고 권고했다. 왜냐하면 그렇게 하면 그녀의 작업이 "피고용인들에게 공개되는 공적 예산과 무관하게 될" 것이기 때문 이었다.[9]

마이어가 그 시절에 외딴 곳이었던 캘리포니아 변경에 있었다는 사실은 그가 어마어마한 갑부인 스탠리 매코믹을 돌보고 치료하는 일에 여전히 관여하고 있었음을 반영한다. 스탠리 매코믹은 매코믹 하비스트 머신 컴퍼니(훗날의 인터내셔널 하비스터)의 상속인으로 정 신의학이 그에게 아무것도 해줄 수 없었음에도 무려 40년 동안 정 신과의사들의 물주 노릇을 했다. 마이어는 1906년에 스탠리 매코 믹을 처음 만났다. 그때 스탠리의 부인과 친척들은 호전적이고 망 상적인 그를 미국에서 가장 저명한 정신과의사에게 맡겨 진단을 받 기로 합의했다. 당시에 그는 보스턴 외곽의 맥린 수용소에 있었다. 가련한 스탠리는 캐서린 덱스터(캐서린은 시카고의 부유한 법률가의 딸 로 의지가 강한 여인이었다. 스탠리는 대서양을 건너 캐서린 가족의 스위스 별장까지 가서 그녀에게 청혼했다.)와 결혼한 후 9개월 동안 신혼여행 을 했지만 그녀와 성관계를 가질 수 없었다. 그는 몇 달 동안 아 내와 별거한 다음 수용소에 입원했다. 그 후 그는 공공연히 자위행 위를 하기 시작했다. 더 심각한 문제는 자신의 재산을 사회주의자 들에게 주겠다는 말을 하기 시작했다는 점이었다.

젊은 스탠리의 예후에 대한 의견을 문의받은 마이어는 처음부터

현대 정신의학 잔혹사

리번 록 샌타바버라에 있는 매코믹의 저택으로 미친 스탠리 매코믹은 성년기의 대부분을 이곳에서 보냈다.

냉혹한 진단을 내렸다. 긴장형 정신분열병catatonic schizophrenia(정신분열병의 한 아형. 정신운동성 장애가 특징적이며 극단적인 운동과다와 혼미, 자동적 복종과 거부증 등의 양극단이 교대로 나타난다. 근래는 과거에 비해 그 빈도가 감소했다-감수자)이라는 것이었다. 그는 특유의 복잡한 문장으로, 초기에 좌절된 성기능의 과도한 발달이 스탠리가 겪는 문제의 핵심이라고 설명했다. 스탠리는 어머니의 마음에 드는 것에 극도로 예민했고, 사업가로서 책임을 끊임없이 고민했고, 포괄적인 사회주의 및 도덕-종교적 시스템의 매우 추상적인 표준들을 염두에 두고 자신을 괴롭혔다. 이런 갈등 속에서 환자는 구혼과 결혼을 했고, 그 결과 자신이 새 문제들을 전혀 감당할 수 없음을 발견했다. 성적으로는 완전히 무능하고, 사회적으로는 에너지를 과도하게 소모해야만 간신히 버틸 수 있는 자신을 발견했던 것이다. 이후 마이어는 스탠리의 부인인 캐서린에 반대하고 매코믹 가문의 편에 서서 여러 해 동안 스탠리를 위한 고문 역할을 했다. 그 역할을 수행하려면 가끔 대륙횡단 열차에 몸을 실어야 했으므로 보수가 매우 후했다(3년 정도 지난 후 "미친 매코믹"을 돌보는 일을 전업으로 맡은 뉴욕의 정신과의사 에드워드 켐프는 마이어보다 더 많은 연봉 15만 달러를 받았다. 어차피 성과가 없었으므로 마이어 역시 하는 일에 비해 많은 보수를 받았다고 할 수 있다. 1908년에 매코믹 가족은 마이어의 진단을 확증하기 위해 독일의 에밀 크레펠린을 불렀는데, 이때 그에게 주당 2,000달러와 비용을 지불했다. 아마 마이어의 보수도 그 정도였을 것이다). 그다지 탐탁지 않은 그 역할 덕분에 한여름 동부 해안의 무더위 대신에 샌타바버라의 온화함을 즐기게 된 것은 기대하지 않은 보너스였다. 비록 그 때문에 트렌턴 병원에 대한 조사 작업을 시작하기가 어렵게 되었다 하더라도 말이다.

마이어가 없었기 때문에 그린에이커는 가을까지 조사 작업에 착수하지 않았다.[10] 그녀가 트렌턴에 처음 도착하기 3주 전에 마이어가 트렌턴 병원을 이틀 동안 방문했다. 그로서는 정신이 번쩍 드는 경험이었다. 직접적인 느낌을 기록하는 개인 노트에 그는 애처로운 듯이 "오전에 환자들을 보니 매우 근심스럽고 혼란스러웠다."고 썼다. 그러나 그의 제자는 확실히 혼란스럽지 않았다. "코튼 박사가 환자들에 대하여 토론하는 것을 들어보면, 문제는 오로지 한 가지 국소 감염…… 결장의 감염인 것처럼 느껴진다. 코튼 박사는 24시간 이상의 정체는 모두 병으로 간주한다." 또 코튼은 마이어에게 "두통은 문제의 '확실한' 징후"라고 보고했다. 뿐만 아니라 코튼은 자신의 주장을 뒷받침하는 통계 자료를 가지고 있었다, 혹은 가지고 있다고 단언했다. 통계 업무를 맡은 사람은 조울병 환자로 코튼에게 치료를 받은 경험이 있는 루 부인이었다. 그녀는 코튼의 작업에 열광했고, 자신이 정리한 자료를 자랑스럽게 내보였다. 마이어는 정신의학 통계는 일반적으로 불확실성을 동반한다는 말만 중얼거렸을 뿐, 코튼의 결장 수술 결과에 대한 통계표를 보았을 때에도 아무 언급이 없었다. 루 부인의 기록에 따르면 코튼과 직원들이 행한 133건의 결장전절제술 중에서 33건이 치유로 44건이 사망으로 귀결되었고, 148건의 결장에 대한 "발생적 재건술developmental reconstructions" 중에서 44건이 치유나 호전으로 59건이 사망으로 귀결되었다.[11]

  마이어는 이런 결과는 그냥 말없이 넘길 수 있다 해도, 자신이 젊은 조수에게 맡긴 임무에 대해 염려스러웠다. 아마도 코튼뿐만 아니라 자기 자신도 안심시키기 위하여, 마이어는 코튼에게 두 차례 편지를 보내 "그린에이커 박사의 태도와 숙련도를 전적으로 신뢰할 수 있네." 하고 장담했다. 이어서 그는 "자네가 그녀를 매우 유능하고 현명한 연구자이자 완벽하게 협조적인 사람으로 여기게 되리라고 확신하네." 하고 덧붙였다.[12] 반면에 코튼은 확고하고 유쾌한 자신감으로 즉시 다음과 같은 답장을 보냈다. "저는 그린에이커 박사가 이 일을 하기에 적합하다고 생각합니다. 완벽한 조사를 위해 그녀에게 가능한 모든 것을 제공하겠습니다."[13]

  그러나 마침내 그린에이커 박사가 트렌턴에 도착했을 때 그녀는 전혀 환영을 받지 못했다. 그녀는 아침 일찍 뉴욕행 기차에 올랐고, 트렌턴 시내에서 아침을 먹은 뒤 택시를 타고 9시 30분경에 주립병원 정문 앞에 내렸다. 코튼은 그런대로 환영의 태도를 보였다. 그러나 그 환영의 이면에 적잖은 불안이 있음을 그린에이커는 감지했다. 또 그녀는 코튼이 매우 독특한 사람이라고 느꼈다. 개인적으로 그의 정신적 안정성에 의문이 생길 정도였다.

  그녀는 이런 생각을 물리쳤다. 아직 조사가 시작되지도 않은 시

트렌턴 주립병원 중앙 건물의 화려한 입구 그린에이커는 코튼의 작업에 대한 조사를 개시하기 위해 1924년 9월에 이곳에 도착했다.

점이었다. 열린 마음을 유지하는 것이 얼마나 중요한지를 그녀는 되새겼다.[14]

코튼이 직접 병원 곳곳으로 그녀를 안내하면서 여러 직원들을 소개했다. 트렌턴 병원은 중심부가 1848년에 건축된 오래된 시설이었다. 코튼은 그녀에게 성인으로 추앙받는 도로시아 딕스가 사망한 방을 보여주었다. 딕스는 수많은 정신병원이 설립되는 데 기여한 유명한 활동가였다. 그 방에는 딕스의 여행가방과 휴대용 책상이 있었다. 그녀는 그 책상에서 공공 수용소 설립을 위한 기금을 호소하는 내용의 감성적이고 설득력 있는 장문의 진정서들을 써서 여러 정치인에게 보냈다. 코튼은 원장 생활 초기에 그 방을 일종의

현대 정신의학 잔혹사

성소로 꾸몄다. 자녀가 없었던 딕스는 항상 트렌턴 병원을 그녀의 "첫째 아이"라고 불렀다. 그리고 말년에 고령으로 인해 그녀의 정신이 무뎌졌을 때 그 아이에게 의지했다.

건물은 정신병원 특유의 고약하고 불쾌한 냄새를 풍겼다. 몇 년 동안 바닥에 스며들어 썩은 오줌, 좁은 병실에 빽빽이 처박혀 땀에 전 환자들의 몸, 병원 주방에서 매일 배출되는 쓰레기 같은 음식, 환자를 진정시킬 때 쓰는 파리알데히드paraldehyde의 냄새, 배수구를 아무리 잘 관리해도 제거할 수 없을 것 같은 배설물 냄새였다. 그녀는 속으로 몸서리를 쳤다. 존스홉킨스 의대에 온 직후에 마이어의 강요로 메릴랜드 주립병원에서 보낸 몇 개월이 떠올랐다. 그곳은 만성 장기입원 환자들이 거의 죽은 것에 가까운 상태로 늘어져 있는 황량한 창고였다. 환자들은 대중의 상상에 출몰하는 미친놈처럼 날뛰지 않았다. 그들은 파괴되어 버려진 배와 같았다. 아직 숨쉬는 자들을 위한 묘지에 무리지어 갇혀 있었다. 그곳을 경험하고 나니 핍스 클리닉은 낙원처럼 느껴졌다. 아마도 마이어는 바로 그것을 의도했을 것이다.

그러나 트렌턴 병원의 환자들은 무언가 다른 점이 있었다. 그린 에이커는 처음에 그 차이를 정확히 지적할 수 없었다. 다만 환자들의 표정과 말이 무언가 이상하고 어렴풋하게 불안한 듯했다. 그녀는 병실 하나를 더 자세히 보기 위해 걸음걸이를 늦췄고, 그제야 그 차이를 깨달았다. 트렌턴 병원은 "발치의 메카"라는 오래된 농담이 떠올랐다. 이제 그녀에게 그 농담은 더 이상 유쾌하지 않게 느껴졌다. 환자들은 치아를 모두 뽑고 틀니도 하지 않은 상태였다. 그래서 그들의 말이 분명치 않고 이해하기 어려웠던 것이다. 또 제일 젊은 환자조차도 볼이 푹 꺼져 노화가 일찍 찾아온 것처럼 보였던 것이다. 뜻밖에 환자 하나가 자신을 살펴보기 위해 멈춘 젊고 아름다운 여성을 향해 미소를 지었다. 잇몸밖에 보이지 않았다. 그린에이커는 놀라서 뒤로 물러났다. 그 병실의 다른 환자들과 마찬가지로 그는 마르고 영양이 부족해 보였다. 그들이 어떻게 음식을 섭취할 수 있겠는가? 놀랄 일이 아니라고 그린에이커는 생각했다.

주요 건물을 둘러본 후 코튼은 그린에이커를 뜰 건너편의 또 다른 건물로 안내했다. 그 건물은 따로 떨어져 철조망에 둘러싸여 있었으며 창에는 쇠창살이 설치되어 있었다. 병원의 다른 건물들이 음울하고 위압적이라면, 그 건물은 의도적인 듯 훨씬 더 감옥과 유사했다. 그곳은 범죄형 정신병자 병동이었으므로 놀랄 일은 아니었다. 처다보기도 싫은 가장 흉악하고 폭력적인 인간들이 수용된 곳이었던 것이다. 코튼은 미소를 짓는 듯 마는 듯하며 이곳에 그녀의 숙소가 있다고 알려주었다. 어느 모로 보나 병원 전체에서 가장 험오스런 구역에 위치한 청소도구 보관실을 개조한 곳이 그녀의 숙소였다. 다른 곳은 너무 붐빈다면서 코튼은 다시 한 번 엷은 미소를 지었다.[15]

그린에이커는 당분간 매주 사흘 동안 그 숙소에 머물 계획이었으므로, 숙소의 열악한 위치는 큰 문제가 아닐 수 없었다. 그러나 만일 코튼이 이런 식으로 그녀의 기를 꺾거나 그녀가 임무를 대충 수행하게 할 생각이었다면 곧 놀라게 될 것이었다. 아무튼 코튼의 조치는 이해하기 힘든 행동이었다. 확실히 그는 그린에이커에게 더 만족스러운 숙소를 제공할 수 있었고, 누구라도 그가 그녀를 불쾌하게 대접하지 않으려 노력하리라고 짐작할 만했으니까 말이다.

코튼과 그린에이커가 원장실로 돌아오니 과거 시카고에서 그린에이커의 스승이었던 조지프 레이크로프트가 기다리고 있었다. 이제 프린스턴 대학 위생학 교수 겸 학생보건국 책임자로 승격한 레이크로프트는 그녀에게 코튼보다 더 따스하게 인사했다. 그는 그녀를 보게 되어 매우 기뻤다. 트렌턴 병원은 정신병 치료와 관련하여 위대하고 놀라운 혁신이 일어나는 장소였고, 그는 그녀의 보고서가 비판자들을 물리치는 데 이루 말할 수 없는 공헌을 하리라고 믿었다. 병원의 직원들은 그녀의 도착에 앞서 마이어와 합의한 계획에 따라 예비적인 작업에 매진했다. 통계를 담당한 루 부인은 100건의 사례에 대한 정보를 준비했고, 레이크로프트는 그 자료가 그린에이커의 작업에서 매우 소중한 출발점이 될 것이라고 확신했다. 그 자료는 깔끔하게 인쇄되어 파란색 표지와 함께 리본으로 묶여 있었다. 무슨 예식이라도 거행하는 듯이, 레이크로프트는 그 자료를 그린에이커에게 건네주었다.

코튼은 레이크로프트를 보고 표정이 밝아졌다. 이제 그는 병원이 그녀를 위해 준비한 사무실을 보여주었다. 그녀의 추적 연구를 돕기 위해 유능한 사회복지사 2명을 그녀에게 배정했다고 코튼은 말했다. 그들의 도움으로 그녀의 작업은 훨씬 용이해질 것이었다. 그리고 코튼과 레이크로프트는 그녀의 조사 작업을 돕기 위해 최선을 다하겠다고 다시 한 번 다짐했다. 마침내 그들은 그녀를 혼자 놔두고 떠났다. 필리스 그린에이커는 그들이 준 비좁은 사무실을 둘러보았다. 적어도 책상 하나와 타자기 하나가 있었고, 창 밖 풍경도 좋았다. 충분히 만족스러웠다. 그녀는 많은 시간을 그곳에서 보내게 될 것이었다.

병원 당국이 준비한 통계 자료는 조사 작업의 출발점으로 삼기에 더할 나위 없이 좋아 보였다. 그녀는 리본을 풀고 자료를 읽기 시작했다. 즉시 그녀는 그 문서가 법률가의 어투로 쓰인 것을 보고 놀랐다. 하지만 훨씬 더 못마땅한 것은 통계 담당자가 적어놓은 숫자들이었다. 간단히 말해서 덧셈의 결과들이 맞아떨어지지 않았던 것이다. 맨 처음 나온 표에서부터 기초적인 오류들이 발견되었다.

더 자세히 살펴본 그녀는 동일한 환자가 여러 차례 입원한 것을 여러 환자가 새로 입원한 것처럼 처리한 경우가 여러 번 있다는 것을 발견했다. 전체적으로 통계 수치가 서로 맞아들어가지 않았다. 퇴원한 환자들을 거의 전부 회복된 환자로 분류한 것을 확인했을 때 그녀의 의심은 더욱 깊어졌다. 문서 전체가 놀라울 정도로 허술하고 엉성했다. 어떻게 병원 이사회는 이런 문서를 수락할 수 있었단 말인가? 확실히 그녀에게 도움이 될 만한 문서가 아니었다. 그녀는 아예 처음부터 다시 시작해야 했다.

이후 3개월은 정말 단조롭고 고된 나날이었다. 그녀와 마이어는 무게 있는 조사를 하려면 많은 사례를 검토할 필요가 있다는 데 동의했다. 치료의 장기적 효과를 검증하려면 상당히 오래된 자료도 살펴보아야 했다. 또 현재 치료를 받고 있는 환자들도 조사하여 치료의 즉각적 효과를 입증하고 코튼이 국소 감염 치료를 처음 시작한 이래로 그의 기술에 무언가 향상된 점이 있는지 확인해야 했다. 또한 코튼이 가장 성공적이라고 생각해 선정한 사례들도 검토해야 했다. 최근 사례들과 코튼이 선정한 성공적인 사례들을 확보하는 것은 전혀 어렵지 않을 것이었다. 그녀는 2개월의 조사 기간 동안에 새로 입원하는 환자들을 살펴볼 수 있을 것이며, 코튼은 성공적으로 치료된 환자들을 특별히 선별해줄 것이었다. 오래된 환자들에 대한 조사와 관련해서는, 루 부인에게 1920년과 1921년에 입원한 환자들의 기록을 세 군#으로 분류하여 제시해줄 것을 요청했다. 첫 번째 군은 진단과 상관 없이 최초의 환자 100명, 두 번째 군은 최초의 기능성 정신병 환자 100명, 마지막 군은 같은 시기에 입원하여 국소 패혈증 치료의 모든 단계를 거친 62명의 환자로 구성되었다.

그린에이커의 첫 번째 과제는 환자 각각의 임상 기록을 검토하여 병력과 진단과 치료와 결과를 알아내는 일이었다. 이 일은 표면적으로 간단해 보였지만 실제로는 기록이 아무렇게나 되는 대로 정리되어 있었기 때문에 환자 1명에 대한 기초 정보를 확보하는 데도 때로 여러 시간이 소요되었다. 그녀는 이런 종류의 일을 코튼이 그녀에게 배정한 2명의 사회복지사에게 맡길 수 있으리라고 생각했다. 그러나 그들을 만나 대화를 해본 그녀는 서둘러 계획을 바꾸었다. 두 사람 모두 너무 열정적이고 열광적이었다. 안타깝게도 그들은 루 부인과 마찬가지로 과거에 코튼의 환자였다. 그들은 틀니를 내보이며 그 사실을 자랑스럽게 밝혔다. 코튼의 치료와 일자리 제공에 백번 머리 숙여 감사하는 그들은 그린에이커가 신뢰할 수 있는 조수가 결코 아니었다. 그녀로서는 고되고 단조로운 자료 검토 작업 전체를 직접 하는 것 외에는 대안이 없었다.

환자 기록은 엉망진창이었지만 그녀는 열심히 일했고, 결국 마이어가 가르쳐준 자료 기록과 정리에 관한 원칙을 이용하여 환자 각각에 관한 필수 정보들을 모으는 일을 완수했다. 이미 이 단계에서 그린에이커는 기록된 치료 결과를 독립적으로 검증해보지 않은 상태였지만, 코튼이 발표한 치료 결과가 임상 기록을 면밀히 검토하여 드러난 바와 크게 다르다는 사실을 알 수 있었다. 그녀는 각각의 환자에 관한 정보를 신속하게 문서로 작성하고 마이어와 코튼에게 주기 위해 두 부의 사본을 만들었다. 작업 초기에 코튼은 그 사본들 몇 개를 보았고, 한 번인가 두 번 그녀에게 치료 결과에 대한 평가가 너무 인색하다고 말했다. 그러나 대체로 그는 관망하는 태도를 유지했고, 그린에이커는 그녀의 조사에 대해 코튼이 자기 자신의 발표를 전반적으로 뒷받침하리라고 믿는 것 같다고 느꼈다.[16]

그러나 볼티모어의 마이어는 그런 망상적인 믿음을 갖지 않았다. 그린에이커의 보고서가 쌓여가자 마이어는 그녀의 면밀한 작업이 다름 아니라 코튼의 주장에 대한 치명적인 공격이라는 것을 깨달았다. 그는 12월 초에 형제인 헤르만에게 이렇게 알렸다. "코튼 박사의 치료에 대한 조사가 매우 슬픈 결과를 드러내고 있어. 그의 주장과 통계는 사실과 터무니없이 불일치해."[17] 그러므로 그는 같은 날 과거의 제자인 코튼이 그때까지의 조사를 흡족하게 여기며 보낸 편지를 받고 다소 놀랐다. "우리는 그린에이커 박사가 필요한 모든 정보를 확보할 수 있도록 모든 기회를 제공했습니다…… . 개인적으로 저는 조사에 대한 그녀의 관심과 태도에 매우 만족합니다. 그녀는 말수가 적지만, 나는 그녀가 조사를 공평하게 진행하고 사실들에 관심을 두리라고 확신합니다. 선생님이 그녀에게 조사를 맡긴 것을 매우 감사하게 생각합니다."[18] 마이어는 분명 코튼이 언제까지 그런 느낌을 유지할 수 있을지 궁금했을 것이다.

그럼에도 마이어는 그린에이커가 조사를 완료하기까지 필요한 기간이라고 추정한 6개월에서 9개월 동안 가만히 기다리기로 마음먹은 것 같았다. 그런 조심성은 마이어의 전형적인 성격이었으므로 그린에이커는 놀라지 않았다. 하지만 그렇다 해도 그녀는 약간 화가 나고 적잖이 당황스러운 느낌을 지울 수 없었다. 생각해보면 마이어는 160킬로미터도 넘게 떨어진 곳에서 편안히 앉아 연구하고 있고, 그녀와 달리 병원의 위압적인 분위기를 감당하지 않아도 되었다. 전문가답게 공평하고 중립적이기 위해 최선을 다해 노력하는데도 그녀는 코튼의 치료가 그릇되고 심지어 해롭다는 확신이 서기 시작하면서 매주 트렌턴 병원으로 가는 일이 감정적으로 점점 더 힘들어졌다.

임상 기록을 검토하는 과정에서 그녀는 코튼과 의료진이 가장 철저하게 국소 감염 "청소"를 한 환자들의 군을 의도적으로 맨 뒤로 미루었다. 그 62명의 환자들을 살펴보는 일은 특히 비참한 경험이었다. 임상 기록 특유의 단조롭고 행정적인 산문에서조차 환자들이 겪은 끔찍한 고통과 경악스러울 만큼 나쁜 결과들이 노골적으로 드러났다. 심지어 코튼도 그 환자들 중 17명이 복막염이나 수술 후 쇼크로 사망했다고 시인했다. 그녀는 그 사망 통계에 포함되지 않은 다른 환자들도 있을 것이라고 추측했다. 그런 환자들은 수술 후 수개월 동안 생존하다가 결국 수술의 장기적 부작용으로 사망했을 것이다.

예컨대 스텔라 노리스라는 조울병 환자가 있었다. 그녀는 1921년 10월 20일에 결장절제술을 받은 뒤 사실상 회복하지 못했다. 수술 후 그녀는 몇 주 동안 복통과 설사를 호소했고, 그 후 일시적으로 회복했다가 수술 상처가 다시 열린 후 지속적으로 체중이 줄었다. 코튼은 그 수술에 성과가 있다고 단언하면서 이렇게 주장했다. "정신적으로는 향상이 있다. 그녀는 웃었으며 의미 있는 대화도 나눌 수 있게 되었다. 그녀는 과거처럼 자신의 상태에 골몰하지 않는다." 그러나 그녀의 상처는 계속해서 육아조직이 형성되면서 벌어졌고, 그녀는 성탄절 3일 전에 사망했다─"폐결핵과 심근염心筋炎, 결핵성 복막염"으로 사망했다는 공식 진단이 내려졌다.[19]

더욱 충격적인 것은 줄리아 톰슨 같은 환자의 사례였다. 젊은 여성인 줄리아는 간헐적으로 거듭 발병하는 조울병으로 고생하고 있었다. 1922년 9월 11일에 입원한 그녀는 특히 공격적인 치료를 받았다. 트렌턴 병원에 들어온 지 이틀 만에 그녀의 편도가 제거되었다. 이어서 9일 뒤에 "통상적인 결장전절제술"을 받았고, 그 후 "한 달 혹은 6주 동안 섭씨 38~39도의 열에 시달렸다. 발열의 원인은 발견되지 않았다." 그 6주 동안 그녀의 치아 16개가 제거되었고, "스트렙토콕쿠스 미티스Streptococcus mitis와 결장 사슬알균군群"에서 추출한 백신이 그녀에게 주입되었다. 이 모든 처치가 이루어진 후 그녀가 "주변에 대한 흥미를 좀더 보였을 때" 퇴원하여 가족에게 돌아갔고, "그녀의 정신상태는 눈에 띄게 향상되었다." 그러나 8개월 후 그녀는 어머니의 죽음을 겪은 다음 복통과 구토를 동반한 조울병이 재발했다. 이번에는 지체할 겨를이 없었다. 가족들은 그녀의 반대를 무릅쓰고 그녀를 트렌턴 병원에 재입원시켰다. 병실 직원은 그녀가 "당황했지만 수술을 두려워하여 통증을 숨기려 애썼다."고 기록했다. 충분히 두려워할 만했다. 통증을 숨기려는 그녀의 노력과 애처로운 저항의 몸짓은 아무 소용이 없었다. 입원 후 채 몇 시간도 안 되어 그녀는 수술내에 올려졌고 개복술과 인공항문형성술이 실시되었다. 그리고 8일 후에 그녀는 수술 후 복막염으로 사망했다. 그린에이커는 그녀 자신의 우울증을 떠올리며 불쌍한 줄리아에 대한 동정심을 느꼈다. 줄리아는 악몽의 세계에서 탈출했다고 생각했을 것이 분명했다. 그러나 그녀는 다시 그 끔찍하고 두려운 세계로 끌려들어가 며칠 동안 지독한 통증에 시달리다가 비참한 죽음을 맞았다.

물론 기록 검토는 더 어렵고 시간이 오래 걸리는 다음 과정을 위한 예비 작업으로 의도된 것이었다. 치료 도중에 사망한 환자들은 일단 제쳐두어야 했다. 그린에이커는 이제 표본으로 삼은 환자 각각을 추적하고, 각 사례의 결과에 대한 확실한 판단을 내리기 위하여 장시간의 인터뷰를 해야 한다는 것을 알고 있었다. 그녀는 12월 하순에 이 어마어마한 작업을 위한 준비를 마쳤다. 뉴저지 주를 떠난 환자들의 대부분은 주로 편지를 보내 위치를 확인하고 현재의 정신상태를 짐작했다. 몇몇 환자들은 도무지 찾을 수 없었다. 물론 그런 환자들 중 4명을 나중에 트렌턴 병원의 후미진 병실에서 발견하기도 했다(그 일이 병원 직원들에게 화제가 되었다는 점은 병원의 기록 관리가 얼마나 엉망이었는지를 반영했다). 그러나 뉴저지 주에는 여전히 훨씬 더 많은 환자들이 살고 있었고, 그녀는 이들을 직접 방문하기 시작했다. 그녀는 매주 이틀 차를 몰고 뉴저지 주 구석구석을 돌며 과거의 환자와 가족과 이웃을 인터뷰하여 환자의 상태를 평가했다. 환자의 친지들은 환자가 아주 잘 지낸다고 두서 없이 보고했다. 만약 코튼이 그 보고를 듣는다면 기뻐했을 것이다. 그러나 그린에이커는 환자들의 정신상태를 스스로 평가하려 했다. 저지 시티, 포트 리, 러웨이, 해던필드, 호보컨, 뉴야크, 그리고 수많은 외진 농촌마을이 그녀의 방문 계획에 포함되었고, 그녀는 조사의 타당성에 대한 일말의 의문 제기도 없게 하려고 몇 달 동안 뉴저지 주를 샅샅이 누볐다.

그것은 보람 없는 허드렛일이었고, 때로 그녀는 매우 곤란한 상황에 처하기도 했다. 하지만 그 일을 하면서 적어도 그녀는 많은 직원들의 적대감과 위압적 분위기로 가득한 병원에서의 비참한 생활에서 벗어날 수 있었다. 첫날부터 그녀는 이가 없고 영양상태가 나쁜 수많은 환자들을 보고 당황했다. 간호조무사들은 그 가련한 존재들을 무관심 이하의 태도로 취급했다. 몇 주가 지나지 않아 그녀는 코튼이 주장한 회복률이 얼마나 거짓이었는지 알게 되었고, 수술실로 들어가는 환자들의 행렬을 보며 심적인 고통을 느꼈다. 그녀는 그 모든 개복수술이 거의 효과가 없으리라는 것을 의식하지 않을 수 없었고, 그런 수술에 뒤따른 수많은 신체적 손상과 사망에 공포를 느꼈다. 코튼과 그의 조수인 로버트 스톤이 가진 자신들의 치료법에 내한 무사태평한 확신과, 다른 의료직원들은 현실을 너무나 잘 알면서도 순전히 개인적인 경력을 위해 눈을 감고 있다고 확신하자 그녀가 체험하는 악몽은 한층 더 강렬해졌다.

코튼은 그녀의 조사가 자신의 주장을 결정적으로 뒷받침할 것이라고 믿는 모양이었다. 그러나 그의 여러 조력 의사들은 사태의 진실을 더 잘 아는 것이 분명했다. 그들이 그녀에게 품은 적개심은 분명하게 느껴졌다. 밤마다 범죄형 정신병자 병동에 있는 숙소에 틀어박혀 복도 저편에서 중증 환자들이 짐승처럼 울부짖는 소리를 들으면서 그녀는 때로 자신의 안전에 대한 망상적인 공포를 억눌러야 했다. 그녀는 이제 자신이 돌이킬 수 없이 빠져든 초현실적인 상황을 끊임없이 고민했고, 오로지 보고서를 완성하면 이 무서운 상황이 종결되리라는 생각만으로 스스로를 위안했다. 그러나 그녀는 확실한 보고서를 작성해야 했고, 따라서 추적 조사를 하고 자료를 분석하고 보고서를 쓰는 기간을 참아내야 했다.

환자가 사는 마을에 뛰어드는 일은 병원에서 보낸 낮과 밤보다는 나은 편이었지만 나름대로 어렵고 위험한 면이 있었다. 그녀는 어떤 상황이 벌어질지를 전혀 예상하지 않은 채 퇴원한 환자들을 추적하여 인터뷰를 위한 만남을 가졌다. 어떤 환자들은 그녀를 환영하고 코튼의 치료에 대해 감사한다고 말했다. 다른 환자들은 의심이나 노골적인 적대감을 보였다. 많은 환자들에게 병원 체험은 확실히 쓰라린 기억이었다. 떠올리기 싫은 기억이었다. 심지어 회복되었고 기꺼이 인터뷰에 응하는 듯한 환자와 만날 때도 때로는 그녀의 가슴은 아팠다.

예를 들어 애니타 루드비히 부인이라는 환자가 있었다. 그린에이커는 1925년 3월 26일에 뉴저지 크로스위크 근처에 있는 그녀의 농장을 방문했다. 그린에이커가 도착하자 루드비히 부인은

내가 문을 두드리는 소리를 듣고 창가로 다가와 얼굴만 보이게 커튼을 젖히고 대화에 응했다. 그러나 몇 분 후 그녀는 상냥하게 나를 집 안으로 들였다. 그 집은 큰 방들이 있는 구식 농장주택이었다. 방들은 반쯤 망가진 가구들로 가득했다. 우리가 처음 거친 두 방은 가족이 많이 사용하는 거실이었는데 매우 더러웠고, 다른 두 방은 응접실인 것이

분명했으며 약간 지저분했다. L루드비히 부인은 엄청나게 뚱뚱한 여성이었다. 그녀의 머리는 감지도 빗지도 않은 듯한 단발이었다. 얼굴은 더러웠고 입가엔 커피 자국이 있었다. 옷차림은 거칠고 낡은 갈색 천에 구멍을 뚫어 머리만 내놓은 것 같았다. 목 주변은 재봉질도 안 된 상태였고, 옷 전체가 섬뜩할 정도로 더러웠다. 그녀는 신도 신지 않은 채였고 한쪽 발의 발가락들은 양말에 난 구멍 밖으로 삐져나와 있었다.

그린에이커는 이런 외관을 보고 인터뷰를 시작하면서 루드비히 부인이 코튼에게 치료를 받고 병원에 남거나 퇴원했으나 정신적인 문제가 나아지지 않은 또 1명의 환자라고 짐작했다. 그러나 놀랍게도 진실은 전혀 달랐다. 물론 그렇다고 해서 덜 당황스러운 것은 아니었지만 말이다. 루드비히 부인은

변명을 하지 않으며 인터뷰 내내 상당한 균형을 유지한다. 그녀는 지금 자신은 상태가 매우 좋으며 남편이 술에 취해 자신을 때리고 학대하는 것만 빼면 모든 게 아주 잘될 것이라고 말한다. 그녀는 팔을 걸어 멍든 자국을 비롯한 학대의 흔적을 보여준다. 현재 그녀는 두통에 시달리고 있는데, 남편에게 머리를 맞아서 그런 증상이 생겼다고 믿는다. 그녀는 찢어졌다 아문 머리의 흉터를 보여준다. 그녀는 불만을 털어놓는다. 남편이 술에 취해 귀가한 이야기, 그녀가 남편 혼자 운전하는 것을 염려하여 남편과 함께 운전하여 외출한 이야기를 한다. 그녀는 자신이 남편보다 모든 면에서 우월하다고 느낀다. 그는 읽지도 쓰지도 못하는 반면, 그녀는 러시아어와 독일어, 영어를 할 수 있다고 자랑한다. 그녀의 말은 완벽하게 명확하고 일관적이고 적절하다. 그녀는 기분장애나 근심을 겪지 않으며 구토나 어지럼증도 더 이상 없다.

가련한 루드비히 부인을 비참한 운명에 내버려둔 채 떠나면서 그린에이커는 이렇게 기록했다. "그녀는 정신병에서 회복된 것 같다. 그녀 개인과 집이 더럽고 지저분한 것은 병이 악화되어서가 아니라 형편이 곤궁해서인 것 같다."

더 이상한 만남도 있었다. 그런 만남을 가질 때 그녀는 병원에서 정신병자를 보는 듯한 느낌을 받았다. 예컨대 3월 초에 그녀는 해던필드 외곽의 농장에 있는 외딴 오두막을 방문하여 앨리스 스티븐스를 인터뷰했다. 앨리스는 병원측외 자료에 편도절제술과 광범위한 백신 치료를 받고 퇴원한 후 "호전된" 환자로 기록되어 있었다. 문을 한동안 두드리자 백발에 체구가 큰 여자가 나왔다. 그녀는 낡고 매우 더러운 옷을 입고 있었는데, 옷섶이 벌어져 불결한 속옷이 볼썽사납게 내보였다. 잠시 지체한 후에 앨리스는 그린에이커를 지저분하고 더러운 거실로 안내했다. 거실에 있던 또 다른 특이한 모습의 깡마르고 수척한 여자는 서둘러 위층으로 올라갔다. 몇 분 후, 또 다른 사람이 위층에서 조심스럽게 내려왔다. 머리를 아무렇게나 자르고 몰골이 말이 아닌 키 큰 소녀였다―신발 끈은 풀리고 옷은 흙투성이에다 양말 한 짝은 발목까지 내려와 있었다. 앨리스는 얼굴을 찡그리며 자신의 딸인 레베카를 소개했다. 스와스모어 칼리지 졸업생인 레베카 역시 트렌턴 병원에서 치료를 받은 바 있었다. 그녀는 마지못해 웃음을 짓고 조용히 위층으로 올라갔다.

그때까지 몇 분 동안 대화를 해본 그린에이커는 두 여인이 여전히 환각을 느끼며 전적으로 미쳤다고 확신하게 되었다. 그녀는 그 집의 분위기에 압박감을 느껴 절실하게 밖으로 나가고 싶었다. 그러나 앨리스는 아랑곳 않고 그녀를 집의 다른 곳으로 안내했다. 구석구석마다 오물과 잡동사니가 있었다―더러운 식기, 더러운 탁자보, 불결한 바닥, 버려진 옷더미. 위층으로 올라간 그들은 그린에이커가 처음 도착했을 때 서둘러 달아난 수척한 여자를 다시 만났다. 앨리스가 "우리 집에 하숙하는 윌슨 부인"이라 소개한 그녀는 2층 복도에서 자고 있었는데 한눈에 보아도 정신병자임에 분명했다.

이제 적잖이 경악한 그린에이커는 그 이상한 집의 여주인을 손목을 잡아 이끌고 아래층으로 내려와 황급히 출구를 찾았다. 앨리스 스티븐스는 그런 그녀의 모습을 보고 눈에 띄게 언짢아했다. 잠시 머물면 안 되느냐고 앨리스는 물었다. 책 얘기도 하고 옥스퍼드에서 로즈Rhodes 장학생으로 유학 중인 앨리스의 아들 얘기도 할 수 있을 것이었다. 함께 저녁을 먹을 수도 있을 것이었다. 그린에이커가 지금 당장 떠나야 하는 것은 확실히 아니라고 앨리스는 짐작했다. 최선을 다해 변명을 하고 문가로 다가간 그린에이커는 밖에서 문에 빗장을 지르고 못질을 해놓은 것을 발견하고 소스라치게 놀랐다. 그녀가 도착했을 때 아직 집에 있었던 스티븐스 씨가 그녀들이 위층에 있는 동안 평소대로 3명의 미친 여인을 집 안에 가둬놓고 일터로 간 것이었다.

갇혀버렸다는 것을 의식하자 그린에이커마저 평정을 잃기 시작했다. 거의 60년이 지난 뒤에 이때를 회상하면서 그녀는 그 정신병자들의 집에 예닐곱 시간 이상 갇혀 있을 생각을 하면서 느꼈던 공포의 순간을 떠올렸다. 그녀가 3명의 심각한 정신병자들과 함께 갇혀서 신상의 위협을 느꼈던 것일까? 천만의 말씀이다. 앨리스는 오히려 그 상황을 재미있어했다. 그린에이커가 몇 차례 문을 열려고 노력하다 실패하자, 앨리스는 그린에이커의 탈출을 도우려 나섰다. 앨리스의 첫 번째 제안은 부엌창 밖으로 의자를 던져놓고 그린에이커가 그 위로 내려가는 것이있다. 그러나 의자와 창 사이의 거리가 2미터 이상이라는 점을 상기한 그린에이커는 지하실을 통한 탈출이 더 낫다고 주장했다. 이 모든 상황을 정교한 게임으로 여기는 앨리스는 진지한 표정으로 그린에이커를 아래층으로 데려갔고, 멋지게 차려입은 그녀가 석탄더미 위로 기어올라 좁은 구멍으로 빠져나가는 것을 지켜보았다. 그린에이커는 네 발로 기어 약간 찢어지고 검게 더럽혀진 옷차림으로 체면을 구긴 채 밖으로 나왔다. 나중에는 그 일을 생각하며 웃을 수 있었지만, 그 당시에는 대단히 충격적인 경험이었다. 그녀는 애당초 마이어가 제안한 조사 작업을 자신이 맡은 것이 잘한 일이었는지 의심했다.[20]

다행스럽게도 이런 공포와 소동은 예외였다. 그린에이커는 10개월에 걸친 고된 작업을 거쳐 7월에 조사를 완수했다. 이제 남은 일은 그녀가 모은 정보를 체계적인 통계의 형태로 간추리고, 그 통계가 국소 패혈증 이론에 대하여 갖는 함축을 분석하고, 결론을 명확하고 설득력 있는 산문으로 쓰는 것뿐이었다. 그린에이커는 이미 오래 전부터 그녀가 목격하고 기록한 트렌턴 병원 환자들에 대한 대규모 실험은 완전히 그릇되고 심각한 해악을 일으킨다는 것을 깨달았다. 그녀는 이 사실에 대하여 논쟁의 여지가 없도록 해야겠다고 결심했다.

그린에이커는 각각의 환자에 대한 자료가 완성될 때마다 사본을 만들어 코튼에게 제공했지만, 코튼은 그 자료들이 점점 더 확실하게 시사하는 치명적인 결론을 염두에 두지 않는 것 같았다. 코튼 자신보다 스물다섯 살이나 어리며 겸양의 자세가 몸에 밴 이 젊은 여성이 자신처럼 중요하고 확고한 입지를 다진 정신과의사에게 위협을 가할 수 있다는 생각을 할 수조차 없는 것 같았다. 뿐만 아니라 코튼은 그린에이커가 보기에 트렌턴 병원의 가장 심각한 망상 환자보다 더 강력한 자기 기만의 능력을 소유한 인물이었다.

아무튼 그 여름에 코튼은 브라이트 위원회의 정치적 위협 때문에 다른 생각을 할 겨를이 없었다. 뉴저지 주 입법부는 통상 겨울과 초봄의 서너 달 동안 업무를 처리하고 주의 수도와 의사당이 무더위에 휩싸이는 7월과 8월에는 휴가를 가졌다. 또 다른 주의 사람들이 뉴저지 주 입법부의 일에 관심을 갖는 경우도 거의 없었다. 그러나 이번 안건만큼은 예외였다. 처음엔 주정부의 예산 낭비와 무절제를 들춰내어 실처 주지사가 이끄는 민주당 내각을 난처하게 할 그렇고 그런 정치 공세에서 예기치 않게 훨씬 더 큰 쟁점이 불거졌다.

처음엔 정말 별것 아닌 문제였다. 뉴저지 주 입법부의 다수를 차지한 공화당의 지도자인 윌리엄 브라이트 상원위원이 주정부의 비리와 낭비를 조사하기 위한 위원회를 구성한 일은 뉴저지 주 바깥에서는 거의 무시된 뉴스였다. 뉴저지 주에서도 어느 야심 있는 정치인이 재정적 책임을 묻는 손쉬운 방법을 써서 경쟁 당의 현직 주지사를 난처하게 하려고 벌이는 쇼 정도로 여겨졌다. 그러나 위원회 구성 후 6개월이 채 안 되어 상황은 코튼이 보기에 훨씬 더 추하게 돌변했다.

민주당과 공화당의 정치인들은 오래 전부터 버디트 루이스를 괘씸하게 생각하고 있었다. 거만한 루이스는 기관 및 단체국의 감독관으로서 교도소와 정신병원을 관리하고 있었다. 그는 6년 동안 직무를 수행하면서 자기 분과의 예산을 두 배로 늘리고 규모도 다른 분과보다 훨씬 크게 확대했다. 뿐만 아니라 그의 최신 유행의 뉴욕식 사고방식, 우호적인 여론을 향한 집요한 탐욕, 윗사람에게 잘 보여 관직에 오르려는 정치인들에 대한 경멸로 인해 입법부에는 루이스에게 우호적인 사람이 거의 없었고, 이제 그가 맡은 부서의 급속한 지출 증가가 철저한 조사의 대상이 되었다. 브라이트는 루이스를 파멸시키기로 작정했다.

루이스가 지배하는 제국의 주요 부분인 주립 정신병원 두 곳은 브라이트의 철저한 조사를 받으리라 예상할 수 있었다. 그러나 7월 초에 코튼은 자신이 위원회의 시선을 다른 곳으로 돌리는 데 성공했다고 믿었을 것이 분명하다. 표면적으로 그는 위원회로부터 쾨켄부시 사건에 대한 증인으로 호출을 받았다. 그 사건은 트렌턴 주립병원에서 퇴원한 중년 여성인 쾨켄부시가 그 이튿날 정신이 박약한 자신의 딸을 도끼로 토막 내 살해한 엽기적인 사고였다. 그러나 코튼 자신도 틀림없이 예상했겠지만, 그의 출석은 병원의 상태 전반에 관한 더 넓은 조사의 기회가 되었다. 그가 개발한 혁신적인 치료법과 그에 따른 사망 사례에 대한 질문도 제기되었다.[21]

이 부분에 대한 코튼의 증언은 전반적으로 나무랄 데가 없어 보였다. 난처한 순간이 전혀 없었던 것은 아니었다. 예컨대 그는 외과적 개입에 관한 몇 가지 질문을 받자, 그에 대해서는 아돌프 마이어가 지휘하고 그의 조수인 그린에이커 박사가 진행하는 상세한 조사가 현재 이루어지고 있다고 밝혀 위기를 벗어나려 했다. 그런데 상원위원 하나가 코튼과 마이어의 오랜 관계를 상기시키면서 그 조사가 과연 독립적일 수 있는지, 그리고 그 조사를 위한 자금을 주정부가 충당하는 것이 과연 적절한지에 대해 의문을 제기하는 만용을 부렸다. 코튼은 평소의 그답게 그 비판에 발끈했다. 마이어의 진정성은 논란의 대상이 아니라고 그는 차갑게 대꾸했다. 만일 위원들이 그 조사에 대한 자금 지원을 중단하겠다면, 그 자신이 호주머니를 털어 그린에이커 박사가 쓸 나머지 비용을 충당하겠다고 코튼은 밝혔다.

코튼의 자신감이 승리하는 듯이 보였다. 브라이트의 위원회에는 주 입법부에서 코튼을 가장 충실하게 지지하는 사람들도 몇 명 끼어 있었다. 코튼이 늘 그래왔듯이 과학적 의학의 최신 발전을 정신병 치료에 적용함으로써 뉴저지 주가 거둔 엄청난 이익을 설명하자, 위원들의 비판은 눈 녹듯이 사라졌다. 실제로 많은 질문자들은 코튼의 외과적 접근법의 가치를 문제삼기는커녕, 오히려 코튼이 쾨

현대 정신의학 잔혹사

켄부시 부인의 치아와 편도를 제거하지 않은 채 그녀를 퇴원시킨 것을 비판하려는 것 같았다. 또 그들은 "지난 7년간의 평균 회복률은 87퍼센트나 됩니다. 이를 금액으로 환산하면, 주정부의 예산이 약 100만 달러 절약된 것에 해당하지요."라는 코튼의 주장을 진지하게 논박하려 하지 않았다.[22]

표면상 주정부의 낭비와 불필요한 지출을 들춰내는 데 관심이 있는 정치인들을 그렇게 효과적으로 안심시킨 후, 코튼은 이제 그들이 다른 데로 관심을 돌릴 것이라고 생각했을 것이다. 하지만 그 후 마른하늘에 날벼락처럼, 끝없이 이어질 것만 같은 일련의 회의에 불만을 품은 병원 직원들이 줄지어 출석하여 가혹행위와 강제적이고 서투른 수술, 쇠약과 사망에 대해 증언했다. 갑작스럽게 또 전혀 예기치 않게 헨리 코튼은 자신의 의사로서의 생명과 정신적 온전함을 옹호하기 위해 싸워야 하는 처지에 놓였다.

코튼이 위원회에 출석한 지 약 보름 후에 첫 번째로 위원회에 나와 그를 공격한 사람은 에디스 스트롱이라는 여성이었다. 그녀는 트렌턴 병원에서 20년 넘게 일하다가 최근에 해고되어 불만을 품은 간호사였다. 증인 선서를 마친 그녀는 몇 가지 비난을 했는데, 그 내용이 너무나 자극적이어서 8월에 〈뉴욕 타임스〉에도 관련 기사가 실릴 정도였다. 이 순간 이후 위원회의 관심은 주립병원에 쏠리게 되었고, 몇 주에 걸쳐 각종 언론은 섬뜩한 이야기들로 도배되었다.

맨 처음부터 기자들은 "수술받은 환자가 사망했다는 놀라운 이야기"를 제보받았다. "스트롱 양의 증언에 따르면 거의 매번 환자들은 수술에 저항했다." 그러나 "그들은 '가축처럼' 수술실로 끌려가 피하皮下 주사를 맞고 수술을 받았다고 그녀는 폭로했다. 한 환자는 수술대에 누워 그녀에게 구해달라고 애원했다고 한다." 코튼은 "환자들을 대상으로 칼을 들고 실험을 하고 있었어요." 하고 그녀는 단언했다. 그것도 매우 비참한 결과를 양산하면서 실험을 했다는 것이었다. 그녀가 아는 한, "그녀의 병동에서 수술을 받은 여성 5명이 사망했고 무사했던 사람은 두세 명밖에 없었어요."[23]

증언에 힘을 더하기 위해 스트롱 양은 또 다른 전직 간호사인 헬렌 버나드 부인이 자신의 증언을 확인해줄 것이라고 주장했다. 버나드는 당시에 트렌턴 소재 찰스 사립병원에 근무하고 있었는데, 그 병원은 코튼이 자신을 찾아온 많은 개인 환자들 중 일부를 분산하여 치료하던 곳이었다. 브라이트 위원회는 즉시 버나드 부인에게 소환장을 보냈고, 코튼의 사립병원 수간호사는 "그녀의 직무 행위가 만족스럽지 않았다."는 명분을 내세워 신속하게 그녀를 해고했다. 한편 코튼은 언론과의 접촉을 피하면서 "수술실에서 바쁘다."는 통보만 보냈다―그 상황에서는 별로 훌륭한 변명이 아니었다고 하겠다. 그러나 신문에 나쁜 기사들이 몇 편 더 실렸을 뿐, 버나드 부인을 해고한 것은 잘한 일인 것처럼 보였다. 그녀는 소환장을 받고도 브라이트 위원회에 출석하기를 거부했다.[24]

그러나 1명의 증인은 협박을 받고 침묵했지만, 버나드 부인을 대신할 사람은 충분했다. 브라이트 상원위원은 증인을 매주 수요일에 출석시키는 영리한 전술을 채택했고, 위원회 소식은 거의 두 달 동안 뉴저지 주 주요 신문의 머리기사를 지배했다. 7월 29일 모임에서 코튼은 잠깐 동안 증인대에 서서 스트롱 양이 근무한 병동의 환자 대여섯 명이 수술 후에 사망했다고 마지못해 시인하면서 수술 후 사망률에 관하여 짧게 발언했다. 그러나 더 많은 증언들은 약간 다른 방향으로 나아갔는데, 그 내용은 환자에 대한 간호조무사들의 학대에 초점이 맞추어졌다.

첫 증인은 과거에 트렌턴 병원에서 간호조무사로 일했으며 현재는 필라델피아에서 발치료 전문의가 된 헨리 그레이비였다. 그는 트렌턴 병원에 폭력적인 하위문화가 존재한다고 위원회에 보고했다. "간호조무사가 환자를 폭행하는 것은 늘상 있는 일"이었고 "수위들은 야만적인 힘으로…… 규제했습니다." 그들은 환자들과 도박을 하고 돈을 빼앗았으며 한 번은 뇌물을 받고 환자를 탈출시키기까지 했다. 그레이비는 자신의 비판이 "훌륭하게 업무를 수행했으며 나이를 감안하면 기적의 인물"[25]로 보아야 마땅한 병원장님을 겨냥한 것이 아니라고 단언했지만, 곧 더 많은 환자 학대의 증거들이 불거져 그의 말을 삼켰다.

리 블룸은 60대 여성으로 1895년 이래로 최소한 열 번 트렌턴 병원을 들락거렸다. 1924년 12월에 마지막에서 두 번째로 입원한 그녀는 치아와 편도를 제거당한 후 석 달 만에 퇴원했다. 이제 그녀의 딸들이 위원회에 출석하여 눈물과 자책감으로 증언대를 적시며 발언했다. 그 수술은 가족이나 환자의 동의 없이 이루어졌다고 그녀들은 주장했다. 딸들은 7월 초에 어머니를 다시 트렌턴 정신병원으로 모시기로 결정했다는 말씀을 드리자 어머니가 공포에 질려 악을 쓰며 저항했던 모습을 회상했다. 어머니는 자신의 운명에서 벗어나기 위해 자식들에게 빌면서 그 병원은 "수술만 해, 아무 소용이 없어." 하고 자포자기한 심정으로 말했다. 그런데도 가족들은 계획을 실행했고, 이제 그 결정의 귀결에 직면했다.[26]

블룸 부인이 마지막으로 입원을 하고 며칠 후에 아들과 사위와 딸들이 그녀를 방문했다. 그들은 그녀가 끔찍한 상태인 것을 발견했다. 맏딸인 페어런트 부인에 따르면 "어머니는 병실 구석의 침대에 누워 있었어요……. 한쪽 눈은 감기고 끔찍하게 부어 있었죠. 나는 어머니를 거의 알아볼 수 없었어요. 양팔은 늘어져 있었고, 주위에 파리떼가 날아다녔죠. 나는 이불을 걷어내렸는데, 어머니는 온통 멍투성이였어요. 뺨은 심각한 상태였죠. 목졸림을 당한 듯, 목에는 손톱 자국이 있었어요……. 머리채를 잡혀 끌려다닌 것 같은 모습이었어요."

"'정말 눈 뜨고 못 볼 지경이었어요' 하고 다른 딸인 베시 로스가 감정을 주체 못해 떨며 끼어들었다. '팔이 나와 있는데 군살이 많은 것처럼 보였죠. 등과 가슴에 긁힌 상처가 있었고, 목엔 큰 혹이 있었어요. 어머니는 큰이모와 할머니, 할아버지를 부르려 했어요. 무슨 말을 하시는지 거의 알아들을 수 없었습니다'." 베시는 어머니가 무엇을 가장 두려워했는가를 회상하며 눈물을 흘렸다. 베시의 말은 그 다음 주에 훨씬 더 큰 힘과 반향을 얻었다. "(베시가 마지막으로) 어머니의 침상 곁에 머물렀을 때, 어머니는 허공으로 손을 들고 이렇게 속삭였다. '데려가, 날 데려가'." 딸은 괴로워하면서 말을 이었다. 입원하기 전부터 "어머니는 '다시 주립병원에 들어가면 다시는 살아나오지 못할 거야'라고 말했습니다." "그리고 저도 그렇게 생각해요."라고 베시는 덧붙였다.27

2주 동안 이런 일이 계속되자 코튼은 수심에 찬 사람이 되었다. 물론 그는 국소 패혈증과의 싸움의 절대적 중요성에 대한 신념을 확고히 유지했고, 적대적인 여론이 갑자기 터져나온 것은 적들의 음모 때문이라고 믿었다. 그러나 지금 그를 휘감은 스캔들은 왠지 그의 전임자를 끌어내리고 그에게 트렌턴 병원의 원장직을 안겨준 과거의 스캔들을 연상시켰다. 루이스 역시 자신의 미래를 위해 힘겹게 싸우고 있었고, 코튼은 에디스 스트롱의 증언에 뒤이어 위원회가 그에게 답변서를 요구한 것을 불길하게 여겼다.

코튼은 격렬하게 반격했다. 그는 루이스에게 "이 여자는 낮 동안 수술실에 한 번도 없었습니다. 그녀는 수술 과정이나 환자 준비에 대해 아무것도 알 수가 없어요……. 그녀는 사실을 엄청나게 왜곡했거나, 망상에 시달리고 있는 것이 분명합니다." 적어도 당시에 루

현대 정신의학 잔혹사

이스는 만족한 듯이 보였고, "그녀는 정신적으로 무능"했다는 코튼의 주장을 받아들이려 했다.[28] 그러나 이상한 점은 스트롱이 거명한 환자들이 모두 실제로 개복수술 후에 합병증으로 사망했고, 더구나 브라이트 위원회가 구성되기 전 4개월에 사망 사건이 일어났다는 사실이었다.

쏟아지는 비판과 부정적인 여론이 코튼의 혈압을 올렸다면, 그 후에 이어진 며칠 동안 그는 공황 직전의 상태에 몰렸다. 주말의 48시간 동안 2명의 여성 환자가 사망한 채로 발견되었다. 그녀들의 몸은 멍으로 가득했고, 가족들은 병원 직원들의 가혹행위를 조사하라고 소리 높여 요구했다. 더 심각한 것은 사망한 환자가 바로 최근 위원회 모임에서 핵심적으로 거론된 리 블룸이라는 점이었다. 폭력적인 결말을 맞게 되리라는 그녀의 예감이 너무나도 신속하게 실현된 것이었다.

코튼은 제정신이 아니었다. 공황에 빠지고 자신의 미래를 거의 자포자기한 심정으로 그는 군郡 검찰관을 불러 사망 사건에 대한 수사를 의뢰했다. 제러티는 코튼의 오랜 동지였고, 코튼은 그가 수사를 맡아 정치인들의 관여를 막고 궁극적으로 병원이 해를 입지 않게 해주기를 바랐다.[29] 그것은 필사적이고 아마도 부질없는 몸짓이었다. 지난 수요일의 위원회 모임이 악몽이었다면, 이번 주의 모임은 더 나쁘리라는 것을 누구나 짐작할 수 있었다.

정말로 지독하게 나빴다. 미친 사람을 고치는 의사 자신이 미쳐버릴 정도로 나빴다. 브라이트 위원회의 수요일 모임에서 코튼이 보인 행동은 급속히 더 비정상적이고 난처한 방향으로 발전했고, 결국 그는 현실감을 완전히 잃은 채 성큼성큼 회의실 밖으로 나와 버렸다. 이후 몇 달이 지나는 동안 트렌턴 병원 당국은 미친 병원장이 안전하게 숨을 수 있도록 조치를 취했다. 코튼은 처음에 뉴저지 주 남부에, 이어서 아칸소 주에 머물렀고, 그가 없는 동안 병원 당국은 병원을 집어삼킬 듯한 스캔들을 무마하기 위해 노력했다. 뒤에 남은 의료진은 계속해서 이를 뽑고 편도를 제거하고 결장을 잘라냈다. 그러나 코튼의 패혈증과의 전면전이 존망의 기로에 선 것은 분명한 사실이었다.

1 코튼의 국소 패혈증 제거 작업에 대한 외부 조사를 실시하는 방안을 놓고 벌어진 내부의 논쟁에 대해서는, 레이크로프트가 코튼에게 1924년 3월 1일에 보낸 편지, 레이크로프트가 폴 M. 메크레이에게 1924년 3월 11일, 20일, 4월 2일에 보낸 편지, 메크레이가 레이크로프트에게 1924년 3월 14일, 24일에 보낸 편지, TSH Archives 참조.
2 메크레이가 레이크로프트에게 1924년 3월 24일에 보낸 편지, TSH Archives. 메크레이는 캠던의 의사로 레이크로프트와 함께 병원 이사회 산하 의학위원회의 일원이었다.
3 레이크로프트가 메크레이에게 1924년 3월 11일에 보낸 편지, TSH Archives.
4 레이크로프트가 메크레이에게 1924년 4월 2일에 보낸 편지, TSH Archives.
5 레이크로프트가 코튼에게 1924년 3월 1일에 보낸 편지, TSH Archives.
6 레이크로프트가 메크레이에게 1924년 3월 20일에 보낸 편지, TSH Archives.
7 루이스와 코튼, 레이크로프트가 나눈 대화, 그리고 마이어와의 협상에 대해서는 1924년 2월 28일과 6월 10일의 비망록, 레이크로프트가 마이어에게 1924년 6월 30일에 보낸 편지, 마이어가 레이크로프트에게 1924년 7월 10일에 보낸 편지, TSH Archives 참조.
8 레이크로프트가 마이어에게 1924년 6월 30일에 보낸 편지, Meyer Papers, CAJH I/767/20.
9 마이어가 레이크로프트에게 1924년 7월 10일에 보낸 편지, Meyer Papers, CAJH I/767/20.
10 마이어가 조사활동에 관하여 그린에이커에게 지시한 사항에 대해서는, 마이어가 레이크로프트에게 1925년 9월 15일에 보낸 편지, TSH Archives 참조.
11 마이어가 이틀 동안 트렌턴을 방문한 후 1924년 9월 8일에 쓴 방문기가 그의 문서 속에 남아 있다. CAJH I/767/21.

12 마이어가 코튼에게 1924년 9월 11일, 25일에 보낸 편지, CAJH I/767/20.

13 코튼이 마이어에게 1924년 9월 12일에 보낸 편지, Meyer Papers, CAJH I/767/20.

14 이 대목은 내가 필리스 그린에이커 본인과 트렌턴으로 향한 여행과 그곳에 도착하여 대접받은 일에 관하여 장시간 나눈 대화를 근거로 했다. 트렌턴에 있었을 당시에 대한 그린에이커의 기억은 상세하고 정확했다. 나는 그녀의 기억을 당대의 다른 자료와 비교할 수 있을 경우에는 비교해보았는데, 그녀의 기억은 놀라울 정도로 정확했다. 존스홉킨스 대학의 루스 레이스(Ruth Leys)가 나보다 먼저 그녀를 인터뷰해올 때도, 코튼과 트렌턴에 관한 그녀의 기억은 비록 덜 상세하긴 했어도 매우 정확했다. 나는 인터뷰 자료를 건네준 레이스 박사에게 깊이 감사한다.

15 필리스 그린에이커와의 인터뷰, 1983년 12월 22일 ; 필리스 그린에이커가 저자에게 1984년 3월 20일에 보낸 편지.

16 그린에이커가 트렌턴에서 한 작업에 관한 이 설명 역시 주로 그녀 자신의 기억에 근거를 둔다. 보충적인 근거는 그녀가 1925년 말에 쓴 보고서이다.

17 아돌프 마이어가 헤르만 마이어에게 1924년 12월 5일에 보낸 편지, Meyer Papers, CAJH IV/3/229.

18 코튼이 마이어에게 1924년 12월 4일에 보낸 편지, Meyer Papers, CAJH I/767/21.

19 이 내용과 다음의 내용은 필리스 그린에이커가 트렌턴 주립병원에서 조사하며 쓴 보고서에 첨부된 환자 기록에 근거한다. TSH Archives.

20 나는 그린에이커의 매우 상세한 기억에 의존하여 이 특정 사례를 재구성했다. 그녀가 이 에피소드가 일어나고 약 60년 후에 전한 이야기와 그 당시에 써놓은 기록이 정확히 일치한다는 사실은 그녀의 놀라운 기억력을 증명한다. 물론 그녀의 감정적 반응에 대한 나의 판단은 그녀를 직접 대면하면서 나눈 대화에 근거를 둔다.

21 *Trenton Evening Times*, July 8, 1925.

22 같은 곳.

23 *Trenton Evening Times*, July 22, 1925 ; *New York Times*, July 23, 1925.

24 *Trenton Evening Times*, July 23, 1925 ; *New York Times*, July 24, 1925.

25 *Trenton Evening Times*, July 29, 1925.

26 같은 곳.

27 같은 곳.

28 코튼이 루이스에게 1925년 7월 26일에 보낸 편지, TSH Archives.

29 *Trenton Evening Times*, August 4, 5, 1925 ; *New York Times*, August 5, 1925.

스캔들 무마하기

1924년~1925년의 학사 연도가 마감될 무렵 아돌프 마이어는 한결 편한 마음이 되어 무더운 동부 해안을 벗어났다. 6월 하순에 그는 대륙횡단 열차에 올라 샌타바버라로 향했다. 스탠리 매코믹의 정신 상태와 예후를 판정하는 보수가 후한 일을 또 한 번 맡았기 때문이었다. 그러나 태평양을 굽어보는 몬테시토에 있는 리번 록 저택에서 쾌적하게 지내리라는 그의 기대는 6월 28일에 지진이 샌타바버라를 강타하면서 물거품이 되고 말았다. 그가 도착했을 때 저택의 중앙 건물은 심하게 손상되어 있었다. 스탠리의 측근들은 저택 경내의 또 다른 작은 건물인 메도 하우스로 거처를 옮길 수밖에 없었다.

마이어는 1907년에 스탠리의 병이 긴장형 정신분열병이라는 진단을 내렸다. 이는 거의 회복할 가망이 없다는 뜻을 함축했다. 그로부터 거의 20년이 지난 지금 스탠리의 상태는 마이어의 진단이 옳았음을 충분히 입증하는 듯했다. 스탠리는 가끔씩 잠깐 동안 제

현대 정신의학 잔혹사

정신을 찾았지만, 그 외에는 오랫동안 말도 활동도 반응도 없는 긴 기간이 이어졌다. 또 간호사들 앞에서 내놓고 자위행위를 하면서 그것을 막으려 하면 격렬하게 반항하기도 하고, 접시를 바닥에 놓고 개처럼 핥아먹는 일도 있었다. 스탠리는 여자를 보면 격노하고 공격하는 성향이 있었기 때문에 의료진은 그가 여자와 접촉하는 것을 철저히 막았다. 10만 평이 넘는 대지에 이슬람 양식으로 으리으리하게 건축된 리번 록 저택과 그 부속 건물은 세계 최고의 갑부를 위한 호화로운 감옥의 역할밖에 하지 못하고 있었다. 증상이 심한 기간에는 창과 발코니가 쇠창살로 막힌 방 안에서 지내는 스탠리는 회복될 가망이 없는 환자였다. 그러나 마이어는 그를 보기 위해 장거리 여행을 하는 수고를 유산을 놓고 서로 싸우는 가족들이 주는 수천 달러에 달하는 수고비로 보상받으며 위안을 삼았다.[1]

그는 7월 중순에 몬테시토를 뒤로 하고 뉴햄프셔 실버레이크에서 아내와 합류했다. 그곳에서 그는 브라이트 위원회로 인해 트렌턴 병원이 곤란을 겪고 있다는 것을 처음으로 눈치챘다. 필리스 그린에이커가 뉴욕 클린턴 군의 한 호숫가에서 아이들과 여름 휴가를 보내면서 7월 25일에 쓴 편지가 그를 기다리고 있었다. 〈뉴욕 월드New York World〉에 실린 기사도 동봉되어 있었다. 그 편지는 마이어에게 브라이트 위원회에서 제기된 가장 충격적이랄 만한 증언을 알려주었다. 그것은 환자들이 발로 차이고 비명을 지르며 수술실로 끌려갔으며 개복수술 이후 사망한 환자가 많다는 에디스 스트롱의 증언이었다. 그린에이커는 마이어에게 "저는 스트롱 양이 기억나지 않아요. 또 그녀의 해고와 관련된 상황도 전혀 기억나지 않습니다." 하면서도 이 상황 전체로 인해 "약간 불안합니다. 지금 제가 트렌턴을 떠나 있다는 점이 매우 다행스러워요."라고 고백했다. 그녀 자신의 보고서에 대해서는, "사실상 이미 완성된 거나 마찬가지이고

9월 1일까지는 확실히 완성될 것으로 생각합니다. 6월 말에 코튼 박사와 마지막으로 대화를 나눌 때 나는 그분께 조사 내용을 여름 동안에 정리할 것이라고 말씀드렸고, 그분은 매우 만족스러워하는 것 같았어요." 하고 그녀는 밝혔다. 그리므로 그녀가 트렌턴을 벗어난 것은 "일시적인 일이라 해야겠지만 매우 즐거워요." 그녀는 "제가 그곳에 돌아갈 필요가 없기를" 바랐다. "지금 저로서는 당연히 절박하게 필요하지 않다면 돌아가지 않는 편이 더 좋습니다." 하고 그녀는 고백했다.[2]

마이어는 8월 중순에 답장을 보냈다. 마이어는 그린에이커의 "셔토쿼 호숫가 생활"에 관해 몇 마디 농담조의 말을 건넨 후 본론으로 들어갔다. "트렌턴의 일들은 정신의 평정을 흐트러뜨릴 위험이 있는 구름처럼 보이네." 하고 그는 시인했다. 이어서 그는 "자네가 뉴저지 주 이곳저곳을 돌아다닐 계획이라는 말을 들으니 기쁘네!" 하고 덧붙였다. 이 상황에서라면, "내가 먼저 그 보고서를 본 후에 코튼 박사를 B(볼티모어)로 불러 의논을 하겠네." 하고 마이어는 그린에이커에게 다짐했다.[3]

그러나 마이어가 존스홉킨스 대학으로 돌아온 9월에는 사태가 이미 나쁜 쪽으로 기운 다음이었다. 그는 브라이트 위원회가 그린에이커의 조사에 대해 알게 되었음을 파악하고 적잖이 놀랐다. 더구나 다름아닌 코튼 자신이 7월 초의 증언에서 그런 조사가 이루어지고 있다는 사실을 공개했다는 말을 듣고 마이어는 경악했다. 이에 못지않게 기이한 일은 마이어가 도착하자마자 레이크로프트로부터 편지를 받은 것이었다. 레이크로프트는 "그린에이커가 수행한 조사가" 브라이트 위원회에서 터져나온 "근거 없는 고발에 대응하는 데 유용한 형태인지" 물었다.[4] 조사가 시작될 때 이미 계획한 대로 병원 당국은 그린에이커의 조사 결과를 담은 모든 문서의 사본을 가지고 있었다. 그런데 놀랍게도 그들은 그 문서들의 의미를 제대로 파악하지 못하고 있는 것이 분명했다.

그러나 마이어는 꽤 영리했으므로 뉴저지 주정부의 정치인들이 언제든지 그의 조수를 증언대에 세울 가능성이 있다는 점을 의식했다. 만일 그린에이커가 코튼이 행한 치료의 결과가 파산 지경이라고 증언한다면, 그 결과는 가히 폭발적이리라는 것을 마이어는 모를 리 없었다. 또 그가 스캔들 자체보다 더 혐오하는 것이 있다면,5 그것은 정치인들이 별로 관심도 없는 의학의 전문적인 사안을 들쑤시는 일이었다. 뿐만 아니라 만일 정치인들이 그린에이커의 결론을 알게 된다면 코튼은 어떻게 되고, 또 국소 패혈증 치료에 관한 실험은 어떻게 되겠는가? 코튼의 과도한 개입은 별개의 문제이겠지만, 국소 패혈증의 제거는 전망이 유효한 치료법이라고 마이어는 여전히 믿고 있었다.

마이어는 마침내 결단을 내렸다. 그린에이커는 볼티모어로 돌아오자마자 마이어의 집으로 오라는 호출을 받았다. 그곳에서 마이어는 그녀에게 만일 위원회에 소환되면 무슨 말을 해야 하는지 일러주었고, 그녀는 마지못해 동의했다.

다음날 마이어는 레이크로프트에게 편지를 보내 그린에이커의 조사 결과에 대한 공개 토론은 트렌턴 병원에 도움이 되지 않을 것이라고 조언했다. 마이어는 사정이 극도로 미묘하다면서, 현실의 추이를 염두에 두고 "나는 그린에이커 박사와 함께 상황을 매우 면밀히 검토했습니다. 나는 우리의 조사와 이 위원회의 조사를 별개로 분리해야 한다고 생각합니다." 하고 덧붙였다. 레이크로프트는 위 문장 근처의 여백에 마이어의 생각에 동의한다는 메모를 남겼다. 이어서 마이어는 "그린에이커 박사는 모든 것을 자세히 조사했으며, 자신이 잔혹행위를 보거나 보호자의 동의 없이 수술이 이루어지는 모습을 본 적이 없다고 말할 수 있다고 내게 밝혔습니다.”
라고 설명했다. 레이크로프트는 이 문장 옆에도 다행이라는 소감을
적어넣었다. 그러나 “결과에 대한 비판적인 검토 결과에 비추어볼
때 그 수술이 정당했는가는 또 다른 문제입니다.” 당연히 이 점이
문제의 핵심이었고, 여기까지 읽은 레이크로프트는 근심에 빠졌을
것이 분명하다. 하지만 마이어의 다음 두 문장을 보고 그는 즉시
안심했다. 마이어는 “우리는 코튼이 언급한 조사 시기도 맞지 않
고, 조사가 이루어지지도 않았다고 말할 수 있습니다.”라고 덧붙였
다. 게다가 그와 그린에이커는 만일 조사에 관한 질문을 받으면
“조사가 종결되었다고 볼 수 없다.”고 그린에이커가 대답하기로 합
의했다. 그것은 사실상 진실한 대답이었다. 왜냐하면 “실제로 코튼
박사가 우리와 함께 보고서를 검토하고 부족한 점을 지적할 기회
를 가질 때까지는 조사가 완료되었다고 할 수 없기 때문”이라고 마
이어는 말했다.[6] 레이크로프트는 이 문장에서 확실히 안도한 듯, 여
백에 “OK”라고 최종적으로 적었다. 이제 병원 당국은 그린에이커
의 조사 결과가 새로운 정치적 폭발을 일으킬 것을 염려할 필요 없
이, 미친놈들과 불만을 품은 과거 직원들의 증언을 반박하는 데 주
력할 수 있을 것이었다.

　레이크로프트는 즉각 답장을 보내 감사의 뜻을 전했다. “나는 주
립병원의 치료 방법과 결과에 관한 당신의 연구 보고가 현재 브라
이트 위원회에서 진행되는 조사에 포함되지 말아야 한다는 점에 동
의합니다. 당신이 제안한, 잔혹행위와 조건 미비에 관한 그린에이
커 박사의 진술은 현재 내가 바라는 바여서 만족스럽습니다. 나는
그녀에게 내일 병원 이사회 모임에 앞서 트렌턴 역에서 만나면 좋
겠다는 전보를 쳤습니다.”[7] 그녀를 만나면 좋겠다는 레이크로프트
의 말은 누가 봐도 솔직한 진심이었다.

트렌턴으로 향한 그린에이커는 마이어와의 대화를 회상하며 그때와 전혀 다른 기분이 되었다.[8] 그녀는 자신이 방금 무슨 부탁을 받았는지 곱씹으며 이상한 난처함을 느꼈다. 천성적으로 그녀는 언론의 주목을 받는 것을 좋아하지 않았다. 더구나 그녀는 곧 다시 만나게 될 불구가 되고 망가진 환자들의 몸과 조사를 통해 드러난 수백 건의 죽음을 잊을 수 없었다. 그것들은 코튼의 극단적이고 무자비한 외과적 개입이 초래한 직접적인 결과였다.

또 처음으로 그녀는 자신의 조사에 대한 마이어의 태도가 어딘지 양면적이라는 불안한 느낌을 갖게 되었다. 그는 코튼이 명성을 유지하는 데 특별한 관심을 가진 것 같았고, 비록 그가 환자들의 운명에 무관심했다고 정확히 말할 수는 없지만, 확실히 그는 트렌턴 병원에서 일어나고 있는 일 앞에서 그녀처럼 경악하지 않았다. 그녀가 그를 제대로 이해했다면(물론 그는 워낙 난해한 인물이어서 그녀로서는 그를 이해했다고 확신할 수 없었다), 마이어는 코튼식의 광신 행위를 때때로 환영해야 한다고 느끼는 것 같았다. 그런 광신을 가져야 특정 접근법에 대해 더 철저하게 실험을 할 수 있다고 그는 생각하는 것 같았다.[9]

그린에이커는 이런 근심과 고민을 떨쳐냈다. 그녀의 근심은 확실히 과도했다. 그러나 그녀는 마이어가 더 유능한 사람을 희생시켜서라도 자신의 무능한 측근을 보호하기로 유명하다는 점을 떠올렸다. 그녀 역시 오랫동안 자신이 마이어의 그런 결점 때문에 불이익을 당한다고 느꼈다. 그가 루스 페어뱅크나 에스터 리처즈 같은 사람들에 집착한 것을 달리 어떻게 설명할 수 있겠는가?[10] 또 그가 스캔들을 싫어하고 전문적인 문제를 공개적으로 논의하는 것을 혐오한다는 점도 볼티모어에 널리 알려져 있었다. 하지만 때가 되면 그가 그녀의 편이 되어 미친 짓으로 귀결된 의학적 실험을 억누르리라는 점만큼은 확실했다. 적어도 그녀로서는 그 점을 의심할 수 없었다.

이 시점에서 필리스 그린에이커의 걱정이 무엇이었든간에, 만일 그녀가 이후 몇 주 동안 마이어와 트렌턴의 주요 인물이 주고받은 편지를 읽었다면 그 걱정은 엄청나게 증폭되었을 것이다. 마이어가 레이크로프트를 안심시키려고 보낸 편지에는 대규모의 외과적 개입에 대한 명시적 비판이 들어 있지 않았고, 트렌턴 병원에서 행해지는 수술과 발치는 병원장이 일시적으로 무력해졌는데도 줄지 않고 계속되었다. 마이어는 환자들의 운명에 대한 우려를 표하지 않은 반면, 자기 제자는 지극정성으로 걱정했다. "나는 당연히 코튼 박사의 상태를 매우 걱정하고 있습니다. 아직 그에게 편지를 쓰지 않았지만, 곧 쓸 것입니다."[11]

그는 말한 대로 행동했다. 같은 날에 그는 코튼에게 걱정어린 편지를 보내 그를 부당하게 대우한 정치인들에게 심한 실망과 혐오를 느낀다고 밝혔다.

친애하는 코튼 박사 :

오랜 출타에서 돌아오는 길에 나는 자네에게 덮친 거대한 긴장과 병에 대한 소식을 듣고 가슴 아프게 후회했네. 자네가 충분히 오래 휴식을 취하기를, 또 무책임한 자들이 공개적으로 증언할 기회를 제공하는 우리 미국의 이 소름끼치는 관행이 어떤 식으로든 개선되어 정의에 대한 합당한 관점과 감각이 도입되기를 진심으로 바라네.

마지막 문단에서 마이어는 코튼이 그린에이커의 조사에 대하여 가질 만한 모든 염려를 가라앉히려 했다. "그린에이커 박사는 보고서를 거의 완성했네. 최종적인 결론을 쓰고 보고서를 제출하기 전

현대 정신의학 잔혹사

에 우리가 함께 모여 데이터를 검토해야 할 것이네. 나는 그 보고서가 대중적인 심문과 연관되지 않게 할 작정이라네."[12]

마침내 그린에이커가 브라이트 위원회에 출석했을 때 그녀의 등장은 정말 보잘것없었다. 위원들은 그녀의 조사가 코튼을 지지하는 결론에 도달했으리라고 생각하는 것이 분명했다(그 조사의 비용을 코튼이 댔다는 사실을 아는 위원들로서는 달리 생각할 수 없었을 것이다). 그녀는 환자에 대한 가혹행위나 사전 동의 없이 실시된 수술을 직접 목격했는지에 대한 몇 가지 형식적인 질문을 받고 마이어가 지시한 대로 최대한 애매하고 짧게 대답한 다음 곧바로 양해를 구하며 증인대를 떠났다.[13]

그 순간 레이크로프트와 그의 편들이 비판자들에게 반격을 시작했다. 트렌턴 병원 이사회는 몇 주 동안 과거 환자와 그 가족과 해고된 직원들의 고발 내용을 열심히 검토했고, 그들이 제시한 증거에 대한 상세한 반박문을 준비했다. 이제 레이크로프트는 상원 회의실을 가득 메운 사람들 앞에서 병원 이사회의 보고서를 브라이트 위원회에 제출하려 했지만, 처음엔 만만치 않은 반발이 있었다.[14] 브라이트 자신이 나서서 위원회는 구술 증언 대신에 문서를 받는 것에 반대하며, 더 나아가 사실 관계가 아니라 논증을 담은 것으로 보이는 반박문을 받는 일에 반대한다고 밝혔다.[15] 잠시 동안 레이크로프트의 전략이 실패로 돌아가고 위원회는 더 적대적인 증언을 듣는 일을 재개할 것처럼 보였다. 이번에 증언을 할 사람은 범죄형 정신병자 병동에서 족쇄를 찬 채 나온 3명의 환자들이었다.

그러나 위원들은 근처의 스테이시-트렌트 호텔에서 점심을 먹기 위해 휴회를 선언했다. 대중의 눈을 벗어난 위원들 사이에서 격렬

조지프 레이크로프트 박사는 필리스 그린에이커와 마찬가지로 시카고-러시 의과대학 졸업생이었다. 그는 프린스턴 대학에서 보건체육부 초대 책임자를 역임했다. 1920년대 후반 이후 트렌턴 주립병원 이사장을 맡은 그는 여러 해 동안 코튼의 치료법에 대한 핵심적인 지지자였다.

한 논쟁이 일어났다. 위원회가 최초로 분열되기 시작한 것이었다. 의회 대변인이며 코튼의 오랜 동지인 클리포드 포웰은 동료들이 병원측의 증언을 거부하는 것은 "치명적인 실수"라고 주장했다. 만일 위원들이 방금 전의 결정을 고수한다면 "대중은 위원회가 매우 강한 선입견을 가지고 행동한다고 생각할" 것이다. 한동안 논쟁이 벌어진 뒤 포웰의 견해가 주도권을 잡았다. 비록 몇몇 위원들은 앞선 결정을 뒤집는 것에 분개하여 오후 모임에 불참했지만 말이다.16

레이크로프트와 그의 동지들은 위원회의 혼란을 최대한 이용했고, 나중에 그가 아돌프 마이어에게 자랑했듯이, 병원에 대한 조사가 갑자기 종결된 것처럼 보일 정도로 강력하고 "매우 공격적인 변론"을 펼치는 데 성공했다. 심지어 그들은 "주 보건국장이며 코튼 박사의 주치의인 코스틸의 도움을 받아 코튼 박사가 증언대에 서는 것을 막고,[17] 그러면서도 그가 조사를 회피하고 있다는 의심이 일어나지 않게 할 수 있었습니다." 프린스턴 대학의 교수인 레이크로프트는 주도면밀하게 행동했다. 첫째, 그는 제기된 다양한 혐의를 반박하고 증언에 나선 증인들의 동기와 능력을 공격하는 내용의 진술서를 제출했다.

일부 증인들은 과거의 환자들이었고, "그들의 증언은 과장되고 진실성이 결여된 것이 특징이었는데, 이는 그들이 앓았던 정신병의 특징이다." 그 밖에 병원에 적대적인 주장을 한 사람들은 외견상 선의를 가진 사람들이지만, "직접적인 정보를 갖고 있지 않으며, 그들의 증언은 병원의 사정에 대한 정보와 이해가 부족한 상태에서 나온 것이므로 신뢰할 수 없다." 또 해고된 직원들은 단지 불만을 품고 앙갚음을 하고자 하는 실패자들일 뿐이며, 따라서 전혀 신뢰할 수 없다.[18]

레이크로프트는 병원 이사회가 독립적으로 조사한 결과에 앞서 제기된 비판들의 오류가 드러났다고 주장했다(그러나 진실은 달랐다. 이 경우를 비롯한 모든 경우에 이사회는 코튼이 제시한 자료에 전적으로 의존했고 그의 주장을 액면 그대로 받아들였다).[19] 그는 환자 자신이나 보호자의 동의 없이 수술이 행해진 적은 결코 없다고 단언했다. 또 수술들은 절대로 실험적인 것이 아니었다. 그리고 수술 후 사망률이 지나치게 높다는 주장에 대해서는, 이사회가 1918년 7월부터 1925년 7월까지 7년 동안 이루어진 모든 수술을 추적한 결과 "전체 수술에 이은 사망률은 3.7퍼센트, 대수술에 이은 사망률은 8퍼센트"라고 보고할 수 있다. 이 수치는 통계 조작의 결과였다. 사망률을 계산할 때 분모denominator에 예컨대 편도절제술 2,957건, 자궁경부절제술 수백 건, "정낭 제거" 수술을 포함시켰기 때문에 나온 결과였다. 레이크로프트의 보고는 결장전절제술과 부분절제술로 인한 사망률이 30~44퍼센트라는 사실을 의도적으로 숨겼던 것이다. 그럼에도 그 수치는 제 역할을 톡톡히 했고, 브라이트 위원회는 코튼의 개입이 훌륭한 의학적 행위였고 그로 인한 사망률은 "이 나라의 어떤 종합병원에도 뒤지지 않는 좋은 실적"이라는 점을 다시 믿게 되었다.[20]

더 나아가 이 치료행위는 레이크로프드가 지적했듯이 표준적인 보호관리 방침하에 있었다면 아직도 수용되었을 환자들을 최소 1,000명 퇴원시킴으로써 주정부에 실질적인 경제적 혜택을 주었다. 그로 인해 주정부가 절약한 예산은 병원 유지비만 따져도 수십만 달러에 달한다. 게다가 이 금액은 퇴원 환자가 많아짐으로써 비용이 더 드는 병상을 추가로 설치할 필요가 없어졌다는 점을 감안하지 않고 계산한 것이다. 그러므로 이사회는 코튼에 대한 비판의 행렬에 동참하기는커녕, "병원장과 직원들에 대한 전폭적인 신뢰를, 그리고 이 병원을 수용소에서 적극적이고 과학적이고 효율적인 정신병 치료소로 변신시킨 값지고 진보적인 작업에 대한 자부심과 만족감을 공식적으로 천명하기를 원한다."[21]

코튼을 겨냥한 비난과 공격을 이렇게 이사회의 권위로 반박함과 동시에 레이크로프트는 영리하게도 의학계의 권위자들을 대거 동원하여 코튼을 옹호하는 발언을 하게 했다. 이튿날 아침 〈뉴욕 타임스〉가 독자들에게 전했듯이, "저명한 의사와 외과의사 들은 뉴저지 주립 정신병원이 세계에서 가장 진보적인 정신병원이며, 국소감염을 제거함으로써 정신병을 치료하는 새로운 방법은 그 병원을 독보적인 지위로 올려놓았다고 증언했다." 가장 두드러진 증인은 노스웨스턴 대학 부인과 교수를 40년 동안 역임했고 미국에서 유명한 외과의사였던 에멀리우스 더들리였다. 그는 트렌턴 병원의 진보적인 치료 방침을 칭찬했고, 나중에 기자들에게 "해독 방법에 대한 지식이 더 발전하면, 정신병 치료법의 50퍼센트가 혁명적으로 바뀔 것이며 결국 문명세계의 모든 병원이 그 치료법을 받아들일 것"이라고 말했다. 또 과거에 뉴욕 시 보건국장을 지냈고 "당신의 건강"이라는 건강 관련 칼럼(매일 전국의 수많은 신문에 실렸다)으로 미국 전역에 명성이 자자했던 로열 코플랜드 상원위원은 긴 발언을 통해 코튼의 성취를 이루 말할 수 없이 존경한다고 밝혔다.[22]

오래 전부터 국소 감염론의 가치를 확신한 코플랜드는 자신의 칼럼에서 "고름 감염의 위험성"을 자주 경고했다.[23] 이제 그는 병원의 편에 선 인상적인 증인이 되어 자신이 병원의 활동을 직접 경험으로 알고 있다고 주장했다. 그는 수술을 지켜보았고, 병실을 관찰했고, 환자들과 대화했으며, 외과의사의 솜씨와 간호사의 능력과 모든 정신병자에 대한 세심한 배려에 완전히 감동했다. 병원에서 행해진 수술이 절대로 실험적이지 않았다는 점을 강조하면서 그는 환자가 미치지 않았다면 실시하지 않았을 수술이 실시된 적은 없다고 단언했다.

위원회의 질문을 받은 그는 다른 정신병원에서는 통상 그렇게 많은 수술이 행해지지 않는다고 시인했다. 그러나 그는 곧바로 질문자들을 반격했다. 바로 그렇기 때문에 뉴저지 주립병원이 탁월하다고 그는 평가했다. 다른 병원들에서는 환자가 입원하면 대개 더 이상의 적극적 치료가 없는 반면, 트렌턴 병원은 입원자를 환자로 대우하면서 정신적·신체적 건강상태를 철저히 검사하고 현대적인 치료 처방을 내린다. 신슨 상원위원이 다시 한 번 병원에서 가혹행위가 있었는지 물었을 때 코플랜드는 이 문제를 병원에 이득이 되도록 재구성할 묘책을 발견했다. 그는 즉시 간호조무사들의 월급이 너무 적으면 어느 정도의 거친 행동은 불가피하다고 지적했다. 그러므로 야만적인 간호조무사들은 병원 운영상의 문제가 아니라 적정 인원을 채용하는 데 필요한 자금을 제공하지 않은 인색한 정치인들 때문에 발생한 문제라는 것이었다.

위원회는 쓰라린 상처를 추스르며 코플랜드의 증언을 반박하려는 노력을 중단하고 그가 코튼의 방침에 대한 거창한 찬사로 발언을 마무리하는 것을 허용했다. 그는 "뉴저지 주는 트렌턴 병원을 자랑스럽게 여겨야 마땅합니다."라면서 이렇게 덧붙였다. "나는 그보다 더 잘 돌아가는 병원을 본 적이 없습니다. 그 병원은 최신 의학 기법들을 모두 참작합니다. 우리는 가능한 모든 수단을 동원하여 그 병원의 활동을 칭찬해야 할 것입니다."[24]

브라이트 위원회가 유지했던 기존의 통일성은 이제 트렌턴 주립 병원 사건에 대한 조사를 계속할 것인가를 결정하는 문제 앞에서 위태로워졌다. 레이크로프트의 잘 조율된 반격은 사실상 모든 면에서 성공적이었다. 병원에서 일어난 사건들에 관한 끔찍한 증언을 제공한 증인들의 동기와 능력과 성격에 대한 공격은 비판자들의 논거를 무너뜨린 것처럼 보였다. 미친 환자와 해고된 간호사들, 앙심을 품은 가족들의 증언은 프린스턴 대학 학생 보건국장과 전국적으로 유명한 의학계 권위자들의 증언에 비해 무게가 떨어질 수밖에 없었다.

이 청문회 다음날 〈뉴야크 석간 뉴스〉가 사설에서 지적했듯이, "이사들이 제시한 증거는 귀중하고 강력"했고, 뉴저지 주는 "현재 성취되고 있는 성과에 자부심을 가져야" 했다.[25] 트렌턴의 석간신문은 더 흥분했다. "브라이트 위원회는 불만을 품은 과거 직원들과 미친 증인들의 넋두리를 널리 퍼뜨렸다. 그러나 레이크로프트 교수의 진술은 그들의 불행한 폭로를 충분히 반박한 것 같다. 입법부의

현대 정신의학 잔혹사

위원들은 인류를 위한 봉사에 정직하게 몰두하는 사람들을 부당하게 공격한 일에 대해 책임을 져야 할 것이다. 브라이트 위원회는 이제 쓸모없어진 것처럼 보인다."[26]

이제 상당한 정치적 부담으로 보이는 일로부터 거리를 두고 싶어진 브라이트 위원회의 위원들은 기자들에게 더 이상 주립병원 사건에 관여하지 않겠다고 밝혔다. 〈뉴욕 타임스〉의 기자는 확실히 생각을 바꾼 정치인 몇 명과 대화한 후 독자들에게 "위원회의 위원 대부분은 면밀한 검토를 거치지 않은 비난을 공식화한 것은 실수였다고 확신한다."고 밝혔으며 조사의 방향을 정신건강과 최대한 무관하게 이끌 계획이라고 알렸다. 다음주 모임에서는 아마 화재보험과 같은 훨씬 더 안전한 주제를 다룰 것이라고 그 기자는 썼다.[27] 실제로 위원들은 그런 결정을 내렸다. 병원을 비판하는 진영에 속했던 심슨 상원위원은 트렌턴 병원의 원장이 "언제라도 신체적 건강이 괜찮을 때" 나와서 직접 증언을 하는 것으로 조사를 종결하자고 제안했다. 동시에 그는 청중에게 "코튼 박사는 나의 친구이고, 나는 현 시점에서 주립병원에 개선의 여지가 있다고 말할 생각이 없습니다." 하고 상기시켰다.[28]

코튼은 신경쇠약으로 무너진 후 한 달이 넘게 병원에 은둔했다가 9월 10일에 스프링레이크로 거처를 옮겨 계속 요양하고 있었다. 이제 병원 당국은 정기 보고서에서 코튼의 신체적 문제만 언급했지만, 그의 정신상태는 여진히 대중 앞에 나설 수 없을 정도였다. 레이크로프트는 9월 25일에 마이어에게 편지를 보내 코튼이 "많이 호전되었지만 아직 온전해지려면 꽤 멀었습니다."라면서 "휴가를 연장할" 필요가 있다고 알렸다.[29] 그리고 5일 후에는 환자 자신이 2주 전에 스승이 보낸 편지에 뒤늦은 답장을 보냈다.

브라이트 위원회의 조사가 사실상 종결되었다는 사실을 알고 안도한 기색이 역력한 코튼은 그 동안의 모든 경험을 씁쓸하게 언급했다. 그와 그의 업적을 깎아내리는 데 혈안이 된 자들이 무서운 음모를 꾸몄다고 그는 생각했다. 그는 어느 정신과의사로부터 과거 화이트 플레인스 소재 블루밍데일 병원에 있었던 오고먼이라는 자가 "음모의 주역이거나, 최소한 위원회에 우리의 일이 좋지 않고, 우리의 통계가 모두 잘못되었다고 제보했다."는 것을 들었다. 이와 관련해서 코튼은 그린에이커와 마이어가 준비한 보고서를 적당한 시점에 입수하기를 원했다. "그 보고서를 가지고 있었다면 매우 도움이 되었을 것입니다. 하지만 보고서가 완성되지 않았다는 것을 알고 있었습니다."(마이어는 이 구절을 읽고 움찔했을 것이 분명하다. 코튼이 그린에이커의 보고서에 그런 기대를 품은 것이 사실이라면, 그는 정말 사리분별을 못하고 있는 것이었다.) 그런 권위 있는 승인 문서가 없는 상태에서 몇 주 동안 "그들은 온갖 수단을 동원하여 저를 옭아매려 했습니다. 그러나 그들은 치욕을 당했지요. 제가 쓰러져 어찌할 바를 모를 때 이사회와 루이스가 저를 구했습니다." 코튼은 자신의 건강에 관해서는 신체적 증상만 언급했다. "제 심장은 잘 작동합니다. 그러나 쇼크를 받았기 때문에 언제나 후유증이 남을 것입니다." 마지막으로 코튼은 마이어의 도움과 편지에 대하여 절절한 감사의 뜻을 전하고("어려움이 시작된 이래로 친구에게 받은 편지가 거의 없어서 선생님의 편지에 더욱 감사를 드립니다.") "선생님과 사모님과 그린에이커 박사에게 존경과 우정으로"라는 인사말을 적었다.[30]

그렇게 코튼 특유의 자신감은 유지되고 있었지만, 마이어는 그를 돕는 일을 서둘러 재개했다. 그는 코튼에게 이렇게 답장했다. "자네 편지는 내게 커다란 위안을 주었네. 우리는 자네가 병과 피로에서 회복되고 있어서 기뻐하고 있네." 마이어가 보기에 그의 제자는 부당하게 고통을 당했다. "이 나라가 입법부의 조사를 제도화하여 가장 무차별적인 기준을 매우 무책임하고 파괴적인 방식으로 대중 앞에 던져놓는 것을 허용한다는 것은 가공할 만한 일이야." 코튼은 모든 에너지를 "완전한 회복"을 성취하는 데 집중해야 한다. 얼마 후에 마이어는 그 자신과 코튼이 "그린에이커 박사가 정리한 자료를 검토할 기회"를 갖게 될 것이라고 다시 알렸다. "그러면 자네가 직접 사실들을 보고 소감과 논평을 추가할 수 있을 것이네. 하지만 나는 우리가 공동 보고서를 작성할 때까지 어떤 토론도 원치 않네. 그 자료를 공동으로 검토하기 전에 위원회나 이사회에 제공하는 것에도 절대 반대하네……. 결론은 건설적이고 교훈적이어야만 할 것이네." 하고 마이어는 덧붙였다.[31]

마이어의 다짐은 코튼을 안심시켰다. 그러나 그는 그린에이커가 건넨 자료를 읽지 않았거나 그 의미를 파악하지 못한 듯 마이어에게 "그린에이커 박사는 확실히 양심적이고 유능했으며, 우리는 모두 그녀의 일에 완벽하게 만족했습니다." 하고 알렸다. 또 그는 "우리가 (조사위원회에) 이겼습니다." 하고 기뻐하면서 그쪽은 더 이상 걱정할 필요가 없다고 말했다. 하지만 그가 시험적으로 업무 복귀를 시도하자 일부에서 불안감을 표했다. "지난 밤 이사회 모임에서 제가 현재 상태로 일을 하는 것은 현명하지 않다는 판단이 내려져 저는 한 달 더 멀리 떠나 있기로 결정되었습니다."[32] 마이어는 그 결정에 진심으로 동의했고, 이제야 코튼에게 그린에이커가 발견한 내용을 그가 잘못 추측했다고 넌지시 알렸다. 코튼이 완전히 회복하고 나면, "아무런 결론도 미리 내리지 않으면서 마치 모든 것이 새로운 사안인 것처럼 문제 전체를 다시 살펴볼 필요가 있을 것이라고 나는 생각하네." 이어서 마이어는 어떤 불일치도 코튼의 실수가 아니라고 덧붙였다. "나는 자네에게 제공된 통계가 엄격한 훈련을 거치지 않은 사람이 작성했다는 것을 쉽게 알 수 있었네. 왜냐하면 그 통계의 기초들이 때로 잘 정의되지 않았고 지켜지지 않았기 때문이야." 하지만 다행스럽게도 그린에이커 박사가 "모든 자료를 확보하여 전체적으로 섬토하기 쉽게 징리해놓았다네." 그리고 코튼은 그 검토를 위해 "꼬박 일주일 동안 우리 곁에" 머물 계획을 세워야 할 것이라고 마이어는 말했다.[33]

이어진 두세 달 동안 코튼은 상태가 점차 호전되었지만 새해가 되어도 병원 업무에 복귀할 수 없었다. 가을이 겨울로 넘어갈 때 그는 정기적으로 마이어에게 편지를 보내 자신의 건강상태를 알리고 곧 완전히 회복되리라는 낙관적인 기대를 밝혔다. 10월 하순에 그는 이렇게 말했다. "저는 훨씬 많이 좋아졌다고 느끼지만 여전히 약간 비만입니다." 하지만 그는 미래를 낙관할 새로운 이유가 있었다. 그는 자신이 겪는 문제의 참된 원천을 드디어 발견했다고 생각했다. 그 병소만 치료하면, 곧 자신이 완벽하게 회복되리라고 그는 확신했다. "저는 치아 3개가 죽고 심하게 감염된 것을 발견했습니다. 그 중 하나를 뽑았고, 오늘 2개를 더 뽑을 예정입니다."[34]

이후 몇 주 동안 두 사람은 편지를 주고받지 않았다. 그리고 성탄절 직전에 코튼이 다시 편지를 보냈다. 그는 마이어에게 "선생님과 함께 그 자료를 검토하고 선생님의 의견을 들을 날이 몹시 기다려집니다." 그러나 그 시점에서는 만남을 가질 날짜를 확정할 수 없었다. 왜냐하면 "저는 계속 좋아지고 있고 체중도 줄고 있습니다."라는 코튼의 말은 사실이었지만, 그는 아직 병원 업무에 복귀하거나 그린에이커의 보고서 초안을 검토할 형편이 아니었기 때문이다. 코튼이 마이어에게 알렸듯이, 그는 지난 3주 동안 아칸소 주핫스프링스 소재 신경쇠약 병원에서 윌리엄 터너 우튼 박사에게 진료를 받았다. 그는 새해가 된 다음에도 얼마간 그 병원에 머물게

될 것 같았다.[35]

마이어는 서둘러 답장을 보냈다. "자네의 편지를 받고 큰 위로가 되었네. 자네가 왜 편지를 보내지 않는지 궁금한 참이었네. 자네가 휴식을 취하고 운동으로 체중을 줄일 수 있는 곳으로 간 것은 이론의 여지없이 현명한 일이야. 자네는 자신과 가족과 우리를 위해 최선의 상태를 회복할 의무가 있다네." 국소 패혈증 연구에 관한 토론을 위해 만남을 갖는 일에 대해서 마이어는 이렇게 말했다. "나는 자네가 여가시간에 자료를 준비하기를 바라네. 또 그 일을 그린에이커 박사와 함께 할 수 있기를 매우 바라고 있네. 여러 사례에 대한 그린에이커 박사의 추적 연구는 상당히 소중해 보이네. 자네가 (볼티모어에 와서) 며칠 동안 우리와 머물며 그린에이커 박사의 자료를 여유 있게 검토할 수 있으리라 믿네."[36]

코튼은 마이어의 생각을 환영한다고 밝혔다. "제가 볼티모어에 머물 날을 기쁨으로 기대하고 있습니다. 제게 매우 값진 도움을 줄 그린에이커 박사와 함께 일한다면 매우 기쁠 것입니다. (아이들을 돌보느라 트렌턴에 남은) 제 아내는 저를 다음주쯤에 볼티모어에서 만나리라 기대하고 있습니다."[37]

그러나 실제로는 시간이 좀더 지체되었다. 코튼은 1월 6일에 아칸소를 벗어나 테네시 주 채터누가에서 마이어에게 이런 전보를 보냈다. "볼티모어 방문을 다음주로 연기할 수밖에 없음."[38] 하지만 한없이 긴 것 같은 지체 시간이 지난 뒤, 코튼과 그린에이커와 마이어는 드디어 만났다.

---

1 스탠리의 아내와 그의 어머니 사이의 관계는 처음부터 특히 냉랭했다. 그가

미친 후에는 두 사람은 거의 말도 주고받지 않았다. 마이어는 일찍부터 스탠리의 어머니 네티와 그녀의 자식들의 편에 서서 만만치 않은 상대인 환자의 아내 캐서린 덱스터 매코믹에게 적당한 경제 보상을 받고 이혼하는 데 동의하라고 촉구했다. 그러나 캐서린은 그 조언을 비웃으며 거절했다. 그녀와 시어머니와 시댁 식구들은 여러 해 동안 살아 있는 송상을 놓고 치열하게 싸웠으며, 결국 1927년에 캐서린은 스탠리에 대한 치료를 자신이 통제하겠다고 주장하며 소송을 걸었고 최대 50만 달러까지 법정 증언료를 지불했지만 성과를 거두지 못했다. 마이어를 비롯한 운 좋은 정신과의사들은 원고나 피고의 고문으로 법정 싸움에 참여하여 로또 당첨에 맞먹는 수입을 올렸다. 이 씁쓸한 에피소드 전체는 Wisconsin Historical Society Archives in Madison, Wisconsin에 보관된 사이러스 홀 매코믹 주니어(Cyrus Hall McCormick Jr.)의 문서에 기록되어 있다. 특히 Boxes 86~97과 Box 98의 소송 관련 문서를 참조하라. Gilbert A. Harrison, *A Timeless Affair: The Life of Anita McCormick Blaine*(Chicago : University of Chicago Press, 1979), 특히 159~62쪽, 196~200쪽에는 스탠리의 정신적 붕괴와 치료에 관한 간략한 논의가 있다. 스탠리와 캐서린의 운명에 관한 허구가 가미된 음침한 이야기로는, T. Coragessan Boyle, *Riven Rock* (New York : Viking, 1998)이 있다.

2 그린에이커가 마이어에게 1925년 7월 25일에 보낸 편지, Meyer Papers, CAJH I/767/21.

3 마이어가 그린에이커에게 1925년 8월 15일에 보낸 편지, Meyer Papers, CAJH I/767/21.

4 레이크로프트가 마이어에게 1925년 9월 12일에 보낸 편지, Meyer Papers, CAJH I/3215/1.

5 마이어가 노출과 스캔들을 극히 싫어했다는 사실에 대해서는, Dain, *Beers*, 290쪽 참조.

6 마이어가 레이크로프트에게 1925년 9월 15일에 보낸 편지, TSH Archives.

7 레이크로프트가 마이어에게 1925년 9월 16일에 보낸 편지, TSH Archives.

8 나보다 1년 6개월 먼저 그린에이커를 인터뷰한 루스 레이스는 이렇게 말했다. "나는 그린에이커가 핍스 클리닉에서 겪은 일에 대하여 여전히 감정이 남아 있다는 인상을 받았습니다." "Impressions of My Evening with Phyllis Greenacre," unpublished manuscript, June 16, 1982(나는 이 문서를 제공한 레이스 박사에게 깊이 감사한다). 1983년 12월에 나는 그린에이커 박사와 트렌턴에서 일어난 사건에 초점을 맞추어 더 오랫동안 인터뷰했고, 그 사건이 그녀에게 여전히 강력한 감정을 불러일으키는 일이라는 사실을 확인했다. 브라이트 위원회의 조사를 둘러싼 위기 상황 앞에서 그린에이커가 보인 대응에

현대 정신의학 잔혹사

관한 논의는 그녀와 인터뷰하며 나눈 대화에 근거를 둔다.

9 나중에 마이어가 보낸 몇 통의 편지는 이 인상이 옳았음을 입증했다. 또 그가 1934년에 〈미국 정신의학 저널〉에 발표한 사망 기사도 간접적으로 똑같은 것을 증명했다.

10 이 대목에서 그린에이커는 루스 레이스와 인터뷰할 때와 마찬가지로 단호했다. Ruth Leys, "Impressions of My Evening with Phyllis Greenacre," 5쪽 참조: "그녀가 거듭 강조한 것은 마이어가 구세주 컴플렉스를 가지고 있었다는 점이었습니다. 즉, 그는 뛰어난 사람들을 희생시켜 그보다 덜 훌륭한 사람들을 지원하는 기질이 있었습니다⋯⋯. 에스티 리처즈는 많은 미움을 샀고, 매우 냉랭했고, 환자들에게 잔인했으며, 직원들의 원성을 샀어요⋯⋯. 그녀는 일종의 꼽추병인 척추측만증이 있었죠. 루스 페어뱅크는 말하자면 마이어가 구원한 또 다른 사람이었어요." 우리는 마이어가 구원한 인물의 목록에 헨리 코튼을 추가할 수 있을 것이다.

11 마이어가 레이크로프트에게 1925년 9월 15일에 보낸 편지, TSH Archives.

12 마이어가 코튼에게 1925년 9월 15일에 보낸 편지, Meyer Papers, CAJH I/767/21.

13 James Leiby, *Charity and Correction*, 223쪽.

14 타자기로 작성한 보고서의 사본인 "이 병원의 작업과 관련한 증언에 대하여 트렌턴 주립병원 이사회가 실시하여 합동 입법부 조사위원회에 보고한 조사 결과 요약"은 마이어의 문서에서 찾아볼 수 있다. CAJH I/767/21.

15 *Newark Evening News*, September 23, 1925.

16 이 날의 일에 대한 상세한 설명과 병원 이사회의 성명문은, *Trenton Evening Times*, September 23, 1925 참조.

17 레이크로프트가 마이어에게 1925년 9월 25일에 보낸 편지, Meyer Papers, CAJH I/3215/1.

18 "Statement by the Board of Managers," *Trenton Evening Times*, September 23, 1925.

19 코튼이 버디트 루이스에게 1925년 7월 24일에 보낸 편지, TSH Archives.

20 *Trenton Evening Times*, September 23, 1925.

21 같은 곳.

22 *New York Times*, September 24, 1925.

23 Royal S. Copeland, "Your Health : Inviting the Peril of Pus Infection," *Trenton Evening Times*, October 21, 1925.

24 *Trenton Evening Times*, September 23, 1925 ; *New York Times*, September 24, 1925.

25 *Newark Evening News*, September 24, 1925.

26 *Trenton Evening Times*, September 24, 1925.

27 *New York Times*, September 24, 1925.

28 *Trenton Evening Times*, September 30, 1925.

29 레이크로프트가 마이어에게 1925년 9월 25일에 보낸 편지, Meyer Papers, CAJH I/325/1.

30 코튼이 마이어에게 1925년 9월 30일에 보낸 편지, Meyer Papers, CAJH I/767/22.

31 마이어가 코튼에게 1925년 10월 3일에 보낸 편지, Meyer Papers, CAJH I/767/22.

32 코튼이 마이어에게 1925년 10월 10일에 보낸 편지, Meyer Papers, CAJH I/767/22.

33 마이어가 코튼에게 1925년 10월 14일에 보낸 편지, Meyer Papers, CAJH I/767/22.

34 코튼이 마이어에게 1925년 10월 23일에 보낸 편지, Meyer Papers, CAJH I/767/23.

35 코튼이 마이어에게 1925년 12월 17일에 보낸 편지, Meyer Papers, CAJH I/767/23.

36 마이어가 코튼에게 1925년 10월(?)에 보낸 편지, Meyer Papers, CAJH I/767/23.

37 코튼이 마이어에게 1925년 12월 30일에 보낸 편지, Meyer Papers, CAJH I/767/23.

38 코튼이 마이어에게 1926년 1월 6일에 보낸 편지, Meyer Papers, CAJH I/767/23.

폭로와 논쟁

코튼과 마이어, 그린에이커의 만남은 위험한 사건이 될 것이 뻔했다. 코튼은 지금껏 그린에이커의 조사 결과를 아전인수격으로 추측했지만, 이제 존스홉킨스 대학에 오면 어쩔 수 없이 진실과 대면해야 할 테니까 말이다. 하지만 이들의 만남이 있기 전 몇 주 사이에 코튼은 그린에이커의 보고서가 자신의 작업에 대해 확실히 비판적이라는 사실을 마침내 깨닫게 된 것으로 보인다. 그의 상황 파악이 달라졌음을 보여주는 첫 번째 조짐은 그가 스승의 호의를 거절한 것이었다. 마이어는 옛 제자에게 볼티모어에 있는 동안 자신의 집에 머물라고 제안했지만 코튼은 그러기를 원치 않았다. 마이어에 따르면, "코튼 박사는" 처음부터 의도를 드러내려는 듯, "화요일에 도착한다는 사실을 내게 확실히 알려주지 않았으며, 도착후 내 집으로 오는 대신에 에머슨 호텔로 갔습니다." "그 상황에서는 그것이 최선의 행동이었을 수도 있겠지요."라고 마이어는 인정했다.[1] 코튼은 확실히 전쟁을 각오한 듯 정서적인 지원군이 될 아내를 데리고 왔다.

코튼이 여러 차례 방문을 미룬 끝에 예고도 없이 나타났기 때문에 마이어는 처음에 삼자 회동을 위한 시간을 좀처럼 낼 수 없었다. 마이어가 레이크로프트에게 보고했듯이, 코튼은 "수요일 오전 회진 때 나를 찾아왔더군요. 나는 그 날 오후 일정이 꽉 찬 상태여서 목요일 오전에 만나자고 했습니다."[2] 그리하여 1월 14일 목요일 오전에 두 사람은 코튼의 국소 패혈증 제거의 효과에 대한 토론을 시작할 수 있었다. 여러 달 지체된 끝에 드디어 최종 결론이 임박한 것처럼 보였다.

아주 이상하게도 앞일을 몹시 걱정하고 불안해하는 쪽은 마이어인 듯했다. 마이어는 평소의 그답지 않게 사태의 진행을 통제할 수 없는 것처럼 보였다고 필리스 그린에이커는 몇십 년이 지난 후에 약간 씁쓸하게 회고했다.[3] 마이어 밑에 있는 존스홉킨스 대학의 직원들은 변함없이 그를 존경했고, 그의 냉철한 태도에 움츠러들었고, 그가 말을 시키지 않으면 감히 말도 못했는데, 코튼은 처음부터 특유의 호전적인 성격을 확실히 드러냈다. 공격적이고 성난 젊은이 앞에서 마이어는 눈에 띄게 위축되었고 뭔가 쩔쩔매는 것 같았다. 코튼에게 정면으로 맞서고 싶지 않은 그는 공을 자신의 여성 조수에게 넘겼다. 그린에이커에게 조사 내용을 요약하여 보고하라고 지시한 것이다.

그린에이커는 그 지시에 따랐다. 그녀는 조사할 사례들을 어떻게 선정했는지, 또 보고서의 근거가 된 데이터를 어떻게 산출했는지 설명하기 시작했다. 코튼은 그녀를 노려보면서 말을 막기 시작했고, 화를 내고 고함을 쳤으며 아주 자질구레한 내용까지 문제삼았다. 한편 마이어는 대체로 수동적인 자세로 앉아 있었고, 이따금씩 나약하게 끼어들어 코튼에게 통계가 아니라 "사실"에 집중하라고

현대 정신의학 잔혹사

축구했다. 코튼은 마이어의 요구를 무시했다. 평소에는 남부 사람답게 여성 앞에서 예절을 갖추는 코튼이었지만, 자신의 필생의 업적을 무너뜨리려 하는 적으로 판단되는 젊은 여성을 눈 앞에 둔 지금 그런 예절은 자취를 감췄다.

그러나 코튼이 그린에이커를 위협하여 입을 막을 수 있을 것이라고 생각했다면 그것은 아주 심한 착각이었다. 그녀가 존스홉킨스 대학에 처음 왔을 때, 어느 젊은 열혈 검사도 그와 유사한 착각을 했다. 그때 그린에이커는 법정에서 피고의 정신상태에 관한 증언을 해달라는 요청을 받았다. 그 검사는 수줍음 많고 심약한 듯한 젊은 여성이 증언대에 오른 것을 보고는, 보수적인 볼티모어 배심원들이 여의사라는 존재 자체를 괴이하게 보는 선입견을 지녔다는 점을 염두에 두고, 그린에이커를 모욕하고 그녀의 전문성을 깎아내리려 했다. 그는 인체의 골격이 몇 개의 뼈로 이루어졌는지 아느냐고 그녀에게 조롱하듯 물었다. 몇 개인지는 잘 모르겠으나 그 뼈들의 이름을 다 열거할 수 있다는 대답이 곧바로 돌아왔다. 그리고 그녀는 머리부터 발끝까지 모든 뼈의 이름을 대기 시작했다. 전세는 뒤집혔다. 오만한 법률가는 오히려 자신이 모욕을 당하고 있음을 느끼고 그녀를 곧 제지했다.[4] 코튼도 충분히 그럴 꼴을 당할 수 있는 상황이었다. 마이어는 쩔쩔매고 있었지만, 그의 젊은 조수는 위협당하기를 거부했다.

그린에이커는 갖은 방해를 받으면서도 가차없이 조사 결과를 보고하기 시작했다. 그녀는 먼저 트렌턴 병원이 선정한 1920년 7월 이후의 연속된 사례 100건을 출발점으로 삼았다. 나중에 마이어가 레이크로프트에게 알렸듯이,

유감스럽게도 우리는 졸지에 다음과 같은 의견을 접하게 되었습니다.

이 100건의 사례들은 대표성이 없다. 우리의 통계를 입원과 퇴원에 근거하여 작성한 그의 통계와 비교할 수는 없다. 공정한 비교를 하려면 우리의 사례들을 10년 전의 유사한 사례와 비교해야 한다. 그 과거의 사례들은 "치료 없이 일어나는 자발적 회복"의 비율을 제공할 것이다.[5]

몇 시간 동안 설전이 오간 후 회의가 중단되었고, 세 사람은 화요일 오후까지 휴식을 가졌다. 다시 만난 자리에서 코튼은 그린에이커의 통계를 문제삼았다. "코튼 박사는 우리의 실수가 어디에 있는지 이제 알았다고 말했다. 병원의 성과를 비교할 때 쓸 수 있는 유일한 방법은 입원과 퇴원에 초점을 맞춘 계산이라고 그는 주장했다." 그린에이커는 코튼 자신의 논문에 있는 자료를 재분석한 결과를 제시하고 "한 논문에 제시된 수치에서" 그가 주장한 회복률이 "산출되지 않는다."는 것을 보임으로써 그의 논증이 지닌 오류를 일깨우려 했다. 코튼은 그녀의 지적을 인정하지 않으려 했고, 논의는 다시 곁길로 새어 사소한 내용에 대한 언쟁이 격렬하게 벌어졌다. 코튼은 특정 사례가 잘못 분류되었고, 어떤 경우에는 개별 사례에 대한 그녀의 평가가 부당하게 비관적이라고 주장했다. 어느 순간 그린에이커는 "네다섯 건의 사례에서 작은 실수를 범했다."고 인정했고, "그래서 그녀는 회복과 호전의 비율을 59.6퍼센트로 계산했다. 코튼 박사는 즉시 그 비율을 65퍼센트로 높이려 하면서 '계산 잘해요!' 하고 말했다. 계산된 결과는 약 60.1퍼센트였다." 그런데도 그는 그런 작은 실수와 수정 때문에 그녀의 결론은 무효라고 주장했다.[6]

그러는 동안에 마이어는 가만히 앉아 수첩에 특유의 강박적인 예쁜 글씨체로 논의의 진행을 적었다. 그린에이커가 기억하기로는, 그는 이따금씩만 개입하여 코튼에게 실수를 인정하라고 헛되이 충고했다. 어느 순간 그는 코튼의 통계 계산 방법이 "다른 병원에서 쓰는 것과 전혀 다르다."고 지적하고 "나는 그 점을 그가 인정하도록 설득할 수 있을 것 같다."고 덧붙였다. 그러나 그 순간뿐이었다. 코튼은 곧 다른 방향으로 내달았고 "항상 85퍼센트라는 수치로 논의를 몰아갔다."[7] 더 나중에 "그린에이커 박사는 코튼의 논문에 나온 수치들이 그 회복률을 산출하지 않는다는 것을 보여주었습니다."[8] 그러나 이번에도 그는 또 다른 문제를 끌어들였다. 그린에이커와 마이어가 아무리 노력해도 논의의 결론은 나오지 않을 것 같았다. 결국 지루하고 비생산적인 회의를 끝낸 마이어는 이렇게 고백했다. "내가 워싱턴에서 열리는 위원회 모임을 위해 떠나야 할 시간이 되었을 때 우리는 사실상 아무것도 얻지 못한 상태였고, 토요일 10시에 다시 만나 짧은 회의를 하기로 했습니다."[9]

코튼은 늘 그렇듯이 호전적이고 완강해 보였다. 그의 자료에 오류가 있음을 인정하라는 압력을 받자 그는 "'당신들이 이 통계를 가지고 나를 해치우려는 건 아니겠지' 따위의 말을 했다. 그는 우리 둘 모두에게 트렌턴에서 그의 자료를 살펴봐야겠다고 말했다." 때때로 그는 화가 나서 비일관적이고 비합리적으로 지껄이는 듯했다. 마이어가 회복률이 증가하지 않았는데도 "행정 정책"의 변화로 인해 퇴원 환자가 늘어났을 가능성을 지적하자, 코튼은 행정 정책은 "아무것도 아니었다. 병원의 환자들 중에는 단순히 치아를 뽑고 편도를 절제하여 병이 나은 사람들이 많았다."고 맞받아쳤다.[10] 마이어가 떠나려고 조바심을 낼 때, "코튼 박사는 1922년에 국립정신건강위원회에 제출된 수치에서 산출되는 (회복와 호전의) 비율은 60퍼센트에 불과하다는 지적을 받았습니다. 그러나 그는 이번에도 그가 사용한 수치는 사회복지사들이 1925년에 보고한 바에 근거한 것이라며 해명했습니다. 나는 그렇게 해도 괜찮겠지만 그 경우에는 그 수치를 다른 보고들과 비교할 수 없게 되고…… 불일치는 설명되지 않는다고 말했습니다. 이제 우리의 토론은 종결된 것이 분명해 보였습니다."[11] 막다른 곳에 다다르기 직전이라는 것을 의식한 마이어는 "코튼에게 과거에 그가 항상 그랬던 것처럼 좀더 비판적으로 사물을 대하라고 호소했고, 우리 모두는 사실을 지침으로 삼기를 원한다고 말했다."[12]

그러나 코튼은 계속해서 고집을 부렸고, 통상 위협을 가하는 쪽이었던 마이어는 이때만큼은 자신이 위협을 받는 쪽이라고 느꼈다. 이상하게도 마이어는 마치 애원하는 사람처럼 행동했다. 그의 모든 외교적 노력에도 전혀 흔들리지 않은 "코튼 박사는 인사도 없이 클리닉을 떠났다. 나는 만류하는 그를 내 택시로 에머슨 호텔까지 데려다준 후 돌아왔다. 그는 어딘가에 매우 몰두해 있는 듯했다."[13]

마이어가 워싱턴으로 떠나 일요일에 만남을 가질 수 없었으므로 양편은 하루 동안 휴전하게 될 것처럼 보였다. 마이어는 개인 노트에 이렇게 적었다. "우리는 월요일 오후 2시까지 쉬기로 했다. 왜냐하면 G(그린에이커)박사가 혼자 인터뷰하는 것을 원치 않았기 때문이다."[14] 그는 그린에이커의 심정을 충분히 이해할 수 있었을 것이다. 그러나 결국 월요일 회의는 성사되지 않았다. 밤새 상황을 곰곰이 따져보고 분개한 코튼은 즉각 대화를 중단하기로 결심했다.

몇 시간 후에 마이어가 레이크로프트에게 알렸듯이, "코튼 박사는 방금 (일요일 아침) 전화로 부인의 상태가 안 좋아 다시 오지 않기로 결정했으며 이사회가 그에게 요구하는 사항을 내게 알려주겠다고 통보했습니다."[15]

코튼은 그 사흘 동안의 만남을 설명하면서 그의 아내가 "아프다."고 한 것은 순전히 외교적인 술수였음을 분명히 밝혔다. 토요일 밤에 사태를 숙고한 결과, "나는 그린에이커 박사가 마이어 박사에게

수많은 학생들이 겁먹었던 아돌프 마이어의 시선

심어준 비우호적인 인상에 맞서 혼자 싸우는 것은 무모하다고 확신했다……. 나는 더 이상의 논의는 무익하다고 생각해 마이어 박사에게 이사회와 상의하기 위해 트렌턴으로 돌아가는 중이며 앞으로의 만남은 이사회의 뜻에 따라 성사될 것이라고 알렸다."16

이런 속이 빤히 보이는 무례함에 대한 마이어의 반응은 놀랄 만큼 공손했다. 코튼이 그린에이커의 조사 결과에 함축된 바를 직시하기를 거부하고 무례를 범한 코튼에 대한 불만이 마이어의 가슴속에 가득했으리라고 짐작할 만한 그때에, 마이어는 레이크로프트에게 편지를 써서 사정을 설명하면서 오히려 코튼의 행동을 설명 혹은 해명하려 했다. "인간의 유한함과 이룩된 성취에 대한 막강한 신념과 아무도 '그를 이길' 수 없다는 느낌이 조합되었습니다! 그에게는 지금 어느 정도 시간이 필요합니다. 나는 질문하는 자세를 취해야 한다는 나의 호소가 그의 마음속에 이미 뿌리를 내렸기를 바랍니다." 다른 한편 마이어 교수는 자신이 무력하고 확실한 진로를 추측할 수 없다고 느꼈다. "나는 다양한 가능성을 생각할 수 있지만, 코튼의 입장이 무엇인지 더 명확히 알기 전에는 무슨 일을 해야 할지 판단할 수 없습니다." 그러나 그와 제자를 갈라놓은 원인을 생각할 때 그가 언제 판단을 내리게 될지 추측할 수 없다고 마이어는 고백했다. 그는 레이크로프드에게 사태의 추이를 지속적으로 알려달라고 애원했다. "내가 코튼 박사에게 소식을 듣지 못할 듯하니 당신이 친절을 베풀어 내게 코튼의 반응과 당신이 보기에 최선인 대책을 알려주시면 안 되겠습니까?" 마이어는 "내가 어찌해야 할까요?"라고 무기력하게 탄식했다.[17]

이런 의지의 마비 증상에 단 하나의 예외가 있었으니, 그것은 그린에이커의 조사 내용이 외부세계로 흘러나가면 안 된다는 강력한 주장이었다. "이것 하나만큼은 확실합니다. 입법부 위원회가 그 보고서를 입수하는 일은 절대로 없어야 합니다. 코튼 박사와 우리가 서명할 때까지 보고서는 '아직 완성되지 않은 상태'여야 합니다."[18]

더 나아가 코튼과의 합의가 이루어질 때까지 그린에이커의 조사 결과를 몰라야 하는 것은 정치인과 대중뿐만이 아니었다. 볼티모어에서의 만남이 있고 몇 주 후에 마이어는 오거스터스 나이트 박사에게 편지를 받았다. 나이트는 뉴욕 메트로폴리탄 생명보험 회사의 의학 담당 책임자였지만, 그레이스톤 파크에 위치한 뉴저지 주의 또 다른 주립 정신병원의 이사이기도 했다. 그레이스톤 병원은 오래 전부터 코튼의 주장에 대해 회의적이었고, 정치인들이 코튼의 병원을 더 선호하는 태도에 앙심을 품고 있었다. 그린에이커가 조사를 했다는 소식과 그 결과가 비판적이라는 풍문을 들은 나이트는 마이어에게 이렇게 물었다.

이제 그린에이커 박사의 보고서를 우리에게 보여주는 게 합당하고 최선이라고 생각하지 않으십니까? 그 보고서가 트렌턴에서 (주 입법부와 행정부에서) 일으킬 파장이 어떠할지를 우리는 상당한 확신을 가지고 추측하고 있는데, 나는 그 추측을 당신께 말씀드릴 수도 있습니다. 나는 기관 및 단체국의 직원과 다른 시안에 대해 이야기하다가 마이어 박사의 보고서에 관한 말을 꺼낸 적이 있습니다. 그는 즉각 이렇게 대답했습니다. "나이트 박사님, 그 일을 적임자에게 맡기지 않은 게 정말 유감입니다." 내가 왜냐고 묻자, 이런 대답이 돌아왔습니다. "그녀는 숫자에 대해 전혀 몰라요. 우리는 이미 우리의 통계 담당자들을 시켜 그 조사 결과를 검토했고, 거기에 있는 숫자와 표가 전부 엉터리라는 것을 확인했거든요. 그녀가 계산을 전혀 모른다는 걸 확인한 셈이죠."[19]

나이트는 그 직원의 말을 듣고 그린에이커의 보고서가 매우 비판적이라는 소문이 사실이라는 것을 더욱 확신하게 되었다. 그는 마이어에게 이렇게 말했다. "나는 즉시 감독관 대리에게 이 문제를 가능한 한 코튼 박사를 위해서는 우호적으로 다루되, 우리 모두는 공정하고 올바르게 행동해야 한다고 말했습니다. 하지만 만일 우리가 그 보고서를 볼 수 있다면, 또는 그 내용만이라도 알 수 있다면, 우리가 자체적으로 내린 결론과 행동이 옳다는 것을 확신할 수 있을 것입니다. 특히 사람들이 그녀의 보고서가 발표되기도 전에 제기하기 시작하는 역비판을 감안할 때 우리는 확신이 필요합니다."[20] 이미 감독관 엘리스에게 퇴짜를 맞은 나이트는 마이어가 기꺼이 자신이 아는 것을 알려주리라고 기대한 것이 분명하다.

그러나 그는 또 한 번 거절당한 신세가 되었다. 마이어는 나이트의 부탁에 화가 난 기색을 역력히 드러내며 이렇게 퉁명스럽게 답변했다. "나는 조사된 실제 사례에 대한 이해와 온당한 합의가 이루어지고 그 다음에 사용된 통계학적 방법에 대한 토론이 이루어지기도 전에 코튼 박사의 자료에 대한 조사가 이러쿵저러쿵 거론된다는 사실이 대단히 유감스럽습니다." 그런 합의는 아직 이루어지지 않았다. "나는 당신이 감독관 대리의 태도에 관심을 가진 것을 고맙게 여깁니다. 그러나 나는 그토록 어려운 과제가 그 토대에 대한 충분한 검토가 이루어지기도 전에 우리의 손을 떠나게 놔두는 것은 매우 어리석은 행동이라고 확신합니다. 나는 서둔다고 이득이 될 게 없다는 입장입니다."라고 마이어는 얼음처럼 차갑게 덧붙였다. 또 나이트가 그 보고서를 공적인 화제로 만들 생각을 품지 못하도록 마이어는 경고했다. "나는 코튼 박사에게 소식을 받을 때까지 아무 말도 할 수 없으며, 당신이 우리의 대화를 비밀에 부치는 것을 고맙게 여길 것입니다. 왜냐하면 그에 관한 모든 토론은 사태를 복잡하게 만들 뿐이라는 점을 알기 때문입니다. 사실 감추어야 할 것은 절대로 아무것도 없는데도 말입니다."21

며칠 후 마이어는 캐나다 브리티시컬럼비아 주 빅토리아에서 활동하는 의사인 D. M. 베일리의 편지를 받았다. 베일리는 "국소 패혈증, 특히 구강패혈증과 다양한 형태의 정신적 혼란 사이에 존재하는 긴밀한 연관성"과 관련하여 지방 정부에 압력을 넣는 중이었다. 그는 코튼의 『결함 있는 자, 비행을 저지르는 자, 미친 자』에 관한 강연문에 덧붙인 마이어의 서문에 깊은 감명을 받았고, "당신이 이 주제와 관련하여 오랫동안 수행한 소중한 연구에 의지함으로써 나의 개인적 경험의 확실성을 강화하려" 했다. 그래서 그는 마이어가 "친절을 베풀어 내가 제출할 논문의 무게를 보강할 수 있도록 도움을 주기를" 바랐다.22 마이어의 반응은 확실히 눈에 띄게 시들했다.

　나는 국소 감염과 그 중요성과 관련하여 코튼 박사의 책이 장담한 만큼 고무적인 말을 당신에게 해줄 수 없을 것 같습니다. 나는 이 문제에 대한 우리의 조사 결과를 당신에게 충분히 설명할 수 있는 처지가 아직 아닙니다. 그러나 환자의 신체상태를 최선을 다해 돌보는 것은 항상 지혜로운 일이지만, 적용과 관련한 인간적 문제들과 조정 및 재교육을 위한 준비, 환자에 대한 포괄적인 연구와 배려도 매우 중요하다는 말은 해야 할 것 같습니다……. 나의 개인적인 느낌을 말하자면, 코튼 박사가 거둔 바람직한 성과는 외과적인 관심으로 인해 환자에 대한 정성이 대폭 증가한 것에서 상당 부분 비롯되었습니다. 그리고 수술의 직접적이고 즉각적인 효과는 코튼이 내세운 것보다 더 작게 평가해야 합니다.

　그러나 그가 서둘러 덧붙였듯이, 이 말을 코튼에 대한 공격으로 해석해서는 안 된다. "나는 그의 열정과 결단과 견해를 매우 존중"하니까 말이다.[23]

　오직 그린에이커의 엄밀한 보고서를 세부까지 잘 아는 사람만이 이 같은 마이어의 언급이 사실과 다르다는 점을 간파할 수 있었을 것이다. 코튼이 끊임없이 가로막고 위협하고 사사건건 시비를 거는 바람에 그린에이커의 조사 결과에 관한 사흘간의 회의에서는 코튼이 행한 치료의 효과에 대하여 그녀가 내린 세부적인 결론을 다룰 수 없었다. 그러나 그녀가 타이핑하여 마이어와 코튼에게 건네준 보고서는 확실하고 단호한 결론을 담고 있었으며 풍부한 사례 기록과 기타 보충 문건으로 뒷받침되어 있었다. 그린에이커는 자료 분석과 결론을 담은 46쪽 분량의 보고서와 함께 사례 기록을 네 권으로 묶어서 제출했고 자세한 부록도 다수 첨부했다. 전체적으로 볼 때 그녀가 제출한 자료는 코튼의 활동에 대한 치명적인 논평이었다.

그린에이커의 분석은 1920년 7월 1일부터 1920년 11월 20일 사이에 입원한 세 환자군에 대한 면밀한 검토를 출발점으로 삼았다. 조사를 시작하면서 그녀는 "치료 후 가장 오랜 시간이 경과한 환자들을 선택"하기로 결정했다. "국소 감염에 대한 치료는 1917년~1918년에 시작되었지만, 당시에는 일반적으로 석용되지 않았고 기술도 발전된 단계에 이르지 못하여 최초의 사례들은 충분한 대표성을 갖지 못한다. 그러나 1920년에 이르면 그 치료법이 활발히 적용되었고 (코튼의 주장에 따르면) 기능성 정신병 환자의 회복률이 85퍼센트에 달했다."[24] 그녀는 1920년 이후 입원한 환자들을 다음과 같이 세 군으로 분류했다. 첫째, 7월 1일 이후 입원한 최초의 환자 100명을 진단과 상관없이 한 집단으로 분류했다. 둘째, 코튼의 정의에 따른 "기능성" 정신병("조울병, 조발성 치매, 편집병, 정신분열병, 중독성 정신병 – 혼란상태, 모든 우울증, 정신쇠약증, 히스테리")을 진단받은 최초의 환자 100명을 두 번째 군으로 분류했다. 마지막으로 같은 시기에 입원하여 모든 해독 치료를 빠짐없이 받은 환자들(62명)을 세 번째 군으로 분류했다.[25]

조사를 하는 과정에서 그린에이커는 병원의 통계 담당 직원인 루부인이 과거 자신을 치료한 의사이며 현재의 상급자인 코튼에게 유리하도록 두 번째 군을 조작하려 했다는 사실을 깨달았지만, 상황을 원래대로 되돌리기에는 너무 늦은 상태였다. 최초의 기능성 환자 100명으로 구성할 계획이었던 두 번째 군은 사실상 총 220명의 입원 환자들 가운데 세심히 선택된 환자들로 구성되고 말았다. "그 선택이 긍정적인 환자들을 중심으로 이루어진 경향이 있다는 점은 그 환자들의 사망률과 아직도 병원에 남아 있는 비율을 1920년 7월 1일 이후 입원한 최초의 환자 100명의 해당 비율과 비교하면 드러난다……. 후자의 경우 사망률 26퍼센트, 병원 잔류율 17퍼센트인 반면, 전자는 사망률 15퍼센트, 병원 잔류율 10퍼센트이다."[26] 그러므로 이 두 번째 군은 조심스럽게 분석해야 했다. 의도적으로 만들어진 편향성을 염두에 둘 필요가 있었던 것이다.

첫 번째 군의 환자를 살펴본 그린에이커는 60명의 환자가 "기능성" 정신병자이고 나머지 40명은 다양한 "기질성" 질환 ─ 알콜중독, 매독 3기, 간질 등 ─ 을 가진 환자라는 것을 발견했다. 그녀는 이두 종류의 환자 모두에 대한 자료를 준비했지만, 코튼이 외과적 개입을 통해 회복했다고 주장한 사례는 기능성 환자들이었으므로 그 환자들에 초점을 맞추어 조사를 진행했다. 그녀는 그들 중 겨우 7퍼센트 혹은 11.67퍼센트만이 회복되었고, 그 외에 5퍼센트가 "호전되었다."는 결론에 도달했다. 대부분은 사망했거나(16퍼센트 혹은 26.67퍼센트), 호전되지 않은 채 병원에 남아 있었다(18퍼센트 혹은 30퍼센트). 게다가 소수의 회복된 환자들 중 대부분은 국소 감염에 대한 치료를 받지 않았거나 최소한으로 받았다 ─ 오직 2명만이 "모든 수단을 총동원한 치료를 받았다." 그리고 이들은 과거에도 정신병을 앓다가 자발적으로 치유된 병력을 가지고 있었다. 다른 한편, 60명의 기질성 환자들 중에서는 "자살한 경우가 1명…… 수술이 직접 원인이 되어 사망한 경우가 6명…… 수술이 간접 원인이 되어 사망한 경우가 2명, 기타 원인으로 사망한 경우가 7명이었다."[27]

두 번째 군(병원의 통계 담당 직원이 편향되게 선정한 기능성 환자 100명)에서 산출된 결과는 약간 더 좋았다. 32명의 환자는 "회복되어 정상적이고 활동적으로 살고 있었다." 그러나 그린에이커가 소재를 파악하지 못한 8명의 환자까지 회복 사례에 포함시킨다 해도 코튼이 거듭 자랑한 85퍼센트의 회복률은 턱없이 과장된 것이었다. 편향되게 선정한 이 환자들 중에서도 절반은 호전되지 않았거나(35명) 사망했다(15명). 또한 더욱 세밀한 분석은 코튼의 주장에 더 많은 문제가 있음을 보여주었다. 치료와 회복의 패턴을 더 세밀히 검토해보니, "그 '기능성' 환자군에서 다소 역설적인 결론이 나왔다. 회복된 환자들 중에서는 치료를 받지 않았거나 불완전하게 받은 환자의 비율이 높은 반면, 호전되지 않은 환자들 중에서는 완전한 치료를 받은 환자의 비율(9/35)이 높았고, 사망한 환자들 중에서는 완전한 치료를 받은 환자의 비율이 7/15 즉 50퍼센트에 가까웠다."[28]

마지막으로 그린에이커가 세 번째 군으로 분류한 62명의 환자들은 "진단과 상관없이 모든 치료를 개복수술까지 포함해서 완전하게 받았다." 그린에이커의 조사에 따르면, 이들 중 겨우 5명(8퍼센트)이 회복되었고, 그 밖에 "3명이 호전되었으나 여전히 정신병적 증상을 나타낸다." 호전되지 않은 환자는 26명(41.9퍼센트), 사망한 환자는 27명(43.5퍼센트), 소재를 파악하지 못한 환자는 1명이었다. 조사한 세 집단을 통틀어 "가장 낮은 회복률과 가장 높은 사망률을 나타낸 것은 완전한 치료를 받은 기능성 환자들이었다……. 회복된 환자들은 치료를 받은 비율이 가장 낮았고, 호전되지 않았거나 사망한 환자들은 치료를 받은 비율이 가장 높았다."[29]

수술을 받은 환자가 더 흔하게 사망한 것은 아니었지만, 수술이 사망의 직접적인 원인이 된 사례는 아주 흔했다. 개복수술을 받은 환자 62명 가운데 수술 후 쇼크로 사망한 경우가 7명, 수술 후 복막염으로 사망한 경우가 8명, 수술 후 즉각적인 합병증으로 사망한 경우가 3명, "수술 후 설사병의 급속한 악화"와 관련하여 사망한 경우가 5명이었다. 2명은 사인이 밝혀지지 않았고, 또 다른 2명은 수술 후 몇 개월이 지나 외견상 수술과 무관한 원인에 의해 사망

했다.[30]

모든 가능성을 검토하기로 결심한 그린에이커는 이런 부정적인
결론이 도출되었는데도 이렇게 주장했다.

과감한 치료법이 높은 사망률을 보이긴 하지만 그런 치료를 받고도
살아남은 환자에게 유익한 결과를 주었을 가능성을 배제할 수 없을 것
이다. 그렇다면 그 치료법을 전면적으로 비난할 것이 아니라 사망률을
낮추기 위해 모든 노력을 해야 할 것이다. 그러나 우리가 완전한 치료
를 받은 기능성 환자들 중 살아남은 사람들의 회복률을 분석해보
니…… 31명의 생존 환자들 중 5명(16.1퍼센트)이 회복되었고, 3명(9.7
퍼센트)이 호전되었으며, 3명(9.7퍼센트)은 호전되지 않은 채 퇴원했고,
19명(61.2퍼센트)은 호전되지 않은 채 병원에 남아 있었다. 그러므로 개
복수술을 포함한 완전한 치료는 생명을 위협할 뿐 아니라 살아남은 환
자들에게도 효과적이지 않다는 결론을 내릴 수 있다.[31]

그린에이커가 트렌턴에서 조사를 하던 몇 달 동안에도 당연히 수
술이 행해졌다. 실제로 "얼마나 많은 수술이 실시되었는가는 1924
년 10월 1일에서 1925년 1월 1일 사이에 54명의 환자가 수술을 받
았다는 사실에서 확연히 드러난다."고 그녀는 지적했다. 그린에이
커는 수술과 그 후유증을 지켜볼 기회를 놓치지 않았다. 그 54명
은 매우 다양한 수술을 받았고, 그들 중 다수는 여러 가지 수술을
받았다. 충수절제술이 45건, 결장 내 유착을 완화하기 위한 레인 수
술Lane's operation이 45건, 소장과 위에 대한 수술 27건, 난소와 난관
절제술 9건, 자궁절제술 3건, 결장절제술 4건, 기타 지라절제술에
서부터 치핵痔核절제술까지 다양한 수술이 행해졌다.[32] 그녀는 이 수
술 환자들의 직후상태를 관찰할 수 있었고, 그 결과를 이렇게 보고

했다.

수술 직후의 효과는 때로 놀라웠다. 과거에 흥분한 상태였고 반항적이거나 심지어 전투적이었던 환자가 종종 조용하고 비교적 협조적이 되었다. 수술 후 회복 중인 환자들의 병실은 외관과 분위기가 정신병원이라기보다 종합병원에 훨씬 더 가까웠다. 환자들은 정신을 바짝 차린 듯했고, 그들이 최근에 받은 수술에 관한 질문에만 대답했으며, 그 대답은 대개 적절하고 매우 신속했다. 수술 후에도 혼돈과 흥분 상태가 지속되고 그 흥분과 수술의 상처가 겹쳐져서 환자에게 심각한 위협이 될 수 있을 것 같은 경우는 무척 드물었다.[33]

이 같은 "거의 즉각적인 진정 효과"는 수술 치료의 효과에 대한 긍정적인 평가에 힘을 실어주었을 것이 분명하다. 그러나 5개월에서 8개월 후의 결과를 보면 생각이 달라졌을 것이 분명하다. 수술 환자 6명 중 1명이 사망했다(이 사망률은 1920년대 초의 수술 후 사망률 평균에 비해 낮은 것이었지만, 그래도 여전히 매우 높았다). 또 40퍼센트는 여전히 병원에 남아 있었다.[34] 게다가 각각의 사례를 세밀히 검토한 결과 이번에도 확실한 결론이 나왔다. "해독 치료법의 긍정적 효과를 입증하는 증거가 사실상 전무했다."[35]

거의 18개월에 걸친 면밀한 조사를 토대로 삼아 평가를 내리고 방대한 자료로 그 평가를 뒷받침한 그린에이커는 자신이 코튼의 오류를 결정적으로 증명했다고 생각했다. 코튼이 발표한 자료는 그녀의 분석에서 드러난 진실과 전혀 양립할 수 없었다. 뿐만 아니라 그의 치료는 섬뜩할 정도로 (비록 최근에는 낮아졌다 해도) 높은 사망률을 동반하며 생존자들조차도 별다른 치유 효과 없이 추한 몰골로 만든다는 점이 명백했다. 10년 동안 마이어의 충실한 조수였으

며 조사가 진행되는 동안 마이어와 긴밀히 상의한 그녀는 이 명백
하고 부정적인 결론들이 마이어의 신속하고 단호한 대응을 이끌어
낼 것이라고 당연히 기대했다. 수백 명의 사망자와 수천 명의 불구
자를 양산한 8년 동안의 실험은 이제 확실히 마감되어야 했다.

---

1 마이어가 레이크로프트에게 1926년 1월 18일에 보낸 편지, TSH Archives.

2 같은 곳.

3 이 대목도 내가 1983년 12월 22일에 행한 필리스 그린에이커와의 인터뷰를
근거로 한다. 보충적인 근거는 마이어가 모임을 가지면서 연필로 쓴 메모이
다. Meyer Papers, CAJH I/767/23.

4 어머니에 관한 이 의미심장한 일화를 전해준 피터 리히터 박사에게 다시 한
번 감사의 뜻을 전한다. 1996년 2월 4일에 한 리히터와의 인터뷰.

5 마이어가 레이크로프트에게 1926년 1월 18일에 보낸 편지, Meyer Papers,
CAJH I/767/23.

6 내가 인용하는 마이어의 메모는 존스홉킨스 대학에 보존되어 있다. Meyer
Papers, CAJH I/767/27.

7 같은 곳.

8 마이어가 레이크로프트에게 1926년 1월 18일에 보낸 편지, CAJH I/767/23.

9 같은 곳.

10 마이어의 메모, Meyer Papers, CAJH I/767/25.

11 마이어가 레이크로프트에게 1926년 1월 18일에 보낸 편지, Meyer Papers,
CAJH I/767/23.

12 마이어의 메모, Meyer Papers, CAJH I/767/25.

13 같은 곳.

14 같은 곳.

15 마이어가 레이크로프트에게 1926년 1월 18일에 보낸 편지, Meyer Papers,
CAJH I/767/23.

16 (Henry A. Cotton,) "Conference with Dr. Adolf Meyer and Dr. Phyllis
Greenacre, Phipps Clinic, January 14th, 15th & 16th, 1926," unpublished
manuscript, TSH Archives, 13~4쪽.

17 마이어가 레이크로프트에게 1926년 1월 18일에 보냈으며 "비밀"이라고 표시된 편지, TSH Archives.

18 같은 곳.

19 나이트가 마이어에게 1926년 1월 26일에 보낸 편지, Meyer Papers, CAJH I/2152/1.

20 같은 곳.

21 마이어가 나이트에게 1926년 1월 27일에 보낸 편지, Meyer Papers, CAJH I/767/25. 마이어는 가식적으로 이렇게 덧붙였다. "나는 당신과 나의 태도가 공정하며, 그 공정함이 이 사안 전체를 이끄는 유일한 요소라는 것을 절대적으로 확신합니다."

22 베일리가 마이어에게 1926년 2월 11일에 보낸 편지, Meyer Papers, CAJH I/767/25.

23 마이어가 베일리에게 1926년 2월 18일에 보낸 편지, Meyer Papers, CAJH I/767/25.

24 아돌프 마이어 박사의 협조로 필리스 그린에이커 박사가 작성한 "트렌턴 주립병원 조사 1924~1926," The Johns Hopkins Hospital, Baltimore, Maryland, unpublished typescript(1926), 1쪽. 그린에이커 보고서의 사본은 원래 마이어와 코튼, 트렌턴 주립병원 이사회에 제공되었고, 그린에이커 자신도 간직했다. 그 사본들 중 세 부는 망실된 것으로 보인다. 나는 남아 있는 사본의 복사본과 그린에이커가 타자기로 작성한 환자 추적 조사 기록을 구할 수 있었다.

25 같은 곳, 1~2쪽.

26 같은 곳, 16쪽.

27 같은 곳, 8~11쪽.

28 같은 곳, 19쪽.

29 같은 곳, 20~4쪽.

30 같은 곳, 27~8쪽.

31 같은 곳, 25쪽.

32 같은 곳, 37쪽.

33 같은 곳.

34 같은 곳, 38쪽.

35 같은 곳, 34쪽. 그린에이커는 철저히 결함을 남기지 않기 위해 코튼이 최선의 결과로 선정한 환자들을 조사하는 데도 많은 시간을 할애했다. 그 후 그녀는 그 21명의 환자들 전부를 방문하여 조사했다. 그들 중 16명은 조울병 환자였는데, 2명만 제외하고 모두 치유되었으며 나머지도 크게 호전되었다. 이는 얼핏 보면 대단한 성과로 보이겠지만 그린에이커가 지적했듯이 이 환자군

현대 정신의학 잔혹사

은 "설령 '해독 치료'가 없어도 치유되리라고 예측할 수 있었던 환자들로 구성되어 있었다." 간질 환자들 중에서는 4명이 호전된 듯했지만, 이들은 과거에도 수술 없이 증상이 완화된 적이 있었으므로 결과를 평가하기 곤란했다. 마지막으로 코튼이 조발성 치매라고 진단한 환자가 1명 있었는데 그는 현재 치유되어 있었다. 그러나 그린에이커는 그 환자의 기록에서 "망상이나 환각 같은 분열이나 왜곡을 전혀 발견할 수 없었다." 따라서 그녀는 그의 장애가 얼마나 심각했는지 심히 의심스러웠다. 결론적으로, 가장 좋은 사례와 관련해서도 면밀한 추적 조사를 해보니 수술과 치유 사이에 연관성이 있음을 확인할 수 없었다. 같은 곳, 40~6쪽.

의학계의 자기 편 감싸기

재앙과도 같았던 볼티모어 삼자 회동 직후의 몇 주 동안 마이어는 어떻게든 코튼이 자신의 오류를 깨닫게 이끌 수 있으리라는 희망을 버리지 않았다. 문제는 과연 그 미묘한 일을 어떻게 성취하느냐였다. 그는 코튼의 방어벽을 허물 수단을 강구하는 과정에서 이례적이게도 코튼의 부인을 동원하기로 결정했다.

헨리 코튼과 델라 코튼 부부가 갑자기 트렌턴을 떠난 다음날, 마이어는 코튼 부인에게 장문의 편지를 보내 남편이 자신의 처지를 재고하도록 도와달라고 호소했다. 마이어는 "코튼 박사가 내게 도착 시기를 알리지 않은 것이 정말로 유감"이라는 말로 운을 뗀 후, "목요일은 박사와 부인에게 저희 집에 머물라고 하기에는 너무 늦은 때였습니다. 나는 곧 코튼 박사가 우리가 토론해야 할 사실을 받아들이기 어려우리라는 것을 확신하게 되었고, 금요일과 토요일에는 그 확신이 더 굳어졌습니다. 더욱 유감스럽게도 박사와 부인을 일요일 (저녁)에 보려던 내 바람은 무위로 돌아갔습니다. 나는

현대 정신의학 잔혹사

부인이 우리를 크게 도울 수 있고, 우리와 함께 이야기를 나눴다면 서로가 상황을 파악하기가 더 쉬웠으리라고 느낍니다." 하고 말했다. 마이어는 끝내 이렇게 고백했다. "안타깝지만 나는 발견된 사실과 관련하여 코튼 박사와 의견의 일치를 전혀 볼 수 없었습니다."

코튼 부인의 도움을 구하기에 앞서 마이어는 그녀에게 당분간 그린에이커의 조사 결과를 숨길 것이라는 점을 확실히 했다. "브라이트 위원회가 존재하는 한, 그리고 코튼 박사에게 도움이 될 가능성이 있는 한, 우리의 보고서는 '완성되지 않은' 것으로 처리될 것입니다." 코튼 박사에게 도움이 되려면 어떻게든 그가 "방어하는 자세가 아니라 탐구하는 자세를 취하도록" 설득해야 했다. 그러나 마이어 자신의 노력은 비참한 실패로 돌아갔다고 그는 솔직히 고백했다. 그로서는 이를 이해할 수 없었다. "나 자신의 결론을 고수하는 대신에 진실하고 사려 깊은 친구들의 공정한 판단에 따르게 되는 상황이 벌어지는 것을 나는 상상조차 하기 싫습니다. 만일 내가 나의 주장을 수정하거나 설명해야 한다면, 다른 사람들이 그 일을 하도록 맡기는 것보다 나 자신이 하는 것이 훨씬 더 낫겠습니다." 아마도 코튼 부인은 자신보다 코튼을 더 잘 설득할 수 있을 것이라고 마이어는 넌지시 내비쳤다.

말할 필요도 없겠지만, 문제는 코튼을 지지하는 신념이 부족한 데 있지 않았다.

그를 아는 사람이라면 그의 진실성과 정직성을 의심할 수 없을 것입니다. 불일치의 문제는 그가 엄청난 에너지와 열정 때문에 그에게 전달된 통계를 충분히 면밀하게 검토하지 않았고 친구들의 비판과 조언에 충분한 시간과 주의를 기울이지 않은 데서 비롯되었습니다. 코튼 박사가 자신의 책에 서문을 쓰는 어려운 임무를 내게 맡겼을 때ㅡ나는 그 서문이 무조건적인 승인을 담은 추천서로 오해될까 두려웠습니다—그는 그 서문의 정신에 주의하고 애써 모든 각도에서 사실을 탐구하고 관찰해야 했습니다. 이제 우리는 무엇을 할 수 있을까요?

여전히 마이어는 가능한 한 최선의 호의를 보이려 노력했다. "코튼 박사의 열의는 큰 위험을 동반하지만 그의 환자들에게 커다란 혜택이기도 했습니다."(도대체 무슨 혜택이었는지에 대한 분석은 없다. 대신에 그는 서둘러 이렇게 덧붙였다.) "이제 문제는 사실을 재검토하고 분석하되, 가장 비판적이면서도 가장 건설적인 뜻을 품은 방법을 써서 그렇게 하는 것입니다. 앞으로 그런 헌신적인 국소 감염에 대한 성전聖戰이 다시 이루어질 수 있을지 회의적입니다. 왜냐하면 위험이 너무 크고 성과는 작은 정도로만 수술에 기인하기 때문입니다. 우리는 수술의 그 작은 기여를 짚어낼 수 있어야 합니다. 코튼 박사의 모든 치료는 좋은 믿음을 가지고 이루어졌고, 완벽한 검토 없이 승인되어서는 안 될 것입니다." 이어서 마이어는 이렇게 상기시켰다. "이것은 매우 중요한 사안입니다. 많은 환자의 생명이 달린 문제이고, 많은 다른 방법이 간과되었는지 여부가 달린 문제입니다." 코튼 박사는 아직 인정하기를 거부했지만, "(그가 의지한) 통계는 잘못되었지만 그 점에 대해 예민하게 굴 이유는 없습니다. 왜냐하면 그 통계의 대부분은 다른 사람들이 작성했고, 그 방법은 많은 주립병원에서 쓰이지만 올바른 원칙으로 대체해야 할 것이기 때문입니다." 편지를 마감하면서 마이어는 "부인이 이 불가피한 스트레스에 너무 시달리지 않기를" 바란다고 전했고, 코튼이 "이 사안을 협력하여 해결하는 일의 필요성과 공정성과 진실성과 가치를 느끼도록" 도와달라고 촉구했다. "나는 그가 아버지의 확고부동한 태도에 대해 했던 말을 기억합니다. 또 코튼 박사가 최선의 이상에

헌신한다는 점도 알고 있습니다. 벅찬 일이겠지만 매우 중요한 일입니다!"라고 그는 덧붙였다.[1]

마이어가 자신의 호소가 먹힐 것이라는 희망을 품었다면, 그는 얼마 후 날아온 답장을 보고 크게 실망했을 것이다. 델라 코튼은 마이어의 호의를 거절하면서 변명을 늘어놓았다. 그녀는 무슨 악의나 적대감이 있어서 그런 것이 아니라, 그녀 자신이 "어린 아이들이 있는 친구의 집에서 묶는 즐거움"을 누리시 않기로 결심했고, "우리가 선생님과 함께 있으면 이 바쁜 시기에 선생님의 시간을 너무 많이 뺏을 것이라고 코튼 박사가 생각했기" 때문이라고 해명했다. 그러므로 "우리는 가장 참된 의미에서 친절하려는 뜻을 품고 있음에도 불친절하게 보일까봐 안타깝습니다."

이렇게 사회적인 격식을 차린 다음, 그녀는 곧바로 "보고서를 검토하는 일"로 화제를 돌려 마이어의 행동을 즉각 비난했다. "제 남편과 선생님만 회의에 참석했더라면 상황이 진척되고 무언가 좋은 결과가 나왔으리라고 저는 믿고 있습니다. 제 생각에 상황이 이렇게 된 것은 제3자가 있었기 때문입니다."라고 그녀는 전했다. 이어서 그녀의 비난은 더 강렬해졌다. "여러 해 동안 경험을 쌓고 엄청난 노력을 쏟은 남편이 풋내기 젊은 여성에게 그의 작업이 모조리 잘못되었으며 그가 환자들에게 해를 끼쳤다는 말을 듣고도 반론 없이 그 말을 인정하는 것은 기대하기 어려운 일일 것입니다." 그리고 그녀는 "선생님도 그런 인정은 하지 않을 것"이라고 덧붙였다.

코튼 부부는 그런 명백히 불만스러운 상황을 견디는 것이 싫어서 "집으로 돌아왔습니다. 토론을 계속하는 것이 싫거나 문제를 덮어버리려고 그런 것이 아니라, 코튼 박사가 그 문제를 레이크로프트 박사와 논의하는 게 좋겠다고 생각했고 저는 잠시 휴식하는 것이 최선이라고 생각했기 때문이었습니다. 저는 선생님이 서두르면 많은 것을 얻는다고 느끼지 않으리라 생각합니다. 진보는 한 걸음씩 이루어지는 거니까요."

이제 명백해졌듯이 헨리와 마찬가지로 델라가 생각하기에도 그 "진보"가 오랫동안 고수해온 믿음에 대한 근본적인 재평가를 포함할 가능성은 희박했다. "코튼 박사의 작업은 그의 인생에서 가장 중요한 것입니다. 저를 비롯해서 누가 장담할 수 있나요? 일이 이렇게 된 것은 불운입니다. 모든 것을 지켜보고 지불된 대가를—물론 여러 면에서 큰 대가를 치른 것은 사실이지만—고려한다 해도 저는 남편의 작업이 성공적이라고 생각합니다. 많은 분야와 많은 병원에서 환자의 신체상태를 돌보는 데 더 많은 관심을 기울이는 것을 볼 수 있습니다. 코튼의 공로를 인정하든 말든, 그것은 그의 작업에서 비롯된 발전입니다."

코튼 부인은 결연히 자신의 오랜 신념을 선언했다. 그 신념이 검증을 받았고, 그 때문에 그녀 자신이 직접 큰 희생을 강요당했다. "비록 남편과 저는 여러 번 다양한 방식으로—심지어 분할 정도로—의견 차이를 보였지만, 저는 해독 치료를 받은 환자에게 돌아간 혜택을 믿습니다. 모든 과정을 지켜보았고—환자들은 차치하더라도—제 자신과 제 자녀와 친구들이 행복한 결과에 도달한 것을 확인한 나로서는 믿을 수밖에 없습니다."(마이어가 알고 있었는지 모르지만, 그녀가 이 대목에서 언급하는 것은 그녀와 자녀들이 정신병을 예방하기 위해 치아를 뽑은 일이다.)

그녀 자신도 때로 남편의 작업의 한 측면 때문에 공포를 느끼며 움츠러들었다고 코튼 부인은 고백했다. "결장 제거와 관련해서는, 선생님도 그 일이 오래 전부터 제게 큰 골칫거리였고 저와 남편이 말이 안 통했던 주제라는 것을 알 것입니다."(그녀는 그녀의 이의 제기가 많은 환자들이 수술로 인해 사망했기 때문이었는지, 아니면 헨리가 작은 아들인 아돌프 마이어 코튼에게 결장 수술을 실시할 것을 고집했기 때문이었는지는 밝히지 않았다. 그녀의 아들은 결장 수술을 받았지만 사망하지 않았다.) 그녀는 이렇게 덧붙였다. "그러나 저는 남편의 태도를 존중했고, 희망을 품고 살았습니다. 제 희망은 보상을 받았고, 저는 그가 결장을 다루는 새로운 방법―물리치료 등―을 배운 사실을 알고 있습니다. 그러므로 앞으로 남편은 극단적인 사례에만 결장절제술을 실시할 것입니다. 저는 그가 항상 열정적으로 새 방법을 시험하는 것을 존경합니다. 이 때문에 저는 어떤 보고서도 최종적일 수 없다고 생각합니다. 아직 해야 할 일이 많이 남아 있으니까요."

"통계와 외견상의 불일치"에 관한 어리석은 논쟁에 대하여 그녀는 이렇게 간단히 논평했다. "그 불일치는 통계가 동일한 방법으로 작성되지 않았고, 따라서 서로 비교될 수 없기 때문에 발생했습니다. 만일 선생님의 방법으로 얻은 수치들이 동일한 원리에 따라 계산된 것이었다면 남편은 기꺼이 그것을 받아들였을 것입니다." 이 문제 때문에 코튼은 트렌턴으로 돌아온 이후 "주 의회의 통계 담당자"에게 분주히 자문을 구하고 있었다. 또 "프린스턴 대학 수학부 부학장인 에이젠하트에게도 조언을 구했습니다. 코튼 박사가 이 모든 일에 관한 편지를 보낼 것입니다. 제가 이 말을 전하는 것은 그 역시 사실을 원한다는 점을 보여주기 위해서입니다." "선생님과 사모님 모두에게 따스한 존경의 마음을" 보내고 "결국 순리대로 될 것"이라고 다짐하면서 델라 코튼은 편지를 마감했고, 마이어는 이제 어떤 대책이 남아 있을지 고민하기 시작했다.[2]

평소에 마이어가 자신의 지위와 위계에 대해 예민한 태도를 보였다는 점과 델라 코튼이 이 사안에 대해 논평할 만큼의 의학적 자격이나 배경 지식을 전혀 갖고 있지 않다는 점을 감안할 때, 아주 놀랍게도 델라 코튼의 편지에 담긴 내용과 어투는 마이어를 자극하지 않았던 것 같다. 오히려 그는 그녀에게 답장을 보내 "부인의 훌륭한 편지는 내가 바랐던 바를 표현했습니다." 하고 말하면서 다만 그녀가 "너무 세심히 예절을 지켜" 자신들의 집에 머물라는 "제 아내의 호의적인 초대를 거절한 것"만 비판했다. 뿐만 아니라 마이어는 코튼의 작업이 지닌 가치를 일반인과 논쟁하는 것을 거부하기는커녕 즉각적인 반론을 펼쳤다. "부인은…… 사태를 꼬이게 한 문제를 정확히 지적했습니다. 나는 지난 9년 동안 함께 일한 그린 에이커 박사를 아주 잘 압니다." 그러므로 그가 그녀를 회의에 참석시킨 것은 "잘못한 일이 아닐 것입니다." 마치 변명을 하듯이 그는 "그녀가 참석한 것은 다른 뜻이 있어서가 아니라 단지 내가 그녀의 조사 결과를 그녀가 직접 어떤 경멸적인 언급도 없이 설명하도록 하고자 했기 때문이었습니다." 이어서 마이어는 코튼 부인을 이렇게 달랬다.

그녀는 코튼 박사의 정직성과 일에 대한 헌신을 의심하지 않습니다. 만일 그녀의 자료가 나쁜 결론으로 귀착할 경우, 그녀는 과거에나 지금에나 그 결론을 기꺼이 보여주었습니다. 안타까운 부분은 우리가 입원과 퇴원에 근거한 통계 계산 원칙을 받아들일 수 없다는 사실입니다. 코튼 박사는 그 방법이 모든 병원에서 쓰인다고 주장하지만, 사실 그 방법은 그가 1925년까지 축적된 기록을 계산하는 데 썼고 우리도 100건의 사례에 대하여 썼을 뿐, 다른 병원에서는 쓰이지 않습니다. 아무튼 요점은 통계의 비교에 있는 것이 아니라, 루 부인이 연속된 사례라고 제시한 특정 사례에 대한 냉정한 조사입니다. 나중에 알고 보니 그 사례들은 이해할 수 없는 원칙에 따라 선별된 것들이었습니다. 조사 과정에서 그 원칙을 발견했다면 수정을 가할 수 있었을 텐데, 안타깝게도 그럴 수 없었습니다.[3]

현대 정신의학 잔혹사

델라 코튼이 보낸 편지에는 1912년까지 거슬러 올라가는 새로운 사례에 대한 언급이 있었다. 그것들은 남편이 국소 패혈증을 외과적으로 제거하기로 결정하기 전에 기초적인 회복률을 계산하기 위해 모아둔 것이라고 했다. 마이어는 그 사례들을 가볍게 언급하면서 그것은 "수술이 시작되기 전의 사례이지만 코튼 박사의 환자에 대한 예리한 관심과 잘 어울리는 높은 성과를 확실히 보여줍니다." 그러면서 그는 다음과 같이 코튼 부인을 안심시켰다.

그는 어떤 환자들이 어떻게 중독되었는지에 대해 매우 관심이 많았습니다. 나는 존스홉킨스 대학이 대체로 매우 보수적인 태도가 지배적이라는 점을 유감스럽게 생각합니다. 그 때문에 나는 그 질문을 오직 코튼 박사의 환자들을 대상으로 연구할 수밖에 없다고 느꼈습니다. 만일 우리 두 사람이 사실과 그것의 무게를 통제하기에 앞서 어떤 방어나 비교의 필요성도 느끼지 않은 상태에서 조사의 원칙에 도달할 수 있었다면, 우리는 더 폭넓은 합의를 이룰 수 있었을 것이라는 점을 잘 압니다. 그랬다면 우리는 다른 방법과 다른 장소와 시점과의 비교를 시도할 수 있었을 것입니다. 나는 수술이 실행된 이후 모든 환자들이 훨씬 더 많은 관심을 받게 되었다는 점을 무시할 수 없습니다. 그러므로 우리는 우리의 해석에 대하여 매우 구체적인 입장을 취해야 할 것입니다. 그 해석이 어떠하든간에 아무도 코튼 박사의 업적을 반박하지 않을 것이며, 아무도 그의 헌신에 대한 존경심을 버리지 않을 것입니다.[4]

마이어는 필리스 그린에이커의 조사 결과를 고함을 치며 거부하는 헨리 코튼의 면전에서 대체로 소극적인 태도를 보였다. 델라 코튼이 남편의 업적과 정직성을 강변하는 견해를 보여도 마이어의 반응은 별반 다르지 않아, 에두르고 변명하고 얼버무리고 자신이 헨리와 그의 업적에 공감한다는 점을 밝히는 식이었다. 그린에이커는 긴장되고 전혀 유쾌하지 않았던 3일간의 회의에서 마이어가 적극적인 지원을 해주지 않은 일에 대해 크게 실망했다. 정말 의외로 마이어 교수는 그 결정적인 회의에서도 사적인 대화에서와 마찬가지로 그녀의 조사 결과를 즉시 확실하게 승인하지 못했다. 아니 어쩌면 그럴 의지가 없었다. 그리고 며칠 후, 마이어의 얼버무린 말에 고무된 델라 코튼은 그린에이기를 접촉하여 뜻밖에도 그녀가 보고서를 수정하고 코튼의 수술 작업에 대한 비판을 제거할 것을 제안했다. 자신이 보기에 기괴하고 매우 부도덕한 제안을 받고 놀란 그린에이커는 주저 없이 즉석에서 그 제안을 물리쳤다. 남편이 유명해지는 것을 보려는 욕심으로 눈이 멀어 자신의 요구가 얼마나 부적절한지 깨닫지 못하는 것 같은 그 부인에게 그린에이커는 명확한 거부 의사를 전달했다. 델라 코튼은 그린에이커의 쌀쌀한 책망에 부끄러움을 느꼈던 것 같지 않다. 마치 두 사람이 좋은 말을 나누며 헤어지기라도 한 것처럼, 이후 여러 해 동안 델라는 그린에이커에게 우호적인 편지를 보냈다.[5]

마이어는 코튼이나 그 부인에게 그린에이커의 면밀한 조사에서 드러난 충격적인 진실을 직접 강변할 능력이나 의지가 없었던 반면에, 레이크로프트에게 보낸 편지에서는 한동안 더 적극적인 입장을 취했다. 레이크로프트는 코튼이 볼티모어 회의장에서 갑자기 뛰쳐나간 후 일주일이 지난 1월 25일에 프린스턴에서 편지를 보내 마이어에게 주립병원장의 심정을 전달했다. 그가 전한 바에 따르면, 코튼은 레이크로프트와 짧은 대화를 나누면서 그 회의에 대한 설명문을 자신이 직접 타자를 쳐서 건네주었다.[6] 한 가지 문제는 사라졌다. "브라이트 위원회는 더 이상 존재하지 않으므로 우리는 앞으로 그쪽은 염려하지 않아도 됩니다." 그러나 다른 방면에서는 "상황에 대한 해답을 발견할 수 없었습니다." 하고 레이크로프트는 고백했다.[7]

마이어와 마찬가지로 레이크로프트는 "현재 매우 달라 보이는 두 입장을 조화시키는 공식을 찾으려 했습니다. 그 와중에 나는 코튼 박사에게 우리가 그린에이커 박사의 보고서와 코튼 박사의 관점을 조화시킬 기반을 모색할 기회를 가질 때까지는 이사회나 그 밖에 누구에게도 이 사안을 알리지 말아야 한다고 말해두었습니다."[8] 마이어나 레이크로프트는 인정하지 않으려 한 것 같지만, 확실히 상황은 막다른 곳에 봉착해 있었다.

레이크로프트는 코튼이 볼티모어 회의를 "상당히 세심하게 관찰한 듯했습니다."[9] 하고 주장했다. 그 회의에 대한 코튼의 설명은 비일관성과 모호성이 짙어 대부분의 중립적인 관찰자들은 경악했다. 그 설명문을 읽은 사람이라면 아무도 코튼이 모든 비판을 단호히 물리쳤고 예전처럼 확고하게 국소 패혈증과 광기의 연관성을 확신하고 있다는 점을 추호도 의심할 수 없었을 것이다. 코튼이 거듭 강조했듯이, 그린에이커의 보고서는 "매우 불공정하고 비논리적이고 선입견에 사로잡혀" 있으며 "그릇되고 비논리적인 추론"으로 가득했다.[10] 코튼은 그녀의 통계를 반복해서 공격했다. 그녀는 100명의 환자로 구성된 첫 번째 군에서 60명의 "기능성" 환자 중 20퍼센트만 회복되었다고 보고했고 그녀와 마이어는 그 비율이 "매우 낮다고 평가했는데", 코튼은 그 결과가 "채택된 방법에 비추어볼 때 예상할 만한" 결과라고 주장했다.[11] 이 말이 정확히 무슨 뜻인지는 독자의 상상에 맡길 수밖에 없다. 또 그린에이커는 100명의 환자로 두 번째 군을 구성하는 과정에서 병원의 통계 담당자가 그녀에게 연속된 사례 100건을 주기로 해놓고서 220명의 입원 환자

중에서 세심히 선정한 100건을 주었다고 불평했다. 그에 대해 코튼은 "만일 그린에이커 박사가 적절한 사례들을 받지 못했다면 그 사실을 조사 시작 시점에 언급하여 즉시 수정할 수 있도록 해야 했다."고 논평했다.[12] 그러나 그린에이커가 조사를 시작하고 몇 달이 지난 후에 비로소 그 조작이 드러났다는 사실을 생각할 때 이 같은 코튼의 반응은 부당했다.

이어진 몇 장의 설명문에서 코튼은 자신의 독특한 계산 방법을 무의식적으로 드러내면서 자신의 치료들은 그가 계산한 회복률을 나타냈다는 점을 거듭해서 강조했다. 그린에이커의 추적 조사는 겨우 "(두 번째 군으로 분류된 기능성 환자 100명 중) 32명이 회복되고 8명이 호전되었으며 8명은 소재를 파악할 수 없다."는 결론을 내렸지만, 코튼은 소재가 파악되지 않은 8명 중 4명은 "회복된 환자 목록에 올릴 수 있다."고 주장했고(이에 대해 마이어의 동의를 받았다고 강조했다), 더 나아가 "호전된" 환자 8명도 추가하여 회복률을 "100명 중 48명, 즉 48퍼센트"로 계산해야 한다고 주장했다. 물론 이 결과 역시 그가 출판물을 통해 반복해서 주장해온 회복률과 전혀 일치하지 않았다. 그러나 이 점과 관련해서 코튼은 "우리가 주장한 85퍼센트의 회복률이…… 입원 환자 100명 중 85명이 회복되거나 호전되었다는 것을 의미한다."는 생각을 불쾌하게 여겼다(이 장면에서도 그는 회복과 매우 애매한 개념인 "호전"을 동일시하고 있다). 코튼 자신도 인정했듯이, 처음에 그는 "(그린에이커의) 이 진술이 타당하고 논리적이라고 생각했다." 그러나 "내가 집에 도착하여 문제를 더 면밀히 검토한 결과, 나는 연속된 환자 100명 중 48명이 회복되거나 호전되었다는 사실을 1년 동안의 입원 환자에 대한 회복, 퇴원 환자의 비율일 뿐인 85퍼센트와 비교할 수는 없고 따라서 그들(그린에이커와 마이어)은 85퍼센트가 오류라는 것을 증명하지 못했다는 점을 깨달았다."[13]

코튼 자신의 설명에 따르면, 그는 그린에이커와 마이어를 만나는 사흘 동안 줄기차게 이 입장을 고수했다. 당연히 어느 정도 왜곡된 표현이겠지만, 그는 이렇게 설명했다. "내가 느끼기에 만일 85퍼센트라는 주장이 의심스럽다면, 치료가 효과적이었다는 우리의 전제가 완전히 그릇된 것이라는 문제를 제기하는 것 같았다."[14] 그들의 논의는 계속 맴돌기만 했다. 마이어는 코튼이 트렌딘에서 얻은 결과를 매사주세츠의 통계와 비교하려 했다. 그 통계는 10퍼센트 더 높은 회복률을 보여주는 것 같았다. 그러나 그의 제자는 "그런 비교의 불합리성"을 강조하면서 "선생님은 트렌턴이 매사추세츠보다 효율성이 1/3이나 뒤진다고 말하고 싶은 거냐?"고 물었다. 이어서 "나(코튼)는 그런 비교와 그를 통해 우리의 통계가 100퍼센트 오류임이 증명되었다는 주장을 인정하지 않겠다고 항변했다…… 또한 만일 우리가 얻은 85퍼센트라는 수치가 의심받는다면 그에 대한 조사는 자료가 있는 트렌턴에서 행해져야 한다고 항의했다."[15] 코튼이 레이크로프트에게 전했듯이 "결국 나는 그린에이커 박사가 마이어 박사에게 심어준 비우호적인 인상에 맞서 나 혼자 싸우는 것은 무익하다는 것을 확신하게 되었고…… 마이어 박사에게 집으로 돌아가 이사회와 문제를 상의할 것이며, 앞으로의 회의는 그들의 의지에 따라 결정될 것이라고 통보했다."[16]

레이크로프트나 마이어는 그 두 대립하는 입장을 어떻게 조화시켜야 할지 막막하기만 했다. 1월 27일에 프린스턴의 동료에게 편지를 보낸 마이어는 이렇게 밝혔다. "나는 희망을 포기하지 않았습니다. 우리가 조사한 사례를 무시할 수는 없습니다. 코튼 박사는 매년 그의 수치를 어떻게 얻었는지 보여주어야 할 것이고, 우리는 기꺼이 그 수치를 검토할 것입니다. 나는 이 모든 어려움으로부터 무언가 건설적인 결과가 나오기를 바랄 뿐입니다. 반드시 그래야 합니다. 당신이 두 주장을 비교하면서 발견한 문제들을 내게 말해주세요. 그것들은 결코 풀 수 없는 문제가 아닐 겁니다."[17] 그리고 같은 날 저녁에 그는 레이크로프트에게 두 번째 편지를 보내 "코튼 박사가 완성한 진술을 한시 바삐 입수하여 어디에서 합의점을 찾을 수 있는지 살펴볼 수 있기를 몹시 바라고 있습니다." 하고 전했다. 그 과정에서 "일차적으로 주목해야 할 것은 수치가 아니라 사실일 것입니다. 사실을 고찰하기도 전에 수치를 사용하는 바람에 잘못된 판단이 발생했던 것입니다. 그리고 지금 코튼 박사는 바로 이 점을 또 한 번 간과하는 것 같군요."[18]

레이크로프트의 답장은 즉시 날아왔다. 그는 이미 코튼을 만났으며, 코튼이 서로 다른 두 통계에 관한 논쟁으로 토론을 몰아가는 것을 거부한다는 입장을 밝혔다는 말로 마이어를 안심시켰다. "왜냐하면 내가 보기에 그 통계들은 서로 다른 기반을 가지고 있어서 비교할 수 없기 때문"이었다. 그 대신에 그는 코튼이 1908년 이후의 환자들을 통시적으로 조사하는 데 초점을 맞추어야 한다고 촉구했다. 그 조사는 "코튼 박사가 자신의 비교법을 혹시라도 수정할 필요가 있다면 수정해야 한다는 사실을 깨닫는 데 도움이 될 것이라고 생각합니다." 이 대목에서 넌지시 드러나는 것은 레이크로프트가 트렌턴에서 행해진 작업 전체가 치명적으로 그릇된 전제에 기초를 두었다는 결론을 내리지 않았다는 점이다. 비록 그는 마이어에게 "그린에이커 박사의 보고서와 그녀의 조사로 명확히 드러난 듯한 사건에 깊은 인상을 받았습니다." 하고 다짐했지만 말이다. 편지를 마무리하면서 그는 마이어에게 다시 한 번 장담했다. "코튼 박사는 이 사태 전반에 대해 약간 흥분했고 신경이 곤두섰지만, 그는 정말로 사실을 직시하고 그 사실이 가리키는 결론을 수용할 자세가 되어 있다고 나는 믿습니다." "이 사태는 조화롭고 만족스럽게 마무리될 것입니다." 하고 레이크로프트는 거듭 장담했다.[19]

그리하여 잠시 휴지기休止期가 찾아왔다. 마이어는 "코튼 박사의 견해와 그린에이커 박사의 보고서에 대한 그의 비판을 들었으면 좋겠습니다."라는 점을 분명히 하면서도 "그러나 그에게 필요한 시간을 충분히 허락하는 것이 최선일 것"이라고 덧붙였다.[20]

레이크로프트는 일이 잘 마무리되리라는 희망으로 스스로를 안심시키면서 이후 몇 달 동안 사태를 해결하기 위한 노력을 거의 하지 않은 것으로 보인다. 연말에 그는 자신이 게으름을 피운 것은 병원장의 정신상태가 의심스러웠기 때문이라는 변명을 하게 된다. "겨울과 봄에 코튼의 상태를 보면서 나는 병원 조사와 관련한 문제들로 그를 압박하는 것은 현명하지 못하다는 느낌을 받았습니다."[21] 한편 마이어는 이미 1년도 더 전에 코튼의 "주장과 통계는" 실제와 "터무니없이 불일치한다."는 결론을 내려놓고도 그냥 팔짱만 끼고 앉아 있었다.

그러는 사이에 코튼은 여가시간의 일부를 할애하여 그린에이커의 보고서를 반박할 목적으로 새 환자들에 대한 연구를 했다. 그는 3월 초에 레이크로프트에게 이렇게 알렸다.

500건의 사례에 대한 조사와 연구는 우리의 옛 방법보다 훨씬 좋은 결과를 보여주었습니다. 예컨대 1907년~1911년(국소 감염에 대한 치료를 도입하기 이전)에 치료를 받지 않은 환자들은 그 5년의 기간이 끝나는 시점에 140명 즉 28퍼센트가 회복되었고, 37명이 호전되지 않았고, 67명 즉 13.4퍼센트가 사망했고, 256명 즉 51퍼센트가 여전히 병원에 있었습니다. 반면에 (1918년~1920년에) 치료를 받은 500명 중에서는 328명 즉 66퍼센트가 회복되어 퇴원했고, 27명이 호전되지 않은 채 퇴

트렌턴 주립병원의 원장실에서 업무를 보고 있는 헨리 코튼

원했고, 65명 즉 13퍼센트가 사망했습니다. 병원에 남은 환자는 80명 즉 16퍼센트였습니다……. 저는 수요일에 클럽의 오찬회에 들를 계획입니다. 거기서 당신과 대화하고 싶습니다. 그 통계를 가지고 가서 당신과 같이 검토할 생각입니다.[22]

또 여러 의사들이 코튼의 작업을 격려하는 내용이 담긴 편지들을 주기적으로 보내주었다. 존 하비 켈로그는 배틀 크릭 요양소에서 편지를 보내 "당신의 병원을 방문했을 때 받은 우대"에 대해 고맙다는 인사를 하면서 "당신이 트렌턴에서 정신과 신경 질환에 대한 치료와 관련하여 벌이는 연구는 내가 기억하는 어떤 사건보다 큰 파장을 불러일으켰습니다. 당신은 수많은 사람을 생각하도록 이끌었고, 그로 인해 미국과 전세계의 정신병원의 운영이 근본적으로

바뀌는 결과가 일어나리라고 믿습니다."²³ 하고 격려했다. 브리티시 컬럼비아 주 빅토리아의 베일리 박사는 코튼이 보내준 여러 장의 값진 인쇄물에 대해 감사를 표하고 자신은 트렌턴에서 성취되고 있는 작업을 존경한다고 재차 다짐했다. "당신이 행한 개척 작업이 절대적으로 옳은 방향으로 가고 있다는 나의 오랜 믿음은 점점 세력을 얻고 있습니다……. 영국의 윌리엄 헌터 박사와 첼머스 왓슨 박사 같은 인물들이 당신의 치료법을 진심으로 승인했다는 소식을 읽는 것도 큰 격려가 됩니다." 하고 그는 썼다.²⁴ 베일리는 6월에 열리는 캐나다 의사협회 모임에 참석해달라는 초대도 덧붙였고, 코튼은 그 초대를 안타까워하며 거절했다.

이 기간 내내 발치와 편도절제, 갖가지 개복수술은 당연히 신속하게 이루어졌다. 마이어와 코튼은 6월 초에 비로소 어느 학회에서 마주쳤다. 두 사람은 짧은 대화를 나누었고, 코튼은 자신이 그린에이커의 보고서를 반박하기 위해 병원 기록을 재검토하고 있다는 얘기를 했다. 마이어는 즉각 레이크로프트와의 접촉을 재개하고 다시한 번 결단을 촉구했다. 그는 "그(코튼)가 그린에이커 박사가 조사한 사례들 이전에 거의 2년 동안 있었던 500건의 사례들을 선택한 것은 어느 정도 가치 있는 일일 것입니다. 그러나 코튼 박사는 그린에이커 박사가 실제로 조사한 사례를 검토해야 합니다." 하고 주장했다. 그는 특별한 비밀 경로를 통해 이렇게 덧붙였다. "그린에이커 박사는 코튼 박사가 이따금 다른 사람이 조사원으로 파견되지 않은 것이 유감스럽다고 말한 것을 알고 있으며, 당연히 그 말에 매우 당혹스러워하고 있습니다." 그녀는 특히 "조기에 합의가 이루어지기를" 애타게 기다리고 있다. 그래야만 "그녀가 침묵의 굴레에서 벗어날 수 있기" 때문이다. 마이어 자신의 입장에 대해서는 "나는 당연히 사실에 도달하고 싶고, 모든 느낌을 보호하고 싶지

만, 무엇을 기대할 수 있을지 모르겠습니다." 하고 고백했다.[25]

마이어가 무명 환자의 치아와 내장과 생명보다 코튼의 느낌을 보호하기를 원했다면, 레이크로프트도 그에 못지않게 조심스럽게 행동했다. 그는 이렇게 대꾸했다. "나는 그린에이커 박사의 느낌이 어떨지 알겠고 그녀에게 공감하지만, 내가 지금까지 노력한 것 이상으로 무엇을 어떻게 더 할 수 있는지 모르겠습니다." 그가 마이어에게 다짐했듯이, "나는 코튼 박사가 업무를 볼 수 있는 상태로 회복된 이후 얼마 동안 정말로 그린에이커 박사의 조사 내용을 다양한 관점이 조화될 수 있는 형태로 다듬고 우리가 최종 결론에 도달할 수 있게 하려고 노력했습니다. 그러나 나는 지금까지 그 일에 성공하지 못했습니다. 내가 편지에서 밝힐 필요는 없는 이유들 때문이었습니다. 나는 며칠 후에 캘리포니아 대학으로 떠나기 때문에 올 여름에 이 문제를 더 이상 다룰 수 없을 듯합니다."[26]

여름이 가을로 바뀌어도 프린스턴이나 트렌턴에서 더 이상의 소식은 들려오지 않았다. 마침내 마이어는 아마도 그린에이커의 계속된 항의에 못 이겨 코튼에게 직접 편지를 보냈다. "그린에이커 박사가 조사한 사례에 대해 자네가 검토할 시간을 충분히 가졌는지 궁금하네. 그 특정 사례들이 앞으로의 토론에 토대가 되는 것이 아주 중요하다고 생각하네. 자네가 비교를 위해 검토한 다른 자료의 가치를 충분히 인정하지만, 그린에이커의 사례들과 그에 대한 의견의 불일치를 가지고서 결론의 타당성이나 부당성을 논의하는 것이 훨씬 더 쉬울 것이네."[27]

코튼은 그린에이커의 사례들을 조사하는 노력을 전혀 하지 않았다. 그는 마이어에게 직접 답장을 보내는 대신에 레이크로프트와 접촉했고, 그가 코튼을 대신하여 나섰다. 레이크로프트는 다시 한번 마이어를 안심시켰다. "일이 지체된 것은 내가 지난 겨울에 코튼의 신체적·정신적 상태 때문에 그에게 그린에이커 박사의 사례들을 검토하도록 재촉하지 못했기 때문입니다." 그 후 그는 여름 동안 서부 해안에 머물다가 가을학기 시작에 맞추어 프린스턴으로 돌아왔다. 그렇게 그가 곁에 없었기 때문에 코튼의 일이 지연되었다고 레이크로프트는 해명했지만, 왜 그의 부재가 코튼의 일을 지연시켰는지에 대한 구체적인 설명은 없었다. 아무튼 이제 일이 진행되고 있다고 레이크로프트는 마이어에게 장담했다. "나는 어제 (코튼 박사에게) 그린에이커 박사가 보고서에서 다룬 사례들을 검토하는 일을 즉각 시작하라고 촉구했습니다. 그것만이 공동의 기반에서 출발할 수 있는 유일한 길이기 때문입니다……. 그렇게 하면 모든 문제를 충분히 토론할 수 있을 것입니다……. 당신과 그린에이커 박사의 사정이 괜찮다면, (11월) 19일 금요일에 코튼 박사가 정리된 자료를 들고 볼티모어를 방문하여 회의를 갖는 것이 어떻겠습니까?"[28]

결국 코튼과 레이크로프트는 11월 17일에 각각 500건의 사례를 망라한 새로운 통계 자료 두 권을 들고 볼티모어에 나타났다. 코튼은 그 자료가 그린에이커의 조사 결과를 결정적으로 반박한다고 주장했다. 그들은 이틀 동안 마이어를 만나 19일에 있을 그린에이커와의 삼자 회동에 앞선 예비 모임을 가졌다. 그러나 삼자 회동은 결국 성사되지 않았다. 마이어는 코튼과 토론한 내용을 연필로 기록했다. 그 속에는 제자가 자신의 처지를 다시 생각하게끔 마이어가 기울인 노력에 대한 기록도 들어 있다. 마이어는 나중에 문제의 핵심이 어디에 있는가에 대한 평가서를 써서 서류철에 집어넣었다. 모임의 분위기는 지난 1월에 비해 훨씬 더 우호적이고 덜 팽팽했다. 코튼과 레이크로프트는 마이어의 집으로 초대되었고, 이틀이 다 지나고 비가 억수로 쏟아지자 마이어 부인이 직접 운전을 하여

그들을 역으로 데려다 주었다.[29]

과거와 마찬가지로 코튼은 처음부터 마이어의 관심을 자신이 새로 작성한 통계에 집중시키려 노력했다. 그 통계는 지난 3월에 코튼이 레이크로프트에게 건넨 내용과 아주 유사한 것이었다. 코튼은 그 자료가 국소 패혈증의 중요성을 그가 깨닫기 전인 1907년~1910년의 환자들에 비해 1918년~1920년 환자들의 회복률이 대폭 증가했음을 보여준다고 다시 한 번 주장했다. 이어서 그린에이커의 조사에 관한 토론이 길게 진행되었고, 코튼은 그녀가 37건의 사례를 빠뜨렸다고 비난했다. 마이어가 반론을 제시하고, "이 수치는 어디에서도 찾을 수 없네." 하고 지적하자, 코튼은 "공연한 헐뜯기"라고 맞받아쳤고, "그린에이커 박사가 발견하지 못한 사례는 회복 사례로 간주해야" 한다고 주장했다. 그러나 마이어는 "실제로 그녀의 조사에서 빠진 것은 6건뿐"이라는 점을 상기시켰다. 모임이 진행되면서 마이어는 코튼의 견해가 변화하길 기대하는 마음을 버린 것처럼 보인다. 그가 연필로 쓴 노트가 그 사실을 암시한다. 토론 중간에 그는 다음과 같은 혼잣말을 적었다. "코튼 박사는 존경할 만한 행동력과 에너지를 연구가 아니라 변명에 투입했다. 정말 참되고 최종적이면서도 노골적인 모순을 함축한 듯한 어떤 것이 어떻게 가능한지 경탄하면서 묻게 된다." 적어도 한 번, 마이어는 "자신의 방법과 사실을 꼼꼼히 검토하지 않는다면" 생길 위험을 경고했다. "우리는 우리 자신의 관점에서뿐만 아니라 비판자와 반대자의 관점에서 생각하는 법을 배워야 하네……. 그렇지 않으면 우리의 열정 때문에 그릇된 길로 갈 수도 있네." 그는 이렇게 말을 이었다.

나는 자네의 통계 직원이 이런저런 방식으로 자네의 판단을 그르치고, 자네가 관점이 다른 사람들과 관계하기를 거부함으로써 자신을 그

현대 정신의학 잔혹사

룻된 길로 이끄는 모습이 경악스럽네……. 자네는 성공 혹은 외견상의 성공과 순환적인 형태의 추론을 길잡이로 삼은 것 같네. 자네의 실험실에서 작업하는 것에 대해 회의적인 사람들에게 문의하기는커녕, 온통 자네처럼 너무 단정적으로 생각하는 사람들로 둘러싸여 있어……. 그리고 성공해야 한다는 압박감 속에서 자네는 모든 종류의 어렵고 헌신적인 치료 작업의 성과를 자네의 특수한 작업과 추론의 성과로 오해했네……. 단순하고 강압적인 수술을 원리로 삼아 작업하는 것은 더 쉬운 일이지. 결장과 독소에 대해 말하는 것도 더 쉬운 일이네—피비린내 나는 전쟁터에 어울리는 태도를 취하는 것, 직원들의 정신을 최고로 고양시키는 것은 더 쉬운 일이겠지.

그러나 그러기 위해서는 상당한 대가를 치러야 한다고 마이어는 넌지시 말했다.[30]

그럼에도 마이어는 늘 그랬듯이 최종 분석을 하면서 양면적이었고 확정적인 결론에 도달할 수 없었다. 11월 18일의 모임을 돌이켜보며 그는 훨씬 더 긍정적인 생각을 가졌던 것처럼 보인다. 그는 이렇게 논평했다. 코튼의 "통계는 정말 놀랍다: 85, 82, 85, 92퍼센트의 회복률. 결장절제술을 받은 환자의 30퍼센트가 사망."(이 통계에 대한 별다른 언급은 없다.) 이어서 그는 다음과 같이 말했다. "내가 원하는 것은 기능성 환자와 비기능성 환자에 대한 자의적인 구분 없이 1911년~1915년에 입원한 환자와 1919년~1923년에 입원한 환자의 대다수를 검토하는 것이다. 그렇게 하면 반박할 수 없는 비교가 가능할 것이다." 코튼의 열정과 확신이 결국 마이어를 쓰러뜨린 것처럼 보인다. 훗날 그는 다음과 같이 사적으로 고백했다. "이 주장에는 무언가 전혀 반박할 수 없을 듯한 것이 들어 있다. 그리고 C.가 과거에는 말기 치매 환자의 수가 늘어만 가더니 지금은 그렇지 않다고 말할 때, 우리는 왜 어떻게 그러하냐고 물어야 할까? 확실히 명백한 사실이 존재한다."─마이어는 "사실"을 매우 좋아했다─"그리고 나는 기다리고 '생각하는' 대신에 우리 사람들을 통해 실제 연구를 해서 내 마음을 결정해야 한다." 모임은 결장 절제술에 대한 토론으로 끝났다. 코튼은 "올해 16명의 여성을 연속해서 수술했는데 사망자가 없었고, 그 후 사망자 1명이 발생한 다음 다시 6명이 사망하지 않았습니다." 하고 자랑했다. 마이어에 따르면, "남성은 복막염이 발생할 가능성이 더 높지. 나는 동물에서 (매우 예민한 말에서) 존재하는 차이를 지적한 적이 있네. 여성은 자연적으로 더 훌륭한 방어체계를 갖추고 있을 가능성이 있어." 그리고 마이어는 이렇게 선언했다. "나는 시간이 약간 더 지나면 현재의 작업이 적절한 시험과 생산적인 연구로 격상하기 위해 필요한 기준들이 명확해질 것이라고 확신하네."[31]

코튼은 즉시 트렌턴으로 돌아갔다. 그의 이론과 치료법은 전혀 공격을 받지 않은 듯했고, 국소 패혈증을 뿌리뽑겠다는 그의 결의는 예전과 다름없이 강력했다. 몇 달이 지난 뒤에 마이어는 조지프 레이크로프트로부터 또 한 통의 편지를 받았다. 프린스턴 대학의 교수님은 마이어를 이렇게 안심시켰다. "오랫동안 소식을 보내지 않은 것은 우리가 관심을 다른 데로 돌렸기 때문이 아닙니다. 일이 지연된 이유는 코튼 박사가 그린에이커 박사의 사례에 관한 병원 기록을 검토하고 그 자신의 입장을 정리하여 당신과의 회의를 준비하도록 설득하기가 어려웠기 때문입니다." 그는 "이 사안에 대한 결론 도출이 지연되는 것은 매우 답답한 일"이라고 인정하면서도 "이 상황에서는 지연이 불가피해" 보인다고 주장했다. 하지만 드디어 좋은 소식도 전할 수 있었다. 코튼의 "연구는 이제 완성을 눈앞에 두고 있습니다. 그러므로 나는 우리가 볼티모어로 가서 당신과 토론을 하게 될 것이라고 장담할 수 있습니다." 학사 연도가 거의 끝났고 마이어가 6월에 영국으로 떠난다는 점을 감안하여 레이크로프트는 "당신이 5월 21일에서 6월 11일 사이의 기간 중에 아무 날짜나 지정해주면 좋겠다는 말을 전하려고 이 편지를 썼습니다."[32]

이틀 후 마이어는 이런 답장을 보냈다. "다음주 애틀랜틱시티 회의에서 코튼 박사를 만나게 될 것으로 보입니다. 그때 우리는 어느 날짜가 가장 좋을지 결정할 수 있을 겁니다. 그가 조사 결과에 대한 요약문을 내게 전해주어 내가 방향을 잡는 데 도움을 주기를 애타게 기대하고 있습니다."[33]

그 요약문은 코튼이 5월 28일에 써서 인편으로 보내 이틀 후에 마이어에게 도착한 편지에 들어 있었다. 코튼은 조력 의사인 로버트 스톤의 도움을 받고 병원 이사회의 회장인 조지프 레이크로프트와 뉴저지 주의 전체 정신병원과 교도소와 교정기관의 수장인 감독관 윌리엄 J. 엘리스의 자문을 받으면서 그린에이커의 "잠정적인 보고서"를 검토했고 "그 보고서에서 다룬 개별 사례에 관한 기록을 매우 세심히 검토했습니다." 그 검토 작업을 토대로 하여 "우리는 그린에이커 박사의 보고서가 우리가 지난 9년 동안 해온 작업에 대한 부정확하고 불충분하며 그릇된 서술이라는 것을 발견했습니다." 코튼은 다음과 같이 덧붙였다. "우리는 최대한 냉정하고 객관적인 보고서를 작성하려 노력"했고, 그러기 위해 개별 사례에 대한 그녀의 입상과 그들 자신의 입장을 확연히 대조한 표를 만들었다. 그들은 환자들을 재분류한 이유를 담은 작업용 문건은 자체적으로 보유하기로 했는데, "그 자료는 선생님과 다른 공정한 연구자의 검토를 위해 제공할 수 있습니다."[34]

자체적인 "데이터"를 산출해놓은 코튼(그리고 암묵적으로 감독관과 레이크로프트)은 "(그린에이커의 보고서에 있는) 결론과 일반화는 부정확하고 문제가 있는 통계에 기초했다는 점에서 부정확하고 불공정하다는 점이 드러났다고 우리는 생각합니다." 하고 선언했다. 그린에이커는 트렌턴 직원들이 많은 감염이 치료되지 않은 채 방치되었다고 주장했지만 사실은 최소한의 치료를 받은 환자가 더 많이 회복되었다는 사실, 그리고 가장 철저하게 치료한 환자의 결과가 가장 나빴다는 사실은 코튼의 이론을 뒤집는 결과라고 주장했다. 그러나 코튼과 스톤은 그렇지 않다면서 이렇게 주장했다. "오류는 충분한 치료와 철저한 치료를 최소 치료·최대 치료와 혼동한 데 있습니다. 최소의 치료가 충분한 치료라서 정신적인 증상을 지속시키는 독소의 부담이 제거되는 사례를 우리는 흔히 목격했습니다. 그럴 경우 그 독소의 부담이 완화되고 저항력이 높아지면 아직 감염 원천이 치료되지 않은 채 남아 있더라도 회복이 일어났습니다." 가장 철저하게 치료를 받은 환자들과 관련해서도 그 외견적인 치료 실패를 간단히 설명할 수 있다. 제일 치료가 많이 필요한 환자들은 가장 만성이고 중증인 환자들이었다. 그들은 "신체적·정신적 쇠약함과 황폐함"으로 인해 "치료에 대한 반응이 약했고, 불가피하게 사망률도 높았습니다."[35]

마지막으로 그는 2건의 개별 사례에 초점을 맞추었다. 그는 그 사례들이 다른 "많은" 사례들을 대표하여 그린에이커의 부정확성과 편견을 보여준다고 주장했다. 어느 소녀 환자가 있었다.

코먼이라는 그 소녀의 아버지는 훌륭한 교육을 받고 폭넓은 지식을 쌓은 의사입니다. 그는 우리에게 딸의 상태가 어떻게 변하는지를 계속해서 상세히 알려주었지요. 그는 자신의 딸이 트렌턴 주립병원에서 치료를 받은 이후의 경과에 대한 그린에이커의 주장을 전적으로 반박하는 내용의 편지를 선생님께 기꺼이 쓸 것입니다. 코먼 박사는 딸이 수술받는 것을 직접 승인하고 목격했으며 딸의 수술 후 경과를 매우 면밀한 임상 기록으로 남겼고, 딸이 현재 호전된 것은 병원이 제공한 치료의 직접적인 효과라고 확신한다는 점을 우리에게 밝혔습니다.

이 사례에 대한 그린에이커의 주장이 "전혀 부당하고 부정확하다"면, 맥그레거 부인에 관한 결론도 마찬가지다. 맥그레거 부인은 "그녀의 경과를 제일 가까이서 면밀히 관찰한 직원들이 잘 아는 환자입니다. 직원들은 그녀가 완벽하게 회복되어…… 현재 자립적으로 살고 있다는 사실을 알고 있습니다."[36]

아이러니에 대한 감각이 자부심만 가득한 마이어보다 더 발달한 독자라면 "코튼이 방문한 시기가 브런이 내 턱의 농양을 제거한 때와 일치한다."는 우연적인 사실을 더 눈여겨볼 수 있을 것이다. 마이어는 금요일 밤에 작은어금니에 통증을 느끼며 잠에서 깼다. 그래서 "나는 루이스 박사와 스트리트 박사에게 이를 뽑는 것을 재가해달라고 요구했다." 그러나 이 사람들은 국소 감염론 지지자가 결코 아니었다. "내가 브런 박사를 찾아가니 그는 내 치아를 그냥 놔두라는 스트리트 박사의 설득을 받아들인 상태였다. 그는 다시 구멍에 약간의 거즈만 밀어넣었다. 그리고 오늘 일요일에 나는 심한 통증을 느끼며 일어났다……. 등에 경련도 있어 불편했다."[37] 마이어는 이렇게 심기가 불편한 상태에서 코튼을 맞이해야 했던 것이다.

마이어에 따르면, 코튼은 특별히 여행의 수고를 무릅쓰고 "보고서를 가져왔는데, 안타깝게도 수정된 사례 조사는 없고 다만 그린에이커 박사를 비난하고 사소한 문제로 꾸짖는 내용만 있다." 시작부터 좀 불길한 듯했다. "내가 그 조사 자료를 요구하자 그는 레이크로프트 박사의 뜻이 어떨지 모르니 그와 엘리스 씨와 상의하겠다고 말했다." 이 말에 벌써 언짢아진 것도 모자라, 마이어는 장황한 불평을 들어야 했다. "C.박사는 그린에이커 박사가 자신의 흠을 찾아내기 위해 사무실에 머무는 시간이 실제 조사를 진행한 시간보다 더 많았다고 불평한다." 마이어는 이 말이 사실이 아님을 알고 있었다. 그린에이커가 코튼과 마이어에게 제출한 긴 보고서와 사례 기록을 보면 명백히 알 수 있는 일이었다. 코튼은 "게싱 박사는"―최근에 트렌턴을 방문하여 코튼의 작업을 칭찬한 노르웨이의 저명한 정신과의사―"다른 의견을 가지고 있을 것이라는 점을 강조하기도 했다."[38]

마이어가 트렌턴에서 이루어지고 있는 일을 망각하지 않게 하기 위하여 코튼은 "300명의 환자를 관찰한 내용에 근거하여 (결장) 세척과 그 효과"에 대한 찬사를 늘어놓기 시작했다. 마이어는 "(코튼이) 눈에 띄는 특정 사례들로부터 얻은 인상파적인 격려"라고 메모했다. 그리고 코튼이 "적당량의 독소는 환자가 감당할 수 있으나 더 많은 독소는 정신병을 일으킨다."고 주장했을 때, 마이어는 이렇게 혼잣말을 적었다. "나 자신의 느낌은 그런 원리와 일치한다. 그러나 나는 개연성을 실제 증거로 대체하고 싶다." 코튼이 계산한 통계에 대해서는, "사실상 모든 퇴원 환자를 회복된 환자로 간주했기" 때문에 그 가치가 떨어진다. 또 "그린에이커 박사의 보고에 대해 맥그레거 부인과 코먼 사례에서처럼, 시종일관 방법과 정도만을 근거로 반박한다면 이는 사실을 호도하는 것이다."[39] 이 말은 의미심장하다. 왜냐하면 마이어는 언급된 두 사례에 대한 그린에이커의 판단이 면밀하게 수집한 증거에 의해 정당화되었다는 점을 확인하여 알고 있었기 때문이다.

결국 마이어의 어투는 격식을 벗어나 불쾌감을 드러내기 시작한다. 그는 혼잣말로 한탄했다. "지금 나는 제대로 통제된 조사를 하기가 불가능하다는 점에 대해 반감과 후회를 느낀다." 그리고 생각이 잠시 곁길로 빠진 듯 신세한탄이 이어진다. "왜 내 치아는 엄격하고 철저한 세균학적 조치를 받지 못하나?" 그 다음에 다시 본론으로 돌아와 불평을 토로한다. "왜 우리는 하나 이상의 가설을 가질 수 없는가? 왜 우리는 한 문제를 여러 사람이 연구하게 할 수 없는가?"[40]

필리스 그린에이커는 다시 한 번 트렌턴으로 파견되어 코튼과 스톤, 레이크로프트를 만났다. 그녀의 조시 결과를 반박하는 자료들을 모아놓은 것이라고 그들이 주장한 "분홍색 서류"를 검토하기 위해서였다. 그들과의 만남은 예상한 대로 불쾌하고 힘겨웠다. 개별 사례들의 세부사항에 관한 치열한 언쟁이 계속되었고, 그린에이커가 뉴저지 주와 인근 주들을 직접 돌아다녀 얻은 상세한 추적 조사 결과는 트렌턴의 두 의사가 제시한, 나중에 레이크로프트조차도 "논증적인" 자료라고 부른 것에 의해 "반박"되었다. 레이크로프트는 6월 3일에 마이어에게 편지를 보내 "지난밤에 우리가 가진 흥미로운 회의"에 고무되었다고 밝히면서, 자신은 "이 사안을 회피하고 방치하려는 경향을 극복하고 일단 시작된 일을 계속 진행하기를 간절히 바랍니다." 하고 주장했다.[41] 그러나 그린에이커는 완전히 낙담하여 트렌턴을 떠났다. 그녀는 명목상 코튼의 상급자인 자들이 그녀의 조사 결과에 입각하여 행동하거나 코튼의 활동을 통제할 의사가 없음을 느꼈다.[42]

마이어는 6월 4일에 레이크로프트에게 답장을 보내, 코튼과 레이크로프트가 제안한 대로 자신이 영국행 여객선을 타기 위해 뉴욕으로 떠나기 직전인 오는 월요일에 그들을 만나겠다는 의사를 밝혔다. 그러나 그는 이제 희망을 거의 버린 것처럼 보였다. "그린에이커 박사의 설명을 듣고 판단하건대 나는 병원측이 그녀의 조사와 보고서에서 혜택을 얻기를 원하는지, 또 더 이상의 토론이 가능하기나 할지 의심스럽습니다. 결국 우리는 숫자의 교묘한 처리 방법을 두고 논쟁하고 있습니다. 그리고 자료에 대한 현실적인 경험을 돌이켜볼 때 나는 통제되지 않은 자료에 기초해서는 어떤 추론도 하고 싶지 않습니다……. 새로운 500긴의 사례와 관련해서 내가 제기해야 할 질문이 너무 많군요."[43](코튼은 그린에이커의 사례에서 자신이 선택한 사례로 관심을 돌리려는 노력을 또 한 번 했던 것이 분명하다.)

그러나 입장을 확고히 하면서 레이크로프트의 태도 변화를 요구하거나 레이크로프트가 이사회를 소집하여 자신이 감독하는 병원에서 불구자와 사망자를 양산하는 치료가 실행되는 것을 뒤늦게나마 막아야 한다고 주장하는 대신에, 마이어는 늘 그랬듯이 얼버무리면서 자신의 주장을 약화시키기 시작했다. 그는 서둘러 이렇게 덧붙였다. "나는 그 병원의 헌신적이고 고된 작업과 적극적인 정신이 상당히 좋은 효과를 발휘했다는 사실에 의문을 제기할 생각은 추호도 없습니다." 그리고 이어지는 문장에서는 거의 안타까운 심정마저 묻어난다. "그러나 그 주장을 실제로 면밀히 검토해보면, 극단적인 주장들이 들어 있고 호전된 사례와 회복된 사례를 뒤섞는 경향이 있어서 신뢰감이 생기지 않습니다. 개인적인 호감과 실제 연구의 정신에 대한 근본적인 존중은 내 안에서 결코 흔들린 적이 없지만, 이것은 사실의 문제입니다."[44]

마이어는 런던을 향해 떠나야 했으므로 더 이상의 회의를 가질 시간은 없었다. 그 대신에 편지들이 숨가쁘게 오갔다. 처음은 마이어가 "나의 소중한 코튼 박사에게" 보낸 6월 8일의 편지였다. 이번에도 마이어는 직접적인 비판을 하거나 중요한 문제가 무엇인지를 명확히 진술하지 못했다. 그는 그린에이커로부터 그녀의 조사를 반박하려는 코튼의 노력은 그녀의 결론에 대한 모호하고 사소한 불평과 출처가 매우 의심스러운 통계를 들이대는 것에 지나지 않는다는 설명을 들은 바 있었다. 마이어는 편지에서 매우 부드러운 어투로 그 문제를 언급했다. "당신들의 만남에 대하여 레이크로프트 박사와 짧게 전화 통화를 하고 그린에이커 박사로부터 들어보니, 나는 그린에이커 박사의 조사 결과에 대한 수정이 훨씬 더 구체적으로 정당화되는 것이 매우 필수적이며, 그 정당화와 더불어 아마도 몇몇 사례에 대한 재조사가 없다면 결론이 도출되지 않으리라고 생각됩니다……. 고작 특정 사례에 대한 인상에 근거하여 논쟁을 벌이는 것은 결코 도움이 되지 않을 것입니다."[45]

마이어는 그린에이커가 나쁜 선입견이나 악의를 가지고 있다는 비난을 멈추라고 코튼에게 거듭 간청했다.

제발 누군가가 어떤 나쁜 음모를 꾸미고 있다는 인상에 매몰되지 말기를 바라네……. 내가 매우 걱정하는 것이 그것이야. 자네는 그린에이커 박사가 어떤 선입견을 내세우려 한다는 느낌과 그녀가 연구 자료에 대한 원래 합의를 의도적으로 바꿨다는 느낌을 완전히 떨쳐버려야 할 것일세. 그녀는 나 못지않게 기꺼이 사례들을 면밀히 조사하여 만일 필요하다면 그녀의 요약문을 수정할 것이네……. 그녀는 업무량이 엄청나게 많은 자네나 스톤 박사보다 거의 1년 동안 그 특수한 일에 매달린 자신이 더 직접적으로 조사를 했다고 느끼네. 그리고 나도 공정한 입장에서 그렇게 말해야 하겠지.

뿐만 아니라 코튼의 주장과 달리 "그녀는 코먼 박사와 그 딸의 선생을 인터뷰했고 핼로웰 박사에게 두 통의 편지를 보냈지만 답장을 받지 못했다고 하더군." 그러므로 코튼이 그녀의 의도를 헐뜯기 위해 했던 노력 일반이 그랬듯이, 그가 그 사례를 들먹인 것은 완전히 그릇된 행동이었다. "사실"을 지침으로 삼아야 한다는 마이어 특유의 호소로 (그가 거의 2년 전부터 이 문제와 관련한 "사실"을 알고 있었다는 점은 내팽개치고) 마무리 인사를 건네면서, 그는 다시 한 번 마치 코튼이 그를 구슬려야 할 처지가 아니라 그가 코튼을 구슬려야 할 처지인 것처럼 이렇게 말했다. "나는 실망하고 싶지 않네. 자네도 그러기를 바라네."46

코튼은 즉시 특급 우편으로 답장했다. 마이어는 뉴욕의 호텔 펜실베이니아에서 부인과 딸 줄리아와 함께 영국으로 가는 레드스타 라인의 라플란드 호를 기다리디가 코튼의 답장을 받았다. 만일 마이어가 자신의 필사적인 노력이 어느 정도 효과를 산출하리라고 생각했다면 그는 편지의 첫 문단을 읽자마자 모욕을 느꼈을 것이다. 코튼은 마이어의 "친절한 편지"에 감사한다면서 "한두 건의 사례들을 놓고 트집을 잡은" 사람은 자신이 아니라 그린에이커였다고 주장했다. 그린에이커는 원래의 조사 계획을 수정했고, 시종일관 그와 그의 작업에 대해 적대적인 태도를 보였다고 코튼은 불평했다. 1926년 1월에 그가 했던 것과 똑같은 불평이었다. 그는 코먼 사례를 다시 언급하면서, 환자의 아버지를 인터뷰했다는 그린에이커의 주장은 거짓말이라고 비난했고, 그와 코먼 박사는 "언제 어디에서 인터뷰가 이루어졌는지 알고 싶습니다." 하고 덧붙였다. 마이어의 느낌을 고려하여 그는 "누군가의 음모가 있다는 생각을 버리는" 시늉을 했지만, 곧바로 "저는 그린에이커 박사가 사실을 충분하고 정확하게 제시하지 않았다고 느끼며, 이 느낌을 레이크로프트 박사와 엘리스 씨와 나의 직원들도 가지고 있다고 생각합니다……. 또 그린에이커 박사가 이곳에 있을 때 솔직하지 않았다고 생각합니다." 하고 항변했다. 비난과 공격의 어투는 편지의 끝까지 이어졌다. 특히 눈에 띄는 한 단락에서 그는 이렇게 말했다. "우리가 아는 한 아무 근거도 없이 그린에이커 박사가 그런 대담한 (우리의 작업이 위험하고 무용하다는) 주장을 하는 상황에서 제가 그녀를 공정한 사람으로 느낄 수는 없다는 점을 선생님도 인정할 것입니다……. 다행히도 모든 면에서 그린에이커 박사만큼 충분하게 우리의 작업을 조사한 후에 그녀가 내린 결론에 동의하지 않을 다른 사람들이 존재합니다."[47]

코튼은 쾌활한 분위기로 편지를 마무리했다. "저와 아내는 선생님과 사모님과 따님이 즐거운 여행과 행복한 여름을 맞이하기를 기원합니다."[48] 그러나 호텔방에서 이 편지를 받은 마이어는 겁에 질렸다. 젊은 조수들은 마이어가 있는 자리에서는 감히 입도 뻥긋하지 못했고, 마이어가 없는 자리에서는 감히 어떤 행동도 하지 못했다. 그토록 무서운 교수님이요, 거세된 제자들을 미국 정신의학계의 모든 요직에 앉힌 권위자인 마이어는 어찌된 영문인지 코튼의 도전을 받을 때마다 자기 입장을 고수할 의지 혹은 능력이 없었다.

그는 여러 차례 제자에게 답장을 쓰기 위해 책상에 앉았다. 몇 장의 초안이 미완성으로 남았고, 결국 답장은 발송되지 않았다. 그러나 그 초안들은 폐기되지 않았고, 따라서 그의 우유부단함과 용기 부족의 증거도 그의 서류철 깊숙한 곳에 들어가 보존되었다. 강박적인 마이어는 자신의 글이 담긴 문건을 모조리 보존한 것으로 보인다. 실제로 그는 아주 어린 시절부터 그런 습관을 가지고 있었기 때문에, 그가 볼티모어에서 가지고 있던 서류철에는 심지어 유치원 시절의 낙서도 들어 있었다.

거듭거듭 초안을 다시 쓰면서 그는 옛 제자에게 "공격과 대결에 대한 생각을 버리고 사실에 대한 호기심과 열정을" 가지라고 다시한 번 호소했다. 그것이 "최후의 공동 기반에 도달하고 트집잡기나 유감스러운 극단적인 주장에서 벗어나는" 길이라고 그는 타일렀다. 중요한 것은 "사실"이고 필요한 것은 "단지 그 사실을 누군가에게 스스로 판단하도록 제공하는 것이네. 사실들을 매우 냉정하게 받아들여야 하네. 그렇지 않으면 코먼 사례에서처럼 실수를 범하게 되고 사태를 미궁에 빠뜨리게 될 것이야." 그는 "의도의 진실함은 결코 불평하지 않으나 그릇된 주장은" 불평했다. 또 "G.박사가 '솔직하지 않았다'는 주장은 옳지 않다고 생각하네." 실제로 "그녀는 조사를 진행하면서 자네에게 사례 보고서를 제공했고, 그것을 숨길 의도가 확실히 없었네." 그린에이커의 결론을 결정적으로 반박한다는 코튼의 새로운 사례에 대해서는 "나는 예컨대 '연속된 500건의 사례들'을 입수하는 데 걸린 시간을 비롯해서 몇 가지 점에 대한 의문을 해결해야 되기 때문에 어떤 비판적인 언급도 자제하겠네."

또 다른 초안에서 마이어는 이렇게 호소하듯 물었다. "구체적인 사례들에 관한 논쟁이 매우 객관적으로—어떤 트집잡기나 잡념 없이—사실에 대한 탐구에 의해 종결된 다음에 추론에 대한 논의에 초점을 맞추면 안 되겠나?" 그는 이 초안을 치워버리고 또다시 이렇게 썼다. "자네가 보낸 특급 편지를 방금 전에 받았네. 자네가 그린에이커 박사의 주장에서 한 가지 좋은 점을 발견했다니 나로서는 매우 안심이 되네. 나는 그녀의 태도가 믿을 만하다는 점을 절대적으로 확신하네." 이 구절은 자신의 직원에 대한 심드렁한 변론을 암묵적으로 담고 있다. 또 다른 초안에서 마이어는 이보다 더 소극적인 입장을 취했다. "그린에이커 박사가 트집을 잡았는가에 대한 판단을 레이크로프트 박사와 자네와 스톤 박사에게 맡겨야 할 것 같네. 그녀는 분명 실망했고, 이 말을 들으면 더욱 크게 실망할 것이네."[49] 이런 식의 "지원"을 받는 그녀가 실망하리라는 것은 누구나 짐작할 수 있을 것이다.

마이어가 영국으로 떠나려던 참이었다면, 코튼도 그러했다. 두 사람 모두 에든버러에서 열리는 영국 의사협회와 의학–심리학회의

현대 정신의학 잔혹사

연합 모임에 참석할 예정이었다. 코튼은 자신이 정신장애의 발생에서 국소 패혈증이 하는 역할에 관한 논의에 바쳐질 총회를 얼마나 기다리고 있는지 편지에서 이야기했다. 코튼은 주요 연설자였고, 그가 1923년에 영국을 방문했을 때 받았던 환영을 생생히 기억하고 있었다. 그는 마이어에게 이렇게 말했다.

에든버러 모임은 매우 흥미로울 것이라고 생각합니다. 윌리엄 헌터 박사가 토론을 개시하고, 그 뒤를 이어 왕립 외과학 칼리지의 회장인 버클리 모이니한 경이 나설 것입니다. 챌머스 왓슨 박사도 연설합니다. 나와 안면이 있는 이 세 사람은 그들 자신의 경험과 우리의 작업에 대한 지식에 근거하여 그 작업을 지지할 것입니다. 나는 구달 박사도 호의적이라고 생각하지만, 그가 확실한 경험을 가지고 있는지 모르겠습니다. 정신병위원회의 회장인 본드 박사는 전문적인 문제에 관한 반론을 제기할 가능성이 있으나, 실제 작업에 대해서는 제기하지 않을 테지요.[50]

코튼이 이 모임에 참석할 예정이고 연설을 할 것이라는 사실 때문에 마이어는 입이 무거워졌다. 그는 코튼의 작업에 대해 말하기를 꺼렸다. 그러나 그린에이커의 조사 결과를 생각할 때 마이어의 침묵은 코튼의 주장을 인정하는 태도로 해석될 수도 있을 것이다. 코튼에게 부치려다 만 편지의 초안에서 마이어는 사적으로 다음과 같이 불편한 심정을 토로했다. "에든버러 모임에 대하여 많이 망설여지는군. 그래서 나는 그린에이커 박사의 주장이 양편 모두에게 반박의 여지없이 확실해질 때까지, 그리고 자네가 모든 면에서 그린에이커만큼 충분하게 사례들을 조사했다고 언급한 다른 사람들의 보고서를 내가 읽을 기회를 가질 때까지 말을 안 하기로 결정

아돌프 마이어(왼쪽)와 신원이 확인되지 않은 동행인 유럽으로 가는 여객선상에서.

했네."[51] 마이어는 그런 보고서가 존재하지 않으리라고 추측했을 것이 분명하다. 그런 보고서를 쓰려면 광범위한 추적 연구를 할 줄아는 사람의 엄청난 노력이 필요할 것이었다. 더 중요한 것은, 만일 그런 문서가 존재한다면 당연히 코튼이 그것을 제시했을 것이라는 점이었다. 그러나 마이어로서는 무엇이든 구실을 삼아 자신의방임을 합리화하는 편이 난관을 무릅쓰고 자신이 아는 바에 입각하여 행동하는 편보다 더 선호할 만했던 것 같다.

결국 마이어는 마음에 드는 답장을 쓸 수 없었다. 그 대신에 그는 코튼의 편지에 대한 짧고 다소 퉁명스러운 감사의 말만을 담은

현대 정신의학 잔혹사

편지를 보냈다. "자네의 편지에 감사하네. 나는 자네가 모든 트집 잡기를 피하고 사실만을 말할 것을 진지하고 단호하게 확신하네. 끈기 있게 공정한 사실을 수집하여 연구하고, 사실에 대한 간결한 진술과 개인적인 감정의 완전한 배제를 확신하네."[52]

마이어는 수개월, 수년에 걸친 코튼의 의도적인 방해와 지연에 대해 정식으로 따지고 싸워야 할 판에, 또 그가 부과한 침묵으로부터 벗어나게 해달라고 그린에이커가 애원하는데도 또 한 번 자신의 완전한 방임을 합리화하는 쪽을 선택했다.

1 마이어가 헨리 A. 코튼의 부인에게 1926년 1월 18일에 보낸 편지, Meyer Papers, CAJH I/767/24.

2 헨리 A. 코튼의 부인이 마이어에게 1926년 1월 25일에 보낸 편지, Meyer Papers, CAJH I/767/24.

3 마이어가 헨리 A. 코튼의 부인에게 쓴 날짜 불명의 편지 원고, Meyer Papers, CAJH I/767/24.

4 같은 곳.

5 거의 60년 후에 필리스 그린에이커는 이렇게 논평했다. "코튼 부인은 내게 아직도 수수께끼예요. 그녀는 조사 결과가 나온 후 나를 찾아왔어요. 그녀는 작은 체구였고 매우 친절했으며 훌륭한 주부였어요. 코튼 부인은 내게 조사 결과를 바꿀 것을 간곡히 부탁했어요. 물론 그녀는 어리석은 여자가 아니었지만, 그것은 매우 유치한 노력이었죠. 그녀는 자기가 내게 부탁하는 일이 그릇된 행동이라는 점을 모르는 것 같았죠. 그 후에도 여러 해 동안 나는 그녀에게 친절한 편지늘을 받았어요. 그녀는 매우 속물적인 사람이었어요. 그녀는 남편이 유명한 의사가 되기를 바랐죠. 나는 왜 그녀가 나와의 접촉을 유지하려 했는지 이해할 수 없어요." 1983년 12월 22일 뉴욕 시에서 행한 필리스 그린에이커와의 인터뷰.

6 트렌턴 문서보관소에 사본이 남아 있다. 326쪽 주석 16 참조.

7 레이크로프트가 마이어에게 1926년 1월 25일에 보낸 편지, Meyer Papers, CAJH I/3215/1.

8 같은 곳.

9 같은 곳.

10 Cotton, "Conference with Dr. Adolf Meyer and Dr. Phyllis Greenacre," 6 쪽.

11 같은 곳, 2쪽.

12 같은 곳.

13 같은 곳, 3~6쪽.

14 같은 곳, 8쪽.

15 같은 곳, 9~10쪽, 12쪽.

16 같은 곳, 13~14쪽.

17 마이어가 레이크로프트에게 1926년 1월 27일에 보낸 편지, Meyer Papers, CAJH I/3215/1.

18 같은 곳.

19 레이크로프트가 마이어에게 1926년 1월 28일에 보낸 편지, Meyer Papers, CAJH I/3215/1.

20 마이어가 레이크로프트에게 1926년 2월 1일에 보낸 편지, Meyer Papers, CAJH I/3215/1.

21 레이크로프트가 마이어에게 1926년 11월 8일에 보낸 편지, Meyer Papers, CAJH I/3215/1.

22 코튼이 레이크로프트에게 1926년 3월 6일에 보낸 편지, TSH Archives.

23 존 하비 켈로그가 코튼에게 1926년 3월 26일에 보낸 편지, TSH Archives. 식생활 개선과 잦은 배변에 강박적으로 매달렸던 켈로그는 장내 중독을 강조하는 코튼에게 특별한 관심을 가지고 있었다. 그는 코튼에게 이렇게 물었다. "당신은 어떤 식생활이 가장 효과적이라 생각합니까? (장내) 세균을 변화시킴으로써 어떤 성과를 거두었습니까? 얼마나 많은 환자들이 근본적인 수술을 받아야 한다고 생각합니까?"

24 D. M. 베일리가 코튼에게 1926년 3월 22일에 보낸 편지, TSH Archives.

25 마이어가 레이크로프트에게 1926년 6월 7일에 보낸 편지, Meyer Papers, CAJH I/3215/1.

26 레이크로프트가 마이어에게 1926년 6월 9일에 보낸 편지, Meyer Papers, CAJH I/3215/1.

27 마이어가 코튼에게 1926년 10월 23일에 보낸 편지, Meyer Papers, CAJH I/3215/1.

28 레이크로프트가 마이어에게 1926년 10월 28일에 보낸 편지, Meyer Papers, CAJH I/3215/1.

29 코튼이 마이어에게 1926년 11월 19일에 보낸 편지, 마이어가 코튼에게 1926년 11월 22일에 보낸 편지, Meyer Papers, CAJH I/767/27~8 참조.

30 마이어가 직접 썼으며 Nov(ember) 18, (19)26라고 날짜가 표기되어 있고 "코튼 박사와의 인터뷰"라는 제목이 붙은 원고, Meyer Papers, CAJH I/767/27.

31 11월 17일, 18일 모임에 관해 타자기로 작성한 문서, Meyer Papers, CAJH I/767/28.

32 레이크로프트가 마이어에게 1927년 5월 17일에 보낸 편지, Meyer Papers, CAJH I/3215/2.

33 마이어가 레이크로프트에게 1927년 5월 19일에 보낸 편지, Meyer Papers, CAJH I/3215/2.

34 코튼이 마이어에게 1927년 5월 28일에 보낸 편지, Meyer Papers, CAJH I/3215/2.

35 같은 곳.

36 같은 곳.

37 May 30, (19)27로 날짜가 표기된 원고, Meyer Papers, CAJH I/767/28.

38 "코튼 박사의 방문"이라는 제목이 붙은 날짜 불명의 원고, Meyer Papers, CAJH I/767/28.

39 같은 곳.

40 같은 곳.

41 레이크로프트가 마이어에게 1927년 6월 3일에 보낸 편지, Meyer Papers, CAJH I/3215/2.

42 1983년 12월 22일 뉴욕 시에서 행한 필리스 그린에이커와의 인터뷰. 이 당시에 그린에이커가 어떤 반응을 보였는지에 대한 그녀 자신의 기억은 마이어가 레이크로프트에게 1927년 6월 4일에 보낸 편지의 내용과 일치한다. Meyer Papers, CAJH I/3215/2.

43 마이어가 레이크로프트에게 1927년 6월 4일에 보낸 편지, Meyer Papers, CAJH I/3215/2.

44 같은 곳.

45 마이어가 코튼에게 1927년 6월 8일에 보낸 편지, Meyer Papers, CAJH I/767/28.

46 같은 곳.

47 코튼이 마이어에게 1927년 6월 10일에 보낸 편지, Meyer Papers, CAJH I/767/28.

48 같은 곳.

49 6월 11일에 써서 코튼에게 보내지 않은 초안 편지, Meyer Papers, CAJH

I/767/28.

50 코튼이 마이어에게 1927년 6월 10일에 보낸 편지, Meyer Papers, CAJH
I/767/28.

51 1927년 6월 11일에 쓴 코튼에게 보내지 않은 초안 편지, Meyer Papers, CAJH
I/767/28.

52 마이어가 코튼에게 1927년 6월 11일에 보낸 편지, Meyer Papers, CAJH
I/767/28.

여전한 해외의 찬사

　마이어가 런던으로 떠나고 며칠 뒤에 코튼도 SS 카르마니아 호를 타고 유럽으로 향하여 "즐거운 항해 후" 르아브르에 입항했고, 이어서 기차에 올라 7월 3일 밤에 파리에 도착했다. 그는 정신과 의사로서 파리에 실망했다. "정신의학적으로 흥미로운 것은 없었다……. 중요한 연구는 이루어지지 않고 있었다." 물론 그는 관광을 즐겼다. "우리는 오래된 정신병자 수용소인 살페트리에르salpêtrière를 방문했고, 피넬Philippe Pinel(1745~1826. 프랑스의 병리학자이며 근대 정신의학의 창시자-옮긴이)이 1780년경 어딘가에서 정신병자가 찬 족쇄를 깨뜨리는 장면을 그린 유화를 보았다……. 우리는 샤르코Jean-Martin Charcot(1825~1893. 프랑스의 신경학자이며 병리해부학 교수. 신경학과 심리학에 큰 영향을 끼침-옮긴이) 박물관도 방문했다."[1] 그렇게 현대 정신의학의 성지들을 순례한 후, 파리에는 더 이상 볼 만한 것이 없다고 판단한 코튼 부부는 일주일 만에 런던으로 출발하여 7월 10일 일요일 저녁에 도착했다.

이후 3주 동안은 눈코 뜰 새 없이 바빴다. 몇 달 동안 시련과 압박에 시달렸던 코튼으로서는 오히려 편안한 시간이었다. 그는 가는 곳마다―잉글랜드, 스코틀랜드, 심지어 잠시 들른 노르웨이에서도―우호적인 사람들을 만났다. 현대의학에 그가 기여한 바를 찬양하는 의사들, 고름 감염을 제거할 필요성에 대한 그의 신념에 공감하는 사람들, 그를 위대한 인물로 우러러보는 사람들이 어디에나 있었다. 약 4년 전에 처음 유럽을 방문했을 때와 마찬가지로 영국 의학계의 주요 인물들은 앞다퉈 그를 용감한 개척자로 칭찬했고, 광기의 기원에 대한 그의 이론을 수용했으며 그가 정신병 치료에서 이룬 획기적인 성과들을 찬양했다.

영국에 도착한 다음날인 월요일에 코튼은 잠깐 동안 화이트 로버트슨 박사를 만난 후 윌리엄 헌터를 만났다. 헌터는 1900년에 패혈증과 정신병의 연관성을 최초로 주장한 인물이었다. 그는 2주 후에 열린 영국 의사협회와 의학―심리학회의 연합 모임에서 국소 패혈증에 관해 인상적인 연설을 하게 된다. 헌터와 코튼은 "헌터가 2주 후에 에든버러에서 발표할 논문에 관하여 5시간 동안 대화했다." 그 후 코튼은 런던을 떠나 버밍엄으로 출발했다.[2]

지난 1923년에 영국을 방문했을 때 코튼은 런던에 들이닥친 20세기 최대의 폭풍우를 경험했다. 그와 영국 날씨와의 안 좋은 관계는 이번에도 반복되었다. 미들랜드(잉글랜드 중부)까지 가려면 "보통 2시간이 걸리는데, 심한 폭풍 때문에 우리의 여정은 길어졌다. (중도에서) 홍수를 만나 차편을 바꿔 다른 길로 가야 했다. 결국 버밍엄에 2시간 연착했다." 이제 코튼은 목적지를 불과 5킬로미터 남짓 남겨두었지만, 날씨로 인한 혼란에서 비롯된 고생은 아직 끝난 것이 아니었다. "나의 목적은 지난 1923년에 만났던 T. C. 그레이브스 박사가 원장으로 있는 러버리 힐(정신병원)을 방문하는 것이었다.

나는 그에게 전화를 하려 했으나 할 수 없었고 전보는 그에게 전달되지 않았다." 날이 빠르게 저물고 있었고, 잠자리 걱정이 점점 커지기 시작했다. "우리는 버밍엄에서 호텔방을 구할 수 없었고, 택시 운전사는 도로에 물이 흥건하다면서 10킬로미터 떨어진 러버리 힐로 가기를 거부했다." 그러므로 "마침내 그레이브스 박사가 호텔로 찾아와서 우리를 병원으로 데려간 것은" 정말 다행스런 일이었다.[3]

코튼은 그레이브스의 환대를 받으며 매우 편안한 시간을 보낼 수 있었다. 당당한 체구의 그레이브스는 정신병의 원인에 대해 절충론적 입장을 취하는 자들이나 심리학적인 차원에 초점을 두는 자들과 교제하지 않는 인물이었다. 다른 사람들처럼 "정신의학은 의학의 다른 분야의 진보에 발맞추는 데 실패했다."고 탄식하는 대신, 그는 코튼처럼 정신의학과 기타 의학 분야를 통합하고 "공인된 (그리고 감금된 정신병) 환자가 공동체의 삶으로부터 격리된 것과 매우 유사하게 정신의학이 의학 일반으로부터 격리된 유감스런 사태"를 타파하려 했다.[4]

1923년에 코튼의 첫 방문을 받은 이래로 그레이브스는 괄목할 만한 진보를 이루었다. 객원 부인과의사 1명과 이비인후과의사 1명을 추가로 채용했고, 그가 원장으로 있는 또 다른 정신병원인 인근의 홀리무어 병원에 새로운 실험실을 설립했다. 그는 자신의 주장을 공격적으로 펼쳐 환자들이 가장 발전된 형태의 치료를 받을 수 있도록 여러 건물을 지었다. 수술실, 물치료실, 자외선 치료를 위한 장비, 결장 세척을 위한 방 등이 구비되었다. 병리학자 F. A. 피크워스를 전업 직원으로 두고, 세균학 실험실과 X선 장비 등을 갖춘 그는 과학의 최신 성과를 정신병 치료에 도입하는 데 결정적으로 기여했다고 자부할 자격이 있었다.

코튼과 그레이브스는 그 모든 시설을 둘러보고 패혈증과의 전쟁

토머스 시버스 그레이브스 영국에서 코튼을 제일 열렬히 지지한 인물이다.

에 관한 정보를 교환하면서 분주하고 생산적인 일주일을 보냈다. "우리는 오전 내내 그리고 오후의 대부분을 병실에서 보냈다……. 그레이브스를 방문한 것은 내 여행에서 정말 중요한 성과였다. 나는 몇 가지 중요한 것을 배웠다."[5]

우선 코튼은 그레이브스가 "사골동篩骨洞과 접형동蝶形洞(둘 다 부비강의 일부이다−옮긴이)의 감염을 진단하는" 새로운 방법을 발견했다는 것을 알았고, "객원 이비인후과의사인 W. S. 애덤스 박사가…… 16명의 환자를 진료하는 모습"을 지켜볼 수 있었다. 코튼에 따르면, "우리는 부비강의 중요성을 인지했고 그곳을 치료하여 여러 환자를 회복시키는 성과를 거뒀지만, 그런 진단을 하기가 어려워서 많은 사례를 간과했다. 코에 대한 검사나 X선 촬영은 감염이 매우 심각한 경우를 제외하면 거의 도움이 되지 않는다." 그러므로 코튼은 그레이브스가 문제의 해법을 발견했다는 것을 알고 기뻐했다. 게다가 그 해법은 "아주 간단하고 쉽게 배울 수 있다. 그 방법은 원리적으로 캐뉼러cannula(환부에 꽂아 액을 빼내거나 약을 넣는 데 쓰는 관―옮긴이)를 콧속으로 넣어 부비강 속의 내용물을 뽑아낸 다음, 고름이 있는지 관찰하는 것이었다. 뽑아낸 액이 고름인지 여부가 불확실할 때는 배양培養이 실시되었다." 이어서 그레이브스는 코튼에게 "이 치료의 효과로 회복된 많은 환자들"을 보여주었다.6

코튼이 본 기술적 혁신은 그것뿐만이 아니었다. 그는 수술실을 방문하여 "편도를 절제하는 방법을 보고 큰 인상을 받았다. 수술자는 혈관을 자르기 전에 묶어서, 일부 사례에서 발생하며 저지하기 어려운 출혈을 방지했다. 출혈이 일어나는 것은 위험한 상황은 아니나 다소 성가시다. 나는 그 출혈 방지법이 감탄할 만하다고 생각했다." 치과 치료에서도 한 가지 두드러진 차이점이 눈에 띄었다. "그들이 국소 마취나 전신 마취 없이 치아를 뽑는 것이 매우 놀라웠다." 그러나 "환자들은 그 발치 방법에 반발하지 않는 것 같았다." 아마도 "이틀줄고름(치조농루)이 너무 심해서 치아가 거의 빠질 지경"이었기 때문인 것 같다고 그는 추측했다.7 다른 관찰자라면 무시무시한 토머스 시버스 그레이브스가 곁에 있었기 때문이라고 추측했을지도 모른다.

그레이브스는 여전히 매독 환자들에게 말라리아를 감염시키는 치료법을 쓰고 있었다. 반면에 코튼은 "정맥에 항티푸스 백신을 주입"하는 치료법을 쓰고 있었다. 그러나 그는 그레이브스가 티푸스 백신을 이용한 새로운 치료법을 개발한 것을 알게 되었다. "이 치료는 일주일에 한 번 실시된다. 치료를 받은 환자는 한기를 느끼고 체온이 41도까지 치솟지만 1시간이 지나면 체온이 내려가고 더 이상 불편함을 느끼지 않는다." 그 효과는 "놀랄 만큼 만족스러웠다.

나는 즉시 스톤 박사에게 전화를 걸었고 주립병원도 곧바로 그 방법을 도입했다."[8]

코튼과 그레이브스는 "간질이 감염성이라는 생각"에서도 의견이 일치했다. 그러나 두 사람의 간질 치료법은 몇 가지 중요한 측면에서 차이가 있었다. 그레이브스와 그의 직원들은 "위장관 내 독소의 영향"을 인정하면서도 "접형동과 사골동의 감염에 특별한 주의를 기울이고 있었다." 코튼은 "부비강 감염에 대한 항패혈증 조치를 받은 뒤 완전히 회복한 여러 흥미로운 환자들"을 본 후 "우리가 이 부위의 감염을 등한시했기 때문에 몇몇 사례에서 좋은 성과를 거두지 못한 것일 수 있다."는 결론을 내렸다.[9]

코튼은 "오래 전부터 부모들이 접촉(뽀뽀하기, 같은 컵과 스푼 사용하기 등)을 통해 아동의 구강을 감염시킨다고 주장해왔다……. 또 그것이 아동의 치아와 편도 감염의 주원인이라고 주장해왔다." 그는 그레이브스가 전적으로 같은 견해를 가지고 있으며 그 문제를 요약하기 위해 "전염성 가족성 감염"이라는 유용한 표현을 고안했다는 것을 알고 기뻐했다. 또 광범위한 토론이 이루어지는 과정에서 그레이브스는 "패혈증 유전"이라는 또 하나의 멋진 개념을 제안했다. 그 개념은 "모체의 독소혈증이 자궁 속 태아에게 미치는 효과"를 의미했다. 코튼은 그 효과가 "매우 중요하다."고 생각했다. 왜냐하면 "태아가 그 다양한 독소 때문에 예민해지고, 따라서 나중의 삶에서도 쉽게 자극을 받는 사람이 될 가능성이 매우 높기 때문이다."[10]

마지막으로 "'독소혈증 과다'에 대해서도 많이 토론했다." 코튼과 그레이브스를 비판하는 사람들은 그들이 치료했다고 주장한 환자들이 일시적으로만 회복된 것이라는 점을 즐겨 지적했다. 또 몇몇 환자들은 감염의 일부만 제거했는데도 회복되었다는 점을 지적했다. 그러면서 비판자들은 정신병과 패혈증 사이의 인과관계를 의심하는 태도를 취했다. 코튼과 그레이브스는 독소 과다 개념이 이런 비판이 얼마나 잘못된 것인지를 증명한다고 생각했다.

모든 개별 사례에서 환자는 그 자신의 면역력으로 저항할 수 있을 만큼의 감염은 갖고 있다. 거기에 또 다른 감염이 추가되거나 원래 감염이 더 심각해지면 곧바로 정신적 증성이 발생한다. 이 설명은 감염 과정의 메커니즘을 이해하지 못하는 많은 사람들에게 걸림돌이 되었던 전문적인 문제를 매우 성공적으로 해결한다. 즉, 감염 부위 하나를, 예컨대 '감염된 치아'를 제거했을 때, 설령 다른 감염 부위를 제거하지 않았다 하더라도 환자가 일시적으로 회복되는 현상을 해명할 수 있다. 우리는 많은 사례에서 이 현상을 관찰했다. 그러나 다른 감염이 제거되지 않으면 조만간 또 다른 정신적 붕괴가 일어났다. 결론적으로 많은 환자들은 감염된 치아와 편도를 제거하면, 설령 그들에게 비뇨생식관이나 결장에 감염이 남아 있다 하더라도 회복될 것이다.

이 모든 것은 "환자가 병원을 떠나기 전에 모든 감염을 청소하여 미래의 발병을 막는 일의 중요성"을 더욱 확실히 보여준다. "그 다양한 현상을 바라보는 우리 둘의 해석이 완전히 일치한다는 것을 발견했다."[11]

분주한 일주일이 지나고 코튼과 그레이브스는 7월 11일 월요일에 스코틀랜드로 떠났다. 영국 의사협회와 의학–심리학회(코튼이 지난번에 연설을 한 시점 이후 왕립 의학–심리학회로 개명되었다.)는 이례적으로 옛 스코틀랜드 왕국의 수도인 에든버러에서 연합 모임을 가질 예정이었다. 그 모임은 패혈증과의 전쟁의 중요성을 널리 알리고 정신의학과 일반 의학의 상호 협력을 북돋울 좋은 기회였다. 수

많은 의료인들이 모여 호텔은 만원이었고, 코튼과 그레이브스는 "매우 안락한 개인 주택에 거처를 마련했다. 우리는 에든버러가 모든 면에서 쾌적하다고 느꼈고 그곳 사람들의 유명한 친절을 체험했다."[12]

국소 패혈증에 관한 회의는 수요일에 수많은 전문가와 기자 들을 청중으로 두고 열렸다. 오전 회의는 런던의 의사 윌리엄 헌터의 장황한 연설로 시작되었다. 헌터가 청중에게 상기시켰듯이, 1927년은 신성시된 리스터의 탄생 100주년이었고, 영국 의료계가 "가장 흔한 의학적 질병이며 광기라는 불길한 이름이 붙은 병과 관련하여 패혈증과의 새로운 전쟁을 개시"하는 것은 그 위대한 인물의 업적을 기리는 최선의 방법이었다.[13] 헌터는 사반세기가 넘는 세월 동안 리스터의 사상을 확장할 것을 주장했고, "신경장애의 영역에서, 즉 신경염neuritis(신경섬유와 그 조직의 염증이나 넓은 뜻의 퇴행성 변성 - 옮긴이)과 신경쇠약, 우울증" 혹은 더 심각한 증세인 소위 "신경성 발작"의 영역에서 "패혈증"을 공격할 것을 촉구했다. 그가 스스로 인정했듯이, 여러 해 동안 그의 주장은 광야에서 외치는 소리에 불과했으나 마침내 먼저 "미국에서, 트렌턴 소재 뉴저지 주립병원의 원장인 코튼 박사에 의해"[14] 그리고 더 최근에는 소수의 영국 정신과의사들에 의해 마땅히 받아야 할 주목을 받기 시작했다. 한편 정신의학계 일반에서도 대서양 양편의 저명한 인물 몇 명이 헌터의 주장을 인정했다. 예컨대 미국의 프랭크 빌링스, 르웰리스 바커, 찰스 메이오, 영국의 챌머스 왓슨, 버클리 모이니한 경 등이 "외과학과 다른 내과학이 전문적으로 다루는 국소 패혈증이 외견상 하찮을지라도 절대적으로 중요하다는 점"을 인정했다.[15]

이어서 헌터는 트렌턴 병원에서 코튼이 행한 작업을 이야기하는 데 연설의 대부분을 할애했다. 그는 코튼이 이룬 성취를 길게 나열했고, 코튼이 해낸 업적의 규모를 생각해보면 지금은 "정신장애에 대항한······ '패혈성 정신병'에 대항한 새로운 소독법의 시대"를 표현할 새 용어를 만들어야 할 때라고 제안했다.[16] 다양한 정신병에 직면한 의료계는 두 손을 들고 패배를 자인하기 직전이었다.

장애의—예컨대 조발성 치매나 조울병에서 나타나는 장애—정도는 그 특성과 지속에서 상위 뇌 중추에 영구적인 손상이 일어났음을 시사할 만큼 심각할 수도 있습니다. 따라서 경미한 국소 패혈증을 제거한다 해도 효과가 없는 것처럼 보일 수 있습니다. 그러나 임상적인 사실들은 사태가 그렇지 않다는 것을 보여줍니다. 또 각각의 환자가 가진 패혈증이 환자의 정신상태에 얼마만큼 영향을 끼치는가는 그 패혈증을 제거해봄으로써만 판단할 수 있습니다.[17]

헌터가 보기에 코튼은 이 시대의 영웅이었다. 헌터 자신은 패혈증의 중요성을 이론적으로 주장한 반면, 뉴저지의 정신과의사는 패혈증 제거의 효과를 실천적으로 증명할 용기를 발휘했다.

15년 동안의 정신과의사 경험에 만족할 수 없었던 그는 1918년 이후 기마병과 보병과 포병을 총동원하여—즉 구강패혈증과 국소 패혈증의 중요성에 대한 의학적 지식과 그것을 제거하는 외과적 기술, 그리고 이 두 요소를 지원하는 세균학을 총동원하여—그의 환자들(총 1,400명)의 치아와 편도, 부비강, 위, 창자와 결장, 비뇨생식관에 있는 패혈증을 결연히 공격했고, 이를 통해 퇴원 환자가 두 배로 늘고 평균 입원기간이 10개월에서 3개월로 단축되는 성과를 거뒀습니다.[18]

이는 청중 모두가 주의해야 할 교훈이었다. "건강한 일반인들은 크고 작은 패혈증의 해악에 저항할 수 있고 실제로 성공적으로 저항하지만, 정신장애로 고통받는 사람은 그런 패혈증을 방치하는 것을 감당할 수 없습니다. 패혈증을 지닌 정신병 환자는 매우 위험한 도박을 하고 있는 것입니다……. 누구보다 환자 자신을 위해서, 가능한 모든 치료 수단이 동원되고 적용되어야 합니다."[19] 소독 정신의학의 더 큰 역할도 예상할 수 있었다. "이 새로운 소독법이 성공적으로 적용될 분야는 예방의학입니다. 즉, 많은 사례에서 심각한 정신장애에 앞서 그 전조로 나타나는 온갖 유형과 정도의 신경적·정신적 혼란을 조기에 차단하는 역할을 새로운 소독법이 할 수 있을 것입니다."[20]

헌터에 이어 그레이브스가, 그리고 그 다음에 코튼 자신이 단상에 올랐다. 두 사람이 마음껏 주장을 펼칠 기회였다. 그들은 공감하는 듯이 보이는 청중에게 그레이브스가 "철저한 소독이 가져올 수 있는 효과"라 표현한 주제에 관하여 설득력 있게 연설했다.[21] 하지만 코튼이 가장 만족스러웠던 내용은 많은 영국 의학계 유력자들의 논평이었다. 왕립 외과학 칼리지의 회장인 버클리 모이니한 경이 첫 번째로 발언했다. 코튼은 모이니한을 "영국의 내과학계와 외과학계에서 가장 탁월한 인물"이라는 과장된 표현으로 칭하면서 그가 "국소 패혈증과 정신장애에 관한 이론을 굳게 신봉하고 있다."고 사적인 노트에 만족스럽게 적었다.[22] 모이니한 경은 "수술 후에 회복된 많은 정신질환자들의 사례를" 열거했고, "정신과의사들이 정신질환자의 정신상태가 호전될 때까지 수술을 허락하지 않는 것"에 대해 유감을 표했다. 그는 그 원칙이 오류라고 강조했다. 왜냐하면 국소 감염을 제거하는 수술은 의심할 여지없이 환자의 정신적 증상을 완화시켰기 때문이다. 더 나아가 그는 이렇게 말했다. "그 이야기는 믿을 수 없고 따라서 거짓이라는 정신과의사들의 말

현대 정신의학 잔혹사

은 아무 소용이 없습니다. 진실이지만 믿을 수 없는 것들도 많습니다. 모든 사람이 치아에 감염을 가지고 있으나 미치지 않았다는 말도 소용이 없습니다. 그 말은 면역력의 차이를 간과하기 때문입니다. 30년 이상의 경험에 비추어 나는 기질적인 병의 제거가 신경정신병의 제거를 의미한다고 말할 수 있습니다." 리스터도 "동시대인들에게 터무니없는 대접을" 받았다. 헌터의 업적을 무시했다는 점에서 "이 시대의 사람들도 리스터의 동시대인들과 마찬가지로 어리석고 빈곤한 죄를, 무감각의 죄를 범하고 있습니다."[23] 모이니한 경은 연설을 마무리하면서 무감각의 죄를 범하지 않은 2명의 정신과의사에게 머리 숙여 인사했다. "뉴욕의 코튼과 이 나라의 그레이브스가 이룬 업적은 정신의학 연구에 새로운 표준을 설정한 것 같습니다. 또 미래에는 모든 정신병원이 X선 검사실과 숙련된 세균학자와 계몽된 외과의사를 보유해야만 한다는 생각이 지배적이게 될 것임을 보여주는 것 같습니다."[24]

매우 고무적인 격려였다. 더욱이 광인이 지닌 패혈증을 공격적으로 제거하려 노력하는 사람에게 찬사를 바친 것은 모이니한 경만이 아니었다. 오직 한 목소리만 이견을 내놓아 조화를 깨뜨렸다. 그 목소리의 주인공은 몇 년간 아돌프 마이어와 뉴욕의 조지 커비의 조수로 일한 후 스코틀랜드로 돌아온 D. K. 헨더슨이었다. 그는 "패혈성 정신병"에 관한 헌터의 연설은 "영국 정신의학을 세계적인 웃음거리로 만들 것"이라고 주장하면서 "정신질환자가 무언가를 가지고 있다고 해서, 그 무언가를 무조건 특수한 병인으로 간주하는 것은 매우 위험한 상상력의 도약"이라고 덧붙였다. 또 헌터는 코튼을 열렬히 찬양한 반면, 헨더슨은 "그는 코플로프와 커비, 체니의 연구를 아주 가볍게 무시했습니다. 그들의 연구는 코튼의 것보다 훨씬 더 잘 제어된 것이었으며 정신과의사 일반의 의견과 훨씬 더

일치합니다." 하고 지적했다.[25]

헨더슨이 발언을 할 때 산발적으로 박수가 나왔다는 점은 최소한 몇몇 청중은 그의 견해에 공감했다는 사실을 시사했다.[26] 그러나 헌터가 언급한 코튼의 환자가 회복된 것은 "나쁜 치아 11개를 뽑았기" 때문이 아니라 "병실에 머문 2년 동안 기력이 좋아졌기 때문일 수 있습니다." 하고 그가 논평했을 때 들려온 비웃음은 많은 사람들이 그에게 공감하지 않았음을 반영했다.[27] 헨더슨에 이어 단상에 오른 사람들 대부분은 전혀 생각이 달랐다. 예컨대 이비인후과의사 에릭 왓슨 윌리엄스는 "귀 수술 후 회복된 정신질환자"를 열거하고는 짐짓 진지한 표정을 지으면서 "많은 사람들은 그것이 우연의 일치일 수 있다고 합니다." 하고 덧붙이는 재치를 발휘하여 또 한 번 청중의 웃음을 이끌어냈다.[28]

헌터 자신도 회의 막바지에 "특히 헨더슨 박사가 비판을 해주고" 코플로프 등의 연구를 상기시켜주어 "고마움을" 느낀다고 비꼬는 투로 말했다. 헌터는 그들의 논문을 흥미 있게 읽었다. "하지만 자신은 그 연구를 존중하지만 정신과의사들이 그 특수한 연구의 부정적인 결과를 지나치게 고민할 필요는 없다고 생각합니다." 사실 코플로프는 의사가 아니라 세균학자이고, 그의 연구진은 치아만 제거하지 않았는가. "그런 제한된 패혈증 제거로 임상적인 상태 전체가 바뀔 것이라고 기대할 수는 없을 것입니다……. 패혈증 제거는 꼼꼼하고 철저해야 합니다." 중요한 것은 "그 미국인들이 완벽하게 회복시켰다고 보고한 유일한 사례는 치아를 30개 뽑은 환자들"이라는 점이다. "적어도 그 환자의 구강 내 패혈증은 확실히 제거되었던 것입니다." 그들이 코튼의 연구를 반박하면서도 "모든 국소 감염을 제거하는 것에 전적으로 찬성한다."고 시인한 것은 납득할 만한 일이다.[29]

이제 에든버러 대학의 정신의학 교수이며 의학-심리학회의 전임 회장인 조지 M. 로버트슨이 마무리 연설로 그 날의 회의를 마감하는 일만 남았다. 그는 오늘의 회의가 모든 사람에게 "깊은 인상을" 남겼다면서, "패혈성 정신병"이라는 용어에 반감을 표한 헨더슨을 나무랐다. 그 자신은 "일상에서 매일 '중독성 정신병'이라는 말을 쓰는데, 그 말이 헌터 박사가 제안한 용어와 뜻이 같다."고 그는 확신했다. 또 그는 "앞으로는 임상 사례를 대하는 모든 의사들이 국소 패혈증을 업신여기지 않을 것"이라고 덧붙였다.[30]

매우 만족스런 기분으로 코튼은 가장 강력하게 그를 지지한 윌리엄 헌터와 버클리 모이니한 경이 에든버러 대학의 명예박사라는 사실에 주목했다. 모이니한의 명성 때문에 언론은 그 날의 회의에 상당한 지면을 할애했고,[31] 그 기사들 중 몇은 심지어 미국의 신문에도 다시 게재되었다.[32] 코튼은 사적인 노트에 이렇게 적었다. "나의 작업이 영국 의사협회로부터 인정을 받았으니 미국에서 매우 분명해진 무관심과 반감을 극복하는 데 큰 도움이 될 것이다."[33]

코튼은 회의에 이은 사교 모임에 참석한 의학계 인사들이 대단히 엄격하게 격식을 따지는 태도에 놀랐다. 그들은 학문적 권위에 따라 공작처럼 예복을 입었고, 부인들은 눈부신 이브닝드레스를 차려 입었다. 의학-심리학회 연례 저녁식사 모임에서 뜨끈뜨끈한 "해기스Haggis"(양의 내장을 다져 오트밀 따위와 함께 위 속에 넣어서 삶은 요리―옮긴이)가 나왔고(회장은 스카치 위스키가 담긴 잔을 높이 치켜들었다), 로버트슨 교수의 초대로 참석한 왕립의학회 저녁식사 모임에서는 더 좋은 음식들이 나왔다. 그 다음에는 "영국인들의 모임에 꼭 있어야 하는 통상적인 가든파티가 열렸다." 코튼은 심지어 "에든버러에서 16킬로미터 떨어진 뮤어필드에서" 열린 골프시합에도 참석했다. "우리는 목요일 아침 8시에 비를 맞으며 에든버러를 떠난 후 그곳에 도착하여 다소 지친 상태로 버스에서 내렸다……. 그림 같은 코스였지만 매우 까다로웠다. 바로 옆에 북해가 있었다. 하늘과 물이 똑같이 어두운 색조여서 수평선을 볼 수 없었다. 멀리 있는 배들은 하늘에 떠다니는 것처럼 보였다."[34]

그렇게 파란 많은 일주일을 보내며 거의 모든 사람들에게 찬사를 받아 원기를 충전한 후, 코튼은 런던으로 돌아가기 위해 플라잉 스코츠맨 호에 승선했다. 그의 스승인 아돌프 마이어는 광기에 대한 국소 감염 치료의 효과를 둘러싼 논쟁에 휘말리지 않으려고 에든버러 회의를 멀찌감치 피해 런던에 머물고 있었다. 스승과 제자, 마이어와 코튼은 함께 왕립의학회 건물에서 개최된 영국 신경학회와 미국 신경학회의 연합 모임에 참석했고, 그 자리를 마련한 영국인들에게 후한 대접을 받았다.[35]

이제 시간이 얼마 남지 않았지만 코튼은 뉴욕으로 돌아가기 전에 짬을 내어 노르웨이를 방문했다. 1926년에 노르웨이 정부는 오슬로 지역 다이크마크 수용소의 롤프 계싱을 트렌턴으로 파견하여 코튼의 치료법을 배우게 했다. 이제 노르웨이 사람들은 오슬로를 몸소 찾아온 그 위대한 인물을 영접하게 된 것이었다. 7월 30일 토요일에 뉴캐슬에서 소형 증기선 베스하임 호에 오른 코튼은 노르웨이에서 관광을 하고 자문을 해주며 바쁜 사흘을 보냈다. 계싱은 미국에서 온 귀빈을 자신이 부원장으로 있는 수용소로 초대하여 "미국에 머무는 동안 미국 치과의학의 희생양이 된 많은 환자들을 보여주었다. 금관과 리치몬드관, 고정 브리지를 장착한 환자들이었다." 계싱은 "지난 10월에 미국에서 돌아왔기 때문에 트렌턴에서 공부한 치료법을 실행할 시간이 없었다."며 겸연쩍어했다. 하지만 그는 환자의 물질대사를 연구하는 데 전념했고, "국소 감염 제거 작업은 특히 치아와 관련해서는 상당히 순조롭게 진행되었다." 코튼에게는 유감스럽게도 "노르웨이에는 편도절제에 대한 반감이 팽배하여 아직까지 그 수술은 실행되지 않았다. 나는 그런 이야기를 여러 사람에게서 들었다. 계싱 박사는 편도절제를 시술하도록 이비인후과의사들을 설득하기가 매우 어렵다고 말했다. 노르웨이 환자들도 미국 환자들과 똑같은 부위에 감염을 가지고 있다는 사실이 명백히 밝혀졌고, 그 사실의 중요성은 충분히 인식되었다."[36]

여러 차례의 성대한 저녁식사와 점심식사를 노르웨이 최고의 정신과의사와 정치인과 즐긴 코튼은 당연히 약간의 아쉬움을 느끼며 베르겐으로 가는 기차에 올랐고, 이어서 영국으로 떠났다. 피곤하면서도 시종일관 성대한 대접을 받아 들뜬 코튼은 곧바로 사우샘프턴으로 가서 영국에 올 때와 마찬가지로 SS 카르미니아 호를 타고 귀국길에 올랐다. 그는 처음 여행을 시작한 이후 50일 만인 8월 14일에 뉴욕에 도착했다. 그리고 새로 충전한 원기를 발휘해 고름 감염의 위험에 맞선 전쟁을 다시 한 번 지휘하겠다는 결의를 다지면서 곧바로 트렌턴으로 향했다. 코튼의 사적인 노트를 보면, 그는 "내가 얻은 지식이 우리의 감염 환자들을 치료하는 데 큰 도움이 될 것"이라고 믿었다.[37]

---

1 코튼이 타자기로 작성한 여행 노트 1쪽에서 인용했다. 그 여행 노트에는 "어느 정신과의사의 유럽 산책"이라는 흥미로운 제목이 붙어 있으며 트렌턴 주립병원 문서보관소에 보존되어 있다. 피넬은 프랑스 혁명시대의 가장 위대한 의사로 거대한 살페트리에르 병원에서 1790년대에 활동했다. 현대 정신의학의 탄생에 관한 신화에 따르면, 공포정치로 수천 명이 길로틴에서 죽어갈 때 피넬은 피에 굶주린 혁명 지도자 1명을 병원으로 데려간 후 날뛰는 광인들을 속박한 사슬과 족쇄를 풀어 그를 공포에 떨게 했다. 코튼이 본 그림은 그 사건을 주제로 한 것이었으며 로베르-플뢰리(Robert-Fleury)의 작품이었다. 이 모

든 이야기는 미담과 성소가 탄생하는 데 기여했다. 그러나 결정적인 문제는 (코튼이 날짜와 지명을 왜곡하고 있다는 점은 제쳐두더라도) 그 사건 자체가 전혀 일어나지 않았다는 점이다. 로베르-플뢰리의 유화 작품은 그 사건이 일어났다고 알려진 때로부터 75년이 넘게 지난 뒤인 1878년에 그려졌다. 또 그 작품은 순전히 상상에 의거한 장면을 담고 있다. 그것은 전혀 존재하지 않았던 장면임에도 1920년대뿐 아니라 오늘날에도 현대 정신의학의 뿌리에 박애적인 의지가 있었다고 주장하려는 이들에 의해 약방의 감초처럼 언급된다. 19세기 후반 프랑스의 저명한 신경학자 샤르코는 최면술로 히스테리를 치료하는 것을 정당화했다. 그는 그 치료를 일종의 서커스로 변질시켜 주로 여성 환자들을 대상으로 에로틱하고 정형화한 장면을 연출함으로써 수많은 관객을 끌어들였다. 젊은 지그문트 프로이트도 그의 쇼를 보았다. 결국 그 모든 장면이 피넬의 유명한 행동과 마찬가지로 처음부터 끝까지 위조라는 사실이 밝혀졌다. 물론 샤르코 자신도 속아 넘어간 얼간이였을 가능성이 매우 높지만 말이다. 정신병을 고치는 의사라는 직업이 문화적 권위를 확보하려면 그런 식으로 허구와 환상에 의존하는 것이 불가피한지도 모르겠다.

2 "European Rambles," 1쪽.

3 같은 곳.

4 Henry Devine, "Presidential Address on Psychiatry and Medicine," *British Medical Journal* 2(December 6, 1924), 1033쪽.

5 "European Rambles," 2쪽.

6 같은 곳.

7 같은 곳, 2~3쪽.

8 같은 곳, 3쪽.

9 같은 곳.

10 같은 곳, 4쪽.

11 같은 곳, 4~5쪽.

12 같은 곳, 5~6쪽.

13 William Hunter, "Chronic Sepsis as a Cause of Mental Disorder," *Journal of Mental Science* 73(1927), 549~50쪽.

14 같은 곳, 550쪽.

15 같은 곳, 552쪽.

16 같은 곳, 556쪽.

17 같은 곳, 561쪽.

18 같은 곳, 551쪽.

19 같은 곳, 561~2쪽.

20 같은 곳, 562쪽.

21 "Discussion : Chronic Sepsis as a Cause of Mental Disorder," *British Medical Journal* 2(November 5, 1927), 817쪽.

22 "European Rambles," 8쪽.

23 같은 곳, 6~8쪽. 또한 *Journal of Mental Science* 73(1927), 716~28쪽에 있는 토론 내용 참조.

24 Sir Berkeley Moynihan, "Relation of Aberrant Mental States to Organic Disease," *British Medical Journal* 2(November 5, 1927), 815쪽, 817쪽. *Daily Telegraph*(July 21, 1927)에 실린 기사에 따르면, 운집한 의료인들은 이 언급을 "큰 환호로" 환영했다.

25 D. K. Henderson, in "Discussion on Chronic Sepsis as a Cause of Mental Disorder," *Journal of Mental Science* 73(1927), 721~2쪽.

26 같은 곳, 722쪽.

27 "Decayed Teeth and Mental Disorder : Doctors' Sepsis Theory," *Daily Telegraph*, July 21, 1927.

28 같은 곳.

29 William Hunter, in "Discussion of Chronic Sepsis as a cause of Mental Disorder," 726쪽.

30 같은 곳, 727쪽.

31 "Decayed Teeth and Mental Disorder," *Daily Telegraph*, July 21, 1927 ; "Mind and Body," *Daily Telegraph*, July 22, 1927 ; "Sepsis and Mental Disorder : Work of a New Lister," *Times*(London), July 21, 1927 참조.

32 예컨대 "Bad Teeth as Cause of Insanity : Dr. William Hunter Holds Septic Poison Rises and Affects the Brain," *New York Sun*, August 10, 1927 참조. 코튼에게는 더욱 기쁘게도 〈뉴욕 선〉은 "헌터 박사는 뉴저지 병원의 원장인 코튼 박사가 이 분야에서 이룬 선구적인 업적에 대하여 경의를 표했고 주목할 만한 이야기를 했다."고 강조했다.

33 "European Rambles," 11쪽.

34 같은 곳, 11~2쪽.

35 같은 곳, 14쪽.

36 같은 곳, 16~8쪽. 계성은 1936년에 록펠러 재단 연구원이 되었고, 1939년부터 그 재단으로부터 상당한 액수의 지원금을 받았다. 그는 국소 패혈증론에 대한 열정적인 지지자로 남았다. 록펠러 재단 유럽 담당자인 다니엘 P. 오브라이언에게 보낸 편지에서 계성은 이렇게 말했다. "우리 활동의 첫 단계는 만성 감염을 찾아내는 것입니다." 그는 자신이 코튼과 그레이브스의 발자취를

따르고 있다면서 이렇게 덧붙였다. "이곳에 온 모든 환자들에 대하여 극도로 조심스러운 신체 검사와 치료가 행해집니다. 감염 부위를 청소하고 만성 감염을 치유하기 위해 가능한 모든 수단이 사용됩니다." 같은 편지의 후반부에서 그는 코튼의 결장절제술은 비록 사망률이 높긴 하지만 절망적인 환자들에게 적용되므로 정당하다고 변론했다. 그런 마음가짐은 오브라이언이 보기에 전혀 문제될 것이 없었던 모양이다. 이듬해 봄에 다이크마크 병원을 방문한 그는 계싱을 아주 긍정적으로 평가하는 내용의 편지를 재단본부에 보냈다. 계싱은 "위대한 연구 능력과 예외적인 집념으로 오늘날의 정신의학이 직면한 최대의 문제, 즉 정신분열병의 원인을 밝히려 노력하는 탁월한 인물"이라고 오브라이언은 썼다. 계싱이 오브라이언에게 1938년 3월 6일에 보낸 편지, 오브라이언이 앨런 그레그에게 1939년 3월 3일에 보낸 편지, Record Group 1.1, Series 767, Box 1, Folder 3, Rockefeller Archives, Tarrytown, New York 참조.

37 "European Rambles," 18~9쪽.

끝내 숨겨진 실험의 희생자들

　1927년 가을은 헨리 코튼이 트렌턴 주립병원의 원장으로 부임한 지 20년이 되는 때였다. 그 특별한 때를 기념하여 주 의회는 코튼의 작업이 지닌 "위대한 인간적·경제적 가치"를 찬양하는 결의문을 채택하고 "그가 오래 전부터 큰 기여를 해온 분야에서 앞으로도 여러 해 동안 활동하기를" 기원했다.[1] 1925년 여름에 브라이트 위원회에서 제기된 문제들, 그리고 코튼 자신의 정신적 붕괴와 회복은 이제 옛 이야기가 되었다. 언론은 불만을 품은 환자의 가족들이 퍼뜨린 사망과 장기 적출에 관한 섬뜩한 전설을 잊어버렸고, 코튼은 정신적 안정을 확실히 회복한 듯했다. 8월의 뉴욕 신문에는 스캔들 대신에 코튼과 그의 이론이 영국 외과학, 내과학, 정신의학계의 유명 인사들에게 환영을 받았다는 기사가 실렸다. 뉴저지 주립병원장은 대도시 뉴욕의 부속지역으로 취급되는 뉴저지 주의 큰 자랑이라고 신문은 전했다.

　코튼이 미국 정신과의사 대부분을 자신의 생각에 따르도록 전향시키는 데 성공한 것은 확실히 아니었다. 전문 의학 저널에는 이따금씩 국소 패혈증에 관한 코튼의 주장을 반박하는 논문이 실렸다. 예컨대 뉴욕 주 정신위생국의 부국장인 생어 브라운은 미국 정신병리학회 회장 취임 연설에서 코튼의 작업을 다음과 같이 깎아내렸다.

어떤 사람들은 외과수술을 동반하는 이런 형태의 치료가 대부분의 정신질환과 정신장애에 적용될 수 있다고 주장합니다. 건강을 유지하기 위해 국소 감염을 제거할 필요가 있다는 사실을 부정하는 바보는 없을 것입니다. 그러나 모든 형태의 정신질환과 정신장애를 외과적 개입을 통한 국소 감염 제거로 치료할 수 있다는 보장은 없습니다. 이런 유형의 치료법은 만병통치를 주장합니다. 그것은 단순하기 때문에 일반인들에게 매력적으로 보이지만, 그렇다고 해서 과학적으로 건전한 것은 아닙니다.[2]

그러나 이런 비판들은 코튼이 외과적 세균학 프로그램을 확장하는 데 전혀 장애가 되지 않았고, 부유한 환자들은 계속해서 언약된 치유를 갈구하며 트렌턴으로 모여들었다. 잠재적인 문제로 남아 있는 것은 오직 필리스 그린에이커가 작성한 저주스러운 보고서뿐이었다. 그러나 병원 이사회에 있는 코튼의 동맹군이 펼치는 방해와 교란 전술, 코튼의 호전성과 그린에이커의 결론에 대한 공격적인 맞대응, 제자가 보고서 공개에 대해 거부권을 행사하는 것을 용인한 아돌프 마이어의 결정으로 인해 그 잠재적인 문제는 억눌러진 것처럼 보였다. 적어도 당분간은 그러했다. 코튼과 마이어가 영국 방문에 앞서 가졌던 여러 차례의 만남조차 소득 없이 끝났고, 마이어는 폭넓은 전문가들 앞에서 국소 감염 제거의 가치 등에 관한 토론을 할 기회가 있었음에도 비굴하게도 심지어 모임에 나가는 것을 피하면서까지 국소 감염론을 둘러싼 논쟁에 휘말리지 않는 편을 선택했다.[3]

필리스 그린에이커는 마이어가 에든버러에 가지 않기로 결심했다는 것을 몰랐을 수도 있다. 그러나 그가 외교적으로 침묵하고 있다는 사실, 그가 코튼의 주장에 관하여 자신이 아는 바를 전문가 동료들 앞에서조차 발설하기를 거부하고 있다는 사실은 눈에 띄지 않을 수 없었다. 〈영국 의학 저널British Medical Journal〉과 〈정신 과학 저널〉의 가을호는 국소 감염론을 주제로 한 영국 의사협회와 의학-심리학회의 연합 모임에 주요 지면을 대폭 할애하여 공식적으로 발표된 논문을 재수록하고 긴 토론도 실었다. 코튼의 작업에 대한 찬사와 국소 감염 제거의 가치에 대한 찬양으로 가득한 그 지면을 보면서 그린에이커는 심한 배신감을 느꼈다. 그녀는 마이어가 그 회의에 참석할 의도로 영국으로 떠났다는 것을 너무나 잘 알고 있었다. 그런데 그의 목소리는 왜 없단 말인가? 왜 그는 거짓임을 아는 주장을 대면하고서도 또 한 번 침묵해야 했는가? 헨리 코튼과 그의 의료진의 손에 숱한 환자들이 계속 불구가 되고 죽어나가고 있는데, 왜?

마이어의 침묵에 배신감을 느끼고 코튼에 대한 영국의 환영에 당혹감을 느낀 사람은 그린에이커만이 아니었다. 조지 커비와 함께 실험적 연구를 하여 미국 정신의학계가 코튼의 주장에 의심을 품는 데 결정적으로 기여한 뉴욕의 니콜라스 코플로프도 〈영국 의학 저널〉에 실린 기사를 읽으면서 자신이 악몽을 꾸고 있는 것이 아닌가 의심했다. 1928년 1월 초에 그는 마이어에게 편지를 보내 "제가 지난번 볼티모어에 갔을 때 선생님은 뉴욕으로 출타 중이어서 이 문제를 토론할 기회를 갖지 못했습니다." 하고 안타까운 심정을 토로했다. 코플로프는 아무튼 "선생님은 분명 1927년 11월 5일자 〈영국 의학 저널〉에서 H. A. 코튼 박사의 이론이 영국에서 헌터 박사, 모이니한 박사, 그레이브스 박사 등으로부터 열렬한 지지를 받았다는 기사를 읽었을 것입니다."라면서 이렇게 덧붙였다. "저는 국소 감염과 기능성 정신병 사이의 관련성에 대한 선생님의 의견을 확실히 듣기를 간절히 원합니다." 코플로프는 지난번 볼티모어를 방문했을 때 "그린에이커 박사가 상당히 오랫동안 트렌턴에 머물면서 코튼의 자료를 검토했다는 이야기를 들었습니다." 하고 털어놓으면서 이렇게 문의했다. "저는 그녀의 조사 결과가 공개되기를 바랐습니다. 그러나 일이 그렇게 되지 않았으니, 혹시 제가 그린에이커 박사의 결론을 대략적으로 문의해도 되겠습니까?"[4]

코플로프는 당연히 문의할 자격이 있었다고 할 수 있다. 그러나 마이어는 자신은 대답해줄 자격이 없다고 주장했다. 과거에 다른 사람들이 그린에이커의 결론을 알고자 했을 때와 마찬가지로 이번에도 마이어는 완고했다. "유감스럽지만 그린에이커 박사의 조사는 아직 토론 과정을 거치는 중이네. 나는 코튼 박사가 모든 사항을 완전히 검토할 때까지 세부적인 이야기를 해줄 자격이 없네." 그는 가증스럽게도 이렇게 주장했다. "영국 의학계의 토론에서 헨더슨 박사가 비판적 입장을 효과적으로 대변했다고 보네." 마이어는 과거에 자신의 조수였던 헨더슨이 회의적인 입장을 밝혔다가 비웃음을 사고 외톨이가 되었다는 것을 너무나 잘 알고 있었다. 더욱이 그는 토론장에서 멀리 떨어진 런던에 머물러 헨더슨이 외톨이가 되는 데 일조했던 것이다. 이어서 마이어는 한 걸음 더 나아갔다. "오늘날 임상의臨床醫는 개별 환자가 국소 감염에 나쁘게 반응하는지 여부를 판단할 처지가 아닌 것 같네." "코튼을 기능성 정신병의 유일한 원인을 발견했다는 매우 불행한 믿음으로 이끈 자료들 속에 어떤 합리적이고 그럴듯한 것이 있는가를 평가할" 필요성이 있었다. 왜냐하면 패혈증이 정신병 발병의 원인이 될 수 있다는 이론과 관련해서 마이어는 "개인적으로 그 질문이 아직 종결되지 않았다고" 생각하기 때문이다. "감염의 역할에 대한 연구는 매우 철저히 이루어져야 하며, 그러기 위해서는 지금보다 더 나은 방법이 필요할 것임은 분명해 보이네." 하고 마이어는 믿었다.[5] 그러므로 마이어가 코플로프에게 전한 메시지의 핵심은 코플로프 자신의 연구도, 아직 발표되지 않은 그린에이커의 조사 결과도 충분히 철저한 연구가 아니라는 것, 그리고 코튼의 치료가 지닌 가치에 대한 질문은 적어도 존스홉킨스 대학의 교수인 마이어가 보기에 열려 있다는 것이었다.

마이어가 사우샘프턴으로 떠나기 전 18개월 동안 그린에이커의 상세한 비판에 대한 트렌턴 병원측의 답변을 받아내려 심드렁하게 노력했던 것은 그린에이커가 반복적으로 자극하면서 조사 결과 발표를 허락해달라고 요청했기 때문이었다. 마이어의 노력은 시간이 지나면서 확실히 더 미약해졌다. 그러나 코튼은 비록 에든버러에서 큰 성공을 거두긴 했지만, 그 오지랖 넓은—그가 보기엔 악의적이고 멍청한—여자가 자신의 계획을 틀어버리지 않을까 염려할 수밖에 없었다. 그런데 곧 볼티모어에서 예기치 않은 사건이 일어나 코튼의 염려를 영원히 날려버리게 된다. 정신과의사로서 마이어의 비굴함과 배신은 곧 그린에이커가 당한 더 심각한 개인적인 배신에 비하면 아무것도 아니게 된다. 그 새로운 배신은 그린에이커의 경력과 정신건강까지 위협하게 된다.

그린에이커는 사실상 동시대 여성들 중 유일하게 전업 직장생활과 결혼과 육아를 병행했다. 이제 여섯 살과 다섯 살이 된 앤과 피터는 엄마가 직업에 충실하는 동안 대부분 유모가 돌보았다. 심지어 트렌턴에서 18개월 동안 현장 조사를 해야 하는 부담조차도 직업을 유지하려는 그녀의 의지를 꺾지 못했다. 아돌프 마이어가 형제인 헤르만에게 말했듯이, "모든 사람들은 그녀가 과학과 직업생활과 가정생활을 지혜롭게 조합한 극소수의 사람에 속한다고 생각했지."[6]

그러나 그것은 착각이었다. 그린에이커와 커트 리히터의 가정은 벌써 몇 년째 불행하고 위험한 상태였다. 1918년에 마이어 자신이 "정신병psycosis"[7]으로 진단한 그녀의 우울증은 주기적으로 불거졌다. 가장 심각한 발병은 피터가 태어났을 때로, 그린에이커는 정서적인 동요를 겪으며 급격히 체중이 늘었다. 비록 드러내지는 않았지만 커트 리히터는 그녀가 학자로서의 경력을 지속하려 하는 것을 매우 괘씸히 여겼다. 이후 몇 달 동안 그는 아내를 "의사 일을 계속하는 데서 드러나듯이 아이들에 대한 사랑이 부족하다."며 맹렬히 비난하고 "그녀가 그의 마음을 끄는 가정을 꾸릴 능력이 없다."고 비난하게 된다.[8]

이런 모질고 상처를 주는 공격은 어쩌면 사후 정당화였을 수도 있다. 왜냐하면 리히터는 선임자인 존 왓슨과 마찬가지로 한동안 존스홉킨스 대학 실험실의 조수와 연애를 했기 때문이다. 가정이 점점 더 엉망이 되어간 몇 달 동안 그린에이커는 겉모습을 정상으로 유지하려 필사적으로 애썼지만, 정서적인 에너지 소비가 너무 컸고 결국 불면증이 심해졌다. 그녀는 1년 후에조차도 "아직도 정말 생생하게 느껴지는"[9] 불면의 고통을 몇 달 동안 참아냈다. 그러나 결국 남편에게 애인이 있고 그 애인이 그녀와 아이들과 친하게 지내는 여자라는 것을 알게 되자 한계에 도달하고 말았다.

그것은 그녀의 자존심에 대한 결정타였다. "저는 정말 심각하게 고민했습니다. 그 모든 감정과 그 모든 이상理想이 파괴되면서 저 자신이 송두리째 흔들리게 되었던 것 같아요."[10] 거의 아무 생각 없이 그녀는 마이어에게 달려가 사정을 알렸다. 훗날 마이어는 자신의 형제에게 이렇게 말했다. "그린에이커 박사가 와서 그 재난에 대해 이야기했을 때 나는 정말 주저앉을 만큼 놀랐어."[11] 리히터는 볼티모어를 떠나게 될 것이라고 그는 말했다. 마이어는 자신의 동료인 왓슨의 불륜 사건이 터졌을 때 적극적으로 그의 해임을 추진했다. 리히터와 마이어는 이번 사건이 그와 똑같다는 것을 잘 알았다. 다른 한편, "그린에이커 박사가 그대로 머물지, 혹은 머물 수 있을지 모르겠다."고 마이어는 털어놓았다.[12] 3주 후가 되자 상황이 좀더 명확해졌다. 마이어는 애석한 듯이, "힘든 날들이다. 그린에이커 박사가 떠나려고 해."라고 말하면서 "리히터 박사도 당연히 떠나야겠지."라고 덧붙였다.[13]

마이어는 본능적인 이기심으로 제일 먼저 자신이 이 사건으로 인해 맞닥뜨리게 된 곤란을 불평했다. "그린에이커 박사는 내가 그녀를 가장 필요로 하는 시점에 떠나게 됐어." 그러나 그는 오랫동안 함께 일한 그녀가 지금 직면한 감성적 어려움과 실질적 어려움도 느꼈다. "그녀가 평탄한 길을 갈 수 없을 것 같아 걱정이야. 그녀는 1917년과 1918년에 겪었던 우울증에 다시 빠질지도 모르겠어."[14]

정말 그렇게 되었다. 그린에이커는 아이들을 마이어 부인에게 잠시 맡기고 뉴욕 주 화이트 플레인스에 아파트를 구했고,[15] 성탄절과 새해 첫날 사이의 기간을 택해 볼티모어를 떠났다. 마이어의 도움으로 그녀는 소년법정 및 아동복지부의 정신의학 담당 직원 자리를 확보했다. 곧 아이들과 유모가 그녀와 합류했고, 그녀는 지루한 이혼 협의가 진행되는 2년 동안 간신히 직장생활을 유지했다. 새 직업이 제공하는 매우 제한적인 지적 지평에 매우 실망한[16] 그린에이커는 정서적인 안정을 위해 정신분석 치료를 받았다. 처음에는 융 학파의 분석가 베아트리체 힝클이, 그 후 1930년대 초에는 프로이트 학파의 분석가인 프리츠 비텔스와 에디트 야콥슨이 그녀를 치료했다.[17] 1928년 5월에 마이어는 그녀에게 핍스 클리닉에 다시 채용하거나 정신분열병 연구를 위해 새로 만든 부서의 장으로 채용하겠다는 제안을 했다.[18] 그러나 그녀는 두 제안을 다 거절했고, 마이어는 별로 놀라지 않았다.[19]

마이어는 청교도적인 본능이 강했지만 커트 리히터는 해고하기에는 너무 값진 직원이었다. 마이어는 복잡한 말로 정신의학을 "정신생물학"의 토대 위에 세워야 한다고 주장해왔지만, 그 주장은 대체로 실질적인 내용이 없다는 사실이 밝혀졌다. 그의 글이 지닌 모호성도 그 주장의 공허함을 숨길 수 없었고, 존스홉킨스 대학의 많은 동료들은 점점 더 마이어가 이끄는 정신의학부가 대학의 명예에 걸맞지 않는다고 믿는 듯했다. 리히터는 실험가로서의 솜씨, 새 실험장비를 고안하는 재주, 생리학을 정신과 정서와 연결하는 능력, 그리고 모든 사람의 일상에 큰 영향을 끼치는 생물시계를 발견한 공로 덕분에 머지않아 미국 과학아카데미National Academy of Science의 회원으로 선출될 것이었다. 이미 그의 연구는 마이어가 현란한 언어로 내세우는 정신생물학에 미약하나마 그럴듯한 실체를 제공하고 있었고, 생물학과 행동의 연관성에 관한 체계적인 증거를 제공하고 있었다. 더 나아가 리히터는 존스홉킨스 대학 최고의 과학자들과 친했고, 그 과학자들은 기발한 장치 개발과 면밀한 데이터 수집이 있는 리히터의 연구를 존중했기에 그를 해고하는 것은 쉽지 않은 일이었다.[20] 그린에이커가 뉴욕 주로 떠나고 얼마 지나지 않아 마이어는 심지어―다른 사람도 아닌 그린에이커에게―리히터의 강의가 너무 소중하여(사실 마이어와 리히터는 그 강의로 인해 오래 전부터 다퉜다.) 그를 해고하기 어렵다고 주장했다.[21]

마이어가 이렇게 과거와 영 딴판으로 행동했다는 점은 의미심장하다. 그는 1910년대와 20년대 초에 리히터의 전임자인 존 B. 왓슨과 계속해서 충돌했고, 왓슨이 아랫사람과 연애를 하다 들통나자, 사건 진행의 배후에서 자신의 경쟁자인 그가 대학에서 퇴출되는 데 결정적인 역할을 했다. 늘 성적인 정숙함[22]을 강조해온 그는 대학 총장이 왓슨의 해고를 주장하도록 거듭 압력을 넣었고, 해고 결정에 기뻐했다. 그런데 마이어는 지금 똑같은 상황에 다시 한 번 직면하게 된 것이었다(믿기 힘든 일이지만, 리히터의 직위에 있는 사람이 섹스 스캔들에 휘말리는 일이 15년 사이에 무려 세 번이나 일어났다).

어떤 면에서 보면 이번 사건은 마이어를 더 격렬한 감정의 소용돌이 속으로 몰아넣었다. 필리스 그린에이커는 10년 넘게 그의 측근이었다. 그녀는 그의 지도를 받으며 의사로서 성숙했고, 그녀가 시카고에 있는 부모와 떨어져 있다는 사실은 그녀가 마이어를 말하자면 아버지의 대리자로[23] 여긴다는 것을 의미했다. 그녀는 직업과 관련해서뿐만 아니라 사생활과 관련해서도 그의 조언을 구하고 두 차례 정신적 장애를 겪을 때 그에게 의지하고 매우 은밀한 사생활을 세부까지 그와 공유했다. 남편의 불륜이 남긴 충격에서 회복될 때에도 그녀가 거듭 조언과 도움을 요청한 것은 다름 아닌 마이어였다. 또 그녀는 자신의 결혼생활이 망가진 과정을 남김없이 마이어에게 털어놓았다.

남편의 부정不貞이 가한 충격과 가정의 붕괴가 점점 더 널리 알려지면서 찾아온 수치심은 그린에이커에게 닥친 문제의 시작에 불과했다. 리히터는 그녀와의 대화를 거부했다. 처음에 그는 양육비 제공에 동의하지 않았다. 그녀가 볼티모어를 떠나기로 결정했으니 아이들을 데려가고, 그녀도 직업과 수입이 있으니 아이들을 알아서 키워야 한다는 것이었다. 전반적으로 리히터는 그린에이커의 고통을 가중시키는 방향으로 행동했다. 견딜 수 없을 만큼 당황하고 상처를 입었으며 경제적으로 궁지에 몰렸고 직업적·개인적 삶이 만신창이가 된 그린에이커는 마이어에게 그 모든 상황을 상세히 털어놓았고, 심지어 리히터와 주고받은 편지까지 보여주며 계속해서 아버지나 마찬가지인 마이어에게 조언을 구했다.[24] 마이어는 제 성격대로 꾸물대고 딴청을 피웠다. 리히터의 행동 앞에 비통함을 느꼈고, 그린에이커에게 공감한다고 밝혔으며, 남편의 부정이 일반에 알려지면 그는 "천한 놈"으로 비난받을 것이라고 말했다.[25] 그러나 정작 행동할 때가 되자 마이어는 사실싱 어떤 행동도 하지 않았다.[26] 리히터가 볼티모어에 머물러 있으면서 대학 교직원 자격으로 그린에이커의 복귀를 막고 있다는 것을 잘 알면서도 말이다.[27] 물론 이번만이 아니었다. 그녀는 지금까지 여러 인물들로부터 직업적·개인적 배신을 당했다고 느껴왔다.

그린에이커가 떠남으로써 마이어가 코튼의 계속된 인체 실험에 제동을 걸 기회는 영원히 사라졌다. 심지어 그녀가 뉴욕 주로 떠나기 위해 짐을 꾸릴 때에도, 트렌턴 병원은 코튼의 지휘하에 20년 동안 이루어진 진보를 기리는 행사에 참석해달라는 공식 초청장을 마이어에게 보냈다. 마이어는 레이크로프트에게 답장을 보내 "다른 일이 있어" 초대에 응할 수 없다면서 "참석할 수 없어서 유감"이라고 밝히고 "가장 명예롭고 값진 정신의학 활동의 20주년을 기리는 것은 훌륭하고 당연한 일입니다. 내가 코튼 박사에게 주립병원 원장직을 수락하라고 용기를 주었고 그가 이룩한 수많은 값진 혁신을 지켜본 것을 매우 만족스럽게 회고합니다…… 당신을 통해 최고의 찬사를 전달할 수 있으면 기쁘겠습니다." 하고 덧붙였다.[28]

그 "값진 혁신"을 기리는 행사에는 뉴저지 주지사를[29] 비롯한 450명 이상의 손님이 모여들었다. 그리고 코튼과 그의 의료진은 아직도 귓속에 울리는 축하의 말을 되새기며 끝이 없을 것 같은 제거 작업에 다시 돌입했다. 부유한 환자들은—다수는 다른 주에서 왔다—계속해서 트렌턴으로 몰려들어 코튼의 치료를 받았다. 급격히 증가한 수요에 대응하고 주정부가 주는 월급을 보충하기 위해 코튼은 시내에 개인 병원을 운영하면서 개인 환자들을 수술했다.[30]

부자들이 자발적으로 해독 치료를 요구했다면, 주립병원 병실에 그득한 가난한 환자들은 그 치료를 열망하지 않을 때도 있었다. 예컨대 마사 허위츠는 트렌턴 시내 뉴스트리트 24번지에 위치한 부모의 집에 있다가 1928년 12월 28일에 주립병원으로 옮겨졌다. 그녀는 1902년에 러시아에서 태어나 1921년에 미국으로 이주했으며 그로부터 약 4년 후에 결혼했다.

그러나 그녀의 남편은 술주정뱅이에다 무책임했다. 그는 "도박꾼이었고 환자를 위해 생계를 챙기려 하지 않았다. 심지어 그는 가구를 팔아 돈을 마련하려 했다."[31] 그는 두 달이 채 안 되어 그녀를 버렸고, 법원이 지시한 생계비 지급도 몇 달 만에 중단했다. 그녀의 부모가 자랑스럽게 말했듯이, "폴란드어, 유대어, 영어"를 읽고 쓸 줄 아는 영리한 여자였던 마사는 필라델피아에서 양재사洋裁師로 일하려 했다. 그러나 얼마 지나지 않아 그녀는 우울증에 빠져 일을 그만두었고, 간헐적으로 공격성을 표출했다. 필라델피아의 사립 정신병원과 바이베리 주립병원에서 짧은 기간을 보내며 일시적으로 호전된 그녀는 퇴원하여 부모의 보살핌을 받았다. 한동안 "그녀는 조용했고 문제를 일으키지 않았다." 그러던 어느 날 그녀는 넘어지면서 발목이 부러졌고, 갑자기 말이 많고 산만해져서 부모에게 주립병원으로 보내달라고 졸라댔다. 그리하여 그 날로 트렌턴 주립병원에 입원했다. 그녀를 초진한 의사는 "패혈성 정신병, 정신분열형"이라는 잠정적인 진단을 내렸고, 그녀는 신체 검사를 받았다. 그녀의 입 안에서 금을 채워넣어 치료한 치아 9개가 발견되었다. 하지만 다른 치아들은 건강해 보였고, "변비가 있냐고 질문하자 환자는 그렇지 않다고 했다." "국소 감염 제거와 통상적인 치료, 대증치료"가 지시되었고, 1월 4일에 그녀는 세 차례로 계획된 티푸스 백신 투여 중 첫 번째와 편도절제술을 받았고 여러 개의 치아를 뽑았다. 이 처치 이후 마사는 "조용했고 문제를 일으키지 않았다." 그리하여 몇 달 만에 그녀는 "회복" 판정을 받고 퇴원했다. 코튼이 자랑할 만한 또 하나의 성공 사례였던 것이다.

그러나 불운하게도 그녀의 정신상태 호전은 오래가지 않았다. 1929년 늦여름 남편과 이혼 협의를 하는 도중에 그녀는 쓰러져 다리가 부러졌다. 수술이 필요할 정도로 심각한 부상이었다. 이 모든 사건이 중첩되어 또 한 번의 위기가 닥쳤던 것으로 보인다. 10월 23일에 그녀의 어머니와 형제는 그녀를 트렌턴 병원에 재입원시키면서 그녀가 사고를 당한 이후 "매우 예민하고 신경질적이었으며, 우울했고 가끔씩 공격적이었다."고 호소했다. 마사는 트렌턴 병원에 또 입원하게 되리라는 생각을 하며 공황에 빠졌던 것이 분명하다. 그녀는 울면서 어머니와 싸웠고 "병원으로 돌아가느니 차라리 죽겠다."고 주장했으며 집 밖으로 달아났으나 다리의 석고붕대 때문에 붙잡혔다. 코튼의 조수인 J. B. 스프래들리는 입원 당시 그녀의 상태를 "우울해 보임. 용모 단정. 협조적임. 집에서의 비이성적 행동이 정신장애의 징표"라고 기록했다.[32]

병원의 임상 기록은 마사의 협조가 오래 지속되지 않았음을 보여준다. 입원 수속이 끝난 뒤에 그녀는 "저항했고 비협조적이었으며 이곳에 머물지 않겠다고 말했다."고 한다. 3일 후에 그녀는 다시 "집에 가겠다고 고집한다. 침대에 머물지 않으려 하고, 음식을 억지로 먹여야 한다. 저항하며 비협조적이다." 의사가 부인과 진찰을 시도하자 그녀는 격렬하게 저항하여 네다섯 명의 간호사가 제압해야 했다. 진찰 후에 그녀는 격리 병실로 옮겨졌다. 병실 기록을 보면, 11월 13일에 그녀는 "약간 흥분했으며 집에 가기를 원한다. 시간과 장소를 매우 잘 안다…… 상당한 자발성을 보이며…… 저항하긴 해도 공격적이지 않다." 그녀의 사례는 코튼의 또 다른 조수인 해럴드 매기에 의해 12월 12일 임상회의에 제출되었다. 그리고 영어가 유창하지 않은 그 가련한 여인은 모여 있는 정신과의사들 앞에서 짧게 인터뷰를 했다.

문 : 이리 와서 앉으세요. 나를 알죠?

답 : 나는 여기 머물기 싫어. 며칠만 있으려고 와요.

문 : 나를 기억하죠. 아니에요?

답 : 몰라요. 나가고 싶어요.

문 : 입 안을 좀 봅시다.

답 : 난 가짜 이빨이 있어요. 그 사람들이 빼내곤 했어. 이 옷은 다른 사람 거예요. 난 여기 머물 수 없어서 싸워. 내 형제가 나를 위해 와…….

문 : 몇 살이에요?

답 : 나는 서른 살이에요.

문 : 당신이 28년에 여기 있을 때 스물여섯 살이었어요. 좋아요, 좋습니다. 우리가 당신을 이해하지요.

그리고 그녀는 사람들의 손에 이끌려 밖으로 나갔다.

패혈성 정신병, 정신분열병. 착란형confused type. 이것이 판결의 요지였다. 그리고 일주일 후, 진단에 따른 임상적 귀결들이 나타나기 시작했다. 1919년 12월 19일의 임상 기록에는 간단히 "발치 – 완결"이라 적혀 있다. 그녀에게 남아 있던 치아 14개가 모조리 뽑혀나간 것이다. 이어서 의료진은 그녀의 "위장관"으로 관심을 돌렸다. "비록 새로 촬영한 X선 사진은 그녀가 과거에 입원했을 때 촬영한 사진보다 상태가 나아졌음을" 보여주었지만 말이다. 자신의 운명을 감지했던지 마사는 이후 며칠 동안 다리의 석고붕대를 벗겨내려고 필사적으로 애썼고, 울었고, 예민하게 굴었다. "그녀는 혼자만의 세계에 사는 것 같다. 가만히 있지 못하고 수시로 목적 없이 병실 안을 돌아다닌다. 극도로 저항적이고 비협조적이며, 모든 검사와 치료에 대해 공격적이고 심술궂다. 질문에 대답하지 않으려 한다……. 어깨를 으쓱하며 집에 가고 싶다고 말한다."

계속되는 정신적 문제를 기록하려는 직원들의 노력은 대체로 헛수고였다. 12월의 임상 기록에는 "망상이나 편집 성향은 나타나지 않는다. 환각과 착각은 나타나지 않는다."고 기록되어 있다. 그녀를 담당한 간호사는 이렇게 기록했다. "환자는 질문에 자발적으로 대답한다. 늘 조용하고, 독서를 좋아하고, 이성적이다." 며칠 뒤에 쓰인 노트는 확실히 대조적으로 "환자는 시간과 공간을 가늠하지 못한다."고 주장한다. 그러나 이 판정을 뒷받침하기 위해 언급한 유일한 증거는 마사가 언제 병원에 들어왔느냐는 질문을 받고 "달력을 보는 게 귀찮다."고 냉소적으로 대꾸했다는 것뿐이다. 더구나 바로 그 인터뷰에서 마사가 어디에 살고 몇 번 입원했느냐는 질문에 대하여 대답한 내용은 정확하다고 인정되었다. 더 나중에 쓰여 서류철에 추가된 쪽지를 보면, "그녀는 자신의 상태에 대한 통찰이 전혀 없다." 같은 자리에 끼워진 또 다른 쪽지에는 "환자의 극심한 비협조와 저항 때문에 그녀의 정신적 구조와 통찰력, 판단력을 충분히 확인하기가 불가능했다."고 적혀 있다.

그녀의 저항을 병리현상으로 정의하고 그녀가 의사의 진단에 동의하기를 거부하는 행동을 통찰력의 결여로 해석한 의료진은 마사의 기이한 정신상태에 더 강력한 노력을 기울이기 시작했다. 그녀는 결장 관장을 20회 연속으로 당했고, 그래도 그녀의 저항이 사라지지 않자 다시 한 번 20회의 관장이 실시되었다. 자궁경부 응고술과 함께 칼슘요법도 시도되었다. 패혈증 검사를 위해 그녀의 부비강에 관을 꽂았지만 결과가 음성으로 나와 그녀의 콧속에 대한 공격은 취소되었다. 결장 관장도 무효한 것으로 판명되었다. 그러므로 이제 더 심각한 수술이 시도될 치례였다. "그녀의 X선 사진은 병리현상을 보여주었고, (2월 20일에) 레인 수술이 실시되었다."(영국 외과의사 아버스노트 레인 경의 이름을 딴 그 수술은 장관의 "유착"을 제거하여 독성이 있을 수 있는 배설물의 통과 속도를 높이기 위한 수술이었다.)

마사 허위츠는 아마도 이런 외과적 공격들을 받고 정신을 번쩍 차렸던 것 같다. 이어진 기록을 보면, "그녀는 이제 호전되고 있고 예후는 좋다고 판단된다." 그리고 그녀는 1930년 6월 16일에 아버지와 함께 퇴원했다. 말할 필요도 없겠지만, 이로써 국소 감염 제거의 효과가 또 한 번 입증된 것이었다. 의료진이 보기에 그녀는 다시 한 번 회복되었다.

마사 허위츠의 경험은 많은 면에서 1920년대 말에 트렌턴 병원을 거친 환자들의 경험을 대표한다. 헨리 코튼은 어느 정도 "개인적으로 직접 경험한 바"에 고무되어 더 공격적으로 "제거" 작업에 임했다. 1928년 초여름에 코튼은 "협심증" 진단을 받았고, "(그의 좋은 친구인) 버밍엄의 토머스 C. 그레이브스 박사의 조언에 따라 1928년 8월에 생니(멀쩡한 치아) 몇 개를 뽑았다. 감염되지 않아 보였던 생니들을 뽑고 24시간이 지나자 주기외週期外수축extra systole(맥박이 두세 번에 한 번씩 없어지는 현상—옮긴이)이 사라졌다." 그러나 모든 것이 완벽하지는 않았다. "협심증 증상은 지속되었다……. 결국

1929년 7월에 마지막 생니 4개를 뽑았다……. 100 이하였던 혈압은 정상으로 돌아왔고 심장의 상태는 매우 좋아져서 그 여름에 생명보험에 들 수 있었다."[33] 코튼 자신에게 좋은 것은 당연히 환자들에게도 좋을 것이었다. 그는 이렇게 선언했다. 이제부터 "구강 감염에 대한 치료는…… 근본적이어야 한다."[34] 즉, 과거보다 더 근본적이어야 했다. 의사와 치과의사와 대중에게 치근관root canal 치료, 치관crown 등의 위험성을 교육하는 일이 절실히 필요하다고 코튼은 다시 한 번 강조했다. 만일 감염된 치아가 남아 있디면 신체의 깊숙한 곳에 숨어 있는 감염 원천을 제거하는 작업이 효과를 발휘하지 못할 것이었다.[35] 이제 코튼은 뽑아낼 치아를 결정하기 위해 직접적인 관찰이나 X선 사진에 의지하는 것은 "신뢰할 수 없는" 방법이라는 결론에 도달했다. 그리하여 트렌턴 의료진은 백혈구의 개수가 정상보다 많으면 치아를 뽑아야 한다고 판단하게 되었다. 매복한 사랑니의 감염 여부를 직접 증거에 의존하여 판단하는 것도 불충분한 방법이었다. 따라서 "우리는 그 치아를 뽑을 때 대체로 우리의 경험에 의지하여 시술을 정당화해야 한다." 그 정당화는 거의 식은죽먹기였다. 왜냐하면 "우리는 매복한 제3 뒤어금니(사랑니)를 뽑은 후 24시간 내에 회복된 환자를 많이 열거할 수 있기" 때문이었다.[36]

뿐만 아니라 코튼은 "감염의 경중은 편도를 제거해야 하는가를 결정하는 데 신뢰할 수 있는 지표가 아니다. 경험을 통해 우리는 조금이라도 감염된 편도는 적출할 필요가 있다는 확신에 도달했다."[37] 그러나 유감스럽게도 그런 근본적인 처치도 환자를 회복시키기에 충분치 않은 경우가 있었다. 그러나 코튼은 자신의 접근법을 의심하기는커녕, "일부 사례에서는 감염된 치아와 편도의 제거가 해로운 효과를 산출하고, 또 다른 일부 사례에서는 아무 효과도

현대 정신의학 잔혹사

산출하지 않는다는 사실로부터 논리적으로 추론할 수 있는 것은 감염이 신체의 다른 부위로 전이되었고, 따라서 그 부위를 수술해야 한다는 것이다."라고 판단했다.[38]

마사 허위츠의 반복된 입원과 퇴원이 대표하는 일시적 호전과 잇따른 재발 사례는 코튼이 보기에 그의 치료법을 지지하는 또 다른 증거였다. "아마도 각각의 개인은 몸 전체에 특정 양의 독소를 갖고 있고, 자신의 면역력으로 그 독소를 중화할 수 있을 것이다. 그러나 그 독소가 과다해지면 병이 발생한다." 몇 개의 감염 원천을 잘라내면 일시적인 호전과 단기적이지만 실제로는 완전한 회복이 이루어질 수 있다. 그러나 더 깊숙이 있는 감염이 다시 성장하면 병이 재발할 여지가 매우 크다.[39] 코튼의 반대자들은 이 재발이 코튼의 주장을 반박한다고 생각할지도 모르지만, 오히려 진실은 코튼이 보기에 정반대이다. 오로지 완벽한 청소만이 충분한 처치다. 비판자들이 코튼의 성취를 재현하지 못한 것은 모든 감염의 흔적을 말끔히 청소하는 데 실패했기 때문이다. 코튼처럼 집요하고 철저하지 못했기 때문이다.

코튼은 외과적 치료가 충분히 근본적이지 않을 때 발생하는 결과를 이야기하기 위해 3건의 사례를 언급했다. 예컨대 한 환자는 15세에서 22세 사이에 무려 다섯 번이나 정신질환이 발생했지만 무사히 회복되었다. 병이 여섯 번째 재발하자 의료진은 장관의 독성 불질을 씻어내기 위한 결장 관장술로 환자를 치료했다. 그러나 환자의 가족은 치과 처치를 하는 것에는 동의하지 않았다. 그 결과 회복은 단지 일시적이었고, 환자는 곧 다시 돌아왔다. 1929년 7월에 아래어금니 6개를 뽑아 약간의 호전을 성취할 수 있었다. 하지만 티푸스 백신 치료와 나머지 치아를 모두 뽑은 후인 11월에야 코튼은 환자가 회복되었다고 판정할 수 있다고 생각했다. 그리고 며칠 후에 그는 논문을 써서 이 사례를 보고했다.

근본 원리를 예증하는 또 다른 소중한 사례는 "초조우울증agitated depression"을 앓는 18세의 이탈리아 소녀였다. 의료진은 그녀의 위어금니들과 아래어금니들을 성공적으로 뽑았고 편도절제를 했으며 부비강 속의 액체를 뽑아냈고 감염된 자궁경부를 치료했으며 개복수술을 통해 장의 유착을 제거했다. 그러나 이 모든 처치를 했는데도 병세는 호전되지 않았다. 몇 달 후 코튼은 남아 있는 치아를 모조리 뽑으라고 지시했고, 그 결과는 급속한 회복이었다. 이 사례는 1928년 7월 14일에 입원한 50세의 기혼 여성을 치료하며 얻은 경험과 비교된다. 그녀는 3개월째 초조우울증을 앓고 있었다. 그녀에 대한 치료 조치로 편도절제와 정기적인 결장 세척이 실시되었고, 혈청·백신 요법과 칼슘요법이 처방되었고, 자궁경부 응고술을 실시했고, 세 차례에 걸쳐 수혈을 했고 자외선을 쬐었다. 그러나 아무 효과가 없었다. 8개월 동안 치료가 진행되었으나 눈에 띄는 성과가 전혀 없는 상황에서 의료진은 1929년 3월 8일에 치아를 추가로 13개 뽑았고 부비강의 고름을 뽑아냈다. 그녀는 그 다음달에 회복되어 퇴원했다.[40]

실제로 헨리 코튼은 10년 넘게 축적한 경험과 근본적 치료의 효과에 대한 그 자신의 직접적인 체험을 통해 이제는 더욱더 공격적으로 문제에 접근해야 할 때라는 확신에 도달했다. "치과학계는 아직도 발치에 대한 공포심을 가지고 있다. 그 보수성은 많은 면에서 개탄스럽다."고 그는 불평했다.[41] 그가 부끄러운 듯이 시인했듯이, 그 자신도 한동안 자신의 신념을 실천에 옮길 용기가 없었다. 그러나 이제 그는 더 잘 알게 되었다.

많은 치과의사들은 생니(즉 건강한 치아)를 뽑는 것을 꺼린다. 우리

　　　　　　　　　　　현대 정신의학 잔혹사

도 몇 년 동안 그 관행을 따랐다. 그러나 작년에 우리는 치료에서 많이 실패한 것이 감염된 치아만 뽑고 생니는 구강 안에 남겨둔 데서 비롯되었다는 점을 발견했다. 지금은 환자가 감염된 치아를 상당수 가지고 있다면 구강 내의 모든 감염을 제거하기 위해 치아를 전부 뽑아야 한다는 것이 우리의 규칙이 되었다……. 필연적으로 우리는 더 근본적이게 되었다.[42]

그런 조치가 너무 과도하다고 불평하는 사람도 있을 것이다. 그러나 정반대로 "우리는 지금까지 완전 발치를 처방하고서 후회한 적이 없다. 또 회복되고 나서 우리가 치아를 뽑은 것을 비난한 환자는 한 사람도 없었다……. 오히려 환자들은 감염이 완전히 제거되었고 더 이상 문제가 생길 여지가 없다는 것을 알고 만족스러워했다." 이런 원리를 염두에 두면 코튼의 치료법을 더 확대해야 한다는 결론이 저절로 나온다. 12세에서 15세 사이의 아동 전체에 대한 치과 검사가 실시되어야 한다. 이를 통해 한 세대 전체가 정신장애라는 천형에서 벗어날 수 있을 것이다. "물론 편도 감염은 아주 잘 인지된다. 그리고 오늘날 편도 적출을 받지 않는 아동은 거의 없다. 그러나 치과 조치는 아직 부족한 부분이 많다……. 이는 국민의 건강을 위태롭게 하는 위험 요인이다……. 우리는 대중에게 구강 감염의 심각성을 교육할 의무가 있다." 그리고 어쩌면 예방 발치 캠페인을 벌여야 한다. 코튼 자신은 이미 두 아들과 아내에게 그 합리적인 예방 조치를 가한 바 있다. "매복 어금니들을 이른 나이에 제거하면 다른 치아들을 보존할 수 있는 경우가 많다. 그러나 그 매복 어금니들이 구강에 남아 있으면 감염이 다른 치아로 퍼질 가능성이 매우 높고, 따라서 조만간 완전 발치를 실시해야 한다."[43]

전면적인 치아 제거는 고름 감염의 위험에 대한 효과적인 공격의 전제조건이었지만, 그것이 그 자체로 항상 충분한 조치인 것은 확실히 아니었다. 1930년대가 밝아오자 코튼은 "우리는 한 가지 방법에만 의존하여 성과를 내는 것이 아니"라는 주장을 재개하고 "우리는 여러 방법의 조합으로 성취를 이루며, 그 방법은 모든 감염 원천을 제거하는 것을 목표로 삼는다."고 선언했다.[44] 최근에 트렌턴 병원에 입원한 환자 500명을 조사해보니, "3,550개의 병증이 발견되었다. 즉 일인당 평균 7개의 병증을 가지고 있었다."[45] 그리하여 과거에 구강의 병증에 대해 더 강력하게 공격해야 했던 것과 마찬가지로, 이제는 신체의 다른 부위에 더 강력하게 개입하는 것이 불가피해 보였다. "왜냐하면 구강에서, 특히 치아와 편도에서 기원한 감염이 신체의 다른 부위로 전이되어 이차 국소 감염을 일으키는 것이 확실하기 때문이다."[46]

코튼의 의료진은 전보다 더 면밀히 검사하여 "여성 환자의 약 76퍼센트에서 자궁경부 감염을" 발견했고, 그 문제를 처리하기 위해 혁신적인 기법을 채택했다. 그것은 마사 허위츠가 받았던 열치료 diathermy treatment였고, 이 치료법은 "환자를 성공적으로 회복시키는 기법"인 것처럼 보였다.[47] "하부 장관, 특히 결장"의 문제는 더 흔하다는 사실이 밝혀졌다. "만성 감염의 독성이 결장 근육에 작용하여 일어나는 운동 부진과 지체는…… 최소한 86퍼센트"의 남녀 환자에게서 나타났다. 그런 환자들은 "장 정체와 독소혈증을 드러낼 것이다." 이 병증은 코튼이 이제껏 생각했던 것보다 훨씬 더 흔하게 정신질환의 원인이 된다. 치아와 편도 제거, 위 속 내용물에서 추출한 백신을 이용한 공격적인 치료는 어느 정도 호전을 일으키리라 기대할 수 있으나, 근본적인 문제는 존속한다. 심지어 환자들이 변비를 호소하지 않아도 추가적인 검사가 필요했다. 왜냐하면 그런 환자들의 사례에서도 "X선 검사는 매우 심각한 비정상적 상

태를 보여주었기" 때문이다.[48]

다행스럽게도 "많은" 사례에서는 "한 번에 60~75리터의 관장제를 쓰는 대규모 결장 관장술과 열치료와 모스 사인 파동Morse Sine Wave 처치로 이루어진 물리요법을 통해" 감염이 심화되고 그에 따라 정신질환이 발생하는 과정을 차단할 수 있었다.[49] 코튼은 이런 치료들이 얼마나 중요한지 깨달은 후 간호사 12명을 배정하여 그 치료를 전담하게 했고, 이틀에 한 번꼴로 관장용 네이블과 관, 열치료 장치, 모스 사인 파동을 사용한다고 자랑했다. 이 치료법들은 많은 사례에서 "결장의 근육운동을 회복"시켰다. 하루에 무려 6시간에서 8시간 동안 환자들을 관장한 그 간호사들은 지난 1년 동안 거의 1,000건의 시술을 해냈다. "그리고 이 일은 매우 고되고 지루할 수 있겠지만, 그로부터 산출된 효과가 너무나 훌륭하여 그들은 이 일에 큰 흥미를 나타낸다." 심지어 여러 해에 걸친 변비 병력을 가진 환자들도 그 치료를 받았고, 이제 그들은 민첩한 배변능력을 회복했다고 코튼은 주장했다.[50] 그러므로 이제부터 "모든 환자가 입원하자마자 결장 관장술을 받는 처치는 되도록 신속하게 병원의 관행으로 자리 잡아야 한다."[51]

대개는 네다섯 달에 걸쳐 물리요법을 두 번씩 받는 것으로 긍정적인 효과를 얻기에 충분했다. 그러나 이 모든 노력이 이루어진 후에도 병이 호전되지 않으면 더 극단적인 외과적 조치가 필요했다. 이는 까다로운 사안이었다. 코튼은 그가 1918년에서 1925년까지 의지했던 결장절제술이 약 30퍼센트의 사망률을 산출했다는 사실을 상기했다. 비록 "그때는 그것이 유일한 방법으로 보였지만" 말이다. 물론 그 수술은 30퍼센트의 회복률을 산출하기도 했다. 그러나 "사망률은 충분히 중요한 지표이므로 가능한 한 그 수술을 자제해야 한다는 것을 우리는 인정해야 했다." 물론 당시에 제기된 또 다른 비판, 즉 "결장을 제거한 환자는 만성 병약자가 될 것"이라는 비판은 "사실무근이라는 것을 우리는 발견했다."[52] 이제 많은 경험을 통해 코튼은 무반응non-responsive 환자에 대하여 보수적인 치료법을 쓰는 것은 옳지 않다는 결론에 이르렀다. 결장을 잘라낸다고 해서 회복이 보장되는 것은 아니지만, "절제 후에도 정신적 문제가 치유되지 않은 환자들조차도 자신이 적어도 장의 상태에서만큼은 완벽하게 건강"하다는 것을 생각하며 위안을 삼을 수 있을 것이다.[53]

그리하여 개복수술은 다시 한 번 트렌턴 병원 치료 프로그램의 핵심 요소가 되었고, 그 병원의 수술실과 치과 치료용 의자와 각종 실험실은 다시 분주하게 움직였다. 볼티모어에서 필리스 그린에이커의 보고서와 맞닥뜨렸던 일은 이제 헨리 코튼에게 씁쓸한 기억 정도에 지나지 않았다. 아돌프 마이어는 더 이상 코튼이나 트렌턴 병원 이사회를 압박할 생각이 없어 보였다. 모든 불안과 근심을 털어낸 코튼의 거대한 실험은 전보다 더 활기 있게 진행되었다.

---

1 이 결의문의 사본은 아돌프 마이어의 문서에 보존되어 있다. CAJH III/114/1.
2 Sanger Brown, "Presidential Address," *Psychiatric Quarterly* 1(1927), 9쪽.
3 마이어의 서류에는 7월 21일 목요일에 에든버러에서 있을 영국 의사협회 연례 저녁식사 모임에 참석해달라는 초대장도 들어 있었다. 그러나 그는 런던에 머무는 쪽을 선택했다.
4 코플로프가 마이어에게 보낸 편지, Meyer Papers, CAJH I/2179/1.
5 마이어가 코플로프에게 1928년 1월 12일에 보낸 편지, Meyer Papers, CAJH I/2179/1.
6 아돌프 마이어가 헤르만 마이어에게 1927년 10월 27일에 보낸 편지, Meyer Papers, CAJH IV/3/239.
7 아돌프 마이어가 헤르만 마이어에게 1927년 4월 10일에 보낸 편지, Meyer Papers, CAJH IV/3/237.

현대 정신의학 잔혹사

8 아돌프 마이어가 커트 리히터에 관하여 1928년 5월에 쓴 메모, Meyer-Greenacre correspondence, Meyer Papers, CAJH Series XV.

9 그린에이커가 마이어에게 1928년 9월 10일에 보낸 편지, Meyer Papers, CAJH Series XV.

10 같은 곳.

11 아돌프 마이어가 헤르만 마이어에게 1927년 10월 27일에 보낸 편지, Meyer Papers, CAJH IV/3/239.

12 같은 곳.

13 아돌프 마이어가 헤르만 마이어에게 1927년 11월 17일에 보낸 편지, Meyer Papers, CAJH IV/3/240.

14 아돌프 마이어가 헤르만 마이어에게 1927년 12월 12일에 보낸 편지, Meyer Papers, CAJH IV/3/240. 몇 개월 후 그는 약간 죄책감을 느낀 듯 사적인 메모에서 이렇게 고백했다. "그린에이커 박사는 실험실 책임자 겸 강사가 되어야 했다……. 옳든 그르든 나는 그녀를 완전한 직원이라기보다 잠재적인 직원으로 여겼다, 가족으로서의 책임감 때문에." Meyer-Greenacre correspondence, note, no date(1928), Meyer Papers, CAJH Series XV. 그녀가 경험을 쌓았고 그를 위해 매우 값진 일을 했는데도 그는 몇 년 동안 그녀를 승진시키지 않았다. 그로 인해 그녀의 직위와 소득은 책임에 비해 훨씬 뒤처졌다.

15 그린에이커가 마이어 부인에게 1928년 1월 3일에 보낸 편지. 그린에이커는 마이어 부인에게 감사의 말을 전했다. "적절한 시기에 매우 실질적인 도움을 베풀어주어 감사합니다. 사모님이 아시는 것 이상의 다양한 방식으로 제게 매우 큰 도움이 되었습니다……. 제 첫 번째 행동은 오랫동안 달게 잔 것이었습니다. 아이들은 대체로 스트레스 없이 이사했습니다." Meyer Papers, CAJH Series XV.

16 그 일은 "핍스 클리닉에서의 집중적인 연구와 아주 딴판이었습니다." 하고 그녀는 말했다. 그린에이커가 마이어에게 1928년 1월 17일에 보낸 편지, Meyer Papers, CAJH Series XV. 시간이 지날수록 그녀의 소외감은 깊어만 갔다.

17 1996년 8월 15일에 전화로 진행한 피터 리히터 박사와의 인터뷰. 마이어에게는 매우 불쾌하게도 그의 제자들 중 상당수는 볼티모어를 떠난 후 정신분석으로 전향했다. 그로 인해 마이어와 프로이트 이론 사이의 골은 더 깊어졌다.

18 마이어는 그린에이커가 이 제안을 수락하도록 무척 애썼다. 그는 그 직책을 제안하는 내용의 편지에 손으로 쓴 다음 쪽지를 덧붙였다. "당연히 그 일은 10월에야 시작될 수 있을 것이네. 나는 B. 양이 9월 말에 떠날 것이라고 말할 수 있네. R. 박사도 떠날지는 미지수라네. 나는 그가 러시아로 가서 원래 보고 싶어했던 파블로프 실험실에 머물면서 러시아에서 일자리를 알아보기를

바라네. 아직 그를 대신할 인물을 찾는 데 어려움을 겪고 있네. 내게 남아 있
는 존스홉킨스 대학 재직 기간 동안 조화롭고 활발한 연구진을 지휘하기를 정
말 간절히 원하네. 그러므로 나는 그 방향으로 모든 노력을 다할 것이네." 그
러나 편지의 본문에서 그는 사정이 여의치 않음을 시인했다. "당연히 나는 자
네가 떠나서 무척 슬프네. 그러나 불가피한 일이라면, 자네는 마음의 평화를
찾기 위해 노력해야겠지." 마이어가 그린에이커에게 1928년 6월 15일에 보낸
편지, Meyer Papers, CAJH Series XV.

19 다시 핍스 클리닉의 직원으로 복귀하라는 제안을 받은 그린에이커는 이렇게
답장했다. "저는 가능하다면 복귀하고 싶습니다. 핍스 클리닉은 제가 항상 관
심과 애정을 두고 있는 곳이기 때문입니다……. 그러나 그 고통스러운 기억들
이 떠오르는 물리적 상황을 제가 다시 대면할 수 있을지 의문입니다……. 지
난 1년 반 동안의 일을 생각하면 온몸이 떨립니다." 그린에이커가 마이어에게
1928년 2월 29일에 보낸 편지. 6주 후에 그녀는 마음을 정했다. "그 제안은 상
당히 매력적이고, 저는 복귀를 원해야 마땅할 것입니다. 그러나 복귀를 시도하
지 않기로 결정했습니다. 왜냐하면 아직도 감정의 동요가 너무 많이 일어나기
때문입니다. 또 제가 관습적인 외양에 맞게 살 수 있을지도 의문입니다…….
저의 개인적인 감정을 노출하는 위험을 무릅쓰고 싶지 않습니다." 그린에이커
가 마이어에게 1928년 4월 17일에 보낸 편지, Meyer Papers, CAJH Series XV.
복귀하여 정신분열병 연구를 지휘하라는 제안에 대해서는, 마이어가 그린에이
커에게 1928년 6월 15일에 보낸 편지, Meyer Papers, CAJH Series XV 참조.

20 리히터의 과학적 영향력과 지위, 그의 연구의 주요 특징에 관한 간단한 요약
은, Jay Schulkin, Paul Rozin, and Eliot Stellar, "Curt Richter, Feburary 20,
1894~December 21, 1988," in *Biographical Memoirs*, vol. 65(Washington,
D.C. : National Academies Press, 1994) 참조. 저자들은 "리히터는 20세기 미
국에서 가장 뛰어난 정신생물학자"라고 주장한다.

21 마이어는 특유의 불명료한 산문으로 이렇게 논평했다. "R박사는 확실히 내
쪽으로 입장을 바꾸었고, 그가 지도하는 학생들은 1학년과 2학년 모두 더 우
호적인 정신을 가진 것 같네. 나는 그것이 단지 정치적인 선택이라고 생각하
지 않네. 그가 처음으로 공정한 마음으로 교육에 임했다고 생각하며, 나는 무
거운 짐을 던 것 같네." 마이어가 그린에이커에게 1928년 2월 20일에 보낸 편
지, CAJH Series XV.

22 필리스 그린에이커는 1983년 12월의 인터뷰에서 내게 이 점을 여러 번 강조
했다.

23 1928년 2월 29일에 마이어에게 보낸 편지에서 그린에이커는 "핍스 클리닉은
제게 다른 어느 곳보다 더 친숙한 고향 같은 곳"이라고 말했다. Meyer Papers,

CAJH Series XV.

24 그린에이커가 마이어에게 1928년 1월 17일, 2월 29일, 3월 6일, 4월 17일, 5월 15일, 9월 10일과 19일, 10월 2일과 25일, 1929년 5월 15일과 27일, 6월 3일(전보)과 20일, 1930년 6월 18일과 21일에 보낸 편지, Meyer Papers, CAJH Series XV 참조. 또한 리히터가 그린에이커에게 1928년 8월 23일에 보낸 편지와 그린에이커가 리히터에게 1928년 9월 13일에 보낸 편지의 사본을 그녀는 9월에 마이어에게 보냈다. 그 사본들도 참조하라. Meyer Papers, CAJH Series XV. 이 편지들에서 분명히 드러나듯이 그린에이커와 마이어는 그녀의 사정을 논의하기 위해 여러 번 만났고, 최소한 한 번은 마이어와 그린에이커, 리히터가 자녀 양육에 관한 문제를 해결하기 위해 함께 만났다.

25 마이어가 그린에이커에게 1927년 1월(?), 1928년 2월 20일, 1929년 5월(?), 6월 21일, 8월 28일에 보낸 편지, Meyer Papers, CAJH Series XV.

26 마이어는 리히터에게 그의 애인인 "B양이 떠나도록" 조치하라고 주장했다. 마이어는 그녀를 "어리석은 젊은 여자"라고 칭하면서 이렇게 덧붙였다. "나는 그 여자를 나무라고 싶지 않았기 때문에, 그녀가 실험실에서 성취한 바를 내가 인정하는 것과 별도로, 그녀가 적당한 시기에 퇴직해야 한다고 생각하네. 그(리히터)는 그녀에게 다른 일자리를 구해달라고 부탁했고 내년에는 그녀가 없을 것이라고 말했네." 마이어가 그린에이커에게 1928년 2월 20일에 보낸 편지, Meyer Papers, CAJH Series XV. 그러나 1년이 넘게 지나도록 마이어는 완전히 수동적인 태도로 일관했다. 리히터는 처음에 존스홉킨스 대학을 떠나겠다고 말했으나, 나중에 마음을 바꿔 머물기로 했다고 선언했다.

27 그린에이커는 마이어에게 이렇게 말했다. "저는 그곳(볼티모어)으로 잠깐이라도 돌아가면 우울증이 생겨 여러 주 동안 고생할 것 같아요. 결국 제게 면역력이 생기리라는 것을 알지만, 그 과정은 놀라울 정도로 느린 것 같습니다……. 뿐만 아니라 갈등을 유발할 게 뻔한 환경 속으로 아이들을 지금 다시 데려가기가 주저됩니다. 우리가 새 동네에서 살고 있기 때문에 아이들은 이제 커트가 함께 살지 않는 것을 받아들였습니다. 그러나 아이들은 우리가 볼티모어로 돌아가면 커트와 함께 살게 된다고 믿고 있습니다." 그린에이커가 마이어에게 1928년 9월 10일에 보낸 편지, CAJH Series XV.

28 마이어가 레이크로프트에게 1927년 12월 1일에 보낸 편지, Meyer Papers, CAJH I/3215/3.

29 레이크로프트가 마이어에게 1927년 12월 8일에 보낸 편지, Meyer Papers, CAJH I/3215/3. 레이크로프트는 이런 약속도 했다. "나는 코튼 박사와 스톤 박사를 다그쳐 그린에이커 박사의 보고서에 대한 병원의 답변서를 우리가 오래 전에 합의한 방향으로 작성하게 할 계획입니다. 나는 사태를 이대로 놔두

는 것을 결코 원치 않습니다." 그러나 사태는 그대로 방치되었고, 어느 쪽도
더 이상 문제를 제기하지 않았다.

30 Leiby, *Charity and Correction*, 223쪽.

31 Trenton State Hospital, case notes, patient record 26359(다른 곳에서와 마
   찬가지로 여기에서도 환자의 사생활을 보호하기 위해 성명의 첫 철자와 마지
   막 철자를 뺀 나머지 부분은 가명으로 바꾸었다).

32 Trenton State Hospital, case notes, patient record 27156(환자는 매번 입원
   할 때마다 새 번호를 부여받았다).

33 Henry A. Cotton, "Oral Infection," reprint of an address to the 55th Annual
   Meeting of the New Jersey Public Health and Sanity Association, Asbury Park,
   December 3, 1929, 6쪽.

34 같은 곳, 9쪽.

35 같은 곳, 10쪽.

36 같은 곳, 7~8쪽.

37 같은 곳, 8쪽.

38 같은 곳, 8~9쪽.

39 같은 곳, 7쪽.

40 같은 곳, 3~5쪽.

41 같은 곳, 3쪽.

42 같은 곳, 4쪽. 또한 Henry A. Cotton, "Gastro-intestinal Stasis in the
   Psychoses," *Proceedings of the Fifth International Congress of Physiotherapy*,
   14~18 September, 1930, 1~2쪽 참조.

43 같은 곳, 10쪽.

44 Cotton, "Gastro-intestinal Stasis," 6쪽.

45 같은 곳, 1쪽.

46 같은 곳, 8쪽.

47 같은 곳, 2쪽.

48 같은 곳, 4쪽.

49 같은 곳. "모스 사인 파동" 요법이란 운동이 저하된 결장을 전기를 이용하여
   자극하는 방법을 말한다.

50 같은 곳, 6쪽.

51 같은 곳, 2쪽.

52 같은 곳, 5쪽.

53 같은 곳.

장렬한 최후

주립병원의 원장으로 있는 대부분의 정신과의사들과 마찬가지로 헨리 코튼은 병원의 모든 일과 관련하여 독재적인 권력을 누렸다. 트렌턴 병원의 원장으로 20년 넘게 재직한 그는 고분고분한 직원들과 패혈증을 뿌리뽑는 전쟁에 대한 의욕을 공유한 의사들의 지지를 받으며 1930년대 벽두에 최고의 권위를 가졌을 것이 분명하다. 그러나 불과 몇 달 만에 전혀 예기치 않은 방향에서 위협이 들이닥쳐 그의 힘을 축소시키고, 그를 "명예 원장 겸 연구 책임자"라는 신설된 직위로 좌천시키게 된다.

역설적이게도, 일반 대중에게 고름 감염의 위험이 성공적으로 알려지고 많은 사람들이 광기를 수술로 고쳤다는 코튼의 주장에 관심을 기울이게 된 것이 문제의 발단이었다. 코튼이 국소 패혈증의 중요성을 깨닫고 획기적인 치료법을 개발했다는 소식은 일찍부터 널리 퍼져 뉴저지 바깥에서도 수많은 환자들이 기적의 치유를 찾아 트렌턴으로 몰려들었다. 처음 이 타주他州 환자들은 트렌턴 주립병원에 수용되었고, 주정부는 그들에게 치료비와 입원비 외에도 건강 할증금을 추가로 부과했으며, 코튼은 이로 인해 정부가 얻는 뜻밖의 경제적 이득을 소리 높여 자랑했다. 그러나 얼마 지나지 않아 코튼의 치료를 원하는 환자의 수는 주립병원의 수용력을 초과했다. 뿐만 아니라 코튼도 자신이 추가 소득을 올릴 기회가 왔음을 모를 리 없었다. 브라이트 위원회가 병원에서 발생한 사건을 조사할 당시에 코튼은 이미 부유한 환자들 다수를 시내의 사립 요양시설로 분산해둔 상태였다. 그곳에서 그는 발치와 편도설제를 감독하고 개복수술을 집도하면서 짭짤한 소득을 올렸다.

이 같은 사적인 활동은 새로운 것이 아니었고 병원 이사회도 그 활동을 모르지 않았을 것이다. 그러나 그럼에도 그것은 공격당하기 쉬운 약점이었다. 어쨌든 코튼은 주정부에 전업으로 고용되어 수백 명의 환자를 수용한 주립병원을 관리하는 대가로 상당히 많은 월급(그리고 추가로 주택과 생계비)을 받는 신분이었으니까 말이다. 활기찬 1920년대에는 그가 사적인 진료를 통해 과외 소득을 올린다는 사실에 아무도 시비를 걸지 않았지만, 대공황으로 분위기가 바뀌자 많은 민간 의사들이 코튼의 이중 소득에 대해 불만을 품기 시작했다. 코튼의 행동이 비윤리적이며 세금납부자들에 대한 모욕이라는 불평이 뉴저지 주 의학회와 정치권에 접수되었다. 코튼은 "돈과 명예를 얻은 사람을 질투하는" 짓거리라고 일축하려 했다.[1] 그러나 문제제기는 수그러들지 않았다.

트렌턴 병원 이사회는 점점 더 큰 압력을 받게 되었다. 7월 10일 이사회 모임에서 정부 소속 의료인의 "사적인 외부활동"에 관한 법규가 최근에 공포되었다는 지적이 나왔으며, 레이크로프트 박사와 메크레이 박사, 질 박사로 이루어진 이사회 산하 의료위원회는 코튼과 뉴저지 주 기관 및 단체국 감독관과 상황을 논의하라는 지시

　　　　　　　　　　　　　　　　　　현대 정신의학 잔혹사

를 받았다. 결국 1930년 7월 31일에 열린 이사회 특별 모임에서 코튼을 23년 만에 병원장직에서 물러나게 한다는 결정이 내려졌다. 이사회 회의록을 보면, "이사회와 코튼 박사는 그가 주州를 위해 정신질환 연구와 예방 분야에서 일할 수 있도록 조치를 취하기를 바란다. 따라서 코튼 박사가 행정적인 부담 없이 연구와 예방 활동에 전념할 수 있도록" 이사회는 그를 "명예 원장"으로 임명했다. 그리하여 코튼은 "생계비를 제외한 현재의 급여를 그대로 받으면서 임상에 관한 조언과 연구를 하게" 되었다. 행정적인 절차가 처리되어야 했으므로 이 결정은 1930년 10월 1일에야 완전히 실현되었다.[2]

이 절충안은 서로 체면을 구기지 않으면서 난처한 딜레마를 벗어나는 묘책이긴 했지만, 그로 인해 병원의 치료 원칙에 큰 변화가 생길 것 같지는 않았다. 실제로 코튼은 병원에 대한 독재적인 통제권을 잃었지만, 이사회는 그의 열정적인 추종자인 로버트 스톤을 후임 원장으로 임명했고, 트렌턴 병원이 이사회의 승인하에 오랫동안 실행해온 코튼의 치료법에서 한 발 물러나는 듯하다는 인상은 전혀 없었다.[3] 그리하여 코튼은 비록 거처를 병원 밖으로 옮겼고 병원의 일과에 대한 직접적인 권위를 잃었지만, 자신의 치료 프로그램은 사실상 변함 없이 유지되리라고 확신할 수 있었다.

그는 마이어에게 그 같은 신상의 변화가 그 자신의 의사에 따른 것이라고 말했다. 그는 스승에게, "23년 만에 주립병원의 집행 업무에서 물러났습니다. 이사회는 저를 명예 원장 겸 연구 책임자로 임명했습니다. 저는 병원의 수장으로 활동하는 동안 글을 쓰고 제 자료를 검토할 시간을 가질 수 없었기 때문에 이런 변화가 바람직하지 않은가를 한동안 곰곰이 생각했습니다."라고 전했다. 코튼이 그 변화를 환영한 다른 이유도 있었다. 코튼 부부는 프린스턴에 주택을 구입했고 11월에 이사를 할 예정이었다. "병원에서 31년을 보내고 나니 이제는 이삼 년 동안 병원 밖에서 지내도 좋지 않을까 생각했습니다." 또 건강 문제도 있었다. 그의 건강은 "한두 해 전보다 훨씬 좋아졌지만, 그래도 제 건강상태로 과거에 했던 업무를 감당하기에는 부족하다고 느낍니다." 모든 면을 고려할 때, "지금은 집행 업무에서 물러나기에 적합한 때"인 것 같았다.[4]

이제 일상적인 행정 업무에서 벗어난 그는 자신에게 진실로 중요한 일에 더 집중할 수 있을 것이었다. "저는 업무 장소를 실험실로 옮겼고, 이제 첫사랑 곁에 돌아왔습니다. 제 모든 시간을 임상·병리 연구와 예방 사업에 바칠 것입니다." 특히 그는 치료활동의 확장을 간절히 바라고 있다고 마이어에게 전했다. 왜냐하면 "우리가 저지른 몇 가지 심각한 실수를 발견하여 수정했기" 때문이었다. "이제 불상사 없이 일을 계속할 수 있다고 저는 생각합니다."라고 코튼은 덧붙였다.[5]

그러나 코튼이 즉시 분명히 말했듯이, 그 "실수"는 작위적인 것이 아니라 부작위적인 것이었다. 1927년 가을에 영국에서 돌아온 이후 트렌턴에서 얻은 경험은 "우리의 발치 작업이 충분히 철저하지 않았으며 근본적인 실수는 X선 검사나 직접적인 관찰로 감염의 증거를 확인할 수는 없지만 감염된 것이 확실한 치아를 뽑지 않은 것"이라는 점을 입증했다. 그는 또 한 번 자신의 직접 경험을 확실한 예증으로 언급했다. "1년 전에 마지막으로 남은 아랫니 4개를 뽑은 후 제 심장병 증상은 완전히 사라졌고 재발하지 않았습니다. 아마 선생님께도 말씀드렸겠지만, 저는 아주 심각한 협심증 때문에 1년 가량 일을 할 수 없었습니다. 그러나 협심증은 재발하지 않았고, 모든 검사는 제 상태가 한결같이 호전되고 있음을 보여주었습니다." 환자들이 지닌 패혈증에 대한 가차없는 공격도 그와 똑같이 유익했다. "우리는 환자에게 남아 있는 치아를 뽑음으로써 많은 실

현대 정신의학 잔혹사

패 사례를 성공 사례로 바꾸었습니다. 또한 결장의 상태를 바로잡는 일이 필수적이라는 점을 발견했습니다. 그 일이 반드시 결장절제술로만 이루어져야 하는 것은 아닙니다. 장관의 유착을 제거하는 방법도 쓸 수 있으며, 일부 사례에서는 효과를 거두기 위해 그 방법을 두 번 써야 합니다."6

마이어는 "행정 업무를 벗어나 방해받지 않고 연구에 몰두하게 된 당연한 변화를 축하"하는 한편, 코튼이 계획한 더 공격적인 수술 프로그램에 대해서는 일말의 염려도 표현하지 않았다. 마이어는 슬픈 듯이, "나도 그렇게 물러날 수 있으면 좋겠군. 그러나 내게 그런 지시를 내리는 상급자가 없다네." 하고 덧붙였다(이는 솔직하지 않은 말이었다. 마이어는 일반적인 은퇴 연령이 훨씬 지난 다음까지 필사적으로 자기 직위를 고수했다).7

몇 달 전에 마이어는 코튼의 요청으로 그의 아들 헨리 주니어의 입학을 위해 존스홉킨스 의과대학 학장을 만나 청탁을 했다. 그 후 코튼의 아들은 콜롬비아 대학, 뉴욕 대학, 하버드 대학을 제쳐놓고 존스홉킨스 대학에 등록했다. 아버지는 아들의 결정에 매우 기뻐했다. "여전히 저는 존스홉킨스가 다른 학교들보다 더 많은 긍정적인 자극을 학생에게 준다고 생각합니다. 또 저는 제 아들이 선생님의 영향을 받게 되리라는 점이 특히 기쁩니다. 매우 이른 나이에 그토록 좋은 영향을 받게 된 그 애는 대단한 행운아입니다." 코튼 자신의 경우는 달랐다. "저는 의학 교육을 마치고 한참 지난 후에야 그런 기회를 얻었지요. 그러나 저는 지금도 선생님과 관계를 유지하고 있는 것을 매우 감사하게 생각합니다. 선생님과의 관계는 제게 큰 의미가 있습니다. 선생님이 개인적으로 또 직업적으로 저를 위해 해준 모든 일에 대해 감사해야 마땅할 것입니다."8

마이어는 코튼의 아들 소식에 기쁨을 표했고, 코튼의 장단에 맞춰 듣기 좋은 말을 쏟아놓았다. "나는 개인적·직업적으로 항상 따스했던 우리의 오랜 관계에 대한 자네의 진실한 소견을 가슴 깊이 새기겠네." 그는 회상에 잠겼다. "자네가 스케이트를 타며 나와 내 아내를 거들어주었던 일을 기억하는지 모르겠군. 우리가 워즈 아일랜드에 있는 내 사무실에서 트렌턴에 관한 이야기를 나눈 것이 벌써 23년 전이라는 게 믿어지지 않네. 그리고 자네는 트렌턴을 얼마나 훌륭한 장소로 만들었는가!"9

이렇게 양쪽으로 아첨이 오갔다. 그리고 헨리 주니어와, 마이어와 이름이 같은 아돌프 코튼은 코튼과 마이어의 친분이 더 공고해지는 데 기여했다. 여러 해에 걸쳐 코튼은 자신의 아들이 마이어에게 칭찬받게 하려고 특별한 관심을 기울였고, 마이어는 부자의 노력에 기쁨을 느꼈다. 이제 교수님은 헨리 주니어에게도 자상한 관심을 두었다. 마이어와 그의 아내는 헨리 주니어를 집으로 초대했고, 마이어는 헨리 주니어의 아버지에게 "그 애가 우리 학교에 다니는 것은 정말 기쁜 일"이라고 전했다. 하지만 마이어가 가장 주의 깊게 지켜본 것은 코튼의 둘째 아들인 아돌프였다. 코튼이 그에게 둘째 아들이 프린스턴에서 학위를 마칠 계획이라고 전하자, 마이어는 흡족해하면서 이렇게 말했다. "건축가가 되려는 아돌프의 바람은 자네의 삶에 많은 이익을 가져올 것이네. 자네 부인도 마땅히 기뻐해야겠지……. 이제 헨리가 이곳에 있으니, 자네와 부인이 가끔 찾아오기 바라네. 어쩌면 아돌프도 오고 싶어할 것이야."10

이 친밀한 편지들이 오가고 몇 주 뒤에 아돌프 마이어의 또 다른 조수인 스위스 출신의 정신과의사 솔로몬 카첸엘보겐Solomon Katzenelbogen이 트렌턴을 장기간 방문했다. 그는 트렌턴 병원에 행정적 변화가 생기고 코튼이 새 직위로 옮겨간 이후의 병원 일과를 외부자의 시각으로 관찰했다. 마이어는 1928년 6월에 카첸엘보겐을

"핍스 정신의학 클리닉 내과학 실험실 실장 겸 수련의"로 고용했다.[11] 그로부터 약 18개월 후에 카첸엘보겐이 트렌턴을 방문한 것은 그 자신의 의사에 따른 일이었던 것으로 보인다. 왜냐하면 그는 1930년대에 이루어진 정신병에 대한 다양한 신체 치료법 전체를 평가하는 일을 자신의 주요 관심사로 삼았기 때문이다. 당시에 신체 치료는 정신의학계에 막 입성한 단계였다. 카첸엘보겐은 보고서를 작성하여 마이어에게 제출했다. 마이어는 1925년에 그린에이커가 조사를 완료한 이후 처음으로 코튼의 병원에 대한 객관적인 평가를 접하게 된 것이다.[12] 그것은 정신이 번쩍 드는 보고서였다.

주립병원의 상황을 평가하기 위해 카첸엘보겐은 직원회의에 참석했고, 코튼과 직원들의 병실 회진에 동행했고, 진단과 치료를 위한 실험실을 조사했으며, 환자들에 대한 일상적인 처우를 관찰했다. 또 그는 "찰스 병원"도 방문했다. 그가 보고서에서 첫 번째로 지적한 사실은 그 두 병원 모두 "코튼 박사의 통계를 보면, 감염이 발견된 사례의 비율이 충격적으로 높다."는 점이었다. "그(코튼)는 치아 감염이 사실상 모든 환자에게 발견된다고 주장한다. 편도 감염은 전체 환자의 약 80퍼센트, 위장관의 문제와 그로 인한 독소혈증은 약 88퍼센트에서 발견된다고 한다." 이 모든 수치는 코튼의 출판물을 본 사람이라면 익히 알고 있을 것이었다. 카첸엘보겐이 문제를 제기했을 때 코튼이 주장했듯이, 이 수치들이 예외적인 것은 어쩌면 "다양한 장기의 감염을 코튼만큼 집요하고 철저하게 탐색한 사람이 없었기" 때문인지도 몰랐다. 그런 진단에 이어지는 수술이 "극단적이고 위험하다."는 점을 감안할 때, 확실히 환자들은 "개별 사례를 매우 신중하게 숙고한 후에 오직 최후의 수단으로만 그 위험한 수술"을 받게 될 것이라고 카첸엘보겐은 추측했다.

그러나 그가 직접 관찰해보니, 놀랍게도 환자의 "정신상태에 대한 검사는 매우 불충분했다." 그래서 "특정 유형의 정신병에 대한 회복률 통계"를 심각하게 의심할 수밖에 없었다. 또한 환자의 정신 상태 호전을 평가하는 방법 역시 신중하지 않고 불만족스러웠다. "코튼 밑에서 수년간 일한 직원들은 그가 물러난 후에도 임상 기록을 작성하는 방식에 변화가 전혀 없다는 말을 했다." 직원들이 보기에 "다양한 정신병 유형을 정확히 구별하는 것은 무의미하다. 왜냐하면 어떤 정신병이든 그 유래는 패혈증에 있을 테고, 정신병의 유형은 개인적인 소인素因에 의해 결정될 것이기 때문이다." 카첸엘보겐이 보기에 더욱 놀라운 것은 다양한 X선 검사와 실험실 검사가 당연한 절차처럼 사실상 모든 환자에게 적용된다는 점이었다. 코튼은 그 검사를 담당한 직원들이 "다른 정신병원의 직원들과 달리 진정한 의학적 작업을" 하고 있다고 자랑했다. 그러나 "생리병리학 수련이 충분치 않은" 의료진에 의해 부주의하게 행해졌다. 더욱 나쁜 것은, 그 서투른 검사로도 병의 존재를 충분히 증명할 수 없을 경우, 코튼과 직원들은 정상과 비정상을 구별하는 기존의 한계 수치를 간단히 조작해버린다는 점이었다. "특정 감염이 혈액의 특정한 변화를 유발한다는 것을 논리적으로 추론할 수 있는데, 일반적으로 수용되는 기준에 비춰볼 때 그 특정한 혈액 변화를 탐지할 수 없으면 그들(코튼과 의료진)은 기존의 규범에 무언가 문제가 있다는 결론을 내린다."

한 마디로 국소 감염 제거는 만병통치의 치료법이었다. 이어서 카첸엘보겐은 치료의 결과를 보기 위해 병실들을 방문했다. 외과 병동의 경우, "치아와 편도를 제거했거나 그 외의 수술을 받은 환자들은 고요했다. 수술과 마취, 그로 인한 고통으로 그들은 침묵했다." 그는 모든 병실에서 불구가 된 환자들을 보았다.

나는 치아가 없는 환자 수백 명을 보고 슬픔을 느꼈다. 틀니를 착용한 환자는 극소수였다. 병원은 발치에 관심을 쏟을 뿐, 틀니를 제공하지 않는다……. 발치는 틀니를 살 돈이 없는 환자들에게 큰 피해를 주며, 그런 환자는 매우 많다. 그들은 병원에 머무는 동안 음식을 씹을 수 없어 소화불량으로 고생한다……. 그 가련한 사람들은 회복되어 귀가해도 치아 없이 먹을 수 있는 음식을 골라 먹을 형편이 못 되어 똑같은 어려움을 겪는다. 뿐만 아니라 그들은 치아가 없는 것을 부끄러워한다. 왜냐하면 그것은 주립병원에 입원했다는 증거로 통하기 때문이다. 그들은 다른 사람들과 섞이기를 꺼리고, 밖으로 나가 일자리를 구하는 것을 거부한다……. 따라서 회복된 환자들의 다수는 우울증에 걸린다.

병원 안의 다른 곳에서 그는 "말라리아 치료법"이 사용되는 광경을 목격했다. 그 치료법은 "조울정신병 환자의" 3기 매독에 대한 치료법으로 몇 년 전에 정신의학에 도입된 것이었다. 또 "환자를 더 고분고분하게 만들 목적으로 무분별하게 티푸스 백신 주사가 사용되는 모습"을 목격했다. 그는 이런 활동이 "유감스럽다."고 평가했다. "환자들은 열이 오르고 한기를 느끼며 조용해졌다. 지각이 있고 과거에 그 주사를 경험해본 자들은 또다시 주사를 맞는 것을 두려워했다. 그 협박은 잘 먹혀들어 갔다." 전체 환자의 1/4 가량은 부비강 세척과 내용액 배출 처치를 받았고, 여성 환자들은 "매우 흔하게" 자궁경부에 전기 응고 처치를 받았다. 대부분의 환자는 남녀를 불문하고 "이틀에 한 번꼴로 15분 혹은 더 오랫동안 결장 관장(관장제는 탄화수소나트륨 50그램을 물 30리터에 녹인 용액)을 반복해서 받았다." 결장절제술과 관련해서는, "나는 일반병리학에서 그 수술은 오직 악성 종양에만 적용되는 것으로 안다." 그러나 코튼은 트렌턴에서 일상적으로 그 수술을 하면서 계속해서 효율성을 자랑했고, "장 유착 제거를 위한" 개복수술의 필요성도 주장했다. 변비는 "장이 정체된 배설물에 의해 감염되었다."는 증거였다. 그러나 결장절제술보다 규모가 작은 이 수술은 "위장관이나 기타 장기에 뚜렷한 기능적 문제가 없는 경우에도" 실시되고 있었다. 치유의 실패는 그 자체로 외과적 개입의 범위를 확장하기 위한 충분한 근거로 여겨졌고, "개복수술로 잘라낸 결장과 유착 부위에서 이상이 발견된다는 확신"이 경솔하게 내려지는 것 같았다.

코튼은 이 치료법이 최소한 일부 사례에서 놀라운 효과를 산출한다고 주장했다. 반면에 카첸엘보겐은 확실히 회의적인 입장이었다. 개복수술이 발휘하는 듯한 긍정적인 효과는 그런 중대한 치료 행위에 동반되기 마련인 강력한 플라시보 효과placebo effect에서 유래할 수도 있다고 그는 주장했다. "그 치료는 통증과 열과 오한을 유발한다. 환자는 치료 중에 큰 불편을 느끼고, 나중에 상태가 원래대로 돌아오면 상대적으로 호전되었다는 느낌을 받는다. 보호자들 또한 희망을 가지고 있다." 그리하여 모든 긍정적인 변화는 "전능한 '국소 감염'" 제거의 덕으로 돌려진다. 더 나쁜 것은, 수술로 인한 사망률이 매우 높은 것은 제쳐두더라도, 치료가 원인이 되어 생기는 또 다른 문제가 있다는 점이었다. 매우 역설적이게도 그 문제는 수술의 목적에 정반대되는 결과가 생긴다는 것이다. "그런 수술에 의지하려는 사람은 모든 개복수술 후에는 유착이 뒤따른다는 점을 명심해야 할 것이다."

코튼이 어쩔 수 없이 원장직에서 물러난 이후 치료활동에 약간의 변화가 일어난 것 같기도 하다. "의료진이 환자나 보호자의 저지로 인해 치아 전체를 뽑는 처치를 하지 못하는 일이 드물지 않게 발생한다. 그런 일은 코튼 박사가 있었을 때보다 훨씬 자주 일어난다……. 그는 다른 의료진은 해낼 수 없는 상황에서도 환자와 보호자의 동의를 받아내는 데 반드시 성공하곤 했다."13 또 코튼이 물러난 이후 몇 주 동안 결장절제술은 "지금까지 실시되지 않았다." 스톤 박사는 더 작은 수술인 개복술laparotomy로 만족했다.

그러나 그런 조심스러운 접근법이 오래 유지될 수 있을지는 불확실했다. 코튼은 카첸엘보겐에게 직접 이렇게 불평하기도 했다. "코튼은 발치가 필요하다는 그 자신의 견해를 받아들이도록 치과의사를 설득하느라 애를 먹었다고 했다……. 그러나 나는 (치과의사인 피셔 박사와 나눈) 대화와 그의 작업에 대한 관찰을 통해 그 역시 국소 감염론에 매우 심하게 감염되어 있고 아주 쉽게 발치를 결정한다는 인상을 받았다." 뿐만 아니라 스톤은 트렌턴 병원 의료진 가운데 코튼을 가장 헌신적으로 추종하는 인물이었다. 비록 그 자신이 책임자가 된 지금은 가장 극단적인 복부수술에 대해 "열광적인 것처럼 보이지 않지만" 말이다. 카첸엘보겐은 결론적으로 다음과 같은 평가를 내렸다. "나는 아무런 악의 없이 이렇게 말하고자 한다. 그들은 '정신과의사들이 환자에게 아무것도 해주지 않는 상황에서' 무언가를 해보려고 성스럽게 노력하고 있다. 그런데 그들은 치아와 편도를 제거하고 자궁경부를 응고시킨 다음에는 달리 공격할 만한 '국소 감염'이 없기 때문에 개복술에 의지한다. 결장은 제거될 수 있다. 물론 생명을 잃는 큰 대가를 치를 수도 있지만, 결장 제거가 가능한 것은 사실이다. 살아남은 환자들이 회복되리라는 믿음이 절대적이라면, 왜 그 수술을 시도하지 않겠는가?"

그러나 일부 진영에서는 결장절제술의 가치에 대한 믿음이 절대적이지 않았다. 비록 카첸엘보겐과 대화한 의료진은 "정신상태를 신체적 상태에 종속시키지 않는 정신의학에 대한 경멸"을 거리낌 없이 표출했지만, 카첸엘보겐은 그들 중 다수는 코튼이 실행하는 치료의 몇몇 측면에 대한 의심을 억누르고 있다고 느꼈다. 직원들은 "직위를 유지하고 승진하기를 원하는 한 '이단적인 말과 환상'을 물리쳐야 한다."는 것을 그는 감지했다. 더구나 카첸엘보겐은 조사를 통해 병원 이사회와 주 행정부가 마침내 대규모 개복수술 프로그램에 대한 염려를 갖게 되었다는 믿음에 도달했다. 가장 소중하고 친근한 사람의 치아를 모조리 뽑자는 제안을 거절할 용기를 갖게 된 보호자들과 마찬가지로, 코튼을 무소불위의 권력에서 끌어내린 이사회와 주정부는 더 조심스러운 치료법을 채택할 용기를 가지게 된 것 같았다.

코튼의 직원이자 수석 조수였던 로버트 스톤은 이제 코튼을 대신하여 병원장이 된 후 대세에 따라 복잡하고 규모가 큰 개복수술을 포기했고, 코튼은 이에 격분했다. 코튼은 스톤을 위협하고 이사들에게 압력을 가해보았으나 아무 효과가 없었다. 찰스 병원에서 행해지는 코튼의 사적인 치료는 전과 다름없이 공격적이었고, 주립병원에서도 발치와 편도절제, 결장 관장, 열 치료 등이 계속 일상적으로 이루어졌지만, 또 심지어 스톤은 장 유착을 완화하기 위해 몇 차례 레인 수술을 결정하기도 했지만, 더 극단적인 수술에 대한 재허가를 받아내기 위한 코튼의 노력은 시종일관 좌절되었다. 코튼의 "연구 책임자"라는 새 직위도, 그의 전형적인 호통과 위협도 아무 소용이 없는 것 같았다.[14]

패혈증에 대한 전면전 재개를 주장하는 코튼의 위협은 결코 한가로운 소일거리가 아니었다. 그는 주 입법부 인사들을 자신의 편으로 끌어들여 병원 이사회와 의료 직원들에게 정치적 압력을 가하기로 했고, 주 상원의회는 코튼의 치료법 덕분에 주정부가 큰 돈을 절약한 일을 칭찬하고 코튼의 치료 프로그램을 조속히 재개하라고 촉구하는 결의안을 채택했다. 코튼은 또한 수년간 고름 감염

로버트 스톤 박사는 1920년대에 코튼의 수석 조력 의사였고 트렌턴 주립병원에서 실시된 부인과수술의 대부분을 담당했다. 코튼이 병원장에서 물러나 연구 책임자가 되자 스톤은 새 병원장이 되어 논란이 된 개복수술을 즉시 억제했고, 이에 코튼은 매우 분개했다.

과의 전쟁을 치러 달성한 성과에 대한 새로운 평가서를 은밀히 작성하고 있었다. 병원 당국은 그가 수술실에 접근하는 것을 막았을지도 모른다. 그러나 그는 여전히 연구 책임자로서 병원 기록에 접근할 수 있었다. 코튼은 전적으로 결장 수술의 효과에 초점을 맞추어 다시 한 번 "사실"을 똑똑히 보여주어 반대자들이 그의 필생의 작업이 재개되는 것을 막을 수 없게 하려고 했다.

1932년 11월 15일에 코튼은 이사회의 회장인 조지프 레이크로프트에게 8쪽 분량의 「정신장애 사례에 대한 결장 수술에 관한 보고서」를 제출했다.[15] 트렌턴에서 이루어진 개복수술의 결과와 논증,

그리고 더 최근에 그가 개인 환자들을 수술하여 얻은 결과를 담은 그 보고서는 대체로 뻔한 내용이었지만, 코튼의 이론과 실천에 중요한 변화가 생겼다는 점도 보여주었다. 요점은 코튼이 유일하게 인정하는 결장절제술에 대한 반대 이유인 높은 사망률을 크게 낮출 수 있다는 주장이었다. 코튼은 초기에 많은 환자들이 사망한 이유를 새롭게 이해했으므로 이제는 불운한 사망의 위험 없이 수술의 치료 효과를 이용할 수 있게 되었다고 주장했다.

코튼은 초기에 발표한 논문들에서 결장절제술로 인한 사망률이 30퍼센트에 가깝다는 점을 인정했고, 당시에 그 수치는 놀랍게도 공적인 논평이나 비판을 거의 받지 않았다. 이번에 그가 내부 문건으로 작성한 새 보고서도 높은 사망률 문제를 확실히 인정했다. "1918년에 환자들이 지닌 만성 감염을 찾아내기로 결심한 후 나는 많은 환자들이 심각한 위장관 정체를 가지고 있으며 경우에 따라 장 독소혈증을 지녔음을 확신하게 되었다." 이에 뉴욕의 외과의사 존 드레이퍼를 초빙하여 필요한 수술을 실시한 결과, "1918년부터 1925년까지…… 주로 조발성 치매에 걸린 이른바 기능성 장애 환자 약 300명을 수술하여 결장의 전체나 일부를 제거했다. 그들 중 75명이 정신적·신체적으로 회복되었다." 비록 몇몇 환자는 수술을 두 번 받은 뒤에 회복되었지만 말이다. "그 환자들은 모두 만성 정신장애에 시달리고 있었으며, 만일 외과적 치료법을 적용하지 않는다면 치유되거나 퇴원할 가능성이 희박했다."[16]

그러나 이 성공에는 어두운 이면이 있었다. "이 선구적인 연구에서 사망률은 약 33.3퍼센트였다. 즉, 환자 3명 중 1명이 대개 복막염으로 사망했다." 더 나쁜 것은 "이 높은 사망률을 확실히 설명할 수 없다는 점"이었다. "모든 환자에게 사용된 기법은 동일했다. 그러나 수술이 완벽하게 이루어졌다고 생각했고 오염의 증거도 없는

현대 정신의학 잔혹사

경우에도 환자들은 복막염에 걸려 사망했다." 코튼은 약간 퉁명스럽게 "우리는 이 높은 사망률로 인해 비판을 받았다. 앞에서 말했듯이 그 환자들은 정신적으로 회복될 가망이 없고, 우리는 그런 상황에서 위험을 무릅쓰는 것은 정당하다고 생각했는데도 말이다."[17]

결장에서 유래한 오염을 제거할 필요성을 확신하지만 다른 사람들은 그 높은 사망률에 불안을 느낄 수도 있다는 점을 의식한 코튼은 고통스러운 딜레마에 빠졌다. 그러나 나아갈 방향은 곧 명확해졌다. 코튼이 처음으로 영국을 방문하여 선구적인 국소 감염과의 전쟁에 대한 찬사를 받았던 때인 "1923년"에 그는 "결장과 장의 정체와 독소혈증이 중요하다는 점을 최초로 일깨워준 인물인 아버스노트 레인 경과 런던에서 몇 달 동안 함께 지내는 행운을 누렸다." 그 위대한 인물 곁에서 코튼은 새롭고 덜 파괴적인 형태의 수술법과 소화관 속에 있는 "선천적인 유착"을 완화하는 방법을 배웠고 "그 환자들의 위장관 X선 사진을 보면 어떤 부위에 유착이 있고 그로 인해 정체가 발생하는지 매우 정확하게 알 수 있다."는 사실을 발견했다. "그 해 가을에 우리는 그(레인)의 유착 완화 방법을 충수와 회장 말단, 상행결장, 오른창자굽이(우결장곡), 왼창자굽이(좌결장곡), 하행결장에 적용"하여 행복한 결과를 얻었다. "사망률은 33.3퍼센트에서 19퍼센트로 낮아졌고, 회복률은 37퍼센트였다."[18]

코튼의 기록에 따르면, 이후 7년 동안 그는 주립병원에서 그 수술을 493회 실시했고, "148명의 환자가 영구적으로 회복되었다." 그러나 19퍼센트의 사망률도 "우리는 여전히 너무 높다고 판단했다. 왜냐하면 그 수술은 결장을 절개하지 않으며 눈에 띄는 오염이나 감염의 원천도 없기 때문이었다." 코튼이 보기에 이 알 수 없는 수수께끼를 더욱 복잡하게 하는 것은 일부 환자들은 일시적으로만 호전되고, 또 다른 환자들은 전혀 호전되지 않는다는 사실이었다.

"그 이후 우리는 수술 당시에는 결장의 상태가 외견상 좋아졌다 하더라도 다시 유착이 형성되어 예전처럼 장 독소혈증이 진행되는 일이 매우 흔하다는 것을 알게 되었다. 이 사실을 우리는 1929년에 여러 환자들을 두 번째로 수술하면서 발견했다." 이때 그들은 일부 환자에게는 새로운 유착을 완화하는 수술을, 다른 환자들에게는 결장 전체를 제거하는 수술을 했다.[19]

코튼은 자신이 주립병원에서 실행되는 모든 작업 외에 시내의 찰스 병원에서 개인 환자들을 치료하는 일도 하고 있음을 이사회에 상기시켰다. 찰스 병원에서는 코튼이 주립병원 원장직에서 물러난 뒤에도 변함 없이 활발하게 개복수술이 이루어지고 있었다. 그것은 다행스러운 일이었다. 왜냐하면 코튼이 자랑스럽게 선언한 바에 따르면, 그는 찰스 병원에서 행한 수술을 통해 마침내 결장절제술과 레인 수술에 따른 사망률이 그토록 높은 이유를 발견했기 때문이었다. 뿐만 아니라 사망의 원인을 파악한 뒤에 그는 그 문제를 완벽하게 해결할 수 있었다.

코튼은 1928년에서 1932년까지 찰스 병원의 환자 148명에게 장 유착을 완화하는 수술을 실시했는데, 7명의 환자가 사망했다. "즉 사망률은 4.8퍼센트였다." 또 그는 18명의 환자에 대하여 결장을 부분적 또는 전체를 제거하는 수술을 했는데, "4명만 사망했다. 즉 사망률은 22퍼센트였다. 또한 2건의 사망은 우리가 수술 방법과 기술을 바꾸기 전인 1930년에 일어난 것이었다." 그 2건의 사망은 1920년대 초에 일어난 사망과 마찬가지로 수술 후 복막염이 원인이었다. 그러나 더 최근에 일어난 2건의 사망은 복막염이 아니라 만성 심근염으로 인한 것이었다. "그러므로 수술 후 복막염으로 인한 사망의 비율은 11퍼센트에 불과했다. 이는 1918년에서 1923년까지 주립병원에서 해당 사망률이 33.3퍼센트였다는 사실과 대조된다.” 코튼이 이렇게 사망률을 22퍼센트에서 “겨우” 11퍼센트로 재조정한 것은, 적어도 그가 보기에는 복막염이 아닌 원인으로 수술 후 사망한 것은 수술과 무관한 우연적인 사건이었다는 점을 시사한다. 코튼 보고서의 여러 문장들이 이 점을 분명히 밝힌다. 또 코튼이 보기에 이 획기적인 사실의 귀결은 중요하다. “이제 우리는 결장을 제거하거나 유착을 완화하기 위한 수술에 따른 사망률이 너무 높다는 가장 수요한 비판을 반박했으므로, 이 수술을 정신질환자에 대한 일상적인 치료법으로 채택하지 말아야 할 이유는 없다고 판단한다.”[20]

이 놀라운 전환은 무엇에 근거한 것이었을까? 코튼이 이사회에 보고한 바에 따르면, 결정적인 단서는 1929년 7월 2일에 그가 수술한 2명의 개인 환자에게서 발견되었다. 2년 동안 편집병을 앓아온 30세의 B. S.는 “만성 감염의 증거들을 매우 뚜렷하게 나타낸 환자였다. 편도는 과거에 제거된 상태였고, 치아는 심하게 감염되어 있었다. 그녀는 나의 조언에 따라 치아를 모두 뽑았다.” 이어서 “유착으로 인한 매우 심각한 정체를 완화하는 수술을 받은 후……그녀는 특별한 이상 없이 회복되어 수술 후 3주 만에 퇴원했다.” 또 다른 환자인 E. L.은 55세였고 3년 동안 정신질환을 앓아왔다. “이 경우에는 위턱과 아래턱의 어금니와 앞어금니만 뽑고, 외견상 감염되지 않은 위턱의 앞니 8개와 아래턱의 앞니 8개는 남겨두었다. 이 환자는 결장 수술 후 복막염이 발병하여 일주일을 못 넘기고 사망했다.”[21]

이 우연의 일치는 코튼에게 유레카(아르키메데스가 획기적인 발견을 하고 외쳤던 말―옮긴이)의 순간이었다.

이는 우리가 계획하지는 않았지만, 잘 제어된 실험과 거의 동일한 조건이 충족된 상황이었다. 2명의 환자가 같은 날 같은 수술을 받았으며, 환자의 병리적인 조건과 수술 기법도 유사했고 살균법도 사실상 동일했다. 그런데 치아가 없는 환자는 별다른 이상 없이 회복되었고, 치아가 있는 환자는 복막염이 발병하여 사망했다. 두 환자 사이의 유일한 차이는 치아 전체를 제거했는가, 아니면 일부만 제거했는가, 뿐이었다. 나중에 검사해보니 남겨둔 치아들은 비록 X선 촬영에 나타나지는 않아도 심하게 감염되어 있었다.

그렇게 상이한 결과가 나온 것은 두 번째 환자의 치아를 모조리 뽑지 않았기 때문이었다. 뿐만 아니라 코튼은 과거를 돌이켜보면서 "1918년부터 1923년까지 산출된 높은 사망률"은 이와 동일한 원인에서 비롯되었다는 것을 깨달았다.[22]

코튼은 이 같은 흠잡을 데 없는 발견을 명심하면서 주저 없이 그 교훈을 실천에 옮겼다. "나는 곧 환자의 나이와 상관 없이 모든 치아가 제거된 환자에게만 유착 완화나 절제 수술을 하는 것을 원칙으로 삼았다."[23] 이 원칙을 어기고 수술을 감행한 몇 건의 사례에서는 환자가 사망하거나 재수술이 필요했다. 코튼이 보기에 그 사례들은 "X선 검사에서 문제가 드러나지 않아 우리가 정상적이라고 여기지만 사실은 감염된 치아들을 남겨두는 것은 심각한 실수라는 것을 의심의 여지없이" 증명했다. 예컨대 "결장의 유착 완화를 위한 수술은 113건 실시되었고 3명의 환자가 사망했는데…… 그들은 치아가 감염된 환자였다."[24]

이 발견이 뜻하는 의미는 정신의학의 영역에 국한되지 않을 정도로 크다고 코튼은 확신했다. "급성 충수염 같은 응급 상황이 아니라면…… 모든 치아를 뽑은 다음에 개복수술이나 기타 수술을 실시해야 한다고 나는 확신한다."[25] 물론 정신의학에서는 나아갈 방향이 더 분명했다. 먼저 치아를 모조리 뽑은 다음에 개복수술을 해야 했다. 그리고 그런 수술이 얼마나 관례화되어야 하는가는 코튼 보고서의 마지막에 명시되었다. 코튼은 "이른바 기능성 (정신질환) 환자의 80퍼센트가 수술로 교정해야 하는 병적인 문제를 결장에 가지고 있다."고 썼다.[26]

몇 년 전이었다면 트렌턴 병원의 이사회는 이 주장을 재고 없이 그대로 받아들였을 것이다. 코튼이 공식석으로 병원을 지휘하던 시절에 여러 해 동안 그랬던 것처럼 말이다. 그러나 코튼이 독재적인 원장의 자리에서 물러났기 때문에 이사회는 의심의 반응을 보일 용기를 낼 수 있었던 것으로 보인다. 실제로 이사회는 코튼이 개복수술 프로그램을 확장하려는 계획을 가지고 있으며 어쩌면 원장직으로 복귀하려는 생각도 있다는 소식을 접한 후, 자체적으로 위원회를 꾸려 코튼의 과거 성과를 조사하는 조심성을 발휘했다.

뉴저지 주 기관 및 단체국의 조사실장인 에밀 프랭클Emil Frankel은 1932년 6월부터 병원의 기록들을 검토하고 그곳에서 개복수술을 받은 환자 수백 명의 운명에 대한 체계적인 통계를 작성하여 그가 "비非수술 사례"로 분류한 환자들의 운명과 비교하기 시작했다. 확실히 프랭클은 "대수술major surgery"을 약간 자의적으로 정의하여 치아와 편도를 (그리고 자궁경부, 쓸개, 위, 지라까지) 제거한 환자들도 "비수술" 대조군에 포함시켰다. 예컨대 "우울증과 불안증으로" 트렌턴 병원에 두 번 입원한 루이스 부인은 위궤양 치료를 위한 위창자연결술gastroenterostomy(위와 소장을 연결하는 수술─옮긴이), 첫 번째 수술 때문에 생긴 탈장을 교정하기 위한 수술, 갑상샘 적출술, 이중 난소 절제술(양쪽 난소를 모두 떼어내는 수술), 난관절제술(나팔관을 떼어내는 수술), 자궁경부 적출술을 받았다.[27] 만약 그녀에 대한 수술이 여기에서 중단되었다면 그녀는 프랭클의 기준에 따라 "비수술 사례"로 분류되어야 했을 것이다. 하지만 그녀는 그 후에 증세가 호전되지 않아 좌측 결장 부분 절제술을 받았고, 더 나중에 결장전절제술까지 받아 수술 사례로 분류되었다.

프랭클이 정의한 "비수술" 사례는 결장에 수술을 받지 않은 환자였다. 그리고 코튼은 심각한 정신장애를 보인 환자의 80퍼센트에서 결장 감염이 발견된다면서 치료를 위해 가장 흔하게 요구되는 것이 결장 수술이라고 주장한 바 있었다. 프랭클은 이런 질문을 던졌다. 어떤 유형의 환자들이 결장 수술을 받았을까? 또 수술군과 대조군에서 산출된 결과는 코튼이 과거에 주장했고 지금 다시 강력하게 주장하는 성과와 얼마나 일치할까?[28]

프랭클은 이 질문에 대한 대답을 얻기 위해 결장절제술과 "결장 주변 막절제술"(레인 수술)을 받은 환자 645명 전체를 조사 대상으로 삼았다. 대조군으로는, 매년 한 달 동안 입원한 기능성 환자들 중에서 나중에 결장 수술을 받지 않은 환자들을 선정했다. 예컨대 1918년 1월에 입원한 환자, 1919년 2월에 입원한 환자 등, 1930년까지 입원한 환자 407명이 대조군을 구성했다. "언급한 달에 대수술을 받지 않은 모든 기능성 환자들이 대조군에 포함되었다. 어떤 선별도 시도되지 않았다."고 프랭클은 밝혔다.[29]

프랭클의 조사 결과는 큰 파장을 불러일으킬 수 있었다. 그러나 필리스 그린에이커의 보고서와 마찬가지로 그의 보고서는 엄격한 통제하에 내부자들에게만 전달되었다. 실제로 프랭클은 그린에이커의 보고서를 보았고, 그 자신의 면밀한 자료 검토를 통해 "1925년에 그린에이커 박사가 행한 특별 조사에서 나온 것과 실질적으로 일치하는" 결론에 도달했다고 기록했다.[30] 반면에 그의 통계는 코튼이 제시한 통계와 근본적으로 불일치했고, 코튼의 주장을 확실히 반박했다.

예컨대 코튼은 결장절제술을 만성 환자들, "주로" 예후가 아주 나쁜 "조발성 치매 환자"를 위한 "최후의 수단"으로 정당화했다. 그러나 프랭클의 재조사를 통해 드러난 바에 따르면, 결장절제술을 받은 환자 309명 가운데 105명만 조발성 치매 진단을 받은 환자였다. 다른 100여 명은 일시적이거나 영구적으로 회복할 가능성이 높다고 여겨지는 조울병 환자였고, 또 다른 100명 가량은 정신신경증psychoneurotic 혹은 정신병질psychopathic 환자로 기록되어 있었고, 심지어 대여섯 명은 "정신병이 없다," 즉 제정신이라는 진단을 받고도 결장 수술을 받았다. 코튼은 이 309명의 환자 중 75명이 회복되었다고 주장했으나, 프랭클(아니 더 정확히는 트렌턴 주립병원의 한 조력 정신과의사)은 회복 환자가 24명, "호전된" 환자가 22명뿐이라는 것을 발견했다.

결장절제술보다 작은 수술인 결장 주변 막절제술을 받은 환자 336명의 사정도 별반 다르지 않았다. 139명은 조울병 환자였고, 113명이 조발성 치매 환자였다. 또 그 중 42명 즉 12.5퍼센트만 회복되고 또 다른 45명(13.4퍼센트)이 호전되었다. "148명의 환자가 영구적으로 회복되었다."는 코튼의 주장과 전혀 딴판이었다.[31] 반면에 결장절제술이나 레인 수술을 받지 않은 환자들 중에서는 절반 이상이 사회에 복귀했다. 그리고 대조군 환자의 105명 즉 25퍼센트 이상이 회복되었다고 프랭클은 보고했다. 또 코튼이 심어준 인상과 달리, 수술군 환자들은 전반적으로 대조군 환자보다 훨씬 젊었다. 수술을 받지 않은 환자 중 40세 이상은 42퍼센트인 반면, 수술군의 40세 이상 환자는 22.1퍼센트였다. 프랭클은 또한 결장절제술을 받은 환자의 77.9퍼센트가 여성이었으며, 결장 주변 막절제술을 받은 환자는 무려 83.6퍼센트가 여성이었다는 점을 어떤 논평도 달지 않고 보고했다. 반면에 대조군의 남녀 비율은 46.7 : 53.3이었다.

프랭클의 보고서는 결장 중독이 여성에게 편중되는 것은 분명 아닐 텐데도 이렇게 놀라운 차이가 발생한 이유가 도대체 무엇일지를 전혀 탐구하지 않았다.

하지만 결장 수술을 받은 환자들의 회복률이 매우 낮으며 "가장 좋은 결과를 보인 것은 비수술 사례"[32]라는 사실보다 더 충격적인 것은 프랭클이 작성한 수술 후 사망률 통계였다. 그는 보고서에 "결장절제술을 받은 환자 309명 가운데 138명 즉 44.7퍼센트가 사망했고, 101명 즉 32.7퍼센트가 여전히 정신병원에 감금되어 있으며, 70명 즉 22.6퍼센트만 정신병원 밖에서 살고 있다."고 썼다. 또 정신병원을 떠난 70명 중 상당수는 다른 형태의 시설에서 지내고 있었다.[33] 레인 수술을 받은 환자들 중에서는 실제로 "겨우" 13.7퍼센트만 사망했지만, 186명 즉 55.4퍼센트가 정신병원에 머물러 있었고, 또 다른 13명은 교도소나 정신박약자 수용소에 있었다.[34] 결론적으로 "결장 주변 막절제술을 받은 환자의 사망률이 낮은 것은 그 환자들의 다수가 정신병원에 머물러 있기 때문이다."[35] 그리고 프랭클은 결장 절제와 치료 성과 사이의 관계를 한눈에 보여주기 위해 막대그래프를 그렸다.

마지막으로 프랭클은 이 끔찍한 사망률—사망 환자의 77.9퍼센트는 39세 이하였다—이 어느 정도 우연적인 결과일 가능성을 검토했다. 그러나 그는 그렇지 않다는 것을 쉽게 증명할 수 있다고 느꼈다. 환자들이 받은 다른 수술들이 장기적으로 심각하고 심지어 치명적인 악영향을 끼칠 수 있으며 그 악영향의 효과는 수량화하기 어렵다는 점을[36] 제쳐두더라도, 병원에서 기록한 사망의 대부분 특히 결장을 제거한 환자의 사망은 "외과수술의 직접적인 결과였다. 사망진단서에 기록된 사인은 복막염, 수술 후 폐렴, 출혈 등이었다."[37]

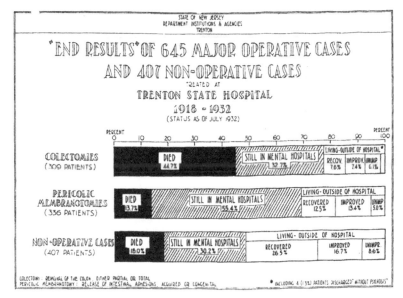

STATE OF NEW JERSEY
DEPARTMENT INSTITUTIONS & AGENCIES
TRENTON

"END RESULTS" OF 645 MAJOR OPERATIVE CASES
AND 407 NON-OPERATIVE CASES
TREATED AT
TRENTON STATE HOSPITAL
1918 - 1932
(STATUS AS OF JULY 1932)

대수술 사례 645건과 비수술 사례 407건에 대한 "최종 조사 결과"

그러므로 즉각적으로 확실하게 내릴 수 있는 결론은, 수술의 가장 두드러진 효과는 환자를 3명당 1명꼴로 죽이는 것이었다. 이런 사정이 세월을 거치면서 점차 개선되었을까?

실제로 코튼 박사는 트렌턴 주립병원의 결장 수술 작업이 진보하면서 극도로 높았던 사망률이 확실히 낮아졌다고 주장했다. 본인(프랭클)의 조사는 해당 기간에 결장절제술을 받은 모든 환자를 고려할 경우 사망률이 약간 낮아졌음을 보여준다. 그러나 수술 후 사망 건수가 눈에 띄게 줄어든 것은 아니다. 병원의 기록에 따르면, 결장절제술에 이은 사망이 1918년~1921년에 28.2퍼센트, 1922년~1925년에 27.8퍼센트, 1926년~1931년에 26.3퍼센트였음을 보여준다.[38]

코튼은 브라이트 위원회의 압박에 신경쇠약으로 대응했고, 그린에이커의 조사 결과에는 노골적인 분노로 대응했던 반면, 프랭클의 반론에는 간단히 무시로 대응했던 것으로 보인다. 코튼은 외과적 치료로 주정부의 예산을 대폭 절감할 수 있다는 그의 주장을 여전히 신뢰하는 정치인들을 동원하여 계속해서 병원 이사회에 결장절제술을 허가해달라는 압력을 넣었다. 1932년의 마지막 몇 달 동안 그는 정신질환에 관한 이론과 그것의 실질적 함축에 관한 또 한 편의 요약문을 썼다. 폭넓은 일반 대중을 겨냥한 그 글은 매달 널리 배포되는 월간지 〈아메리칸 머큐리 *The American Mercury*〉의 발행인 H. L. 멘켄에게 전달되었다.[39]

"정신장애의 신체적 원인"이라는 제목이 붙은 그 글은 이미 익숙한 내용을 담고 있었고, 일반인에게 정신질환이라는 천형의 원인을 "교육"하고 새로운 치료법을 요구하도록 고무하려는 목적을 가지고 있었다. 먼저 코튼은 정신질환이 유전이라고 주장하는 이론들을 반박한다. "오늘날 우리는 절대적으로 최종적인 결론은 아닐지라도 합당한 확신을 가지고서 정신질환 그 자체는 한 세대에서 다른 세대로 전달될 수 없다고 말할 수 있다. 정신질환의 유전이론은 마침내 건전한 생물학 지식에 비추어 평가되었고 부족하다는 것이 밝혀졌다." 다른 한편 "정신장애가 실제로 정신의 장애라는 생각"과 관련해서는 "정신적 요인들이 있다는 것은 의심할 수 없는 사실이다. 그러나 그것들은 독성 요인과 비교할 때 이차적으로만 중요하다."[40] 이어서 코튼은 국소 감염 제거가 성공적으로 이루어진 사례 몇 건을 열거하고, 썩은 치아와 편도의 위험성을 강조한 다음, 정신질환자의 약 80퍼센트가 지닌 결장 감염에 주의를 기울일 필요성을 당부했고, "결장에 대한 부분 절제"는 "오직 숙련된 복부 전문 외과의사만이 성공적으로 할 수 있다."는 점을 환기시켰다.[41] 그는 독자들이 그런 대수술을 허용하는 것을 부담스러워할 수 있음을 인정했지만, 곧바로 "결장이 없으면 살 수 없다는 통념은…… 이미 1918년에 결장을 제거했지만 지금도 살아 있고 정신적·신체적으로 정상인 우리의 환자들에 의해 반박되었다……. 기술의 향상으로 수술 후 사망률이 낮아져 현재는 그런 수술이 평범한 충수절제술만큼 위험하지 않다."고 장담했다. 더구나 결장의 유착을 완화하는 또 다른 수술은 환자를 회복시기기에 충분할 만큼 효과적이지만 "사망률은 미미하다. 특히 치아와 편도의 감염을 모두 제거한 상태에서 시술할 때 그러하다."[42] 다른 한편 감염이 많이 진행된 환자의 경우에는 "감염이 매우 광범위하여 결장절제술이 적합하지 않을 때는 백신이나 혈청으로 치료해야 한다."[43] 멘켄은 코튼의 글이 자기 취향에 잘 맞는다고 판단했던 모양이다. 그는 사소한 부분 몇 곳을 삭제하고 정신박약에 관한 부분을 약간 보충할 것을 요구한 다음, 출판을 허락했다.[44]

병원에서 권위를 상실한 코튼이 동정의 반응을 기대하며 좌절감을 토로한 상대는 의미심장하게도 마이어였다. 1926년 초에 그린에이커와 팽팽한 대결을 벌일 때부터 있었던 일련의 사건을 생각할 때 코튼의 기대는 비합리적이지 않았다. 마이어는 그린에이커가 작성한 치명적인 보고서를 감췄고, 그 내용에 대한 사적이거나 공적인 토론을 피했다. 그는 코튼의 국소 패혈증에 대한 공격이 지닌 가치와 한계에 대한 언급을 거듭 거부했다. 물론 그는 때로는 사적인 상황에서 그 언급을 거부했지만, 코튼이 잘 알고 있었듯이 마이어가 꺼리는 것은 공적인 논쟁에 휘말리는 것이었다. 마이어는 사적으로 코튼과 매우 친밀한 관계를 유지했고, 철저한 독소 제거와 공격적인 수술에 대한 코튼의 신념으로부터 어느 정도 거리를 두면서도, 제자에게 행보를 억제하거나 변경할 것을 촉구하는 말을 한 마디도 하지 않았다.[45] 더구나 1933년 봄에 마이어는 또 한 번 코튼에 대한 지지를 시사하는 행동을 했다. 그때 코튼은 "데이턴 주립병원의 원장을 역임한" H. H. 매클렐런을 만났다. "그(매클렐런)는 우리의 작업과 유사한 작업을 한동안 데이턴에서 시도했고 약간의 진보를 이루었습니다." 이제 매클렐런은 "오하이오 주 정신위생국장"이 되려 애쓰고 있었다. 그는 "내게 선생님이 오하이오 주 콜롬버스에 있는 주지사 조지 화이트에게 편지를 써서 그를 추천하게 해달라고 부탁했습니다." 코튼은 "선생님은 그 사람을 모르지만 성품이 워낙 좋은 분이라서 이런 부탁을 드립니다."[46] 하고 말했다. 아무튼 놀랍게도 마이어는 그 부탁을 들어주었다.[47]

4월 29일의 편지에서 코튼은 마이어가 "핍스 클리닉에서 1년 동안" 치료한 바 있는 어느 환자에 관하여 길게 언급했다. 샬롯 서티스라는 그 환자는 그 후에 블루밍데일 수용소에서 치료를 받았고, 이어서 코튼에게 치료를 받으면서 마이어의 의료진 한 사람과 편지를 주고받았다. "그녀는 점점 더 난폭해졌고 1년여 동안 부모를 만날 수 없었지만, 치아를 뽑고 3주가 지나자" 코튼의 자랑스러운 보고에 따르면 "완전히 정상이 되었습니다. 그녀는 아버지를 만나 입맞추면서 '아빠' 하고 불렀고 1시간 동안 매우 유익한 대화를 나눴습니다." 하지만 얼마 후에 "X선 검사에서 그녀의 결장에 문제가 있다는 것이 밝혀져 우리는 유착 완화를 위한 수술을 실시했습니다. 수술은 성공적이었고, 그녀는 모든 친구들에게 성탄절 카드를 보냈으며 회복되는 것처럼 보였습니다. 그러나 그녀는 약간 퇴보했습니다. 하지만 부모에 대하여 가지고 있던 피해망상은 재발하지 않았습니다. 그녀는 다소 무관심해졌고, 체중이 줄었으며 빈혈기가 있었습니다." 코튼은 치료되지 않은 패혈증이 그녀의 몸 어딘가에 남아 있다고 확신했다. "다시 한 번 X선 검사를 하니 수술 후

현대 정신의학 잔혹사

에도 몇 곳에 유착이 남아 있음이 드러났고, 그녀는 지난 월요일에 재수술을 받았습니다. 우리는 몇 가지 흥미로운 점을 발견했습니다. 하나는 좌측 난관과 난소가 만성 감염을 지닌 채 하행결장의 창자사이막mesentery과 붙어 있다는 점이었습니다. 우측 난관과 난소는 소장의 돌출부에 붙어 있었습니다. 회장 말단에 유착이 몇 군데 있었고 상행결장은 심하게 차단되고 손상되어 있었습니다." 몇 가지 이유 때문에 "우리는 우측 결장을 들어내지 못했습니다. 비록 저는 그렇게 해야 한다고 생각했지만 말이죠. 우리는 다른 문제들을 제거함으로써 부분 절제 없이 결장의 기능을 안정시킬 수 있다고 생각했습니다. 수술 이후 그녀는 상태가 매우 좋습니다. 저는 기꺼이 선생님께 더 많은 이야기를 전할 것입니다."[48]

마이어는 이 모든 이야기가 흥미롭다고 답장했다. 이는 그가 코튼의 국소 패혈증 치료에 여전히 열광하고 있었음을 보여주는 또 하나의 증거이다. 마이어는 답장에서 그 젊은 여성의 아버지가 그에게 따로 편지를 보내 코튼이 치료하는 다른 환자들에 대한 이야기를 해주었다고 말했다. 그것은 "만성 조발성 치매에 걸린 것으로 보이는 세 환자에 대한 매우 흥미로운 이야기"였다. 마이어는 코튼에게 그 환자들에 관한 상세한 기록을 줄 수 있느냐고 물었다. "조발성 치매에 관한 일차적인 자료를 가능한 한 많이 확보하는 것이 그런 환자들을 너무 쉽게 포기하는 의료진의 생각을 바꾸는 데 매우 값진 역할을 할 것이라고 생각하네." 하고 그는 부연했다.[49]

코튼은 즉시 마이어의 청을 들어주었다. "물론 저는 약 200건의 회복 사례를 가지고 있지만 선생님이 그것들을 알 것이라고 생각합니다." 예컨대 A. A. 양은 "제가 1918년 4월에 뉴욕 정신의학회 모임에서 처음으로 보고한" 사례였다. 이제 코튼은 더 세부적인 내용을 보충했다. "그녀는 1926년까지 좋은 상태를 유지하다가 병이 경미하게 재발했고, 저는 그 원인이 첫 수술에서 좌측만 제거하고 남긴 결장에 있다고 판단했습니다." 따라서 그는 재수술을 결정했다. 하지만 A. A. 양에게는 불행하게도 "당시에 우리는 수술 전에 감염된 치아를 모두 뽑는 원칙을 지키지 않았습니다. 그녀는 감염된 치아를 여러 개 가지고 있었고 재수술 뒤에 복막염으로 사망했습니다." 그러나 "그녀가 병원에 6년 동안 머문 후 10년 동안 거의 정상적인 삶을 살았다는 것"은 적잖이 위로가 되는 점이었다.[50] 당시에는 "사망률이…… 높았습니다. 약 30퍼센트였습니다." 하고 코튼은 시인했다. 그러나 최근에는 사망률이 극적으로 낮아졌다.

실제로 저는 연속된 수술 22건을 사망 없이 해냈습니다. 예를 들어 작년에 저는 30명의 환자에게 유착 완화 수술을 했습니다. 그 환자들은 대부분 만성 조발성 치매 환자들이었는데, 수술 후 22명이 신체적·정신적으로 회복되었습니다……. 몇 명의 환자는 나중에 절제 수술을 다시 해야 했지만, 그 경우에도 회복률은 높아졌고 사망률은 낮아졌습니다. 30명 중에 사망자는 3명이었습니다. 2명은 심장병으로 죽었고 1명은 복막염으로 죽었는데, 그 1명은 가족들이 치아를 모두 뽑는 데 동의하지 않았던 환자였습니다.[51]

이렇게 공정한 관찰자라면 당연히 대단한 기록 향상이라고 인정할 만한데도 코튼은 마이어에게 이렇게 불평했다.

안타깝게도 이곳 병원의 사정은 1930년에 제가 은퇴하면서 예상했던 대로 흘러가지 않았습니다. 제가 은퇴한 것이 말 그대로 제 발로 함정으로 들어간 것임을 알게 되었습니다. 제가 원장직을 내놓자마자 제 작업에 대해 매우 미적지근한 태도를 보였고 그린에이커의 보고서에 큰 영향을 받은 레이크로프트 박사는 즉시 그 작업을 최대한 폄하하기 시작했습니다. 그 결과 1930년 이래로 유착 완화 수술이나 결장절제술은 사실상 한 번도 실시되지 않았습니다. 우리가 13년 동안 최소한 75명의 환자를 회복시킨 것을 증명하는 기록이 있었는데도 말이죠.[52]

코튼은 이런 결말을 도무지 인정할 수 없었다. 어쨌든 "제가 13년 동안 만성 국소 감염을 제거하여 주정부의 예산을 300만 달러 이상 절약했다는 점에 대해서는 이론의 여지가 없을 겁니다." 그가 트렌턴 병원을 맡고 있는 동안 환자의 수는 뉴욕 주 인구 증가의 1/3만큼만 증가했다. 그러나 1930년 이후 트렌턴 병원의 환자 수는 그가 원장일 때보다 거의 네 배 빠르게 증가했다. 이 모든 것은 "제가 다시 한 번 싸움에 나서야" 한다는 것을 의미했다.[53] 그는 그의 획기적인 치료법이 비겁한 후임자와 줏대 없는 이사회에 의해 절충되는 것을 용납할 수 없었다. 그래서 그는 "제 시간을 연구에 바칠 것이 아니라 더 적극적으로 제 작업을 방어해야 할 것입니다." 하고 판단했다. "그렇지 않으면 그 작업의 가치가 완전히 땅에 떨어질 것입니다. 바로 레이크로프트에 의해서 말입니다."라고 코튼은 덧붙였다.[54]

명예 회복을 위한 노력의 일환으로 코튼은 정치인들로부터 상당한 지원을 끌어모았다. "최근에 의회에서 통과된 (결장절제술 재개를 촉구하는) 결의문의 사본을 동봉합니다. 그 결의문은 현재 행정부에서 검토하고 있습니다." 하고 코튼은 마이어에게 알렸다. 상원에서 찬성 12표 반대 0표로 통과되고 하원의 승인을 받은 그 결의문은 "헨리 A. 코튼 박사의 은퇴 이후 트렌턴 주립병원의 환자가 증가한 것"을 개탄했고, "(병원의) 상황을 개선하기 위해 그의 능력과 의지를 더 많이 활용할 것"을 촉구했다.[55] 〈트렌턴 이브닝 타임스〉의 편집진도 즉각 동의를 표하면서 그 결의를 실천하는 것이 "공익을 위해 결정적으로 필요하다."고 선언했다. 편집진은 독자들에게 "활동적인 병원장이었던 코튼이 1930년에 은퇴한 후 그가 1918년에 공개적으로 시작하여 국제적인 관심을 일으킨 성과를 산출한 위대한 작업은 거의 등한시되었다.…… 그러나 뇌 구조의 악화와 만성 감염의 관계에 관한 그의 이론은 국내외의 많은 우수한 정신과의사들에게 인정을 받았다."고 알리면서 코튼의 작업은 세금을 대폭 줄이는 역할을 할 수 있다는 매우 실질적인 약속을 내놓았다. 그러므로 지금은 "직업적인 질투와 당파적인 정책"을 버리고 코튼 박사를 "정신질환과의 전쟁을 성공적으로 수행하도록" 복귀시킬 때라고 편집자들은 주장했다.[56]

코튼이 〈아메리칸 머큐리〉에 투고한, 국소 패혈증에 대한 광범위한 공격의 가치를 대담하게 강조한 글은 마침내 1933년 6월에 출판되었다. 멘켄은 이 달의 저자들을 소개하면서 헨리 코튼을 "미국 최고의 정신과의사"로 묘사했다.[57] 코튼은 이 글을 통한 홍보가 고름 감염에 대한 외과적 공격을 확장하려는 그의 노력에 크게 기여하기를 바랐던 것이 분명하다.[58] 한 가지 불미스러운 사실만 없었다면 그런 바람이 실현될 수도 있을 것 같았다. 안타깝게도 〈아메리칸 머큐리〉에 코튼의 글 "정신장애의 신체적 원인"이 실렸을 때, "미국 최고의 정신과의사"였던 그는 이미 죽은 뒤였다.

코튼의 사망 기사는 〈트렌턴 이브닝 타임스〉 5월 8일자 1면에 짧게 실렸다. 그 날은 코튼이 마이어에게 병원 당국을 압박하여 결장 수술을 재개하기 위한 캠페인을 제안하는 내용의 편지를 쓴 바로 그 날이었다. 기사의 표제는 "세계적인 정신과의사 사망"이었다. 기사에 따르면, "뉴저지 주에서 그토록 풍성하고 중요한 성취를 이룬 공적인 삶을 살았던 사람은 극히 드물다." 정신병자를 위한 코튼의 왕성한 노력 덕분에 "의회는 그의 찬란한 작업을 위하여 후한 자금을 지원"하였으며 트렌턴 주립병원은 "미국 최고의 정신병원들과 대등"해졌다. 코튼에 의해 뉴저지 주 정신병자의 회복률은 무려 87퍼센트로 상승했고, "주정부의 기관 및 단체국 고위관료들은 코튼의 치료법이 주 예산을 수백만 달러 절약하고 있다고 거듭 공언했다."[59] 이튿날 〈타임스〉의 사망 기사는 더욱 찬양일색이었다. "정신질환으로 고통을 당했던 수천 명의 사람들은 당황과 절망을 희망과 신념으로 바꾸어놓은 코튼에게 영원한 감사의 빚을 졌다. 우리 모두는 이 위대한 선구자의 죽음을 애도해야 한다. 그의 인도주의적 영향은 기념비처럼 거대했고, 앞으로도 그러할 것이다."[60]

사망 소식을 들은[61] 아돌프 마이어는 서둘러 코튼의 미망인에게 위로의 말을 전했다. 헨리가 사망하고 사흘이 지나기 전에 그녀는 볼티모어에 있는 마이어 교수로부터 남편의 "갑작스럽고 애통하고 너무 이른 죽음"을 개탄하는 편지를 받았다. 마이어는 코튼의 "탁월하고 고귀한 삶과 작전 중에 전사한 군인과 같은 죽음"을 찬양하면서 그녀를 위로했다(실제로 코튼은 점심식사 직후에 트렌턴 클럽에서 심장마비로 사망했다. 하지만 마이어는 코튼의 계획을 알고 있었으므로 그가 코튼의 죽음을 전사戰死에 비유한 것은 수긍할 수 있는 일일 것이다). 코튼의 "삶과 업적은 계속 살아남아 더 큰 결실을 맺을 것"이라고 그는 장담했다.[62]

이런 말들이 누구라도 슬픔에 빠진 오랜 친구에게 사적으로 건넬 만한 외교적인 위로의 말에 불과했다고 생각하기 쉬울 것이다. 그저 통상 전하는 말일 뿐, 마이어 자신의 속마음을 진지하게 털어놓은 것은 아니라고 말이다. 그러나 마이어가 약 8개월 후 〈미국 정신의학 저널〉에 발표한 글은 그런 식으로 좋게 해석하기가 매우 어렵다. 그 글은 제자의 죽음에 대한 장문의 애도사였다. 그는 동료 정신과의사들에게 이렇게 알렸다. "1933년에 우리 곁을 떠난 정신과의사들 중에는 요절한 탁월한 인물이 있다. 그는 헨리 A. 코튼이다." 마이어는 코튼이 우스터 주립병원에서 학생이었던 시절을 회고했고, 그 시절에 그와 코튼이 맺은 친밀한 관계를 언급했으며, "정신과의사 생활 내내 그(코튼)는 정신의학에서 큰 발자취를 남기겠다는 결의를 고비 때마다 더욱 굳건히 다졌다."고 회상했다.[63]

그리고 그는 확실히 큰 발자취를 남겼다. 마이어는 코튼이 뮌헨에서 크레펠린과 알츠하이머의 지도를 받으며 수련했고 "정신병자의 뇌"의 병리학 연구에 기여했던 일을 떠올렸다. 하지만 그가 가장 중점적으로 언급한 것은 그 후 코튼이 트렌턴 주립병원의 원장이 되어 물리적인 속박장치를 없애고 진행마비에 대한 치료 실험을 감행하고 그 노력을 발전시켜 "국소 감염론의 주역"으로 활동한 사실이었다. 코튼은 처음에 뉴욕의 외과의사 J. W. 드레이퍼에게 의지했지만, "드레이퍼 박사가 죽은 후 코튼 박사는 사실상 모든 책임과 실제 수술을 떠맡았다."[64]

이제 마이어는 코튼의 작업에 대한 평가로 화제를 돌렸다. 코튼은 "행동과 성과로 말하는 사람"이었고, "그는 탁월한 업적을 남겼다. 그의 견해와 실천은 국소 감염이 정신질환의 유일한 원인이라는 설명을 단호하게 확신하고 많은 환자와 동료의 증언을 뒷받침으로 삼아 벌인 정열적인 도전이었다." 물론 코튼의 견해는 논란을 불러일으켰다고 마이어는 시인했다(어떻게 시인하지 않을 수 있겠는가). 코튼의 견해는 "다양한 심인心因론적 해석에 의지하여 수술을 꺼리는, 똑같이 비타협적인 정신과의사들"을 자극했다. 그러나 그런 식으로 제기되는 코튼을 반대하는 목소리는 그의 치료법에 대한 실질적인 반박이라기보다 이데올로기의 차이에 기반을 둔 것으로 보인다. 이어서 마이어는 다음과 같이 개탄했다. "코튼 박사가 이런 저런 연구 재단으로부터 도움을 받을 수 있으리라는 희망은 부분적으로만 실현되었고, 그가 죽을 당시에 그 엄청난 양의 작업에 대한 분석은 느리게 진행되고 있었으며 지금은 진지하고 적극적이고 선도적이며 확신에 찬 주역 없이 이루어져야 할 형편이다." 더 많은 연구가 필요한 것은 사실이지만, 그래도 다음의 사실은 매우 명백했다. "트렌턴 주립병원의 발전사는 개척자 정신의 가장 두드러진 성취이며, 코튼 박사의 개인사는 에너지와 목표의식과 헌신의 모범이다."[65] 10년 넘게 지속된 강제적인 치료와 불구자 양산, 치료에 아무 도움이 안 되는 이상을 위한 죽음이 실제 현실이었다는 사실을 잘 알고 있음에도 미국 정신의학회 회장이신 마이어는 다음과 같은 순수한 찬사로 글을 마무리했다. "의사로서, 친구이자 동료로서 헨리 코튼은 우리 세대의 가장 고무적인 인물로 영원히 기억될 것이다."[66]

맞는 말이다. 이론의 여지없이 코튼은 영원히 기억될 것이다.

---

1 Leiby, *Charity and Correction*, 223쪽에 인용된 코튼의 말.

2 이사회 의사록, New Jersey State Hospital at Trenton, July 1, 1930 to June 30, 1934, TSH Archives.

3 1년 뒤에 뉴저지 주 정신보건 시스템 책임자인 존 엘리스 감독관의 입에서 나온 말은 그 역시 여전히 코튼의 프로그램을 지원하고 국소 패혈증을 근절할 필요성을 승인하고 있었음을 시사한다. 바인랜드 양성학교 25주년 기념식 연설에서 그는 주립병원이 연구와 관련하여 겪는 어려움을 불평했고, 코튼의 경우와 관련하여 "사람들이 참을성 있고 마음이 넓어야 했으며 성급한 판단을 내리지 말아야" 했다고 주장했다. Edgar A. Doll(ed.), *Twenty-Five Years: A Memorial Volume in Commemoration of the Twenty-Fifth Anniversary of the Vineland Laboratory, 1906~1931*(Vineland Training School : Department of Research Series, NO. 2, 1932), 20~2쪽, quoted in Leiby, *Charity and*

Correction, 286쪽 참조.

4 코튼이 마이어에게 1830년 10월 18일에 보낸 편지, Meyer Papers, CAJH I/767/30.

5 같은 곳.

6 같은 곳.

7 마이어가 코튼에게 1930년 10월 24일에 보낸 편지, Meyer Papers, CAJH I/767/30.

8 코튼이 마이어에게 1930년 3월 20일에 보낸 편지, Meyer Papers, CAJH I/767/30.

9 마이어가 손으로 써서 코튼의 1930년 3월 20일자 편지와 함께 보관한 날짜 불명의 답장 원고, Meyer Papers, CAJH I/767/30.

10 마이어가 코튼에게 1930년 10월 24일에 보낸 편지. 또한 마이어가 코튼에게 1931년 1월 15일에 보낸 편지 참조. 이 편지는 격식을 존중했으며 타인에 대해 거리를 유지하는 편이었던 마이어로서는 극히 이례적으로 첫 인사말이 "나의 소중한 친구에게"로 되어 있다. Meyer Papers, CAJH I/767/30.

11 마이어가 헨리 M. 피츠휴(메릴랜드 의료조사 국장)에게 1928년 6월 18일에 보낸 편지, Meyer Papers, CAJH III/285/30.

12 Solomon Katzenelbogen, "Trenton State Hospital," unpublished typescript, n.d.(late 1930), Meyer Papers, CAJH I/2024/20. 이하의 인용문은 모두 이 보고서에서 따왔다. 내게 이 문서의 존재를 알려주었고 그 사본을 제공한 제럴드 그룹에게 깊이 감사한다.

13 실제로 코튼은 환자들의 머뭇거림을 동의로 해석했다고 출판물에서 여러 번 자랑했다. 수술이 가진 많은 장점 중 한 가지는 만일 환자가 저항하고 반대하면 간단히 마취시킨 후 "패혈증 제거" 작업을 진행할 수 있다는 점이라고 그는 주장했다.

14 예컨대 1932년 초에 레이크로프트는 트렌턴 주립병원 이사회의 또 다른 의료인인 폴 메크레이에게 이렇게 경고했다. "우리는 어쩌면 다소 불쾌한 토론을 하게 될지도 모릅니다……. 그 동안 헨리의 정서상태가 크게 달라지지 않았다면 우리는 큰 격론에 휘말리게 될 것 같습니다." 레이크로프트의 염려는 우연한 만남에서 촉발되었다. "나는 코튼 박사가 병원에서 대수술을 다시 실시하자는 주장을 철회했다고 낙관적으로 믿고 있었습니다. 그러나 며칠 전에 내가 그와 마주쳤을 때, 그는 왜 대수술이 실시되지 않느냐고 물었고, 보호자에게 수술 동의를 얻어낸 환자가 약 30명이나 병원에 있다는 사실을 언급하며 불만스러워했습니다." 레이크로프트가 메크레이에게 1932년 2월 10일에 보낸 편지, TSH Archives.

현대 정신의학 잔혹사

15 레이크로프트의 친필 주석이 첨가된 사본이 TSH Archives에 보존되어 있다.

16 같은 곳, 1쪽.

17 같은 곳, 1~2쪽. 이런 상황에서는 극단적인 치료를 실시하는 것이 정당하다고 주장한 사람은 코튼뿐만이 아니었다. 19세기 말의 저명한 부인과의사 윌리엄 구델은 코튼과 놀랍도록 유사한 논리로 여성 정신병자의 외견상 건강한 난소를 절제하는 수술을 합리화했다. 수술의 결과가 정신질환 치유가 되건, 단종이나 사망이 되건, 그 수술은 성공으로 간주할 수 있다고 그는 주장했다. "왜냐하면 첫째, 미친 여자는 더 이상 국가의 일원이 아니라 범죄자이기 때문이다. 둘째, 미친 여자의 사망은 항상 그녀의 가장 가까운 친구들의 짐을 덜어주기 때문이다. 셋째, 미친 여자는 정신질환이 치유된다 해도 자녀들과 손자들까지 누대에 걸쳐 정신질환의 흔적을 물려줄 가능성이 높기 때문이다." William Goodell, "Clinical Notes on the Extirpation of the Ovaries for Insanity," *Transactions of the Medical Society of the State of Pennsylvania* 13 (1881), 639쪽.

18 Henry A. Cotton, "Report on the Operative Procedures on the Colon," unpublished paper, November 15 1932, TSH Archives, 2쪽.

19 같은 곳, 2~3쪽. 코튼이 재발견한 유착은 그가 앞서 실시한 수술의 결과로 생긴 것일 가능성이 높다.

20 같은 곳, 3쪽.

21 같은 곳, 3~4쪽.

22 같은 곳, 4쪽.

23 같은 곳.

24 같은 곳, 5쪽.

25 같은 곳, 7쪽.

26 같은 곳, 8쪽.

27 Rotov, "History of Trenton State Hospital"에 언급된 사례.

28 에밀 프랭클이 레이크로프트에게 1932년 6월 10일에 보낸 편지, 레이크로프트가 프랭클에게 1932년 12월 5일에 보낸 편지, 프랭클이 레이크로프트에게 1933년 1월 7일에 보낸 편지, TSH Archives.

29 Frankel, "Study of 'End Results'," 2~3쪽.

30 같은 곳, 22쪽.

31 같은 곳, 20쪽. 코튼의 1932년 보고서에서 인용한 문장임.

32 같은 곳, 23쪽.

33 같은 곳, 9쪽.

34 같은 곳, 10쪽.

35 같은 곳, 19쪽.

36 대조군의 사망률은 18퍼센트로 수술군보다 훨씬 낮긴 했지만, 환자의 58퍼센트가 40세 미만이었음을 감안하면 이것도 예외적으로 높은 비율이다. 프랭클은 이 통계 수치를 더 자세히 탐구하지 않았지만, 그가 "비수술 사례"로 잘못 분류한 환자들이 사실상 모두 발치와 편도절제를 당했고, 대부분 지라, 위, 자궁경부 등을 "치료"받았다는 점을 염두에 두면, 이 대조군의 높은 사망률도 어느 정도 트렌턴 병원의 치료 정책에서 비롯되지 않았을까 의심하게 된다.

37 Frankel, "Study of 'End Results'," 14쪽.

38 같은 곳, 15쪽.

39 코튼이 멘켄에게 1933년 12월 13일에 보낸 편지, Mencken Papers, New York Public Library. 이 편지를 내게 알려준 스티븐 콕스에게 매우 감사한다.

40 Henry A. Cotton, "The Physical Causes of Mental Disorders," *The American Mercury* 29, no. 114(June 1933), 221쪽.

41 같은 곳, 222~3쪽.

42 같은 곳, 223쪽.

43 같은 곳, 224쪽.

44 코튼이 멘켄에게 1932년 12월 19일과 28일, 1933년 1월 4일과 26일에 보낸 편지, Mencken Papers, New York Public Library.

45 예컨대 1931년 1월에 코튼은 마이어에게 편지를 보내 그가 "토머스 살몬 펀드로부터 첫 번째 상"을 받은 것을 축하하면서 국소 패혈증 가설에 대한 최근의 비판들이 드러낸 "무지"를 한탄했고, "우리는 결장 절제나 유착 제거, 또는 상부 결장 관장을 통해 250건의 치유 사례를 얻었습니다." 하고 자랑했다. 이에 마이어는 답장을 보내 코튼의 작업에 대한 최근의 비판은 "그다지 설득력이 없어 보이네……. 자네가 여유시간을 얻어 자네의 경험을 문서로 정리할 수 있기를 바라네. 다른 곳의 그 누구도 자네가 가진 것과 같은 자료를 가지고 있지 않을 것이라 생각하네." 하고는 이렇게 덧붙였다. "나는 잘 훈련된 사람을 자네의 실험실에 투입하여 자료를 수집하고 정리하여 임상 기록과 연결하도록 할 길이 있기를 바라네. 그 일에 관심이 크네." 이 편지에서도 비판은 눈곱만큼도 찾아볼 수 없다. 코튼이 마이어에게 1931년 1월 13일에 보낸 편지, 마이어가 코튼에게 1931년 1월 15일에 보낸 편지, Meyer Papers, CAJH I/767/30.

46 코튼이 마이어에게 1933년 4월 29일에 보낸 편지, Meyer Papers, CAJH I/767/31.

47 마이어가 코튼에게 1933년 5월 6일에 보낸 편지, Meyer Papers, CAJH I/767/32.

48 코튼이 마이어에게 1933년 4월 29일에 보낸 편지, Meyer Papers, CAJH I/767/31.

49 마이어가 코튼에게 1933년 5월 6일에 보낸 편지, Meyer Papers, CAJH I/767/32.

50 코튼이 마이어에게 1933년 5월 8일에 보낸 편지, Meyer Papers, CAJH I/767/32.

51 같은 곳.

52 같은 곳.

53 코튼이 마이어에게 1933년 4월 29일, 5월 0일에 보낸 편지, Meyer Papers, CAJH I/767/31~2.

54 코튼이 마이어에게 1933년 5월 8일에 보낸 편지.

55 *Trenton Evening Times*, April 11, 1933, 3쪽.

56 *Trenton Evening Times*, April 12, 1933, 6쪽. 1927년부터 트렌턴 주립병원 이사장으로 재직한 레이크로프트는 이제 과거에 코튼의 치료법에 대해 가졌던 확신을 다소 잃고 "존 엘리스(기관 및 단체국 감독관)에게 왜 그런 찬사를 늘어놓았느냐고 물었고, 엘리스는 (레이크로프트에게) 신문 기사에 언급된 결의문의 사본을 보냈다." "코튼 박사의 선전 전술이 발동되었음을 보여주는 이 최신 증거"를 보고 불안을 느낀 레이크로프트는 동료 이사인 폴 메크레이에게 편지를 보내 이렇게 넌지시 알렸다. "우리는 다음 회의에서 이런 종류의 행동을 계속 용납할 것인지, 아니면 분별 없는 의원들에게 심어진 인상을 교정하기 위해 확실한 대응을 할 것인지를 결정해야 할 것 같습니다." 레이크로프트가 메크레이에게 1933년 4월 14일에 보낸 편지, TSH Archives.

57 *The American Mercury*, 29, no. 114(June 1933), 256쪽.

58 그는 자신의 글을 2,000부 재간행하여 정치적인 싸움에 이용하려 했다. 그러나 멘켄은 〈아메리칸 머큐리〉는 재간행본을 제공하지 않는다고 밝혔다. "우리 잡지는 기사의 판권을 6개월 동안 독점합니다. 그 기간이 끝나면 모든 권리가 저자에게 돌아갑니다. 그러면 저자가 원하는 대로 재간행을 할 수 있습니다. 그러나 〈아메리칸 머큐리〉는 저자에게 재간행본을 제공할 수 없습니다." 코튼이 멘켄에게 1933년 1월 30일에 보낸 편지, 멘켄이 코튼에게 1933년 2월 3일에 보낸 편지, Mencken Papers, New York Public Library.

59 "World Famous Alienist Drops Dead," *Trenton Evening Times*, May 8, 1933, 1쪽, 14쪽.

60 *Trenton Evening Times*, May 9, 1933, 6쪽.

61 코튼의 비서인 M. A. 헐피시 여사는 그의 사망 소식을 오후 서너 시경에 접하고 서둘러 마이어에게 소식을 알렸다. 그녀는 코튼이 마이어에게 쓴 마지막

편지에 쪽지를 동봉했다. "코튼 박사는 선생님에게 보내는 편지를 옮겨 적다가 오늘 오후 2시 15분에 트렌턴 클럽에서 갑자기 사망했습니다. 제게 큰 충격이듯이 선생님께도 큰 충격일 테지만, 선생님도 아시기를 원하리라고 생각했습니다." 헐피시가 마이어에게 보낸 편지, Meyer Papers, CAJH I/767/32.

62 마이어가 헨리 A. 코튼의 부인에게 1933년 5월 10일에 보낸 편지, Meyer Papers, CAJH I/767/32.

63 Adolf Meyer, "In Memoriam : Henry A. Cotton," *American Journal of Psychiatry* 13(old series, 90)(1934), 921쪽.

64 같은 곳, 922쪽.

65 같은 곳, 922~3쪽.

66 같은 곳, 923쪽.

에필로그

정신의학과 그 불만*

헨리 코튼과 국소 패혈증 치료에 대한 그의 열정에 관한 이야기를 정신의학의 진보 속에서 일시적으로 나타난 탈선으로, 코튼 개인의 불안정한 정신상태와 강박증이 빚어낸 에피소드로 해석하고 잊어버리는 것은 아주 쉬운 일일 것이다. 의학사 연구자 에드워드 쇼터가 말했듯이, 아마 우리는 코튼을 외딴 "정신의학적 슬리피 할로(18세기 뉴욕 북부의 작은 마을 슬리피 할로를 배경으로 목 없는 귀신의 연쇄 살인사건을 둘러싸고 벌어지는 이야기를 그린 팀 버튼 감독의 미국 영화—옮긴이)"에서 대규모 의료 과오를 저지른 "미친 트렌턴 정신과 의사"로 무시하면서 안심할 수 있을 것이다.[1] 코튼은 생물학적으로 말도 안 되는 실수를 저지른 미친놈일 뿐 달리 언급할 가치는 없다고 무시하면서 말이다. 실제로 코튼은 1926년 여름에 정치적인 압박이 거세지자 모종의 정신적 붕괴를 겪었고, 오늘날 돌이켜보면 그의 사상은 비정상적인 편집광의 특징을 드러낸다. 그렇다면 우리가 지금까지 펼쳐놓은 것은 정신병리학적으로 문제가 있는 정신과의사에 관한 기이한 이야기일 것이다. 독특한 공포를 자아내고 독특한 매력이 있지만, 큰 의미를 갖거나 지적인 관심을 불러일으키는 이야기는 아닐 것이다.

이런 평가를 염두에 두면, 사람들이 이 에피소드 전체에 대해 침묵으로 일관하는 것도 아예 이해하지 못할 일은 아니다. 역사가들과 정신의학계는 대체로 그렇게 침묵하는 편을 선택했다. 하지만 평가가 너무 단순하다는 점, 에피소드를 안전하게 망각할 수 있다는 전제가 너무 섣부르다는 점을 지적해야 할 것 같다.

개인의 기억이 가진 선택성이 결코 우연이 아니라는 프로이트의 잘 알려진 지적을 상기해도 좋을 것이다. 의식적으로 표현될 수 없었던 고통스럽거나 불쾌한 기억은 표현되려 할 때 억압되고 묵살된 것이다. 그러나 프로이트의 설명에 따르면, 그 억눌린 기억은 쉽게 처리되지 않는다. 그것은 거짓된 정상성을 유지하려는 개인의 노력 밑에 불길하게 웅크리고 있으면서 상징적인 방향으로 전환되어 기이한 증상으로 나타나고, 그 증상의 의미는 오직 신비로운 정신분석의 연금술을 통해서만 재발견할 수 있다. 비록 그 재발견의 과정이 끝없이 계속될 것처럼 보일지라도 말이다. 심지어 정신분석용 소파에서 이루어진다 하더라도, 무의식을 의식으로 끌어올리는 일은 필연적으로 매우 위험한 과정이라고 프로이트는 주장했다. 왜냐하면 정신은 하나를 다른 하나로 단순히 대체하는 것에 저항하고, 모든 방어수단을 동원하여 자신이 직시하기에 고통스럽다고 느끼는 현실을 부정하기 때문이다.

우리의 집단적 기억이라 할 수 있는 역사 또한 망각의 토대 위에 구성된 이야기일 수밖에 없다.[2] 너무 잘 기억하는 것, 과거의 짐을 전부 짊어지는 것은 확실히 인지적으로나 감성적으로나 너무 부담스러운 일일 것이다. 그렇게 전부 기억할 경우, 실존적으로 분별

현대 정신의학 잔혹사

력 상실과 혼란이 일어나리라는 점은 말할 필요도 없겠다. 그리하여 과거에 대한 기억은 항상 어둠을 배경으로 삼는다. 우리가 공유한 경험의 많은 부분은 망각되고, 우리가 기억하는 것들은 현실을 변형시키고 미화하는 신화가 되어 다시 망각된다. 개인의 선택적 망각과 마찬가지로, 문화와 사회는 돌이켜보는 시선에 잡히는 환영에 매달리고, 과거에 대한 더 충실한 기록 대신에 그 환영을 선택하며, 우리 모두의 곁에 필연적으로 함께 있는 신화들을 추방하거나 어지럽힐 만한 역사의 재구성에 격렬하게 저항한다. 다시 말해서 우리의 집단적 "망각"은 개인의 기억과 마찬가지로 전혀 무작위하지 않다.

그러나 이 고딕풍의 으스스한 이야기가 우리에게 일깨워주었듯이, 집단적 맥락에서의 억압은 무의식적 과정의 산물인 것 못지않게 의식적 과정의 산물이다. 마르크스가 지적했듯이 만일 인간 men(더 평등해진 우리의 시대에는 '개인person'이라는 말이 더 어울릴 것이다.) 이 자기 자신의 역사를 만든다면, 그러나 스스로 선택한 여건 속에서 만드는 것은 아니라면, 우리는 다음과 같은 중요한 단서를 덧붙일 필요가 있다. 역사는 많은 층위에서 만들어진다. 역사는 행동 그 자체뿐 아니라, 당대와 후대에 그 행동에 부여된 해석과 의미를 조종하고 조작하려는 행위자들의 노력도 포함한다. 또한 역사는 역사가들에 의해 만들어지므로, 역사를 쓰는 사람의 선호와 선입견과 편향도 염두에 두어야 한다. 우리 자신의 편견과 맹목과 선택적 관심과 무관심이 우리가 집단적으로 만드는 역사를 또 한 번 다듬는다는 사실을 잊지 말아야 한다.

트렌턴 병원의 환자들을 상대로 한 헨리 코튼의 실험은 일시적이고 고립적인 현상이 아니었다. 그가 정신병을 설명하고 외과적 세균학을 주창하기 위해 채택한 국소 감염론은 당대 최고의 몇몇 의사들에게 환영을 받았고, 그 이론의 중요성과 실천적 적용은 결코 정신의학이라는 변방에 머물지 않았다. 의학계 일반에서 수십 년에 걸쳐 편도 수백만 개가 국소 감염론의 제단에 바쳐졌고, 국소 패혈증이 만성 질환을 일으킬 수 있다는 기본적인 생각을 의료계의 주요 인물들이 유망하고 타당한 것으로 인정했다.

많은 사람들이 타당하다고 느낀 것은 그 일반적인 생각뿐만이 아니었다. 그 생각이 구체적으로 정신의학에 적용되는 귀결도 환영을 받았다. 우리가 보았듯이, 최고의 의사들—혹은 적어도 영국 의학계에서 최고의 권위와 명성을 가진 의사들—이 모임을 개최하여 헨리 코튼을 찬양하고 그의 이론과 치료법을 20세기의 의학을 이끌 상징적인 업적으로 환영한 일이 최소한 두 번 있었다. 그들은 매우 공개적인 무대에서 장황하게, 이의 없이 코튼을 찬양했다. 심지어 찬양의 대상인 코튼 자신이 그의 가장 위대한 수술을 받은 환자들의 1/3이 죽었다고 시인했는데도 말이다. 방문자들이 세 대륙으로부터 트렌턴을 찾아왔다. 그들은 모두 그곳을 보고 큰 감동을 받았다고 공언했다. 영국에서 독자적으로 국소 패혈증 가설을 우연히 발견하고 주창한 T. C. 그레이브스는 버밍엄 지역의 정신병원 입원 환자들 전부를 코튼처럼 적극적·공격적으로 치료했다. 그는 2차 세계대전이 끝나고 한참이 지날 때까지 영국 제2의 도시에 있는 정신병원의 수장이었고, 1940년대에 왕립 의학-심리학회 회장을 4년 동안(역대 회장 가운데 최장 기록이다.) 역임하는 동안 계속해서 패혈증에 대한 공격을 감행했다.

코튼은 미국에서도 외로운 선지자가 아니었다. 수많은 정신병원장들이 1920년대에 트렌턴을 방문하여 그들 자신의 병원을 관할하는 지역 의회는 너무 인색하여 그런 야심적이고 칭찬할 만하고 바람직한 패혈증 공격 프로그램을 시작할 수 없다고 한탄했다. 미국

의사협회 회장인 허버트 워크, 1920년대에 미국에서 가장 영향력이 컸던 정신의학 교과서를 쓴 스튜어트 페이튼과 같은 훌륭한 인물들이 코튼의 노고를 치하했고, 전문성은 약간 의심스럽지만 대중적 영향력이 막강했던 의료계 인사들도 그렇게 했다. 예컨대 미국에서 유명한 의료계 후원자였던 로열 코플랜드 상원위원, 신경이 과민하고 쇠약한 상류층을 위해 지어진 미국에서 가장 호화로운 정신병원인 배틀 크릭 요양소의 손 하비 켈로그가 그렇게 했다. 코튼과 함께 트렌턴에서 일한 조력 의사들 중에는 존스홉킨스 대학 출신으로 북아메리카 정신의학계에서 매우 찬란한 활동을 한 인물이 최소한 2명 있었다. 1931년부터 1965년까지 〈미국 정신의학 저널〉의 편집자를 지낸 클래런스 파라,[3] 국립정신위생위원회 정신의학교육 분과 책임자이자 콜로라도 대학 정신의학부 정교수였던 프랭클린 에보Franklin Ebaugh가 그들이다. 이들이 트렌턴 병원에서 일어난 일에 대해 당대나 후대에 반기를 들었다는 기록은 없다. 오히려 에보는 트렌턴 병원에서 근무하던 당시에 어느 모로 보나 자진해서 열정적으로 패혈증 퇴치에 동참했다.[4] 코튼이 갑자기 죽을 때까지 15년이 넘는 세월 동안 부유한 계층의 사람들은 광란의 정신병 치료 제단에 기꺼이 치아와 편도, 결장을 바칠 친인척 환자들을 데리고 뉴저지의 주도州都로 몰려들었다. 그것은 코튼의 이론적 주장에 대한 실질적인 (또한 경제적인) 승인이었다.

우리가 보았듯이 코튼을 비판한 사람들도 있었다. 심지어 그가 유명하고 권력이 있는 사람들을 포함한 다수로부터 지지를 받던 때에도 그의 생각은 미국 정신의학계의 규범적인 정설正說이 되지 못했다. 그러나 그 비판은 얼마나 무력했는가. 그 비판은 대부분 무대 뒤편의 투덜거림과 서신 교환에 머물렀다. 조지 커비와 동료들의 실험을 통한 비판은 오히려 예외였고, 커비와 코플로프조차도 정신질환자의 패혈증을 제거하는 것은 바람직하다고 인정할 수밖에 없다고 생각했다. 정신병의 원인에 대한 코튼의 가차없는 일원론적 설명이 타당하지 않다고 생각한 사람들도 있었다. 또 역동 정신의학을 옹호하는 이들은 코튼의 주장에 불신과 적대감으로 대응했다. 그러나 그가 환자를 대상으로 실험을 할 권리에 대해 의문을 제기하거나 광인들의 신체를 망가뜨리는 실험이 과연 적절한가에 대하여 지속적으로 진지하게 고민한 사람은 아무도 없었다. 심지어 코튼이 환자의 언어적·물리적 저항을 무릅쓰고 수술을 했다고 수시로 시인했는데도 말이다. 사망률이 30퍼센트를 넘는다는 사실이 공개되었음에도 의미 있는 비난이나 제재의 노력은 뒤따르지 않았다.

치료를 천직으로 삼은 자신과 같은 사람들의 계보를 최소한 고대 그리스와 전설적인 히포크라테스까지 연결하기 좋아하는 의사들은 우리의 신체적 행복을 지키는 파수꾼을 자처한다. 그리고 한때 "미친 의사mad-doctor"라는 경멸적인 이름으로 불렸고 지금은 "정신과의사psychiatrist"라는 이름으로 불리기를 원하는 특수 분야의 의사들은 우리의 정신적 행복에 대한 파수꾼도 자처한다. 잘 확립되고 사회적으로 널리 인정되는 전문가 직함을 가진 사람들이 모두 그렇듯이, 의사들은 시정의 평범한 지식이 무용하거나 통하지 않는 것 같은 영역에서 활동한다. 일반인인 우리는 그들의 전문적인 지식과 기술에 접근할 수 없다. 그들의 지식에 말 그대로 우리의 생사가 달렸는데도 말이다. 그들의 전문적인 판단을 차후에 비판하기도 어렵고, 심지어 많은 경우에는 그들의 진단과 처방이 발디딘 토대를 파악하기도 어려우며, 우리가 받을 치료의 질을 평가할 수단도 없는 처지인 우리는 어쩔 수 없이 우리 자신을 의사들의 처분에 내맡긴다. 정교한 사회적 제도와 관습은 그 낯선 자들을 신뢰하라고 우리를 설득하며, 그들은 시장의 이기심—시민사회의 많은 부분을 지휘한다고 하는 그 보이지 않는 손—에 의해 움직이는 것이 아니라 더 고귀한 윤리 규범에 의해, 우리의 생존과 행복을 위한 참된 염려와 우리를 위해 자신의 이익을 기꺼이 희생하려는 의지에 의해 움직인다고 우리를 안심시킨다. 그리고 때로는 그런 경우들이 실제로 있다.

그러나 그렇지 않은 경우들도[5] 있다.

1916년부터 코튼이 사망한 1933년까지 17년 동안 트렌턴 병원의 병실을 가득 채웠던 수천 명의 환자들과 코튼의 사립 시설인 찰스 병원에서 치료를 받은 수백 명의 부유한 환자들은 그들 각자의 운명을 맞도록 방치되었다. 심지어 미국 최고의 정신과의사였던 아돌프 마이어가 1925년에 코튼의 기획 전체가 모래 위에 지은 성이라는 사실을 확실히 인지한 다음에도 상황은 바뀌지 않았다. 마이어는 오히려 제자를 보호하는 데 더 관심을 기울였고, 공범자의 침묵을 넘어서 코튼의 외과적 실험이 논리적인 최종점까지 수행되기를 (그 스스로 말했듯이, 패혈증 제거의 잠재적 가치를 탐구할 기회가 다시는 오지 않을 것이라고 염려하면서) 바라기까지 했다. 그가 필리스 그린에이커의 보고서를 감추고 그녀를 침묵시킨 덕분에, 코튼의 활동에 관한 가장 철저하고 체계적인 조사 결과는 대중에게 알려지지 않았다. 또한 마이어는 1927년에 있었던 영국 의료계의 국소 패혈증에 관한 공개적인 토론을 의도적으로 회피했다. 스승의 이 같은 두 번의 행동 덕분에 코튼은 이후 5년 넘게 견제를 받지 않으면서 전진할 수 있었다. 코튼이 죽자 그린에이커와 카첸엘보겐의 보고서는 코튼의 방대한 문서함에 안전하게 매장되었고, 마이어는 코튼이 뒤에 남긴 무수한 사망자와 불구자를 그저 감추는 것 이상의 행동을 했다. 트렌턴 병원에서 양산한 것은 치아가 없고 특정 장기가 없고 생식력이 없는 육체들이라는 것을 아는 마이어는 정신의학계의 중요한 연단인 〈미국 정신의학 저널〉을 선택하여 코튼의 활동 전체를 "개척자 정신의 탁월한 성취"로 찬양하고 코튼을 "우리 세대의 고무적인 인물"로 찬미하면서 그의 작업을 "장기적인 관찰과 비교를 통해 수행할 것"을 촉구했고, 이 치료법에 대한 앞으로의 탐구가 "진지하고 적극적이고 선도적이며 확신에 찬 주역 없이 이루어져야 할 형편"이라는 점을 개탄했다.[6]

우리가 이 사건들로부터 얻어야 할 교훈은 코튼의 외과적 공격을 예외적인 탈선으로 무시하라는 것이 아니다. 정반대로, 오랫동안 억압된 이 이야기는 정신병자들이 제물이 될 가능성이 극도로 높다는 사실을, 그리고 스스로 규제할 수 있다는 전문가들의 주장이 얼마나 공허한가를 생생히 보여준다. 도덕적·사회적·물리적으로 인간의 지위에서 쫓겨나 외부자의 시선이 차단된 시설 속에 갇힌 채, 도덕적 행위자로서의 지위를 상실하고, 정신상태가 열악하여 자신을 위한 선택을 할 능력이 없는 자로 취급당한 환자들은 그들의 실존 자체를 통제하는 이들의 개입에 저항할 수 없었다. 압력에 굴복한 많은 환자들은 자신에게 행해지는 처치가 옳고 적절한 것으로 받아들이고 의사들이 과학의, 신의 명령에 따라 치료하고 있다고 믿었을 것이 분명하다. 아무튼 저항한 환자들은 곧바로 저항이 쓸데없다는 것을 배웠다. 코튼은 저항하는 환자들을 수술했다고 출판물을 통해 자랑했지만, 동료 의사들은 비판도 비난도 하지 않았다. 그는 가장 큰 수술은 놀랍도록 높은 사망률을 동반한다고 시인했지만, 그 말을 들은 전문가들은 그를 새로운 리스터로 찬양했다. 그는 회복률이 80퍼센트 이상이라고 공언했고—아무도 믿지 않을 만한 주장이었다—다른 사람들은 그의 발견을 재현할 수 없었다는 비판은 그들이 충분히 철저하고 근본적이지 않았기 때문이

현대 정신의학 잔혹사

라며 간단히 일축할 수 있었다.7

코튼의 동시대인들이 이미 그랬듯이, 우리는 전문가의 시대에 산다. 전문가들은 자신들이 공정하고 선하며, 과학이라는 중립적인 영토를 행동의 터전으로 삼는다고 소리 높여 공언한다. 그들의 세계는 진보의 세계, 지적이고 기술적일 뿐 아니라 도덕적인 세계이며, 그들은 그 진보의 세계를 지키는 사제들이라고 한다. 그러나 매우 다양한 맥락에서 일어난 20세기의 사건들을 보면 그런 주상을 받아들일 수 없다. 특히 그 이성의 사도들이 비이성과 맞닥뜨릴 때, 광인을 정상인으로부터 분리하여 보살피겠다고 나설 때 가장 두드러지게 문제가 표출되었다.

코튼은 진보와 전문성의 함정을 명백히 보여준 유일한 치료 광신자가 아니다. 또 트렌턴 주립병원의 병실을 가득 채웠던 환자들은 실험적 치료에 이용된 유일한 정신병자들이 아니었다. 정신병자의 가족들이 느낀 절망과 만성 정신질환이 정치권에 가한 재정적 압박은 어디에서나 익숙한 20세기 정신의학의 특징적인 풍경이었다. 따라서 다른 장소, 다른 시간에도 코튼과 유사한 인물들이 있었다.

집단적인 정신건강의 파수꾼을 자처하는 정신과의사들은 20세기 내내 광인을 격리하거나 정상으로 되돌리려 했다. 많은 정신과의사들은 치료에 저항하는 고집 센 환자들을 위하여 코튼 못지않은 열정으로 신체 치료법을 기꺼이 채택했다. 그리고 그 치료법이 처음 도입되었을 때의 열광이 가라앉고 나자 그것이 환자에게 근본적인 악영향을 미친다는 사실이 곳곳에서 드러나기 시작했다.

아무튼 정신의학의 역사를 통틀어 정신의학의 의학적 정체성은 신체의 중요성에 대한 형이상학적 믿음에 있었다. 체액humor의 이상 때문에 조병과 멜랑콜리아melancholia(울병)가 생긴다는 설명이 18

세기에 정신장애를 이해하고 치료하는 데 토대가 되었던 것에서부터, 미국 정신의학 연구의 자금줄을 쥐고 있는 국립정신보건원이 1990년대를 "뇌의 시대"로 규정한 것까지, 정신과의사들은 정신장애를 신체를 통해 설명하려는 시도를 끊임없이 해왔다. 정신의학계는 신체가 정신질환의 객관성과 과학적 지위를 가장 확실히 보증하는 토대라는 주장을 고수해왔다. 정신질환에 대한 진단과 치료에서 특권적인 역할을 할 수 있는 유일한 증거는 신체라는 주장을 말이다. 그리고 쉽게 짐작할 수 있듯이, 광기의 기원을 신체의 장애에 귀속시키는 사고방식은 신체 치료에 대한 열광을 거듭 불러일으켰다.

그런 신체 치료법들 중에서 최소한 하나는—특히 극적인 사례이다—과거에 코튼의 조력 의사였던 인물에 의해 코튼의 실험을 본보기로 삼아 고안되었다. 1920년대 초에 R. S. 캐럴R. S. Carroll은 환자들의 "조발성 치매"를 치료하기 위해 말의 혈청을 환자의 척주관에 주사하여 "무균수막염aseptic meningitis(세균이 증명되지 않는 수막의 염증이라는 의미에서 무균성이라 한다. 그러나 대부분 바이러스에 기인되는 경미한 형의 수막염이다—감수자)"에 걸리게 했다. 이때 발생하는 열과 뇌의 염증이 환자의 면역계를 자극하여 정신병의 뿌리에 있는 감염이 해소되는 데 도움을 줄 것이라고 그는 주장했다. 신체의 방어 기능이 뇌막염을 공격하는 과정에서, "세포들의 청소활동scavenger action에 의해 중추신경계의 기능에 해로운 독소들이 제거될 것"이라는 주장이었다.[8] 그는 다른 의사들에게 이 치료법을 시도하라고 권고했다. 그러나 치료를 받은 환자의 사망률이 높고 성과가 없었기 때문에 이 치료법은 신속하게 폐기되었다.[9]

1차 세계대전에 참여한 모든 군대는 포탄 쇼크에 걸린 병사들을 벌하고 "치료"하기 위해 밥 먹듯이 전기충격 요법을 썼다. 벙어리

현대 정신의학 잔혹사

를 말하게 하고, 귀머거리를 듣게 하고, 앉은뱅이를 걷게 하기 위해서였다.[10] 그 치료법은 군대 밖에서는 결코 상용되지 않았지만, 이따금씩 민간 정신병원에서도 쓰였다. 예컨대 1939년에 〈란셋〉에 실린 한 논문은 환자의 이마와 목덜미에 전극을 설치하고 1회에 1초 동안 최대 2만 볼트의 전기충격을 가한 연구의 기록이다. 전기충격은 하루에 10회에서 20회 가해졌고, 목적은 기능성 정신병자를 "정상"으로 되돌리는 것이었다. 논문의 저자는 매번 전기충격을 가하면 "환자의 눈꺼풀과 안면 근육이 뒤틀리고, 머리가 급격히 경련하고, 공포와 통증의 증거가 나타난다."고 침착하게 기록했다.[11] 이 묘사는 전쟁 중에 실시된 전기충격에 대한 일부 기록보다 절제된 편이다.[12] 그러나 저항하는 환자에게 고통과 공포를 가하려는 목적을 노골적으로 드러내는 그런 잔인한 치료법에 대한 열광은 군대 외부에서는 거의 없었다.

전쟁 중에 오스트리아군의 포탄 쇼크 환자들에게 열정적으로 전기충격 요법을 적용한 혐의로 전범 재판을 받았던 율리우스 바그너 폰 야우렉은 전쟁터의 약한 규제를 틈타 또 다른 치료법도 시도했다. 나는 5장에서 그 발열요법fever therapy을 잠시 언급한 바 있다. 전쟁 전에도 그는 환자의 체온을 올리기 위해 단독erysipelas균을 주사하는 것과 같은 위험한 치료법을 시도했다.[13] 그러나 그는 1917년에 삼일열 말라리아에 걸린 군인들을 만난 후 더 확실히 열을 일으키는 그 매력적인 말라리아 병원체로 관심을 돌렸다. 과거에 그는 발열요법이 "우울증과 조증, 급성 조병"에 유효하다고 주장했지만, 이제는 3기 매독과 그에 동반되는 정신과 신경의 붕괴에 초점을 맞추기 시작했다. 그리고 10년 후에 그는 이 혁신의 공로로 노벨의학상을 수상했다.[14]

신경매독에 대한 바그너 폰 야우렉의 발열요법은 북아메리카를 비롯한 여러 곳으로 급속히 확산되었다. 급격한 신체적 퇴행과 매우 처참한 종말로[15] 이어지는 치명적인 병에 대해서는 미미한 호전이라도 약속하는 치료법조차 확실히 매력적이었다.[16] 곧 병원들은 말라리아에 걸린 불완전마비 환자를 감염된 혈액의 공급원으로 이용하기 시작했고, 그 소중한 액체는[17] 보온 플라스크에 담겨 우편으로 수송되었다.[18] 다른 의사들은 열을 일으키는 대안을 실험하기 시작했고, 혹시 발열 반응이 다른 정신장애도 치유할 수 있는지 탐구했다. 칼슘 콜로이드colloidal calcium나[19] 쥐에 물린 생물의 혈액을[20] 주사하는 방법도 가끔 시도되었지만, 일반적으로는 그런 기괴한 방법보다 "열치료 기계diathermy machines"가 선호되었다. 열치료 기계란 그 속에 들어간 환자의 항상성 유지 메커니즘homeostatic mechanisms을 인위적으로 깨뜨려 땀을 흘리게 만드는 상자였다.[21] 그러나 비록 많은 임상의들은 열 치료법을 3기 매독에 대한 최후의 수단으로 계속해서 승인했지만, 그 치료법이 다른 형태의 정신병에는 효과가 없다는 합의가 폭넓게 형성되었다.

열이 정신분열병이나 정동 정신병affective psychoses에 효과가 없다면, 혹시 냉기는 치료 효과를 발휘하지 않을까? 하버드 대학 정신과의사 두 사람이 이 질문에 답하기 위한 실험을 하기로 결심했다. 보스턴 상류 지식층을 위한 사립 요양소인 맥린 병원에 있는 소수의 환자들은 체온을 인위적으로 29.5도 이하까지 낮추는 처치를 받았고, 체온이 그렇게 낮아지면 때로 생명을 잃는 수가 있다는 사실이 밝혀졌다. 환자 1명이 사망하고 냉기의 치료 효과가 미미하고 일시적일 뿐이라는 점이 분명해지면서 그 실험은 순식간에 종결되었다.[22] 그러나 그게 끝이 아니었다. 다른 의사들은 시안화물cyanide(독성이 강해 0.1그램 이하의 소량으로도 사망할 수 있다—감수자)을 주사하는 실험을 했다. 처음에는 정신병 환자들이 주사를 맞았으나 그 결

490   현대 정신의학 잔혹사

과가 신통치 않자 정신신경증psychoneurosis 환자에게까지 실험을 확대했다.[23]

발열요법은 부분적으로 예외였지만, 이런 다양한 실험들은 산발적으로 이루어졌고 반복되지 않았다. 그러나 코튼의 국소 감염 제거처럼 오랫동안 수많은 사람의 지지를 받으며 지속된 실험은 없었다고 생각한다면 착각이다. 과거에 널리 채택되었던 어느 치료법은 당시에 새롭게 발견된 인슐린을 이용했다. 인슐린을 과다하게 투여하면 쇼크와 혼수 상태가 유발된다. 폴란드 정신과의사 만프레드 사켈Manfred Sakel은 약물 중독 환자들에게 인슐린을 투여하기 시작한 후 1933년에 빈에서 인슐린을 이용하여 인위적으로 혼수상태를 만드는 치료법을 실험하기 시작했다. 그는 코튼과 마찬가지로 기적적인 성과를 거뒀다고 공언했고, 그 치료법은 급속히 확장되었다. 사켈은 자신의 치료법을 시연하기 위해 미국을 방문하기까지 했다.[24]

인슐린을 주입한 환자들은 경련을 동반한 혼수상태에 빠졌다〔때로는 혼수상태에 빠진 환자에게 메트라졸metrazol(중추신경 흥분제 ─ 옮긴이)을 추가로 투여하여 인위적으로 경련을 유도했다〕. 사켈은 나름대로 "간질 발작의 작용은 성벽을 부수는 공성攻城 망치와 같아서 저혈당증hypo-glycemia이 '정규군'처럼 전진할 수 있도록 돕는다."고 생각했고, "간질 발작은 또한 역행 기억상실retrograde amnesia(어떤 사건이 있은 후 그 이후의 일은 기억하지만 그 이전의 일은 기억하지 못하는 증상 ─ 감수자)을 산출하여 정신병에 영향을 미친다."고 느꼈다. 오로지 그런 극단적이고 위험한 치료법만이 "확고히 정착되어 진행하는 정신병에 침투하여 그것을 제압할" 가망이 있다고 그는 믿었다.[25] 그러나 이 "치료"가 진행되는 동안 사망이나 돌이킬 수 없는 혼수상태가 유발될 위험이 늘 있었기 때문에 포도당을 투여하여 되살릴 때까지

환자를 항상 면밀히 관찰해야 했다.[26]

거의 동시대에 헝가리의 라디슬라우스 메두나Ladislaus Meduna는 정신분열병과 간질은 공존할 수 없다는 (그릇된) 확신을 가지고 인위적으로 경련을 유발하는 방법을 실험하기 시작했다. 그는 장뇌camphor, 캠퍼를 기름에 녹인 용액을 주입하는 방법을 실험하다가 포기했다. 왜냐하면 그 주사를 맞으면 "불안이 공황으로 치달아 공격과 자살 행동이 나타나기" 때문이었다.[27] 메두나는 스트리크닌strychnine(장뇌와 스트리크닌은 신경흥분 작용이 있다 ─ 옮긴이)을 이용한 실험을 몇 차례 한 후, 결국 펜타틸렌테트라졸pentathylenetetrazol을 선택했다. 이 약물은 곧 메트라졸이라는 이름으로 미국에 알려졌다.

메두나의 보고에 따르면, 그는 1934년에 처음으로 경련을 유발시킨 환자가 "간호사들의 부축을 받아 병실로 돌아가야 했기 때문에 매우 걱정했다."[28] 그러나 그 환자 때문에 겁을 먹을 필요는 아마 없었을 것이다. 메트라졸은 효과가 더 예측 가능하기 때문에 장뇌보다 약간 덜 끔찍한 장면을 연출했다. 마이어의 조수였던 카첸엘보겐의 보고에 따르면, "매우 특징적인 여러 반응 가운데 가장 두드러진 것은 환자가 표정과 말로 극도의 경악과 고통과 임박한 죽음에 대한 공포를 표현"한 것이었다.[29] 그리고 이 극도의 공포 외에 더 심각한 부작용도 있었다. 또 다른 정신과의사가 진술했듯이, "이 치료법의 가장 심각한 단점은 관절 탈구, 골절, 심장 손상, 영구적인 뇌 외상, 심지어 사망과 같은 합병증이 발생한다는 점이다. 대부분의 환자가 이 치료법에 대하여 나타내는 극도의 두려움과 불안 때문에, 또 격렬한 경련과 때때로 발생하는 심각한 합병증 때문에, 다른 만족스러운 대체물을 찾는 광범위한 연구가 진행되고 있다."[30] 이 연구의 결과로 몇 년 후에 전기충격 요법 혹은 전기경련 요법이 발명되었고, 그 후 메트라졸 사용은 매우 빠르게 줄어들었

현대 정신의학 잔혹사

다. 그러나 그 전까지 메트라졸은 유럽과 북아메리카에서 널리 사용되었다.

메두나는 곧 간질과 정신분열병이 공존할 수 없다는 주장을 철회했다. 대신에 그는 메트라졸과 인슐린이 같은 작용을 한다는 주장을 펼쳤다. 고질적인 정신병을 공격하려면 "야만적인 힘"을 쓸 필요가 있다고 그는 주장했다. "우리는 마치 다이너마이트처럼 그 둘(인슐린과 메트라졸)을 한꺼번에 써서 병리적인 과정을 산산이 폭파하고 병든 유기체를 정상적인 기능으로 복귀시킨다……. 둘 중 어느 것을 선택하든 간에 우리는 맹렬한 습격을 감행하는 것이다. 왜냐하면 현재로서는 정신분열병으로 귀결되는 유해한 과정을 끊을 만큼 강력한 조치는 그런 쇼크밖에 없기 때문이다."[31]

이 같은 메두나의 판단은 널리 공유되었고, 심지어 인슐린과 메트라졸을 적극적으로 사용하는 의사들도 이에 동의했다. "생활 연구소"라는 그럴싸한 이름을 달고 있었지만 사실은 고급 사립 수용소였던 코네티컷 주 하트포드 소재의 시설에서 원장을 역임한 찰스 벌링게임Charles Burlingame은 "인슐린 쇼크가 일어나는 동안 인체가 대단한 공격을 받는다는 것은 확실한 사실이다. 만일 그 쇼크에 동반되는 기억상실이 없다면, 기꺼이 그 치료에 응하는 환자를 찾기 어려울 것이다……. 환자의 신체 부위에 어떤 손상이 생길 수 있는지 묻지 않을 수 없다. 그러나 그 질문에 답하기 위해 필요한 정보는 아직 충분히 확보되지 않았다."[32] 하지만 어쨌든 그는 그 치료법을 계속 사용했다. 하버드 대학의 정신의학 교수 스탠리 콥 Stanley Cobb은 그런 무책임한 태도를 강력하게 비난했다. 그는 인슐린과 메트라졸 투여가 뇌 손상을 일으킨다는 것을 보여주는 다양한 동물 실험 결과를 제시하고서 이렇게 논평했다.

이런 증거에 입각하여 나는 인슐린과 메트라졸이 보여주는 치료 효과는 대뇌 피질의 신경세포들이 다수 파괴되는 데서 비롯되는 것 같다는 믿음에 도달했다. 이 파괴는 복구될 수 없다……. 이 극단적인 방법을 추천하는 의사는 자신이 뇌의 가장 정교한 부분을 사실상 파괴함으로써 증상을 제거하자는 것일 수 있다는 사실을 직시해야 할 것이다. 치유의 가능성이 있다고 해서 이런 치료법을 정신병과 신경증에 사용하는 것은 내가 보기에 전혀 정당하지 않다.[33]

사켈은 그의 치료법이 뇌 손상을 야기한다는 주장을 반박하지 않았다. 도리어 그는 그 손상이 인슐린 치료의 핵심적인 효과라는 결론을 내렸다. 인슐린 투여로 유발된 혼수상태는 뇌에 공급되는 산소가 줄어든 것을 반영하고, 그렇게 발생한 무산소증이 뇌 세포를 선택적으로 죽인다고 그는 추측했다. 가장 최근에 형성된 (따라서 병적인) 경로들이 선택적으로 무산소증의 공격을 받게 되어 정신병 이전의 정신이 재출현한다는 것이었다.[34] 바로 그렇기 때문에 그가 치료한 병력 6개월 미만의 정신분열병 환자의 70퍼센트가 호전된 것이라고 그는 주장했다.[35] 이 주장들은 순전히 사변적이었음에도 이후 10년 이상 동안 대세를 장악했던 것은 인슐린 혼수요법insulin coma therapy의 효용에 대한 콥의 설명이 아니라 사켈의 설명이었다.[36] 정치인들은 횃불을 들고 나아가는 코튼의 뒤를 따르며 그 기적의 치료에 투자하면 금전적인 보상이 생길 것이라고 근엄하게 장담했다. 그것은 예외적인 일이 아니었다. 예컨대 아론 로제노프Aaron Rosenoff는 캘리포니아에서는 캘리포니아 대학에 급성기 간호acute-care 정신병원을 설립할 자금을 얻기 위해 주 의원들을 상대로 활발한 로비활동을 하면서, 새 병원에서 정신분열병 환자에게 인슐린 혼수요법을 실시하면 주 예산을 연간 최대 200만 달러까지 절약할 수

현대 정신의학 잔혹사

있다고 주장했다.[37]

이탈리아의 체를레티Cerletti와 비니Bini가 전기충격 요법을 발명하여 그 방법이 메두나의 약물요법에 동반되는 극단적인 부작용이 없고 사망률이 매우 낮으며 신뢰할 수 있고 쉽게 재현될 수 있다는 것을 보여주자, 신속하게 전기가 메트라졸을 밀어내고 경련을 일으키는 주요 방법으로 자리 잡았다. 그렇게 실망스럽게 메트라졸이 퇴출되자 메트라졸 요법의 아버지인 메두나는 환자의 뇌에 충격을 가하는 다른 기술로 눈을 돌렸다. 해럴드 힘위치Harold Himwich와 그의 동료들은 인슐린 혼수요법과 메트라졸 요법이 뇌에 무산소증을 일으켜 "작용한다"는 이론을 받아들여 1930년대에 그와 똑같은 효과를 산출하면서 "더 안전하고 통제하기 쉬운" 질소요법을 실험했고, 이렇게 자랑했다. "과거 다른 연구자들의 시도와 달리 무산소증은 강력했다. 치료가 최고조에 달했을 때 환자는 순수한 질소만 호흡"하면서 "호흡 자극respiratory stimulation, 빠른 맥(빈맥), 청색증cyanosis(혈액 속의 산소가 부족하여 피부가 검푸르게 보이는 증상―옮긴이), 연축, 경련성 반사convulsive jerking"를 나타냈다.[38] 10년 후에 메두나는 힘위치의 뒤를 좇아 이산화탄소로 실험을 했다. 그러나 "치료법을 개발하는 과정의 초기에 나는 실수를 저질렀다. 최초의 환자 두세 명에게 순수한 이산화탄소를 흡입시켰다. 그 결과는 대단했다. 객관적인 차원에서는 엄청난 근육 운동과 이성을 잃은 발작이, 주관적인 차원에서는 악몽이 발생했다. 그 환자들은 두 번째 실험을 허락하지 않았다. 실제로 한 환자는 아직도 정신이 혼미한 상태에서 벌떡 일어나 실험실 밖으로 뛰쳐나갔고, 우리는 그를 문 앞에서 간신히 잡아 진정시킨 다음에 건물 밖으로 내보냈다."[39] 이런 반응들이 나타났고 임상적인 효과가 없었지만 메두나는 유사한 실험을 계속해야 한다고 끊임없이 열정적으로 촉구했다. 다만 환자에게 순수한 이산화탄소를 호흡시키지 않는 것만 주의하라는 단서를 달면서 말이다. 그러나 이 방향에서는 그의 추종자가 생기지 않았다.

그 대신에 정신병에 대한 신체 치료법으로 널리 채택된 것은 전기경련 요법electroconvulsive therapy, ECT과 뇌의 전두엽에 의도적으로 손상을 가하는 수술, 즉 엽절개술lobotomy〔대뇌의 이마엽(전두엽) 백색질을 잘라서 시상과의 연락을 단절시키는 수술 방법. 정신분열병의 약물치료 효과가 높아지고, 격통에 대한 진정요법의 진보로 인해 인격의 변화를 가져올 우려 때문에 현재는 사용하지 않는다 — 감수자〕과 이마앞엽절개술leucotomy이었다. 수천, 수만의 환자들이 이 치료를 받았다. 엽절개술을 발명한 포르투갈의 에가스 모니즈Egas Moniz는 13년 뒤에 노벨의학상을 수상했고, 1940년대에 대다수의 우호적인 평가와 소수의 비판을 받았다. 결국 그 수술은 정신의학이 벌인 미친짓의 상징이라는 지탄을 받으며 대부분 폐기되었다.[40] 반면에 우리가 열거한 다른 치료법과 마찬가지로 그 작용이 경험적이고 신비로운 ECT는 비록 논란을 일으키고 있지만 21세기까지 살아남았다. 지금도 많은 정신과의사들은 기분장애에 대한 효과적인 치료법으로 ECT를 권장한다.

일부 ECT 옹호자들은 이른바 "퇴행성 전기충격regressive electroshock" 혹은 "전격요법blitz therapy"이라 불리는 것을 비롯하여 원래의 방식을 변형한 특이한 방식들을 실험했다. 1946년에 시도된 돌격요법은 "환자가 완전히 혼란에 빠지고 철저히 무감각해지고 말을 못하고 대소변을 지리고 도움을 받아야만 음식을 섭취할 수 있는 상태"가[41] 될 때까지 하루에 60분씩 7번 전기충격을 가하는 방법이었다. 치료의 결과는 예외 없이 참혹했다. 예컨대 영국 노팅엄 소재 매펄리 병원에서 그런 식으로 치료를 받은 만성 정신분열병 환자 18명 중에서 지속적인 호전을 보인 사례는 없었고, 2명은 사망했다.[42] 그럼에도 1960년대 초에, 그리고 다시 1970년대에 이 방향의 실험이 거듭 시도되었다. 특히 1960년대 초의 실험은 동료 정신과의사들로부터 존경을 받았고 훗날 세계 정신의학회와 미국 정신의학회의 회장이 된 몬트리올의 유언 캐머론Ewen Cameron 박사에 의해 이루어졌다.[43]

역사가들은 20세기 초 정신의학의 매우 두드러진 특징이었던 신체 치료에 진지한 관심을 기울이기 시작한 이후, 오늘날의 시각으로 보면 잔인하고 야만적으로 보이는 치료법들을 당대의 맥락에서 이해하려 노력했다. 우리는 시대착오적인 판단을 경계하고, 왜 우리가 오늘날 무용하거나 유해한 것으로 판단하여 폐기한 치료 전략들이 한때는 당대 최고의 의사들로부터 효과적이라는 승인을 받으며 사용되었는지 이해하려 노력해야 한다고 역사가들은 올바르게 지적한다. 이 맥락에서 우리는 방혈, 하제下劑 사용, 구토, 반대 자극counter-irritation 등의 전통적 치료법들이 수천 년 동안 어떻게 작동했는가를 이해하려 했던 찰스 로젠버그Charles Rosenberg의 독창적인 시도를 떠올리게 된다. 어떻게 그런 치료법들이 의사와 환자 모두에게 유의미하게 여겨졌는지, 어떻게 병의 본성과 적절한 치료에 대한 의사와 환자의 지식에 보탬이 되었는지, 어떻게 의사와 환자에게 병이나 허약함이나 죽음을 퇴치하기 위해 무언가 유용한 일을 할 수 있고 하고 있다는 위안을 주었는지 로젠버그는 연구했다.[44] 그와 유사한 접근법을 채택한 연구들은 예컨대 정신병 치료를 위한 단종이나 3기 매독 치료를 위한 말라리아 감염, 또는 뇌에 전류를 흘려보내기(처음엔 정신분열형 환자에게, 그 다음엔 심한 우울증으로 고통받는 환자에게)가 어떻게 사용되고 합리화되고 어떤 영향을 미쳤는가를 추적하여 이 처절한 치료법들의 발견과 융성과 쇠퇴를 조명했고, 그것들을 단순히 도덕적으로 비난하는 사람들이 가질 만한 통찰보다 훨씬 더 고도화된 통찰을 제공했다.[45] 이 치료법들보다 훨씬 더 심각해서 전혀 가치가 없으며 완전히 그릇되고 범죄에 가깝다고 비난해야 마땅한 것은 정신 치료를 위한 외과수술이었다. 하지만 이 치료법과 관련해서도 잭 프레스먼Jack Pressman은 우리의 손쉬운 도덕적 확신을 교정하려는 의욕적인 시도를 했다. 심지어 그는 엽절개술이 비록 우리의 시대에는 유효하지 않을지라도 1949년에는 "유효했다worked"는 주장까지 내놓았다.[46]

프레스먼의 미묘하고 난해한 논증은 기존의 지혜에 대립하고 상식을 뒤집는 듯이 보이는 정교한 설명을 좋아하는 학자들에게 대단히 매력적이다. 여러 가지 중요한 방식으로 그는 우리가 안다고 생각한 이야기를 복잡하게 만들고, 다른 사람들이라면 단순히 과학이 미쳤다고 판단할 자리에서 도덕적 애매성을 넌지시 내비친다. 그러나 나는 그가 너무 지나쳤고, 맥락을 강조하는 논증들이 늘 그렇듯이 그의 상세한 재구성은 변론으로 전락했다고 생각한다. 내가 판단하기에 엽절개술은 1940년대의 기준에 비추어본다 하더라도, 지식과 통찰력을 가진 당대의 비판자들이 주장했듯이, 변호할 수 없다고 판정하는 것이 옳다.[47]

하지만 이 문제에 대한 적절한 논의는 다른 때 다른 장소에서 시도하는 것이 적당할 것이다. 다만 여기에서는, 특정 치료법의 흥망을 문화적·정치적·과학적 맥락 안에 놓는 일은 때로 실제 사건을 합리화하고 해명하기는커녕, 그 치료법의 주창자와 추종자의 극악함을 생생히 보여주는 역할을 한다는 점을 나는 지적하고 싶다. 국소 감염론의 경우에는 상세한 역사적 기록과의 대면을 회피하는 쪽은 트렌턴에서 일어난 사건의 의미를 가능한 한 축소하려는 사람들이다. 왜냐하면 에드워드 쇼터가 모범적으로 보여주었듯이, 이 경우에는 그 에피소드 전체를 탈선으로, 정신의학 역사의 주요 인

현대 정신의학 잔혹사

물이나 흐름과 무관한 일시적 과오로 처리하기가 훨씬 더 쉽기 때문이다. 그러나 내가 이미 보여주었듯이, 코튼은 당대 최고의 교육을 받은 정신과의사에 속했고, 20세기 초의 40년 동안 미국 최고의 정신과의사였다고 할 수 있는 인물이 코튼의 활동을 보호하고 축복했다. 코튼이 처음에 품은 가설은 유럽과 미국의 많은 선도적인 의료인들이 지지한 생각들에 기초를 두었고, 정신병자에게 신체적인 지료를 제공하려는 코튼의 노력은 1910년대부터 수십 년 동안 제도권 정신의학을 주도한, 훨씬 더 규모가 큰 신체 치료 양식의 한 부분이었다. 코튼의 활동은 비밀리에 행해진 것도 아니었다. 코튼의 만행을 전부 안 사람은 소수에 불과했다고 할 수 있겠지만, 코튼 자신과 그의 비판자들이 출판한 글에 담긴 내용은 저항하는 취약한 사람들을 불구로 만들고 죽이는 과정을 중지하라는 촉구를 이끌어내기에 충분하고도 남았다.

괴기영화를 능가하는 이 실화의 주역들은 어떻게 되었을까? 정신의학계의 존경받는 지도자인 아돌프 마이어는 1941년까지 존스홉킨스 대학 정신의학 교수로 재직하다가 정상적인 은퇴 연령을 훌쩍 넘긴 74세에 더 이상 버티려야 버틸 수 없어서 마지못해 물러났다. 〈신경질환과 정신질환 저널〉의 편집자 스미스 엘라이 젤리프의 말을 인용하자면, 마이어는 여러 해 동안 미국 전역의 대학에 "반쯤 거세된 제자들을 교수로 앉혔습니다."[48] 아마도 이 때문에 존스홉킨스 대학은 마침내 그가 물러났을 때 후임자를 외부에서 찾아야 했던 것 같다. 그러나 보스턴 맥린 병원의 실험실 책임자로 있다가 마이어의 후임자로 발탁된 존 C. 화이트혼John C. Whitehorn은 공식적인 정신의학 훈련을 받지 않은 인물이었고, 정교수로 재직한 20년 동안 자신의 직위에 걸맞은 업적을 이루지 못했다. 마지못해 은퇴에 동의한 마이어는 핍스 클리닉에 있는 그의 사무실은 유지하겠다고 고집했고, 1950년에 그가 사망할 때까지 그의 거대한 존재는 후임자들에게 과거 그가 학생들에게 발휘했던 것과 진배없는 효과를 발휘했다.[49] 네브라스카 출신인 화이트혼은 여전히 썰렁한 농담을 좋아하는 촌뜨기였다. 그는 작게 말하는 것을 싫어했고 그렇게 할 수도 없었으며, 문화에 전혀 관심이 없고 그렇다는 사실을 자랑스러워하는 인물이었다. 그는 무의미한 물건들을 만들며 시간을 보냈다.

은퇴에 앞서 마이어는 정신병에 대한 신체 치료의 부활을 위해 결정적인 역할을 했다. 1930년대 후반에 월터 프리먼Walter Freeman과 제임스 와츠James Watts는 정신병 치료를 위해 뇌이마엽에 손상을 가하는 모니즈 수술법Moniz's technique을 실험했다고 밝혀 정신의학계를 놀라게 했다. 프리먼은 1936년 11월 볼티모어에서 열린 남부 의학회 모임에서 그 실험에 관한 발표를 했고, 많은 진영들은 분노와 비난으로 반응했다. 〈볼티모어 선Baltimore Sun〉의 기자에 따르면, 프리먼의 발표는 "신랄한 비판과 경고의 외침"을 불러일으켰고, 토론 시간의 대부분 동안 "반론을 펴는 사람이 점점 늘어갔다." 뉴욕 대학의 벤저민 위티스는 "프리먼 박사는 강박증이 이마엽 속 3~4센티미터 깊이에 있다는 증거를 어떻게 얻었는지" 알고 싶다고 꼬집었고, 엽절개술을 코튼의 수술 치료에 빗대려는 의도를 숨기지 않으면서 이렇게 덧붙였다. "나는 다만 이 보고가 진보적인 장기 적출 실험이 전염병처럼 번지는 계기가 되지 않기를 바랄 뿐입니다."[50] 마이어가 즉시 논쟁에 뛰어들었고, 그의 권위 앞에 좌중은 침묵했다. 그리고 그는 "나는 이 연구에 반대하지 않습니다. 오히려 매우 흥미롭습니다." 하고 운집한 정신과의사들에게 알렸다. 일반인들에게 기적을 약속하는 것은 물론 중요하지 않지만, 새 방법

현대 정신의학 잔혹사

을 실험하는 시도는 계속되어야 한다. 왜냐하면 "책임감 있는 사람들이 그 실험을 행하고 있음을 보여주는 사실들이 충분히 많이 있기" 때문이다. 마이어는 프리먼과 와츠가 매우 책임감 있는 사람들이라고 증언했다.[51] 그 후 몇몇 사람들이 마이어의 뜻을 따랐고, 〈뉴욕 타임스〉는 "워싱턴 과학자들"이 개척한 "비정상적인 근심과 염려, 불안, 불면, 신경의 긴장을 없애는" 새로운 수술법의 등장을 선언하는 기사를 실었다.[52]

몇 년 후 프리먼은 결정적으로 마이어의 지원 덕분에 실험을 계속할 수 있었다고 밝혔다. "아돌프 마이어는 이 방법이 가능성이 있으며 우리가 이마엽에 대하여 얻고 있는 정보에 기초해 있다는 내용의 현명한 성명서를 썼고, 우리에게"―마이어 교수님의 고전적인 지시가 다시 나온다―"각각의 사례를 최종 결과와 관련지으면서 추적하라."고 권고했다. "만일 그와의 호의적이고 유익한 토론이 없었다면 엽절개술은 훨씬 더 느리게 발전했을 것이다."[53] 그 후 몇 년 동안 마이어는 프리먼을 개인적으로 격려하고 지원했고, 두 사람은 여러 번 만나 엽절개술 도중이나 직후에 사망한 환자들의 뇌를 조사했다.[54]

은퇴 후에 마이어는 영국 왕립 의학―심리학회의 재외 교신 회원으로 선출되었다. 마이어를 추천한 사람들 중 하나인 R. G. 고든R. G. Gordon은, 이는 "이 나라(영국)에서 모든 사람이 20세기 최고의 정신과의사로 여기는 분"께만 합당한 영광이라고 말했다.[55] 그러나 존스홉킨스 대학 정교수직에서 나오는 권력을 잃은 마이어는 적어도 북아메리카에서는 신속하게 잊혀져 갔다. 일시적으로 정신분석이 세력을 얻어 미국 정신의학계를 주도하게 된 것도 마이어의 퇴진에 기여했다. 마이어의 프로이트에 대한 적대감은 새로운 교설을 신봉하는 사제들의 반감을 샀고, 한때 마이어의 매력이었던 절충주의는 참된 신앙을 가진 세대로부터 비웃음을 받았다.[56] 하지만 장기적으로 더 중요했던 문제는, 애매함과 논리적 비일관성과 혼동으로 가득한 그의 글, 이론적인 관점이나 조직적인 틀 없이 무작정 자료만 엄청나게 모으는 그의 조야한 경험주의였다.[57] 누구라도 겁을 먹게 하던 마이어 자신이 무대에서 사라지고 사람들의 관심이 그의 이론에 집중되자, 마이어의 심리학은 마이어 자신이 윤리적으로 장님이었던 것과 유사하게 지적으로 공허한 것으로 판명되었다.

뉴욕 주로 떠난 필리스 그린에이커는 천천히 그리고 고통스럽게 의사생활로 복귀했다. 볼티모어를 벗어난 후 처음 몇 달, 몇 년을 경제적 압박과 정서적 고통 속에서 보내며 마이어가 마련해준 직책인 화이트 플레인스 청소년법정 정신의학 고문으로 일했다. 의학계에서 격리된 채 자신의 우울증을 이겨내기 위해 정신분석까지 받은 그녀는 틀에 박힌 듯이 끝없이 돌아가는 일상에 매달려 지냈다.

거의 절반의 시간은 청소년법정의 검사, 조언 담당자로서 일하는 데 소모되었습니다. 청소년법정은 정신과의사의 조언을 요구한 사건에 대해서는 90퍼센트 이상 그 조언을 따랐어요. 가장 큰 문제는 조사가 대개 피상적이고 때로 신뢰할 만하지 않다는 점이었습니다. 그래서 때로는 인간의 운명이 달린 문제를 절대자처럼 결정하는 것이 아닌가 싶어 무서운 기분이 들었어요. 나머지 시간에 저는 아동복지국 고문으로 일했습니다. 온갖 종류의 상황에서 발생하는 갖가지 기이한 문제에 관하여 조언을 해주었지요.[58]

아마 그것이 당시에 그녀가 그나마 해낼 수 있는 최선의 일이었을 것이다.[59] "비록 개인적인 문제가 매우 심각했던 때였지만……

현대 정신의학 잔혹사

제가 제대로 해낼 수 있는" 그런 일이었다. 그러나 3년이 지나면서 우울증이 사라지고 에너지가 재충전되자 그녀는 마이어에게 자신의 직책이 "발전의 기회를 너무 적게 제공합니다. 무한정 여기에 머물면 퇴보할 것 같아요." 하고 불평했다. 또 그에게 이렇게 직접 호소하기도 했다. "선생님은 제 능력과 한계를 다른 사람보다 더 잘 아시니, 혹시 제가 만족스럽게 채울 만한 빈 자리가 있어 선생님이 제게 조언과 도움을 준다면 정말 감사하겠습니다."[60]

처음에 마이어는 뉴욕 정신의학계의 몇몇 유력자들ー러셀, 웰스, 스티븐슨, 힝클ー을 만나보라는 조언을 하는 정도로만 반응했다. 하지만 결국 그는 더 강력하게 개입하여 그녀를 뉴욕 소재 코넬 메디컬 센터의 외래진료 실장으로 취직시켰다. 당시에 그녀는 이 도움을 받고 "영원히 고마움을 느낄 겁니다."라고 말했다.[61] 그러나 몇 년 후 필리스와 그녀의 아들 피터는 마이어의 도움이 죄책감에서 비롯되었음을 알게 되었다.[62]

이 시절에, 그리고 그 후에도 그린에이커는 코튼의 병원에서 직접 목격한 악몽에 대해 아무 말도 하지 않았다. 마이어는 모든 일을 비밀로 해야 한다고 강조했고, 그를 무시하는 것은 정신과의사로서 자살행위라고 할 수 있었다. 그로부터 무려 반세기 이상이 흐른 뒤에 그녀는 내게 이렇게 썼다. "나는 트렌턴의 악몽과 마이어와의 복잡한 관계를, 뉴욕의 모래 속에 머리를 처박은 타조 노릇을 했던 나 자신을 모두 떨쳐낼 수 있어 매우 기뻤습니다."[63] 사실상 그녀는 처음에 너무 당황하고 우울하여 무언가 중요한 자발적 행동에 나설 겨를이 없었다.

그러나 1930년대 후반에 정신의학계에서 다른 형태의 신체 치료법이 유행하자 그린에이커는 오랫동안 억눌러온 불편한 기억을 떠올렸다. 10년 넘게 침묵을 지킨 그녀는 1937년 11월에 마이어에게 편지를 보내 근심을 전하고 국소 감염론에 대한 그녀의 조사 결과를 지금 발표하는 것이 좋지 않겠느냐고 제안했다. "최근에 나는 트렌턴의 국소 감염 연구를 다시 검토했습니다. 지금 정신분열병뿐만 아니라 모든 정신의학적 질환에 대하여 인슐린과 메트라졸, 장뇌를 사용하는 치료법에 열광하는 현실을 보며 그 일이 떠올랐습니다."라고 그녀는 마이어에게 전했다. 그녀가 걱정한 것은 현재의 유행이 코튼이 갔던 것과 매우 유사한 길을 가는 것처럼 보인다는 사실이었다.

치유에 대한 성급한 주장들이 나오는 것, 희망과 결과를 혼동하는 것, 조울병의 일시적 호전을 정신분열병에 대한 치유 '성과'를 보여주고 '증명'하는 사례로 이용하는 것 등이 유사합니다. 당연히 저는 남다른 관심을 가지고 지켜보았고, 최근에는 이런 유형의 '물결' 속에서 일어나는 일들을 지적하고 치료 성과에 대한 비판적 평가의 필요성과 개인적인 열정을 서둘러 공표하는 일의 위험성을 강조하는 방식으로 코튼의 사례를 정리한 글을 쓸 생각을 했습니다.

그녀는 상당히 삼가는 어투로 이렇게 덧붙였다. "사람들이 '무언가 해야 한다'는 촉구에 공감하는 가운데 조금씩 구르기 시작한 돌멩이들이 때로는 산사태를 일으킬 위험이 있습니다."[64] 그러나 그녀가 모은 트렌턴 병원에 관한 자료의 대부분은 지난 10년 동안 사라진 상태였다. "제게는 사례 보고와 약간의 원고를 가지고 있지만 제가 당시에 썼던 요약 보고서는 없습니다." 그러니 마이어가 가지고 있는 사본을 참고할 수 없겠느냐고 그녀는 물었다.[65]

마이어는 답장을 보내 "현 상황에서 자네가 1925년의 조사 경험을 떠올리는 것은 전혀 놀라운 일이 아니"라고 말했다. 아마도 코

현대 정신의학 잔혹사

튼이 이미 5년 전에 죽었다는 사실을 염두에 두었기 때문인 듯, 마이어는 "나는 자네에게 기꺼이 모든 자료를 제공하겠네."라고 밝혔고 그가 가지고 있는 그린에이커 보고서의 사본을 편지에 동봉하겠다고 썼다. 그러나 그는 자신이 새로운 신체 치료법을 환영한다는 점을 내비쳤다. "대체로 나는 그 출혈 없는 공격들이 몇 가지 매우 흥미로운 결과를 산출했다고 생각한다는 점을 고백하고 싶네." 물론 "나는 우리가 문제의 핵심에 도달했다고 믿는 것은 아니"지만 말이다. 하지만 "(정신의학이) 거의 무력한 상황이라면" 비록 "일부 환자들에게 매우 공격적인 조치를 취해야만 하는 상황이 안타깝기는 하지만" 새 기술을 옹호할 이유가 있다고 마이어는 생각했다.[66]

결국 그린에이커의 제안은 무위로 끝났고, 코튼 사건에 대한 그녀의 조사 결과는 존스홉킨스 대학과 트렌턴의 문서보관소에 안전하게 머물렀다. 그린에이커는 점점 더 정신분석에 매력을 느껴(정신분석은 1940년대에 미국 정신의학의 주류가 된다.) 차츰 전통적인 접근법을 떠났다. 그녀는 아동 및 청소년 정신분석의 전문가가 되었고,[67] 조너선 스위프트, 루이스 캐럴, 찰스 다윈에 관한 역사심리학적 논문들을 썼다.[68]

유럽 출신 이민자들이 주도한 뉴욕 정신분석학계에서 그녀는 매우 특이하게도 지속적으로 명성을 얻었고, 결국 정신분석가들 사이에서 가장 유력한 인물이라는 평판을 얻었다. 그녀는 1948년~1950년에 뉴욕 정신분석협회 회장으로 선출되었고, 1956년~1957년에 뉴욕 정신분석학회 회장으로 선출되었다. 아놀드 로고가 1970년에 정신과의사들을 상대로 벌인 조사에 따르면, 그린에이커는 현존하는 정신분석가들 가운데 영향력이 (안나 프로이트, 하인츠 하르트만, 에릭 에릭슨에 이어) 네 번째로 큰 인물이었고, 언급된 네 사람 가운데

유일하게 유럽인 혹은 유럽 출신 이민자가 아니었다.[69]

이 시절에 아이러니컬한 사건이 하나 있었다. 그 사건은 비록 적은 규모였지만 코튼 사건을 연상시켰고, 그린에이커는 다시 한 번 죄책감을 느꼈다. 1940년대 초에 뉴욕의 저명한 정신분석가 그레고리 질북은 환자를 상대로 부정한 행위를 했다는 비난을 받았다. 일부 환자들을 유혹하여 성관계를 가졌고, 정신분석가 겸 재정 상담자를 자처하여 환자들의 재산을 가로챘다는 것이었다. 이 같은 윤리적 부정에 대한 소문이 퍼지면서 정신분석학계 전체가 연루된 스캔들로 비화할 조짐이 보일 때, 그린에이커는 조사위원으로 임명되었다. 그녀와 친한 정신분석가가 질북과 관계를 가졌다고 고백한 일도 있는 터였기에 그녀는 그 소문이 진실이라는 것을 의심치 않았다. 그러나 마이어가 코튼을 위해 그랬던 것과 마찬가지로, 유럽 출신의 정신분석가들은 똘똘 뭉쳐 질북을 보호했고, 조사 결과를 논의하는 비밀회의에서 그린에이커의 친구는 질북을 열성적으로 변호했다. 전문가라면 이해하지 못할 것도 없는 전이transference 현상이었다.[70] 그리하여 다코타 족(북미에서 가장 큰 인디언 부족—옮긴이)의 라스푸틴(러시아 제정 말기에 권력을 휘두른 신비주의자, 호색한—옮긴이)—질북의 별명이다—은 사실상 아무 탈 없이 위기를 넘겼다.[71]

이후 수십 년 동안 그린에이커는 뉴욕 시의 아파트를 전전했다. 정착할 수 없거나 정착에 만족하지 못했다. 그러나 시골 마을인 뉴욕 주 개리슨에 주택을 구입하여 그런대로 안정된 분위기를 창출할 수 있었다. 그 주택은 그녀의 여름 별장이 되었다. 그린에이커는 그 여름 별장을 그녀가 유년기를 지내고 1916년에 볼티모어로 떠날 때까지 살았던 시카고의 집과 비슷하게 꾸몄다.[72] 그린에이커는 1984년에 은퇴하여 개리슨으로 거처를 옮겼고, 1989년 10월 24일에 그 여름 별장에서 향년 95세로 생을 마쳤다.[73]

현대 정신의학 잔혹사

헨리 코튼의 둘째 아들인 아돌프는 건축가가 되려던 계획을 곧 포기했다. 그 대신에 그는 프린스턴 대학 안티오크 고고학 탐사팀에 가담하여 1933년에 시리아로 떠났다.[74] 이듬해에 프린스턴으로 돌아온 그는 미술을 공부했고, 그 후 런던 대영박물관에서 고고학 연수를 더 받았다. 마침내 1936년 2월 북독일 로이드 사의 여객선 SS 브레멘 호를 타고 미국으로 돌아오던 그는 선상에서 실종되었다. 언론에서는 사고라고 보도했다. 헨리 코튼 주니어는 "동생이 폭풍에 휩쓸렸거나 실족하여 물에 빠졌다고 생각할 수밖에 없다. 그의 운명이 그 자신의 행동의 결과라고는 도저히 생각할 수 없다고 말했다."[75] 그러나 실제로 그의 죽음은 자살이었다.[76]

아버지와 동생의 죽음이 안겨준 상처를 그럭저럭 극복하면서 헨리 코튼 주니어는 존스홉킨스 대학에서 정신과 수련을 마쳤다. 한때 그는 마이어가 그의 적성에 더 잘 맞는다고 추천한[77] 외과로 전공을 바꿀까 생각했지만, 결국 아버지의 뒤를 잇기로 결심했다. 그것은 쉬운 길이 아니었다. 마이어는 그를 첫 직장인 뉴저지 주 뉴아크 소재 에섹스 군 청소년 클리닉에 추천하면서, 젊은 헨리 코튼 주니어는 "우리 곁에서 매우 힘든 변화를 겪어야 했습니다. 그의 아버지가 정신질환에 대하여 발휘한 십자군적인 투지를 우리의 국소적인 관점과 균형감에 맞게 바꾸어야 했습니다."라고 말했다.[78]

개인적으로 마이어는 그 변화가 전혀 충분하지 않다는 것을 알고 있었다. 마이어가 위에 인용된 말을 하기 며칠 전에 어느 직원이 그에게 "(코튼은) 아직도 자신을 회복하지 못했습니다. 여전히 자기 아버지에 대한 무너진 존경심과의 사이에서 갈등하고 있습니다(게다가 동생의 죽음과 한 간호사와의 연애도 젊은 코튼을 괴롭혔다)." 하고 보고했다.[79] 아무튼 헨리 코튼 주니어는 1938년에 자신이 성장기를 보낸 곳인 트렌턴 주립 정신위생 클리닉으로 돌아왔다. 처음

에는 부소장으로 일했고, 나중에 소장이 되었다.[80]

2차 세계대전이 터지면서 무대가 잠시 바뀌고, 코튼은 군의관이 되었다. 그러나 전쟁이 끝난 후 그는 다시 한 번 뉴저지 주로 복귀하여 기관 및 단체국에 일자리를 얻었다. 그의 임무는 주립병원과 감독관 사이를 중재하는 것이었다. 그것은 어려운 역할이었다. 연장자인 주립병원 직원들은 처음으로 중재자를 통해 감독관과 소통하는 것을 불쾌하게 여겼고 노골적으로 불만을 표출했다. 물론 이 때문에 젊은 코튼의 정신상태가 악화된 것인지는 확실치 않다. 어쨌든 그는 불면증을 호소했고 우울증에 빠져들었다. 1948년 6월의 어느 날, 그는 그의 사무실에서 "수면제"를 과다 복용하여 숨진 채 발견되었다.[81] 예방을 위해 치아를 뽑았음에도 헨리 코튼의 두 아들은 그렇게 자살로 생을 마감했다.

코튼에 의해 발탁되어 트렌턴 주립병원 치과를 지휘했던 페덜 피셔는 1960년까지 그 직책에 머물며 부지런히 치아를 뽑았다.[82] 그는 코튼 부인의 부탁을 받고 뉴욕 부두로 나가 그녀의 아들 아돌프가 SS 브레멘 호에 남긴 소지품을 찾아왔다. 그렇게 해서 코튼 부인은 현장에 몰려든 기자들을 피할 수 있었다. 피셔는 42년 동안 트렌턴에서 패혈증과의 지속적인 전쟁의 일환으로 타인의 치아를 전혀 과장 없이 수십만 개 뽑았다. 내가 오렌지 카운티에 있는 레저 월드─부유한 노인들이 철조망으로 울타리를 치고 사는 이상한 곳이었다. 철조망이 내부자의 탈출을 막기 위한 것이 아니라 외부자의 진입을 막기 위한 것이라는 점만 빼면 거대하고 호화로운 강제수용소와 다를 바 없었다─에서 은퇴한 그를 인터뷰했을 때, 그는 병원생활에 대한 향수에 젖어들었고, 언젠가 세상이 헨리 코튼의 위대함을 인정할 날이 올 것이라는 여전한 확신을 숨기지 않았다.[83]

현대 정신의학 잔혹사

토머스 시버스 그레이브스는 코튼보다 수십 년 더 살았다. 그는 1940년대까지 버밍엄 지역의 정신병원을 지휘했고, 영국 보건부가 군과 자치도시의 정신병원들을 재조직한 직후인 1950년에 은퇴하여 회고록을 썼다. 그레이브스는 국소 패혈증론에 대한 신념을 굽히지 않았다. 그는 1940년에 왕립 의학-심리학회 회장으로 선출되어 주저 없이 그 신념을 실천에 옮겼다.[84] 때마침 히틀러와 히로히토에 대항한 전쟁이 일어나 가장 뛰어난 정신과의사들이 군인들의 정신을 돌보느라 정신이 없고 후방에는 극소수의 전문가만 남는 상황이 발생해 전문가 집단에 대한 관심은 소홀할 수밖에 없었다. 그 결과 그레이브스는 회장직을 네 번이나 연임하여 영국 정신의학의 역사에서 가장 오랫동안 최고의 권위를 누린 인물로 기록되었다. 하지만 묘하게도 그가 의학-심리학회 회장이 될 당시에는 한때 정신의학계를 흔들었던 그의 막강한 영향력이 대체로 사라진 상태였다. 국소 패혈증과의 전쟁에 대한 그의 지속적인 신념은 점차 엉뚱하고 무해한 생각 정도로 취급되었고, 그는 그 전쟁의 중요성을 널리 알리기 위해 이비인후과 전문의들의 토론회를 여러 차례 개최했지만 그를 지지한 사람은 많지 않았다. 그레이브스는 항생물질의 발견으로 더 이상 수술에 의존하지 않는 새로운 정신병 치료의 가능성이 열렸다고 믿었다. 그러나 페니실린은 매우 비싸고 공급량도 적었다―정신병자에게 쓰기에는 너무 비쌌다. 끝까지 오만했으며, 기적의 신약을 정신병 환자에게 주사한 최초의 의사에게 돌아갈 영광을 남에게 빼앗기기 싫었던 그레이브스는 손수 홀리무어 병원 지하실에서 잼 병에 곰팡이를 키워 추출한 액을 여러 환자들에게 주사했다. 그는 〈메디컬 프레스 앤드 서큘러*Medical Press and Circular*〉[85]에 이 치료법을 상세히 알려주는 글을 발표했지만 정신과의사들의 호응은 없었고, 그의 천재적인 신약을 제공받은 환자들은 전혀 호전되지 않았다. 그레이브스는 자신의 회고록을 출판하기 위해 애썼으나 실패했고, 은퇴 후 14년이 지난 1964년 6월 6일에 마지막 몇 달을 노인 전문 요양시설에서 보내다가 81세로 사망했다.

코튼이 원장으로 있던 마지막 시기에 트렌턴 주립병원 이사장을 맡았던 조지프 레이크로프트는 그 후에도 거의 20년 동안 직위를 유지하면서 병원이 계속해서 국소 감염 퇴치에 매진하는 데 기여했다. 물론 개복수술은 더 이상 허용하지 않았지만 말이다. 이 기간 동안 그는 프린스턴 대학의 직위도 유지하면서 학생들의 건강과 체육을 책임졌다. 그러나 1949년 2월에 그는 기억력이 "급격히"[86] 나빠졌다고 한다. 그리고 그 해 7월 21일에 그는 해럴드 매기를 트렌턴 주립병원 원장으로 임명하는 이사회에 마지막으로 참석했다.[87] 그의 치매는 더욱 악화되었고, 결국 그는 정신의학적 치료를 받아야 한다는 판정을 받았다. 그리하여 얄궂은 운명의 장난인 듯, 전직 병원 이사장이자 코튼의 실험을 지원하기 위해 많은 일을 했던 인물은 트렌턴 주립병원의 후미진 병실에서 마지막 날을 보내다가 1955년 10월 1일에 사망했다.[88]

뼛속까지 진보시대 관료였으며 1918년부터 1925년까지 뉴저지주 기관 및 단체국의 수장을 역임한 버디트 루이스는 코튼이 극단적인 방법으로 국소 패혈증을 공격하는 것을 결정적으로 지원했던 인물이다. 현대적인 광고와 홍보를 찬양했던 그는 교정할 수 없는 자기 선전의 욕구를 지닌 코튼과 죽이 맞아 벌인 일들로 이따금씩 정신과의사들의 원성을 샀다. 당시에 정신의학계는 광고와 홍보 행위가 저항하는 환자를 강제로 치료하거나 불구와 사망을 초래하는 실험적 치료를 지속적으로 실시하는 것보다 훨씬 더 심각한 "직업윤리" 위반이라고 판단했다. 그러나 루이스의 노력은 코튼의 작업에 세간의 이목이 집중되고 수많은 개인 유료 환자들이 뉴저지 주

바깥에서도 수술 치료를 받기 위해 몰려드는 데 크게 기여했다.

루이스는 거만했고 정치인들을 노골적으로 경멸했기 때문에 1925년에 주정부에서 퇴출되었다. 뉴욕 시 교정국 감독관 대리에서 뉴저지 주 형벌 및 복지 담당부서의 수장으로 초고속 승진했으며 현대적인 사업 방식을 공공 행정에 적용할 것을 주창했던 관료계의 신동 루이스는 주정부에서 퇴진한 뒤에 민간 영역에서 짭짤한 일자리를 얻었다. 그는 페니-그윈 주식회사의 경영자가 되었다. 하지만 경영계와의 인연은 오래가지 않았다. 1932년에 루이스는 워싱턴으로 자리를 옮겨 국무부에 들어갔고, 1941년부터 1945년까지 이란에 파견되어 꼭두각시 정권의 경제 장관으로 일했다. 2차 세계대전의 종결은 그에게 옛 솜씨를 발휘할 기회를 주었다. 일본에 주둔한 미군 당국은 그를 형무소 행정 책임자로 임명했고, 그는 1951년까지 그 직책을 맡았다.

그러나 남들이 보기에 매우 성공적이었던 루이스의 삶은 그가 일본에서 돌아온 직후에 붕괴되기 시작했다. 그는 정신적인 문제가 생겨 한때 그가 자신의 제국에서 가장 좋은 기관이라 여긴 바로 그 주립병원에 입원했다. 건강한 시절의 루이스를 잘 아는 페닐 피셔는 1918년에 그가 코튼의 직원이 되었을 당시 뉴저지 주의 모든 주립병원과 형무소와 교정기관을 감독했던 인물이 이제 초라한 정신병자가 되어 후미진 병동을 어슬렁거리고 밥을 타기 위해 줄을 선 모습을 보면서 얼마나 슬펐는지 회고했다. 버디트 루이스는 생의 마지막 몇 년을 그렇게 트렌턴 주립병원에서 보냈다. 그는 피셔가 은퇴한 뒤에도 병원에 남았고 점차 잊혀졌다. 한때 인명사전 『후스 후 *Who's Who*』 미국판에 등재되었던 그가 사망했을 때 〈뉴욕 타임스〉에는 그 날의 기사들 중 가장 짧은 기사가 게재되었고, 이튿날에는 평생 무명이었던 수많은 사람들의 부고와 나란히 그의 부고가 실

렸다.[89]

간헐적인 우울증을 보였던 유대인 환자 마사 허위츠를 기억하는가? 우리는 그녀가 두 번째로 입원하여 외과적 세균학 치료를 받고 "치유되어" 부모 곁으로 돌아가는 장면까지 지켜보았다. 그녀는 1932년에 세 번째로 정신질환이 재발하여 4월 4일에 트렌턴 주립병원에 입원했고, 5년 동안 머물다가 1937년 3월 31일에 또 한 번 퇴원했다. 그러나 이번에도 퇴원기간은 길지 않았다. 1년이 채 안 되어 그녀는 병원의 기록에 다시 등장한다.[90] 1938년 3월 14일의 입원 기록은 그녀가 남긴 마지막 기록이다. 이후 수십 년 동안 그녀는 트렌턴 병원의 후미진 병실에 늘어져 있다가 이 방 저 방을 돌며 당대 미국 정신의학의 특징이었던 온갖 새로운 실험적 치료를 받았다.

1938년 9월 13일, 그녀는 인슐린 혼수요법을 받았다. 그녀의 말을 받아 적은 기록을 보면, "그녀는 이곳을 견딜 수 없다. 여기는 하숙집이고 사람들은 그녀가 너무 건강해서 불만이다. 그래서 그녀를 아프게 하려고 주사를 놓는다." 이는 그녀가 혼수 "요법"을 어떻게 해석했는가를 보여주는 흥미로운 언급이라 하겠다. "그녀는 자신이 조만간 죽임을 당하리라고 확신한다." 1940년 1월 20일의 임상 기록을 보면, 그녀는 그때까지 인슐린 치료를 50번 받았고 상태는 악화되는 중이었다. 그녀는 정서적 반응이 무뎌졌고, 상담을 하는 동안 발을 굴렀고 대체로 말이 없었다. 그녀를 지속 치료실로 옮기라는 지시가 내려졌다.

1943년에 의료진은 그녀에게 말라리아 병원체를 접종하는 치료법을 실시했지만, 그녀는 여전히 말이 없고 소통이 불가능했다. 주변과의 연결이 끊어진 사람처럼 무관심했다. 이때부터 임상 기록은 더 드문드문해진다. 1949년 중반에 그녀는 몇 차례의 전기충격 요법을 받았으나 이제 만성이 된 그녀의 병증엔 눈에 띄는 변화가 없었다. 1951년 9월 18일, 그녀는 "매우 악화되었다." 비협조적이고 혼란상태였다. 그러나 신임 원장 해럴드 매기가 엽절개술을 실시할 환자로 선정하지 않은 것을 보면 대단한 골칫거리는 아니었던 모양이다. 그로부터 2년 반이 지난 1954년 3월 5일, 그녀의 병세는 더욱 악화되었다. 임상 기록에 따르면, 시간과 장소를 인지하지 못했다. 트렌턴 주립병원에서 태어났고, 세 살 내부터 그곳에서 살았다고 대답했다. 간호조무사들의 기록에 따르면, 그녀는 비협조적이었고 병실에서 싸움을 일으켰다.

이 시절에 정신병 치료를 위한 신약들이 도입되었고, 후미진 병실에 있는 중증의 마사는 일찍부터 레세르핀Reserpine(혈압강하제나 정신안정제로 널리 쓰임—옮긴이)을 실험적으로 투여받는 대상이 되었다. 레세르핀 투약은 1955년 9월 28일에 시작되었고, 그녀는 당시의 표준량이었던 4밀리그램을 복용했다.[91] 그러나 트렌턴 병원의 정신과 의사들은 그녀를 비롯한 여러 환자들을 다른 방법으로 치료할 계획을 세우고 있었다. 그녀는 점점 더 자주 점점 더 많은 양을 복용했고, 급기야 1955년 10월 31일에는 하루에 164밀리그램을 복용했다. 1955년 11월 24일에 그녀의 복용량은 또 한 번 증가하여 하루 236밀리그램이 되었다. 그것은 표준적인 "치료"에서 쓰는 양의 약 70배였다. 결국 42회의 투약 끝에 레세르핀 치료는 종결되었고 여전히 미친 마사는 잠시 쉴 수 있었다. 그러나 오래가지는 못했다. 1956년 9월 9일, 그녀는 레세르핀 요법과 유사한 소라진 요법을 받기 시작했고, 1957년 6월 15일부터는 다시 한 번 투여량을 급격히 증가시켜가는 레세르핀 요법을 받기 시작했다.

그러나 백약이 무효였다. 1960년대 내내 그녀는 수동적이고 침울한 상태였고, 그녀의 감정은 "매우 부적절하고 질병 인식과 판단력에 심한 결함이 있는 것 같았다." 하지만 그녀는 비록 "말은 하지 않지만" 점차 협조적이고 문제를 일으키지 않게 되었다. 결국 그녀는 1980년대 초에 미국 정신의학계를 휩쓴 열광적인 새 조류(정신병자들을 사회로 복귀시키는 운동—옮긴이)의 수혜자가 될 뻔했던 것으로 보인다. 그녀는 이제 아무 소용도 없는 사례였다. 그리하여 그녀의 임상 기록을 보면, 50년 넘게 감금된 채 반복된 수술과 남김 없는 발치, 편도 제거, 발열요법, 인슐린 혼수요법, 전기충격, 약물과다 투여를 거치고도 기적처럼 살아남은 그 미친 노파를 그녀가 1938년에 마지막으로 본 "사회"로 돌려보내라는 지시가 내려졌다. 이른바 "사회 복귀deinstitutionalization" 조치가 계획된 것이다. 정부가 만성 정신병자에 대한 책임을 회피하기 시작하면서 그녀 외에도 수천 명의 장기 입원 환자들이 그런 운명을 맞게 되었다. 그러나 마사는 사회로 복귀하지 못했다. 입원기간의 마지막 해에 그녀는 넘어져 골반 뼈가 부러졌다. 어쩔 수 없이 누워 있는 동안, 좀처럼 치유되지 않는 욕창이 생겼고 폐렴도 발생했다. 그녀의 상태는 점점 악화되었고, 처음 병원에 입원한 지 54년 만인 1982년 5월 7일에 그녀에 대한 사망 진단이 내려졌다. 당시 그녀의 나이는 80세 혹은 86세였다.[92]

한편 트렌턴 병원은 어떻게 되었을까? 코튼이 물러나고 사망한 후에도 그 병원은 수십 년 동안 코튼이 훈련시켰고 코튼 밑에서 직원으로 일한 사람들에 의해 운영되었다. 레이크로프트 박사와 메크레이 박사도 2차 세계대전 이후까지 이사회에 남아 병원의 정체성이 유지되는 데 기여했다(게다가 폴 메크레이는 아들인 폴 메크레이 주니어에게 이사직을 물려주었다. 폴 메크레이 주니어는 1978년까지 트렌턴 병원 이사로 일했다). 1930년에 헨리 코튼의 뒤를 이어 병원장이 된 로버트 스톤은 과거에 그가 열정적으로 동참했던 개복수술을 포기하는 정치적 결단을 내렸다(스톤은 1920년대에 트렌턴에서 이루어진 편도 절제술과 부인과 수술의 대부분을 담당했고, 원장이 된 후에도 그 수술을 했다). 그러나 비록 결장절제술을 중단시키긴 했지만, 스톤은 자신이 여전히 국소 패혈증을 찾아 제거하는 치료의 중요성을 확신한다고 공언했다. 트렌턴 병원의 수술실과 치과용 의자, 결장 관장용 시설이 전과 다름없이 붐볐다는 점은 그 확신을 반영한다.[93] 예컨대 스톤이 작성한 1934년의 연례 보고서에 따르면, 그 해에 결장 관장이 1만 6,247회 실시되었고, 피마자유 요법이 광범위하게 적용되었으며, 온갖 종류의 물치료가 실시되었다. 1938년에는 치아 7,258개를 뽑았고, 편도 160개를 제거했다.[94] 그러나 스톤이 특히 열정적으로 실시한 것은 발열요법이었다.[95] 그는 그 치료로 놀라운 성과를 거두었다고 주장하면서 록펠러 재단과 (당연히) 아돌프 마이어의 관심을 끌려고 노력했다.[96] 그러나 이번에는 양쪽 모두 관심을 주지 않았다.

스톤이 심장의 문제로 1944년에 물러나자 코튼의 또 다른 조수였던 J. B. 스프래들리가 그의 뒤를 이었다. 스프래들리는 4년 동안만 원장직을 맡았으나 그 기간 동안 "치료활동은 최고조에 달했다."[97] 스프래들리는 건강 문제로 어쩔 수 없이 은퇴한 뒤 이사가 되어 레이크로프트, 메크레이와 합류했다. 1948년에 그의 후임자가 된 인물은 코튼 밑에서 일한 사람들 중 가장 나이가 어린 해럴드 매기였다. 매기가 작성한 연례 보고서들은 패혈증 탐색의 결정적인 중요성에 대한 확신을 변함 없이 표현했고, 치아와 편도는 전과 다름없이 제거되었다.[98] 그러나 매기가 특히 사랑한 것은 새로운 정신의학적 만병통치법인 엽절개술이었다.[99] 트렌턴 병원은 필라델피아의 신경외과의사인 마이클 스코트 박사와 윌리엄 W. 윌슨 박사의 도움을 받아 1950년대 후반기까지 수많은 뇌수술을 감행했다.

다른 주립병원과 마찬가지로 트렌턴 병원도 환자의 이마엽에 손상을 가하는 방법을 월터 프리먼과 와츠가 원래 개발했던 이른바 "정밀precision" 수술에서 월터 프리먼이 최근에 개척한 경안와 뇌엽절개술transorbital lobotomy[안와(眼窩, 눈확)를 경유하여 행하는 백질 절단술—감수자]로 신속하게 바꾸었다. 정밀 수술은 신경외과의사와 여러 명의 조수들이 필요하고 2시간에서 4시간 이상이 소요되는 등 고가에다 시간도 많이 걸렸기 때문에 프리먼이 추구한 대중 시장mass-market용 해법으로는 적절치 않았다.[100] 그러나 프리먼이 새로 개량한 수술법은 달랐다. 그는 그 방법이 주립병원의 정신과의사 누구라도 1시간이면 배워서 실행할 수 있을 만큼 간단하다고 자랑했다.[101] 그것은 전기충격을 써서 환자를 무의식상태로 만든 다음 송곳을 안와를 통해 뇌로 집어넣어 이마엽을 손상시키는 방법이었다.[102] 프리먼 자신도 인정했듯이, 그 수술에는 불쾌한 음향 효과가 동반되었다. 프리먼은 경안와 뇌엽절개술을 위한 특수 송곳(뇌엽 절제용 메스)을 개발했는데, 그것이 두개골을 뚫고 들어갈 때 뼈가 으스러지는 소리가 들려 순진한 구경꾼들은 겁을 먹었다. "눈구멍 뒤의 뼈가 부서질 때 드물지 않게 끔찍한 소리가 나고 때로는 피가 뿜어져 나오며 눈꺼풀이 심하게 붓습니다. 이는 이 수술에 익숙하지 않은 정신과의사와 외과의사 들에게 확실히 방해가 되는 현상입니다."[103] 하지만 수술을 받는 환자는 다행히 무의식상태여서 수술을 쉽고 빠르게 실행할 수 있고, 그 결과는 더 복잡한 기존의 수술을 능가하거나 그에 못지않으므로 그 추한 일시적 현상을 참아내고 그 수술을 채택하게 될 것이라고 그는 동료 정신과의사들에게 장담했다.[104]

트렌턴 병원은 1958년에 페노시아진phenothiazine(살충제, 가축용 구충제, 염색제에 들어가는 독성 화합물—옮긴이)을 도입하면서 엽절개술을

코튼 친절상 1950년대 초에 트렌턴 주립병원의 한 직원이 코튼 친절상을 받는 장면을 촬영한 공식 기록 사진.

중단했다. 하지만 매기는 그 수술을 "다른 치료법이 통하지 않는 공격적이고 포악한 환자에게 적용하면 의외의 좋은 결과를 산출하는 훌륭한 치료법"으로 높이 평가했고, "정신외과 심의위원회의 재심의를 거쳐 일부 사례에 다시 도입될 가능성이 매우 높다."고 주장했다.[105] 극소수의 예외가 있긴 했지만, 엽절개술은 다시 도입되지 않았다.

해럴드 매기와 페널 피셔가 동반 은퇴한 1960년이 되어서야 트렌턴 병원의 국소 패혈증에 대한 지속적인 공격과 죽은 코튼의 영향력에 드디어 조종이 울렸다고 할 수 있다.

그때까지 정말 긴 세월 동안—병원의 치료 수단에 인슐린 혼수

요법, 장뇌와 메트라졸로 유발한 경련, 전기충격 기계, 히스타민his-
tamine 쇼크, 말라리아 병원체와 티푸스 백신 접종, 표준 엽절개술과
경안와 뇌엽절개술, 신경이완제 다량 투여 등 20세기 과학적 정신
의학의 기적적인 치료법이 추가되는 동안-코튼은 트렌턴 병원의
천재적인 지도자요 수호성인으로 남았다. 여전히 광기는 신체의 병
에 뿌리를 둔다고 여겨졌고, 광기를 일으키는 악령을 쫓아내기 위
한 공격적인 노력은 지속되었다. 그러는 동안, 남편을 잃고 비탄에
잠긴 미망인이 내놓은 기금으로 한때 트렌턴 병원을 지휘했던 위
대한 인물이 환자들의 후생에 기여한 바를 기리는 제도가 마련되
었다. 매년 트렌턴 병원에서 가장 훌륭한 직원에게 주어지는 상이
제정된 것이다. 그 상의 이름은 "코튼 친절상Cotton Award for Kindness"
이었다.106

---

*이 제목은 프로이트의 책 『문명과 그 불만Civilization and Its discontents』을 패러
  디한 것이다.-감수자

1 Edward Shorter, *A History of Psychiatry: From the Era of the Asylum to the
  Age of Prozac*(New York : Wiley, 1997), 112쪽 ; 같은 저자, *TPH: History
  and Memories of the Toronto Psychiatric Hospital*, 1925~1966, 72~5쪽.

2 Robert Castel, "Moral Treatment, Moral Therapy and Social Control in the
  Nineteenth Century," in *Social Control and the State: Historical and
  Comparative Essays*, (eds.) Stanley Cohen and Andrew Scull(Oxford : Martin
  Robertson, 1983), 248~9쪽 참조. 카스텔은 프랑스의 사회학자이다.

3 파라는 1916년에 캐나다에 일자리를 얻어 트렌턴을 떠났다. 그것은 코튼이 처
  음으로 국소 패혈증론을 실험하면서 몇몇 환자들의 치아를 뽑기 시작한 지 불
  과 몇 달 뒤였다. 코튼이 1918년에 처음으로 결장절제술을 시술한 환자인 플
  로렌스 P. 부인은 원래 파라의 환자였다. 단기 우울증과 한 번의 자살 기도
  후 1916년 2월 26일에 입원한 그녀는 파라의 진료를 받았다. 파라는 그녀의
  "장 상태"와 변비 병력에 특히 주의를 기울였다. 나는 토론토 정신병원에 관

한 에드워드 쇼터의 책에서 많은 세부사항을 알게 되었는데, 쇼터는 파라가 평소와 달리 그렇게 장에 초점을 맞춘 것은 헨리 코튼의 국소 패혈증에 대한 관심을 반영한다고 매우 설득력 있게 주장한다. 쇼터는 더 나아가 파라가 코튼이 개복수술을 계획하자 "그런 엄청난 의료행위에 두려움을 느껴 도망쳤다."고 주장하는데, 그것은 추측에 불과하고, 더구나 억지스러운 추측이다. 코튼의 개복수술은 파라가 트렌턴을 떠나고 2년 후에 비로소 시작되었고, 트렌턴 병원의 1916년과 1917년의 연례 보고서에서는 개복수술이 계획되었다는 증거를 찾을 수 없다. 실제로 그 보고서는 1918년의 공격적인 보고서에 비해 매우 조심스럽다. 파라가 자신이 떠나고 2년 후에 실시된 개복수술 계획을 도대체 어떻게 알았는지에 대해 쇼터는 아무 설명도 하지 않는다. 공교롭게도 플로렌스 P.는 결장절제술의 직접적인 귀결로 사망했고, 코튼은 그 사실을 파라에게 알렸다. "우리의 수술 작업은 현재 매우 순조롭게 발전하고 있습니다……. 우리의 첫 환자는 당신이 관심을 기울였던 플로렌스 P.였습니다. 그녀는 호전되지 않았고, 사실상 훨씬 더 악화되었습니다. 그녀는 우리가 결장절제술을 실시한 첫 사례였습니다. 불행하게도 그녀는 신체상태가 매우 나쁘고 심장이 매우 약해서 살아남지 못했습니다. 수술 후 일주일 동안 생존하긴 했지만 말이죠. 그러나 그 사례는 문제의 대부분이 장관에 있다는 나의 견해를 입증했습니다……. 우리의 통계는 조울병 환자와 조발성 치매 환자가 만성 감염에 의한 중독 환자라는 것을 결정적으로 보여준다고 나는 생각합니다." 코튼이 파라에게 1919년 11월 4일에 보낸 편지, Farrar private archive, 20 Oriole Road, Toronto, Canada. 코튼의 이 같은 행동과 주장에 대하여 파라가 이 시점이나 그 후에 반대 의견을 제시했다는 증거는 발견할 수 없었다. 이 문제에 대한 쇼터의 논의는, *TPH*, 72~5쪽, 92~3쪽 참조.

4 에보는 트렌턴에 있을 때 코튼의 치료법을 열정적으로 채택했다. 그는 제임스버그 소년원에서 비행청소년을 검사하는 임무를 맡았던 때인 1921년에 비행청소년의 75퍼센트가 감염된 치아와 편도를 가지고 있었다고 주장하면서 "국소 감염"이 그들의 반사회적 행동에 "매우 확실한 역할을 했다."고 보고했다. 트렌턴 주립병원 연례 보고서, 1921, 45쪽. 에보의 열정은 코튼의 환심을 사려고 꾸며낸 것이 확실하다. 왜냐하면 그는 트렌턴을 떠나자마자 즉시 광기를 수술로 치유할 수 있다는 신념을 버렸기 때문이다. 코튼은 에보가 필라델피아로 떠난 직후에 마이어에게 그가 변절했고 "다시 심인론적 설명으로 회귀"했고 개탄했다. 코튼이 마이어에게 보낸 날짜 불명의 편지, Meyer Papers, CAJH I/767/28. 그러나 에보는 결장절제와 발치 등이 가장 활발하게 이루어지던 시절에 트렌턴 병원에 있었음에도 그 병원의 치료법에 대하여 공개적인 비판을 한 번도 하지 않았다.

5 일부 독자들은 이런 문제들이 오직 의학사의 전설적인 암흑시대에만 있었다거나 정신과의사 같은 주변 인물들에서만 발견된다고 생각하고 싶을 것이다. 나는 그런 독자들에게 헨리 K. 비처의 논문, Henry K. Beecher, "Ethics and Clinical Research," *New England Journal of Medicine* 74(1966), 1354~60쪽을 읽어보라고 권한다. 비처는 외과학, 심혈관생리학, 종양학, 바이러스학, 감염학 등 전혀 주변적이지 않은 전공분야들도 조사했다. 그가 조사한 연구자들은 환자를 대상으로 실험을 하는 행위에 아무 거리낌이 없었다. 심지어 "영구적인 불구나 사망의 위험이 있는 경우에도" 그러했다. 그런데 그들은 주변적이거나 평판이 나쁘기는커녕 미국 의학계의 엘리트들이었다. 그들도 코튼처럼 자신들이 무슨 일을 하는지(예컨대 건강한 환자에게 암세포를 주입하고 어떤 일이 일어나는지 관찰하는 일, 또는 아동에게 살아 있는 간염 바이러스를 먹이는 일) 공개적으로 시인했지만 그들의 동료 전문가들은 부정적인 반응을 나타내거나 비난을 퍼붓지 않았다. 오히려 그들은 그런 행동 때문에 칭찬을 받았고 의학계의 요직에 진출했다. 데이비드 로스먼은 "그들이 다른 의사들보다 덜 도덕적이라거나 덜 신뢰할 만하다고 판단하고 무시하는 것"은 타당하지 않다고 올바로 지적한다. "그들은 표준을 벗어난 예외요 탈선자로 규정할 수 없을 정도로 많은 지지를 받았고, 연구기관의 핵심 인물이었고, 매우 많은 존경을 받았다." David Rothman, *Strangers at the Bedside: A History of How Law and Bioethics Transformed Medical Decision Making* (New York : Basic Books, 1991) 참조. 특히 그 책의 4장인 "내부고발자가 된 의사"는 비처의 논문이 출간된 경위에 관한 값진 설명을 제공한다. 나는 부분적으로 비처의 용기 덕분에 싹튼 생명윤리학의 기획이 상황을 크게 개선했다는 로스먼의 신념을 공유할 수 있었으면 좋겠다. 그러나 내가 보기에 생명윤리학의 많은 부분은 이류 철학자들과 신학자들에게 일거리를 제공하기 위한 구호활동의 산물에 불과하며, 제도화된 양심을 고수하고 법적인 책임을 최소화하기 위해 고안된 행정 편의적 규칙들을 반영할 뿐인 것 같다. 생명윤리학이 의료계의 관행을 크게 변화시킨 것 같지는 않다.

6 "In Memoriam : Henry A. Cotton," *American Journal of Psychiatry* 13(1934), 922~3쪽.

7 코튼이 진지했고 자기 자신을 확고히 믿었다는 점에는 의문의 여지가 없다. 실제로 그는 자신의 신념을 위해 아내와 아들들의 치아를(그리고 둘째 아들의 결장의 일부를) 기꺼이 희생시켰고, 그 자신도 정신건강을 회복하거나 유지하기 위하여 치아를 뽑았다.

8 R. S. Carroll, "Aseptic Meningitis in Combating the Dementia Praecox Problem" *New York Medical Journal*, October 3, 1923, 407~11쪽 ; E. S. Barr

and R. G. Barry, "The Effect of Producing Aseptic Meningitis upon Dementia Praecox," *New York State Journal of Medicine* 26(1926), 89쪽.

9 Barr and Barry, "The Effect of Producing Aseptic Meningitis upon Dementia Praecox," 89~92쪽. 바와 배리는 말 혈청 20cc를 환자들의 척주관에 주입하여 체온이 3~4일 동안 39.5도를 유지하게 했다. 그러자 심한 두통과 요통이 동반되었고, 많은 환자들은 뇌부종腦浮腫(부종은 신체 조직의 틈 사이에 조직액이 괸 상태를 의미한다―옮긴이) 증상을 보였다. 뇌부종은 아드레날린을 써서 치료했다.

10 이 전략은 영국, 프랑스, 이탈리아, 독일, 오스트리아에서 널리 쓰였고, 미국에서는 이따금씩만 쓰였다. Micale and Lerner(eds.), *Traumatic Pasts* 참조. 빈 대학 정신의학 교수 율리우스 바그너 폰 야우렉은 심지어 이 치료법을 썼다는 이유로 전쟁 후에 재판을 받았다. 그러나 그는 무죄를 선고받았는데, 이는 부분적으로 다름 아닌 지그문트 프로이트가 그를 변호하는 증언을 했기 때문이었다. Kurt Eissler, *Freud as an Expert Witness: The Discussion of War Neuroses Between Freud and Wagner Jauregg*(Madison, Conne. : International Universities Press, 1986) 참조.

11 N. J. Berkwitz, "Faradic Shock Treatment of the 'Functional' Psychoses," *Lancet* 2(1939), 351~5쪽.

12 예컨대 A. D. Adrian and L. R. Yealland, "Treatment of Some Common War Neuroses," *Lancet* 1(1917), 867~72쪽 ; L. R. Yealland, *Hysterical Disorders of Warfare*(London : Macmillan, 1918) ; Clovis Vincent, *Le Traitement des phenomenes hysteriques par la reeducation intensive*(Tours : Arrault, 1916) 참조.

13 단독은 대개 화농성 사슬알균에 의한 세균 감염이다. 피부에 이상이 생겨 급속도로 발전하고 통증, 열, 오한이 동반되며, 림프샘 손상으로 이어질 수 있다. 항생물질이 없던 시절에는 이 병에 대한 효과적인 치료법이 없었다.

14 Wagner von Jauregg's comments in W. Simpson and W. Bierman(eds.), *Fever Therapy: Abstracts and Discussions of Papers Presented at the First International Conference on Fever Therapy*(New York : Hoeber, 1937), 2쪽 ; and Julius Wagner von Jauregg, "The History of Malarial Treatment," *American Journal of Psychiatry* 102(1946), 577~8쪽 참조.

15 런던의 정신병원에서 병리학자로 일한 프레더릭 모트는 1910년에 여섯 권으로 된 『매독 시스템*System of Syphilis*』을 출판했다. 이 책에서 그는 반복된 직접 경험에 의거하여 독자들에게 이렇게 알렸다. "이 인간쓰레기들이 머리를 가슴에 묻고 이를 갈고 입가에 침을 흘리면서 표정 없는 얼굴과 차갑고 푸르

죽죽하고 움직이지 않는 손으로 자기가 어디에 있는지도 모르는 채 줄지어 앉아 있는 광경만큼 가련하고 비참한 것은 없다." Hugh Pennington, "Can You Close Your Eyes Without Falling Over?", *London Review of Books, September* 11, 2003, 31쪽에서 재인용.

16 1926년의 연구 35건에 대한 어느 보고서에 따르면, 평균 "완치율"은 27.5퍼센트였다. J. R. Driver, J. A. Gammel, and L. J. Karnosh, "Malarial Treatment of Central Nervous System Syphilis," *Journal of the American Medical Association* 87(1926), 1821~7쪽. 말라리아 치료법의 가치에 대해서는 대체로 임상적인 합의가 있었지만, 진행마비의 증상이 간헐적이고 불확실하며 호진 여부를 판정할 명확한 기준이 없었고 치료 결과에 대한 평가들이 전혀 통제되지 않았기 때문에 말라리아 치료법이 실제로 "유효"한지 판정하는 것은 매우 어려운 일이었다. 그러나 당대의 의사들은 대개 그 치료법의 효과를 믿었고, 그 치료법의 존재 덕분에 말라리아 환자와 의사 사이의 관계는 극적으로 달라졌다. 이에 대한 가장 좋은 논의는, Braslow, *Mental Ills and Bodily Cures* 참조.

17 이 방법에는 아주 큰 윤리적 문제들이 있었다. 그 중 하나는, 신뢰할 만한 진행마비 진단법이 없었던 당시의 상황에서 오진되어 이 치료를 받는 환자들은 말라리아와 매독을 함께 얻게 된다는 점이었다. 워싱턴 시 성 엘리자베스 병원의 원장 윌리엄 앨런슨 화이트는 이 문제를 인식하고 의료진이 널리 쓰이는 그 치료법을 채택하자고 끈덕지게 요구했음에도 채택을 거부한 예외적인 의사였다. W. 왓슨 엘드리지가 W. A. 화이트에게 1930년 6월 21일에 보낸 편지, 화이트가 엘드리지에게 1930년 6월 24일에 보낸 편지, 엘드리지가 화이트에게 1930년 6월 27일에 보낸 편지, 화이트가 엘드리지에게 1930년 6월 28일에 보낸 편지, William Alanson White Papers, Record Group 418, National Archives, Washington, D.C. 참조. 이 편지들은 Gerald N. Grob, *The Inner World of American Psychiatry: Selected Correspondence* (New Brunswick, New Jersey : Rutgers University Press, 1985), 124~5쪽에 재수록되었다.

18 예컨대 1941년 7월 7일, 화이트의 후임으로 성 엘리자베스 병원의 원장이 된 윈프레드 오버홀서는 사일열 말라리아에 감염된 혈액을 "우리 진행마비 환자에게서" 채취하여 보온병에 넣어 발송했다고 썼다. 이 기록이 있는 문서철에는 일리노이, 테네시, 뉴멕시코, 펜실베이니아, 인디애나, 메릴랜드, 코네티컷 주립병원, 보스턴 정신병원, 버지니아 주 리치몬드 소재 웨스트브룩 요양소, 푸에르토리코 소재 정신병원과 말라리아 감염 혈액을 주고받았다는 기록도 있다. 오버홀서가 에르네스토 킨테로에게 1941년 7월 7일에 보낸 편지, 세드 호

스가 W. 오버홀서에게 1943년 10월 6일에 보낸 편지, St. Elizabeth's Hospital, Treatment Files, Entry 18, National Archives, Washington, D.C.(화이트는 진행마비 환자의 혈액을 다른 환자들에게 주사하는 처치의 윤리적 문제를 염려했지만, 그의 후임자는 생각이 달랐던 것이 분명하다.)

19 이 점에서는 국소 감염과의 전쟁을 치르는 코튼의 핵심적인 동맹자였던 T. C. 그레이브스가 한 발 앞서 있었다. 그레이브스가 쓴 "A Short Note on the Use of Calcium in Excited States," *Journal of Mental Science* 65(1919), 109쪽을 참조하라. 말라리아 치료법의 효과에 대한 당대의 설명들 중 하나는 말라리아가 면역계를 자극한다는 것이었다. 그레이브스는 이 설명에서 힘을 얻어 열 치료법을 실험했을 수 있다.

20 Illinois Department of Public Welfare, *Annual Reports* 11(1927~1928), 12쪽, 23쪽; 1928~1929, 23쪽.

21 열치료가 사용되었다는 최초의 기록은 C. A. Neymann and S. L. Osborne, "Artificial Fever Produced by High-Frequency Currents, Preliminary Reports," *Illinois Medical Journal* 56(1929), 199~203쪽이다. 그런 장치들은 꽤 위험했다. 애리조나 주립병원의 원장은 워싱턴 시 성 엘리자베스 병원의 원장인 윈프레드 오버홀서에게 자신의 병원에서는 "처음으로 (열치료 기계로) 치료를 받은 환자가 사망"했다면서 이렇게 투덜거렸다. "왜냐하면 그때 우리 병원의 몇 명 안 되는 정식 간호사들이 그 기계를 작동시키기를 거부했고 나는 그들을 강제할 처지가 아니기 때문입니다……. (당분간) 우리는 어쩔 수 없이 말라리아 치료법을 써야 할 것 같습니다." 세드 호스가 오버홀서에게 1943년 10월 6일에 보낸 편지, St. Elizabeth's Hospital Treatment Files, Entry 18, National Archives, Washington, D.C.

22 J. H. Talbott and K. L. Tillotson, "The Effects of Cold in Mental Disorders : A Study of Ten Patients Suffering from Schizophrenia and Treated with Hypothermia," *Diseases of the Nervous System* 2(1941), 116~26쪽; J. H. Talbott, "The Physiologic and Therapeutic Effects of Hypothermia," *New England Journal of Medicine* 224(1941), 281~8쪽.

23 이 실험들은 (아마도 전부 부정적인 결과가 나와 별개의 논문으로 다루기가 곤란했기 때문인 듯) L. J. Meduna, "The Carbon Dioxide Treatment : A Review," *Journal of Clinical and Experimental Pschopathology and Quarterly Review of Psychiatry and Neurology* 15(1954), 235~6쪽에서 간략하게 언급되었다. 메두나의 설명에 따르면, "약 40명의 (일리노이 신경정신의학 연구소에 있는) 정신분열병 환자들이 꽤 오랫동안 시안화물 주사를 맞았다……. 그러나 아무도 치유되지 않았다." 시안화물 주사는 다른 곳에서도 시도되었다.

예컨대 1920년대 후반에 위스콘신 대학에서 솔로몬 레벤하르트가 시도했다.

24 나치를 피해 망명한 유대인인 사켈은 훗날 뉴욕 소재 할렘 밸리 주립병원에 임용되었다.

25 Benjamin Wortis, 사켈이 파리 유니버시티 클리닉에서 1937년 7월 11일에 강연했고 1937년 11월 18일에 뉴욕 할렘 밸리 주립병원에서 다시 강연한 원고의 번역문, St. Elizabeth's Hospital Treatment File, Entry 18, National Archives, Washington, D.C.

26 찰스 벌링게임은 용감하게 죽음과 맞서 싸우는 영웅적인 정신과의사를 알리려는 의도로 쓴 글에서 인슐린 치료 과정에서 어떤 일이 일어나는지를 생생하게 묘사했다. "현대적인 정신의학 센터에 있는 인슐린 치료실보다 더 극적인 장면을 연출하는 곳은 드물다. 매일 그곳에서 환자는 죽음의 문턱에서 몇 시간 동안 머문다. 때때로 환자는 문턱을 넘어가고, 오직 지체 없이 실시되는 영웅적인 조치만이 그를 다시 데려온다. 오로지 정신 치유라는 어마어마한 보상만이 그 극단적인 치료법을 정당화할 수 있을 것이다. 환자의 근육에 인슐린을 주사하는 순간부터 환자는 매우 면밀하게 관찰된다. 특별 간호사가 환자에게 배정된다. 몇 분마다 혈압과 체온을 재고, 의사는 항상 곁에 머물다가 위험한 조짐이 있으면 즉시 행동에 나선다. 간호사가 환자의 얼굴 가까이로 몸을 숙인 채 위를 쳐다보며 말한다. '선생님, 호흡을 감지할 수 없습니다.' 의사는 환자 곁으로 가서 큰 소리를 질러 그를 깨운다. 반응이 없다. 숨을 쉬는 것 같지도 않다. 몇 분 전에는 코를 골며 호흡을 했는데, 지금은 고요하다. 인공호흡이 실시된다. 눈 깜짝할 사이에 소독된 바늘이 준비되고 아드레날린이 주입된다. 즉시 호흡이 재개되고, 이어서 당이 주입된다. 효과는 신속하다. 5분이 지나면, 환자는 침대 위에 앉아 미소를 짓고, 다행스럽게도 방금 일어난 일을 아무것도 기억하지 못한다. 이런 식으로 죽음과의 능숙한 스파링이 진행된다. 잠시라도 한눈을 팔거나 실수를 하면 생명을 잃게 된다." "Insanity and Insulin : Shock Treatment for Schizophrenia," *The Forum*(1937), 98~102쪽(Copy in Meyer Papers, CAJH I/557/2). 제어된 연구들을 통해 결국 인슐린 혼수요법은 무용하다는 것이 증명되었다. 비록 처음에는 최고의 정신과의사들이 그 치료법이 효과가 있다는 주장을 열광적으로 받아들였지만 말이다. Harold Bourne, "The Insulin Myth," *Lancet* 2(1953), 964~8쪽 ; and the discussion in Michael Shepherd, "Neurolepsis and the Psychopharmacological Revolution : Myth and Reality," *History of Psychiatry* 5(1994), 90~2쪽 참조.

27 L. J. Meduna and E. Friedman, "Convulsive-Irritative Therapy of Psychoses : Survey of More Than 3,000 Cases," *Journal of the American Medical*

현대 정신의학 잔혹사

Association 112(1939), 509쪽. 또한 L. Meduna and B. Rohny, "Insulin and Cardiazol Treatment of Schizophrenia," *Lancet* 1(1939), 1139~42쪽 참조. 칼 리노브스키 등은 장뇌가 다른 단점들도 가지고 있다고 보고했다. 장뇌를 주입 하면 메스꺼움과 구토가 유발되며, 장뇌의 효과는 매우 예측하기 어려워서 임 상의들이 다음 발작의 시기를 예상할 수 없다는 것이었다. 발작은 15분 후에 일어날 수도 있고, 3시간 후에 일어날 수도 있고, 아예 일어나지 않을 수도 있다고 그들은 보고했다. Lothar Kalinowski, Hans Hippius, and Helmfried Klein, *Biological Treatments in Psychiatry*(New York : Grune and Stratton, 1982), 217~8쪽 참조.

28 S. Brandon, "The History of Shock Treatment," in *Electronconvulsive Therapy: An Appraisal*, (ed.) R. L. Palmer(Oxford : Oxford University Press, 1981), 8쪽.

29 Solomon Katzenelbogen, "A Critical Appraisal of the 'Shock Therapies' in the Major Psychoses and Psychoneuroses, III–Convulsive Therapy," *Psychiatry* 3(1940), 412쪽, 419쪽. 또한 Kalinowski, Hippius, and Klein, *Biological Treatments in Psychiatry*, 218~9쪽 참조. 이 저자들에 따르면, "환자는 발작을 기억하지 못한다. 그러나 불행하게도 그는 주사와 발작 사이 의 시간에 경험한 끔찍한 공포의 느낌을 기억한다. 만일 발작이 일어나지 않 으면 불안과 초조와 불쾌감이 여러 시간 동안 계속될 수도 있다."

30 Berkwitz, "Faradic Shock Treatment," 351쪽.

31 L. J. Meduna, "General Discussion of Cardiazol(Metrazol) Therapy," *American Journal of Psychiatry*(Supplement) 94(1938), 50쪽.

32 빌링게임이 아돌프 마이어에게 1938년에 보낸 편지, Meyer Papers, CAJH I/55/2.

33 S. Cobb, "Review of Neuropsychiatry," *Archives of Internal Medicine* 62(1938), 897쪽.

34 실제로 사켈은 왜 자신의 치료법이 유효한가에 대하여 몇 년에 걸쳐 여러 "이론"을 내놓았다. 그것들은 서로 일관적이지 않으며, 전부 다 오로지 그의 빈약한 상상력에 근거를 두었다. 그는 뉴런이 엔진과 유사하며 연료가 과잉 공급되면 정신병적인 사고 패턴이 산출된다고 추측하기도 했다. 이 설명에 따 르면, 인슐린 혼수요법은 뇌의 연료를 줄임으로써 효과를 발휘한다. 또 그는 광기가 교감신경계의 과도한 활동에 의해 생겨나며 인슐린 치료법은 부교감 신경계의 "음(音, tone)"을 증폭시킴으로써 효과를 발휘한다는 주장도 내놓았 다. M. Sakel, "The Nature and Origin of the Hypoglycaemic Treatment of Psychoses," *American Journal of Psychiatry*(Supplement) 94(1938), 24~40

쪽 ; 같은 저자, "The Classic Sakel Shock Treatment : A Reappraisal," in *The Great Physiodynamic Therapies in Psychiatry: A Reappraisal*, (ed.) Arthur M. Saclder(New York : Hoeber-Harper, 1956), 13~75쪽 참조.

35 M. Sakel, "The Influence of Pharmacological Shocks on the Psychoses," *Journal of Mental Science* 84(1938), 626~36쪽. 다른 의사들은 코튼이 국소 감염 제거로 도달했다고 주장한 치유율에 뒤지기 싫었는지 자신의 치유율이 80~90퍼센트라고 주장했다.

36 예컨대 1941년의 조사에 따르면, 공립과 사립 정신병원 305곳 중 72곳에서 인슐린 충격요법을 썼다. U. S. Public Health Service, *Shock Therapy Survey*(Washington, D.C. : Government Printing Office, 1941). 그러나 이 치료법은 비용과 시간이 많이 들기 때문에 대부분의 병원은 이것을 주로 상 징적인 효과를 위해 소규모로만 실시했다.

37 State of California, Department of Institutions, *Report for the Governor]s Council on Activities During May 1939*(Sacramento : California State Printing Office, 1939), cited in Braslow, *Mental Ills and Bodily Cures*, 201쪽, n. 15. 그 응급 정신병원(Langley Porter Neuropsychiatric Institute)은 설립되었지만, 장담했던 치유나 예산 절감은 당연히 실현되지 않았다.

38 H. E. Himwich, F. A. D. Alexander, and B. Lipetz, "Effect of Acute Anoxemia Produced by Breathing Nitrogen on the Course of Schizophrenia," *Proceedings of the Society for Experimental Biology and Medicine* 39(1938), 367~9쪽.

39 L. J. Meduna, "The Carbon Dioxide Treatment : A Review," 236쪽.

40 엽절개술에 관한 표준적인 연구서로는 Eliot Valenstein, *Great and Desperate Cures: The Rise and Decline of Psychosurgery and Other Radical Treatments for Mental Disorders*(New York : Basic Books, 1986) ; Jack Pressman, *Last Resort: Psychosurgery and the Limits of Medicine*(Cambridge : Cambridge University Press, 1995)가 있다.

41 P. L. Weil, "'Regressive' Electroplexy in Schizophrenics," *Journal of Mental Science* 96(1950), 514~20쪽. 또한 W. L. Milligan, "Psychoneuroses Treated with Electrical Convulsions : The Intensive Method," *Lancet* 1(1946), 516 ~20쪽 ; E. A. Tyler, "Polydiurnal Electric Shock Treatment in Mental Disorders," *North Carolina Medical Journal* 8(1947), 577~82쪽.

42 Weil, "'Regressive' Electroplexy in Schizophrenics," 517쪽, 520쪽.

43 D. E. Cameron, J. G. Lorentz, and M. D. Hancock, "The Depatterning Treatment of Schizophrenics," *Comparative Psychiatry* 3(1962), 65~7쪽 ; L.

현대 정신의학 잔혹사

G. Murillo and J. E. Exner, "The Effects of Regressive ECT with Process Schizophrenia," *American Journal of Psychiatry* 130(1973), 269~73쪽. 캐머론의 실험은 CIA의 은밀한 지원을 받았다. 몇 년 후 그 사실이 밝혀져 큰 외교적 논란이 발생했다.

44 Charles Rosenberg, "The Therapeutic Revolution : Medicine, Meaning, and Social Change in Nineteenth Century America," in *The Therapeutic Revolution: Essays in the Social History of American Medicine*, (eds.) Charles Rosenberg and Morris Vogel(Philadelphia : University of Pennsylvania Press, 1979), 3 - 25쪽.

45 Braslow, *Mental Ills and Bodily Cures*는 이 현상들에 대한 훌륭한 논의를 제공한다.

46 Pressman, *Last Resort*.

47 예컨대 영국 정신과의사 클리포드 앨런의 다음 논평을 보라. "대뇌 조직을 충분히 파괴하면 모든 정신병을 치매로 바꾸는 '치유'를 성취할 수 있다는 점에는 의심의 여지가 없다……. 그런 환자는 폭력적이고 요란하고 초조한 정신병자보다 다루기 쉽고 보살피기 쉽다……. 정도 차이는 있지만 언제나 인격의 퇴화가 일어나고, 그 사실은 '정서적 치매(emotional dementia)'라고 부를 만한 증상에서 확인된다. 환자는 판단력이 저하되고 부적절하게 행동하며 관심이 없어지고 어린아이처럼 되며 자기를 의식하지 못한다. 그의 행동은 서툴고 추하고 역겨울 수 있다. 이는 그가 무엇을 해야 하는지를 판단하지 못하기 때문이다. 그는 과거의 그가 아니며, 과거의 그를 대부분 상실했다……. 환자를 더 쉽게 돌보기 위해 정신적 불구자로 만드는 것을 윤리적으로 어디까지 허용할 수 있는가 하는 문제는 아직 해결되지 않았다." 외래 환자와 초기 단계의 정신병 환자들에게 엽절개술을 실시하는 것(프리먼은 그렇게 해야 한다고 반복해서 주장했다.)에 대하여 앨런은 "그런 경솔한 치료는 범죄에 가깝다."고 평가했다. "An Examination of Physical Methods of Treatment in Mental Disease," *The Medical Press and Circular*, June 5, 1946, 377쪽.

48 스미스 엘라이 젤리프가 해리 스톡 설리번에게 1937년 6월 1일에 보낸 편지, Jelliffe Papers, Library of Congress, Washington, D.C.

49 마이어의 제자인 프랭클린 에보는 마이어가 계속 핍스 클리닉에 있을 경우 발생할 수 있는 문제를 처음부터 의식했다. 록펠러 재단의 의학 프로그램을 담당한 기민한 인물인 앨런 그레그와의 대화에서 에보는 이렇게 탄식했다. "아돌프 마이어는 핍스 클리닉을 떠나지 않고 있습니다. 그 때문에 화이트혼이 힘들 것입니다." 그러나 마이어를 콜로라도로 유인하려는 에보의 노력은 무위로 돌아갔다. Alan Gregg, "Diary," September 10, 1941, Rockefeller

Foundation Archives, Tarrytown, New York.

50 "Brain Surgery Feat Arouses Sharp Debate," *Baltimore Sun*, November 21, 1936, 1쪽, 9쪽. 몇 년 후 월터 프리먼은 자신의 인생을 글로 써서 그 사본을 자녀들에게 주었다. 그 글에서 그는 "토론자 대부분의 반응은…… 부정적이었다."고 분명하게 회고했다. Walter Freeman, "Autobiography," unpublished typescript, 약 1970, chapter 14, 5쪽. 이 흥미로운 문서의 사본을 제공한 프리먼의 아들 프랭클린에게 깊이 감사한다.

51 월터 프리먼과 제임스 와츠의 논문을 둘러싼 토론은 "Prefrontal Lobotomy in the Treatment of Mental Disorders," *Southern Medical Journal* 30(1937), 23~31쪽 참조. 이 출판된 글은 회외에서 불거진 논쟁을 대부분 생략했다. 덱스터 볼라르가 소리를 질러 프리먼의 발표를 방해하려 했던 것도 생략되었다. 프리먼과 와츠가 여러 진영으로부터 받은 적대감에 대한 더 나은 기록은 앞에서 인용한 *Baltimore Sun*, November 21, 1936이다. 그 후 프리먼은 1937년 6월에 애틀랜틱시티에서 열린 미국 의사협회 연례 모임에서 "병든 영혼을 위한 수술"에 관한 발표로 다시 한 번 적대감을 불러일으켰다. 이 사건에 대하여 〈뉴욕 타임스〉는 "최고의 신경학자 몇 명은 매우 회의적이었다."고 언급했다. William L. Laurence, "Surgery on the Soul-Sick : Relief of Obsessions Is Reported," *New York Times*, June 7, 1937, 1쪽, 10쪽.

52 "Find Surgery Aids Mental Cases," *New York Times*, November 26, 1936, 10쪽. 프리먼은 이보다 더 길고 우호적인 이야기가 〈워싱턴 이브닝 스타 *Washington Evening Star*〉에 게재되도록 일을 꾸몄고, 그 이야기는 전국과학저술가협회의 회장인 토머스 R. 헨리를 필자로 앞세운 기사로 1면에 실렸다. 지역의 영웅인 프리먼과 와츠의 사진이 첨부된 그 기사는 엽절개술을 "이 세대의 위대한 외과적 혁신"으로 표현하면서 이렇게 설명했다. "무엇보다도 그 수술은 정상적 혹은 비정상적 인격의 다양한 메커니즘에 대응하는 뇌 속의 실재적이고 만질 수 있고 물리적인 토대가 있으며, 그 토대를 염증이 생긴 충수나 병든 편도처럼 쉽게 외과의사의 칼로 공격할 수 있다는 것을 확증하는 듯하다." "Brain Operation by D.C. doctors Aids Mental Ills," *Evening Star*, November 20, 1936. 와츠는 이 기사의 사본을 스승인 예일 대학의 존 풀턴에게 보냈고, 그 사본은 예일 대학 문서보관소에 풀턴의 문서로 남아 있다. 프리먼이 한 달에 걸쳐 일을 꾸미고 기사를 함께 쓴 사실에 대한 프리먼 자신의 자랑스러운 언급은 그의 미발표 원고 "Adventures in Lobotomy," 4장("제4기"), 7~10쪽에서 볼 수 있다. 그 원고는 두 장만 제외하고 전부 Archives of the George Washington University Medical School, Washington, D.C.에 보관되어 있다.

현대 정신의학 잔혹사

53 W. Freeman, "Autobiography," unpublished manuscript, January 1972, chapter 14, 5쪽. 여담이지만 코튼과 마찬가지로 프리먼도 정신병 증상을 나타낸 적이 있었다. 그러나 그의 발병은 그가 엽절개술을 채택하기 이전에 있었던 에피소드이다. 한때 프리먼은 조증과 암으로 죽어가고 있다는 망상을 가졌다. 훗날 그는 자신이 30년 동안 밤마다 넴뷰탈(Nembutal. 바르비투르산 유도체의 하나로 최면제, 진정제이다—옮긴이)을 복용하여 재발을 방지했다고 자랑했다. 그렇게 그는 과거의 정신적 불안정을 바르비투르염 중독으로 대체했던 것이다.

54 프리먼이 마이어에게 1937년 11월 17일에 보낸 편지, 마이어가 프리먼에게 1937년 11월 18일에 보낸 편지, 프리먼이 마이어에게 1938년 3월 1일에 보낸 편지, 마이어가 프리먼에게 1938년 3월 2일, 5월 25일에 보낸 편지, 프리먼이 마이어에게 1938년 5월 25일, 1941년 2월 3일에 보낸 편지, 마이어가 프리먼에게 1941년 2월 4일에 보낸 편지, Meyer's Papers, CAJH I/1256/1.

55 R. G. 고든이 마이어에게 1949년 4월 22일에 보낸 편지, 찰스 힐이 마이어에게 1949년 3월 28일에 보낸 편지, Meyer Papers, CAJH II/137/12.

56 그러나 마이어는 대서양 건너편에서 명성을 유지했다. 영국 의학계의 주요 인물들은 마이어와 유사하게 절충주의를 채택했다. 한때 마이어의 학생이었던 오브리 루이스의 달변은 잠재적인 비판이 불거지는 것을 막는 데 확실히 기여했다. 마이어와 영국 정신의학의 관계에 대해서는 Michael Gelder, "Adolf Meyer and his Influence on British Psychiatry," in *150 Years of British Psychiatry 1841~1991*, (eds.) Berrios and Freeman, 419~35쪽 참조.

57 제럴드 그룹의 아주 약간 더 우호적인 마이어에 대한 평가를 참조하라. 그룹의 글에는 여러 동시대인들의 우호적인 말이 인용되어 있다. *Mental Illness and American Society*, 116~8쪽. 그룹에 따르면 "(20세기의 처음 40년 동안) 정신의학계에 마이어의 경쟁자가 없었다는 사실은 미국 정신의학의 활발함이 아니라 빈약함을 반영한다." 마이어가 주창한 "정신생물학"의 의미를 잠깐만 살펴보아도 문제가 충분히 드러난다. 마이어의 제자이며 한때 코튼의 조수였던 프랭클린 에보에 따르면, 정신생물학은 "인격 형성과 인격—기능에 관한 과학이며, 객관적이지만 인간의 주관 전체를 반영하고, 일반적으로 접근 가능한 사실과 개념에서 멀리 벗어나지 않는다……. 정신장애는 건강하지 않은 반응 경향이 점차 축적되어 발생한다고 여겨진다……. (그러므로) 환자의 과거 경험 전부를 연구할 필요가 있다. 개인의 일대기 전체를, 개인에게 가해진 물리적·기질적·심인적·체질적 힘을 연구해야 한다." "The Crisis in Psychiatric Education," Chairman's address read before the section on Nervous and Mental Diseases, American Medical Association, New Orleans, May 12, 1932.

이 연설문의 사본은 in the Commonwealth Fund Mental Hygiene Program, Box 17, Folder MH 271, Rockefeller Foundation Archives, Tarrytown, New York. 중요성의 정도에 대한 기준도, 인과관계의 패턴을 식별하는 방법도 없이 모든 사실을 모으는 이 시시포스적인 과제를 수행하는 것은 의미도 없고 끝도 없는 노동이었다.

58 그린에이커가 마이어에게 1928년 1월 17일에 보낸 편지, Meyer Papers, CAJH Series XV.

59 그녀는 일찍부터 때때로 불만을 토로했다. "일은 매우 활발하게 진행됩니다. 제가 가장 아쉬워하는 것은 집중적인 정신의학 연구가 없다는 점이며, 저는 이 특수한 분야의 일에 얼마나 잘 적용할 수 있을지 모르겠습니다. 물론 이 일이 필요하고 유용하다고 인정하지만 말예요." 그린에이커가 마이어에게 1928년 4월 17일에 보낸 편지, Meyer Papers, CAJH Series XV.

60 그린에이커가 마이어에게 1930년 12월 13일에 보낸 편지, Meyer Papers, CAJH Series XV.

61 그린에이커가 마이어에게 1931년 9월 18일에 보낸 편지, Meyer Papers, CAJH Series XV.

62 1996년 2월 4일, 8월 15일에 행한 피터 리히터와의 인터뷰; 1983년 12월 22일에 행한 필리스 그린에이커와의 인터뷰. 그린에이커가 루스 레이스에게 말했듯이, 코넬 대학에 임용된 그녀를 해고하려는 시도가 있었다. 그때 마이어가 다시 한 번 개입하여 그녀의 직위를 지켜주었다. 그린에이커의 회고에 따르면, 그녀가 볼티모어를 떠날 때 마이어는 "그녀에게 그(마이어)가 그녀를 정당하게 대하지 않았다고 말했다. 그녀는 그 말이 진심이며, 따라서 그가 그녀를 위해 무언가 하리라고 느꼈다." Ruth Leys, "Impressions of My Evening with Phyllis Greenacre," unpublished paper, 6~7쪽. 저자의 친절한 허락을 받아 인용함.

63 그린에이커가 저자에게 1985년 3월 8일에 보낸 편지.

64 그린에이커가 마이어에게 1937년 11월 21일에 보낸 편지, Meyer Papers, CAJH Series XVH.

65 같은 곳.

66 마이어가 그린에이커에게 1937년 11월 22일에 보낸 편지, Meyer Papers, CAJH Series XV.

67 예컨대 Phyllis Greenacre, *Trauma, Growth, and Personality*(New York : Norton, 1952) 참조.

68 Phyllis Greenacre, *Swift and Carroll*(New York : International Universities Press, 1955) ; 같은 저자, *The Quest for the Father: A Study of the Darwin-*

Butler Controversy as a Contribution to the Understanding of the Creative Individual(New York : International Universities Press, 1963).

69 Arnold Rogow, *The Psychiatrists*(New York : Putnam, 1970), 109쪽.

70 이 대목은 피터 리히터와 루스 레이스의 설명에 근거를 둔다. 또 그 설명은 그들이 필리스 그린에이커와 나눈 대화에 근거를 둔다. Ruth Leys, "Impressions of My Evening with Phyllis Greenacre, 16 June 1982," unpublished paper(저자의 친절한 허락을 받아 인용함) ; 1996년 2월 4일에 행한 피터 리히터 박사와의 인터뷰.

71 질북 사건에 대한 애매하고 (여러 면에서) 편파적인 설명은, John Frosch, "The New York Psychoanalytic Civil War," *American Psychoanalytic Association Journal* 39(1991), 1051~3쪽. 질북을 징벌하는 데 실패한 여파로 뉴욕 정신분석가 사회는 더욱 분열되었다.

72 이 정보를 제공한 피터 리히터에게 감사한다.

73 내부고발을 고려한 그린에이커가 직면한 딜레마는 오늘날에도 수많은 유사한 사례에서 등장한다. 의학과 과학이 실제로 어떻게 실행되는가에 대한, 공들여 쌓아올린 이데올로기적인 이미지를 손상시킬 수 있는 정보를 공개한다는 것은 개인적·직업적 파산을 초래하는 행동이다. 예컨대 데이비드 로스먼은 *Strangers at the Bedside*, 70~84쪽에서 "내부고발자가 된 의사"에 관한 값진 설명을 제공한다. 그가 집중적으로 다루는 사례인 헨리 비처는 하버드 의과대학의 고참 인사이자 마취학 정교수였는데도, 다른 의사들이 심각한 윤리적 비행을 저질렀음을 알리려 노력했을 때 그는 배척과 굴욕을 당했으며 그의 조사 결과는 노골적으로 억압되었다. 하지만 더 흥미로운 사례는 데이비드 볼티모어 사건일 것이다. 노벨의학상 수상자인 데이비드 볼티모어(David Baltimore)는 사건 당시에 록펠러 대학 총장이었다. 한편, 그가 공동 저자로 발표한 논문에 과학적 문제가 있다는 주장을 제기한 사람은 그 논문으로 귀결된 연구에 직접 참여한 젊은 여성 연구원이었다. 결국 볼티모어는 스캔들에서 살아남아 캘리포니아 공과대학의 총장이 된 반면, 내부고발자인 마고 오툴(Margot O'Toole)의 과학자로서의 삶은 폐허가 되었다. 주요 과학사 연구자인 대니얼 켈브스는 이 사건에 대한 폭넓은 논의를 통해 볼티모어를 변호했다. Daniel Kevles, *The Baltimore Case: A Trial of Politics, Science, and Character*(New York : Norton, 1998). 켈브스의 볼티모어에 대한 변론을 강력하게 비판한 글로는 *New England Journal of Medicine*, January 21, 1999에 발표된 갠살러스(C. K. Gansalus)의 서평을 참조하라. 또 사건 전체를 전혀 다른 시각에서 평가하는 글로는 Judy Sarasohn, *Science on Trial: The Whistle Blower, The Accused, and the Nobel Laureate*(New York : St. Martin's

Press, 1993)가 있다. 이런 현상 일반을 고발한 책으로는 Robert Bell, *Impure Science: Fraud, Compromise, and Political Influence In Scientific Research*(New York : Wiley, 1992)가 있다. 이런 사례들이 증언하듯이, 필리스 그린에이커로서는 침묵을 지키는 것만이 과학자로서의 생명을 지키는 유일한 길이었을 것이 확실하다.

74 코튼이 마이어에게 1933년 4월 29일에 보낸 편지, Meyer Papers, CAJH I/767/31.

75 "Adolph Cotton is Reported Lost at Sea," *New York Times*, Feburary 9, 1936, 1쪽. 다음날과 그 다음날에도 아돌프의 죽음에 관한 기사가 게재되었다. 마지막 기사는 그가 자살했다는 사실을 교묘히 일버무리면서도 아돌프의 "수수께끼 같은 말"을 인용했다. 같은 배에 있던 어느 승객이 "우리처럼 당신도 뉴욕으로 가는 길이죠?" 하고 물으니 그는 "잘 모르겠습니다." 하고 대답했다는 것이었다. *New York Times*, February 10, 1936, 19쪽 ; February 11, 1936, 6쪽.

76 나는 오렌지 카운티에서 페딜 피셔를 인터뷰하여 이 사실을 확인했다.

77 마이어가 레이크로프트에게 1935년 11월 11일에 보낸 편지, Meyer Papers, CAJH I/3215/4.

78 마이어가 제임스 S. 플랜트에게 1937년 2월 16일에 보낸 편지, Meyer Papers, CAJH I/768/1.

79 W. M.이 마이어에게 보낸 날짜 불명의 편지, Meyer Papers, CAJH I/768/1.

80 Leiby, *Charity and Correction*, 235쪽.

81 같은 곳, 334쪽 ; "Dr. Henry A. Cotton Dies," *New York Times*, June 22, 1948. 〈뉴욕 타임스〉는 자살을 금기시하는 당대의 분위기를 의식하여 "수면제를 부주의로 과다 복용한 것"이 코튼의 사망 원인이라고 보도했다.

82 트렌턴 주립병원 연례 보고서, 1960, 6쪽에 따르면 피셔는 1960년 4월 15일에 은퇴했다.

83 페딜 피셔 박사와의 인터뷰, Leisure World, Laguna Hills, California, February 20, 1984.

84 T. C. Graves, "Diphasic Vascular Variation in the Treatment of Mental Inefficiency Arising from a Common Somatic Cause," *Journal of Mental Science* 86(1940), 751~66쪽 ; and "Symposium on Ear, Nose and Throat Disease in Mental Disorder," *Journal of Mental Science* 87(1941), 477~528쪽 참조.

85 T. C. Graves, "Penicillin In the Psychoses," *The Medical Press and Circular*, March 13, 1946, 172~8쪽.

86 존 M. 더리가 T. J. 젠더-브라운 교수에게 1949년 2월 28일에 보낸 편지,

copy in Princeton University Faculty Records, Mudd Library, Princeton University, A-142.

87 Mudd Library, Princeton University, A-142에 보관된 레이크로프트의 문서 중에는 뉴저지 주립병원 이사회 의사록이 있다. New Jersey State Hospital Board of Managers' Minutes for July 21, November 17, 1949 and February 16 and April 20, 1950을 볼 수 있다.

88 Princeton University Faculty Records, Mudd Library, A-142. 레이크로프트는 1911년 6월 13일에 프린스턴 대학에 임용되어 1936년 6월 15일에 은퇴했다. 머드 도서관에 소장된 그의 일대기에 따르면, 그는 1932년~1936년에 미국올림픽 위원회의 일원으로 재직하면서 히틀러 치하의 베를린에서 열린 올림픽에 미국팀과 함께 참석했다. 또한 그의 사망 기사, "Obituary," *New York Times*, October 20, 1955 참조.

89 *New York Times*, April 16, 1966, 28쪽 ; April 17, 1966, 87쪽.

90 그녀는 매번 다른 환자 번호를 부여받았다. 그래서 어빙 고프먼(Erving Goffman)이 지적했듯이 그녀의 병력을 추적하려면 Trenton State Hospital, Case Records, Case numbers 26,359 ; 27,156 ; 29,775 and 34,871을 참조해야 한다.

91 조엘 브래슬로는 (사적인 대화에서) 이 시기에 그가 캘리포니아 소재 스톡턴 주립병원에서 치료한 환자들의 일부는 레세르핀을 하루에 2.5~5밀리그램 투여받았다고 확인해주었다(정신병 치료약으로서 레세르핀은 곧 소라진에 밀려났고, 더 나중에 소라진도 페노티아진 유도체들에 밀려났다).

92 Trenton State Hospital Case Records, Case number 34,871.

93 예컨대 1935년의 연례 보고서(3쪽)에 따르면, 편도절제술 528건과 포경수술 62건이 행해졌다.

94 트렌턴 주립병원 연례 보고서, 1934, 5쪽 ; 1938, 5쪽. 인슐린 혼수요법, 장뇌와 메트라졸 요법은 모두 1937년~1938년에 도입되었다. 이 가운데 장뇌 요법과 메트라졸 요법은 곧 중단되었다. 트렌턴 주립병원 연례 보고서, 1938, 1쪽, 5쪽.

95 예컨대 1935년에 여러 형대의 발열요법을 받은 환자는 1,500명 이상이었다. 대부분의 환자는 티푸스 백신을 10회 주사를 맞았고, 다른 환자들은 5회 이상의 열치료, 또는 말라리아 요법을 받았다. 트렌턴 주립병원 연례 보고서, 1935, 3쪽. 1938년에는 "모든 기능성 환자들"이 발열요법을 받았다. 트렌턴 주립병원 연례 보고서, 1938, 5쪽.

96 레이크로프트는 스톤이 사용하는 발열요법에 대한 상세한 설명을 마이어에게 보냈고, 마이어는 이렇게 답장했다. 그 치료법은 "매우 공격적인 전략이군

요……. 환자가 감수하는 위험은 대단히 작은 것 같습니다. 수치는 코튼 박사가 주장했던 것보다 온건하고 주립병원의 평균적인 성과보다 약간 더 나은 것 같군요. 이는 일반적인 분위기가 좋았기 때문일 수도 있고 특수한 치료법을 적용했기 때문일 수도 있겠다는 생각입니다." 마이어가 레이크로프트에게 1935년 11월 11일에 보낸 편지, Meyer Papers, CAJH I/3215/4. 레이크로프트는 록펠러 연구소에도 편지를 보냈는데, 그쪽에서는 매우 냉랭한 답장이 왔다. 레이크로프트가 허버트 가서(Herbert S. Gasser)에게 1935년 11월 8일에 보낸 편지 ; 가서가 레이크로프트에게 1935년 11월 15일에 보낸 편지, TSH Archives.

97 Rotov, "A History of Trenton State Hospital," 57쪽.

98 예컨대 Trenton Sunday Times Advertiser, September 26, 1948 ; 트렌턴 주립병원 연례 보고서, 1950, 3쪽 ; 1951, 17쪽 ; 1952, 2쪽 ; 1955, 2쪽 ; 1956, 8쪽 참조.

99 프린스턴 대학 머드 도서관에 보관된 레이크로프트의 문서 중에는 트렌턴 주립병원 이사회 1949년 7월 21일 모임 의사록이 있다. 그 문서에 따르면, "병원장은 선별된 환자들에게 엽절개술을 실시할 것을 주 당국으로부터 허가받았다면서, 템플 대학의 마이클 스코트 박사를 채용하여 그 수술을 맡기게 해 달라고 요구했다. 스코트 박사의 급여는 일당 50달러로 계산하여 월급 2,500달러 이하로 제안했다." Raycroft Papers, A-142, 5쪽. 최초의 경안와 뇌엽절개술은 1949년 11월에 "행정적인 관점에서 볼 때 문젯거리인 한 환자에 대하여" 실시되었다. "즉각적인 결과는 매우 만족스러워서 1950년 1월에 그 수술의 규모를 확대할 계획이 수립되었다." 1950년 6월까지 표준적인 수술, 즉 "정밀" 엽절개술이 36건, 경안와 뇌엽절개술이 57건 실시되었다. 트렌턴 주립병원 연례 보고서, 1950, 12쪽, 21쪽. 이 보고서가 보여주듯이, 트렌턴 병원이 행한 엽절개술의 주요 목표는 가장 다루기 힘든 환자들의 행동을 통제하는 것이었고, 수술의 성공은 환자가 온순하고 다루기 쉬워지는 것을 의미했다. 예컨대 1952년의 연례 보고서에 따르면, "지난 회계 연도에 경안와 뇌엽절개술을 147건 실시하여 만족스러운 결과를 얻었다." 1956년에는 같은 수술이 49건 실시되었다. 트렌턴 주립병원 연례 보고서, 1956, 9쪽. 그러나 그 이듬해의 수술은 11건으로 줄었다. 여성 환자 6명과 남성 환자 5명이 그 수술을 받았다. 트렌턴 주립병원 연례 보고서, 1957, 16쪽.

100 프리만은 은퇴가 임박했을 때, 경안와 뇌엽절개술을 도입했는데 "이 나라에서 실시된 엽절개술 2만 건은 정신병원에 있는 환자 60만 명에 비해 턱없이 부족하다."고 투덜거렸다. Walter Freeman, "Adventures in Lobotomy," unpublished manuscript, copy in George Washington University Medical

Library, Psychosurgery Collection, chapter 6, 26쪽.

101 프리먼은 자신의 기술을 보여주는 시연회를 즐겨 열었다. 예컨대 1950년 7월에 그는 이듬해에 웨스턴 온타리오 대학에서 맥기 강연(MaGhie Lecture)을 하라는 제안을 받았다. 제안자는 "경안와 뇌엽절개술을 실연"해줄 것을 부탁했고, 그는 기뻐하면서 그보다 더 많은 것을 제공하겠다고 밝혔다. "나는 당신이 보유한 환자가 충분히 많기를 바랍니다. 10회의 수술이면 매우 적당할 것입니다. 나는 오후에만 20건을 한 적도 있습니다. 그러려면 상당한 정도의 팀웍이 필요합니다. 나는 장비를 두 세트 가져가서 교대로 소독할 것이며 망치를 요구할 것입니다……. 나는 1명 혹은 그 이상의 유능한 의료진이 내가 지켜보는 가운데 두세 건의 수술을 하도록 맡길 것입니다. 경안와 뇌엽절개술은 폐쇄형 수술(closed operation)이고 수술 상처가 노출되지 않으므로 수술실 간호사에게 수술자나 관객을 위한 가운과 마스크, 장갑은 필요하지 않다고 통보해도 됩니다. 만일 환자가 협조적이라면, 일부 수술은 국소 마취상태에서 할 수도 있습니다……. 그러나 최근에 나는 전기충격을 사용하는 것이 좋은 이유를 추가로 알아냈습니다. 즉, 전기충격은 혈액의 응고를 가속시킨다는 사실을 발견했습니다." 더 먼저 보낸 편지에서 그는 자기가 염두에 둔 환자들의 유형을 구체적으로 말했다. "나는 가장 난폭한 정신분열병 환자와 가장 격정적이고 퇴행적인 환자를 선호하지만, 만일 당신이 완전히 손쓸 도리가 없는 강박증 환자나 만성 불안증 환자를 보유하고 있다면, 그 환자를 국소 마취시켜 경안와 뇌엽절개술의 시연 대상으로 삼는 것도 좋습니다. 그 외에는 수술에 필수적인 혼수상태를 전기충격을 써서 만드는 것으로 알고 있겠습니다." 조지 H. 스티븐슨이 월터 프리먼에게 1950년 7월 28일에 보낸 편지, 프리먼이 스티븐슨에게 1950년 12월 12일, 1951년 1월 3일에 보낸 편지, Psychosurgery Collection, George Washington University Medical School. 프리먼이 시연회를 열고 몇 달 후에 스티븐슨은 그에게 수술의 효과가 미미하다고 전했다. "당신이 여기에서 수술한 환자들에 대하여 보고할 내용이 매우 적은 것 같습니다. 우리의 정신분열병 환자 4명은 대체로 전과 다름없습니다. 유색인 소녀 X는 예전처럼 말이 없고, Y는 항상 매우 심각한 동요를 나타냅니다. Z는 여전히 회복실에 있는데, 내가 보기에 그녀는 신체적으로는 확실히 호전되었습니다." 이어서 그는 안타깝게도 "우리 병원 당국은 매켄지 박사가 표준 엽절개술을 비록 충분히 많이는 아니지만 할 수 있으므로 경안와 뇌엽절개술은 도입하지 않겠다는 입장입니다."라고 덧붙였다. 더 나중에 전달된 보고는 더욱 부정적이었다. 스티븐슨이 프리먼에게 1951년 4월 4일, 1952년 1월 29일에 보낸 편지, Psychosurgery Collection, George Washington University.

102 때로는 경안와 뇌엽절개술을 더 쉽게 배우기도 했다. 좀처럼 놀라지 않는 프리먼조차 1951년 여름에 와이오밍 주 에반스턴 주립병원을 방문한 뒤에 이렇게 썼다. "나는 J. S. 월튼 박사가 출판된 보고서만 읽고 스스로 터득하여 경안와 뇌엽절개술을 200건 집도했다는 사실을 알고 다소 놀랐다." 프리먼의 또 다른 수제자인 미주리 주 파밍턴 제4 주립병원의 폴 스크레이더 박사는 200건 이상의 엽절개술을 행하여 "그 병원 정신병동의 문제를 해결했다." 물론 그런 본격적인 시술에 앞서 스승의 직접적인 가르침을 받는 것이 바람직했지만, 그 가르침은 아주 약소할 수도 있었다. 프리먼의 또 다른 제자인 해리 엘더 박사는 프리먼이 환자를 수술하는 모습을 한 번 본 다음, 캘리포니아 주 새크라멘토 주립병원에서 독자적으로 101건의 수술을 했다. 그 중에는 프리먼이 수술했으나 차도가 없는 환자를 재수술한 경우도 있었다. W. Freeman, "Adventures in Lobotomy," chapter 6, 18~9쪽.

103 Walter Freeman, "Adventures in Lobotomy," chapter 6, 59쪽.

104 그 수술이 얼마나 신속하게 이루어질 수 있는지에 대해 프리먼이 엽절개술의 발명자인 에거스 모니즈에게 1952년에 보낸 편지에 언급되어 있다. 프리먼은 웨스트버지니아 주의 주립병원 세 곳에서 환자들을 모았다. "나는 7월 18일에 경안와 뇌엽절개술을 시작하여 8월 7일까지 총 228건을 완료했습니다. 수술이 행해진 날은 불과 12일뿐이었습니다……. 내가 이 말을 전하는 이유는 환자만 빼고 모든 것이 부족한 상황에서 대량 수술이 어떻게 수행될 수 있는가를 보여주기 위해섭니다……. 나는 작년과 그 이전부터 개발한 기술을 따랐습니다. 먼저 환자에게 전기경련 충격을 가해 무의식상태로 만듭니다. 대개 2분씩 3회 전기충격을 가합니다……. 한 번은 수술법을 더 개량하는 과정에서 쇼크를 2회만 주고 즉시 수술을 시작했습니다. 그 날 나는 총 135분 동안 22명의 환자를 수술했습니다. 수술 1건당 6분이 걸린 셈이죠……. 환자가 경련을 멈추면, 나는 간호사에게 환자의 코와 입을 수건으로 단단히 누르라고 지시합니다. 그 다음에 나는 눈꺼풀을 올리고 장비의 끝을 상부결막낭(superior conjunctive sac) 안으로 피부를 건드리지 않게 조심하면서 집어넣었습니다. 나는 중심선에서 약 3센티미터 떨어진 위치에서 안와의 둥근 천장을 감지할 수 있었습니다. 이어서 장비의 축을 코뼈와 평행이 되게 맞추었습니다. 그리고 장비의 끝을 안와판(orbital plate) 속으로 5센티미터 찔러넣었습니다……. 그렇게 한쪽 안와에 장비가 들어간 후, 다른 쪽 안와에 또 하나의 장비를 집어넣었습니다. 그렇게 하면 손상 부위가 더 대칭이 될 뿐 아니라 장비의 움직임에 의해 이마엽이 옆으로 밀리는 것도 막을 수 있습니다. 또 수술의 속도도 빨라집니다." 그 다음에 두 장비를 휘저어 환자 뇌의 일부를 잘랐다. 프리먼이 모니즈에게 1952년 9월 9일에 보낸 편지, Psychosurgery Collection, George

현대 정신의학 잔혹사

Washington University.

105 트렌턴 주립병원 연례 보고서, 1958, 8쪽.

106 델라 코튼의 기부금 5,000달러로 제정된 코튼 친절상은 1951년에 처음으로 수여되었다. 트렌턴 주립병원 연례 보고서, 1951, 37쪽 참조.

Contents
찾아보기

가공 의치 98

감별 진단 95

갑상샘절제술 111

개복수술Abdominal Operations
 65, 87

개복수술 104, 105, 354

결장 관장술 435

결장 주변 막절제술 231

결장세척 195

결장전절제술 111

결장절제술 105, 355

경련성 반사 495

경안와 뇌엽절개술 516

결함 있는 자, 비행을 저지르는
 자, 미친 자 275, 350

국소 감염 5, 15

국소 마취 102

국소 패혈증 15

굿 헬스Good Health 162

기능성 정신병 98

기록보관소 13

긴장형 정신분열병 293

난관절제술 459

난소절제술 136

남부 의학과 외과학Southern
 Medicine and Surgery 171

내부고발자 14, 531

노인성 치매 56

뉴욕 의학 저널New York Medical
 Journal 128

니콜라스 코플로프 172

단종斷種 84, 139

델라 코튼 125

독소혈증 116

라디슬라우스 메두나 492

란셋Lancet

현대 정신의학 잔혹사

러버리힐 수용소 209

레세르핀 513

레인 수술 355

레푸스 검사법 103

로버트 스톤 28, 453

로베르-플뢰리 411

뢴트겐선 필름 72

르웰리스 바커 73

리뷰 오브 리뷰스*Review of Reviews* 140

리스터 경 74

리치몬드관 99

마가렛 피셔 160

마사 허위츠 425

만프레드 사켈 491

매독 70

매독 시스템*System of Syphilis* 521

매사추세츠 주립병원 54

메디컬 프레스 앤드 서큘러 *Medical Press and Circular* 509

메이오 클리닉 73

메트라졸 487

노니즈 수술법 500

모스 사인 파동 435

무균수막염 488

문학 다이제스트*Literary Digest* 132

물치료 161

미국 과학아카데미 422

미국 외과 교과서*An American Textbook of Surgery* 86

미국 정신의학 저널*American Journal of Psychiatry* 64

바서만 검사법 85

발생적 결장 재건 106

발생적 재건술 295

발열요법 489

발치拔齒 7, 100

배틀 크릭 요양소 76

버디트 루이스 81

버클리 모이니한 경 75

벌레소굴 의사 59

브라이트 위원회 32, 327

빌헬름 그리징거 56

빠른 맥 495

사골동 400

사망률 462

사회 복귀 514

살바르산 70

3기 매독 96

삼일열 말라리아 167

사일열 말라리아 522

새뮤얼 애츨리 23

샤프츠베리 경 42

소라진 513

솔로몬 카첸엘보겐 446

스탠리 매코믹 292

스투름도르프 원추절제술 200

스튜어트 페이튼 50, 64, 83, 140

시험식 107

신경계의 병Diseases of the
Nervous System 195

신경섬유매듭 56

신경염 404

신경염 플라크 56

신경질환과 정신질환 저널Journal
of Nervous and Mental Disease
133

신경학과 정신의학 자료집Archives
of Neurology and Psychiatry 193

아돌프 마이어 코튼 61, 116

아돌프 마이어 51

아버스노트 레인 74

알로이스 알츠하이머 56

R. S. 캐럴 488

압통壓痛 107

어빙 피셔 17

에가스 모니즈 496

에드워드 로제나우 73

에드윈 콩클린 133

에밀 크레펠린 56

에밀 프랭클 122

에일리어니스트 50

엘리 메치니코프 75

역행 기억상실 491

열치료 434

열치료 기계 490

엽절개술 496

영국 의학 저널British Medical
Journal 417

오거스트 호흐 131

외과 세균학 74

우스터 주립병원 51

우생학 69

움켜잡기 반사 268

위창자연결술 459

월터 프리먼 500

웨슬리 워드 45

윌리엄 브라이트 24

윌리엄 스트리플러 90

윌리엄 파제터 42

윌리엄 헌터 7, 79

윌 메이오 73

율리우스 바그너 폰 야우렉 167

이마앞엽절개술 496

이중맹검법 185

이틀줄고름 401

인공 치관 101

인공항문형성술 180, 230

인슐린 혼수요법 494

일반의학 67

자가백신 103

자가중독 211

자궁경부 응고술 429

자궁절제술 355

장기병설 56

전기경련 요법 496

전기충격 168

전신 감염 115

전신마비 55, 57

전신질환 72

접형동 400

정동 정신병 490

정신과의사 42, 484

정신과학 저널*Journal of Mental
Science* 226

정신분열병 19

정신병 420

정신생물학 422

정신신경증 461, 491

정신역동 210

정신의학 개론*Compendium der
Psychiatrie* 64

정신장애 17, 19

정신장애 진단 및 통계 편람
*Diagnostic and Statistical
Manual of Mental Disorders* 18,
64

제롬 린치 200

J. B. 스프래들리 515

J. W. 드레이퍼 90

제임스 와츠 500

조발성 치매 95

조울병 95

조지 커비 132

조지프 레이크로프트 31, 328

존 왓슨 267

존 하비 켈로그 76

존스홉킨스 대학 36

주기외수축 429

지그문트 프로이트 168

지라절제술 355

진보시대 82

찰스 메이오 73

찰스 미첼 29

찰스 사립병원 35

창자연결술 459

청색증 495

초조우울증 432

충수절제술 355

치과학 연구 저널*Journal of Dental
Research* 128

치아끝 고름집 98

치핵痔核절제술 355

칼슘요법 429

커트 리히터 260

크리스천 사이언스 129

클래런스 체니 172

클래런스 파라 60

클리포드 비어스 118

토머스 시버스 그레이브스 207

트렌턴 주립병원 7, 9, 15

파울 에를리히 70

패혈증 218, 441

편도 절제 102, 145

페덜 피셔 15, 80

포경수술 6, 533

폭탄 쇼크 91, 119

폴 메크레이 290

프란츠 니슬 56

프랭크 빌링스 71

프랭클린 에보 483

프로이트학파 130

플라시보 효과 450

피터 리히터 14

필리스 그린에이커 14, 245

핍스 클리닉 248

해럴드 매기 515

행동주의 260

헨리 모즐리 117

헨리 주니어 57

헨리 코튼 5, 24

현대 외과 매뉴얼 *Manual of
   Modern Surgery* 86

호흡 자극 495

홀리무어 수용소 209

회복률 344, 370

현대 정신의학 잔혹사

초판 1쇄 인쇄일 · 2007년 2월 20일
초판 1쇄 발행일 · 2007년 2월 27일

지은이 · 앤드류 스컬
옮긴이 · 전대호
펴낸이 · 양미자
펴낸곳 · 도서출판 **모티브북**

등록번호 · 제 313-2004-00084호
주소 · 서울시 마포구 동교동 156-2 마젤란21빌딩 1104호
전화 · 02-3141-6921 / 팩스 · 02-3141-5822
책임 편집 · 추미영
표지디자인 · 오필민
본문디자인 · 이춘희
ISBN 978-89-91195-13-4 03900